清华国学书系

徐景贤文存

XUJINGXIAN WENCUN

清华大学国学研究院 主编

赵中亚 选编

江苏人民出版社

图书在版编目(CIP)数据

徐景贤文存/清华大学国学研究院主编;赵中亚选编.—南京:江苏人民出版社,2016.6
(清华国学书系)
ISBN 978-7-214-17791-9

Ⅰ.①徐… Ⅱ.①清… ②赵… Ⅲ.①社会科学—文集 Ⅳ.①C53

中国版本图书馆 CIP 数据核字(2016)第 202324 号

书　　名	徐景贤文存
主　　编	清华大学国学研究院
选　　编	赵中亚
责任编辑	何民胜
装帧设计	姜　嵩
出版发行	凤凰出版传媒股份有限公司 江苏人民出版社
出版社地址	南京市湖南路1号A楼,邮编:210009
出版社网址	http://www.jspph.com
经　　销	凤凰出版传媒股份有限公司
照　　排	江苏凤凰制版有限公司
印　　刷	南京爱德印刷有限公司
开　　本	652毫米×960毫米　1/16
印　　张	42　插页 2
字　　数	564千字
版　　次	2016年10月第1版　2016年10月第1次印刷
标准书号	ISBN 978-7-214-17791-9
定　　价	84.00元

徐景贤照片(载氏著之《孝经之研究》)

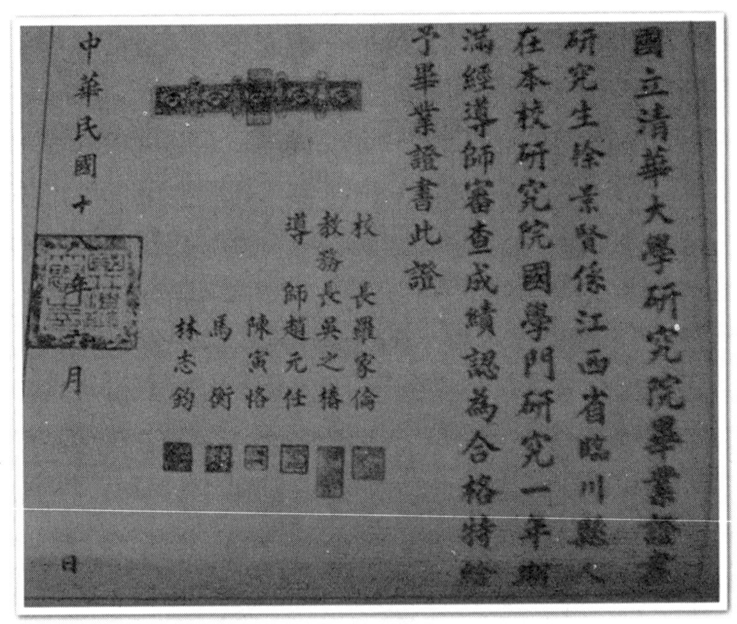

國立清華大學研究院畢業證書

研究生徐景賢係江西省臨川縣人在本校研究院國學門研究一年期滿經導師審查成績認為合格特給予畢業證書此證

校長　羅家倫
教務長　吳之椿
導師　趙元任
　　　陳寅恪
　　　馬衡
　　　林志鈞

中華民國十八年六月　日

徐景贤在清华大学国学研究院的毕业证书(载氏著之《孝经之研究》)

林志钧先生题,太炎先生检署,徐氏所著《孝经之研究》书影

徐景贤(前排左一)、章太炎(前排右三)、马相伯(前排右二)、马占山(前排右一)等合影(《磐石杂志》,1933 年第 1 卷第 4 期)

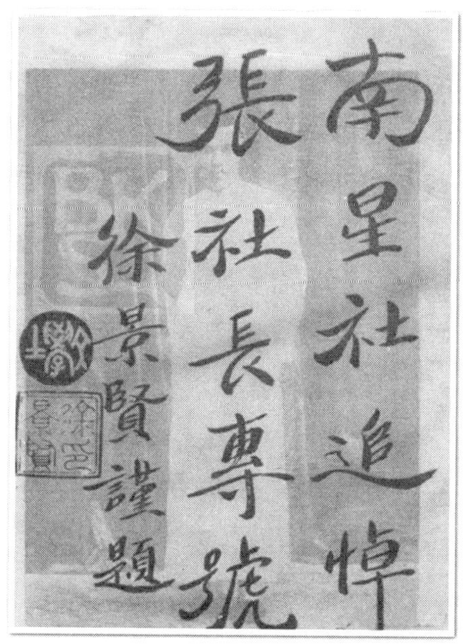

徐景贤墨迹(《南星杂志》1933 年第 2 卷第 8 期)

总　序

晚近以来，怀旧的心理在悄悄积聚，而有关民国史的各种著作，也渐次成为热门的读物。——此间很重要的一个原因，当然是在蓦然回望时发现：那尽管是个国步艰难的年代，却由于新旧、中西的激荡，也由于爱国、救世的热望，更由于文化传承的尚未中断，所以在文化上并不是空白，其创造的成果反而相当丰富，既涌现了制订规则的大师，也为后来的发展开辟了路径。

此外还应当看到，这种油然而生的怀旧情愫，又并非只意味着"向后看"。正如斯维特兰娜·博伊姆在《怀旧的未来》中所说："怀旧不永远是关于过去的；怀旧可能是回顾性的，但是也可能是前瞻性的。"——由此也就启发了我们：在中华文明正走向伟大复兴、正祈望再造辉煌的当下，这种对过往史料的重新整理和对过往历程的从头叙述，都典型地展现了坚定向前的民族意志。

正是在这样的背景下，本院早期既昙花一现、又光华四射的历程就越发引起了世人的瞩目。简直令人惊异的是，一个仅存在过四年的学府，竟能拥有像梁启超、王国维、陈寅恪、赵元任、李济、吴宓这样的导师，拥有像梁漱溟、林志钧、马衡、钢和泰及赵万里、浦江清、蒋善国这样的教师，乃至拥有像王力、姜亮夫、陆侃如、姚名达、谢国桢、吴其昌、高亨、刘盼遂、徐中舒这样的学生……而且，无论是遭逢外乱还是内耗，这个如流星般闪过的学府，以及它的一位导师为另一位导师所写的、如今已是斑驳残损的碑文内容——“独立之精神，自由之思想”，都在激励后学们去保持操守、护持文化和求索真理，就算不必把这一切全都看成神话，但它们至少也是不可多得的佳话吧？

可惜在相形之下，虽说是久负如此盛名，但外间对本院历史的了解，总体说来还是远远不够的，尤其对其各位导师、其他教师和众多弟子的总体成就，更是缺少全面深入的把握。缘此，本院自恢复的那一天起，便大规模地启动了“院史工程”，冀能在深入研究的基础上，最终以每人一卷的形式，和盘托出院友们的著作精选，以作为永久性的追思缅怀，同时也对本院早期的学术成就，进行一次总体性的壮观检阅。

就此的具体设想是，这样的一项“院史工程”，将会对如下四组接续的梯队，进行总览性的整理研究：其一，本院久负盛名的导师，他们无论道德还是文章，都将长久地垂范于学界；其二，曾以各种形式协助过上述导师、后来也卓然成家的早期教师，此一群体以往较少为外间所知；其三，数量更为庞大、很多都成为学界中坚的国学院弟子，他们更属于本院的骄傲；其四，等上述工作完成以后，如果我们行有余力，还将涉及某些曾经追随在梁、王、陈周围的广义上的学生，以及后来在清华完成教育、并为国学研究做出突出贡献的其他学者。

这就是本套“清华国学书系”的由来！尽管旷日持久、工程浩大、卷帙浩繁，但本院的老师和博士后们，却不敢有丝毫的懈怠，而如今分批编出的这些“文存”，以及印在其前的各篇专门导论，也都凝聚了他们的辛劳和心血。此外，本套丛书的编辑，也得到了多方的鼎力支持；而各位院友的亲朋、故旧和弟子，也都无私地提供了珍贵的素材，这让我们长久地铭感在心。

为了最终完成这项任务，我们还在不停地努力着。因为我们深知，只有把每位院友的学术成就，全都搜集整理出来献给公众，本院的早期风貌才会更加逼真地再现，而其间的很多已被遗忘的经验，也才有可能有助于我们乃至后人，去一步一步地重塑昔日之辉煌。在这个意义上，这套书不仅会有很高的学术史价值，也会是一块永久性的群英纪念碑。——形象一点地说，我们现在每完成了一本书，都是在为这块丰碑增添石材，而等全部的石块都叠立在一起，它们就会以一格格的浮雕形式，在美丽的清华园里，竖立起一堵厚重的“国学墙”，供同学们来此兴高采烈地指认：你看这是哪一位大师，那又是哪一位前贤……

我们还憧憬着：待到全部文稿杀青的时候，在这堵作为学术圣地的“国学墙”之前，历史的时间就会浓缩为文化的空间，而眼下正熙熙攘攘的学人们，心灵上也就多了一个安顿休憩之处。——当然也正因为那样，如此一个令人入定与出神的所在，也就必会是恢复不久的清华国学院的重新出发之处，是我们通过紧张而激越的思考，去再造“中国文化之现代形态”的地方。

清华大学国学研究院

2012 年 3 月 16 日

凡　例

徐景贤的著述数量惊人，限于文存篇幅，只能有所取舍。相关说明如下：

一、所录文字，除极少数外，基本取自最初发表之刊物，并注明转载的情况。

二、限于篇幅，作者之译文、手稿、专著暂未收录。

三、诗歌、剧本暂未收录。

四、学术价值有限者如《王莽》、《秦桧》、《黄巢》等未收录，宗教色彩过浓者，如《徐文定公纪念：真福八德》未予收录；通俗作品，如《徐文定公故事》亦未收录。

五、论文刊载不完整者亦未录。如《六书启蒙》等，分上、下两篇，六部分，而目前仅见到第一部分，故未录。

六、尚有一些文章暂未查到。

七、文中无标点或仅有简单断句者，一律改为新式标点。

八、所录文章分论文、序跋等，并依文章发表时间顺序排列。

九、文末附录二为本书未收徐景贤著述目录。

目　录

时事、新闻学

天主教相关研究

序、跋、书评

前　言

民国时期，毕业于著名的清华大学国学研究院、北京大学研究所国学门，受教于马相伯、陈垣、林志钧等学术名家，并被陈垣誉为与后来中西交通史大家方豪齐名的徐景贤，是一位因过早去世而几乎为学界彻底遗忘的学者。[①]

一、教育背景

徐景贤，字哲夫，教名庐伽，1907 年生于江西省铅山县河口镇。[②] 自其先祖鲜清公起，徐家即开始皈依天主教。[③] 他于河口镇立德育初、高两等小学校完成小学教育，十三岁入江西省立第十中学就读。1924 年，徐

① 按：杨爱芹在研究天津《益世报副刊》时，谈到《益世报副刊》主编徐景贤，然只提及其是天主教徒，马相伯先生的弟子，对其他生平事迹皆不详，且误以为“庐伽”为徐氏笔名。（参见：杨爱芹：《益世报与中国现代文学》，北京：中国文史出版社，2009 年，第 179 页）宋伯胤则误以为徐景贤为司铎。（参见宋伯胤：《王征先生年谱》增订本，西安：陕西师范大学出版社，2004 年，第 31 页）另外，陈玉堂所辑《中国近现代人物名号大辞典》收入 1840－1949 年间中国各界人物近 15000 人，徐氏未被收入其中。

② 徐景贤：《刊行〈徐垂三堂丛书〉缘起》，《〈孝经〉之研究》，北平：公记印书局，1931 年徐氏家印本。

③《〈国民道德论〉自序、目次及例言》，《十字言论集》，出版机构不详，1931 年，第 19 页。

景贤考入私立北京民国大学文预科。①

(一) 私立北京民国大学、北京师范大学

1924 年 11 月，民国大学国学研究会创立，徐氏为研究会两编辑之一。民国大学国学研究会设有研究导师，包括胡春林、张熙等，②第二年，闻一多亦加入，③指导学生进行研究。1926 年，国学研究会负责人(徐景贤亦在内)邀请清华国学研究院导师梁启超对其学术研究进行指导。梁氏因故错过，但回信予以鼓励："徐、郝、陈三君，承过访未遇为歉。读《国学杂志》，深佩治学之勤……负贵会相邀之诚，实用歉然，诸祈原谅。"④

徐景贤是民国大学国学研究会中的主力，负责撰写《国学月刊》卷首语即是明证。他认为，"青年学者对于固有学术，既负有传导之责任，即于未来之学术，应有发明之义务"，并指出青年学者对于上述之使命，要实事求是。徐氏还为民大国学研究会制定了长期发展规划："(一) 敦聘宏博精深学有专长者为分门之导师，俾利传习；(二) 奖励志笃愿宏学绩优良之会员赴国内外留学；(三) 征集书籍古物(四) 调查社会现象(五) 校勘要籍，选为定本。"⑤此外，《国学月刊》第一年总计发行了五期，撰稿者有 11 人，共刊载文 29 篇，而徐景贤一人独撰 6 篇，且杂志中编辑附言、说明等多出其手，亦可见其当时学术研究的热忱。

在民国大学就读的两年间，徐景贤在民国大学《政治学会月刊》、《国学月刊》以及《国学不定期刊》上发表了不少文章，主要是对孟子、王阳明、陆九渊等人思想的研究。与此同时，他也有自己的学术规划，即欲撰写中国历代教育家、思想家以及其他名人的传记，其中一部所拟书名为《中国名人》，传主选择的标准是"以能代表一部分中国民性与占有一部

---

①《北京民国大学十三年度入学新生一览》，《北京民国大学一览》，北京民国大学 1924 年印。

②《本会导师一览表》及《本会现任职员表》，《民大国学月刊》，1925 年第 1 卷第 5 期，第 43 页。

③《本刊启事》，《民大国学月刊》，1926 年第 2—3 期，第 24 页。

④ 黄成：《会务纪要》，《民大国学月刊》，第 1 卷第 5 期，第 41—42 页。

⑤ 徐景贤：《卷首语》，《民大国学月刊》，1926 年第 2 卷第 2—3 期。

分中国国史的地位而又与现代有关系者”。① 其已完成并发表的篇章有《黄巢》、《王莽》、《秦桧》等。

1926年，徐景贤转入国立北京师范大学学习。1927年4月，徐景贤至上海拜会马相伯先生，确定师生关系，②其治学内容为之一变，由原来的国学研究转向中国天主教史的研究。③同年，在徐汇师范学校任教，教授新文学课程，为学生讲作文的方法，并参与学校管理工作。暑假里为留校学生上课，每天早八点至九点半，讲课内容有教史、文学、时事等。教史部分包括中国古代宗教观、唐以前天主教传入中国的推测，唐景教研究，元也里可温的产生，明季天主教的盛况，清代教案以及民国现状等，使得学生“对于教史研究略具点常识”。④

（二）清华大学国学研究院

1928年夏，大学三年级刚结束，徐景贤考入清华大学国学研究院，为该院第四批研究生，也是最后一批，仅三人，另两位为王静如（著名西夏史专家）及周易研究专家裴占荣。此外，罗根泽、侯堮、蒋天枢、储皖峰、姚名达等十名往届生继续留校研究。⑤ 在这些同学中，罗根泽、储皖峰与徐景贤交从较密：罗氏曾为其所编之《徐文定公译著宗教论文集》题写封面，储皖峰为其诗稿《希望》撰写过长序。

徐景贤在国学院的指导老师是特别讲师林志钧先生，⑥当时清华大学国学研究院教师名单及授课内容如右：

教授：陈寅恪讲授梵文文法（每周二小时）、唯识二十论校读（每周一

---

①《黄巢——中国名匪之一》，《（民大）国学月刊》，1925年第1卷第1期，第4页。

② 徐志超：《四阅月来底徐景贤先生》，《徐汇师范校刊》，1927年第5期，第79页。

③《中华圣教会史导言》，《公教青年会季刊》，1929年1卷1期，第49页。

④ 徐志超：前揭文，第80页。

⑤ 孙敦恒：《清华国学研究院史话》，北京：清华大学出版社，2002年，第76页。

⑥ 林志钧，（1879—1960），字宰平，福建闽侯（今福州市）人。诗人，法学家，哲学家。早年毕业于日本早稻田大学，曾任北洋政府司法部参事、民事司司长，20世纪20年代任北京大学哲学系讲师。1927年秋任清华国学研究院讲师，曾为王国维纪念碑书丹，与梁启超先生交厚。著有《北云集》（诗文集）、《帖考》等。

小时);赵元任讲授方言学(第二学期)

讲师:马衡讲授金石学(每周二小时);林志钧讲授人生哲学(每周二小时);李济讲授考古学(赴美回校后)①

徐景贤在清华时的研究题目有二:《中国道教史》和《景教考》,毕业论文题目却为《孝经余论》。②

在清华大学就读期间,徐景贤在校内的活动不多,给人留下较深印象的是1929年6月7日在毕业同学大会上代表国学研究院学生所作的演讲,"清华大学部成立四年来,今年系第一班毕业。旧制之最后一班与国学研究院之最终一班亦均于今年毕业,故本届毕业之情景,有空前绝后之意味存乎其中……傅举丰、苏宗固、徐景贤,相继代表大学部、旧制及国学研究院致答词,其中以徐君之论调与态度最为惊人,宛似天安门前之演说云。"③

而在校园之外,徐景贤却非常活跃。1928年10月10日,他受邀主编天津《益世报副刊》,由其老师马相伯先生撰写发刊词,④胡汉民题写副刊名。徐氏主编期间,《益世报副刊》共出两卷,第1卷出到13号,第2卷出到12号,甚为关注基督教文学的发展,也注意邀请与基督教相关的作家撰文。1929年4月4日,《益世报副刊》改为《文艺周刊》,仍由徐氏主编,冰心、许地山、黄子通、熊佛西、江绍原、陆志韦等人为撰稿人。⑤

1929年夏,清华国学研究院毕业后,徐景贤又回到北京师范大学,第二年毕业,获文学学士学位。⑥ 此后,"文学士徐景贤"成为其文章中最为常见的署名。或在此时,徐氏开始任马相伯先生的私人义务秘书,凡五年,负责为马先生拟订文稿,笔录其谈话、讲演,并负责对外联络等。在马先生介绍下,徐景贤结识《益世报》创刊人雷明远神父,任该报驻京、沪

① 苏云峰:《从清华学堂到清华大学(1911—1929)》,北京三联书店,2001年,第296页。

② 苏云峰,前揭书,第303页。

③ 转引自孙敦恒:前揭书,第79页。

④《马相伯先生百岁生活》,《中央周刊》1946年第8卷第23期,第313页。

⑤ 杨爱芹:《益世报与中国现代文学》,前揭文,第177—179页。

⑥《刊行〈徐垂三堂丛书〉缘起》,《〈孝经〉之研究》,北平公记印书局1931年徐氏家印本。

特派员，负责采写新闻及摄影，并出任该报学艺部主任。[①] 大约本年，徐景贤还加入新成立的中华公教学友联合会，任执行委员会主席。该会主张天主教欲在中国发展，就要培植人才，发展教育，研究学术。会员多来自辅仁大学、民国大学、北平大学、中法大学、朝阳大学。[②]

（三）北京大学研究所国学门

1930 年夏，徐景贤入北京大学研究所国学门深造，导师为陈垣先生。当时研究所导师还有朱希祖、黄节、马衡、沈兼士、刘半农、钢和泰、周作人、钱玄同等，而在读研究生同学则有方国瑜、傅振伦、蒋炳南（即蒋天枢）、单士元、谢国桢、商鸿逵等三十余人。研究所设立的研究科目包括明清史、汉魏六朝诗、文字学、语音学、宗教史及宗教美术、中国基督教史、中国古代哲学、中国歌谣、唐诗、说文研究等。[③] 徐景贤以中国基督教史为研究方向，完成毕业论文《中国天主教史略》。[④] 此外，他还是当时新成立的北京大学研究所同学会职员，负责同学会中的文书股，当时方国瑜负责研究股，傅振伦、蒋天枢、单士元、谢国桢负责编印股。[⑤]

二、工作与交游

在北京大学研究所学习的同时，徐景贤还在河北大学任教，教授国文[⑥]，并应河北省立第二师范学校之请，做过一系列演讲，后整理为《现代中国文学概观》，发表在《磐石杂志》1932 年第 1 卷第 2 期。

1931 年 2 月，徐景贤不顾家人反对，辞去河北大学教职，旅居香港九

① 《新闻学常识讲话》，《学风》杂志，1934 年第 8 期，第 1 页。

② 《本会之现况记略》，《中华公教学友联合会纪念刊》，公记印书馆，1930 年，第 64—75 页。

③ 郭建荣：《北京大学研究所国学门的变迁》（上）《文史知识》，1999 年第 4 期，第 119 页。

④ 按：1932 年，应人文社社长江问渔先生之邀，该文在《人文月刊》发表。

⑤ 《北京大学日刊》第 2453 号（1930 年 7 月 29 日），转载于《北京大学史料》第 2 卷下，北京：北京大学出版社，1993 年，第 2514—1515 页

⑥ 《刊行〈徐垂三堂丛书〉缘起》，《〈孝经〉之研究》，北平公记印书局 1931 年徐氏家印本。另见《当代名人著作杂评》，《南星杂志》，1932 年第 2 卷第 2 期，版六。

龙，担任香港《中和日报》副总编辑及督印人，[①]后因其宗教立场，未及半年即辞职。[②] 辞职之际，徐氏将其在《中和日报》上所撰论说及时评汇为一书，分上、下辑，包括《公益与报纸》、《论建设之真谛》、《说马》、《评最近中日女权运动》等14篇，名为《十字言论集》。本年，徐景贤还与胡适、林语堂、徐志摩、谢冰心、潘光旦、梁实秋、闻一多、陆侃如、沈从文等同为《新月》月刊长期撰稿人。[③] 他本人在《新月》月刊上发表文章两篇，分别为1928年第8期上的《徐光启著述考略》以及1928年第7期上的《明季欧化之美术及罗马字注音考释》。

1931年9月18日，日本发动九一八事变，吞并中国东北。徐景贤协助马相伯先生奔走呼号，并代表老师出席国难会议，呼吁政府结束内战，呼吁民众参与救国。

1933年1月，《益世报》第十版以四分之一的篇幅辟为《宗教与文化》副刊，由徐景贤主编，撰稿者包括马相伯、陆徵祥、陈援庵、徐宗泽及其本人。主要介绍天主教历史人物对中国科学文化发展的贡献，如徐光启、冯应京、利玛窦等，借此宣扬天主教在中国的作用，来扩大天主教的影响。[④] 本年正值徐光启逝世三百周年，中国学术界举行了盛大的纪念活动，徐景贤积极投身其中，在纪念活动举行前后，发表了多篇相关文章。

同年，杭州天主教界为纪念明代著名天主教人士李之藻，创办季刊《我存杂志》，其宗旨为"宣传教理，启迪民智，故凡神学、哲学、圣经、讲演，译著、开教历史、名人传记，国内外教务新闻，文艺、科学以及关于促进慈善事业之作品，均极欢迎，文体不拘，文言、语体皆可"。[⑤] 徐景贤在《我存杂志》创刊过程中发挥了很大作用，包括亲自指导编辑部首次会议的举行，"劳特约员徐景贤之助，方克厥成……编辑部虽以全力赴之，然

---

① 《校印后自记》，《十字言论集》，香港中和印务有限公司刊印，1931年。

② 王克谦：《怀念公教教育家徐景贤》，《上智编译馆馆刊》，1947年第2卷第2期，第102页。

③ 《新月》月刊广告，《生活杂志》1931年第6卷第5期(1931)，第119页。

④ 徐景星：《重振益世报的刘豁轩》，《近代天津十二大报人》，天津：天津人民出版社，2001年，第165—166页。

⑤ 《征稿启事》，《我存杂志》封底，1933年第1卷第1期。

困于经验，无处着手，幸徐君景贤文学士在杭逗留，经同人等邀请，莅临本社，热忱督指，于一九三三年一月五日，开编辑部首届会议”①，他还为杂志撰写了《创刊宣言》，文中极富爱国意识："念明贤芳范，共抒国难时艰，欲正人心，以免颓风……”②

1934年，徐景贤辞去相伯老人义务秘书之职，赴安庆安徽大学任教，主讲中国哲学史与新闻学。③ 当年11月25日，安徽大学新闻社成立，徐景贤与周予同、谢循初等六人同被聘为顾问。④ 在安徽大学任教期间，徐景贤根据多年的新闻从业的经历，完成《新闻学常识讲话》一文。

1935年，徐景贤获得出国讲学的机会，⑤并于1936年夏至北平办理相关手续，预备赴意大利那不勒斯中国学院担任汉学讲席，后因意大利与埃塞俄比亚爆发战争而被迫放弃。⑥同年，徐景贤出任中华公教进行会全国指导会评议员，⑦第二年，徐景贤又任中华公教进行会男子部全国指导会评议员。⑧

由于出国未竟的影响，1936年9月，徐景贤改任安庆崇文学校校长。⑨该校分高中初中两部，各三班，都是三年制。⑩ 徐景贤担任该校校长达十年之久，期间采取各种措施努力提高学校办学水平：

其一，办理初中高中立案，充实内容，购办科学仪器，如化学药品，物理之力、热、光、音、电磁等仪器，不下三百余件；采办图书以供教师、学生

---

① 王克谦：《本刊（我存杂志）创立过程情形》，《我存杂志》1933年第1卷第1期，第105—106页。

②《创刊宣言》《我存杂志》1933年第1卷第1期，第1页。

③《新闻学常识讲话·编者识》，《我存杂志》1934年第2卷第2期，第53页。

④《安徽文化消息十三·安大新闻学社组织成立》，《学风》第4卷第10期，第4页。

⑤《编后琐语》，《母校铎声》，1935年第4卷第4期，第94页。

⑥ 王克谦：《纪念公教教育家徐景贤》，《上智编译馆馆报》，1947年第1期，第102页。

⑦《江西德育学校近训》，《我存杂志》，1936年第4卷第3期，第198页。

⑧《中华全国公教进行会统计手册》（1936—1937），中华公教进行会监督处出版，1937年，第29—30页。

⑨《安庆崇文中学准予备案》，《我存杂志》，1936年第4卷第6期，第381页。

⑩ 杨起田：《抗日时期安庆沦陷后的概况》，《安庆文史资料》第3辑，1982年，第80页。

参考,计教学与普通参考书共六百余种,五千余册。①

其二,注重学生学习方法的教导。② 徐景贤专门撰文讲述初中阶段学生的学习方法,包括怎样进行预习、学习、复习,以及如何读书、读报等。他特别强调兴趣在学习过程中的重要性,有兴趣才有学习的动力,有兴趣才能集中精力针对中心对象,才能排除外缘事物的干扰。③此外,他也曾对每个科目的学习方法分别进行讲述。④

其三,注意与学生家长的沟通。假期中,崇文中学给学生家长发公开信,要求家长在假期内:(一)注意子女身体之健康;(二)督促子女寒假中自习;(三)教育子女品行之修养。"以人格救国为校训……入则孝,出则弟,并实行新生活须知,以充新社会之主人翁。"⑤崇文中学校刊上辟有"本校学生家庭通讯"栏,专门用于学校与学生家长交流。家长来信踊跃,从中可见崇文中学的育人理念:"先生(按:即指徐景贤)讲演中学生新生活及指导学生修业自习等,种种鸿论,足见教导有方,颇中时弊……尤可佩者,贵校以人格救国为校训,以六育为训练,德育为本,圣育为归,明德新民,正心修身……"⑥

其四,抗战爆发前,徐景贤还多次邀请学者及官员到崇文中学演讲,增广学生见闻,提升他们对学术研究的兴趣及对时局的关注。

1937 年 4 月 19 日,安徽省党部特派委员梁贤达应邀至崇文中学演讲"人格救国",内称:"近百年来帝国主义强迫我们订立许多不平等条约,尤其是自九一八以后,土地被削,国难更为严重,要挽救国难,必须人人有高尚的人格。要晓得人们的生存是以国家为单位,无国家即不能生存。"⑦

---

① 萧杰一:《崇文中学概史》,《安庆崇文高中第四届毕业纪念册》,1949 年印。
②《中学修学指导讲话》,《安徽私立崇文中学校刊》,1937 年第 2 卷第 2 期,第 1—2 页。
③《初中学生休学浅谈》,《学风》,1937 年第 7 卷第 2 期,第 1—6 页。
④《国文、英语、数学、劳作自习法》,《安徽私立崇文中学校刊》,1937 年第 2 卷第 3 期。
⑤《安徽私立崇文中学校刊》,1937 年第 2 卷第 3 期,版一。
⑥《金铭致徐景贤函》,《安徽私立崇文中学校刊》,1937 年第 2 卷第 6 期,版二。
⑦《安徽文化情报》,《学风》,1937 年第 7 卷第 4 期。

4月25日，安徽大学文学院院长程憬教授（字仰之，徐氏清华大学国学研究院时期的同学）至崇文中学演讲，题为“由朱熹到胡适”。程憬对宋朝以后历代徽州学者（从朱熹到胡适）的学术贡献进行了清理，颇为详细。①

5月9日，安徽省立图书馆主任吴景贤应邀在崇文中学演讲，题为“安徽文献之昨、今、明”，分三部分：首讲安徽过去之历史人文及出土文物；次讲安徽新近通志县志之编纂，今人整理研究先贤著述等情况；最后略述对于政府以及文化界的希望。②

5月16日，徐景贤在崇文中学总理纪念周上演讲《马相伯先生之道德文章》，主讲马先生的美德，共分三点，一曰孝亲，二曰爱国，三曰尊师。③

其五，待教师以礼，教学生以严，并身体力行得到学生的拥护。学生祝靖曾这样评价徐景贤：“先生之为人，极为学生敬慕。余可举出最显数条：一、待教师以礼：先生待教师，优礼有加：虽是已为校长，对任何一位教师，必恭、必敬……二、教学生以严：先生教人处处以严，功课固严，即学生之日常生活，先生亦亲加辅导，必至严守规律而后已……先生在校固有上述两大特点，其在家，尤有可述之两事：（一）事父母最孝……人见之，咸赞先生之孝行……（二）对弟妹友爱：先生凡有弟一、妹一，均能尽心教导，不遗余力。”④另一学生陆士也有类似记载：“他并不热衷政坛角逐，甘愿在教育园地耕耘、贡献。先生比较开明，当学生利益受到侵害时，坚决予以维护。”⑤

其六、处处体现爱国精神，对时局变化抱有信心。

抗战爆发后，徐景贤将崇文中学先迁浙江，后迁江西，为学校迁址殚

① 《安徽文化情报》，《学风》，1937年第7卷第4期。

② 同上。

③ 《马相伯先生九十进八大寿纪念文字补志》（二），《公教周刊》1937年第9卷第23期，第5—6页。

④ 祝靖：《怀徐景贤师》，《中央日报》，1948年9月20日，第八版。

⑤ 陆士：《崇文中学河口分校琐记》，《铅山文史资料》第4辑，第60—64页。

精竭虑。他一直“以身作则，剃过抗战光头，打上鸡腿那么粗的绑腿，一身很笔挺的军装，吃的还是同学一般的大锅菜，而且天天是‘青一色’”。①还曾到汉口直接参加救护工作，②并于各地报纸中鼓吹抗战情绪，撰《法国圣女贞德救国故事》万余言，发表于厦门《公教周刊》。抗战八年中，徐景贤始终以一贯精神办学与写作。曾亲率学生赴前线慰劳浴血抗战之将士。③

抗战胜利后，徐景贤为争取崇文中学复校而在皖、肥奔走，最终因操劳过度，加之许多刺激，营养不良，身染重病。1946 年 8 月，返回江西铅山县河口镇老家，11 月 22 日病故，虚龄不到四十岁。去世时，其妻已先他一年亡故，留下孩子不过九岁，还有年过古稀的父母，家中极为困难。④

然而，就在这年夏天，徐景贤还曾到南京筹划出国考察教育的事，⑤由此可知，他是带着深深的遗憾离开了人世。

徐景贤去世后，陈垣、张润波、叶德禄、吴有惠、魏君远君等师友对他的过早离世都表示极大的惋惜⑥。方豪亦甚为沉痛，并发愿完成其未竟的事业，即编选马相伯先生文集，“今夏晤同门徐庐伽先生景贤，亦谓然久之；徐君集先生稿亦不在少，讵意相别数月，竟亦以病逝闻也。则编印先生文存，实后死者之责，不容有所推诿矣。”⑦方豪很快兑现了诺言，其主编的《马相伯先生文集》正、续两编于 1947 年在北京上智编译馆出版。

三、师友

如前所述，徐景贤的求学经历可谓传奇，后来在教育界以及新闻界的从业经历也可谓丰富，不难推知其交游的广泛：在清华大学国学院时期，同

① 王克谦：《悼念公教文学家徐景贤》，《益世周刊》1947 年第 5 期。
② 杨堤：《纪念徐庐伽先生》，《益世周刊》，1947 年第 9 期，第 141 页。
③《作家动态》，《上智编译馆馆刊》，1946 年第 1 卷第 1 期，第 85 页。
④《徐景贤先生逝世详情》，《上智编译馆馆刊》，1947 年第 2 期，第 181 页。
⑤《徐景贤病逝》，《益世周刊》，1946 年第 22 期，第 14 页。
⑥ 杨堤：《纪念徐庐伽先生》，《益世周刊》，1947 年第 9 期，第 142 页。
⑦ 方豪：《马相伯先生著述系年拟目》，《上智编译馆馆报》，1947 年第 1 期，第 73 页。

学姚名达、储皖峰、罗根泽、程憬、侯堮、谢国桢等与之交游较多,北平图书馆王重民、向达,上海徐家汇藏书楼主任徐宗泽,以及《新月》月刊编辑饶孟侃(别名子离)、《人文》月刊社社长江恒源(字问渔),乃至《益世报》创办人比利时人雷鸣远、中华公教进行会总监督于斌等,皆与徐景贤也多有交集。

姚名达曾盛赞徐景贤编辑《益世报副刊》专号纪念梁任公的举动,"梁先生已经悄悄的死了,他的言论将从一般人脑中渐渐地遗忘了……岂但一般人,就是他那些门生故吏,从前靠他吃饭,一呼百诺;到现在死了以后,除了徐景贤先生在天津《益世报》替他出了一个纪念号以外,还有谁?"①而在姚氏抗战殉国后,徐景贤也曾撰文纪念。② 储皖峰曾为徐氏诗集做过长序③;程憬、侯堮亦曾同在安徽大学任教,后皆应徐氏之邀为崇文中学学生做过演讲;④至于向达,徐景贤则毫不客气地指出其成名作《中西交通史》中的不足,即对基督教史及教义的研究很不够,"向君固与余有旧,今因君问而答辩,向君或认余为诤友乎?"⑤而饶孟侃、江恒源以及吴景贤则是向徐氏约过稿。⑥

因资料匮乏,本文难以呈现徐景贤交游网络的全部。故而,以下将主要讲述徐氏与其老师马相伯、陈垣先生以及同门方豪的关系。

(一)马相伯先生

如前所述,1927 年 4 月,徐景贤正式拜于马相伯先生门下,⑦此后,获马先生提点与帮助甚多。

---

① 大任:《中国妇女运动与梁任公先生》,《女子月刊》,1934 年第 2 卷第 1 期,第 1782 页。

② 按:徐景贤所撰文章名为《悼姚名达教授》,所刊何处不详。杨堤:《纪念徐庐伽先生》,《益世周刊》,1947 年第 9 期,第 143 页。

③ 储皖峰:《希望序》,天津《益世报副刊》第 2 卷第 3 号,1929 年 1 月 27 日.

④ 杨堤:《纪念徐庐伽先生》,《益世周刊》,1947 年第 9 期,第 141 页。

⑤《一夕谈》,《磐石杂志》,1934 年第 2 卷第 10 期,第 22—23 页。

⑥ 参见《关于徐文定公故事》(《磐石杂志》1936 年第 4 卷第 4 期),《中国天主教史略》(《人文》月刊,1932 年第 3 卷第 6 期),《明贤徐文定公三百周年纪念》(《人文月刊》1933 年第 4 卷第 7 期)及《明贤徐文定公年谱初编》(上)(《学风》1934 年第 4 卷第 5 期)。

⑦ 徐志超:《四阅月来底徐景贤先生》,《徐汇师范校刊》,1927 年第 5 期,第 79 页。

其一,徐氏从事中国天主教史研究,乃是受了马相伯先生的影响。1927年前,徐景贤基本没有从事天主教的相关研究,而在与马先生接触后,“先生辄乐道圣教会传行中华之故事,有似倾困倒廪而不稍吝惜者然!对无真正信仰之史学家,其所著述关于圣教会者,如景教问题,《也里可温解诂》等,时或评骘其精华,间亦厘正其谬误;尤殷勤属望教会中后学,自行研究,详加考核,殆所谓‘将使一家昆弟子姪,启发证明,不复要涂大而强同也!’先生所示,中心藏之。”[①]此外,马先生一贯主张的学术传教理念也深深影响到徐景贤,其主编《益世报副刊》即有学术传教之目的。

其二,马相伯先生为徐景贤引介了不少天主教界、政界以及学界的重要人物。1927年,在相伯先生介绍下,徐景贤结识了上海徐家汇藏书楼主任徐宗泽(亦任《圣教杂志》主笔),从而获得查阅徐家汇藏书楼所藏丰富天主教史文献的便利条件。[②] 当年,徐景贤即撰写出《跋姚大荣先生辨〈画征录〉记王石谷与吴渔山绝交事之诬》、二跋、三跋(载《时事新报·学灯副刊》,具体期次暂未查实),合计上万字;此外,还有《天师道缘起》(《时事新报·学灯副刊》1927年5月12日)与《天主教与天师道》(《圣教杂志》1927年第16卷第8期)。1928年,马先生又介绍胡汉民、于右任给徐景贤认识。[③] 胡汉民曾为徐氏主编的《益世报副刊》题字,于右任则将个人所藏孙元化致王征的书信原稿拿给马相伯先生题跋,由是徐景贤撰写出《明孙火东先生致王葵心先生手书考释》。此外,徐景贤能够认识章太炎、雷鸣远,亦为马先生的介绍。

其三,马相伯先生甚至还曾尽力为徐景贤谋过职。1930—1932年间,马相伯先生的学生(如于右任、邵力子)、挚友(蔡元培先生)多次向各方举荐过徐景贤:1930年3月1日,国民政府监察院院长于右任、中央研

① 徐景贤:《中华圣教会史导言》,《公教青年会季刊》,1929年1卷1期,第49页。
② 徐志超:《四阅月来底徐景贤先生》,《徐汇师范校刊》,1927年第5期,第79页。
③《马相伯百岁生活》,《中央周刊》,1946年第8卷第23期,第315页。

究院院长蔡元培联名向浙江省主席鲁涤平举荐。[①] 蔡元培还曾向中央研究院历史语言研究所推荐。[②] 同年 11 月 13 日，国立中央研究院总干事杨铨(杏佛)致函马相伯，称“徐君景贤品学兼优，志尤远大，拟由蔡院长函浙江张主席推荐任衢县州长，结果如何，当再函告。研究院近因新屋未成，而经济复受大局影响，故一时尚不添人。”1932 年 1 月 25 日，甘肃省主席邵力子再次向鲁涤平举荐徐景贤，“北平师范大学毕业学生，并在清华大学研究院毕业，品性学识俱极良好，年来供职政学界，亦甚有声誉，为人称道。”1932 年 3 月 1 日，于右任、蔡元培联名向鲁涤平举荐徐景贤，称“若蒙鉴许，使徐君展其抱负，俾难民与土著胥安，亦我公之惠泽所滂沛也”。[③] 5 月 14 日，浙江省主席鲁涤平回复蔡元培、于右任，称“将交民事厅先于存记，容图招致”。[④]

徐景贤不可能具有影响国民政府封疆大吏的关系与能力，以上举荐背后定然是马相伯先生的影响。

1934 年，徐景贤离开马相伯到安徽大学任教。马先生对他一直惦念。1936 年夏，杨堤拜见马相伯，老人自言很喜欢弟子徐景贤，可是不满意他的多病。[⑤]

相对应的是，作为私人义务秘书的徐景贤，为协助年届耄耋之年的老师马相伯先生，也做了许多事情，付出大量心血，如代其参与各种社会活动、发表著述乃至照顾日常生活，两人的深厚感情大约就是这样建立起来的。

(一) 协助马先生参与各种社会活动。1931 年 5 月 5—17 日，国民政府在南京召开国民会议，徐景贤助马相伯老人间接参与国民会议，并与天津《益世报》总经理刘守荣(字俊卿)一同力争保持《中华民国临时政

---

① 《公教周刊》，1934 年第 252 期，第 14 页。

② 同上，第 14 页。

③ 同上。

④ 同上，第 15 页。

⑤ 杨堤：《纪念徐庐伽先生》，《益世周刊》，1947 年第 28 卷第 9 期，第 141 页。

府约法》中的人民信仰自由条款。① 1932年4月7—11日，徐景贤代表马先生出席洛阳举行的国难会议，并在会上代为署名并发言。② 10月17日，徐景贤又以马相伯先生出席国难会代表身份，致函《公教进行》杂志，称“近年国家多艰，国民救亡有责”，并刊登出由马相伯、蔡元培、于右任、熊希龄等人起草、商订的《中国民治促进会发起宣言》，目的是“以兴我国民众救济国难之善举，即作圣教会人士参政之准备”。③ 11月26日，徐景贤作为马相伯先生代表，与杜康侯、闻兰亭、张寿镛、伍连德、温宗尧等，以及美国救灾会会长白树仁、路透社总理甘斯勤以及中外新闻记者、摄影师，共80余人，乘专轮视察长江江堤。④

（二）还协助马先生接待外宾及记者的访问：1931年5月12日的日本学者泽村幸夫以及1932年3月1日的毛仿梅，对马相伯先生的访问，徐氏均在旁协助并接待。⑤

（三）作为私人秘书，徐景贤最重要的工作则是协助笔录整理马相伯先生的演讲、日常谈话、拟定文稿乃至编辑出版马先生的著述。

1932年，徐景贤笔录、整理马相伯先生对国人的广播稿共计十二次，名为《华封老人（马良）言善录》，连载于天津《益世报》。（1932年11月5日至1933年2月14日）1933年，徐氏又笔录整理并发表了下述文章：《唯一圣教可解决人生问题》，刊于《我存杂志》创刊号；《学术传教之急务》，载于《益世主日报》第22卷第24期；《相老人八十年之经过谈》，发表于《人文》杂志第4卷第7期；《相伯老人语录》，刊于《人文杂志》第4卷第7—10期；《青年与信仰》，刊于香港《南星杂志》第2卷第3—4期，并附有徐氏所撰之附录，述中国天主教史之概况。1934年则有：《宗教实义》，刊于《我存杂志》第2卷第1期；《徐文定的徐家汇》，刊于《国风》杂志第4

① 《马相伯先生百岁生活》，《中央周刊》1946年第8卷第23期，第315页。
② 《马相伯先生百岁生活》，《中央周刊》1946年第8卷第23期，第315页。
③ 《上海徐景贤来函》，《公教进行》，1932年第4卷第47期，第342页。
④ 《察勘堤工委员昨出发》，《申报》影印本第298册，第721页。上海书店出版社，1984年。
⑤ （日）泽村幸夫：《马良先生印象记》，朱维铮主编：《马相伯集》附编（甲），上海复旦大学出版社，1996年，第1061—1062页。

卷第 1 期;《乐善亲闻记》,乃是徐景贤将过去随侍马先生时直接听到的内容回忆并记录下来,发表于《人文》月刊第 5 卷第 2 期。此外,还记有《日本研究谈》,后由日本研究社出版。

此外,徐景贤还将九一八事变之后马相伯先生所发表的言论及各报记者采写的马相伯印象记,编为《马相伯先生国难言论集》出版。按照方豪的了解和判断,《马相伯先生国难言论集》内大部分文章非马先生本人所作,乃是他人代拟,而徐景贤代拟的可能性最大,包括:《为日祸敬告国人》(《申报》,1931 年 10 月 23 日),《泣告青年书》(《申报》,1931 年 12 月 19 日);《新年告青年书》(《申报》,1932 年 1 月 1 日);《为抵抗日本第二次进攻华北告国人书》(《南星杂志》(香港)周年纪念刊,1932 年 8 月 15 日);《对拥护国联盟约会之意见》(上海各报,1932 年 9 月 19 日),《将来的中国》(《东方杂志》新年特大号,1934 年 1 月 1 日);《国货年献词》(《申报》,1934 年 1 月 1 日),《告世界人士书——与章太炎联合宣言》(《时事新报》某日)等。[①] 其中《为日祸敬告国人》,方氏明言为“时任先生秘书已故徐哲夫先生所代拟。”[②]

徐景贤还撰有《替马相伯声明的一封信》,刊于《民力》1931 年第 1 卷第 6 期;《国难期之华封老人》,刊于天津《益世报》1932 年 4 月 29 日,介绍老人日常之生活状况,内中称马先生提倡“日本研究”,以及马先生对挽救国家危亡的一些观点。1944 年,徐景贤又主编《马相伯先生宪政意见》,在青年友声社出版,内收《宪法论全》、《宪法撮要》,附编收《马相伯先生在我国仅百年史上之地位》和《对于中华民国宪法草案的几点意见》等。1946 年,徐景贤人生中的最后一篇文章是纪念老师的《马相伯先生百岁生活:一位标准中国学者》,发表于《中央周刊》1946 年第 8 卷第 23 期。《马相伯先生百岁生活》里不少记述出自先生的亲闻、亲历,故保留下不少珍贵的史料,比如《一日一谈》的记录者为高语罕,“王瑞霖”不过

① 《编者附言》,方豪主编:《马相伯先生文集》,上海:上智编译馆,1947 年,第 447—448 页。
② 《世界杂志题词》,方豪主编:《马相伯先生文集》(续编),上海:上智编译馆,1948 年,第 82 页。

是化名，事实上，1999 年上海文艺出版社出版的马相伯《一日一谈》乃至朱维铮主编的《马相伯集》尚不知高语罕这个人的存在。

（二）陈垣先生

晚近有学者根据《陈垣先生来往书信集》研究民国时期陈垣先生的交游网络，将其交游圈子分为“政界人士圈”、“教育界、学术界人士圈”、“思辨社圈”、“同乡圈”与“弟子圈”五大类，其中称方豪为陈氏私淑弟子，刘乃和、柴德赓为嫡传弟子，而称徐景贤为后学。① 这种关于徐景贤的表述与事实不符，实际上，虽然他与陈先生的通信保存下来的只有三封，但徐氏事实上仍属陈氏嫡传弟子。

徐景贤与陈先生初识（或通信）的时间为 1927 年或更早。现存两人过从最早的记录是，1927 年 10 月 29 日陈先生邮赠给徐景贤一部北京辅仁大学影印的《明季之欧化美术及罗马字注音》。② 接下来，本文将从徐氏与陈垣先生确定师生关系前、后两个阶段对两人的关系略作梳理。

师生关系确定前。如前所述，徐景贤从事中国天主教史研究是受了马相伯先生的影响，但其选题却常以陈垣的研究为基础或者先导。1928 年 3 月，徐景贤在天津《益世报》上发表的《纪鳌拜辅政时代历法之狱》，即是在陈垣《中国基督教史讲义目略》所列“康熙三年之狱目略”基础上，加以补正，并称“他日再亲问教于陈先生之前”。③同年 7 月发表的《明季之欧化美术及罗马字注音考释》，则明言该文章是对陈先生为《明季之欧化美术及罗马字注音》所写跋语的补充，“陈先生作证程大约别字君房，明非两人，并指斥汪氏的伪托，检出确据来，这些都是令人折服的卓识！现在略对于图像与文字的本身，加以考释，因为陈先生不曾说明，现在补

① 刘贤：《论民国时期陈垣的交游世界》，《史林》，2008 年第 6 期，第 64 页。

②《明季之欧化美术及罗马字注音考释》，《新月》月刊，1928 年第 7 号。

③《纪鳌拜辅政时代历法之狱》，天津《益世报》，1928 年 3 月 22 日。

叙一下。”[1]1928 年 12 月 6 日，徐景贤完成《〈辩竹窗三笔天说〉之作者为谁》，仍是在陈先生研究的基础上继续寻找证据，从而考证出《辩竹窗三笔天说》的作者为徐光启。徐氏甚期望得到陈先生的指教，“援庵先生于一九一九年八月作此序，提出‘《辩竹窗三笔天说》之作者为谁’之疑问。此一细小问题，必待十年后始得有一解答……如有机缘，得面援庵先生，商榷此事，订为定论。姑先志之，以俟他日乞正云耳。”[2]1929 年，徐景贤撰写的《中华圣教会史导言》时，罗列出研究中国天主教史所需的古今著述，陈先生的《万松野人〈言善录〉跋》、《也里可温考》、《重刊〈灵言蠡勺〉序》、《中国基督教史讲义》（师大油印本）皆在其中，还特别盛赞陈垣、马相伯、英敛之在搜集整理天主教史资料上的贡献，“此一宏举，不仅华封老人有功，还有二位学者——英华与陈垣之努力，亦应提及，且均当铭感的！”[3]

师生关系确定后。1930 年，徐景贤入北京大学研究所国学门学习，指导教师即陈垣先生。徐景贤选定的研究方向为中国基督教史，毕业论文题目《中国天主教史略》，而这正是陈先生所擅长的领域。

1930 年 7 月 16 日辅仁社讲习营开办，至 8 月 27 日共举行讲演 114 场。陈垣主讲了两次，分别题为《近年来中国史学之新趋势》及《新发现之中国基督教史料》。[4] 徐景贤参加了研习营，或从中受益匪浅，且将当时研习营学生的作业辑成《辅仁社课》，并为之作跋。

此后，徐景贤在文章以及书信里仍多次提出请老师陈垣先生指正：其一，在《明孙火东先生致王葵心先生手书考释》中，徐景贤称“谨将月来所得考证资料，一一缕述，提要介绍，初稿草创，诸待整理！日后有缘，更求余师新会陈援庵先生订正。”[5]其二，1931 年 11 月 15 日徐景贤致函老

---

① 《明季之欧化美术及罗马字注音考释》，《新月》月刊，1928 年第 7 号。（注：因每篇文章重起页码，故该刊不标页码）

② 《〈辩竹窗三笔天说〉之作者为谁》，《清华周刊》，1928 年第 30 卷第 6 期，第 13 页。

③ 《中华圣教会史导言》，《公教青年会季刊》，1929 年第 1 卷第 1 期，第 75 页。

④ 《北平辅仁大学辅仁社十九年夏令讲席营讲题》，辅仁大学 1930 年印本。

⑤ 《明孙火东先生致王葵心先生手书考释》，《圣教杂志》1932 年第 20 卷第 9 期，第 533 页。

师，"奉诵手喻，敬谢师恩。生愿将在北大研究所提出之研究题目《中国天主教史》，仍仰仗师指导，改在辅大研究所完成初稿。"十日后，另一封信仍有类似的表述，"受业在沪两年来，充相老先生义务秘书撰文售稿而已，故得在辅仁研究院任编译员，且在老师指导下致力学问。"①

1934 年，徐景贤与好友方豪在明末江西吉安(旧称庐陵)出土的铁十字是否属于天主教遗迹问题上发生分歧。方豪曾致函陈垣先生，称徐景贤的观点，"豪实不能置服，千祈先生俟稍凉赐复。"②一年后，两人在讨论陈垣的《中国基督教史讲义》时，徐景贤因为信仰关系而被方豪有所指摘。方豪又致函陈先生，"冀一聆听先生辩护之语耳"。③ 由此可知，两人在学术观点上发生分歧时，都是冀望陈先生给以调停。但是，陈先生并未因此而批评徐景贤，而是将方豪的书信转给他，可见其对徐景贤的维护。

实际上，陈垣对徐景贤与方豪两位弟子冀以很高的期望。1940 年至辅仁大学深造的天主教司铎杨堤有过相关记述："记得陈校长往往将徐先生和方豪司铎相提并论，称作'浙江之豪，江西之贤。'有诗为证，'教中柱石推朝士，墨井荒凉置道边；今日谱成聊举逸，发挥仍赖有豪贤。'陈校长说：'《吴渔山年谱》成，适方司铎至此，书此答之。豪、贤谓方司铎、徐庐伽。"④这里的"发挥仍赖有豪贤"，显然是指陈垣冀望徐景贤、方豪在中国天主教史以及中西交通史领域中作出更大的贡献。

(三) 同门方豪

方豪，字杰人，浙江杭州人，中西交通史、中国天主教史研究大家。方豪小徐景贤三岁，不仅与徐氏一样是天主教徒，且同拜在两位老师——马相伯与陈垣门下。

首先是马相伯先生。据方豪自言，改宗天主教后，对当时教内深至

---

① 徐景贤致陈垣函，陈智超编注：《陈垣来往书信集》，北京：三联出版社，2010 年，第 611 页。

② 方豪致陈垣函，陈智超编注：《陈垣来往书信集》，北京：三联出版社，2010 年，第 318 页。

③ 方豪致陈垣函，陈智超编注，前揭书，第 319 页。

④ 杨堤：《纪念徐庐伽先生》，《益世周刊》，1947 年第 9 期，第 142 页。

敬仰的人有二，一为英敛之先生，另一为马相伯先生。方豪从十五岁时写信与马先生讨论“天主”译名问题，并开始收集马氏文稿。[①] 但两人初次见面却要到 1938 年秋，即马先生去世的前一年，地点是广西桂林风洞山。在那里，方豪请马先生收其为弟子，并进行了隆重的拜师礼。马先生去世后，方豪即以收集整理出版马先生的文集为己任。在《马相伯先生著述系年拟目》一文中，方豪自言：“编印先生文存，实后死者之责，不容有所推诿矣。”[②]但是，方豪与马先生的关系，更多表现前者为对后者的崇敬，两人的实际往来可能比较有限。

至于陈垣先生。自 1926 年起，方豪开始与陈先生通信，[③]此后二十余年，往来书信讨论学术问题甚多，但初次见面却要到 1946 年。当年 6 月 23 日陈垣在给陈乐素的信中称：“昨日方司铎由青（岛）飞（北）平，廿年通讯，一旦晤面，喜可知也。”[④]方豪与陈垣面对面接触不多，似也无正式的师徒名分。在陈垣六十五岁（1943 年）时，方豪欲仿中央研究院前例，（达于六十五岁之著名学人，朋辈或门生为之出版祝寿论文集）为陈先生祝寿。后虽被拒绝，[⑤]但从中可见方豪对陈先生的敬仰，以及时时不能忘怀的感恩之情。

徐景贤与方豪在师承、信仰以及研究领域上具有高度的一致性，甚至 1930 年代两人的文章发表的杂志也很类似，如《我存杂志》、《磐石杂志》、《新北辰杂志》、《圣教杂志》、香港《新南星》等。然而，因资料所限，两人的直接交集却难以完整呈现出来。

可以确定的是，徐景贤与方豪 1934 年相遇于浙江平湖。他们二人

---

① 方豪：《马相伯先生》，《思想与时代》，1942 年第 6 期，第 39 页。

② 方豪：《马相伯先生著述拟目》，《上智编译馆馆刊》，1947 年第 2 卷第 1 期，第 73 页。

③ 按：方豪在《与励耘老人往返书札残剩稿》一文中回忆，“我第一次冒昧地写信给陈先生，是在民国十五年（1926）十一月”，转引自陈智超编注：《陈垣来往书信集》，北京：生活·读书·新知三联书店，2010 年，第 307 页。

④ 陈垣至陈乐素函，陈智超编注：《陈垣来往书信集》，1946 年 6 月 23 日，至陈乐素函，第 1146 页。

⑤ 陈垣致方豪函，陈智超编注：《陈垣来往书信集》，第 324 页。

曾就江西吉安出土的东吴时期的铁十字是否为天主教遗物，以及金声是否天主教徒等问题，反复争论。一方面说明两人关系应该较为密切，另一方面也说明他们在处理学术与信仰关系的态度上存在很大的不同。最终，方豪写信请陈垣裁夺，“豪实不能置服，千祈先生俟稍凉赐复。”①方豪还将徐景贤对《中国基督教史讲义》的批评告诉陈垣，“曩在平湖时，曾以徐景贤对《基督教史讲义》等不满之言上渎清听者，冀一聆先生辩护之语耳。”②虽然，陈垣作了冷处理，将其书信转给徐景贤。但徐、方两人的隔阂业已形成。冲突发生时，徐景贤 27 岁，方豪 24 岁。1946 年徐景贤去世前的那个夏天，两人在南京又见过面。③ 方豪依然称徐氏为“我友”，④但两人关系中的裂痕似未弥合。徐景贤去世，友人纪念徐氏的文章就刊登在方豪主编的《上智编译馆馆刊》上，而方氏未置一词。第二年，另一天主教史家徐宗泽去世，方豪有专文纪念，形成鲜明的对照。

四、学术成就

除去因抗战军兴、颠沛流离导致较为沉寂的十年，徐景贤实际从事学术研究的时间亦不过十余年，却发表了大量的作品，而且涉猎领域甚广，既有近代以来兴起的国学研究，也有受西方影响下而形成的新学科——文学、新闻学领域的研究，而其用力最勤、撰文亦最多的领域却是天主教研究，涉及中国天主教通史、中国天主教人物以及事件的研究等。

(一) 国学

从 1924 年入北平私立民国大学文预科就读，到 1929 年清华大学国学研究院毕业，这短短的五年，是徐景贤倾力进行国学研究的时期。

---

① 方豪致陈垣函，陈智超编注：《陈垣往来书信集》，第 318 页。

② 方豪致陈垣函，陈智超编注：《陈垣往来书信集》，第 319 页。

③ 方豪：《马相伯先生著述系年拟目》，《上智编译馆馆刊》，1947 年第 2 卷第 1 期，第 73 页。

④ 方豪：《最近发现王徵遗文纪略》，《圣教杂志》，1936 年第 25 卷第 3 期，第 148 页；另见方豪：《孙元化手书与王徵交谊始末注释》，《真理杂志》，1944 年第 1 卷第 2 期，第 225 页。

1926 年，徐景贤为《国学月刊》作"卷头语"，提出青年学者"对于固有学术既负有传导之责任，即于未来值学术，应有发明之义务"。① 为此，虽然当时只是一名本科生甚至预科生，徐景贤已经有多篇习作问世。

1. 哲学

《读孟心解》是当时仍是大学预科生的徐景贤的首篇学术论文，完成于 1925 年 5 月。徐氏创作该文章的目的是"解书解心，藉资调摄此心也，或于世道人心亦有小补"，重点梳理了孟子及后世注疏者，如扬雄、韩愈、赵岐、程颐、王阳明等人关于"心"概念的阐释，并对《孟子》在齐家事亲、社会交际以及政治设施等方面的论述略作清理。徐氏极为推崇孟子学说，认为，"不偏不陂者，孟子之说而已。言仁义，道性善，皆所以正人心，息异学，开原塞流也。"②

不久，在读了同学李名正的书稿《阳明哲学》后，徐景贤提出对阳明心学传承的基本认识，"余意阳明为学之志，一斋（娄谅）启之，教化之传，中江（编者按：日本学者中江藤树，德川初期日本阳明学的创始人）传之"，又指出王阳明的思想，在本质上，"远绍孟子，近接象山，初学于宗而终于儒，诚有以得孔家之心学，非空门之狂禅也"。③

年底，徐景贤又作《陆象山评传》，提出"天地何所穷际"、"人生天地间，如何植立"为陆象山学术追求的两大疑问，并认为陆氏的学术渊源有二：一为道学，一为家学。文中先是论述陆象山的宇宙观及人生观，以之为陆氏道学的起点，又从"何谓学"、"所学果何事"、"学"、"如何学"、"论学"等五个方面阐释陆氏的哲学思想。④

《读〈佛说四十二章经〉》是徐景贤唯一一篇论述佛学的文章。文章主要根据晋、唐间各种佛经目录，详细考察《四十二章经》的著录情况，进而指出后世将《四十二章经》列入经书，经历过一个"整齐故事"、"譬如九

---

①《卷头语》，《（民大）国学月刊》，1926 年第 2 卷第 2—3 期。

② 读孟心解，《（民大）国学不定期刊》，1925 年，第 9—32 页。

③《附录》，同上，第 141—144 页。

④《陆象山评传》，《（民大）国学月刊》1925 年第 1 卷第 5 期，第 13—18 页。

纪浮屠，层累地成”的过程，[①]似有顾颉刚先生“层累地造成中国古史”学说影响的痕迹。

《〈明夷待访录・学校篇〉释解》与《读〈佛说四十二章经〉》刊于同一期，徐景贤对《学校篇》逐节进行甚为详细的注释，而注释的背后却有强烈的社会现实关怀，“余观此篇于学校与政治，多所发挥。迩来政局纷扰，轹及黉舍，当局者往往指摘学校为党化机关，磨刀霍霍，牛羊奚择？而大学生亦惴惴自危，竟以‘专门以上学校学生应否参与政治运动’互相质疑，殊可怪也！邦国不幸，暴力横行，激浊扬清，伊谁之责？虽不尽以身殉，岂惮于笔舌救之耶？直道犹存，好自为之，免为古人笑我；爰全录《明夷待访录・学校篇》原文，并附注释；学校之尊严，于兹可见其万一”。[②]

此外，徐景贤还对《孝经》这一儒家经典进行过持续、深入的研究。

《孝经余论》，完成于 1926 年 3 月 30 日，内容包括《孝经》的起源，对章太炎先生“孝经本夏法说”有所批驳；还谈到《孝经》文本的形成，在汉唐时期的流传以及先秦时期“孝”的观念等。[③] 所论尚不够深入，条理亦不够清晰。

《孝经之研究》是徐景贤在清华大学国学研究院时的毕业论文，1931 年由北平公记印书局自印。该书由章太炎署检，林志钧题签，马相伯序，文前附有徐景贤在清华大学的毕业证书。《孝经之研究》是 20 世纪较早以现代学术立场对《孝经》进行源流考辨、流传研究的著述。在出版后记中，徐景贤声称还要对《孝经》中的其他问题进行研究，似未完成。

在《孝经之研究》一文中，徐景贤将《孝经》的流传历史分为三个时期：古代，主要指两汉；中世，从三国到唐代；近世，自五代、宋、元、明、清乃至民国。

古代部分包括：汉初置《孝经》博士的传说，董仲舒的《孝经》说，司马

---

① 《读〈佛说四十二章经〉》，《国学月刊》，1926 年第 2 卷第 4—5 期，第 4—9 页。

② 《〈明夷待访录・学校篇〉释解》，《国学月刊》，1926 年第 2 卷第 4—5 期，第 11—12 页。

③ 《〈孝经〉余论》，《（民大）国学月刊》，1926 年第 2 卷第 2—3 期，第 5—12 页。

迁笔下的《孝经》学传授谱系，汉代《孝经》的地位，汉代《孝经》学的谶纬化，《汉书·艺文志》中《孝经》诸家文本以及篇章的差异。

中世部分包括：中世《孝经》的流传概况；中世提倡《孝经》运动，专述唐代玄宗注《孝经》的过程；儒释道相互作用中的《孝经》，道教攻佛教，儒家攻道教，皆以《孝经》为武器，同时《孝经》也依赖释、道两家而广泛传播；中世《孝经》学的成绩，其他民族学习的《国语孝经》以及流入日本的情况，并略述《孝经》衍伸之作，如《女孝经》、《佛孝经》、《道孝经》、《武孝经》之类。

近世部分包括：宋代《孝经》的艺术化倾向，出现《御书孝经》，《诗咏孝经》。继而《孝经》为道学家（尤指朱熹）笔削删改，而最终被摒弃于"四书五经"之外。徐景贤指出《孝经》地位下降的两个原因：宋代后期以因袭为传统的经学研究已经衰落，《孝经》流派多失传，且治学观念上多视汉学如土埂；从道学方面讲，朱子删改《孝经》，定四书，是《孝经》在儒家经典中地位降低的直接原因，还间接影响到后人对《孝经》的研究态度。徐景贤还指出，在古代、中世两个时期，经书都只是单独讲习，而到近世期以后，开始出现《孝经》与群书的比较研究：如宋代王安石比较《孝经》与《孟子》；朱熹比较《孝经》与《论语》、《左传》；元代吴澄比较过《孝经》与《春秋公羊传》、《谷梁传》、《左传》；明代黄道周将《孝经》与《礼记》、《孟子》相比较；清代毛奇龄、丁晏、崔适还利用比较方法去否定朱熹对《孝经》非圣人言的观点。此外，来华教士孙璋据天主教伦理学讨论过《孝经》，章太炎先生也将《墨子》与《孝经》放在一起谈。最后，徐景贤还详细讨论到入主中原的少数民族政权金、元、清对《孝经》的重视，《孝经》在日本的传播情况，以及《孝经》在西方世界的翻译及影响。

徐景贤对《孝经》的终极价值判断是："此一卷者，为历代相传，童蒙必读之书也。既已形成为国民常识之一部分；故在中国道德学史中，应享有极优越之位置……实古代宗法社会思想之唯一结晶，相沿而为我国家族制度下之中心学说。"

《孝经之研究》出版后，因为是家印本，流传范围很有限。1937 年，蔡汝堃著《孝经通论》时，其所作"《孝经》集目考略"中尚有《孝经之研究》，注明为铅印本。[①] 1972年，程发轫主编的《六十年来之国学·经学之部》中有一"民国以来之孝经学书目"，收入五十七位研究者的六十四种著作，虽然包括《孝经之研究》，但出版信息不详，可见原书并未能寓目。[②] 1986年，台湾学者陈铁凡著的《孝经学源流》，被誉为《孝经》学的扛鼎之作，[③]其所列的《孝经学著述要目》中却未列入徐景贤的《孝经之研究》。[④] 诚然，陈铁凡对《孝经》的流变分期更为合理，断代研究更为深入；但《孝经之研究》总结出的《孝经》学的艺术化以及与其他经书的比较研究等，陈书并未提及。

《孝经之研究》篇幅并不大，阅读者仍可识其价值。1996年，胡平生就曾给予高度评价，"近人研究《孝经》较具特色的有徐景贤的《孝经之研究》，王正已的《孝经今考》，蔡汝堃的《孝经通考》。"[⑤]未能发现者，恐还是功夫上不到位。[⑥]

此外，徐景贤还写过《六书启蒙》，是其1926年春在北京民国大学附中讲授"国文法"的讲义，分上、下两篇。上篇为：一、六书之源流；二、六书之本质；三、六书之分合；下篇包括：四、六书与汉字变迁；五、六书研究法；六、参考书举要。徐氏自称该文的定位为"鲜有创获"，"大都汇纂前贤之述作，成此一卷，以便初学"。[⑦] 由于目前所见，发表的部分仅涉及第一部分"六书源流"，故本辑并未收入。

2. *历史学*

在民国大学读书时，徐景贤还曾计划撰写《中国名人》一书，"关于中

---

① 蔡汝堃：《孝经通论》，上海：商务印书馆，1937年，第133页。

② 程发轫：《六十年来之国学·经学之部》(第一册)，台北：正中书局，1972年，第618页。

③ 舒大刚：《中国孝经学史》，福州：福建人民出版社，2013年，第488页。

④ 陈铁凡：《孝经学源流》，台北：国立编译馆，1986年，第401—522页。

⑤ 胡平生：《〈孝经〉是怎样一本书》，《孝经译注》，中华书局，1996年，第45页。

⑥ 按：舒大刚《中国孝经学史》中专节讨论民国时期的孝经学研究，却未提到徐景贤的《孝经之研究》。参见舒大刚：《中国孝经学史》，福州：福建人民出版社，2013年，第478—483页。

⑦《六书启蒙》，《(民大)国学月刊》，1926年第2卷第4—5期。

国各方面著名人物皆当叙论，如名士名将，如名君名臣，如名匪名寇……等等，皆以能代表一部分中国民性与占一部分中国国史的地位，而又与现代有关系者皆采集之。”①徐景贤确实完成了几篇，内容无甚可言之处，不过多蕴含爱国及救国的情怀。

《黄巢——中国名匪之一》，刊于《（民大）国学月刊》创刊号。该文有极为现实的考虑：文首即称，“论列黄巢，榜世国人，以为有志救国者之资鉴”，文末又言，“民气不可压迫，愈压迫而反抗力愈大，压迫者必消灭无遗类，此一定之公例也。得民失民，惟民众心理是赖……今世中国，盗匪遍布，民愁日甚，而蠢蠢欲动者，正方兴未艾！安得化身千万，大声疾呼，唤醒弭患之策，共谋极乐世界，而同为太平之民，是以著论，问道于忧世之士云”。②

《王莽——中国名奸之一》及《王莽续》，刊于《（民大）国学月刊》第 1 卷第 2 期、第 3 期，将王莽一生之盛衰，分为初盛（王莽为大司马前）、全盛（前称帝）、初衰（改元地皇）、全衰（身死）四个时期，提出中国封建专制政体更替的本质，“君主本非‘天授’，以‘人力’强得之！当其力足以维持政局也，则暴力压民，养成卑劣之风气；及其力不足也，则他力即起，攘夺天下，遂起私斗之战祸：卑劣之风气成，全国直行尸走肉耳！私斗之战祸兴，其燃豆烹矣！国人操命讨之权，十笔思荣枯之命，世有伪稽典文，私谋窃据如王莽若而人者，公论纠之。”③

《秦桧——中国国贼之一》，刊于《（民大）国学月刊》第 1 卷第 4 期，包括秦桧年谱、名流时代的秦桧以及执政时代的秦桧三部分，述秦氏生平及其祸国史实。

《杨椒山评传》，徐景贤除了叙述传主生平外，亦特别强调杨氏的爱国之心和报国之举，称其“行事于现代民主政体，虽若不相符合；然其精

---

①《黄巢——中国名匪之一》，《（民大）国学月刊》1925 年第 1 卷第 1 期，第 4 页。

②《黄巢——中国名匪之一》，《（民大）国学月刊》，1925 年第 1 卷第 1 期，第 1，3—4 页。

③《王莽续》，《（民大）国学月刊》第 1 卷第 2 期，第 10 页。

神实有历久不磨之特色……丹心报国，并非忠君，实忠国也；并非殉朱姓一人一姓，实殉亿兆人之中国也”。①

此外，徐景贤曾计划撰写《中国思想史》及《中国之大思想家》等书，并已由章太炎先生题写书名，似未能完稿出版。② 不过，他的部分思考体现在《研究中国思想史的新动向》里。在该文中，徐氏指出研究中国思想史时存在三类困难：中国人以往缺少思维的科学，没有科学方法以及文字的暧昧；徐氏还将中国思想史分为上古、中古、近代三个时期：西汉以前为上古，东汉至元代为中古，明以后为近代；最后并提出从事思想史研究的策略：“根据人类学考察我国民族的起源及演进，根据考古学和信史，以求历史真像，根据人文的沿革地理，以考察环境关系，根据当时的政治及经济状况，以窥见当时之背景，考察当时宗教文物典章制度以徵事实，结果用思维术考察各方面所表达的思想。”③

除人物思想研究外，徐景贤还撰写出几篇与当时中国现实密切相关的文章。一篇为民大《政治学会月刊》第3、4、5、6、7期发表的《中国与列强》，约有三万余字，分为五部分：绪论，过去观，现在观，未来观及结论。徐景贤用了大量笔墨述中国所面临的列强侵略瓜分的现实，英、美、法、日等国对外政策，以及对华之军事、经济侵略等。另一篇是1928年5月13—26日间在天津《益世报》连载的《日本之谜》。该文有王国维二重证据法影响的痕迹，在谈到日本徐福的遗迹时，作者称，“似系一种地下的材料，或可与纸上所载的神话，参证一下”。文中主题部分讲述正史文献如《后汉书》、《宋书》、《梁书》以及《唐书》内所记载的中日两国交流，元朝征日失败的情形，明代中日关系中的倭寇问题，最后参考大量文献，探讨近代以来日本维新变法，及日本对中国军事、经济、文化、思想上的侵略，并对中日关系的前景进行了预测。

---

①《杨椒山评传》，《(民大)国学月刊》，1925年第1卷第3期，第1—5页。

②《近故余杭章太炎先生哀辞》，《学风》，1936年第5期，第10页。

③《研究中国思想史的新动向》，《公教学校》，1938年第4卷第12期，第223页。

3. 文学

(1) 剧本

徐景贤对剧本的创作也很重视,很推重马相伯从前对康有为说过的话:“欲维新国俗民情,演新剧为方法之一。”①其创作的剧本有《北平民大学生旬刊》第6、7期上发表名为《一椿未了结的血案》,系根据1925年7月31日英国军舰在南京下关开枪伤人的真实事件改编而成。1933年,为纪念徐光启逝世三百周年,徐氏又创作《中国开教三大柱石》,刊于《我存杂志》1933年第1卷第4期及1934年第2卷第4期。《中国开教三大柱石》讲述杨廷筠在李之藻规劝下,放弃所纳之妾,受洗入教,以及徐光启、李之藻、杨廷筠并力保护天主教的故事。

(2) 诗歌

自中学时起,徐景贤已经在写诗,至北平私立民国大学就读后,《小鸟》、《十年》、《小诗十二首》、《战争》、《哭外祖母》、《努力》等刊载于《民国大学学生观摩集》第一编,此后还有一些诗歌发表于天津《益世报》上。1929年结集,名为《希望》,由马相伯先生题字,好友储皖峰作序。储皖峰称:“友人徐君景贤将他年来发表的新诗集成一册,总计五十首。我细细的看过,内中一部分小诗颇好,一部分写平民痛苦也很精致(指《征夫泪语》、《回家以后》)……右列几首诗,要算观察极清楚,描写较深刻的作品……此外关于写景抒情的……比杜甫的‘四川有杜鹃,东川有杜鹃,涪万无杜鹃,云安有杜鹃’,趣味要永隽多了。……这是何等具体的写法!在咱们文明古国里抱这种观念的人实在太多,景贤给他尽情揭出来,好像春天的霹雳,惊醒了无数人的迷梦……”②

(3) 中国文学史

徐景贤最早的一篇文学史论文是《歌谣之研究》,作于1925年,主要是考释“歌”与“谣”的含义,并举历代文献中流传的歌与谣,略作说明。③

---

①《中国开教三大柱石》,《我存杂志》,1934年第1卷第4期,第63页。
② 储皖峰:《〈希望〉序》,天津《益世报副刊》,1929年1月27日。
③《歌谣之研究》,《(民大)国学月刊》,1925年第1卷第3期。

或许是受到清华大学国学研究院导师陈寅恪先生的影响，徐景贤对唐代文学作品也做过些研究，包括《白居易评传》以及《白乐天的妇女文学》两篇文章。

《白居易评传》是1929年徐景贤连载于天津《益世报》的一篇文章。首先通过对比白居易和杜甫的作品，指出白氏抒情诗人的本质以及其诗歌平民化的特点。文中涉及白居易的生平并不多，主要是从白居易的诗歌入手，谈白氏的伦理观念，如孝的观念与义的观念，认为白氏“抒情的文字，高尚庄严，处处不与健全的道德相抵触，这是他个人精神涵养有素，所以能不逾矩，也就是他的伟大的特色”；又谈其生活态度——乐天观念，涉及对贫、贱、富、贵的观察；徐氏还指出白氏诗中对社会形形色色的摹绘以及对付吉凶祸福的态度等。

《白乐天的妇女文学：从白乐天谈到唐代妇女问题》发表于《妇女杂志》1930年第16卷第3期。在该文中，徐景贤指出史册所载，不过只具几个“三从四顺”的妇女，没有真正某一时期妇女生活的写真，而在文学作品中却是可能的。徐景贤以“文学作品都是基于作者当时代的生活及思想这一论断”出发，从平民文学家白居易的《白氏长庆集》揭示当时中国的家常妇女以及有特殊身份的女性的生活情况。其中家常女性的生活，主要从情爱、议婚、婚期、嫁娶、妇道、家庭六个方面展开。以嫁娶为例，徐氏列举多首白居易的诗，如《赠友五首》中的“近代多离乱，婚姻多过期。嫁娶既不早，生育常苦迟；儿女未成人，父母已衰羸”。对照《尚书大传》、《白虎通义》、《春秋外传》、《墨子》中记载的婚嫁男女年龄，说明安史之乱对当时社会婚姻的影响。至于特殊身份的女性，白诗则描绘出女工、尼姑、妓女、宠妃、出妇、寡妇等特殊身份女性的生活情况。最后，指出白乐天作为妇女文学家的成功原因即在于其平民化，且因此受到唐代女性的欢迎。《白乐天的妇女文学》有以诗证史的影子。

相较而言，徐景贤在现代中国文学史研究上用力更深，较具代表性的文章即《现代中国文学概观》，是徐氏在省立河北大学任教时，应省立河北第二师范学校之请所作，系统概述现代中国文学的演讲，凡六次。

文中先是进行学术史的回顾,逐一评点 20 世纪 30 年代之前关于现代中国文学史的著述,如胡适的《五十年来中国之文学》、郑振铎《文学大纲》、赵景深《中国文学小史》、谭正璧《中国文学进化史》、陈子展《最近三十年中国文学史》、钱基博《现代中国文学史长编稿本》以及杨振声的讲义;接着对现代中国文学的背景、特征进行了阐述;最后,对现代中国文学史的重要作家(分为诗家、小说家、剧作家)及其作品进行了评述。

现代中国文学的背景分为社会背景、历史背景与文化背景三方面。其中社会背景包括文人的生活与态度,报纸及副刊以及书店的大量涌现。历史背景分为专制到革命时代,以及从闭关到开放两个层面。文化背景指中国民族精神变化的方面。文章中关于报纸副刊在新文化运动中的作用,以及书店对文学创作的影响,是很有见地。

文章将现代中国文学的特征分为观念和趋势两方面。从观念上讲,作者认为,从前的人对于词曲,常视为小道,认为无足轻重,而今却是很重要的文学作品,与前人的见解有冲突。趋利方面,浪漫主义的文学家,想把中国正统文学推翻,一切步外国人的后尘!抒情主义作者则有颓废、假理想、笃信天才、皈依自然等表现形式。

现代中国诗人分为传统诗派和革新的诗派两大类:传统诗派又分为宋体诗派及古体诗派:宋体诗代表有陈三立与胡梓芳;古体诗则是黄节和林纾。革新的诗派,包括白话诗和文言诗:其中白话诗分为三期,分别以胡适、冰心与徐志摩等为代表;至于文言诗则主要评述康白情、吴芳吉的作品。

现代中国小说家及其作品:讲到现代的小说家及其作品分成翻译和创作两部分论述的。

翻译部分包括三期:第一时期:《新民丛报》所刊的福尔摩斯侦探小说。第二时期:林琴南的翻译小说。第三时期:托尔斯泰的小说,巴比尼的《基督传》,还有亚米契斯的《爱的教育》等。

创作部分包括传统与革新两派:其中传统派,如刘鹗《老残游记》、吴沃尧《二十年来目睹之怪现状》、董荫狐所撰各种侠义小说如《孝义英雄传》、张恨水的《春明外史》。革新派包括短篇小说与长篇小说。短篇小说以鲁迅的《呐喊》、绿漪女士《棘心》为代表;长篇小说有杨振声《玉君》以及老舍的《赵子曰》、《老张的哲学》、《二马》等。此外还有郁达夫等人的作品。

最后讲到现代中国的戏剧家及其作品,主要评点丁西林、欧阳予倩、于上沅、洪深以及歌舞剧专家黎锦辉等人的作品。

此外,徐景贤还为香港《南星杂志》作过一篇《当代名人著作杂评》,重点评述中国新文化运动以来的新诗。他对美国人"授予"胡适"中国文艺复兴之父"的称谓不以为然,因为他认为,胡适主张的文学改良并非是一种科学运动,乃是受了现代教育思潮的暗示。胡适并未推翻传统文学,但颇能开一新的风气。① 至于冰心的诗集《春水》,徐景贤也强调,"所谓中国新文学,多少是应晚近的世界文艺思潮而产生的,或称灵魂的觉醒(Reveil de L'ame)"。②

(二) 新闻学

徐景贤从事新闻事业多年,曾任天津《益世报副刊》主编,天津《益世报》学艺部主任,及该报驻京沪特派员,还曾任香港《中和日报》副总编辑兼督印人等职,所撰新闻学论著有《十字言论集》等。1934 年,徐景贤任教安庆省立安徽大学时,讲授的科目是新闻学及中国哲学史。③可见,无论在新闻学理论还是新闻学实践上,徐景贤均极富有经验,亦因此撰写出《新闻学常识讲话》一文,后转载于《我存杂志》1934 年第 2 卷第 4 期。从其纲目来看,颇值得一读的。该文共分三编:第一编为绪论,包括写作该文章的动机、新闻是什么,新闻学中的两大指导思想——趣味与实益;新闻学的公益性以及各国新闻教育之比较。第二编为常识,讲述报馆的

---

①《当代名人著作杂评》,《南星杂志》,1932 年第 2 卷第 2 期,版六。

②《当代名人著作杂评》,《南星杂志》,1932 年第 2 卷第 2 期,版七。

③《新闻学常识讲话》,《我存杂志》,1934 年第 2 卷第 4 期,第 53 页。

内部组织、新闻纸的名与实、新闻事业最近的趋势、国际报业的共同要求，以及到报界去的路，即对新闻的敏感性——新闻鼻；新闻要点便如第一句最佳；六个何字诀；通讯社的过去与现在；并介绍到民国时期出版法里的第十九、二十条；新闻事业论；邮电问题的重要性；关于手民日用术语；记者联系与报馆联合；鸟瞰中国报业。第三编结论，从孔夫子讲到每日的新闻，又讲新闻记者的生活，新闻记者的收获，新闻记者信条式范等。

此外，徐景贤还写过一篇《公益与报纸》，载于 1931 年 3 月 2 日香港《中和日报》。徐氏认为，“报纸不独为启发民智宣扬文化机关，抑亦谋一般人民公共利益而设，始符代表舆论之职志耳！”“以公益为前提而论，则新闻记者之私德，极应提倡”，“‘有闻必录’，固报纸所克享之一种权利，然而一般记者，往往同时忽视其必须履行之义务。即‘隐恶扬善’之一大原则。”而徐景贤主持下的《中和日报》确实是以“言论匡救社会之主旨”。①

(三) 天主教相关研究

徐景贤投入精力最大、著述最丰的领域是与天主教相关的研究，主要涉及四大块：中外思想文化交流与传播、中国天主教通史，徐光启研究以及天主教人物、事件的研究。

1. 中西思想文化交流相关研究

《〈明季之欧化美术及罗马字注音〉考释》，发表于《新月》1928 年第 7 期。在陈垣的研究基础上，徐景贤从图像以及文字两方面对明程大约《墨苑》中的四幅图画的内容进行了研究，先是推测几幅图皆为利玛窦献给万历帝的圣像，后对图的内容进行了考察：徐景贤认为，程大约之所以请求利玛窦撰罗马拼音注字，一方面是对西人文字感兴趣，同时也有与方于鲁著作竞争中争奇致胜之因素。此外，他还特别强调利氏罗马注音的意义：“所谓以西洋之音，通中国之音，数典及祖，当溯源于利子；踵武

① 《公益与报纸》，《十字言论集》，出版信息不详，1931 年，第 7 页。

前躅,便归功金尼阁。这《墨苑》中的罗马注音字发现以后,对于谁作谁述的观念,应转变一下才对!"①1930 年向达在《明清之际中国美术所受西洋之影响》一文,提到徐氏的文章,并予订补,"徐景贤君复著《明季之欧化美术及罗马字注音考释》,于《墨苑》宗教画第一、二、三、四诸幅所附诸拉丁字俱为译其大概,并疑利玛窦进呈像及徐光启圣母像赞所指即为《墨苑》所刊圣母像。徐君此疑,按之顾起元之言,可以释然,徐光启在南京所见之圣像,当即顾氏所见,而进呈图像又必非简陋之雕版像。"②

徐景贤写作本文时,法国教士费赖之的《在华耶稣会士传记及其书目》尚未出中译本。据 1932 年圣依纳爵所撰之《绪言》又知,《在华耶稣会士传记及其书目》初版为 1897 年石印本,错误很多,"不许售卖,仅许供江南诸教师书室或档库之收藏,非得传道会道长之许可,不得交给外人阅览"。③ 冯承钧的译本完成于 1935—1938 年间。又据冯承钧所言,该书初印本极为罕见,而 1935 年始有重印本,④由是可知徐景贤查阅的是费赖之的法文原著且是初印本。

《圣奥思定与中国学术界》是 1930 年 8 月 28 日徐景贤在北平纪念圣奥思定(编者按:现通常译为"圣奥古斯丁")逝世 1500 周年大会上宣读的论文。1930 年 9 月 1 日至 10 月 20 日刊登于天津《大公报·文学副刊》,《中华公教青年会季刊》第 2 卷第 3、4 期转载,后又由中华公教学友联合会发行单行本。

徐景贤将圣奥思定在中国的传行史分为两个时期:前期为明末清初,后期为晚清以降。每一期内着力讨论三方面:中文世界介绍到的圣奥思定生活、学说以及学派的情况,"侧重与中国学术界之关系,对于征

---

① 《〈明季之欧化美术及罗马字注音〉考释》,《新月》,1928 年第 7 期。

② 向达:《明清之际中国美术所受西洋之影响》,《东方杂志》,第 27 卷第 1 号(1930 年 10 月),第 22 页。

③ (法)圣依纳爵:《绪言》,(法)费赖之著,冯承钧译:《在华耶稣会士列传及书目》,北京:中华书局,1995 年。

④ 冯承钧:《序》,(法)费赖之著,冯承钧译:《在华耶稣会士列传及书目》,北京:中华书局,1995 年。

引史料,仅采若干例证,并不将有关于圣奥思定之汉文著述,一一网罗,事事枚举”。①

在第一期内,关于奥古斯丁生活的介绍,徐景贤引到利玛窦的《天主实义》,艾儒略的《铎书日抄》以及清代乾隆年间冯秉正的《圣年广益》中的相关内容。关于奥古斯丁学说的介绍:逻辑学方面引述了傅泛际、李之藻合译的《名理探》;伦理学则引毕方济、徐光启合译的《灵言蠡勺》;神学方面则提到《圣经直解》里有引述圣奥古斯丁的意见。至于奥思定学派在中国的情况,徐景贤不仅讲到奥斯丁修会在华的情况,还以明末引入的托马斯·坎贝斯的《遵主圣范》的中译本,以及艾儒略的《七克》以及《四库全书总目提要》对天主教神职人员不婚情况的阐释,说明当时奥思定学派学说已经影响到中国学术界。

在第二期内,在圣奥古斯丁的生活介绍上,徐景贤首推胡贻穀所译的《忏悔录》,对其删减情况作了说明,还提到其他人试图重译《忏悔录》的情况。关于圣奥思定学说的介绍,徐景贤对当时国内所译的欧、日人研究多种进行了评述。至于圣奥思定学说的译介方面:文学上,徐氏提到郑振铎的《文学大纲》和周作人的《欧洲文学史》,并指出郑振铎的研究“实对于奥思定‘仍旧是一个人’更感兴趣”,只是肯定其著作的“人间”价值。② 徐氏还将奥思定的宗教颂诗与南宋词人石孝友的《惜奴娇》进行比较分析,认为两者“从内容言,均系抒发爱情之作品;从外形言,均系对话体之文字,而以第二人称代名词,为‘歇后语’”;但前者爱的对象是上帝,从而具有超越所谓人间之价值。”③哲学上,徐景贤以刘伯明《西洋古代中世哲学史大纲》为例进行评点,指出可以根据旧有的玄学,进而理解所谓神学。④ 从而,指出了研究西方神学哲学问题的一种路径——比较研究。

最后,徐景贤归纳出两个时期内圣奥思定对中国学术界影响的差

---

①《圣奥思定与中国学术界》,北平:中华公教学友联合会出版,1931 年 ,第 11—12 页。

② 同上,第 41 页。

③ 同上,第 42 页。

④ 同上,第 44 页。

异:其一,明末清初奥思定多只影响教内人士,而在晚清民国时期则教内外研究者参半;其二,清末清初征引到奥思定的思想学说多是用以说明其他事理,而晚清民国时期则以奥思定本身的传记和著作为研究对象和主体;其三,晚清民国时期对奥思定的认识更为深刻,成果更多。徐景贤还提出可以从历史哲学、中古政治、教会制度以及文化史观等多方面对奥思定进行更为深入的研究。他还认为奥思定的德行及伦理学说"既与我国伦理,若合符节,而其学说更有足以矫正我国习俗下之流弊者","输入中国学术界,可视作对于我国国民道德之一种贡献"。①

1931年,《北平图书馆馆刊》刊出书评,称《圣奥思定与中国学术界》"详征博引,中国著作中凡曾道及圣奥思定者,无不为之爬梳搜抉,予以诠评,博学深思,徐君有之",又称"叙述圣奥思定与中国学术界之关系,尚无有胜于徐君之文者,不能不推为巨著也"。② 在名著《中西交通史》中,向达也提到了《圣奥思定与中国学术界》,"哲学方面,有系统的著作不多,关于圣奥斯定(St. Auzustine)学说在中国的痕迹,有徐景贤为北平圣奥斯定千五百年纪念会作的纪念论文《圣奥斯定与中国学术界》一篇,可以参考。"③

《亚规纳多玛斯》是徐景贤为英人所著《托马斯·阿奎那》所作的书评。在介绍该书内容的同时,徐景贤也做了一些考订工作,比如根据意大利版本,考订出江绍原所译阿奎那圣诗中存在误译的情况。徐景贤在评价这部传记时,特别指出明清之际徐光启等人翻译的《灵言蠡勺》以及《超性学要》中已经介绍到阿奎那哲学,徐氏最后指出国内对托马斯阿奎那的介绍及研究太过薄弱,希望引起学界的重视,"深觉现代中国治圣多玛学者,其责任之重大! 缘我国对于圣多玛之著作,除曾译有半部 *Summa theologica*(即《超性学要》)外,其他全未经介绍……较欧西诸国

① 亮:《新书介绍:圣奥斯定千五百年纪念论文》,《圣奥思定与中国学术界》,北平:中华公教学友联合会出版,1931年,第55—56页。

②《国立北平图书馆馆刊》,1931年第5卷第1号,第107页。

③ 向达:《中西交通史》,长沙:岳麓书社,2012年,第60页。

治此学者之幸运,实远不及,即比英国,亦有逊色,故今后不可不加努力耳。”①

《书〈超性学要〉后》发表于天津《益世报·宗教与文化副刊》1934 年 3 月 9 日,是徐景贤读耶稣会士利类思所译《超性学要》(即托马斯·阿奎那的《神学大全》)后的感想,主要涉及《神学大全》在中国的译介情况以及国人对该书的评价两个方面。

《公教与文学》是徐景贤在徐汇师范所作的系列演讲的记录,主要讲述天主教对西方文学的影响,如神学家圣奥古斯丁对意大利大作家巴比尼,圣托马斯对但丁,以及圣方济对英国作家吉士德顿的影响;此外,还从新、旧两方面亦指出基督教对中国近代文学的影响,主要是考察明末徐光启、李二曲、吴历等人诗文中基督教信仰的印记,以及清末以来梁启超、夏曾佑、胡适、徐志摩等人作品所受基督教的影响。

2. 中国天主教通史

直到 1920 年代末期,除萧静山神父的《天主教传行中国考》(1923 年)外,中国人所撰中国天主教通史类著述还甚为少见。为此,徐景贤进行了一些尝试,包括 1929 年参加《益世主日报》征文而获优胜奖的《罗马教宗与中国》,以及在此基础上扩充成书的《圣教宗与中国》,主要记述元、明、清三代及民国以降罗马教皇与中国的关系。而更具学术价值的却是《中国圣教会史纲》,徐氏希望通过该书,“将过去之史籍,抉择其明暗之得失,并验其所采取之史料,然后略述现代宗教史专家研究之成绩如何,再进而讨论将来改编新史之方案”,②为年轻学者撰写中国天主教史提供指南。

该书分为三编,首先是中国人研究天主教史的历史,其次是天主教史纲要,最后是编纂中国天主教史的方法论问题。徐景贤计划以马相伯先生的《论宗教》,徐氏本人的《中国天主教史略》以及其在《南星杂志》发

---

①《亚规纳多玛斯》,《哲学评论》,1931 年第 4 卷第 2 期,第 159—160 页。

②《中华圣教会史导言》,《中华公教青年会季刊》,1929 年第 1 卷第 1 期,第 50 页。

表的《中国天主教之分期》三篇文章作为该书的序言。[①]

第一编原名《中国人士研究圣教会史之历史》，是徐景贤为老师马相伯九十大寿而作。初刊于1929年3月22日至5月2日的北平《益世报·宗教丛谈副刊》，后以《中华圣教会导言》为题，复刊于《中华公教青年会季刊》第1卷第1期。本编专述中国人士研究中国天主教的历史，分为三期，一为创始期，讲述明末清初天主教内人士对明以前基督教史的了解，主要涉及对唐代景教碑记的考证；二为中断时期，主要讲述康熙禁教以后的一些事迹记录（包括判决书、口供等），以及教外人士著述（包括书目）中关于天主教的记录；三为国门打开后教内外人士对中国天主教史的研究与了解情况，外文资料在这时期受到重视与利用。

第二编为《中国圣教史纲演讲记录》，是徐景贤1932年在徐汇师范学校所作五次演讲记录：概述中国天主教史的相关著作，将天主教来华传播史分为来华初期、元代、明代、清代以及清末民初五个时期，每期又分为教廷对华活动、中国政府对天主教的态度与政策，以及天主教对中国文化及社会的贡献三部分展开论述，基本勾勒出中国天主教通史的轮廓。不过，其中有些观点缺乏有力证据，如仅据马相伯先生个人的观点即认定景教与聂思脱里教没有关系即属该种情况。

第三编为《如何编纂中华圣教史》，主要讨论撰写中国天主教史的方法论，有较大的参考价值。徐景贤先是指出前人的中国天主教通史著述所存在的问题：比如黄伯禄的《正教奉褒》和《正教奉传》，因专讲历代帝王的崇教，忽视了普通民众的需要；西人 Huc 的著作，主要依西文记载，不能使中国学者心折；而陈垣先生的《中国基督教史讲义》中，明称天主教，清则以耶稣教重心，这样分期似不合适；王治心的《中国宗教思想史》对天主教和新教的态度不够公允等；另如樊国梁的《燕京开教录》，萧若瑟的《天主教传行中国考》或偏于地方范围，或拘于政教关系。故而有继

① 《如何编纂中华圣教会史》，《徐汇师范校刊》1933年第7卷第6期，第257页。

续整理研究的必要。① 次讲天主教研究的材料范围，主要分遗物与记录两大类，并参照日本学者小林秀雄的《史学研究法》以及梵蒂冈考古学院的研究指南，列出五种编史的方法：追述史实，研究前人史籍，个人及修会对天主教的贡献，天主教文献及美术建筑史，考证疑惑不明的事件等。最后提出分工合作编纂天主教史的建议，列出天主教研究题目共九大类五十余小项，包括梵蒂冈教廷与中国关系、来华天主教修会传教史、中国天主教教务（中国籍司铎、主教）、天主教圣贤（徐光启等）、中国天主教建筑美术、中国天主教遗迹、礼制、中国天主教道德生活、中国天主教教育慈善团体等。虽然略显简单，但对于全面系统地研究中国天主教史还是有一定的参考价值。

3. 徐光启研究

1927 年，徐景贤在《圣教杂志》第 16 卷第 11 期发表《徐文定公之轶事》，此或为徐氏最早关于徐光启研究的文章。1928 年 4 月 13—17 日，又在天津《益世报》上刊载《徐光启像及其逸事》。上述两文皆主要引《南吴旧话录》以及地方志等文献，概述徐光启之事迹，较为简略。同年，徐景贤在《新月》第 8 期发表《徐光启著述考略》，主要利用徐家汇藏书楼的文献，从徐氏子弟的记载以及陈子龙所著之《皇明经世文编》对徐光启的著述情况以及散佚、辑存的经过进行了梳理。

之后由于友人的约稿，也促使徐景贤认识到徐光启研究的重要性，“1928 年双十节前，饶子离（名孟侃）先生主编《新月》，问我索稿，乃时我寓徐汇师范，就撰《徐光启著述考略》以应之。后来江苏耆老癸酉聚会假乐善堂举行时，席间江文渔（名恒源）先生索稿，承嘱为《人文》撰一篇纪念文章（即《明贤徐文定三百年纪念》）。再后，我在安徽大学任教职，省立图书馆吴景贤先生主编《学风》，又介绍我所拟《明贤徐文定公年谱初编》问世。还有别的类似情形，使我觉得文定公言行，对我国学术界很有

① 《如何编纂中华圣教史》，《徐汇师范校刊》，1933 年第 7 卷第 6 期，第 258—259 页。

贡献，到处可以受欢迎的……”①进而总结出从事徐光启研究的一些心得，“我们常见研究徐文定公的一些文字，或是将某部分的贡献，讲的过于微细的分析，或是讲欠根基，好像没有始末，或是采取一方面，或国史方面，或教史方面的记载，演绎而成篇的。不敏尝试用归纳法，将关于文定公的各种史料或遗书遗迹等等，先加以搜求，然后经选择，按专题的方式，一一来讲述的。比较底申明一下：不是平面的，乃是立体的；不是单一的，乃是复式的；不是站在国史或教史的片面立场中，乃是按中华圣教会史家的笔法。”②

1933 年，中国学术界以及天主教会举行了盛大的徐光启逝世三百周年纪念活动，徐景贤亦积极投身其中，撰写出大量相关文章。以下择要略为介绍。

《明贤徐文定三百年纪念》发表于《人文月刊》1933 年第 7 期。徐景贤认为“当代人记当代事”比较准确，于是据《皇明经世文编》、《启祯野乘》、《南吴旧话录》、《明史》徐光启本传、张溥《农政全书序》等明末文献撰写而成。其中阐释徐光启事功方面共分三部分：一为徐氏的对日外交方针，讲到徐氏解决倭寇与对日外交的办法，主要是“许倭以市”，即许日本及倭寇与中国通商，同时有精密的计划处理朝鲜问题。一为民生问题，则主要涉及垦田、盐政两方面。一为国防计划，讲到徐氏操练新式军队的计划。

《徐光启对中国近代教育的影响》发表于《东方杂志》1933 年第 24 期。徐景贤在该文中指出，徐光启不仅是实用科学的引进者，可谓“西学东渐之译祖”，亦为我国首先研究西洋科学的学者；徐光启还是教会教育的提倡者，将天主教义纳入儒者修身事天的内容。

《文学家徐文定》发表于 1933 年 8 月 4 日的天津《益世报》。文中谈到作为文学家的徐光启，主要涉及以下三个方面：徐光启在中国文学上

---

① 《关于徐文定故事》，《磐石杂志》，1936 年第 4 卷第 4 期，第 296 页。

② 同上，第 297 页。

造诣精深，是中国汉文天主教文学的首创者，也是我国汉文科学书籍的首创者，“所以徐文定不仅是文学家，特别是公教的文学家，同时是科学的文学家”。[①] 徐景贤还谈到徐光启的文学批评论，“《焦澹园先生续集序》里有关于文学批评的话，大意：（一）文章是人格的表现，因人品格不同，故文章亦不同。（二）文章应有下述三种审慎的态度：（A）‘文之当物者，必使人油然以思“若润于膏泽”’；（B）‘人心者，必使人惕然以动，若中于肌骨’；（C）‘致用者，必使人俯拾仰取，若程材郑林，而征实于山’。再者，因为他深究几何学，所以他的论文中有几何证法的条理，这也是很可以注意的！”[②]

1934年，应安徽省图书馆主任吴景贤的邀约，徐景贤还撰写出《徐光启年谱初编》（上、下），刊载在《学风》杂志第4卷5、6期。虽然梁家勉认为该文“附益李杕所撰《徐文定公行实》和《徐氏家谱》、《徐文定公家书墨迹》等资料，但仍属疏漏，甚至舛误，编制体例亦极可商”，[③]但在1960年代以前，仍是关于徐光启最为详实的年谱。

1934—1936年间，徐景贤还完成了《徐文定公故事》，共分32讲，刊登于《公教周刊》，涉及徐光启的科学与宗教、齐家观念、治国政策、大同思想、伟大精神等内容。1935年，在《我存杂志》社出版，作为《我存文库》第三种，后还收入《徐文定公译著宗教论文集》。此外，徐景贤还在《圣心报》发表了《徐文定公纪念：真福八德》，以行实、文集、家书等各种文献，勾勒出徐光启信奉天主教后个人信仰上的训练与追求，包括忠心信仰，心向良善，悔过克己，饥渴慕义、怜悯世人等内容，后也收入《徐文定译著宗教论文集》。

4. 中国天主教事件及人物研究

《天主教与天师道》是徐景贤最早发表的关于中国天主教史的论文

---

① 《文学家徐文定》，天津《益世报·宗教与文化副刊》，1933年8月4日。

② 《文学家徐文定》，天津《益世报·宗教与文化副刊》，1933年8月4日。

③ 梁家勉：《编纂〈徐光启集〉和〈徐光启年谱〉的介绍》，《梁家勉农史文集》，北京：中国农业出版社，2002年，第496—497页

之一，主要讲述明末天主教徒礼部尚书冯琦排斥释、道尤其是天师道的空幻倾向，以维护天主教的事迹，而且徐氏指出冯琦是最早护教的中国士大夫；并提到天主教对中国本土宗教天师道的影响：天师道将圣母、耶稣都纳入其神仙谱系的情形。①此前，徐景贤还写过《天师道缘起说》，载于《时事新报·学灯副刊》(1927 年 5 月 12 日)。

《纪鳌拜辅政时代历法之狱》讲述的是中国天主教史上很重要的事件——康熙初年的"历法之狱"，分为'因'、'缘'、'果'、'报'四部分。徐景贤从天主教的立场出发，指出杨光先等人攻击西洋历法的根源在于未认识科学，同时也是囿于夷夏之辨的结果；而其中蒙难的信徒，不仅是为科学牺牲，也是为信仰而牺牲，"是狱也，为新历法与旧术数之争衡……从我中国文化史上观察之，此辈烈士为纯正信仰而舍其生命者，非即牺牲为其所献身之科学耶？"②写作本文时，徐景贤与陈垣先生尚未有实质性接触，然已受其影响，"此稿多赖陈先生著作之提示，敬志谢忱于篇首。"③

徐景贤还考订过明末佛教、天主教冲突中形成的文本《辩竹窗三笔天说》的作者问题。他提出作者为徐光启的两条证据：一、徐氏家谱中有《拟复竹窗天说》一文；二、《辩竹窗三笔天说》的内容涉及欧洲当时的天文学知识，而且表明作者又通佛理。④ 然而，1933 年，徐景贤对自己之前的观点有所修正，"此说与《辩学遗赎》是否一事，不过假定，虽有所据，尚缺旁证。"⑤

《辩竹窗三笔天说》的作者问题一直以来为学者所关注。1919 年，陈垣最早提出这个问题，认为作者应是皈依天主教的名士。⑥ 1938 年，向达

---

①《天主教与天师道》，《圣教杂志》1927 年，第 8 期，第 359—363 页。

②《纪鳌拜辅政时代历法之狱》，《益世报》(天津)第四版，1928 年 3 月 27 日。

③《纪鳌拜辅政时代历法之狱》，《益世报》(天津)第四版，1928 年 3 月 11 日。

④《〈辩竹窗三笔天说〉之作者——书陈援庵先生所撰〈重刊辩学遗牍序〉后》，《清华周刊》，1928 年第 30 卷第 6 期。

⑤《奉教阁老的著作》，《圣教杂志》，1933 年第 22 卷第 11 期，第 86 页。

⑥ 陈垣：《重刊辨学遗牍序》，《陈垣全集》，合肥：安徽大学出版社，2009 年，第 410 页。

提出该文应是瞿式耜代拟。1966年,方豪在《李之藻研究》一书中提出作者是李之藻[①],后又认为利玛窦也是可能的。[②] 1992年,孙尚扬亦提出《辩竹窗三笔天说》作者必须符合的三个条件:第一,熟悉佛教教义及中国佛教史;第二,须精通西学者;第三,在辩别儒、释、耶的是非问题上,作者需有一贯之主张。最终,孙尚扬认定作者是徐光启。[③]不难看出,孙氏的论证过程与徐景贤极为相似,即作者要既通西学,又懂佛理,但并未注意到徐之前的研究。2002年,郭熹微在《〈辩学遗牍〉札记》中仍认为作者是徐光启。[④] 虽然最终还没有确论,但是绵延八十余年的讨论,在一定程度上说明该问题在中国天主教史乃至中西文化交流史上的重要性。

此外,徐景贤还重点研究过明末清初中国天主教史上的一些重要人物,包括李之藻、杨廷筠、吴历、王征、孙元化等。

在《〈金声致徐光启书〉跋》一文中,徐景贤特别谈到黄宗羲《明儒学案》中对金声的错误定位,"《明儒学案》议其以儒学本领作佛家事业,误在作者黎洲缺乏'判教'之学识,其意盖以'为天主之教者,抑佛而崇天是已'(黄宗羲《论上帝》,见《昭代丛书》已集卷十五中)隐括'西方圣人之教'于佛中耳。"他认为金声本质上是"以儒学装饰天主教之精神"。[⑤]

关于对吴历的研究,在《〈清史稿·吴历传〉匡谬》中,徐景贤指出《清史稿》中存在的四处错误及导致错误的原因,比如吴历游历欧洲的传说来自《朴庵文钞》以及《同治嘉定县志》;吴历晚年不知所踪的传说与之类似,出自《苏州府志》、《琴川志》的记载;尤侗记载过吴历归国的情形,而且尤侗撰文时,吴历尚在世;又论到吴历与王翚的关系。实际上,徐景贤曾三次为姚大荣的《辨〈画征录〉记王石谷与吴渔山绝交之诬》撰写跋语,合计

① 方豪:《李之藻研究》,台北:商务印书馆,1966年,第7页。
②《明末清初旅华西人与士大夫之晋接》,《方豪六十自定稿》(上),台北:台湾学生书局,1969年,第262页。
③ 孙尚扬:《明末天主教与儒学的交流和冲突》,北京:文津出版社,1992年,第41—45页。
④ 郭熹微:《〈辩学遗牍〉札记》,《燕京学报》新11期(2001年),第167页。
⑤《明金声致徐光启书原文并跋》,天津《益世报》,版四,1928年5月11—16日。

万言，用以说明吴、王之关系老而益深，载《时事新报·学灯副刊》上。[①]《论富冈谦藏述吴历事》发表于天津《益世报·文艺周刊》(1929年5月2日)，是徐景贤读日本画家学者富冈谦藏所撰《论清初六大画家》的读后感，充实富冈谦藏关于吴历的史实论述，如吴历加入耶稣会时中国天主教的状况，吴历的弟子情况，以及吴历与王翚的关系、王翚是否受洗等问题。

《明孙火东先生致王葵心先生手书考释》及其续篇，是徐景贤得于右任先生之助(获得孙元化给王徵的书信原稿)而完成的。分为考人物和考事实两部分：考人物部分，以中西文献勾勒出孙元化、王徵的基本情况，并略考书信收藏者温自知的家世及与王徵的关系；考事实部分，则主要是关于吴桥兵变以及明末天主教徒参与明末的抗清事迹。爱国是徐景贤文章的特色，这点在《圣教杂志》编者按语中也有体现，“兹将徐君续撰之稿，全部刊出，藉表吾人纪念先贤之敬意，抑今日之国难临头，爱国为信友之天责，揭此模范，俾共矜式。”[②]十二年后，方豪据同一封书信也作了一篇释文，以纪念王徵逝世三百周年。方氏在文章中称，“我友徐庐伽景贤先生曾作《明孙火东先生致王葵心先生手书考释》……余案头缺其书，而徐君又远在赣东，值王葵心先生逝世三百年纪念，乃据孙公墨迹摄影重为笺释。”[③]两人的释解，大致相似。比较而言，方豪用西文文献多些，而徐景贤更多引用中国地方文献。此外，徐氏文中更加强调孙元化与王徵在信仰、反抗阉党以及拯救国难等方面的共性，突出其信仰及爱国的一面。

余　论

徐景贤过世时，不到四十岁，却留下来大量的著述(本书未收录者尚有60余篇，参见附录二)，足见其治学之勤，而且纵横文、史、哲甚至新闻

---

① 《清史稿·吴历传》,《益世报副刊》,第2卷第7号,1929年2月23日。

② 徐景贤:《明孙火东先生致王葵心先生手书考释续稿》,《圣教杂志》,1932年第21卷第5期,第269页。

③ 方豪:《孙元化手书与王徵交谊始末注释》,《真理》杂志,1944年第1卷第第2期,第225页。

诸多领域:在其学术生涯早期,徐景贤倾心国学,对《孟子》、《孝经》等经典以及王阳明、陆象山等重要哲学家的思想均进行过研究;在文学史研究中重视对历史背景的考察,比如胡适的文字革命与欧美世纪之交去经典运动的关系,以及书店对文学作品出版的影响,皆其创见;徐景贤还关注学说思想的流布及其影响,如研究明清以来圣奥斯定(圣奥古斯丁)思想及学说在中国的传布及影响,也是国内学界里最早的起步者;当然还有中国天主教通史研究的尝试,以及对中国天主教史上重要人物如徐光启、杨廷筠、吴渔山等的研究,皆有其特色。但是,相对于其所拥有的绝佳学术成长与研究环境——清华大学国学研究院、北京大学研究所国学门深造的经历,平日里得到马相伯、陈垣、章太炎等大学者耳提面命的机会;相对于陈垣对他与方豪的期许,“浙江之豪,江西之贤”;尤其是相对于没有受过正规教育的同门好友方豪而言,徐景贤所取得的学术成就略显薄弱,而在学界的影响亦较有限。导致此种情况的因素或包括如下几方面:

一、去世过早是徐景贤声名不彰的客观因素。众所周知,对人文学者而言,天赋固然重要,但寿命长(或者说学术生涯长)也很重要,因为他们在学术成长过程中需要较长时间的积累,张荫麟与钱穆先生即是其中最为典型的例子。徐景贤去世时尚不足四十岁。另外,因为抗日军兴,从事救国宣传、挽救教育等工作,担任安庆崇文中学校长,又近十年几乎没有研究成果问世。由此可知,徐氏真正从事学术研究的时间也就十余年(内中还包括大学及研究生阶段进行研究探索的时期)。

二、学术上的积累不足、发表论文不够审慎,或是徐景贤著述流传不广、不够久远的内在原因。自十七岁起,徐景贤开始在报刊上发表文章,此后十余年中,每年发表文章似都在十篇以上。如此的高产,对于一个年轻学者而言,肯定是不够审慎的。

与之形成对照的是,方豪则谨遵陈垣先生的教诲,“见闻不广,著书尤不可轻易下笔”。1934 年 12 月 29 日,方豪给陈垣的信中即称,“故拙稿《浙江天主教史》虽迭经友人怂恿付梓,迄未敢问世。前为《我存》撰

《近三百年之浙江主教》，去函增补三次之多，而第二期尚不得不有补遗之作。博洽如先生，《名理探》之《李之藻传》也较前刻累有增添……”①1935年1月9日，方豪又称，“……前函所云，因对来教所谓‘著书不可轻易下笔’一语，心中非常感佩。”②方豪完全是在陈垣的指导下走上治史之路的，他1926年开始与陈垣通信请益，③但开始发表文章则要等到1934年。④ 在拓展见闻，夯实基础，以及严谨的学术研究态度上，徐景贤未能得老师陈垣的真传，在这点上不如方豪。

三、学术共同体在现代学术体制中至关重要，对一个人在学界的最终地位会产生影响。学术共同体是学术活动的主体和承担者，包括报刊、大学学科、学派、学会等多种要素，担负着创造和评价学术成果的功能，也是学术规范的制定者和执行者。⑤ 自1927年以后，徐景贤的论文虽然也见于《东方杂志》、《学风》、《新月》等杂志，但更多却是发表于宗教类报刊上，如天津《益世报》、《我存杂志》、《圣教杂志》、《新北辰》、《公教青年》等；似乎愈来愈游离于主流学术界之外，没有加入真正的学术共同体，其在学术界真正称得上友人或同道的人很有限：罗根泽、姚名达、储皖峰等人是其清华国学研究院时的同学，治学旨趣却相去甚远；向达的治学领域与之相近，但实际的交流似不多。陈垣对此即有明确的认识，在《国籍司铎之新园地》中他就曾讲过：“一、与其办公教杂志，不如向教外杂志投稿。二、与其办公教日报，不如作教外日报记者。三、与其办

① 方豪致陈垣函，陈智超：《陈垣往来书信集》，北京：生活·读书·新知三联书店，2010年，第318页。

② 同上，第319页。

③ 按：方豪在《与励耘老人往返书札残剩稿》一文中回忆，“我第一次冒昧地写信给陈先生，是在民国十五年（1926）十一月”，转引自陈智超编注：《陈垣来往书信集》，北京：生活·读书·新知三联书店，2010年，第307页。

④ 按：方豪先生曾自称：“民国二十三年，我开始发表一些有关历史方面的文字。”参见方豪：《编印〈六十自定稿〉前记》，《方豪六十自定稿》（上），台北：学生书局，1969年，第1页。

⑤ 林坚：《学术共同体与学术规范》，收入《学术规范与学风建设论坛》，北京：高等教育出版社，2005年，第88—89页。

教会学校，不如任教外学校教师。四、与其任教会学校校长，不如任教外学校校长。五、与其编公教学校教科书，不如编普通学校教科书。六、与其著书专论公教，不如著书兼论公教。”[①]陈垣的意思不外乎：一方面可以节省个人时间，从而可以将更多精力投入学术研究；另一方面，处理好宗教与信仰的关系，对于学术研究很重要。在这点上，陈垣是否与徐景贤有所交流，因为相关文献阙如，暂难确定。但陈垣的建议，方豪却基本做到了，自任职浙大（民国三十年）后，主要从事教学研究工作，重要论文常发表于教外杂志，如《东方杂志》1949 年前已发表了 13 篇，远多于徐景贤的 1 篇。

四、信仰显然也影响到徐景贤的学术成就。徐景贤并非天主教神职人员，却是极为虔诚的天主教信徒。天主教徒王克谦就曾评论其信仰“浓的化不开”，甚至有过将督促其尽快就餐的妻子拉到街上诵《圣母经》的情况。[②] 信仰也影响到徐景贤的学术研究，比如他对三国时期发现的“铁十字架”笃信不疑，方豪则认为不可轻信，[③]在这点上徐景贤的学术研究态度因信仰而产生偏差。此外，因着信仰的关系，徐景贤还从事过不少兼职工作：如前所述，曾任天津《益世报》学艺部主任，及该报驻京沪特派员；香港《中和日报》副总编辑兼督印人等，势必也会耗费他大量的精力与时间。相较而言，身列司铎的方豪，其学术研究则愈来愈学术化，研究问题也渐次深入。两人的分野大约发生在 1937 年抗战前后，徐氏离开安徽大学任崇文中学校长，实行合法的宗教学校教育，而方豪则步入浙大成为史地系教授。进入 40 年代以后，方豪文章迭出，终至大成；而徐景贤则在贫困线上苦行，艰难地兴办教育。而在逝世之前一年，妻子过世、兄长过世、儿子去世，家庭连遭不幸，个人健康状况也变得很糟糕，最终个人生命与学术生命都过早的走向终点。

---

① 陈垣：《国籍司铎之新园地》，《陈垣全集》第 2 册，合肥：安徽大学出版社，2009 年，第 634 页。

② 王克谦：《悼念公教教育家徐景贤》，《上智编译馆馆刊》，1947 年第 1 期，第 102 页。

③ 陈智超编：方豪致陈垣函（十三），《陈垣来往书信集》，第 292 页。

哲　学

读孟心解[①]

吾少读《论》、《孟》，始识儒学；孔集大成，而孟述之。近阅扬雄、韩愈之评论益信。扬雄之言曰："震风凌雨，然后知夏屋之为帡幪也；虐政虐世，然后圣人之为郛郭也；古者杨墨塞路孟，了辞而辟之。"（《法言·吾子篇》）

"或问勇？曰：何轲也？曰：轲也者，孟轲也……请问孟轲之勇？曰：勇于义，而果于德，不以贫富贵贱生死动其心；于勇也其庶乎！"（《法言·渊骞篇》）

"或问孟子知言之要，知德之奥？曰：非苟知之，亦允蹈之。"

"或问子小诸子，孟子非诸子乎？曰：诸子者，以其异于孔子者也。孟子异乎不异？或曰：荀卿非数家之书悦也。至于子思、孟轲诡哉！曰：吾于荀卿欤，见同门而异户也。惟圣人为不异。"（以上二条皆见《法言·君子篇》）

余按：扬雄评诸子曰："庄、扬荡而不法；墨、晏俭而废礼；申、韩俭而无化；邹衍迂而不信。"（《法言·五百篇》）其于孟子独无闲言，因雄书而孟氏益尊矣。

---

① 原载于《民大国学不定期刊》，1925 年第 1 期。

韩愈之言曰:“始吾读孟轲书,然后知孔子之道尊;圣人之道易行,王易王,霸易霸也;以孔子之徒没,尊圣人者,孟氏而已。”(《读荀》)

“孟轲师子思,子思之学盖出曾子。自孔子没,群弟子莫不有书,独孟轲氏之传得其宗。”(《送王秀才序》)以时考之,孔孟相距,百有余岁,孟子虽未为孔子之徒,然私淑诸人,愿学孔子,周衰秦火,儒书存而醇者,孟轲而已。

太史公称孟子述仲尼之意,作《孟子》七篇。(《七略》、《汉书·艺文志》作十一篇;《风俗通义》作中外十一篇,赵岐以《外书》四篇似非《孟子》真本。《困学纪闻》、《九经辨异》载《外书》已失。清时《孟子·外书》复现,说者多疑殆清儒姚叔祥依放而讬为者也!)顾炎武考孟子书,引孔子之言凡二十九,其载于《论语》者八,又多大同小异。微言久绝,不传者多。孟子正心道,力任儒学,是故韩愈云:“求欲圣人之道,必自孟子始。”

周烈王四年四月二日,孟子生,周赧王二十六年正月十五日,卒。(据潭阳狄子奇所编《孟子编年》)吾侪生数千年后,上溯古人之学,欲其精详,又岂易哉。孟氏遗篇,荀卿非之,王充刺之,赵岐注之,冯休删之,林慎思续之,司马光疑之,而苏轼辩之。《汉志》、《隋志》俱入子部儒家;至陈氏书录解题(即陈振孙撰《直斋书录解题》)始入诸经,后世因之。《阳明语录》曰:“人心天理浑然,圣贤笔之书,如写真传神,不过示人以形状大略,使之因此而讨求其真耳。其精神意气言笑,动止,固有所不能传也。后世著述是又将圣人所书,模仿誊写,而妄自分析加增,以逞其技,其失真愈远矣。”夫道隐真伪,谁毁谁誉,要在各全其真耳。

孟子言仁义,道性善,称尧舜,祖仲尼,辟杨墨以及民贵君轻之义,缙绅之士,类皆洞明。他若排斥功利,提倡自尊,遗教被化,贪廉懦立,观其出处辞受,雍容中道,真天下之好也!悲夫,此道不行一国与当年,下遗来世,将俟求得其精义者修己治世焉耳。余乐先儒解注孟子,多先得我心之同然,稍稍序其说;解书解心,藉资调摄此心也,或于世道人心,亦有小补乎?虽然,堕在语言,心无所得,况又耽着文字,神驰纸上,心在腔外,或铸大错,朱熹集注,中年未定之说,晚岁大悔,心学渊澈如此难明,兹篇得勿自诳诳人耶！敢乞大雅，惠我南针。

(一) 解上

《淮南·要略》言诸子之学，皆起于救世之弊，应时而兴。故有战国之兵祸，而后纵横修短之术出。《史记》载孟子当时之大势曰："当是之时，秦用商君富国强兵，楚、魏用吴起战胜弱敌，齐宣王用孙子、田忌之徒，而诸侯东面朝齐，天下方务于合纵连横，以攻伐为贤。"

盖春秋无义战，"五命"尚行，至战国废弃矣，诸侯侵略聚敛，良臣逢君贼民，公孙衍、张仪之徒，一怒而诸侯惧，安居而天下熄。观苏秦发书陈箧，锥股血流，伏诵阴符，简练揣摩。其言则曰："安有说人主，不能出其金玉锦绣，取卿相之尊乎？"当时士风，醉心于势位富厚，婉顺逢君，从可知矣。孟子守正不阿，道异不谋，视苟容干禄者，以妾妇况之恶；不由其道也。然其拯溺为怀，洞恻当世，目击邪说诬民，人将相食，故曰：

"吾为此惧！闲先圣之道，距杨墨，放淫辞，邪说者不得作。作于其心，害于其事；作于其事，害于其政。"

又曰："我亦欲正人心，息邪说，距詖行，放淫辞。"

良由忧时的观念，发出救世的言论，欲使人心养正，而不入于邪也，《大学》正心诚意，推而齐家治国，意者孟子受教子思之门人，学术统系上，固亦大有影响也。

孟子论心，先称人为同类，故有同心。其言曰：

"故凡同类者，举相似也，何独于人而疑之，圣人与我同类也……心之所同然者，何也？谓理也，义也，圣人先得人心之同然耳！故理义之悦我心，犹刍豢之悦我口。"

反之，不同类者，举不必相似也。故曰："其性与人殊，若犬马之与我不同类也。"

故犬之性，不犹牛之性，牛之性不犹人之性；为猪生则有猪心，为狗生则有狗心，为六畜生，则有六畜心；同类同然，异类则否。例如《庄子·

齐物论》所载，“毛嫱丽姬，人之所美也；鱼见深入，鸟见高飞，麋鹿见之决骤”，“民食刍豢，麋鹿荐食，蝍蛆甘带，鸱鸦嗜鼠。”

故目之于色有同美者，以其同类也；目之于味有同嗜者，亦以其同类也；至于心之同然，亦若是。又曰：“恻隐之心，人皆有之；羞恶之心，人皆有之；恭敬之心，人皆有之；是非之心，人皆有之。恻隐之心，仁也；羞恶之心，义也；恭敬之心，礼也；是非之心，智也；仁义礼智，非由外铄我也，我固有之也，弗思耳。”

此言心之所同然。何以故？其说如后：“大人者，不失其赤子之心者也。”

赵注曰：“赤子者，婴儿也。少小之心，专一未变化。”《阳明语录》（注：即《传习录》）：“仙家说婴儿，亦善譬。如婴儿在母腹时，只是纯气，（注：原文中漏掉此二字）有何知识，出胎后方始能啼，既而能哭，又既而后能识认其父母兄弟，又既而后能立，能行，能持，能负，卒乃天下之事无不可能。皆是精气日足，则筋力日强，聪明日开，不是出胎便讲求推寻得来，故须有个本原。”孟子说明这种本原，曰：“人之所不学而能者，其良能也；所不虑而知者，其良知也。孩提之童，无不知爱其亲也；及其长也，无不知敬其兄也。亲亲，仁也；敬长，义也。无他，达之于天下也。”

赵注：“良，甚也。不学而能，性所固也。”阳明谓：“性无不善，故知无不良。”又曰：“良（注：原文漏一“知”字）非不由见闻而有，而见闻莫非良知之用。故良知不滞于见闻，而亦不难于见闻。孔子云：吾有知乎哉，无知也。良知之外，别无知也。”此种知能，根于天性，殆本能之意。《诗》曰：“民之秉夷，好是懿德。”即先称天生蒸民云云。良知良能，有触即发，如人皆有不忍之心是也。孟子曰：

“所以谓人皆有不忍人之心者？今人乍见孺子将入于井，皆有怵惕恻隐之心，非所以内交于孺子之父母也，非所以要于乡党明友也，非恶其声而然也。”

换言之，即天真自然流露，即良知良能之有触即发，亦即人心有所同然之表现。所谓“心”者，不是一块血肉，凡知觉处便是心。如耳目之知视听，手足之知痛痒，此知觉便是心也。（阳明语）究其极，与科学的心理，不一定照合，“心或意识”（mind or consciousness）一名辞，不能概括无遗。“夫物理不外吾心，理一而已。以其理之凝聚而言，则谓之‘性’；其凝聚之主宰而言，则谓之‘心’；以其主宰之发动而言，则谓之‘意’；以其发动之明觉而言，则谓之‘知’；以其明觉之感应而言，则谓之‘物’。”（阳明语）我思我在，所思唯心。精言之故，心外无物。粗言之，社会生活由人心相感的关系而成，故社会即由心创造。“心”之重如此，故心不可不明，不可不正，不可不尽，人心既已相似，故陆九渊曰：“东海有圣人焉，此心同，此理同；西海有圣人焉，此心同，此理同；千百世之上有圣人焉，此心同，此理同；千百世之下有圣人焉，此心同，此理同。”（《宋史·道学传》）即孟子言人心有同然之申义，进一层说：

“由是观之，无恻隐之心，非人也；无羞恶 之心，非人也；无辞让之心，非人也；无是非之心，非人也。恻隐之心，仁之端也；羞恶之心，义之端也；辞让之心，埋之端也；是非之心，智之端也。人之有四端也，犹其有四体也，有是四端，而自谓不能者，自能者也；谓其君不能者，能其君者也，凡有四端于我者，知皆扩而之矣；若火之始然，泉之始达，苟能充值，足以四海。苟不充之，不足以事父母。”

赵注：“言无此四者，当是禽兽，非人心耳；为人则有之矣。凡人但不能演用为行为耳。端者，首也。人皆有仁义理智之首，可引用之。”故孟子曰：“求则得之，舍则失之！或相倍蓰而无算哉，不能尽其才者也。”

同是人也，圆颅方趾，曷尝异哉？孟子道性善，言必称尧舜。当曰：“尧舜与人同耳。”“尧舜性之也。”（《盐铁论》引《孟子》曰：尧舜之道，非远人也，人不思之尔）

“徐行后长者，谓之弟；疾行先长者，谓之不弟。夫徐行者，岂人所不能哉，所不为也。尧舜之道，孝弟而已矣。”

可知人格本属平等，患在不下工夫。故曰：“夫道若大路然，岂虽知哉，人病不求耳！”“求则得之，舍则失之，是求有益于得也，求在我者也”，“万物皆备于我矣，反身而诚，乐莫大焉！”“心之官则思，思则得之，不思则不得也。”

存亡得失之机，盖系于心，而贤、不肖之分，因亦而判别。故曰：“君子所异于人者，以其存心也，君子以仁存心，以体存心。”“君子所性，‘仁’、‘义’、‘礼’、‘智’根于心，其生色也，卒然见于面，盎于背，施于四体，不言而喻。”

此心亦人所通有，盖人禽之所由分，人皆宜希圣希贤，努力从事扩充，则欲仁斯仁，离道不远。故曰：“人之所以异于禽兽者几希！庶民去之，君子存之。舜明于庶物，察于人伦，由仁义行，非行仁义也。”“虽存乎人者，岂无仁义之心哉？”“人能无欲害人之心，而仁不可胜用也；人能充无穿窬之心，而义不可胜用也；人能充无受尔汝之实，无所往不为义也。”“舜何人也，予何人也；有为者亦若是。”“舜为法于天下，可传于后世；我由未免为乡人也，是则可忧也！忧之如何？如舜而已矣。”

韩愈申其义曰：“闻古之人有舜，其为人也，仁义人也，求其所以为舜者，责于己曰：彼人也，予人也；彼能是，而我乃不能是。早夜以思，去其不如舜者，就其如舜者。”即责己治心之道也。

人是主动的，不是支配于环境中之刺激，乃在统治环境，利用刺激之适应者，以助其行为之发展，而不使外物陷溺其心。孟子曰：“舜之居深山之中，与木石居，与鹿豕游，其所以异于深山之野人者几希；及其闻一善言，见一善行，若决江河，沛然莫之能御也。”“舜发于畎亩之中……百里奚举于市，故天之降大任于斯人也，必先苦其心志，劳其筋骨，饿其体肤，空乏其身，行拂乱其所为，所以动心忍性，增益其所不能。”

因为动心忍性之结果，心愈发达，受环境支配之情形加少，统治环境之能力加多，所谓“困于心，衡于虑，而后作”是也。人定胜天，创造一切，皆心之力也。

世之堕落者，每谓时势使然，其实皆自暴自弃，时势盖能玉成我者，锻炼我者，所患者，吾心也。孟子曰：“仁，人之正安宅也；义，人之正路也；舍正路而弗由，放其心而不求，哀哉！”

扬子《法言·修身篇》：“或问仁义礼智信之用？曰：仁，宅也；义，路也；礼，服也；智，烛也；信，符也。处宅、由路、正服、明烛、执符，君子不动，动思得矣！”可以参证，盖心不在焉，视而不见，听而不闻，食而不知其味（《大学》句语），况能居仁由义乎？且为正以心，为邪以心，心之所之，邪正因之；故君子存心而不放，（《孟子·外书》中句）正如山径蹊间，用之成路，不用则茅塞之矣。孟子曰：“其所以放其良心者，亦犹斧斤之于木也，旦旦而伐之，可以为美乎？其日夜之所息，平旦之气，其好恶与人相近也者几希。则其旦昼之所为，有梏亡之矣，梏之反复，则其夜气不足以存则其违禽兽不远矣。”

《阳明语录》：“夜气是就常人说，学者能用功，则日间有事无事，皆是此气翕聚发生处，圣人所不消说夜气”。又云：“孟子说夜气，亦只是为失其良心之人，指出个良心萌动处，使他从此培养将去。”今夫天地之大，实只一心，实同此理，以我逍遥其中，万物生生不息，无一不洽于心，自无往而不自得矣。今无端而放我心于万物中，万物乃昧我心，是故放心争‘功”矣，“功”即昧我心；放心争“名”矣，“名”即昧我心；再如一事之畔援，一念之欣羡，苟放心焉，无非昧我心者。总之，我心未可放也。颜氏之子，箪瓢陋巷，不改其乐，非仅乐贫，非仅乐道，盖因其好学，不迁怒，不贰过，而后其心不违仁也。是心也，圣贤有之，盗跖亦有之。分均，仁也；出后，义也。所谓“盗亦有道”非欤？孟子曰：“苟得其养，无物不长，苟失其养，无物不消。孔子曰：操则存，舍则亡，出入无时，莫知其乡，惟心之谓与？”“虽有恶人，斋戒沐浴，则可以祀上帝。”

程子曰：“心岂无出入，亦以操舍而言耳；操之之道，敬以直内而已。”阳明曰：“若论本体，元是无出无入。则其思虑运用时‘出’，然主宰常昭昭在此，何‘出’之有？即无所‘出’，何‘入’之有？”此心常存，《易·系辞》已明言之。《系辞》引缄九四爻辞，释之曰：“《易》曰：憧憧往来，朋从尔思。子曰：天下何思何虑，天下同归而殊途，一致而百虑，天下何思何虑。”

孔子七十而从心所欲，不逾矩，此境地心之妙用也。孟子曰：“我善养吾浩然之气。”亦所以培养此心者也。孟子曰：“夫志气之帅也，气体之充也。""持其志,无暴其气。""志壹则动气,气壹则动志也;是气也,而反动其心。"

此言"气"与"心"之关联也。阳明谓"气即性,性即是气,原无性、气之可分。"又谓:"以其理之凝聚而言,谓之'性';以其凝聚之主宰而言,谓之'心';以其主宰之发动而言,谓之'意'。"由是观之,志气与心之关系密切,可知矣。公孙丑尝问孟子,何谓浩然正气。曰:"难言也!其为气也,至大至刚,以直养而无害,则塞于天地之间;其为气也,配义与道,无是馁也,无集义所生者,非义袭而取之也;行有不慊于心,则馁矣。"

气不馁,心不动。曾子曰:"吾尝闻大勇于夫子矣,自反而不缩,虽褐宽博,吾不惴焉;自反而缩,虽千万人,吾往矣。"缩,义也,直也,往往而敌之也,往而敌千万人也。谚云:"居心总要对得住自己",正合此意。又俗语云:"平生不做亏心事,夜半敲门也不惊。"亦其例也。昔陆澄问阳明:"有人夜怕鬼者,奈何?"阳明曰:"只是平日不能集义,而心有所慊,故怕;若素行合于神明,何怕之有?"故行能不慊于心,充其量,亦可谓成人矣。孟子曰:"居天下之广居,立天下之正位,行天下之大道,得志与民由之,不得志独行其道;富贵不能淫,贫贱不能移,威武不能屈,此之谓大丈夫。"

所谓"仁者不忧不惧",劫之以刃而不失志,回之以利而不倍义,皆是类也。然仁人心也,仁者能尽其心者也。《诗》曰:"惟此文王,小心翼翼。"公明仪曰,"文王,我师也"。有为者不当如是耶?是故孟子之言曰:"学问之道无他,求其放心而已。""指不若人,则知恶之,心不若人,则不知恶,此之谓不知类也!"

心之体既明,心之用亦显。世之所以昧其良心者,盖有所蔽之也。《论语》:"枨也欲,焉得刚,"此之谓也。孟子曰:"养心莫善于寡欲。其为人也寡欲,虽有不存焉者,寡矣;其为人也多欲,虽有存焉,寡矣。"又曰:"必有事焉而勿正心勿忘勿助长也。"

"正心"之学出于《大学》。《大学》孔氏之遗书,说者以其中有"曾子曰"三字,遂谓其书乃曾子所述,而门人记之。以时考之,固孟子以前之儒书也，故影响于孟子之学，亦非浅薄也。《大学》释“正心”曰：“所谓修身在正心者，身有忿懥，则不得其正；有所恐惧，则不得其正；有所好乐则不得其正；有所忧患则不得其正；心不在焉，视而不见，听而不闻，食而不知其味。颜渊问仁，子曰：‘非礼勿视，非礼勿听，非礼勿言，非礼勿动。’（从丰坊石经本）此谓修身在正其心。”

尝试征引阳明之语，以释之曰：“耳，目，口，四肢，身也，非心安能视听言动，心欲听言动，无耳，目，鼻，四肢，亦不能。故无心则无身，无身则无心，但指其充塞处言之谓之身，指其主宰处言之谓之心，此释身心。”

“忿懥几件，人心怎能无得，只是不可有耳。凡人忿懥着了一分意思，便怒得过当，非廓然大公之体了；故有所忿懥，便不得其正也。如今于凡忿懥等件，只是个物来顺应，不要着一分意思，便心体廓然大公，得其本能之正了。且如出外见人相斗，其不是的，我心亦怒，然虽怒却此心廓然不曾动些子气，如今怒人亦得如此，方才是正。”此释身之所不正，与心之所以止。

“汝若为着耳、目、口、鼻四肢，要非礼勿视、听、言、动时，岂是汝之耳、目、口、鼻四肢自能勿视。听、言、动须由汝‘心’。这视听言动，皆是汝心。汝心之视，发窍于目……汝心之动，发窍于四肢。若无汝心，便无耳目口鼻。所谓汝心，亦不专是那一团血肉。若是那一团血肉，如今已死的人，那一团血肉还在，缘何不能视听言动？所谓汝心，却是那能视听言动的，这个便是性，便是天理。有这个性，才能生这性之生理，便是仁，这性之生理发在目，便会视……发在四肢，便会动；都只是那天理发生，以其主宰一身，故谓之心，这个心的本体，原只是个天理。原无非体，这个便是汝之真已，这个真已，是躯壳的主宰。”此释正心修身。

观此可知“正心”之要义，心广体胖，诚内形外，不其然欤！惟孟子所谓“必有事焉”，当作何义？阳明亦明说之，其言曰：“在孟子言‘必有事焉’，则君子之学，终身只是集义一事。义者，宜也；心得其宜之谓义，能致良知，则心得其宜矣。”

又尝言：“能戒慎恐惧者，是良知也。”且曰：“戒慎克治，即是常提不放之功，即是‘必有事焉’。”因为必有事焉，随即宜勿忘勿助长，“忘”便是有时间断，“助”便是欲速求效，往往生出流弊，皆宜预防补救者也。是故孟子曰：“无若宋人然……宋人有闵其苗之不长而揠之者，芒芒然归，谓其人曰：今日病矣！予助苗长矣！其子趋而往视之，苗则槁矣！天下之不助苗长者，寡矣。以为无益而舍之者，不耘苗者也；助之长者，揠苗者也，非徒无益，而又害之。”

阳明申其义曰：“学者一念为善之志，如树之种，但勿助勿忘，只管培将去，自然日夜滋长，生气日完，枝叶日茂。立志用功，如种树然，方其根芽，犹未有干，及其有干，尚未有枝，枝而后叶，叶而后花实。初管栽培灌溉，勿作枝想，勿作叶想，勿作实想，悬想何益？但不忘栽培之功，怕没有枝叶花实！”

“勿忘勿助长”乃行为之精神。阳明曰：“其功夫全在‘必有事焉’上用，‘勿忘勿助’只就其间提撕警而已。”如此义不彻底了解，则湃湃荡荡，全无落实矣。正如阳明喻学者之言曰：“今却不去‘必有事’上用工，而乃悬空守着一个勿忘勿助，此正如烧锅煮饭，锅内不曾渍水下米，而乃专去添柴放火，不知毕竟煮出个什么物来？吾恐火候未及调停，而锅已先破裂矣！近日一种专在‘勿忘勿助’上用工者，其病正是如此。”

近日之高谈哲理，得毋空谈不切实际耶？此亦通人之弊也！虽然，孟子有言：“人有不为也，而后可以有为。”“无为其所不为，无欲其所不欲，如此而已矣。”

苟不先觉何者当“不为”当“不欲”之心，即不能无为无欲之事。仲尼不为已甚者，其心不惑不逾矩也，惟其既觉之后，则宜在“专心”、“尽心”而已矣。孟子曰：“今夫奕之为数，小数也。不专心致志，则不得也。”此言“专心”之效用也。又曰：“尽其心者，知其性也；知其性，则知天矣。”阳明释之曰：“夫‘心’之体，‘性’也；‘性’之原，天也；能尽其‘心’者，是能尽其‘性’矣。《中庸》云：‘惟天下至诚，为能尽其‘性’。又云：‘知天地之化育，质诸鬼而无疑’，知‘天’也。”此言“尽心”之精微也。总之，天之生物也，使之一本。（孟子语）夫物理不外于吾心。心即理也，学者学此心也，求者求此心也，（阳明语）心之同然，人所固有，“存”“求”“养”“正”，知性知天，道一而已。

（二）解下

儒之言心，由来久矣！道心人心，惟精惟危，演而为忠怒之道，退而成絜矩之义，皆言此心如心，尽已度人也。孟子曰：“老吾老，以及人之老；幼吾幼，以及人之幼，天下可运诸掌。《诗》云：‘刑于寡妻，至于兄弟，以御于家邦’，言举斯心加诸彼而已……古之人所以大过人者，无他焉，善推其所为而已矣。”“权然后知轻重，度然后知长短，物皆然，心为甚。”

此言“心能推度”，正如荀子所言，“以人度人，以情度情，以类度类”；亦即人我同类意识之融洽点也。齐家事亲，尽此心也，社会交际，尽此心也；政治设施，尽此心也。皆以推度得之。

先言齐家事亲为例。《中庸》曰：“大孝者，善继人之志，善述人之事者也；继志述事，即所以尽此心也。”孟子曰：“人少则慕父母，知好色则慕少艾，有妻子则慕妻子仕则慕君，不得于君则热中；大孝，终身慕父母，五十而慕者，予于大舜见之矣。”

此言孝子之存心，而舜其例也。又曰：“舜尽事亲之道，而瞽瞍底豫，而天下化，瞽瞍底豫，而天下之为父者定，此之谓大孝。”

此齐家之则效也。然孝子之所以养生，何若？孟子曰：“曾子养曾皙，必有酒肉；将徹，必请所与问有余，必曰：‘有’。曾皙死，曾元养曾子，必有酒肉，将徹，不请所与；问有余，曰：‘亡矣。’将以复进。此所谓养口体者也。若曾子则可谓养志也。事亲若曾子者，可也。”

事亲养志，与孔子“不敬何别”之意同，尽心焉而已。推之，求孝子之事死亦然。孟子曰：“上世尝有不葬其亲者，其亲者死，则举而委之于壑。他日过之，狐狸食之，蚋姑嘬之，其颡有泚，睨不视。夫泚也，非为人泚，中心达于面目。盖归反累梩而掩之；掩之诚是也。则孝子仁人之掩其亲，亦必有道矣。”“古者棺七寸，椁称之。自天子达于庶人，非直为观美也，然后尽于人心。不得不可以为悦，无财不可以为悦，得之为有财，古人皆用之，吾何为独不然？且比化者，无使土亲肤，于人心独无恔乎！”

夫子生三年，然后免于父母之怀，拊畜鞠育，劳瘁何如！设有不幸，至于大，故食旨衣锦，人子安乎？事亡葬死之道，亦在反求诸心得之矣。是故齐人匡章出妻屏子，举国非之。孟子独与之游，又从而体之，原其心也。

次言社会交际之道，亦只尽心焉耳。盖社会即心焉相感的生活，芸芸众生，相反相效，互相适应，社会以成。万章尝问，交际何心？孟子答之以“恭”。夫之却之为不恭请，无却之以辞，以心却之，是即交际在存心也。孟子曰：“君子以仁存心，以礼存心；仁者爱人，有礼者爱人；爱人者，人恒爱之。敬人者，人恒敬之。”其所以如响斯应者，心心相感也。故果能尽己，即能化人。而人之用心叵测者。亦不难听其言，而知其为人。如孟子知言是也。何谓知言？“诐辞知其所蔽，淫辞知其所陷，邪辞知其所离，遁词知其所穷。生于其心，害于其政，发于其政，害于其事。”

程子曰：“心通乎道，然后能辨是非，如持权衡，以较轻重。”赵注曰：“生于其心，譬言人君有好残贼严酷心，必妨害仁政不得行之也。吾见其端欲防而止之。”观此可知闻人之言，能悉其情所趋者，以心度心也。抑有进者，存乎人者，莫良于眸子，眸子不能掩其恶，胸中正则眸子瞭焉，胸中不正则眸子眊焉。听其言，观其眸子，人焉廋哉！

人之邪正，不可隐匿，观其心之发也。《诗》云：“他人有心，予忖度之。”此之谓也。更进一层，究其所以推求人心者。

“《告子》曰：‘不得于言，勿求于心；不得于心，勿求于气。’不得于心，勿求于气，可不得于言，勿求于心，不可。”

赵注：“不得者，不得人之善心善言也。求者，取也。告子为人勇而无虑，不原其情，人有不善之言加于己，不复取其心有善也，直怒之矣。孟子以为是不可也。知人之恶心，虽以善辞气来加己，亦直怒之矣。孟子以为是则可：言人当以心为正也。”夫推原其心之本正，而不苛求焉，此恕道也。惟其人之心果不正，又将奈何？曰：“伯夷非其君不事，非其友不友，不立于恶人之朝，不与恶人言。立于恶人之朝，与恶人言，如以朝衣朝冠，坐于涂炭，推恶恶之心，思与乡人立，其冠不正，望望然去之，若将浼焉！”

此即“无友不如己者”之义，所谓“可者与之，不可拒之。”其道狭隘，较之尊贤容众，嘉善而矜不能之用心，乃见“君子儒”与“小人儒”之不相及也。虽然，己立立人，本属难能，顾不可不黾勉从事耳。故孟子曰：“大舜有大焉，善与人同；舍己从人，乐取于人以为善。自耕稼陶渔，以至为帝，无非取于人者。取诸人以为善，是与人为善者也。故君子莫大乎与人为善。”

舜之徒，鸡鸣而起，孳孳为义，己心好善也。“与人为善”者，言举斯心加诸彼而已。

再言政治设施，亦在尽心力而为之。夫国以民存，故民为贵，以德服人，天下心服，故为政在得民，尤在得民心。孟子曰：“得天下有道，得其民，斯得天下矣；得其民有道，得其心，斯得民矣；得其心有道，所欲与之，聚之，所恶勿施尔。”

人皆有不忍人之心，先王斯有不忍之政，为政不外因人心之同然，而利导之也。孟子曰：“天下之言性也，则‘故’而已矣。‘故’者，以‘利’为本。”

“故”者已然；“利”者，因势导之，如治水也。唐林慎思尝作《续孟》，又著《伸蒙子》，其论明性，盖演孟之意也。其言曰：“韶夏之声，人非不知可敬，而不能嗜矣；可去者非礼，非礼易感，故人不能舍矣；是以演先王之教，不得人之乐者，教难行也；吐倡优之辞，皆得人之喜者，辞易惑也。恶有圣徒皆乘其心者，后易惑而难行哉？”

是故，孟子之言曰：“仁言不如仁声之入人深也，善政不如善教之得民也；善政民畏之，善教民爱之；善政得民财，善教得民心。”

因此，教育与经济两方面，皆宜注意。孟子曰：“设为庠序学校以教之。庠者，养也；校者，教也；序者，射也。夏曰校，殷曰序，周曰庠，学则三代共之；皆所以明人伦也；人伦明于上，小民亲于下。”

学者效也，阳明曰："学校之中，惟以成德为事"，是即此意。教以人伦，匡之直之，辅之翼之，便其心自得；提撕警觉，亦不过启发其心而已。此言教育也。然民非产业不生活，故孟子曰："民之为道也，有恒产者有恒心，无恒产者无恒心。苟无恒心，放辟邪侈，无不为已，及陷乎罪，然后从刑之，是罔民也。焉有仁人在位，罔民而可为也！是故贤君必恭俭，礼下，取于民有制。"

大凡饥寒者，乃起盗心，穷不失道者，盖寡。故欲人人当有善心，亦必人人常能安居乐业，从事生产，故孟子有勑民事，正经界，均井田，赋十一，种种政事主张，将以治世，皆重在保民。孔子论治卫曰："富之教之。"孟子之精神盖亦如是。先圣后圣，若合符节，盖由既竭心思焉，皆得人心之所同然，故其揆一也。

总之，万事万物，皆在尽己，皆在尽心；此心盖能推度者也。孟子曰："可欲之谓善，有诸己之谓信，充实之谓美，充实而有光辉之谓大，大而化之之谓圣，圣而不可知之之谓神。"能善能信，克美克大，乃圣乃神，伟与休哉！可谓至矣。

(四) 余论

历来说孟子者多矣！尊孟者有之，鄙孟者亦有之。读其书，想见其为人，祇觉"良工心独苦"而已！孟子秉先觉之志，格时君之心，不肯枉道求人，终莫听纳其说。观其语齐宣王曰："夫人幼而学之，壮而欲行之。王曰：'姑舍汝所学而从我'，则何如？今有璞玉于此，虽万镒，必使玉人雕琢之；至于治国，则曰，'姑舍女所学而从我'，则何以异于教玉人雕琢玉哉？"

其为道自重也如彼！然其心又何尝忘情于斯世哉？观其濡滞去齐语人曰："千里而见王，是予所欲也。不遇故去，岂予所欲哉？予不得已也！予三宿而出昼，于予心犹以为速，王庶几改之。王如改诸，则必反予。夫出昼而王不予追也，予然后浩然有归志。予虽然，岂舍王哉？王由是足用为善！王如用予，则岂徒齐民安，天下之民举安。王庶几改之！予日望之！”

其惓世不忘也又如此！弥觉“良工心独苦”而矣。战国扰攘，相轧相争，厚利率民，民争贪欲，(《续孟》中语也)间有高世之士，放言横议，兼爱太甚，为我不及，许行敦朴，陈仲耿洁。然能不偏不陂者，孟子之说而已。言仁义，道性善，皆所以正人心，息异学，开原塞流也。王充以为利有二：有货财之利，有安吉之利，执以刺孟。其实喻利喻义，一念之差，谬岂相万。董仲舒“正其谊不谋其利，明其道不计其功”之说，庶几近吁嗟，贤者之用心何其忧世之切也，使孟子生今之世，又将若之何？(十四，五、十一，初稿)

陆象山评传[①]

"天地何所穷际?"(《宋史》列传第一百九十三)

"人生天地间如何植立?"(《象山语录》)

此象山陆九渊先生之两大疑问,象山生于一一三九年(宋绍兴九年),卒于一一九二年(绍熙三年),其五十年间之推寻拟度,亦云勤矣!溯其学术之渊源可注意者两端,即家学与道统是也。象山之兄九龄,稽百氏异同,出入于释老,沉潜乎孔子、子思、孟子之言,深思而独究之,因倡言"释氏大抵以理为障,与吾儒之学,天地悬绝";象山之学,终能不蹈佛老之空虚,关键殆即在此。九韶"无极"而"太极"之辨,疑通书,难晦翁,使希夷之图,老氏之学不与儒书混杂,彼此永断葛藤,两全其真,各有著实处,厥功至伟;象山之言,所以切中学者隐微之痼病,其亦在斯乎?陆氏兄弟,自为师友,惓惓道艺,和而不同;又其父贺以学行为里人所宗,故皆专务践履,欲于人情事势物理上,提撕省察,悟得本心。象山自幼及长,讲习切磋,博咨而默养,学问渊粹,蔚为大观,夫岂偶然!原《易》之为书也,确然示人易,隤然示人简,大哉乾元,至哉坤元,象山所谓"易简工夫终久大",诚有卓见。观其晓晦翁之言云:"莫作孟子以下学术!"故其

① 原载于《国学月刊》,1926 年第 1 卷第 5 期。

学存必尽心养心胜心，必求诸心，简易直截，真有以接孟子之传，阳明祖述象山，良有以也。至于仰愧俯怍，如何植立？天长地久，何所穷际？此项大问题，象山已示吾人以答案，考其辞，时有似诞放，要其归，大醇而小疵，与正道离者鲜矣。今之学者，离佛老而立言，或议其非是，儒释本亦不可强合，奚言而不异？惟剿模古人言，呀呀学作小儿态，奉之如金科玉律，莫或敢违，此亦学者之大患耳！究之，此理自明，此心易宁，读书考古，将以证道，如或一言可采，虽狂夫之议弗灭，况在贤哲之心学邪！谨爬罗剔抉，纂其言而钩其玄，倘能免"起炉作灶"之诮，庸非幸欤？

（一）宇宙观　"宇宙"二字解：（甲）上下四方曰宇；（乙）往古今来曰宙。至于象山立言之理论，其次第程序，大略如后：

"天地开辟，本只一家，往圣之生，地之相去，千有余里，世之相后，千有余岁，得志行乎中国，若合符节，盖一家也。"（见《与罗春伯书》中）

"千百世之上，有圣人出焉，此心同也，此理同也。千百世之下，有圣人出焉，此心同也，此理同也，东海、西海、南海、北海有圣人出焉，此心同，此理同也。"（引《理学宗传》中文）

"尧舜文王孔子四圣人，圣之盛者也……至其同者，则禹益汤武亦同也……颜曾之道固与圣人同也，非特颜曾与圣人同，虽其他门弟子亦固有与圣人同者；不独当时之门弟子，虽后世之贤，固有与圣人同者；非独士大夫之明，有与圣人同者，虽田亩之人，良心之不泯，欲见于事亲从兄应事接物之际，亦固有与圣人同者：指其同者言之，则不容强异！"（《语录》）

"人共生乎天地之间，无非同气，扶其善而沮其恶，义所当然！安有彼我之意？又安有自为之意？"（《语录》）

"循顶至踵，皆父母之遗体，俯仰乎天地之间，惕然朝夕，寡乎愧怍而惧弗能，倘可庶几于孟子之'塞乎天地'而与闻夫子'人为贵'之语耳？"（《语录》）

"心只是一个心，某之心，吾友之心，上而千百载圣贤之心，下千百载复有一圣贤，其心亦只如此。心之体甚大，若能尽我之心，便与天

同。”(《语录》)

故曰:“宇宙即吾心,吾心即宇宙。”

括而言之:人类一源,宇宙一心,身心体验,才自警策,便知天地本原,无时间之差别,无地域之区分,我与天地万物皆在大造化中耳。

(二) 人生观　人有五官,官有其职,(《语詹子南》)故应裁成天地之道,辅相天地之宜,以左右民,(《答朱子辩太极图书》)亦须还我堂堂地做个人。(《语录》)象山之人生观,大致如是。至其所以建设其主张者,持论推理,略如后说:

“人生斯世,须先辨得俯仰乎天地,而有此一身。”(《与朱吕论九卦》)

“上是天,下是地,人居其间,须是做得人,方不枉!”(《语录》)

“宇宙不曾限隔人,人自限隔宇宙。”

“人不辨个小大轻重,无鉴识些小事,便引得动心,至于天来大事却放下着。”

“宇宙内事乃己分内事,己分内事乃宇宙内事。”

“要当轩昂奋发,莫恁地沉埋在卑陋凡下处。”

“大人凝然不动,不如此小家相。”

“大世界不享,却要占个小蹊小径子,大人不做,欲要为小儿态,可惜!”

“人要有大志,当人汩没于声色间,良心善性都蒙蔽了!”

“自立自重,不可随人脚根,学人言语。”

“志于声色利达者,固是小,剿模人言语底,与他一般是小。”

“今人略有些气焰者,多只是附物,原非自立也。”

“汝耳自聪,目自明,事父自能孝,事兄自能弟,本无欠阙,不必他求,在自立至已。”

“人孰无心,道不外索,患在戕贼之耳!放失之耳!古人教人不过存心养心求放心,此心之良,人所固有。”

“人不可汩一事,只自立心!”

“今世人,浅之为声色臭味,进之为富贵利达,又进之为文章技艺;又有一般人都不会，却谈学问，吾总以一言断之曰：‘胜心。’”

故曰：“仰首攀南斗，翻身依北辰，举头天外望，无我这般人！”

尝试论之，蠢动含灵，本属天真，圣人田地，眼前道理，即此方寸灵台，光辉灿烂者，无非“造物”之神工，尚何“佛性”之足云？

上述两层，为象山道学之起点，为象山思想之结晶；然其学，非仅重在德性顿悟，亦未尝不问学析理，要在省察涵养之功，所谓“穷究磨炼，一朝自省”者，此其旨也。兹选择其《语录》，分类录之如左次：

(1) 何谓学？象山之言曰：“大凡为学，须要有所立，《论语》云：‘己欲立，而立人。’卓然有不为流俗所移，乃为自立，须思量‘天之所以与我者是甚底？还是要做人否？’理会得这个明白，方可谓之学问。”

(2) 所学果为何事？象山之言曰：“人生天地间，为人自当尽人道，学者所以学为人而已，非有为也。”

(3) 学。象山尝与梭山论《中庸》。梭山曰：“博学之，审问之，慎思之，明辨之，笃行之，此是要语。”答曰：“未知学！博学个什么？审问个什么？慎思个什么？明辨个什么？笃行个什么？”(又)象山尝云：“《论语》多有无头柄底说话，如‘知及之，仁不能守之’之类。不知所及守者何事？如‘学而时习之，’不知时习者何事？非学有本领，未易读也；苟学有本领，则知之；所及者及此也，仁差所守者守此也，时习习此也；说者说此，乐者乐此。如高屋之上，建瓴水矣！学苟知本，六经皆我注脚。”再分别释之。

(释)此象山之言曰：“万物森然于方寸之间，满心而发，充塞宇宙，无非此理。”又曰：“格物者格此也，伏羲仰象俯法，亦先于此尽力焉耳，不然，所谓‘格物’，末而已矣。”又曰：“此理塞宇宙，所谓‘道外无事，事外无道’，舍此别有商量，别有趋向，别有规模，别有形迹，别有行业，别有事功，则与道不相干，则是‘异端’，则是‘利欲’，谓之‘陷溺’，谓之‘旧窠说’，只是邪说，只是邪见”，更将“异端”、“利欲”、“旧窠说”一一疏之。

(疏)异端　象山云：“今世类指佛老为异端，孔子时异端未入中国，虽有老子，其说未著，却指那个为异端？盖‘异’与‘同’对，师尧舜而所学之端绪与尧舜不同，即是异端，何止佛老哉？有人问吾异端者，吾对曰，‘子先理会得‘同’的一端，则凡‘异’此者，皆异端。’”又云：“今之攻异端者，但以其名攻之，初不知自家已被点检在下面，如何得他服你，须易先理会了我底是，得有以使之服，方可。”

（疏）利欲　象山云：“夫子言‘君子喻于义，小人喻于利’；孟子谓舜跖之分，‘利’与‘善’之间。读书者，多忽此，谓易晓，故躐等凌节，所谈益高，而无补于实行。”又云：“道义之在天下，在人心，岂能泯灭，第今人大头既没于利欲，不能大自奋拔。”

（疏）陷溺　象山云：“此道与溺于利欲之人言犹易，与溺于意见之人言却难。”又云：“与小后生说话，虽极高极微，无不听得；与一辈老成说，便不然，以此见过无巧，只是那心不平的人揣度便失了。”又云：“凡事莫如此滞滞泥泥某平生于此有长，都不去著他事，凡事累自家一毫不得，每理会一事时，血脉骨髓，都在自家手中，然我此中权似个闲闲散散，全不理会事的人，陷事中。”又云：“彘鸡终日营营无超然之意。须是一刀两断，何故萦萦如此？萦练的讨个甚么？”又云：“内无所累，外无所累，自然自在。”

（疏）旧窠说　象山云“古之所谓‘曲学诐行’者，不必淫邪放僻，显显狼狈，如流俗人不肖子者也；盖皆仿古圣先贤言行依仁义道德之意，如杨墨乡原之类是也。”又云：“孟子曰，‘尽信书，不如无书。吾于武成，取二三策而已矣’，或乖理致，虽出古书，不敢尽信也”！

（释）我　或劝象山著书，辄曰：“六经注无我，我注六经，”又尝云“吾之学问与诸处异者，只是在我全无杜撰，虽千言万语，只是觉得他底在，我不曾添此一些，”此所谓“六经注我”也，又尝云：“此事何必他求，此心之良，本非外铄，圣贤之形容咏叹者皆吾分内事，日克日明，谁得而御之？此事不惜资于人，人人亦无着力处，圣贤垂训，师友切磋但助鞭策！”此所谓“我注六经”也。

（释）知本　象山云：“大纲提掇来，细细理会去。”又云：“铢铢而称之，至石必缪，寸寸而度之，至丈必差。”此言知本之要，昔杨敬仲问先生曰:“如何是本心?”答曰:“恻隐仁之端也;羞恶义之端也,辞让礼之端也,是非智之端也,是此本心。”递论四端,实道一贯,故象山又云:“我治其大而不治其小,一正而百正。”以此,再将“心”本体,分疏之如下:

(甲)静耶动耶?象山之言曰:“何适而非此心?心正,则静亦正;心不正,则虽静亦不正矣!若动静异心,是有二心也,此事非有真实朋友不可……”(《与潘文叔书》)

(乙)善耶恶耶?象山之言曰:“有善必有恶,真如反覆手,然善却是本然,恶却是反了方有。”

(丙)虚耶实耶?就象山窥悟本体之言曰:“千虚不博一实,吾平生学问无他,只是一实。”

(4)如何学　象山之言曰:“人为学甚难,天覆地载,春生夏长,秋敛冬肃,俱此理,人居其间,无灵识,此理如何解得?”故为学虽苦,要不可废学。又云:“所谓学之者,从师亲友读书考古,学问思辩,以明此道也;故少而学道,壮而行道。”此言如何学并谓学与行之关系,由是可发生两种问题:

(一)师友问题　“人之精爽负于血气,共发露于五官者,安得皆正,本得明师良友剖剥,如何得去其浮伪而归于真实?又如何能得自省自觉?”此象山解释师友之重要。

(二)知行问题　“平时虽号为士人,虽读圣贤书,其实何曾笃志圣贤事业。”象山于人情中,研究得到书蠹之知行不符,故慨然曰:“若某则不识一个字,亦须还我堂堂地做个人!”贤者警世之心切,不觉其言之过直,惟学道则害人者,究不如束书不观之为愈也。象山尝云:“既不知尊德性,焉有所谓道问学?”话到无言,非好学笃行之士,莫能明此。其要点有二:

1)重实践 象山云:“处家遇事,须著去做,若是褪头便不是;子弟之职已缺,何以谓学?”视今日之子弟,鄙弃室家,遑问孝养,琐琐事悉付之与仆役者,何如?

2)重人情 象山云:“须知人情之无常,方料理得人。”白云苍狗,何奇蔑有？象山取人，喜其忠诚悫言，似不能出口者，诚是。

（5）论学

（一）从何处入？或问象山之学，当来自何处入？曰："不过切己自反，改善迁善。"《诗》所谓"心诚求之，不中不远"是也。

（二）学者须知　就其散见于《语录》中者言之：(1) 须是有智识，然后有志愿。(2) 学者要知所好此道甚大。(3) 志小不可语大人事。(4) 道可谓尊，可谓重，可谓明，可谓高，可谓大；人却不自重，才有毫发恣纵，便是私欲，与此全部相似(5) 有志于道者，当造次必于是，颠沛必于是。凡动容周旋，应事接物，读书考古，或动或静，莫不于是。(6) 莫厌辛苦，此学脉也。(7) 学者不可用心大紧(8) 恭敬者乃保养此心也。(9) 惟精惟一，须如此涵养。(10) 今一切去了许多谬妄劳攘，磨砻去圭角，浸润著光精，与天地合其德云云。

（三）学者之弱点　"学者大率有四条：一虽知学路，而恣情纵欲，不肯为；一畏其事大且难，而不为；一求而不得其路；一未知路而自谓能知"。象山之言，真切中学者隐微深痼之病！

（四）一生学历谈　或问象山曰："吾十有五而志于学，三十而立，既有所立矣；缘何未到四十尚有惑哉？"曰："志于学矣，不为富贵贫贱患难动心，不为异端邪说摇夺，是下工夫，至三十年然后能立；既立矣，然天下学术之异同，人心趋向之差别，其声讹相似，似是而非之处到，这里多少疑，在是又下工夫十年，然后不惑矣；又下工夫十年，方浑然一片，故曰'五十而知天命'。"此象山一生顿悟之说，惜哉！夫子之不永年也；不然，六十七十此至百年之境地，必有以晓语来者。

（五）造就有深浅　象山尝云："诚使圣人者并时而生，同堂而学，同朝而用，其气禀德性所造所养，亦岂能尽同。"此何故？象山释之曰："道之广大悉备，悠久不息，而人之得于道者有多寡久暂之殊，而长短之代胜，得失之互居，此大小广狭深浅高卑优劣之所从分，而流辈等级之所由辨也。"

（六）虚实之见不同　象山《与晦翁辨太极图说》尝云："某窃谓尊兄

未曾实见太极，若实见太极，上面必不更加无极字，下面必不更著真体字；上面加无极字正是叠床上之床，下面著真体字正是架下之屋；虚见与实见，其言固有不同也！”按此，为象山晚年定论，学者幸勿忽视也。

（七）学贵有新发明　象山之言曰：“自古圣贤发明此理，不必尽同。如箕子所言，有皋陶之所未言；夫子所言，有文王、周公之所未言；孟子所言，有吾夫子之所未言。理之无穷如此！”是即所谓“人能宏道”也，象山于此说，三复致意焉。慨此理之无穷，念此心之长勤，横贯乎人群，岂穷乎来劫，则其聪睿特达之度量，何可以管见窥测耶？

当吾初执笔也，阐辞提挈，仅欲粗叙所见，以传斯世，及既落墨矣，挂一念漏万，殆同书抄，连篇累牍，不禁有“欲罢不能”之感想；爰将所剩之印象，为读者进一解。所谓“批评”者：就其狭义言之，则为“恰好判断之一标的”（A standard of judging well），此一说也；就其广义言之，则为“一种不偏不党之努力，就世间已知事理之尤佳者，学习并传布之。”（安诺德语）此亦一说也。叙述作者所处环境，家庭之熏陶，旁征作者所受前人学说之影响，就当时当地之情形，加以考订，以资论断，此历史的批评也。综合作者之著作思想，分析作者之特殊意见，估量作品之价值，择其最精彩者，参以己见，比较异同，加以分类，此解释的批评也。兹篇所述，窃取斯议；至于如何欣赏，如何品藻，自揆庸碌，不敢有所标扬也。惟百家之言心者如：

老子曰：心治则百节皆安，心扰则（编者：原文多一“皆”字）百节皆乱。（《文子》引）

管子曰：心者，智之舍也。

文子曰：心者，形之主也。神者，心之宝也。

公孙龙子曰：心者，众智之要物，皆求于心。

淮南子曰：夫心者五藏之主也，所以制使四支，流行血气，驰骋于是非之境，而出入于百事之门户也。

邵子曰：心者，性之郛郭也。

朱子曰：天地变化，其心孔仁，成之而我，则主于身。

求其如象山之深切名著者，诚不多觏；盖人心惟危，百虑千歧，为顽作伪，日劳且拙，由是虚美熏心，嵘舌煎心，损之又损，乃有心疾，前人所谓蓬心、谬、狼豕心、狗马心、草木心，皆病态也。自其外表观之，人心长五寸，(《春秋·元命苞》语)使人刳心著地，正数片肉相似耳，何足有所明也！(杜恕语)顾其中最是难测地，险于山川，难于知天，犹复包藏，讵可测度耶？惟哲人能持正，自是无瑕，如丹如秤如水如镜，如山岳如金石如涌泉如谷中，俨然如一根之荷，维持六志之叶，缄腾七情之实，主万事，所识纤微无不贯，何惮于病？是以心庄则体舒，而慢易之失鲜矣，心肃则容敬，而鄙诈之过寡矣。故有积金至斗不能移者，虽刀开剑承，亦不以死背吾初心者。扩而充之，则古诗所谓"以我径寸心，从君千里外"，亦属所能，《齐书》载"南阳宋元卿有志行，祖母病，元卿在远辄心痛，大病则大痛，小病则小痛，以为常。"心心自印，息息相关之感应盖如是！仅能清其神智，会心处不必在远，象山云："小心翼翼，昭事上帝，上帝临汝，无贰尔心，此理诚塞宇宙，如何由人杜撰得！文王敬忌若不如此，敬忌个甚么？"不知今世明达之士，以为如何？

(附) 椒山、象山两评传序

世人愚顽极矣！醉迷于粟帛，梦恋于身家，草泽英雄，挟无敌之兵，掌不测之威，横行于天下。而蚩蚩者流，如蛾赴火，如蚁集羶，尽坠其彀中，又苦不能自拔耳。余观椒山之正气，精忠殉国；象山之道学，由士希圣，知其嘉言善行可以药世也，故各撰一评传，又从而合序之曰：

以天为尊，以道为宗，以德为行，唯圣人能尽之。《礼记》曰："圣人作则，必以天地为本，以阴阳为端，以四时为柄，以日星为纪，月以为量，鬼神以为徒，五行以为质，礼义以为器，人情以为田，四灵以为畜。"又曰："作之者谓圣"，言变通革变，与时宜之。《书》曰："睿作圣"，言积善全尽，事无不通。括而言之，所谓"圣人"者，天民先觉，德纯学粹，有经纬之才，宏制作之义，修养人格，造乎至极以优入于圣域。德在匡民，教被来世，操守有常贤，贫贱非所病者也。将欲求学圣人之道者，请自象山始。

修身为弓，矫思为矢，立义为的，唯贤者允蹈之。许谦尝云："以圣人为准的，然必得圣人之心，而后可以学圣人之事。"许衡亦曰："夫贤者以公为心，以爱为心，不为利回，不为势屈，置之周行，则庶事得其正，天下被其泽。"何谓"贤者"？其行也刚义，其言也利溥，顺德乐善，中心欣然，耳择口择，可大可久，纯乎自家意思，返疾而不违于道者也。气冠山河，心如金石，若椒山之为人，可谓"履正奉公"矣！

昔吾获睹象山之遗像，奇伟魁岸，气象挺杰，蔼如也；又尝观椒山之为人，不禁心向久之。倘使生今之世，必将激薄停浇，挽救衰风。呜呼！其可无限量耶？

论阳明哲学[①]

李君明正述阳明哲学，书成，持以示余，敢以所知反质李君。余意阳明为学之志，一斋（娄谅）启之，教化之传，中江得之；远绍孟子，近接象山；初学于而终宗于儒，诚有以得孔家之心学，非空门之狂禅也。

《阳明年谱》孝宗弘治二年己酉，十八岁，寓江西。是年慕圣学，阳明以诸夫人归，舟至广信，谒娄一斋谅。语宋儒格物之学，谓圣人必可学而至。遂深契之，自是日则随众课业，夜则搜取子史读之。余考《广信府志》而知：

"娄谅，字克贞，号一斋，谦之兄也。早岁从吴康斋游，涉猎经史，尤隧于《易》、《书》。尝任成都训纂，以母老弃官归巷。益究心性理学，抗颜为学者师，平居修身教人，率依于礼法，人有过，辄面折之，尤斥绝老释，严甚，里中盖有化者，所著有《一斋录》。"

准此以观，一斋之于阳明，影响甚大，阳明尝语人曰："人之学为圣人也，非有必为圣人之志，虽欲为学，谁为学？有其志矣，而不日用其力以为之，虽欲立志，亦乌在其志乎？故立志者，为学之心；为学者，立志之事也。"

---

① 标题为编者所加，原刊于《民大国学不定期刊》，1925 年。

是知阳明虽赖一斋之启发，然其所以成就者，又在其能力行也。上古哲学，无独指心者，如言“人心，道心”，不止“治心”已也。孟子始有“尽心”、“知性”、“心官贱耳目”之说。陆象山《与吕子约书》云：“孟子言学问之道，惟在求其放心”。故尝自云“此心此理，实不容二”，以为“古今四海，此心同，此理同。”每劝学者“且看孟子‘道性善’、‘求放心’两章，著实体察，收拾此心。”又谓：“心不可汩，一事只自立心。人心本无事，胡乱被事物牵将去了。若是有精神，即时便出便好。若一向去，便坏了。”陆子居象山明告学者，“女（汝）耳自聪，目自明；事义自能孝子，事兄自能弟；本无欠阙，不必他求，自立而已。”诸如此类语不胜举。黄宗羲谓“象山之学，以尊德性为宗”，象山实“师心”之学，所谓简易工夫是也，故以“学苟知本，则六经皆我注脚。”又以“宇宙即是吾心，吾心即是宇宙”，然则象山所谓“本”“心”者何解？此问象山已明答之。昔杨敬仲问象山，“何是本心？”象山曰：“恻隐，仁之端也；羞恶，义之端也；辞让，礼之端也；是非，智之端也，此即是本心。”数问而终不易其说。或讥其教人，专欲管归一路者。象山曰：“吾亦只有此一路。”由是观之，象山捷径，别开生路，而阳明得之。阳明称扬孟子曰：“孟子阙义外之说，而曰：‘仁人心也’，‘学问之道无他，求其放心而已矣。’又曰：‘仁义体智，非由外烁我也，我固有之，弗思耳矣！’”又称象山以为其“简易真截，真有以接孟子之传，其议论开辟，时有异者，乃其气质意见之殊，而要其学之必求诸心，则一而已。”

阳明尊陆绍孟，故言：“圣人之学，心学也。”又言：“六经者，非他，吾心之常道也。”又言：“心外无物。”又言：“致吾心之良知”，然亦非依附者可比。尝言曰：“夫学贵得之心，求之于心而非也，虽其言出于孔子，不敢以为是。”岂非独立革新之精神耶？

李之翰《中洲记》：“佛学入中原，其始固为异教而已，久而遂为圣人之道相乱。有志者，常欲致精索微，以胜之，卒不能有所别异，而又自同于佛者，知不足以两明，而又失之略也。”自佛学输入，中国固有哲学，多受影响，“明心见性”，禅宗流行，阳明亦“尝学佛，最所尊信，自谓悟得其蕴奥，乃窥见圣道之大，遂弃置其说。”详《谏迎佛疏》。其自述曰：

“守仁早岁业举，溺志词章之习，既乃稍知从事正学，而苦于众说之纷挠疲迩，茫无可入。因求诸老、释，欣然有会于心，以为圣人之学在此矣。然于孔子之教，间相出入，而措之日用，往往缺漏无归。依违往返，且信且疑。其后谪官龙场，居夷处困，动心忍性之余，恍若有悟，体念探求，再更寒暑，证诸《五经》《四子》，沛然若决江河而放诸海也。然叹圣人之道坦如大路，而世之儒者妄开窦径，蹈荆棘，坠坑堑，究其为说反出二氏之下，宜乎世之高明之士厌此趋彼也，此岂二氏之罪哉！”见《朱子晚年定论序》。

自阳明观察，以为“禅之说，弃人伦，遗物理，而要其归极，不可以为天下国家”，而阳明之致良知，将以有为也，内治其心，而外平天下国家，其一代事功，实本诸平生学问，尝云：“孔颜心迹皋夔业”，可以概见，王学与禅，是非同异，自有不待于辩说者，是知阳明之学，并不剿同释氏之说，洞憋抉隐，自雄伟不常者矣。

王学东渡，教被日本，德川时代，中江藤树笃信阳明，行谊纯粹，时人尊曰：“中江圣人”，有圉人者，盗旅客金二百，会聆藤树言教，趋反其金，愚顽薰德，其感人之深也，多如此类，得非被阳明之遗泽欤？

徐景贤十四、六、十

此篇作时，五卅惨案正起，国事运动，暇晷殊鲜，仓促成稿，以答李君，颇觉歉然，他日再详列为论刊。附记。

《孝经》余论[①]

"世信虚妄之书，以为载于竹帛上者，皆贤圣所传，无不然之事；故信而是之，讽而读之。"王仲任此一说，余深韪之。尧舜之道，于孟子未尝绝口，理洽于心耶？杨氏《法言》，张柏松不肯寓目，于观不悦耶？遥传耳取，信之入骨，贵所闻也；新文创见，羞于称道，贱所见也；然则"非三代两汉之书不敢观"，庸非尊古贱今之大惑欤！原笔集成文，著文为篇，在理或当，何必依托？假圣哲以重其术，诬古人以售其奸，穿凿虚造，夸诞妄说；鉴别正伪，故疾虚妄，《圣证》（按：即三国王肃之《圣证论》，已佚）助攻，并无益也，应诏求利，何其拙哉！孔门问孝者非一，传授异辞，秦燔之余，儒者笔之。陆德明曰："《孝经》专是夫子之意。"然乎，否乎？所幸诸子尺书具在，可观读以正说；惟玉屑满箧不成宝，今所剩者，皆蕞残耳。倘经艺之言，皆如其真也；不有世儒，安宜妄记？剽窃成言，妄诋古训，非是反道，即或诳人！古谚云："中士闭口"，诚亦不得已乎？兹篇之述作，疏通故实，得毋徒摭前人之唾余？譬诸渴饮即海，充量足矣！聊抒余一人之管见而窃论之，至于罔罗百家，整齐离闻，使之张皇幽邈，期于发扬光大，则吾岂取；愿□诸大君子！临书之时，作如是想：安得决疑择善，判

① 原载于《国学月刊》1926年第2卷第2、3期合订本。

然一说，呈于世人之前，供其资考而并乞削正哉？

《孝经》，崇人伦之书，一尺二寸之策，首仲尼，列曾子。《史记》曰：“仲尼孝子”，里名“胜母”；曾子敛襟，《礼记》曾有一篇，“曾子所问三十七”。(《黄氏日抄》)诚使孔子闲居，倦而不衰，“曾子未尝不问安亲之道也”(《论说谶》)退而与问弟子言之，门弟子述仲尼之说，类集成书。《吕览》秦人引《孝经》之最古书《孝行篇》，尝篇引乐正子春曰：“……吾闻之曾子，曾子闻之仲尼；父母全而生之，子全而归之，不亏其身，不损其形，可谓孝矣。”(见于《礼记·祭义》者略同)此为一例。圣人言则为经，贤者作传，传者传也。魏文侯尝受经艺，因撰《孝经传》。此又一例。故前汉时止称《孝经》曰《传》，成帝赐翟方进书，引《传》曰：“危而不持，颠而不扶”；《东平王云与人书》引《传》曰：“高而不危，所以长守贵。”是也。匡衡《劝经学疏》，以《孝经》先《论语》，概称为“圣人言行之要”。按之郑引《钩命诀》，圣人文语，二尺四寸，《孝经》谦半之，《论语》八寸策，三分居一，又谦焉。《汉志》、《隋志》以《孝经》附《论语》后，非是。

古传孔子述而不作，余杭章君有《孝经本夏法说》，“其言议谈说，已无以异于墨子矣；然而明不能别，呼先生以欺愚者！”(借《荀子·儒效篇》语)一则曰：非夏法何有万国之数？《史记·武帝本纪》谓黄帝之际，万国和而鬼神山川封禅，与为多焉，足见传说中，黄帝之时，已有“万国”矣！况《诗》言千亿，《传》称万国，增事溢实，又何称焉？一则曰：非夏法则不得三千条律之数，三千，夏之刑；三百，商之刑，周三千之条，自穆王复古也。特条待多寡之变迁耳！惟《吕览·孝行篇》引《商书》曰：“刑三百，罪莫重于不孝。”重罪不孝者，殆自商始。又曰：“夫孝，三皇五帝之本务，而万事之纪也。”《虞书》称舜，克谐以孝；尧舜之道，孝悌淑行。孝之本义，由来久矣！墨者之书，多称：“先王之书，吕刑之道”；“先王之书，术令之道”；“先王之书，《周颂》之道”，诸例实繁，亦不专以先王属禹，郑氏之说过也。况子墨子之所谓“兼”者，于先圣六王取法焉，不识墨家所述是否专述“禹道”；又不知《孝经》之“博爱”能否与墨家之“兼爱”混为一谈？《孝经》称先王有六，言先王，示稽古也；称明王者二，言明王，称其政教之察察也。周鉴于两代,周因殷礼,殷因夏礼,因革损益,非沿袭也。

《荀子·子道篇》曰:“入孝出弟,人之小行也。”在昔先民,浑浑噩噩。有如鹿豕,故孝弟之名无所见;抑古风淳朴,父兄慈良,无由彰显也?舜,父顽母嚚弟傲,名成大孝。老子曰:“六亲不和,有孝慈”,其以此欤?或曰:朱象不肖,尧舜不能教化,孝道未盛也。《周语》称:晋周言孝必及神;“昭神能孝”殆神道设教也。其后导之以礼义,绳之以严刑。《王制》曰:“养耆老以致孝”;养老之俗,则三代共之。《楚语》载士亹曰:“明恭俭以导之孝”,恭然后能爱亲以心,俭然后事亲以财,此为导子之义方,而劝教化,趋孝弟,则乡师之事云耳。观《管子》之乡制,正月之朝,乡长复事,君亲问其乡有无孝或不孝者,尽实以闻,犹雷厉风行也!《周礼·大司寇》以五刑纠万民,三曰乡刑,上德纠孝,乡八刑以惩不孝不悌者,由是平居暇日,子与子言孝,为人子者,见称于州闾乡党,有孝德以出在公族;或以其难能可贵,乃曰:“孝者子妇之高行也!”(《管子·形势》解)父系权尊,子道曰卑:《晋语》申生之言曰:“守情悦父,孝也。”羊舌大夫之言曰:“敬顺所安为孝”。又《庄子》曰:“不择而安之者,孝之至也!”皆求“利亲”也,吉甫谗而逐,骊姬妒而谋;父寡思而子纯笃,此又孝己曾参所以以孝显也。陈轸曰:“孝己爱其亲,天下欲以为子”;姚贾曰:“曾参孝其亲,天下愿以为子”,秦人誉孝己曾参,可谓至矣!然而“孝”如曾参孝己则不过养其亲。(苏代语)曾子亦尝谓其弟子公明仪曰:“参直养者也!”(《礼记·祭义》)嗷嗷庭鸟,反哺于亲,养亲细行,何足矜焉?《淮南子》曰:“曾参之养亲也,若事严主烈君。”战战兢兢,何其拘谨耶?周衰秦继,风俗转薄,贾谊《策》曰:“秦人借父耰锄,肤有德色,母取箕帚,立而谇说”,可见一斑!儒者乃称先生,补诗书,杂纂孔子曾子之言辞而祇尊之曰经,且传授无绪,或云出孔氏壁,或云颜芝所藏,嚯嚯未知孰非也?唯汝南许冲曰:“《古文孝经》者,孝昭帝时,鲁国三老所献,建武时给事中议郎卫宏所校,皆口传,官无其说。”鲁,孔曾之故乡;三老,掌敷教劝孝;口传,未箸竹帛,今观《说文》引《古文孝经》,“仲尼居,居作孝;哭不偯,偯作悠”,皆与今所传者异字,惜其说不传耳!世有欲尊《孝经》者,以为仲尼、曾参所制作,为兹厚于后世，总六艺，明一贯，此则非吾所敢知。又《图书集成》引敬王三十九年，孔子作《孝经》，授弟子曾参，今籍典无稽矣！或曰曾子作，孔子授之业也。而宋《景文笔记》云："曾子七十文学始就，乃能著书。"诸如此说，安能征信?"案：《孝经纬·钩命诀》云："《孝经》者，以篇题就号也。"《孝经》虽不与《仓颉》、《凡将》之流，然《尔雅》诸书实又属之"孝经家"，昔人疑《孝经》为小学，果非是耶？

《汉书·艺文志》：《孝经》凡十一家五十九篇，除《孝经古孔氏》一篇与《孝经》一篇外，有《尔雅》三卷二十篇，《小雅》一篇，《古今字》一篇；有《弟子职》一篇；其余则《说》、《杂传》及《五经杂义》也。《尔雅》小经，显于豹鼠；《释亲》一篇，或有关于辨别亲疏之名义；《弟子职》今在《管子书》第五十九篇，言："温柔孝悌，勿骄恃力"，或是；又其中称："先生将食，弟子饿馈"，抑末节也！一孝存佚，书去其十之八九矣，可慨也乎！

自汉文帝立博士，虽虎贲之士，皆令诵之；太子讲经，习为故事，荀爽所谓："汉制使天下诵《孝经》也。"《颜氏家训》有云："百世小人，知读《论语》、《孝经》。"其普及之状况可想见矣。唐天宝二年诏天下家藏《孝经》，精勤教习，学校之中，倍加传授，设童子科云。后世帝王每以为资教化，莫《孝经》若，孝悌慈仁，有关世教；在上不骄，为下不乱；儒者之言，可宝万世！有疑诋之者，辩答辄起，谓《孝经》乃孔、曾传道之书，且曰："此经相传千五百年，今何所据而削之也，不容无辩！"（孙本《孝经释疑》中语）童蒙读书，必先《孝经》；训至成为"古制小学教课书"者，殆二千年，不觉遂沦为"小学"矣！案谓之"小学"者，古八岁入小学所教也；王俭有知，将谓之何？曩金奇选每日清晨，焚香诵《孝经》一遍，尊之为"圣门第一书"；或又拟之为《观世音经》，亦好怪矣。

宋黄震《黄氏日抄》曰："《孝经》一耳，古文、今文特所传微有不同。"人多以为然。不知汉魏隋唐以来，已多歧说：恒谭《新论》云："《古文孝经》千八百七十二字，今异者四百余字。"所差异者已逾四分之一；《古文孝经》，梁末亡逸，隋人王劭，笃好经史，访得《孔传》，送至刘炫，炫撰《千字孝经述义》五卷，见《隋志》目录，命曰千文，所差异者，殆及二分之一；

且其时“儒者喧喧，皆云炫自作之，非孔旧本，而秘府又先无其书”。(《隋书·经籍志》)按之《隋书》本传，(列传第四十)：刘炫，学实通儒，莫与为俦，该览《七略》，默识九流，惟以伪造书籍至百余卷，群言芜秽，能毋惭恧？立身立行，衔恨‘篮涂’；履冰临渊，何以宣德！休名未扬于当年，道业不播于身后；馁死沟壑，分所宜哉，“古文之学，将绝于此耶?”

《隋书·经籍志》称：长孙氏《孝经》本有“闺门”一章，《经典释文》称：“《孝经》又有 古文出于孔氏壁中，别有《闺门》一章。今案：元氏《正义》载司马贞议曰：“近儒欲崇古学，伪作《闰门》一章，刘炫随妄称其善，且《闺门》之义，近俗之语，必非宣尼正说，其文曰：“闺门之内具礼矣。严父严兄，妻子臣妾，繇百姓徒役也。”是比妻子于徒役，文句凡鄙，不合经典。按《礼记·坊记》称：“子曰：《闺门》之内，戏而不叹。”又《荀子·乐论》称乐感动人之善心曰：“《闺门》之内，父子兄弟同听之，则莫如不和亲。”不闻讳言《闺门》也。质之，何《礼记》有《内则篇》为可耶？而《孝经》有《闺门章》则为不可！古书称：圣人以天下为家，家国一理，国之民诚家之民也。稽之《尚书·费誓》曰：“窃牛马，诱臣妾。”孔安国云：“诱偷奴婢。”《孝经明皇注》曰：“臣妾，家之贱者；妻子，家之贵者。”贱者值奴婢耳，儗之徒役，何陋之有？至于妻子，仅比之为百姓，亦不为过甚也！抑《易》有云：䷤，家人利女贞。象曰：“家人，女正位乎位，男正位乎外。男女正，天地之大义也。夫夫，妇妇；而家道正；正家而天下定矣！”

又“九三，家人嗃嗃，未失也；悔厉，吉；妇子嘻嘻，终吝。象曰：家人嗃嗃，未失也；妇子嘻嘻，失家节也。”

考之经典，合乎不合？或称唐宫闱不肃，有所嫌避，因为国讳，乃削去之，近是。

此经十一章引经及书，曾子疾没之际，诵《小雅》、《小昊》之诗，《论语》纪之，而此经《诸侯章》亦引之。吕氏维祺称此诗是传孝心法；鸣呼，小心翼翼，易箦得正，何身不敢行大夫之事，而心僭诸侯之孝？以事考之，曾子必不致言出非法，抑摭取成书，蹈袭他文，如《左传》之文与此经之文有相差不过一二字者；驳多失，在所不免；惟古人引诗，断章取义，以词见义，习为应对。昔子贡问于孔子曰:“赐倦于学，愿息事君。”孔子曰:“《诗》云:温恭朝夕，执事有恪事君难！事君焉可息哉?”“然则赐愿息事亲。”孔子曰:“《诗》云:孝子不匮，永锡尔类;事亲难！事亲焉可息哉?”“然则赐愿息于妻子。”孔子曰:“《诗》云:刑于寡妻。至于兄弟，以御于家邦。妻子难！妻子焉可息哉?”“然则赐愿息于朋友。”孔子曰:“《诗》云:朋友攸摄，摄以威仪，朋友难！朋友焉可息哉?”“然则赐愿息耕。”孔子曰:“《诗》云:昼尔于茅，宵尔索绹，亟其乘屋，其始播百谷;耕难！耕焉可息哉?”……(见《荀子·大略篇》)一言谈间，称《商颂·那》之篇，《大雅·思齐》之篇、《豳风·七月》之篇各一节，于《大雅·既醉》之篇称之者再，古风固如此也。荀卿曰:“伦类不通，不足谓善学。”(《劝学篇》)善学者，宜远绍旁搜以觇其信，非仅徒逞私见，斤斤于寻章摘句之末;然朱子删去引书者一，引诗者四，顾未达此指耶?

《经》称“要道”;《司马指解》曰:“可以治天下，通神明，故曰要道。”本经云:“敬一人而千万人悦，所敬者寡而悦者众，此之谓‘要道’。”言扼要之道耳！以经证经，斯得之矣。

《经》曰;“身体发肤，受之父母，不敢毁伤，孝之始也。”太伯逊让，入吴断发，自称刑余，故不为主。曾子寝疾，启手启足，临绝效全，慎终如始。《论衡》称俗有四讳。被刑为徒，不上丘墓，此亦一讳。愧对先人，父兮我生，身之贰也;此身非我有，祇所谓“大人遗体”耳！《祭义》载曾子曰:“身也者，父母之遗体也。”可以参证。

《经》称“事亲”“事君”，《礼》曰:“子孝而忠。”《书》曰:“尔惟盖前人之愆，惟忠惟孝。”言孝必及忠，古代宗法社会使然。汉马融《忠经》曰:“夫惟孝者，必贵于忠，忠不及之，而失其守，匪惟危身，辱及亲也。”明乎此，吾侪可以无讥古人。

《开宗明义》第一章引《大雅》云:“无念尔祖，聿修厥德。”《释名》曰:“祖祚也，祚先也。”《书》曰:“奉先思孝，将颂扬先德，缵戎祖考，恐子孙不修，而忝祖乎?”《五经异义》:“卫辄拒父，《公羊》以为孝子，不以父命辞王父之命，许拒其父;左氏以为子而拒父，悖德逆俭，大恶也。”按《尔雅》曰:

"父之考为王父。"《礼》曰:"抱孙不抱子。"此言孙可以为王父尸也。郑驳许云:以父子私思言之,则伤仁爱,若是者,天伦之间,难乎其为孝子孝孙之心也!

《经》曰:"爱亲者不敢恶于人。敬亲者不敢慢于人。"云云。试取墨者"兼相爱,交相利"之说忖之,子墨子曰:"姑尝本原之孝子之为亲度者,吾不识孝子之为亲度者亦欲人爱利其亲与;意欲人之恶贼其亲与?以说观之,即欲人之爱利其亲也。然即吾恶先从事即得此?若我先从事乎爱利人之亲,然后人报我爱利吾亲乎;意我先从事乎恶人之亲,然后人报我以爱利吾亲乎?即必吾先从事乎爱利人之亲,然后人报我以爱利吾亲也。"(《兼爱》下第十六)准理以推:吾爱亲矣,自不恶亲,非特不恶吾亲也。且欲人亦爱吾亲。使我而见恶于人,人将恶吾亲,况能爱吾亲耶?夫如是,而吾之孝道缺矣;故吾必爱人,人报我以爱;且爱吾亲;诚如是,吾安敢恶于人哉?"不敢慢于人"。其说亦同。古者重报复主义,以雠复雠,以德还德,殆三代所谓"直道"欤?孔子曰:"先之博爱,而民莫其遗亲。"孟子曰:"老吾老以及人之老,幼吾幼以及人之幼,天下可运诸掌!"善推其所为也。

皇侃标目,冠于章首,世有五孝之说,《释文》:"孔子为曾参说孝道,因明天子庶人五等之孝,事亲之法。"按:纬书有"就""度""誉""究""畜"之论,盖出乎此。据《释名》引《孝经说》曰:"孝,畜也;畜,养也。"(按:《礼记》亦曰:"孝者,畜也。")此汉所见《孝经》古说也,又据《后汉书·孝友列传序》曰:"孔子曰:夫孝莫大于严父,严父莫大于配天,则周公其人也。子路曰……伤哉贫也!生无以养,死无以养。子曰:啜菽饮水,则仲由之菽,甘于东邻之牲……"

相传仲由事亲,常食藿,负米百里,可谓尽力!(事见《家语》)周公"大养",招致四海,奉持文王,可谓"能子"!(事见《淮南子》)故知五孝之分,谬于古说,百行不殊,尊卑一义,何必强为区分也?《礼记·祭义》称曾子曰:"众之本教曰孝,其行曰养。"亦足征《释名》所引之不误也。孝子之养亲也,养体,养目,养耳,养口,养志,尽此五者,然后可谓善养者也。

(参看《吕览·孝行》)若图果腹,不知敬悦;至于“犬马尽然,而况于人乎?”(《礼记·内则》载曾子语)故《诗》称《南陔》,孝子相戒以养也。吾尝忆《拾遗记》云:“冀州之西二万里,有‘孝养之国’,昔皇帝伐蚩尤,除诸凶害,独表此处为‘孝养之乡’,万国莫不钦仰!舜受尧禅,其国执玉帛来朝,特加宾礼!”呜呼!茫茫大地,“孝养之国”何处?此一段轶闻,寓有人类最高伦理境地欤?

古者“养耆老以致孝”,居乡以齿而尊老,故有“乡饮”之礼,所以明养老也。《礼记·乡饮酒》曰:“民知尊长养老而后乃能入孝弟,入孝弟,出尊长养老,而后成教,成教而后国可安也。君子之所谓‘孝’者,非家至而日见之也,合诸乡村射教之乡饮酒之礼,而孝弟之行立矣。”按:孝弟人之小行,乡师所劝导者也,前已言之,故有“乡饮”之礼,“酒者,所以养老也。”(《射义》)《礼记·内则》亦尝载曾子言“孝子之养老”宜如何,于文、孝、善事父母者,(按《尔雅》:张仲孝友,善父母为孝,义同)从老省从子,子承老也,此《许书》之说孝。《许书叙》又曰:“同意相受,考老是也。”又据《康诰》曰:“子弗祇服厥父,大伤厥考心。”《曲礼》曰:“生曰父,死曰考。”《增韵》曰:“父矩也,以矩度教子也,死曰考,成也,言有成业也。”意亦可通转,许氏之说,可以征信,“孝”字语根之由来,亦云古矣。

《祭法》称:“有虞氏禘黄帝而郊喾,祖颛顼而宗尧;夏后氏亦禘黄帝而郊鲧,祖颛顼而宗禹;殷人禘喾而郊冥,祖契而宗汤;周人禘喾而郊稷,祖文王而宗武王。”《孝经》唯称周公其人,《论衡·佚文篇》云:“孔子称周曰:‘唐虞之际,于斯为盛;周之德其可谓至德已矣!’孔子,周之文人也;假生汉世,亦称汉之至德矣。”不为无见,或曰:“颂扬新周,法后王之迹欤?”

言“孝”而道及“祀”,何也?楚观射父之言曰:“祀所以昭孝息民抚国家定百姓也。”鲁宗有司之言曰:“夫祀,昭孝也;各致齐于其皇祖,昭孝之至也。”(皆见《国语》)其关系如此,《孝经》盛称周公祀文王,良有以也,尊先祖,立宗庙,孝子隆礼,所以谨于饰死者也。

《汉书·艺文志》称:“父母生之,续莫大焉”;“故亲生之膝下”。诸家说不安处，古文字读皆异。按:《司马指解》本据古文，乃云“续”或作“绩”，今所传唐天宝本亦然，兹存两说而演绎之:(甲)释名“父甫也，始生己者;母冒也，舍生己者。”又曰:“子孳也，相生蕃孳也。”父母生子，孳孳无已，《诗》美螽斯，绳绳衍庆，“三千之罪，无后为急”，(陶渊明《命子》诗句)人伦之道，莫大于斯，故曰:“父母生之，续莫大焉。”此一说也。(乙)《尔雅释诂》:“绩，事也，业也，功也。”父生母鞠，拊畜长育，善哉。梁元帝《帝德传天性篇赞》曰:“生之育之，长之畜之;顾我复我！答施何时？欲报之德，不可方思！涓尘之孝，河海之慈;废书叹息，泣下涟洏。”

二亲之恩，昊天罔极！孔门高弟，见益母而思;王氏诸生，废蓼莪之咏:斯情无假，乃能如是。故曰:“父母生之，绩莫大焉。”又一说也。说经本忌，骑墙之见，要在“合吾说者吾引之而为之证，背吾说者吾驳之而明其非。”(甘泉江藩氏语)惟辞意两可，千年疑狱，吾不敢党同伐异，又愧不能以片言折之也;因并存之。知我罪我，窃愿奉教于大雅之士云耳。

礼求诸野乎？经传异域乎？《宋史》载:日本僧奝然献《郑注孝经》一卷，《越王孝经第十五》一卷。又新罗亦曾进《别序孝经》一卷云。晚近复输《孝经》日本国本，怪迂之士以为是乃“东海秘文”，古今实此一本，中外实为一书。极言之，亦不过数本校雠，参订揉成，取证杂书，必非真也。郑声之乱雅乐，识者恶也。日本大宰纯之流，亦不过慕圣崇华，愿为“孔氏忠臣”云耳，何尝通晓“孝”之大义哉？俗儒鄙夫，怪旧艺而善野言，于是贾贩写官，传播伪籍，希沽善价，炫耀一世。蔽所希闻也。据明皇注“故亲生之膝下”一段曰:“亲犹爱也，膝下谓孩提之时，言亲爱之心生于孩幼，比及年长，渐识义方，则日加亲严，能致敬于父母也。”按:《说文》:“亲，至也。”又《仓颉篇》:“亲，爱也;近也。”或以亲字下宜一逗，作“故亲，生之膝下，以养父母”，与孟子言“孩提之童无知爱其亲”义同，惟系古文倒句法耳。而《日本国本》竟改作“亲生毓之以养父母日严”，谬古人说。俗云:“养儿防老。”言亲育子，为养己身;若改本之文，非流为俗谈欤？汉去古近，班氏犹称诸家说有不安处，闻疑载疑，而不穿凿，宁付阙如。吾侪生千年后，讵可信诡更正文不可知之书耶？《论语·卫灵公篇》引孔子曰:“吾犹及史之阙文也,今亡矣夫!”阙文今亡,何由稽古?谅哉斯言!

《经》称:“圣人因严以教敬。”又称:“严父严兄”(据宋本《古文孝经·闺门章》文)。今考《荀子·君道篇》,云:“请问为人君?曰:以礼分施,均偏而不偏。请问为人臣?曰:以礼待君,忠顺而不懈。请问为人父?曰:宽惠而有礼。请问为人子?曰:敬爱而致文。请问为人兄?曰:慈爱而见友。请问为人弟?曰:敬诎而不苟。请问为人夫?曰:致功而不流,致临而不辨。请问为人妻?曰:夫有礼而柔从听待。”惟于为人子、为人弟者言“敬”,“严父严兄”,亦迎刃可解矣!

《经》称:“不爱其亲而爱他人者谓之悖德;不敬其亲而敬他人者谓悖礼。”非言亏人利亲也。以今语释之,即:“假使不敬爱他自己的父母亲,却先去敬爱旁的人们,这种大逆不孝的儿子,真可以说是没有德行没有礼法,糊涂极了。”大意概如此。《晋语》载骊姬语太子申生之言曰:“忍父而求好人,人孰好之?杀父以求利人,人孰利之?皆民之所恶也!”其心则非,其言尽是,骊姬以大义责申生也。以今语释之,即:“你对你的父亲都忍不住气,却去和旁人要好,到底谁和你要好?把你的父亲想谋毒死去,却让旁人来渔利,恐怕谁也以为不吉利吧?这都是一般人民所厌恶的事情啊!”合而观之,不宜薄其亲而厚于人也。

子之谨身事亲也:“非法不言,非法不行”;“言思可道,行思可乐。”《荀子·大略篇》引曾子曰:“孝子言为可闻,行为可见,言为可闻,所以说远也;行为可见,所以说近也。近者说则亲,远者说则附,亲近而附远,孝子之道也。”

《论语》纪:“孟武伯问孝。子曰:‘父母唯其疾之忧’。”《经》曰:“病则致其忧。”殆出于此。

在丑而争,斗狠危亲。荀子曰:“斗者,忘其身者也,忘其亲者也,忘其君者也。行其少顷之怒,而丧终身之躯;然而且为之,是忘其身也。室家立残,亲戚不免乎刑戮,是忘其亲也!”(《荣辱篇》)讹传曾参杀人,其母不宁而逃。古者诛族,惧株连也。由是观之:“一朝之忿忘其身。”是大惑也。“载及其亲”,可谓孝乎?

《经》称:“敬其父则子悦,敬其兄则弟悦,敬其君则臣悦。”又称:“教以孝所以敬天下之为人父者也,教以弟所以敬天下之为人兄者也,教以臣所以敬天下之为人君者也。”“父”、“兄”与“君”并列,殆荀子所谓:“君君臣臣,父父子子,兄兄弟弟,一也。”(《王制篇》)

《诗》云:“孝子不匮,永锡尔类”;言必“敬先”、“睦族”也。子曰:睦于父母之党,可谓孝矣。(《礼记·坊记篇》)荀子曰:“先祖者,类之本也。”(《礼论篇》)可证。

《孝》称:“君子之事亲孝,故忠可移于君。”涑水司马氏曰:“某事亲无以逾于人,能不欺而已矣!其事君亦然。”“忠”可训曰:“不欺。”《书·伊训》云:“为下克忠。”《传》云:“事上竭诚也。”又《六书精蕴》云:“忠,竭诚也。”引《增韵》云:“内尽其心而不欺也。”后世以“安君定亲”为上。辄曰:“为臣当忠,为子当孝,孔子之戒,如是而已。”(元廉希宪)君主专制时代之言论,宜其无择抉也。昔吾邻乡之先儒谢枋得先生尝云:“某不能为忠臣,犹愿为孝子!”实可箴斯世云。

《孝经·谏诤章》言“争臣”若干,符《家语·二恕篇》所载,与《荀子·子道篇》所记孔子语子贡者,不类。七人作四人,五人作三人,三人作两人,旨同而异其辞,分别观之可也。

《荀子·子道篇》引《传》云:“从义不从父”。为人子者,下气怡声,洗沐讽谏,涕泣规劝,在于交游,尚宜成人之美;矧在子道,可不驰亲之过?《礼记·坊记》:“子云:‘从命不忿,微谏不倦,劳而不怨,可谓孝矣。’《诗》云:‘孝子不匮’。”谏诤之道,诚非大孝莫能行。荀子曰:“从义不从父,人之大行也。”以此。

《经》言:“事母孝”,又称“事母爱”,母尊亲也,虽事继母亦宜孝。《仪礼》:继母如母,故孝子不敢殊也。惟凡庸之性,后妻不虐前妻之子。史载:殷高宗以后妇出孝己,尹吉甫以后妻嫉伯奇。手牵系蜂,罪不当死;(尹伯奇事见《山堂肆考》)午夜温省,逐放何为:(殷孝己见放事,《尸子》纪之较详)“母生众儿,有母怜之;独无母怜,见宁不悲!”退之《履霜操》深得孝子心事,孝者闵子骞,衣芦花代絮,而无怨言。晋夏侯湛赞之曰:“圣既儗天,贤亦希圣;蒸蒸子骞,立体中正;干禄辞亲,事亲尽敬;勉心景迹,擢辞流咏。"

吾无闻言。

《经》曰:"孝悌之至,通于神明。"《纬书》盛称其事,古者日蚀修孝。此《孝经内事图》,《孝经雌雄图》诸书所由依讬也,俗以为不孝之子,天怒杀之于迅雷之中:闪闪之光,鉴明阴过;隆隆之音,若叱咤也。莫非怨气有感耳?近人洪良品注《孝经》,有曰:"世之不孝者,或毙于雷,或死于疫,后嗣衰微,此皆受天刑也。呜呼,王法可幸免,天诛不可逃也!"使其说而不诬也,则是天刑之民安可解?

《经·感应章》引《诗》云:"自西自东,自南自北,无不思服。"《礼记·祭义》载曾子曰:"夫孝,置之而塞乎天地溥之而横乎四海,施诸后世而无朝夕;推而放诸东海而准,推而放诸西海而准,推而放诸南海而准,推而放诸北海而准。《诗》云,'自西自东,自南自北,无不思服。'此之谓也。"曾子所言,正此章引《诗》之注脚耳。

《经》称:"教民无以死伤生,毁不灭性。"后人有削肌刻骨,负土成坟,因伤致死,殊乖全归。顾其絜絜勤思之诚,亦可以讽世乎?高宗三年惟不讙,志哀已也。

《经》称:"为之棺椁衣衾而举之。"按《檀弓》:"有虞氏瓦棺,夏后氏堲,周殷人棺椁……周人以殷人之棺椁葬长殇。"云云。《白虎通》曰:"棺之言完,宜完密也;椁之言廓,谓开廓,不使土侵棺也。"此周之因殷礼者也,殷人尊神,故谨饰终。或曰:"棺椁之作,自黄帝始。"(《汉书·刘向传》)失实。

《经》末,结称:"生事爱敬,死事哀戚;生民之本尽矣,死生之义备矣,孝子之事终也矣!"《礼记·祭统篇》云:"孝子之事亲也,有三道焉。生则养,没则丧,丧毕则祭;养其观其顺也,丧则观其哀也,祭则观其敬而时也。尽此三道者,孝子之行也。"则分"养""丧""祭"为三事矣。惟《荀子·礼论篇》云:"事生,饰始也;送死,饰终也;终始具则孝子之事毕,圣人之道备矣。"亦只分"事生""送死"为两事耳。

《荀子·宥坐篇》纪孔子语季孙之言曰:“为国家必以孝。”今《孝经》“不”敢九见,“则”字四见;则先王而不敢犯上作乱也。锐志于“慈爱”、“恭敬”、“安亲”、“扬名”,惟恐名毁形废,玷辱其亲也。曰“保禄位”,曰“保社稷”;又曰“守实”“守富”,曰“守宗庙”,曰“守祭祀”,保守之色彩何其浓厚!侧闻近儒任公讲学,斥《孝经》为下乘,虽不能读可也,不为无见。惟此经提倡“孝治”,在使“民咸孝弟而安让,此以怨省而乱不作也”。(《孔子三朝记》)且与《论语》同为千年以来人人必读之书,亦已形成国民常识之一部分,其中固不少对昔时君主制度立言,或不适用于今日,然其立论之出发点,固出自宗法社会之中心思想,故连带有值得注意之价值。多识前言,期于蓄德,不必贵乎致用也。至于真伪杂糅,分别观之,惟在读者。

孟子有言:“三代之学皆所以明人伦。”宋濂亦言:“孝者,又百行之冠冕。苟于孝道有阙,则虽分析经义,如蚕丝牛毛,徒召辱耳!”(《答郡守聘五经师书》)律己修行,读书贵有益于身心。谚曰:“男行不读经,则有博戏之心。”俗以《孝经》为“童蒙之书”,教之立身行道之方也。抑今百学待修之际,欲使熟读成诵,千言有奇,何谓不多?晋傅咸作《孝经诗》,祇三十二字,言近而指远,辞简而义赅,录诸篇末,世其识之。

“立身行道,始于事亲;上下无怨,不恶于人;考无终始,不离其身;三者备矣,以临其民!”

爰仿前例,作一结语:

“稽古大道,莫过孝亲!家族既睦,友爱邻人。慎终如始,明哲保身;履正奉公,作好国民。”

读《佛说四十二章经》①

(一) 章句

经序

世尊成道已,作是思惟:离欲寂静,是最为胜。住大禅定,降诸魔道。于鹿野苑中,转四谛法轮,度憍陈如等五人而证道果。复有比丘所说诸疑,求佛进止。世尊教敕,一一开悟。合掌敬诺,而顺尊敕。

第一章　出家证果

佛言:辞亲出家,识心达本,解无为法,名曰沙门。常行二百五十戒,进止清净,为四真道行,成阿罗汉。(阿罗汉者,能飞行变化,旷劫寿命,住动天地)次为阿那含。(阿那含者,寿终,灵神上十九天证阿罗汉)次为斯陀含。(斯陀含者,一上一还,即得阿罗汉)次为须陀洹。(须陀洹者,七死七生,便证阿罗汉)爱欲断者,如四肢断,不复用之。(注一)

注一:爱欲断三句,疑为第二章文,错置于此。

---

① 原载于《国学月刊》1926 年第 2 卷第 4—5 期

第二章　断欲绝求

佛言：出家沙门者，断欲去爱，识自心源，达佛深理，悟无为法。内无所得，外无所求。心不系道，亦不结业。无念无作，非修非证。不历诸位，而自崇最。名之为道。

第三章　割爱去贪

佛言：剃除须发而为沙门，受道法者，去世资财，乞求取足。日中一食，树下一宿，慎勿再矣！使人愚蔽者，爱与欲也。

第四章　善恶并明

佛言：众生以十事为善，亦以十事为恶。何等为十？身三、口四、意三。身三者，杀、盗、淫。口四者，两舌、恶口、妄言、绮语。意三者，嫉、恚、痴。如是十事，不顺圣道，名十恶行。是恶若止，名十善行耳。

第五章　转重令轻

佛言：人有众过，而不自悔，顿息其心，罪来赴身；如水归海，渐成深广。若人有过，自解知非，改恶行善，罪自消灭；如病得汗，渐有痊损耳。

第六章　忍恶无嗔

佛言：恶人闻善，故来扰乱者，汝自禁息，当无嗔责，彼来恶者而自恶之。

第七章　恶还本身

佛言：有人闻吾守道，行大仁慈，故致骂佛。佛默不对。骂止，问曰：子以礼从人，其人不纳，礼归子乎？对曰：归矣！佛言：今子骂我，我今不纳，子自持祸归子身矣！犹响应声，影之随形，终无免离，慎勿为恶。

第八章　尘唾自污

佛言：恶人害贤者，犹仰天而唾，唾不至天，还从己堕；逆风扬尘，尘不至彼，还坌己身。贤不可毁，祸必灭己。

第九章　返本会道

佛言：博闻爱道，道必难会；守志奉道，其道甚大。

第十章　喜施获福

佛言：睹人施道，助之欢喜，得福甚大。沙门问曰：此福尽乎？佛言：譬如一炬之火，数千百人各以炬来分取，熟食除冥，此炬如故；福亦如之。

第十一章　施饭转胜

佛言：饭恶人百，不如饭一善人；饭善人千，不如饭一持五戒者；饭五戒者万，不如饭一须陀洹；饭百万须陀洹，不如饭一斯陀含；饭千万斯陀含，不如饭一阿那含；饭一亿阿那含，不如饭一阿罗汉；饭十亿阿罗汉，不如饭一辟支佛；饭百亿辟支佛，不如饭一三世诸佛；饭千亿三世诸佛，不如饭一无念无住无修无证之者。

第十二章　举难劝修

佛言：人有二十难。（一）贫穷布施难，（注二）（二）豪贵学道难，（三）弃命必死难，（四）得睹佛经难，（五）生值佛世难，（六）忍色忍欲难，（七）见好不求难，（八）被辱不嗔难，（九）有势不临难，（十）触事无心难，（十一）广学博究难，（十二）除灭我慢难，（十三）不轻未学难，（十四）心行平等难，（十五）不说是非难，（十六）会善知识难，（十七）见性学道难，（十八）随化度人难，（十九）睹境不动难，（二十）善解方便难。

注二　数目字新添

第十三章　问道宿命

沙门问佛:以何因缘,得知宿命,会其至道?佛言:净心守志,可会至道。譬如磨镜,垢去明存;断欲无求,当得宿命。

第十四章　请问善天

沙门问佛:何者为善?何者最大?佛言:行道守真者善,志与道合者大。

第十五章　请问力明

沙门问佛:何者多力?何者最明?佛言:忍辱多力,不怀恶故,兼加安健。忍者无恶,必为人尊。心垢灭尽,净无瑕秽,是为最明。未有天地,逮于今日;十方所有,无有不见,无有不知,无有不闻,得一切智,可谓明矣!

第十六章　舍爱得道

佛言:人怀爱欲,不见道者,譬如澄水,致手搅之,众人共临,无有睹其影者。人以爱欲交错,心中浊兴,故不见道。汝等沙门,当舍爱欲。爱欲垢尽,道可见矣!

第十七章　明来暗谢

佛言:夫见道者,譬如持炬,入冥室中,其冥即灭,而明独存;学道见谛,无明即灭,而明常存矣!

第十八章　念等本经

佛言:吾法念无念念、行无行行、言无言言、修无修修,会者近尔,迷者远乎!言语道断,非物所拘,差之毫厘,失之须臾。

第十九章　假真并观

佛言:观天地,念非常。观世界,念非常。观灵觉,即菩提。如是知识,得道疾矣!

第二十章　推我本空

佛言:当念身中四大,各有自名,都无我者。我既都无,其如幻耳!

第二十一章　声名丧本

佛言:人随情欲,求于声明;(注三)声名显著,身已故矣!贪世常名而不学道,枉功劳形。譬如烧香,虽人闻香,香之烬矣!危身之火,而在其后。

注三　“明”为“名”之误,观下便知。

第二十二章　财色招苦

佛言:财色于人,人之不舍。譬如刀刃有蜜,不足一餐之美;小儿舐之,则有割舌之患。

第二十三章　妻子甚狱

佛言:人系于妻子舍宅,甚于牢狱。牢狱有散释之期,妻子无远离之念。情爱于色,岂惮驱驰!虽有虎口之患,心存甘伏,投泥自溺,故曰凡夫。透得此门,出尘罗汉。

第二十四章　色欲障道

佛言:爱欲莫甚于色。色之为欲,其大无外,赖有一矣。若使二同,普天之人,无能为道者矣。

第二十五章　欲火烧身

佛言:爱欲于人,犹如执炬逆风而行,必有烧手之患。

第二十六章　天魔妖佛

天神献玉女于佛,欲坏佛意。佛言:革囊众秽,尔来何为?去!吾不用。天神愈敬,因问道意。佛为解说,即得须陀洹果。

第二十七章　无着得道

佛言:夫为道者,犹木在水,寻流而行。不触两岸,不为人取,不为鬼神所遮,不为洄流所住,亦不腐败,吾保此木决定入海。学道之人,不为情欲所惑,不为众邪所娆,精进无为,吾保此人必得道矣。

第二十八章　意马莫纵

佛言:慎勿信汝意,汝意不可信。慎勿与色会,色会即祸生。得阿罗汉已,乃可信汝意。

第二十九章　正观敌色

佛言:慎勿视女色,亦莫共言语。若与语者,正心思念:我为沙门,处于浊世,当如莲华,不为泥污。想其老者为母,长者如姊,少者如妹,稚者如子。生度脱心,息灭恶念。

第三十章　浴火远离

佛言:夫为道者,如被干草,火来须避。道人见欲,必当远之。

第三十一章　心寂欲除

佛言:有人患淫不止,欲自断阴。佛谓之曰:若断其阴,不如断心。

心如功曹，功曹若止，从者都息。邪心不止，断阴何益？佛为说偈：欲生于汝意，意以思想生，二心各寂静，非色亦非行。佛言：此偈是迦叶佛说。

第三十二章　我空怖灭

佛言：人从爱欲生忧，从忧生怖。若离于爱，何忧何怖？

第三十三章　智明破魔

佛言：夫为道者，譬如一人与万人战。挂铠出门，意或怯弱，或半路而退，或格斗而死，或得胜而还。沙门学道，应当坚持其心，精进勇锐，不畏前境，破灭众魔，而得道果。

第三十四章　处中得道

沙门夜诵迦叶《佛遗教经》，其声悲紧，思悔欲退。佛问之曰：汝昔在家，曾为何业？对曰：爱弹琴。佛言：弦缓如何？对曰：不鸣矣！弦急如何？对曰：声绝矣！急缓得中如何？对曰：诸音普矣！佛言：沙门学道亦然，心若调适，道可得矣。于道若暴，暴即身疲。其身若疲，意即生恼。意若生恼，行即退矣。其行既退，罪必加矣。但清净安乐，道不失矣。

第三十五章　垢净明存

佛言：如人锻铁，去滓成器，器即精好。学道之人，去心垢染，行即清净矣。

第三十六章　展转获胜

佛言：人离恶道，得为人难。既得为人，去女即男难。既得为男，六根完具难。六根既具，生中国难。既生中国，值佛世难。既值佛世，遇道者难。既得遇道，兴信心难。既兴信心，发菩提心难。既发菩提心，无修无证难。

第三十七章　念戒近道

佛言：佛子离吾数千里，忆念吾戒，必得道果。在吾左右，虽常见吾，不顺吾戒，终不得道。

第三十八章　生即有灭

佛问沙门：人命在几间？对曰：数日间。佛言：子未知道。复问一沙门：人命在几间？对曰：饭食间。佛言：子未知道。复问一沙门：人命在几间？对曰：呼吸间。佛言：善哉，子知道矣！

第三十九章　教诲无差

佛言：学佛道者，佛所言说，皆应信顺。譬如食蜜，中边皆甜；吾经亦尔。

第四十章　行道在心

佛言：沙门行道，无如磨牛；身虽行道，心道不行。心道若行，何用行道。

第四十一章　直心出欲

佛言：夫为道者，如牛负重。行深泥中，疲极不敢左右顾视；出离淤泥，乃可苏息。沙门当观情欲，甚于淤泥。直心念道，可免苦矣。

第四十二章　达世知幻

佛言：吾视王侯之位，如过隙尘。视金玉之宝，如瓦砾。视纨素之服，如敝帛。视大千界，如一诃子。视阿耨池水，如涂足油。视方便门，如化宝聚。视无上乘，如梦金帛。视佛道，如眼前华。视禅定，如须弥柱。视涅槃，如昼夕寤。视倒正，如六龙舞。视平等，如一真地。视兴化,如四时木。

诸大比丘,闻佛所说,欢喜奉行。

(二)案语

按:《四十二章经》之著录,始于梁僧祐之《出三藏集记》。是书凡十五卷,撰于南齐建武间(491—497),为现存最古且较可信据之佛经录。《祐录》卷一本经条下云:“……使者张骞,羽林郎中将秦景……于月支国遇沙门竺摩腾,译写此经,还洛阳,藏在兰台石室。”

此说盖本于《四十二章经记》,记见《祐录》卷七,有云:“昔汉明皇帝夜梦神人……明日问群臣,有通人傅毅对曰:臣闻天竺有得道者曰佛……殆将其神业,于是上悟,即遣张骞、羽林郎将秦景、博士弟子王遵等十二人,至大月氏国写取佛经四十二章,在十四函中。”

惟注“未详作者”,又本经条下原注云:“《旧录》云:‘孝明皇帝四十二章’,安法师所撰录,阙此经。”

汉明求法事,西晋王浮之《老子化胡经》始载之,谓写经六十万五千言,未免荒谬!东晋袁宏《后汉纪》及南宋范晔《后汉书》只言天竺问道法及中国图像耳。上而至于《高僧传》,则曰:“汉地渐见存诸经,唯此为始”;降而至近人吴敬恒,论其价值云:“为汉代古书,为汉籍初祖,断可视同六经三史,以为此乃摄摩腾 Kacapamatonga 等译,而藏中本经标题云《佛说四十二章》,后汉迦叶摩腾同竺法兰译。”诚如是,则汉时有佛经矣!

按:费长房之《历代三宝记》,撰于开皇十七年(507),凡十五卷,其中存旧经录目不少,独无《汉时佛经目录》一种。后六十余年之《大唐内典录》(撰于唐德麟元年,662 年)增之,原注云:“似是伽摩腾所译《四十二章经》等”。汉时果有佛经耶?

再现存此书为中国人所写,抑或译自印度?说分两歧:言“写”者,有《四十二章经记》、《牟子》诸书;言“译”者有《高僧传》、《汉法本内传》、《唐释经图纪》诸书;其他如《三藏集记》则兼称“译写”,而北齐魏收《魏书》仅言“得”《佛经四十二章》云。

惟《长房录》云：“《旧录》：本是外国经抄，元出大部，撮要引俗，似此《孝经》十八章。”于说明现存经文之性质最相宜。又于“支谦”条，列有《四十二章经》，注云：“第二出，与摩腾译者小异，文义允正，辞句可观，见《别录》。”

据此，则摩腾与支谦各有一本传世，乃《高僧传·译经上·汉雒阳白马寺摄摩腾传》云：“大法初传，未有归信；故蕴其深解，无所宣述，后少时卒于阳。”

是腾并无所宣述耳。惟下文接有记云：“腾译《四十二章经》一卷，初缄在兰台石室第十四间中，腾所住所，今雒阳城西雍门外白马寺是也。”

想系腾卒后才发现，伪与“孔子壁中书”等。又于《竺法兰传》中，言有二千余言，言之四十二章经，不知果为一书或又别为一书耶？自《高僧传》后，往往称《四十二章经》为摄摩腾、竺法兰共译，其实非是，不悉何所征信而云然？抑我国汉代传经，多凭口说，古天竺传法，亦“以口授相付，不听载文”，“师师口传”、“无本可写”，梵客初来，华言揣意，安有如许“文雅”之译经耶？以时代况之，殊不了了。王子年《拾遗记》有“室利防斋佛录来华”说，架诬附会，与此事适类，皆乌有也。阅者取梁任公《汉明求法辨伪》及《四十二章经辨伪》一读，即可瞭然。余考支谦晓汉谈，知梵说，支愍度论谦所译书，曾云：“谦以季世尚文，时好简略，故其出经。颇从文辞，然约而义显，可谓深入”。今存此书，颇丽其辞，《长房录》言谦译《四十二章经》，近是。

今试举一例，以证此书体制之佳，如第二十六章天魔娆佛事，《受胎经》亦纪此事，其中有云：“……魔王愦乱，告其四女，一名欲妃，二名悦彼，三名快观，四名见从：‘汝往诣彼，乱其净行。’女诣菩萨，绮语作姿，三十二姿，上下唇口，姿嫇细视，现其髀脚，露其手臂，作凫雁鸳鸯哀鸾之声。（凡三十二态，文多不载）魔女善学女幻迷惑之业，而自言曰：‘我等生在盛时，天女端正，莫逾我者。愿得晨起夜寐，供事左右。’菩萨答曰：‘汝有宿福，受得天身，形体虽好，而心不端，革囊盛臭，而来何为？去！

吾不用’。”

综上所述，《四十二章经》者，安《录》所不载，后人推崇之汉代古书也。《化胡经》有“汉明求法事”，而摄摩腾，乌有法师偕使至矣！初“无所宣述”，闻卒后始知有“腾译《四十二章经》一卷”缄在兰亭石室第十四间中，有记志其事云。更有所谓“《四十二章经记》”谓张骞等至大月氏国写取佛经四十二章，在第十四石函中，而彼时十四函中所藏，想必有“腾译”与张等所写取者两种矣。嗣后《祐录》得窥《旧录》云，有“孝明皇帝四十二章”，不悉即前两种否也？再《高僧传》又载有“与摩腾共契游化”之竺法兰，间行来雒阳，“与腾同止，少时使善汉言，愔（蔡愔也）于西域获经，即为翻译，所谓……四十二章等五部，移都寇乱，四部失本，不传江左，唯《四十二章经》今见在，可二千余言。”是竺法兰曾翻译蔡愔获得之四十二章，且流传世间。后支谦曾摄要引俗，仿《孝经》十八章，另有四十二章，流传至今。《长房录》谓其与摩腾者小异，顾不知与竺法兰所译比较如何？《长房录》既注有摩腾所译之四十二章，故《内典录》增补出一《汉时佛经目录》，不过尚有“似是”之语气，而《隋书·经籍志》亦载汉明帝遣郎中蔡愔及蔡景使天竺，求得佛经四十二章。降及后世，乃直书“后汉迦叶摩腾同竺法兰译”，而“视同六经三史”，为整齐故事计，谅不得不尔！譬如九纪浮屠，层累地成矣！伟欤？休哉。

《明夷待访录·学校篇》浅释[①]

《明夷待访录》为明末王学唯一之大师黄梨洲所作。梨洲老人名宗羲，字太冲，浙江余姚人。明万历三十八年生，清康熙十六年(编者注：原文误，应为康熙三十四年)卒。(1610—1695)以时考之，康熙元年壬寅夏，梨洲条具为治大法，未卒数章，越一年始完成。今本《明夷待访录》卷首有"癸卯梨洲老人识"语，是书当草于一六六二年，而成于一六六三年，斯时清顺治帝方殂，明遗老以为光复有日耳！惟据全谢山跋云："原本不止于此，以各种多嫌讳不尽出。"既有碍时未刻者，是则世所流传者仅残帜耶？乾隆而后，入禁书类，至二百年后，反抗专制者始重视之。顾亭林得《待访录》读之再三，心折服之，与梨洲书中，颇多感叹语，如云："天下之事有其识者未必遭其时，而当其时者或无其时，古之君子所以著书待后。"良可慨也！观法哲卢骚一七六二年之《民约论》，鼓吹"主权在民"之原则，不久遂覆其皇朝，开一新纪元；而梨洲《原君臣》、《原法》诸宏着，濒于湮没者久矣，仅为近代革命之导火线，时乎时乎！荣枯系之，识与不识，畴限之耶？任公讲《中国近三百年学术史》，曾称誉《待访录》云："在三十年前，我们当学生时代，实为刺激青年最有力之兴奋剂，我自己的政

① 原载于《国学月刊》1926年第2卷第4—5期。

治运动，可以说是受这部书的影响最早，而最深。”胡适教授论学生运动亦曾撮引本书《学校篇》中语。余观此篇于“学校与政治”，多所发挥。迩来政局纷扰，轹及黉舍，当局者往往指摘学校为党化机关，磨刀霍霍，牛羊奚择？而大学生亦惴惴自危，竟以一专门以上学校学生应否参与政治运动互相质疑，殊可怪也！邦国不幸，暴力横行，激浊扬清，伊谁之责？虽不尽以身殉，岂惮于笔舌救之耶？直道犹存，好自为之，免为古人笑我。爰全录《明夷待访录·学校篇》原文，并附注释，学校之尊严，于兹可见其万一。更冀雄赳赳之士，人手一册，持此以当《霍光传》读也可！

“学校所以养士也，然古之圣王，其意不仅此也，必使治天下之具，皆出学校，而后设学校之意始备，非谓班朝，布令，养老，恤孤，讯馘，大师旅则会将士，大狱讼则期吏民，大祭祀则享始祖，行之自辟雍也。盖使朝廷之上，闾阎之细，渐摩濡染，莫不有诗书宽大之气。天子之所是未必是，天子之所非未必非；天子亦遂不敢自为非是，而公其非是于学校。是故养士为学校之一事，而学校不仅为养士而设也。”

古者家有塾，党有庠，州有序，国有学。(《礼·学记》)期于收储材化俗之功耳。夏曰校，殷曰序，周曰庠，学则三代共之，皆所以明伦也。(《孟子》)庠以养老，校以教民，序以习射，旨趣既殊，故名称亦各别。《礼·明堂位》：米廪，有虞氏之庠也；序，夏后氏之序也；瞽宗，殷学也；泮宫，周学也。我国教育，唐虞之际，已见端倪，周袭“四学”之制，名曰大学，五学以辟雍居中为最尊。故统五学可名为辟雍，说详金鹗《求古禄礼说学制考》。金鹗曰：“大学在郊，天子曰璧雝，诸侯曰泮宫，但言天子大学与诸侯异名。”然则施“十有二教”或不相远也。班朝布令，“以度教节耶？”养老恤孤，“以俗教安”耶？讯，鞫罪也；馘，指俘言，古者杀敌，截其左耳献之，名曰馘，即后世所谓“首级”云。《礼》：释奠于学，以训馘告。殆“以刑教中”耳。军礼祀典，行目辟雍，甚至讼案之狱，亦于学校中要约吏民而折之。学校在古代社会上之地位，其重要固如此。所谓“士”者，俗称“念书人”，或释作“研究学问之人”。而世人对于科举时应试者及学校肄业者，统呼曰士。梨洲谓学校出治天下之具。《荀子·王制篇》：具具而王，具具而霸，具具而存，具具而亡。注：言具其所具也。才能曰具，器用曰具，将欲经邦济世，宏启后承先之业，非学习道艺之士不易任此职也。温柔敦厚，诗教也；疏通致远，书教也；移风易俗，激薄停浇，正以有聪明睿知之士，提倡而善教之耳。政府赖之以利导社会，民众遂亦翕然向化矣。世之解释“天子”二字者，颇有歧说，今援用“以经释经”之成法，寻梨洲所谓“天子”之意义。本书《置相篇》云：“自外而言之，天子之去公，犹公侯伯子男之递相去；目内而言之，君之去卿，犹卿大夫士之递相去；非独至于天子，遂截然无等级也。”又云：“古者不传子而传贤，其视天子之位，去留犹乎宰相也。”按《原君》篇以天下为主，君为客；《原臣》篇谓出仕为天下，非为君也。《原法》篇亟称“藏天下于天下”之法，可知梨洲所谓“天子”，非绝对的专制魔王，乃政治上最高的领袖人物，天下乃人人之天下，而政府当局不过为天下服务而已。且天子亦非固定职，合则留，不合则去，犹其他职官耳。夫如是，讵敢以一人之好恶，专断而独裁乎？士志于道，幼而学之，且学为政，学而优则仕，非专为干禄也，将以斯道觉斯民耳。孰便于民，孰利于民，即今民之困点安在？是是非非，不容不预筹之精而计之审也。集思广益，咨询方家。故曰：公其是非于学校也。由是观之，培养士子固学校之一事，而学校之设，正不独为培养士子已也。

“三代以下，天下之是非一出朝廷。天子荣之，则群趋以为是；天子辱之，则群适之以为非。簿书、期会、钱谷、戎狱一切委之俗吏。时风众势之外，稍有人焉，便以为学校之中无当于缓急之习气。而所谓“学校”者，科举嚣争，富贵熏心，亦遂以朝廷之势利一变其本领；而士之有才能学术者，且往往自拔于草野之间，于学校初无兴也，究竟养士一事，亦失之矣。”

三代以降，多为家天下之局面，宰相犹宫奴也，人臣乃仆妾耳。“而小儒规规焉以君臣之义，无所逃乎天地之间。”受宠于君上者，配金印，乘肥马，夸示乡里小儿孙。祸从天降，亦祗低首下心，默念“臣罪当诛，天王圣明”！不知其非是也。簿书，记钱谷出纳之簿藉也，《周礼》注：主计会之簿书。今亦官文书之统称。钱谷戎狱，指地方赋税诉讼等事，旧日地方官征收赋税等等，专聘幕友，司会计钱粮监狱诸事，不必学校出身。自科举制兴，经籍为敲门砖，圣贤乃口头禅，士行不修，亦已久矣。□粥不给，短褐不完，谁能端坐读书作老博士？（北齐高昂语）《摭事记》：唐太宗私幸端门，见新进士缀行而出喜，曰："天下英雄入吾彀矣！"功名令人愚，以术羁士，士之改头换面，失却本来者多。惟一二洁身自好之士，不陨获于贫贱，不充詘于富贵，怀才积学，待时而兴，与学校并无若何关系，究竟"养士"一事，学校亦无成效之可言，殆陷于"穷途"矣。

"于是学校变而为书院，有所非也，则朝廷必以为是而荣之；有所是也，则朝廷必以为非而辱之。伪学之禁，书院之毁，必欲以朝廷之权兴之争胜。其不仕者，有刑，曰："此率天下士大夫而背朝廷者也！"其始也，学校与朝廷无与，其继也，朝廷与学校相反，不特不能养士，且至于害士，犹然循其名而立之何与？"

《玉海》：唐明皇置丽正书院，集文学之士，此为书院之始。蔡氏云：书院之名，起于唐元宗时，丽正书院，集贤书院，皆建于朝省，为修书之地，非士子肄业所也。其后好士之家，出钱粟赡学者，并立为书院；如宋时有四大书院，其中之一名应天书院者，即富人曹诚所捐资建立云。元时路府州并设书院，一书院中有山长掌之，又给诸课书之资。明沿其俗，及末叶也，东林诸贤为魏阉所不容，当时有"给事祗给相门事，山人乃山外之人"之谚；可知官吏之势利趋炎，无耻已极，而在野名士励节力学，又不欲嘿而不言政事，故著名学者与执政者势成冰炭矣。斯时达宦有名王锡爵者，语东林诸士曰："当今所最怪者，庙堂之是非，天下必欲反之。"东林领袖顾宪成应之曰："吾见天下之是非，庙堂必欲反之耳！"卒之，东林诸士以"反政府之嫌疑，多被摧残，如梨洲之父忠端公（尊素）即被害者之一。全谢山尝称梨洲有"党人之习气"，梨洲年十九，伏阙上书讼父冤，魏阉于崇祯初伏诛，其声誉故非寻常"党人"可比；固隐然"反政府党"之领袖耳！惟学者与执政争，一时有卵石不敌之势，书院之毁，固为严厉办法；而查禁某某学说之举动，更足以使士气沉寂矣。马氏《通考》曰："宁宗庆元一年，韩侂胄指'道学'为'伪学'；故是科取士，稍涉义理者，悉皆黜落;'六经''语''孟''大学''中庸'之书,为大禁矣,寻申禁用'伪学之党',会乡试,必令书'不是伪学'四字。"取譬近事,正犹上海租界内严搜"过激党"人及其书籍,又强迫界内之学校具结声明"未赤化"云。唯其如是,学校沦为危险机关,个中人物动干刑律,焉有"养士"之安全策?复核名实,不如解散之为愈也!

"东汉大学三万人,危言深论,不隐豪强,公卿避其贬议;宋诸生伏阙捶鼓,请起李纲;三代遗风,惟此犹为相近!使当日之在朝廷者,以所非是为非是,将见盗贼奸邪慑心于正气霜雪之下,君安而国可保也。乃论者目之为衰世之事,不知其所以亡者,收捕党人,编管陈、欧,正坐破坏学校所致,而反咎学校乎?"

光武之兴东汉也,立五经博士,凡十四家;又修起太学,嗣君如孝明、章、和诸帝皆嗜学,顺帝修构学舍,凡二百四十房,千八百五十室,学额增至三万余名,是诚盛事,考其时实多高儒名士,砥砺名节,慷慨激昂,足以表率一世,有左右朝政之势。史称:永兴元年,刺史朱穆忤患者赵某,被征诣廷尉,输作左校;太学生颍川刘陶等数千人诣阙讼冤,卒获赦,此乃一例。惜乎党祸一起,或遭流废,或被禁锢,而邦国遂以陵夷矣。宋室初渡江而南,其势岌岌可危,而李纲又罢,太学生陈东布衣欧阳澈,徒步行诣阙下,伏阙上书,请起李纲,旋即被执。当刑于市,东慨然曰:"我陈东也,畏死即不敢言。"卒殉国。其后南宋偏安,一息苟延,不能问中原事!梨洲所举两事,足以明"破坏学校"之咎。兹申言之,证以近世史迹,亦可以证执政者不以学者之是非为是非,乃所以速亡也。近代群众的政治运动,实自南海康长素始,中日之役,长素纠合青年学子数千人实行所谓"公车上书",倡言废科举兴学校,迄戊戌七月大变法之举,许天下士民上书,革礼部六堂而大狱起,死者死,逃者逃,学堂竟被解散,长素"十四年于外,流离万死间。"至辛亥重九日始闻党禁开,而清祚遂致断绝。虽由那拉后种祸,荣禄奕劻助成之,究因执政者倒行逆施,"保皇党"不能成就"君安而国可保"之事业。观东汉南宋暨晚清之逝世,不仅有"千秋伤党锢"之感,默念时艰,吾人将何以处之?

“嗟乎！天之生斯民也，以教养讬之于君。授田之法废，民买田而自养，犹赋税以扰之。学校之法废，民蚩蚩而失教，犹势利以诱之。是亦‘不仁’之甚，而以其空名跻之曰‘君父！’‘君父！’则吾谁欺？”

据本书《田制一》云：“古者井田养民，其田皆上之田也。自秦而后，民所自有之田也，上既不能养民，使民自养，又从而赋之。”又云：“呜呼！吾见天下之赋日增，而后之为民者日困于前。儒者曰：井田不复，仁政不行，天下之民始敝敝矣！孰知魏晋之民，又困于汉，唐宋之民又困于魏晋，则天下之害民者，宁独在井田之不复乎？”其立言何等沉痛！其《田制二》又指出征税之症结：“征收主自武人而郡县不与，则凡刻剥其军者何所不为？”梨洲在《田制三》中，对于“暴税”一事，有极苦闷之呼吁，长叹惜曰：“嗟乎！税额之积累至此，民之得有其生也，亦无几矣！”梨洲注意“教”“养”两事，故以“民生问题”与学校并提，且斥祸国殃民之执政麻木不仁达于极点，更反对“跻”暴君与父并称。跻，音齐，登也，上升也，俗语抬高也。所谓不真能为“民之父母”者，祇能欺骗乡里曲士，尊之曰：“大老爷！”“大老爷！”固不足当大雅一笑！抑为学者所不齿。

“郡县学官，毋得出自选除，郡县公议，请名儒主之。自布衣以至宰相之谢事者，皆可当其任，不拘已未仕也。其人稍有干于清议，则诸生得共起而易之曰：“是不可以为吾师也！”其下有五经师，兵法，历算，医射各有师：皆听学官自择。”

《魏志·武帝纪》：兴平八年，令郡国各修文学，县满五百户置校官，选其乡之俊秀而教之学。教官之设，殆始乎此。又考宋庆历中，始命天下小州小县皆立学，而设官以教焉。郡县学官之普遍设置，盖自宋始。拜官曰除，凡言除者，除去故官就新官也。又《梦溪笔谈》：除犹易也，以新易卖曰除。梨洲谓学官之更易，不宜出自委任。以为(一) 由郡县公推名儒任之；(二) 不限资格；(三) 不可为人师者易之；(四) 学官有选择经师，暨兵算医师之权。

“凡邑之童，皆裹梁从学。离城烟火聚落之处，士人众多者，亦置经师。民间童子十人以上，则以诸生之老而不仕者，充为蒙师。故郡邑无无师之士，而士之学行成者，非主六曹之事，则分教之务，亦无不用之人。”

此节言如何推广乡村教育，及注意士之学行成者之用途，分职治事之官署曰曹，明元“六曹”，犹清之“六部”。士之学行成者，分送各部服务，否则掌教各地，以免学而无用。

“学宫之外，凡在城在野寺观庵堂，大者改为书院，经师领之；小者改为小学，蒙师领之。以分处诸生受业。其寺产即隶于学，以赡诸生之贫者。二氏之徒，分别其有学行者归之学宫，其余则各还其业。

昔韩昌黎辟佛老，有“人其人，庐其居”之语。梨洲建议改佛寺道观为书院或小学，籍没其产业，使经师蒙师领之，以便分处受业诸生，殆所谓“庐其居”矣。又选择有学行之“二氏之徒”归之学宫，其余则各还其业，乃所谓“人其人”之计划耶？是使二氏濒于厄境，不亦过欤？

“大学祭酒，推择当世大儒，其重与宰相等，或宰相退处为之。每朔日，天子临幸大学，宰相，六卿，谏议皆从之。祭酒南面讲学，天子亦就弟子之列。政有缺失，祭酒直言无讳。”

《通典》：孙卿在齐为三老，皆称祭酒；汉吴王濞年老不朝，为刘氏祭酒，则其名古矣。考汉置博士，至东京凡十四人，而以聪明有威重者一人为祭酒，则其位亦尊矣。胡广释“祭酒”命名之意义曰：凡官名祭酒，皆一位之元长，古者宾得主人馔，则老者一人，举酒以祭地，故以祭为称云。历代多置此官。明国子学官制，设祭酒等员。故梨洲谓慎重人选，且尊崇之；虽天子莅止大学，亦应就弟子之列。按贾谊《新书》引《学礼》篇曰：“帝入太学，承师问道也。”梨洲所言，存古制耳。

“天子之子，年至十五，则与大臣之子就学于太学，知民之情伪，且使之稍习于劳苦，毋得闭置宫中，其所闻见不出宦宫妾之外，妄自尊大也。”

孙诒让《周礼政要》：周制太学所教有三：一为国子，即王太子至元士之子，由小学而升者也。又云：古多世官，故入学者，以适子为尤重；实则宦族支庶子弟，亦无不入学者。周制已如此，不过梨洲之意，不使掌政柄者之子弟，生长于妇人下人之手，养成妄自尊大之恶习耳。

“郡县朔望，大会一邑之缙绅士子。学官讲学，郡县官就子弟列，北面再拜，师弟子各以疑义相质难。其以簿书期会不至者闻之。郡县官政事缺失，小则纠绳，大则伐鼓号于众。”

此节言郡县学官亦处于郡县官“师”的地位，犹太学祭酒之于天子然。惟祭酒每朔日讲学，郡县学官则朔望讲学。同负有责任，以纠绳政事之缺失。

“其或僻郡下县，学官不能骤得名儒，而郡县官之学行过之者，则朔望之会，郡县官南面讲学可也。若郡官少年无实学，妄自压老儒而上之，则士子哗而退之。”

此节言变通之办法，因僻郡下之情形，郡县官之有实学者，于朔望大会中，亦可讲学。惟妄自尊大之郡县官，士子亦得喧哗不禁，促其退避。

“择名儒以提督学政，然学官不隶属于提学，以其学行名辈相师友。每三年，学官送其俊秀于提学而考之，补博士弟子；送博士弟子于提学而考之，以解礼部，更不别遣考试官。发榜所遗之士，有平日优于学行者，学官咨于提学补入之。其弟子之罢黜，学官以生平定之，而提学不与焉。

此节言举士之法与规定提学与学官职权上之关系。考明初生员入学，由巡按御史，布按两史；太祖命宋濂、王祎为江南、江西儒学提举，洪武十九年又以驸马梅殷，提督山东学校，亦偶然之事；正统元年，始设各省提学。梨洲对明制略有所改革，甄别人才，注意生平学术，裁抑侥幸也。

“学历者，能算气朔，即补博士弟子。其精者同入解额，使礼部考之，官于钦天监。”

此节言铨选学历者之法。

“学医者，送提学考之，补博士弟子，方许行术。岁终，计其生死效否之数，书之于册，分为三等，下等黜之；中等行术如故；上等解试礼部，入太医院而官之。”

此节言铨选学医之法。医术有关民命，故详考查优劣之法，以行黜陟，不为无见。

“凡乡饮酒，合一郡一县之缙绅士子。士人年七十以上，生平无玷清议者，庶民年八十以上，无过犯者，皆以齿南面；学官、郡县官，皆北面，宪老乞言。”

《礼记·乡饮酒义》：乡饮酒之礼，六十者坐，五十者立侍以听政役，所以明尊长也。六十者三豆，七十者四豆，八十者五豆，九十者六豆，所明养老也。民知尊长养老，而后乃能入孝弟，出尊长养老，而可成教，成教而后国可安也。故梨洲主张合一郡一县绅士士子行饮酒之礼，于古制亦稍有损益。又所谓“宪老乞言”者，宪老人之贤者，因从之乞善言可行者也。

“乡贤名宦，毋得以势位及子弟为进退。功业气节，则考之国史，文章则稽之传世，理学则定之言行。此外乡曲之小誉，时文之声名，讲章之经学，依附之事功，已经入祠者皆罢之。”

祭有十伦，爵赏之施，抑亦教之本也。崇德报功，要在得宜，不然，非其鬼而祭，谄孰甚焉矣？乡曲之士，依人成事者，率皆斗宵之徒，何足算哉！《舜水遗集》有云：“明朝以时文取士，此物既为尘羹土饭，而讲道学者，又迂腐不近人情。”梨洲薄时文及讲章之经学，以此。

“凡郡邑书籍，不论行世藏家，博搜重购。每书钞印三册，一册上秘府，一册送太学，一册存本学。时人文集，古文非有师法，语录非有心得，奏议无裨实用，序事无裨史学者，不许传刻。其时文、小说、词曲应酬代笔，已刻者，皆追版烧之。士子选场屋之文，及私试义策，蛊惑坊市者，弟子员黜革，任官落职，致仕官夺告身。”

此节首言搜集书籍之法，继述出版宜有限制，且谓蛊惑坊市者，不拘生员官吏，一律治罪。夫文章有益于世者，多一篇即多一篇之益，有祸者亦然，昔人论之详矣！故梨洲主张出版宜有限制。例如时文，小说等等，仅多龌龊卑鄙之辞，光明俊伟者难得，如是传刻而漫无限制，流弊岂堪设想？窃谓古文拘于师法，句摹字拟，以此自夸，骇庸众有余，陈义则无足取，此正学者之病一也。

“民间吉凶,一依朱子《家礼》行事,庶民未必通谙其丧服之制度,本主之尺寸,衣冠之式,宫室之制,在市肆工艺者,学宫定而付之。离城聚落,蒙师相其礼以革习俗。”

此节意在掖民习俗,惟与因时制宜之旨,有不合处。梨洲所云,多斟酌明制,发挥己意,学者分别观之,乃有所得。

“凡一邑之名迹及先贤陵墓祠宇,其修饰表章,皆学官之事。淫祠通行拆毁,但留士谷,设主祀之,故入其境,有违礼之祀,有非法之服,市悬无益之物,土留未掩之丧,优歌在耳,鄙语满街,则学宫之职不修也。”

此节言保存古物,表彰先贤,拆毁淫祠等等,皆学宫之事。上非不贤不能之学官,下无违礼非法之举动。“官守师儒合一制”下,最重教化,非今世奢言法治者可比。所谓自天下以至于庶人,莫不深受教育,及其养之有素,然后人才蔚起,实践躬行,堪以经世。而掌教务者之于学校,关系尤密;允宜夙与夜魅,聿修厥职,任重且宏,可不勉旃?

《孝经》之研究①

林志钧题，太炎署检

马相伯序

孝者，报恩还爱。圣多玛言：孝爱，一对于造物主，万有真原；二对于生身父母；三对于父母之邦。此《大学》老老、幼幼絜矩之道也。不曰规者，规有大小，而矩则无。故自家国至天下以孝为矩，可絜之。

庚午春为徐生景贤书　　　　相伯老人

刊行《徐垂三堂丛书》缘起

余何为而刊行此丛书乎？

回忆余五岁入江西河口开智蒙学，六岁入江西河口德育两等小学校，十三岁入江西省立第十中学校，十八岁入北京民国大学校，二十岁入国立北京师范大学校，二十二岁入国立清华大学研究院。此若干年中，最亲爱之父母不知费几许心血也！

① 1931年北平公记印书局作者家印本。

恭逢吾父五十金庆，余适毕业于清华。越一年，余得师大文学士学位后，教学于河北大学校。爰积服务所得之微赀，刊行此书，作为家庭纪念。垂三堂者，吾父所居，为吾平时旦夕定省之地。长兄暨弟妹等，均赞同余此种计划，将来陆续印其他书籍；故名之曰《徐垂三堂丛书》。谨识缘起如此。

民国二十年，岁次辛未，春正月，卢伽徐景贤书于徐垂三堂平寓。

序　论

《孝经》之研究者何？研究《孝经》自汉传行迄现代二千余年之史迹，因而估定此一卷书，在中国道德学史中，应有如何优越之位置及其价值云尔。

在昔学者，校读此书，分两大派，提前论之。孔传古经，刘炫依倣；郑注今文，陆澄讥疑。此风相沿，降至有清丁晏《孝经徵文》，力攻孔传为伪；汪宗沂《孝经辑传》，复诋郑注不经。经今古文学，前人论之详矣，不复赘。此为一派。《闺门》语俗，司马议伪；《诗》《书》文杂，朱子刊误。以意增损，踳驳益滋。熊禾指贞为国讳，毛奇龄诘熹说非是。安其所习，毁所不见，终以自敝，学人通病。便辞巧说，今所不取。此又一派。

据各时代学术思想背景，解释历代对于《孝经》之研究。初求传行史迹，历历然一一明白；乃辩其何以然，而明其所以然：然后以審慎精确之态度，试作一度概括之叙述耳。

惜学殖时日，皆自觉不足。疏略陈词，就正师友，粗谬之讥，知或不免。虽然，既获请益于诸宏达之前，亦聊述本编之宗趣，如上。是为序。

民国十八年夏，临川卢伽徐景贤，谨序于国立清华大学研究院

卷上

第一章　汉初置《孝经》博士之传说

汉文帝置传记博士，《孝经》其中之一也。此种传说，一见于刘歆《移太常书》中，有“孝文诸子传记立学官”之说。再则赵岐《孟子题辞》、宋咸

注扬子《法言·学行篇》皆称:"《论语》、《孝经》尝置博士,后罢。"

考汉初,尚黄老。《吴书》曰:"阚泽对孙权曰:'汉景帝以《黄子》、《老子》义体尤深,改子为经,始立道学。'"(《弘明集》引,又《法苑珠林》、《集古今佛道》、《论衡》均引)证一。《汉官仪》:"景帝已来,于国学立道学馆。"与前说合,证二。《汉书·艺文志》,称《老子》"某氏经传",证三。故知改子为经,汉初诚有其事。后此《孝经》与《老子》同时并重,数见不鲜。(详后)意者,上述传说,或亦汉家故事,是以刘歆于正式文书中提及。又考景帝时博士董仲舒,即有说《孝经》之言谈;且明明引《孝经》、《论语》,称孔子言。则文帝时立学官之传说,当不向壁虚造矣!姑录之,备一说。

第二章　董仲舒之《孝经》说

河间献王问温城董君曰:"《孝经》曰:'夫孝,天之经,地之义,何谓也?'"对曰:"天有五行:木,火,土,金,水,是也。木生火,火生土,土生金,金生水,水为冬,金为秋,土为季夏,火为夏,木为春,春主生,夏主长,季夏主养,秋主收,冬主藏;藏,冬之所成也。是故父之所生,其子长之;父之所长,其子养之;诸父所为,其子皆奉承而绪行之,不敢不致如父之意,尽为人之道也。故五行者,五行也。由此观之:父授之,子受之,乃天之道也。故曰:'夫孝,天之经也。'此之谓也!"王曰:"善哉!天经既闻得之矣,愿闻地之义。"对曰:"地,出云为雨,起气为风;风雨者,地之为。为地不敢有其功名,必上之于天,命若从天气者,故曰:'天风'、'天雨'也;莫曰'地风'、'地雨'也。勤劳在地,名一归于天;非至有义,其孰能行此?故下事上,如地事天也,可谓大忠矣!土者火之子也。五行莫贵乎土,土之于四时,无所命者,不与火分功名,木名春,火名夏,金名秋,水名冬,忠臣之义,孝子之行,取之土;土者,五行最贵者也,其义不可以加矣!五音莫贵于宫,五味莫美于甘,五色莫盛于黄,此谓孝者地之义也。"王曰:"善哉!衣服容貌者,所以说目也;声言应对者,所以说耳也;好恶去就者,所以说心也;故君子衣服中而容貌恭,则目说矣;言理应对逊则耳说矣;好仁厚而恶浅薄,就善人而远僻鄙,则心说矣。故曰:"行意可乐","容止可观”。此之谓也。

右一则《说孝》经中“夫孝，天之经，地之义也”；及“行意可乐”、“容止可观”等义，录自《春秋繁露·五行对》。

人受命于天，固超然异于群生。人有父子兄弟之亲，出有君臣上下之谊，会聚相遇，则有耆老长幼之施，粲然有文以相接，驩然有恩以相爱，此人之所以贵也。生五谷以食之，桑麻以衣之，六畜以养之，服牛乘马，圈豹槛虎，是其得天之灵，贵于物也。故孔子曰：“天地之性，人为贵。”明于天性，知自贵于物；知自贵于物，然后知仁谊；知仁谊，然后重礼节；重礼节，然后安处善；安处善，然后乐循理；乐循理，然后谓之“君子”。故孔子曰：“不知命，亡以为君子。”此之谓也。

右一则引孔子言，凡两见：一见于《孝经》；一见于《论语》。录自《史记·董仲舒传·对册之二》。

《史记》称：“仲舒所著，皆明经术之意。”考以阴阳五行之义，傅会儒者之学立说，由来自古，子思始倡。章太炎先生所撰《子思孟轲五行说》云：“寻子思作《中庸》，其发端曰：‘天命之谓性。’注曰：‘木，神则仁；金，神则义；火，神则礼；水，神则智；土，神则信。《孝经说》略同此。’（《经制正义》引）是子思之遗说也。”若以其时学术思想背景论之，董仲舒以五行释天经地义之孝，并不侈傏，故闻者心诚悦服，称善者再！且后出之《孝经说》，如释道安《二教论》中所引，称“奇者阳节，偶者阴基”等语，亦带阴阳色彩。惟自吾人观之，汉儒说孝，不仅求与当时粗浅科学常识相应，乃复计划于此种基础之上，建设一种伦理学说，纵谈贵天，横说人道，其言谈亦自有令吾人追叙之价值云。

第三章　司马迁叙《孝经》之传授

《史记·太史公自序》称：“太史公发愤且卒，执子迁手而泣。”遗嘱中有“夫孝始于事亲，中于事君。终于立身”及“扬名于后世，以显父母，此孝之大者”数语，正《孝经》文。太史公尝闻董生暨诸儒言矣，《史记》可征，故晓经义。其取《论语》弟子问，次篇为《仲尼弟子列传》。《传》中明叙《孝经》之传授，如后：

“曾参，南武城人，字子舆，少孔子四十六岁。孔子以为能通孝道，故授之业，作《孝经》，死于鲁。”

其后，鲁国三老献《古文孝经》。据《说文解字叙》，建光元年九月戊午，许冲上父慎《说文》疏而云然。又《汉书·艺文志》称张禹并传《孝经》与《鲁论语》。觇知曾参“作《孝经》”一事，与“死于鲁”一事，不无相涉。稽古乡制，乡长劝孝；《周礼》且不征引，观《管子》之乡制，正月之朝，乡长复事，君亲问其乡有无孝或不孝者，尽实以对。中国古代固家族制度式之宗法社会，可无疑义。

第四章　“汉制使天下诵《孝经》”

上行下效，帝政时代之风尚如此。汉昭帝始元五年六月，诏以《孝经》未明，令举贤良，文载《汉书·本纪》。宣帝地节三年，选疏广授皇太子《孝经》，事详《疏广传》。嗣后晋宋诸代，皇太子讲读《孝经》，相沿成为故事，此风实汉启之。尝考汉代，提倡《孝经》最力者，推匡衡氏。衡受业于后苍，（据《儒林传》）《汉书·艺文志》载：后苍传《孝经》，有说一篇。衡屡言于帝，上《劝经学疏》，亟称：“《论语》、《孝经》，圣人言行之要，宜究其意。”又尝称孔子著《大雅》“无念尔祖”诗句于《孝经》首章；及《孝经》“德义可尊”等语，详见《汉书·匡张孔马传》中。其时孝经学家对君主劝学之殷勤，匡衡特显著之一例耳！然而实施普及教授《孝经》者，厥自王莽执政始。今按《汉书·平帝本纪》所载：

“元始三年夏，立官稷及学官。郡国曰学，县、道、邑、候国曰校；学、校置经师一人，乡曰庠，聚曰序；序庠置孝经师一人。”

又“元始五年春正月，征天下以《五经》、《论语》、《孝经》、《尔雅》教授者，在所为驾一封轺，传遣诣京师。”

号“平帝”者，即位年不满十，寿十四终。元始三年距王莽居摄元年，时仅两载，元始五年十二月平帝夭折，王莽已有称“假皇帝”之呼声；不旋踵，果托符命有“莽为真天子”之言，而自上“新皇帝”之尊号云。

东汉时代,《孝经》传授之盛况,可得而言者:明帝尝令自期门羽林介胄之士,悉通《孝经》章句。(据《后汉书·儒林传序》,及《樊宏传·樊宏上皇后疏》)后章帝会诸儒于白虎观,考详经义异同,颇尊尚《孝经》说,为旷世一见之典。从当时顾命史臣纂著之《白虎通义》,略可想见;三纲六纪礼乐社稷之义,胥采《孝经》。"论《五经》"条,明文尊尚《孝经》,其说如后:

"已作《春秋》复作《孝经》何?欲专制正于《孝经》也。"今按汉碑文,如史晨《奉祀孔子庙碑》云:"乃作《春秋》,复演,《孝经》。"又如《百石卒史碑》:"孔子作《春秋》、制《孝经》。"皆以孔子已作《春秋》,复作《孝经》耳。至"欲专制正于《孝经》"之意义,盖同郑氏《六艺论》中所云:"孔子以六艺题目不同,指意殊别,恐道离散,后世莫知根源,故作《孝经》以总会之。"则是视《孝经》较诸经为尊,正当时治经学者之风尚也。今检《汉书·艺文志》,《五经杂议》十八篇,列入《孝经》,注称"石渠论"。考汉宣博征群儒,论定《五经》于石渠阁,岂当时各家奏议之杂存者耶?白虎观事,则为奉行故事乎?姑志,存疑。

是故荀爽尝谓:"汉制使天下诵《孝经》。"证以史迹,其言信然!分析而观察之,两汉提倡《孝经》,其时代背景各别。《汉书》称:"汉世,衰于元、成,坏于哀、平;哀平之际,国多衅矣!"匡衡等之倡导,隐寓挽救颓风之意。王莽为收拾人心计,故推行之。东汉则与谶纬之学有涉,详后一章。

第五章　汉代孝经学之谶纬化

自居摄时,符命封侯;图谶兴后,纬书杂出:乃有所谓"孔丘秘经,为汉赤制"之说,苏竟致书刘龚始明言之。(见《后汉书》)东汉光武帝以赤伏符受命,故深信谶纬,至以决疑事。儒者潜察世运消息,而作怪迂之变,"《七经纬》三十六篇,并云孔子所作……而又有……《孝经钩命决》、《援神契杂谶》等书。"(引《隋志》论谶纬语)今按见存《孝经谶纬》辑佚本《孝经纬鉤命决》中载:"子曰:吾作《孝经》,以素王无爵禄之赏,斧钺之诛，故称明王之道。”(按与《孝经右契》略异。)又“孔子在庶‘德无所施’功无所就，志在《春秋》，行在《孝经》。”

又“孔子曰：吾志在《春秋》，行在《孝经》；以《春秋》属商，以《孝经》属参。”

又“孔子曰：欲观我褒贬诸侯之志，在《春秋》；崇人伦之行，在《孝经》。”

又“《孝经》者，篇题就号也，所以表指，括意，序中书；名出义见，道自著。一字包十八章，为天地喉襟，道要德本，故挺以题，符篇冠号。”

《孝经》，崇人伦之书也。自吾人观之，在理或当，何必依托？惟古之所谓“君子三畏”，畏圣人之言，实其中之一：故将欲提倡某种学说作为一书，必托先圣之言然后可尊之曰：“经”。隐然有一原则，即：“圣人作经，贤人作书。”(引王充《论衡·正说》篇中语)云。观《孝经》纬书，言必称仲尼，殆以此耳！亦足觇汉代“儒者之学”发展之过程矣。乃若《孝经援神契》，则多与时事牵合，兹举一例如后：

“孔子制作《孝经》，使七十二弟子向北辰星而罄折，使曾子抱河洛事北向。孔子簪缥笔，绛单衣，向北辰而拜，告备于天曰：‘《孝经》四卷，《春秋》、《河洛》凡八十一卷，谨已备。’天乃虹郁起，白雾摩地，赤虹自上下，化为黄玉，长三尺，上有刻文。孔子跪受而读之曰：‘宝文出，刘季握。卯金刀，在轸北。字禾子，天下服。”

所谓“元邱制命，帝卯金刀”，(鲁相《史晨祠孔子庙奏》引《孝经援神契》中语)虽曰故神其说，令人恍惚作玄想，其实只牵合东汉光武帝故事。汉帝以利于己，故为经纬护法。纵有反对者，辄蒙“非圣无法”之罪！是以《孝经》一书，因谶纬而益见传行；盖不特尊为孔之言，且与汉祚亦有关涉云耳。吾人研究经学之“谶纬化”，对其时代背景，不容不提及之。

至于言《孝经》为孔子制作，而必涉及曾子者何？一则以汉初有“孔子为曾子陈孝道”之说，未可尽灭；一则秦汉以来辑成之《礼记》，屡见“曾子问”之事。如《黄氏日抄》统计：《礼记》曾有一篇，曾子所问三十七。今按《文选·稽叔夜幽愤诗注》引《论语谶》云：“曾子未尝不问安亲之道也!”正前问拟定之答案云。

(备考)上述《孝经纬》两种:《钩命决》及《援神契》。虽经散佚,世多辑本,略举如右,以备参核。

(甲)《古微书》辑本。按:此书叠经重刊于《守山阁丛书》、《墨海金壶丛书》、《玲珑山馆丛书》中。

(乙)《玉函山房辑佚书》辑本。按:尚附有《孝经章句》、《内事图》、《左右中契》等《孝经纬》。

(丙)赵氏《七纬》辑本。

(丁)黄氏《汉学堂丛书》辑本。

第六章　对于《汉书·艺文志》论列孝经家之疑问

《汉书·艺文志》论列《孝经》,凡十一家五十九篇,除《孝经·古孔氏》一篇与《孝经》一篇外,有《尔雅》三卷二十篇,《小雅》一篇,《古今字》一卷,又有《弟子职》之篇,其余则《说杂传》及《五经杂议》也。

焦竑以《汉志》为非,改《尔雅》、《小雅》入小学,而归《弟子职》于《管子》。又章学诚谓:“《古今字》必当依《史籀》、《苍颉》诸篇为类,而不当与《尔雅》为类。”(详《校雠通义》)

吾人若从汉儒《孝经》“总会六艺”说而考核之,则是缘经起义者,皆得称孝经家。《尔雅·释亲》有关于辨别亲疏之名义;《弟子职》今在《管子》第五十九篇,中有“温柔孝悌,毋骄恃力”之教戒。古人采取成说,并得裁其篇章,自成一家之学。《吕氏春秋》采古《月令》,是其一例,又何讥焉?至《古今字》一卷问题,另有注脚,应先研究。《汉志·孝经古孔氏》一篇句下,师古注曰:“刘向云:‘古文字也’。”此殆刘向《别录》中语。与所谓《古今字》不无干涉。所惜原书久佚,吾人亦难深究矣。

考汉代经书之长度,见《礼记疏》引《郑论语序》:“《易》、《诗》、《书》、《礼》、《乐》、《春秋》,二尺四寸;《孝经》谦半之;《论语》八寸者,三分居一,又谦焉。”据此,则《孝经》在群经中之次弟,应在《春秋》之后,《论语》之前。《汉志》以《孝经》附《论语》后,不知何所据而云然?

《孝经·古孔氏》一篇,《汉志》不云有《说》。许冲《上古文孝经说》,称昔皆口传,官无其《说》。今按许慎既善《古文孝经说》,其所著《说文解字》,亦必袭取,解说"孝"字。许书曰:"孝,善事父母者,从老省,从子,子承老也。"按:《尔雅》:"张仲孝友,善父母为孝。"义同。所谓子承老者,亦符"养耆老以致孝"之古民俗云。《汉志》以为"《孝经》者,孔子为曾子陈孝道也。"故将《孝经·古孔氏》一篇为首,顾不箸录《孝经孔氏古文说》,何也?

综合上述古代之研究,请申论之。

《孝经》一卷,在古代人视之,陈孝道,崇人伦之书也。其学时变,怪迂闳大;要其归必止于阐子职,善事亲而已。汉初尚黄老道,阴阳五行,《孝经》之天经地义,因之益彰;东汉崇赤伏符,孔为汉制,人莫敢非法侮圣,遂得广播。通儒称道,武士传习,自太傅、少傅至庠、序经师,莫不授《孝经》焉。至书中之主人翁,仲尼,亦不过认为伦理思想之人格化而已。试观邢昺《正义》引《刘献述孝经安昌侯说》曰:

"仲者,中也;尼者,和也;言孔子有中和之德,故曰仲尼。"

在吾人骤读之下,初不免于诧异,认为"望文生训"。然故训可释作"夫子深敬孝道,故称表德之字",(亦邢昺《正义》引)正不过藉此表现圣贤化之孝道,又何怪乎?至于《孝经》是否为孔子制作,在两汉人心目中,并不成问题,殆亦以此耳!反而视与六艺同,有大经大本之号(按:郑注《中庸》"大经"、"大本"曰:"大经,谓六艺,而指《春秋》也;大本,《孝经》也")汉人对《孝经》极其重视,故在古代道德学史上所造成之纪录,诚蔚为巨观云。

卷中

第七章　《孝经》在中世期内传行之概况

中世人对于《孝经》之观念,系承袭古代经纬思想而得来,即确认孔子作《孝经》云。考《牟子理惑论》第五问答称:"孔子不以五经之备,复作

《春秋》、《孝经》者，欲博道术，恣人意耳。”本期初（即三国）对《孝经》之论断，如此。又考刘炫《孝经述义序》谓：“孔子自作《孝经》。”唐玄宗《御制孝经序》，采经纬孔子“行在《孝经》”之说，信而不疑。明证本期末（即隋唐）之观念亦复同前。

本时期内，青年人讲读《孝经》，尤以皇家子弟传习，最为风尚！如晋恭帝时年八岁，虽在幽厄之中，犹授《孝经》、《论语》；（《晋书·刘超传》）梁昭明太子三岁，授《孝经》、《论语》，（《梁书·昭明太子传》）具觇汉代太子读经遗风。影响所及，民间仿行。北齐颜之推《颜氏家训·勉学篇》中，称：“虽百世小人，知读《论语》、《孝经》，尚为人师。”又《文章篇》中称：“比世往往见有和人诗者，题云‘敬同’。《孝经》云：‘资于事父以事君而敬同’，不可轻言也！”从前一则观察，读《孝经》者为塾师；由后一则观察，《孝经》字句成为惯用语，可知《孝经》传行，殆普及于民间矣！如顾观八岁诵《孝经诗论》；（《南齐书·高逸本传》）张讥年十四岁通《孝经》、《论语》（《陈书·张讥传》）；杨尚希年十八岁，令讲《孝经》，词旨可观，（《隋书·杨尚希传》）皆本期中青年讲读《孝经》之代表人物。推究因果，本期学者见解，有主张“《孝经》入小学之类”者，如陆澄（事详《南齐书·陆澄传》），其最著者也。

皇太子讲《孝经》，诸史书，数数见，不具引。述体制。先是帝为其子物色名师受业，讲《孝经》，通，释奠《大学》。王公大臣，往观礼者，若与摘句，时论荣之；不得执经，深为慨恨！有时礼毕，设金石之乐，会宴诸大臣，太学生并预焉。此种大典之命意，可从晋潘尼《上释奠颂》推知一斑。其辞曰：

“元康元年冬十二月，上以皇太子富于《春秋》；而人道之始，莫先于孝悌，初命讲《孝经》于崇政殿……”（《晋书·潘尼传》）

即后世所谓：“东宫讲习，以端储教”（明吕维祺《敬陈表章孝经八要疏》中语）云耳。至所讲何义，现存一样本。试检《南齐书·文惠太子传》即得，文长不录。至于诸王亦令读《孝经》。今按《北史·宣武帝本纪》所载，北魏正始三年冬十一月甲子，帝为京兆王愉、清河王怿、广平王怀、汝南王悦讲《孝经》于式乾殿。又《旧唐书·徐文远传》载，尝奉隋帝诏，令往并州，为汉王谅讲《孝经》，俱足证实。

第八章 中世提倡《孝经》运动之始末

上一章，已将皇家子弟讲读《孝经》之情形叙明。此种事件之影响如何，吾人不能不注意。唐以前，晋孝武帝曾命荀昶撰集《孝经》诸说；（据《唐会要》）梁武帝造《制旨孝经》（《梁书·本纪》）；北魏武帝兴国元年勅崔浩解《孝经》，（《魏书·崔浩传》）皆正式提倡《孝经》之运动。惟最后而最重要之一事，则数唐玄宗事。其发端不过如此：

"……帝西还，皇太子及四王，未就学；无量以《孝经》、《论语》五通献帝。帝曰：'朕知之矣！'乃选郗常亨、郭谦光、幡元祚等，为太子诸王侍读。"

此事载在《唐书·儒学传》。无量，即褚无量，时唐玄宗开元六年事也。乃因诸王子读经之故，遂于次年三月一日，令诸儒质定《孝经》孔郑注旨趣，于是掀起孝经学中之大辩论，即谓"郑注非郑玄注"及"孔传非宣尼正说"云。经生聚讼，莫衷一是。（奏疏之一部分，《唐会要》曾选录之，可供参看）。当此之时，帝之判断，以为"在理或当，何必求人！"（《孝经玄宗御制序》中语）于是参倣孔、郑旧义，另纂一部《钦定孝经注解》，一方诏元行冲为疏，立于学官；一方制序立于国学，以层楼覆之。（《唐书·儒学·元澹传》及《演繁露》）六月辛丑，《上训注孝经》颁于天下。（《旧唐书·本纪》）十一月乙亥，皇太子入学齿胄。（仝上）叙述至此，故事中主要角色，褚无量亦被邀圆场。按《唐书》云：

"玄宗开元七年，皇太子齿胄于学，右散骑常侍褚无量讲《孝经》。"（《礼乐志》）

其余有关史料，备录如次：《唐书·艺文志》载："《今上孝经制旨》一卷，玄宗。"又载："元行冲《御注孝经疏》二卷。"考唐张昔《孝经台赋》，首称："孝为行先，教实理本；故玄宗探宣尼之旨，窥圣理之阃，爰索隐心钩深，而词约而意达；然后勒睿旨于他山之石，树崇台为儒林之苑。（仅录十之一二,下文从略)”

此故事竟演进至见于歌赋矣！然御注仓卒,原便王子读,竟立于学官,而颁行天下。后帝自觉义欠妥善,于是重注,再诏天下家藏一本,刊诸金石,以垂久远。《玉海》载:“天宝二年五月二十二日,上重注《孝经》颁示天下。”又《唐书·本纪》:“天宝三年十二月,癸丑,诏天下家藏《孝经》。”据《唐会要》所录:“诏天下家藏《孝经》,精勤教习;学校之中倍加传授;州县官长,中劝课焉。”又《金石录》:“明皇注《孝经》四卷,天宝四载九月八分书。《御制序》云:‘举六家之异同,会五经之旨趣,约文敷义,分注错经,写之琬琰,庶补将来。’”今按见行本,核《金石录》所引,末四句,应是“约文敷畅,义则昭然;分注错经,理亦条贯,写之琬琰,庶有补于将来”之省文耳。

吾人从此一故事演进之迹中,得知皇家子弟讲读《孝经》,其关系世运为如何重大,甚至影响所及,外邦亦曾仿行,详情另章说明。

第九章　儒、释、道相互间之关系与《孝经》

中世释、道相攻,援引儒说,辄称《孝经》云云。沙门剃头发,披赤布。诋毁之者,以为“孔子作《孝经》,服为三德始”,又称《孝经》言,“身体‘发’肤,受之父母,不敢毁伤”,遂谓释徒违貌服之制,乖孝子之道。此种说法,自三国时,已屡有所闻,故《牟子理惑论》中有辩护之辞云。其后道士辄取为口实,以攻佛家。梁时有所谓“三破论”者,今自梁刘勰《灭惑论》中,略辑其说如次:

“《三破论》云:‘若言太子是教主,主不落发,而使人秃头;主不弃妻,使人断种,实可笑哉！明知佛教是灭恶之术也！伏闻君子之德,‘身体发肤,受之父母,不敢毁伤,孝之始也’……入家而破家,使父子殊事,兄弟异法,遗弃二亲,孝道顿绝,忧娱各异,歌哭不同,骨血生仇,服属永弃,悖化犯顺,无昊天之报,五逆不孝,不复过此！”

是道攻释之说,如是。周时释道安撰《二教论》,以为“道无别教,即在儒流”;其说亦引《孝经》而断章取义。《二教论·依法除疑第十二》

中云：

“儒经曰：‘夫孝，德之本，教之所由生也。’既云‘德’本道高仁义之迹，‘教’之由生，坟典因之以弘。然则同归而殊途，一致而百虑；孝慈为总，子何惑焉？儒之为统，子何疑焉？”

是释攻道之说，亦不过此。

然而《孝经》之传播，正亦赖释、道而益传。梁武帝兼弘孔释（梁沈约《答武帝书》中语），唐玄宗并尊道儒，皆最显著之事实。史载梁中大通元年讲佛书于同泰寺，四年三月置《制旨孝经》助教一人，生十人，专通高祖所释《孝经》。故其臣下颂功德书，并称“释义明”、“孝道畅”。（王彬、王缄《答武帝书》中语）或称：“释训之弘规，孔经之深旨；中外两圣影响相符。”武帝行“孔、释兼弘”之政策，而《孝经》因得一度之提倡矣。唐玄宗微时受道士冯道力之照拂，（事见《旧唐书·本纪》）故即位之后，崇玄学，置博士。加封老子为“玄元皇帝先圣宗师”。（参看《册府元龟·黄老部》）视老子为孔子之师，故称“先圣宗师”耳。老子既有帝号，如是其大弟子孔子封王；再传门人亦邀封公侯。明儒邱浚论此事曰：“此孔子封王，弟子封公侯之始也。”（《五礼通考》）日后老子削除帝号，而孔子称文宣王，乃相沿未改云。至儒家诸书，唐代帝王对《孝经》特别重视，诚如《大唐新语》载唐高宗之言曰：“朕颇耽坟籍，至于《孝经》偏所留意；然孝之为德，弘益实深！故云：‘德教加于百姓，刑于四海。’是知《孝经》之益为大也！”玄宗承继高宗之后，故亦特别提倡《孝经》，《唐书·本纪》称：“开元二十年春正月庚子朔，制令士庶家藏《老子》一本。”今查逾十年后，《老子》既家喻户晓矣，乃令家藏《孝经》一本，“并尊道儒”之一种政策耳。考《小学绀珠》引《东京记》：“李昉宅有‘三经堂’，谓《孝经》、《道经》、《德经》也。”得知唐人有筑室藏《孝经》与《老子》之制度，实斯时风尚使然。

抑有进者，所谓“三教并重”时，《孝经》则为儒书代表。史载张融逝世于齐明帝建武四年时，临终遗言，左手取《孝经》及《老子》，右手取小品《法华经》。又《旧唐书·陆德明传》载：“武德七年，高祖亲临释奠时，徐文远讲《孝经》，沙门慧乘讲《般若经》，道士刘喜进讲《老子》；德明难此三人，各因宗指，随端立义，众皆为之屈。”可证《孝经》于中世时，在群经中，实手屈一指，正立于总会六艺之地位云。

第十章 《孝经》为中世思想界之威权者

中世期学术思想之论战，最后战利取决于《孝经》者，凡两见：一，梁代之“神存灭论”问题；二，唐代之“配天议”问题。试略陈之。

(一)“神存灭论”问题

“著《神灭论》，以明无佛”之范缜，其传具见《梁书》列传第四十二卷，文长不录。其书问世，朝野嚣然，风行一时，有“辨摧众口，日服千人”之气焰！于是护佛者起，其内弟萧琛首倡驳论，曹思文亦作说难之，最有力之理由，厥为援引《孝经》作证。论难之词，各举一条，如后：

(上)范缜说

“《论》曰：问者曰：‘《经》云：‘为之宗庙，以鬼飨之。’通云：非有鬼也。斯是圣人之教然也，所以达孝子之心，而厉渝薄之意也。”

(下)曹思文说

“难曰：今《论》所云，皆情言也，而非‘圣’旨。请举经记以证圣人之教。《孝经》云：‘昔者周公郊祀后稷以配天。宗祀文王于明堂以配上帝。’若形神俱灭，复谁配天乎？复配帝乎？且无神而为有神，宣尼云，天可欺乎？今稷无神矣，而以稷配，斯是周旦其欺天乎？果其无稷也，而空以配天者，既其欺天矣，又其欺人也。斯是圣人之教，教以欺妄也。设欺妄以立教者，复何达孝子之心，厉渝薄之意哉？”

梁武帝发勅驳范说，曹思文等六十三人应诏攻之，虽皆当时显宦、名儒或高僧，然攻击之词，论旨几出一律。即认定神灭之论，违经背亲；唯孝子为能飨亲，即依《孝经》：“生则亲安之，祭则鬼飨之。”明有鬼云。

(二)“配天议”问题

关于此问题，计有左列唐人奏议，可供研究：

(甲)长孙无忌奏议：《昊上上帝及五帝异同议》；及《配天议》。

(乙)张齐贤奏议：《明堂告朔议》。

（丙）蒋钦绪驳议:《祭祀》。

（丁）张元义驳议:《郊立明堂等严配议》。

（戊）沈伯仪驳议:《明堂严配议》。

诸人皆根据《孝经》"孝莫大于严父,严父莫大于配天","郊祀后稷","昔者明王事父母,故事天明",以议礼制。今按"明堂"与"禘"之说亦散见于经传中:《周礼》、《左传》、《国语》言明堂;《谷梁》、《公羊》、《左传》、《国语》,亦言禘,皆不见唐人奏议援引;而专就《孝经》裁决,以为"神无二主之道,礼宗一配之义"云。

由上述两事,觇知《孝经》一书,在中世思想界,实具有威权也。

第十一章　中世对于曾子传《孝经说》之意见

秦人姚贾尝称"曾参孝其亲,天下愿以为子"。故知汉代以前,曾子已以"孝"名著于世矣。惟对于曾子所以事亲之态度,自古歧为两说:一说称:曾子善事其父,能养其志。如《论语》所载,其疾没世时,念全受全归之义;又如《孟子》所载:养曾皙,馔酒肉,及不忍食羊枣等传说,是其例也。其他一说,如《庄子·外物篇》称曾子"至孝,为父所憎,常见绝粮而后苏"。又如《说苑·韩诗外传》等俱载:耘瓜伤苗,几殒其命,明其父苛严之传说。《淮南子》所谓"曾参之养亲也,若事严主烈君",殆指此耳!

比而观之,两说实有水炭不并存之势。古代第一种传说,较为流行,故信曾子传《孝经》之事,两汉时均抱此种见解。今按《南齐书·文惠太子传》所载:

"……(王)俭又谘太子曰:'《孝经》:仲尼居,曾人侍。夫孝理宏深,大贤方尽其致,何故不授颜子,而寄曾生?'太子曰:'曾生虽德惭体二,而色养尽礼,去物尚近,接引非隔,宏宣规教,义在于此。'"

则知齐梁尚仍旧贯。降至隋唐,另生新义,盖受第二种传说之影响,因而对曾子传经之事,发生疑问。隋刘炫及唐太宗,皆主张新意见有力之人物。略举其说,录后两则:

"炫谓孔子自作《孝经》,本非曾参请业而对也……《汉书·艺文志》

之谓其为曾子特说此经。然则圣人之有述作,岂为一人而已……假曾子以为言,以参偏得孝名也。老子曰:'六亲不和,有孝慈'……家有三恶,舜称大孝……孝已,伯奇之名,偏著母不慈也。曾子性虽至孝,盖有由而发矣。蒸藜不熟,而出其妻,家法严也;耘瓜伤苗,几殒其命,明父少思也。曾子孝名之大,其或由兹。固非参性迟朴,躬行匹夫之孝也。"(邢昺《孝经正义序》引)"太宗问颖达曰:'夫子门人,曾、闵俱称大孝,而今独为曾说,不为闵说,何耶?'对曰:'曾孝而全,独为曾,能达也。'制旨驳之曰:'朕闻《家语》云:曾晳使曾参锄瓜,而误断其本。晳怒,援大杖,以击其背,手仆地,绝而复苏。孔子闻之,告门人曰,参来勿内…… 由斯而言,孰愈于闵子骞也?'颖达不能对。太宗又谓:'侍臣诸儒,各生异意,皆非圣人论孝之本旨也'。"(引《旧唐书·礼乐志》)

然唐人中仍有尊曾参者。如苏颋《曾参赞》称:"圣人叙《经》,曾氏知孝……"《旧唐书·礼仪志》内载:"开元八年,国子司业李元瓘奏称:曾参道业可崇,受经于夫子,望准二十二贤,预飨。"前此,曾子固不在所谓"十哲"大贤之列。考明李之藻所撰《頖宫礼乐疏》卷二,亦称:"总章元年,赠颜回太子少师,鲁曾参太子少保,并配享孔子。此弟子追赠及曾子配享之始。至开元八年,李元瓘复请从享,谨得坐次十哲。当时举废之故,载籍无征。二十七年,孔子正南向位,独配颜子一人。十哲赠侯,而曾子弟赠以伯,礼从贬杀;然则颜曾并配,在唐无定典也。"李氏考据,可供参证。

第十二章 中世《孝经》学之总成绩

《隋唐·经籍志》著录:《孝经》十八部,合六十三卷。通计亡书,合五十九部,一百一十四卷。又《唐书·艺文志》:《孝经》类二十七家,三十六部,八十三卷;失姓名一家;尹知章以下不著录,六家一十三卷。其中有两大异彩,应提出叙明。

《隋志》著录《国语孝经》一卷云:"魏氏迁洛,未达华言。孝文帝命侯伏、侯可、悉陵以夷言译《孝经》之旨,教于国人,谓之《国语孝经》。今取以附此篇之末。"此为汉民族以外之民族,传习《孝经》纪录之一。晚近日本青木宣纯所撰《儒教在日本之变迁》一文，称："孝谦天皇时，通谕海内，每户须藏《孝经》一卷。遇朝廷有大议之际，多引据经义，互相辩证，俨然有两汉之风。"今依张氏《欧亚纪元合表》推算，日本孝谦天皇，即位于唐天宝八载，乾元一年让位于皇太子，时在公历七四九年至七五八年也。天宝三年，玄宗有诏，家藏《孝经》，前节已叙。按《唐会要》："天宝五载二月二十四日，诏《孝经》书疏，虽粗发明，未能赅备。今更敷畅，以广阙文，令集贤写颁中外。"考唐初中日聘间，至再至三，《孝经》因得流传至日本；乃日本倾慕唐风，摹仿唐法，亦诏其国人家藏《孝经》一本。《孝经》，既为日本人所家喻户晓，对东洋文化，亦自有相当之贡献云。

《唐志》有张士儒《演孝经》十二卷，及徐浩《广孝经》十卷之著录，此实《孝经》广义二部巨作！就《孝经》原有之范围，而推广其意义，为《孝经》学放一异彩。观宋人遂有《大农孝经》、《女孝经》、《佛孝经》、《道孝经》之著述，此风实唐人启之。又《兵家类》著录员半临《戎孝经》二卷，此书殆存古代武人习《孝经》之遗风，后宋人李远、郭梁辅均有《武孝经》之仿作。

此外，另有一事可提及，即石经《孝经》创始于唐代。宋《孝经注疏正义·邢序》称唐玄宗注《孝经》："至天宝二年，注成，颁行天下，仍自为八分御札，勒于石碑，即今京兆《石台孝经》，是也。"又据宋马端临《文献通考》，"《唐明皇孝经注》一卷"条下，引陈氏曰："今世所行本也，始刻石太学，御八方书，末有祭酒李齐古所上表，及答诏，且具宰相等名衔，实为天宝四载，号为《石台孝经》。"今按：所谓"石台"，勒石而树台，故云。（参看第八章。）

中世之研究，叙述既竣；尚有须补充者，请申述之。

中世说《孝经》，学官立《郑注》，南方之儒荀昶作《孝经集解》，以郑为优；北则李炫、乐逊、樊深等说《孝经》者，悉崇郑学。相承言康成作，其实非是。《南齐书·陆澄传》载陆澄与王俭辩论此事，往复书札如次：

"世有一《孝经》，题为郑玄注；观其用辞，不与所注相类！按：玄自序所注众书，亦无《孝经》。"（陆与王书中语）

“疑《孝经》非郑玄注。仆以此书，明百行之首，实人伦之先。《七略》、《艺文》，并陈之‘六艺’，不与苍颉凡将之流也。郑注虚实，前代不嫌，意谓可安。仍旧立置。”（王覆陆书中语）

吾人于此应注意者：中世《孝经》所以得立于学官，重在《孝经》本身有伦理学说之价值；注释者为谁氏，非所留意。此种态度，在君主方面之表示，尤其鲜明。《旧唐书·礼仪志》载唐太宗论《孝经》语：

“孝者，善事父母，自家刑国，忠于其君；战阵勇，明友信，扬名显亲，此之谓孝。具在经典，而论者多离其文，迥出事外，以此为孝，劳而非法，何谓孝之道耶？”

其后，唐开元时，集儒审定《孝经注解》，或辩《郑注》有十谬七惑，或斥《孔注》多鄙俚不经，多离经而言传，所谓“劳而非法”。故玄宗独排众议，另标一说，自序“在理或当，何必求人”，正合传统思想。以为善事亲，明人伦，种种阐明孝之道者，具在经文；古注若何，为虚为实，所不深究也，只重此书本身云。

卷下

第十三章　近世初期《孝经》之幸运

溯五代文弊，士不尚礼法，论卑气弱，澳溷弗振！惟承中世余绪，经自异域献来。此一时期可纪者，有后周世宗显德六年高丽进贡《孝经》一事，《五代史·周世宗本纪》不载，详《高丽传》。自宋之兴也，复倡言“孝治”。《宋史·李至传》中载，宋太宗御书《孝经》赐李至，帝之言曰：“若有资于教化，莫《孝经》若也。”推崇备至。宋一代之君臣，视《孝经》为治国格言，书帛刊石，且歌咏之；故斯时《孝经》之传行情况，颇饶艺术风味，诚为一特色，藉觇《孝经》之幸运矣！

余尝考宋代诸帝，多擅长书法，因而御书《孝经》多有。按宋董史撰《皇宋书录》，凡三卷，上篇所载，悉宋代诸帝讲求书法事。内列《高宗皇帝真草孝经》一卷云。上曾述宋太宗御书《孝经》一事，此后宋人有费十五年之久，专习书法，写《孝经》者。《宋史·文苑·句中正传》云：

“尝以大小篆八分三体，书《孝经》，摹石；成平三年，表上之。赐坐。问：所书几时。中正曰：‘臣写此书，十五年，方成！’上惠叹良久，命藏秘阁。”

其后皇祐四年，曾命写《孝经图》，节取《孝经》之《天子》、《圣治》、《孝治》、《广要道》四章。仁宗自谓：“朕不欲背圣人之言，当书置左右。”事详《宋史·杨安国传》，《玉海》所载，略异。至高宗御《孝经》一事，除《皇宋书录》之纪载外，详见于《玉海》中，摘志如次：

（一）绍兴二年八月十六日，癸卯上出御写《孝经》、《诗》、《书》篇章宣示宰执吕颐浩等。

（二）绍兴七年九月二十三，戊寅，赐御书……向子諲《孝经》。

（三）绍兴九年六月辛丑，书《孝经》赐秦桧。十三日，庚戌，秦桧乞以上所赐《御书真草孝经》刻之金石，以扶翼世教……从之。

（四）绍兴十三年二月，颁御书《孝经》于天下州学。

（五）绍兴十四年七月辛未，诏诸州以御书《孝经》刊石，赐见任官，及系籍学生；时已颁于群庠。殿中御史汪勃请摹刻，使家至户晓，以彰圣学。

《玉海》亦载高宗论《孝经》语：一则曰：“瞻仰古圣王之法，以为规戒。”再则曰：“《孝经》十八章，乃圣人精微之学。”三则曰：“（《孝经》）十八章，世以为童蒙之书；不知圣人精微之学，不出乎此！”得知御书《孝经》，颁赐臣民，不为无见。即此以书法倡《孝经》事，可证宋代《孝经》学之艺术化，此为一端。

宋既倡言孝治，群臣献书，言《孝经》者，辄赐官帛，史不绝书。且歌咏孝道，亦为其时所盛行。《玉海》载：大中祥符八年闰咸《孝经诗》二章，唐方愚《读孝经》一首，其最著者也。乃宋人林同撰《孝诗》，刘克庄序之云：“诗具一意，各韵，二十字，积三百首。起邃古迄叔季，兼明天理未尝无也！”三百首孝诗，计有：

（一）圣人之孝十首；

（二）贤者之孝二百四十首；

（三）仙佛之孝十道；（咏释迦、老子、孝悌王（仙）、目莲、许真君、吴真君、六祖、睦州、（僧）苏仙翁、寒山子等十名之孝云）

（四）妇女之孝二十首；

（五）外裔之孝十道；（咏东夷至沙陀等十国之孝云）

（六）禽兽昆虫之孝十首；（咏乌、鹤、燕雀、虎、狼、猿、犬季、羊羔、豺獭、蛇、青蚨等十族之孝云）

首咏尧曰："道原自天出，尧以是相传：曰'孝悌而已。'人人具此天！"末咏青蚨，（自注：水虫子母不相离）亦赋得二韵二十字，其辞则曰："子母不相离，何心辨鸠蚨；忍能利铜臭，不枉唤钱愚。"观卷末识语，自称：

"人……欲上诣圣贤，不免禽狄，奚为而可？"

"同曰：'孝！'"

将所谓一卷诗之作意尽括于此数语中。吾人考究此种"孝"的文艺之渊源，亦只能谓此为即其时代重《孝经》所发生之影响。以文载所谓孝道，可证宋代《孝经》学之艺术化，此又一端。

前后两端，一事兼备，宋代亦尝有之。理宗宝佑四年赐皇太子御书《孝经》十六句。（《玉海》）词臣王应鳞代作谢表，将御书各句，用四六韵语，一一诠释，斐然成章。略谓："睿谟垂裕，夙承父训之严；神画流恩，备举圣经之要。"洵所谓"《孝经》文艺"中之杰作也！

再在此时期，曾子亦享有所谓幸运，本人及其父，皆受较优之"加封"。今按李氏《頖宫礼乐疏》，考证颇详，前曾征引，再录两则：

"配享从礼位次　宗圣曾子西一位。参，字子舆，鲁人……宋祥符进瑕邱侯，政和改武成侯；咸淳三年进郕国公配享。元至顺二年，加宗圣公。嘉靖中，改今称。"

又"启圣祠原始　配享　先贤曾氏西一位。《家语》：曾点，曾参父，字子皙，《史记》作曾蒧，字皙。唐赠宿伯，从祀孔庭。宋大中祥符加封莱芜侯。嘉靖改从今祀。"

且李氏书中，录存宋高宗御制赞曾氏父子之词，内有“惟时义方，有子诚孝，恰恰圣域，俱膺是道”；“因子侍师，答问成《经》，事亲之实，代为仪刑”等语，亦足证宋时所以追尊曾子，甚而至于加封其父者，实因倡言“孝治”，重视《孝经》，故更进而表彰“侍师答问成《经》”之人物云。

第十四章　近世中期《孝经》之厄运

《孝经》传行，入于道学家之手，乃遭笔削，横加删改，而摈诸所谓“四书五经”之外。自朱氏所注书，用为科举取士之蓝本；士不敢得罪于先正，于是《孝经》学亦以朱氏说为准的，以为“《孝经》疑非圣人之言”（《朱子语录》）。至是《孝经》之地位，一落千丈，诚《孝经》之厄运也！兹分析此事之因果而详述之。

（甲）因之在经学方面者。自“汉儒至于庆历间，谈经者守故训而不凿。《七经》、《小传》出，而稍稍尚新奇矣，至《三经义》行，视汉学若土梗”。（王应麟《困学纪闻》语）洎元祐间，排斥王学，疑注疏不已，训至于疑经：毁《周礼》，黜《诗序》，而讥《书》之《胤征》、《顾命》，荒经蔑古，各标新义，良由其时因袭之经学衰。就《孝经》论，李沆等纂《孝经正义》，邢昺等定《孝经义疏》，多摭旧说，无甚发挥。“前世中，《孝经》多者五十余家，少者亦不减十家；今秘阁所藏，止有《郑氏》、《明皇》及《古文》三家而已！其《古文》有经无传。”斯时司马光尝慨乎言之矣！（司马光《孝经指解序》中语。）

（乙）因之在道学方面者。宋代所谓“道学”，据毛奇龄《辨圣学非道学》一文，称宋人“篡道教于儒书之间”，而“使‘道学’变作‘儒学’”。近人林科棠撰《宋儒与佛教》，中称：“或谓儒道之握手，由于佛教之媒介，其言殆不能谓为不适当也。”据吾人之观察，所谓道学，确为“新儒学”之一。当其时，学人之泥古者，亦认为异说。观《宋史·朱熹传》载：“林栗尝与熹论《易西铭》不合，劾熹本无学术，徒窃张载、程颐绪余，谓之‘道学’……其伪不可掩。”而叶适因其中“谓之道学”一语利害所系不独熹，乃上疏力争；疏入，不报。事详《宋史·叶适传》。至论道学之精神，稽诸

《宋史》,可窥一斑。《张载传》称:“其学尊礼贵德,乐天安命,以《易》为宗,以《中庸》为体,以孔孟为法。”《程颐传》称:“其学本于诚,以《大学》、《语》、《孟》、《中庸》为标指,而达于《六经》。”《朱熹传》称:“其为学,大抵穷理以致其知,反躬以践其实,而以居敬为主。”总而言之,道学家之中心思想,乃“正心诚意”等新标指,与宋代君后历来所提倡“圣人精微之学”,绝不相类。故在当时,目为“伪学”。《宋史・道学传序》(卷四百二十七,《列传》第一百六十八):称宋弗能用道学,“甚至有厉禁焉!”殆亦以此故耶? 由上两因,产生结果,再分直接、间接两种叙明。

(丙) 直接影响于《孝经》者。《孝经》因朱熹刊误,遂有三本矣。清吴隆元撰《孝经三本管窥》一卷,其中论列三本《孝经》:一、《古文本》;二、《今文本》;三、《朱子刊误本》。所谓“朱子刊误本”者,即《孝经》一种改本,用《古文本》删订而成。又清《四库全书总目》著录,元吴澄所撰《孝经定本》云:“……此书以《今文孝经》为本,仍从朱子刊误之例,分列经传……朱子刊误既不可废,则澄此书亦不能不存,盖至是《孝经》有二改本矣。”兹将两改本,各与原本比较如左:

原本

古文孝经　二十二章　二千零七字

今文孝经　十八章　一千九百九十九字

改本

朱氏改作　经一章传十四章　删存一千七百八十四字

吴氏改作　经一章传十二章　删存一千五百八十二字

元以宋儒之书取士,明洪武三年四月已亥诏,(引《明朝开元纪》编者按:应为《明朝开天纪》)开科取士,试《五经四书》义,亦采朱注,故元明说《孝经》,悉宗朱氏说。至清毛奇龄答门人张燧问《孝经》,始诋朱、吴,以为分经,传无据;且慨夫“人弟知有朱氏,而不知有孔子”,故痛切辩之。今按元董鼎撰《孝经大义》,所谓“桓桓文公”字样,跳行示敬,而对于孔子曾子字,乃均不跳行。毛氏所言,不为无因。朱氏对《孝经》原本,删改移易,不止分之,阴师其师程子对《大学》之说法。明王守仁撰《大学问》,即驳程说。毛仿此而作《孝经问》。所谓:“此书相传千五百年,今何所据而削之也?不容无辩!”(孙本《孝经释义》中语)惟自吾人观之,古人说经,多尚主观:“合吾说者吾引之而为之证,背吾说者吾驳之而明其非。”(清江藩语)道学家破除历来《孝经》、《论语》并行之成例,而取《大学》、《中庸》及《孟子》合《论语》号“四书”,以此。唯此故,而《孝经》遂遭厄运矣!明吕维祺称:“以宋黜《孝经》之年计之,适符五百之期。”言《孝经》之厄运期,凡数百年,实道学家使然耳!

(丁)间接影响于《孝经》者。自朱熹评论《孝经》有不如《论语》说孝“皆亲切有味”之一说,于是颇有以自家“口味”浅尝《孝经》而逞臆说者,如明姚舜牧,其最著者也。姚氏自称:因朱刊误,亦有疑问,因撰《孝经疑问》。其言谈如何,摘录数则,如次:

“余读《孝经》,大都出孔子口吻。”

“孔子论先王至德要道一章,何亲切有味!”

“‘资于事父以事母而爱同’五句,似非孔子之言;即是孔子之言,亦当会意以讲。”

他若称:“此章语粹,是孔子之言”;又:“此章语意极佳,是孔子之言”;或“语意凑合,非孔子之言。”纯系仿朱氏“亲切有味”等评语,所谓“画虎不成,反类狗”者也!无怪清纪昀辈斥曰:

“舜牧何人?乃更变乱古籍乎!舜牧何所依据而能一一分别,此为孔子之语,此非孔子之语,若亲见圣人之原本耶?”(引《四库提要》语)

即此一书,可见朱氏刊误之说,不免于凿空妄言之流弊。

再朱氏《孝经刊误》跋尾,有“欲掇取他书之言,可发此书之旨,别为外传”数语;影响所及,遂为研究《孝经》者,开辟一新途径,另章详述。

第十五章　《孝经》研究范围之扩大

朱熹倡言欲作《孝经外传》,虽未实行,然承其遗志而研究《孝经》者,颇不乏人。宋马端临《文献通考·经籍考》,箸录黄勉斋《孝经本旨》一卷,并引《中兴艺文志》:“干继熹之志,辑《六经》《论》《孟》之言孝者,厘为二十四篇，名为《孝经本旨》。”此为《孝经》研究范围扩大之初步。

降至明季，黄道周撰《孝经集传》，清沈珩论此书曾有后录之评语：

“黄石斋先生绍明紫阳之意，成《孝经集传》一书，谓：《六经》之本，皆出《孝经》，而《仪礼》《二戴记》皆为《孝经》疏义，他若游夏诸儒及子思孟子所传，亦备采之。谓之‘大传’。经传各条之下，先生以穷理所得，畅厥发明，谓之‘小传’。此紫阳条《仪礼》之成法也。大传字目二万余，小传五万余。起草于崇祯戊寅，卒业癸未，厘然大成。”（《重刊孝经集传·沈序》）。

今按此书，大传凡二百七十二则，二万二千四百九十八字；小传凡三百一十七则，五万一百七十七字。其作书之方法，见于其门人朱垣之识语者，曰：“乃《孝经》为经，以《礼记》一部，及《孟子》七篇，错综为纬”云。又按作者于本书大传第一下自注曰：

“凡传皆以释经，必有旁列出入之言。《孝经》皆曾子所受夫子本语，不得自分经、传；而游夏诸儒所记，曾子、孟子所传，实为此经羽翼，故复备采之，以溯渊源云。”

所谓“掇取他书之言，可发此书之旨，别为外传”，实朱氏旧法。惟黄氏否认《孝经》自分经、传，故不称“外”传，直称为“大”“小”传，此为黄氏创见，亦即《孝经》研究范围扩大之第二步。

清李之素撰《孝经正文》一卷，《内传》一卷，《外传》三卷。今按“内传”，与黄氏传例闇合，杂引经史子集之言，与《孝经》相证佐者而成。至所谓“外传”者，与朱氏传例迥异，乃叙大舜以下，迄于明末孝子之行实也。考汉刘向有《孝子传》之作；宋谢良齐撰《孝史》五十卷；至明潘府撰《孝经正误》，附录《曾子孝实》一卷。李氏殆仿潘氏之例而作《孝经外传》。此为《孝经》研究范围扩大之第三步。

余若江直方《孝经外传》，李长柱《孝经纲目》，朱鸿《经书孝语》，虽不笺释经文，皆广《孝经》之义。清《四库书》，列入儒家，盖亦《孝经》学派中之儒家言耳。

第十六章　关于《孝经》灵异之纪载

《孝经》有云："孝悌之至，通于神明。"纬书盛称其事，有"通于神明则凤凰巢"之诸种说法。古者，日蚀修孝；此《孝经内事图》，《孝经雌雄图》所由依托也。前曾于古代章，略略提及。惟近世对于《孝经》亦认为有神秘性，今剖陈之。

明代大儒，如黄道周者，即崇拜《孝经》之代表人物也。当其受廷杖而下狱之时，专心壹志写《孝经》；其门人朱垣称道此事，尝谓："先生在白云库中，手写《孝经》百二十本，本本各别。"又乌程张鉴《秋水冬青馆甲集》卷五，载《书黄忠烈公妻蔡夫人书〈孝经〉后》一文，亦称："夫人名玉卿，其楷法端劲，间作隶体，非羲之俗书所可儗。史称：石斋（按：即黄道周别号）在狱，犹日书《孝经》不辍。观此益知修身齐家之本。"考黄氏不仅以《孝经》为"修身齐家之木"，其毕生心血所贯注者，亦即此耳！至研究积四十年之久，乃于崇祯十六年八月朔，由门人三十六仝校刊，即上述享有盛名之《孝经集传》也。

余据《清国子监南学书》本，（今藏国立北平图书馆，编目在酉字第十三号中）得见其门人识语，颇有注意之必要，摘志两则，如次：

> "此书于癸未八月朔日，师令（林）有柏、（胡）梦鍹、（陈）有度、允元、骏章、（朱）垣、（黄）静，同集堂中四先生前，具章服，北向，五拜，稽首；又向太老师墓前四拜，再稽首；乃于堂中四先生前，再拜起立，置一书案上。有柏……静，各四拜，受卒业焉。
>
> 癸未十月朔日，胡梦鍹谨识。"

又：

> "有柏与师从事四十年，见师行止坐卧，只是一部《孝经》……
>
> 此书到处有鬼神护持，到处有日月星辰照临其上，切勿轻易放置！轻易品题！
>
> 十月林有柏谨识。"

由此观之,《孝经》卒业典礼之举行,何其隆重而严肃也!初拜四先生,继则拜老太师墓,然后拜受书焉。至门人既称其师写《孝经》事,“上达天听”,又称《孝经》到处有“三光”照临,鬼神护持,足证对于《孝经》之观念,确认为有神秘性。故云:“切勿轻易放置;轻易品题!”

关于《孝经》灵异之纪载,明虞淳熙所辑《孝经集灵》,网罗传说,整齐杂说,凡三十则。清《四库书目》称其“侈陈神怪,更纬书之不若乃。”退列于小说家。然《学海类编》,列《经翼》中。今按首一则,为:

“《孝经纬》:孔子七十二岁语曾子,著《孝经》。因著作既成,乃斋戒向北斗告备。忽有赤虹自天下,化为黄玉刻文,先圣跪而受之。”

末一则,为:“尹梦龙,事亲以孝闻,母丧,负土为坟结庐其侧;手书《孝经》千余本,散乡人读之。——有群鸟集其墓树。”

其中所纪载,大率皆此类也。仅举一隅,以资三反。

抑有进者,俗以为不孝之子,必惨毙于迅雷之中。闪闪之光,鉴明阴过;隆隆之音,若叱咤然,亦自古相传“天人相感”之一说耳。近人洪良品乃采此事,注《孝经》曰:

“世之不孝者,或毙于雷,或死于疫,后嗣衰微,此皆受天刑也。呜呼!王法可幸免,天诛不可逃也!”

此说,即近世研究《孝经》者,仍有“神秘的”倾向之又一证也。

第十七章 《孝经》与群书之比较研究

《孝经》在古代、中世两期内,学者只单独讲习;至近世期始有《孝经》与群书之比较研究。兹择其较著,缕述如次:

宋王安石撰《孝经解》一卷。尝将《孝经》“当不义则子诤于父”;与《孟子》“父子之间不责善”比较,因谓“当不义则诤之,非责善也”。实欲融会《孝经》与《孟子》之意义耳。

宋朱熹将《孝经》与《论语》中说孝语比较,因谓“论语说孝,皆亲切有味”,而称《孝经》所说,“都不亲切”。又将《孝经》与《左传》比较,因谓“‘言斯可道,行斯可乐’一段,是北宫文子论令尹之威仪,在《左传》中,自有首尾；载入《孝经》，都不接续，全无意思。”（详见《朱子语录》）结果对《孝经》怀疑矣。

元吴澄称：“朱子云：《孝经》出于汉初，左氏未盛之时，未知何世何人为之。窃谓《孝经》虽未必是孔门成书。然孔鲋藏书时已有之，则其传久矣。礼家有七十子之后，弟子所记二戴《礼记》诸篇，多取于彼，其间纯驳相杂《公》、《谷》、《左氏》等书，称道孔子之言者，亦然。《孝经》殆此类也。”（据吴氏《校正孝经定本张恒跋》）据此《孝经》与《公》、《谷》、《左氏》及礼家言，吴氏曾作一度之比较研究。

宋袁广微《说孝经》，旁及诸子。《文献通考》著录袁氏《孝经说》三卷，引陈氏曰：“广微为鄱宪，日为诸生说《孝经》，旁及诸子；诸生录之，为此编凡三卷。”据此，《孝经》与诸子并提，自袁氏始。

明黄道周将《孝经》与《礼记》、《孟子》等书，比类连观，详十五章。

明姚舜牧称《孝经》各章引《诗》、《书》，与《韩诗外传》，《天禄阁外史》相类，因谓《孝经》有一部分，“似类汉儒之言”，详见姚撰《孝经疑问》；是为《孝经》与汉代儒书之比较研究。

清毛奇龄《孝经问》中，有云：“此仍是春秋战国间七十子之徒所作，稍后于《论语》，而与《大学》、《中庸》、《孔子闲居》、《仲尼燕居》、《坊记》、《表记》诸篇同时，如出一手！故每说一章，必有引经文，以为证此篇例也。”是为《孝经》与《大学》诸篇之比较研究。

惟应申述一层：有用同样之比较研究法，而其结论乃大相径庭者。例如：朱熹以《孝经》与《论语》、《左传》比较，而得不信任《孝经》之判断。毛奇龄以为《孝经》论孝之大道，皆所谓切实责备，并非取验。评朱氏以《论语》绳《孝经》曲直为欠妥。（详《孝经问》）其后丁晏撰《孝经征文》，亦对于朱氏刊误之说，表示不赞同。将《论语》与《左传》中之“克己复礼”等语比较，结果谓左氏采孔门精语，缀集成文，并称《孝经》并不袭用他书文。又浏览群书，断自两汉，录其征引《孝经》者，并搜集古注，因而断《孝经》“是书为汉以前所诵习讲授之书”云。近人崔适撰《五经释要》，卷五《释孝经》，“《孝经》传授，不详所自始，故有朱子刊误之疑，又未明左氏之为歆所窃伪，以为《孝经》中‘夫孝……’与《左传》同；不知《左传》之袭《孝经》，反疑《孝经》之袭《左传》，于是孔门真传之书，反疑为伪矣！”总计，毛、丁及崔三家说，适足以否决朱氏对《孝经》提出之不信任案。是故吾人今后应用比较研究法，鉴定《孝经》为谁氏作及其时代，宜采严密精确之方法，切戒前此皮传影响之谈，方不失真正治学之态度。

抑有进者，孙德昭司铎（孙璋）所撰《性理真铨》（乾隆癸酉年较梓本二卷上四页）载“二亲者，造物主大父母之遗表也。造物主以二亲而生我，则覩有形之父母，即亲如见无形之大父母；仰答二亲之深恩，即是仰答此大父母之厚德。”孙司铎为远西耶稣会士之来华者，故其所言，乃根据加特力（Catholic）道德学，作《孝经》“孝莫大于严父，严父莫大于配天”之诠释，实超越所谓经学之范围矣。

此外，清阮福《孝经义疏》中，将《孝经》“在上不骄”章，与老子“昔之得一”章，比较儒老学说异同。又章太炎先生撰《孝经本夏法说》，载在《章氏丛书文录一》中。谨按：梁皇侃所撰《孝经义疏》，“证万国为夏法”；再者，常熟曾朴《补后汉书艺文志考》，详论郑康成《孝经注》，亦申言“郑显以《孝经》为夏制”。（原书常熟《曾氏丛书本》，卷三第十页至第三十三页，繁征博引，可供资考）惟章先生以《墨子》与《孝经》并为一谈，实亦《孝经学》中之新纪录，故竝志之。

第十八章　近世《孝经》之广播及其影响

《孝经》在近世期内，广播及于汉以外之民族。若金、元及满清，均以异族入主中国，然皆尝提倡《孝经》，且译之以教其族人。兹略纪梗要，如次：

《金史·世宗本纪》：“大定二十三年八月乙未，以女真字《孝经》千部，付检点司，分赐护卫亲军。”今按此事，实梁肃上书之结果。《梁肃传》称“肃奏：汉之羽林，皆通《孝经》；今之亲军，即汉之羽林也。臣乞每百户，赐《孝经》一部，使之教读，庶知臣子之道，其莅职也，可知政事。上曰‘善！人之行莫大于孝，亦由教而后能。’诏与护卫俱赐焉。”据此，金代武人读《孝经》,具觇古代之遗风!

《元史·武宗本纪》:“大德十一年八月辛亥,右丞孛罗铁木儿以国字译《孝经》进。诏曰:‘此乃孔子之微言,自王公达于庶民,皆当由是而行。其命中书省,刻板模印,诸王而下,皆赐之!’”今按《元史·选举志》:“至元二十四年,立国子学而定其制……凡读书,必先《孝经》。”可知元自世宗以来,已正式提倡《孝经》;而武宗则较重视,视为“孔子之微言”,以之教其族人耳。

清《四库全书总目》著录“世祖章皇帝御注《孝经》一卷”,又“世宗宪皇帝御纂《孝经集篝》一卷。”考“御纂”或“钦定”经传,在清本为数见不鲜之事;惟对于《孝经》,一再表章,亦称异数。今按故宫博物馆现藏《孝经图》,足证清帝对《孝经》如何爱好云。

考中世期《孝经》盛行于日本,故近世期内,有《孝经》数本,从日本得来。《宋史》载:“日本僧奝然献《郑注孝经》一卷。”清初又从日本得《古文孝经孔氏传》一卷。乾隆丙中,歙县鲍廷博重刊行世,《四库提要》曾斥其伪。遵义郑珍更列十证辟之,结谓:“验此十事,知作是书者,彼穷岛僻壆一空腐之人。见前籍称引《孔传》,中土久无其书,漫事粗据,自谢绝学,以耀其国富秘藏耳。”(详见《巢经巢文集》卷第一经说,《辨日本国古文考经孔氏传之伪》)吾人对于《孝经》往返中日之事件,殊感觉有相当之兴趣。查日本古典保存会,有所谓“三千院藏国宝《古文孝经》”云。再读日本学者,信阳太宰纯诸氏对《孝经》作一番恳切之研究工作,慕圣崇华,至愿为“孔氏忠臣”(原序中语),亦足证《孝经》广播至日本所发生之影响,为如何矣!

又考:“一七一一年,耶稣会士,比利时人卫方济(Francois Noël)刊行‘中国六经’之拉丁译本,(6 Libri classici Sinenses)于 Pague 地方。六经者,《大学》、《中庸》、《论语》、《孟子》、《孝经》及《三字经》也。”再“一七七〇年,葛德(Goethe)居 Strassburg 之日记(Ephemerides)中,记其所拟读之书,其一曰‘中国《六经》之译本,多言道德哲学者。’惟葛德是否用心读之,则不可知。”(引吴宓撮译德国雷赫完 A. Reichwein 所著《中国欧洲文化交通史略》)今按:卫礼贤氏撰《哥德与中国文化》一文,曾摘录葛德语与《孝经》文作一比较;(参看《小说月报·中国文学研究号》)可知葛德读中国《六经》之译本时,已曾特别研究其中之《孝经》拉丁译本。从此项饶有兴趣之史迹中,足以推论《孝经》对于欧洲学者,亦不无影响矣。

述近世之研究竟。对于此一期内之诸种著作,亦不能不提一笔。清文渊阁仅著录十一部《孝经》,十七卷;附存目十八部五十三卷。以为"《孝经》文义显明,篇轶简少,注释者,最易成书。然陈陈相因亦由于此。今择其稍有精义者,备录数家,以见梗概。故所存独少。"余颇以此说为然。

再应申述者,本篇论文,系研究《孝经》传行史迹之报告。至关于《孝经》之各项问题,余将另作专题研究云。

结论

《孝经》自汉传行迄现代,凡二千余年,其历史诏告吾人者,云何?

此一卷者,为历代相传,童蒙必读之书也。既已形成为国民常识之一部分,故在中国道德学史中,应享有极优越之位置。事亲为孝,斯情无假,此书提倡孝道,两汉儒者讲习,实古代宗法社会思想之唯一结晶,相沿而为我国家族制度下之中心学说。真正之价值,殆不外乎此!

惟其中言明天子以至于庶人之孝,《孝经纬》因有"就"、"度"、"誉"、"究"、"畜"五孝之说,乃经历代君主提倡之结果,言"孝"者必及"忠"。先民小时诵《孝经》"仲尼居……"全文,初未尝重读"事君""事上"等语。《三国·吴志·张昭传》载:"孙权尝问卫尉严畯;'宁念小时所闇书不?'畯因诵《孝经》,'仲尼居……。'昭曰:'严畯鄙生,卧请为陛下诵之!'乃诵'君子之事上。'咸以昭为得所诵",正一例也。明乎时代之背景,吾侪可以无讥古人!

《孝经》尝曰:"保禄位"、"保社稷";且言:"守富"、"守贵";与"守宗庙"、"守祭祀",保守之色彩,其何浓厚耶?宜为今日倾心进化学说者,所不乐称道矣！其然，岂其然乎？昔吾乡之先儒，江西谢枋得先生尝云："某不能为忠臣，犹愿为孝子！"实可箴斯世云。

昔者，晋传咸作《孝经诗》，言近旨远，辞简义赅。仿其例，作一结语。

稽古大道，事天孝亲，家族既睦，友爱邻人；

慎终如始，明哲保身；履正奉公，作好国民。

历史学

杨椒山评传[1]

“浩气还太虚，丹心照万古；生前未了事，留于后人补。”此容城杨继盛先生为国牺牲，与世诀别之绝命词也！椒山除外寇锄内奸，其行事于现代民主政体，虽若不相符合，然其精神实有历久不磨之特色在：“气节云霄上，勋名宇宙间。”(《哀商中丞少峰诗》)所谓“一点丹心一点忠”(《次梅轩韵诗》)，丹心报国，并非忠君，实忠国也；并非殉朱姓一人一姓，实殉亿兆人之中国也，悠悠耿耿，史实可考！椒山胸襟宇宙，俯仰乾坤，其言曰：

“良知好向孩提看，天下无如父子亲。我有乾坤大父母，孝情不似尔情真。”(《五岁儿入视，遣归不去，同宿数夜有感》)

其摭掌高远为何如也，宜其气塞天地而志小星辰，故其元旦狱中自制素纸灯笼，狱卒以无文采索诗，题词有云：“何如皎皎月，是我大灯球！”观此知椒山真自有胆矣。(当椒山在刑部受打之先，或袖蚺蛇胆斋酒以进，却之曰：“椒山自有胆，何必蚺蛇哉！”止酒谢之)是以虽经苛刑，心志清白，而不屈不挠之精神益壮，其夫人《愿代夫死疏》中有云：

“臣夫自杖后入狱，死而复苏者数次，剜去臀肉两斤，断落腿筋两条，

---

① 原载于《国学月刊》1925 年第 1 卷第 3 期。

脓血流约五六十碗，浑身衣服尽皆沾污，日夜笼枷，备受苦楚。”

夫浩然之特操，心无惭德，坚贞之素性，百折不回，威武岂能屈哉！精忠殉国，如杨继盛者，固凛凛乎烈丈夫，间尝讽诵其遗集，反复吟叹之余，则又知椒山之义行，固非出于一时之激发所致，盖有俟于持久之操守，行之终身，历万死而不变者也。椒山之言曰（《张集节妇册叶诗文序》）：

“当天下之至变，而能气如雷霆立如山岳，虽窘辱顿挫，生死利害交于前，而不可少动，则非见足以守，守足以确，力量足以担当负荷者，鲜不仆哉！”

欲知其见解如何，读下文自知之。

“欲干天下之事，当思其如何下手？如何收杀？事成如何结果？不成落何名目？生死虽不计，必竟果不徒死否？思之！思之！又重思之！”（《与继津年兄书》）

由是思虑，欲干当时之事如何下手？或中夜起立，或对食忘餐，（事见《代夫死疏》）再思三思，固破费周折也。

“或告弟曰：方今之世，和光同尘，可以免祸，以子所为，祸定不免，与其得罪于人，阴受不测之祸，孰若出位建白，直言时弊，死则为铁脊之鬼，生则田野之人，以图不朽，以求不忝所生，不亦可乎？此一说也。

或告之曰：天下之事，尚有可为，与其愚直以求重祸，莫若上疏自献，收豪杰慕死士行边疆图方略，相机审势，与虏寇决一死战，以报苍生杀抢之仇，以雪朝廷城下之耻，不亦可乎？此一说也。

或告之曰：位卑而言高，罪也；力小而任重，仆也；莫若尽其见在之职，不为出位之思，俟权到手，得行其志，然后斩奸贼之首，枭胡虏之头，不亦可乎？此又一说也。

即此三说，证诸本体，莫知取舍，学问至此，莫知究竟，万望寻便速赐指教，以为行止依归。甚幸！甚幸！”

右录椒山与少司寇吉阳何公书中之紧要语句，足见椒山为救国大事，颇费思索，甚至于不能自决，固位苟安，得志行道，未免太晚，此一疑点也；挺身杀敌，内奸不除，无补于事，此又一疑点也。何去何从，大道多歧？固不可不审慎从事也！然同时爱国家救同胞之热忱，五内俱焚，不可终日矣。故《请罢马市疏》曰：

“虏寇悖逆天道，大肆猖獗，犯我城阙，杀我人民，掳我妻子，焚我庐舍，惊我陵寝，其辱我中国极矣！臣在南都，传闻此报，冠发上指，肝肠寸裂，恨不能身生两翼，飞至都下，以剿逆贼，以报国仇。”

怒发冲冠，生吞外寇，誓复国仇，慷慨激昂，其救国之热度，可谓升至沸点矣！乃条陈开示五事：一、欲俺答爱子入质；二、欲尽还掳去人口；三、欲别部落入寇，俱在俺答承管；四、欲平其马价，分三等；五、欲整兵以备，战守并用。以今语翻译之，即欲明室与俺答恢复邦交准其通商以前，勒令俺答赔偿前此明室之损失，并确实保证后此俺答自身不寇边，并协同防止其他外寇之侵略，此外交一方面；再平马价以免利权外溢，保全已国金融，且整顿军队以巩固国防，求永久之武装和平。用意筹划，不为不周密！乃因内奸秉政，横遭惨刑，然其救同胞之苦心，终不稍泯也，观其平日诗句如：

“酿成四海合欢酒，欲共苍生同醉歌。”（《九日崑峰赐饮》）

“踈念忘却一身忧，思入苍生始解愁。”（《雪晴》）

“惟愿分种千万山，以解苍生万斛之渴尘。”（《题梅轩号》）

可见其平生之意志，固愿出民生于涂炭，同入太平世界升平也！噫，迄今祸乱频仍，举世皆不聊生，而我国尤甚！椒山“生前未了事”，将俟后人弥补耳！惟中华扰攘，迄无宁岁，百世身后，得毋有遗憾耶？

椒山左右思量，总以不负初心为主，所谓“本来面目频频照，恐落寰中第二人”，（《夏午睡后作》）“欲知身后流芳远”，（《挽任侍御乃尊》）故今日之机心已决，认定“万年不死是吾心”，（《夏午睡后作》）遂舍生取义，与国内奸贼拼并死生，努力奋斗矣！

椒山曾上龙湖翁一启，启末云：“有一时之富贵，有万世之事功，有目前之荣辱，有身后之褒贬；不惟以义言之，其轻重分明，虽以利言之，其轻重亦较然可惧也！”

所以言利者，为国家人民谋新运命也；所以言惧者，恐国运民生沉沦日下，至于不可医救也。故奋志而起，与老奸巨猾作最后之决斗，事成则博得国家同胞之福乐，不成则牺牲一己，殉国以死，且后起之秀，继续努力，终有风平浪静之希望，实又为国家同胞之安宁计也。至于如何下手？如何收杀？筹之熟且审矣，其思想之结晶，于《请诛贼臣疏》中见之矣。其言曰：

“方今在外之贼惟虏寇为急，在内之贼惟严嵩为最。虏寇者，边境之盗，疮疖之疾也；贼嵩者，门庭之寇，心腹之害也。贼有内外，攻宜有先后，未有内贼不去，而可以除外贼者。故臣请诛贼嵩，当在剿绝虏寇之先。”

谚云：物腐虫生，自伐入寇。此自然之公理，将御外侮，先除内凶，洵千古之定论。试思五胡何以兴？辽金何以盛？唐宋而降，支族何以入主中原？明清以来，列强何以侵略中国？事虽万状，理究易晓。推原本末，与当时内政之情形，国贼之柄政，莫不息息相关；使国中之战士，皆内奸之爪牙，谁与杀敌！使国中之大吏，皆内奸之瓜葛，谁与谋国，明党璠结，深根蒂固，私意陟降，功过无别，敢问举手蹙额之人民，谁肯矢诚矢忠尽一种已经剥夺权利之义务！惟椒山书生狃习，正义直指，干犯内奸，为国受罪矣！朝审途中吟曰：“风吹枷锁满城香，簇簇争看员外郎……性癖从来归视死，此身原自不随杨！”

世之人杨花水性者多矣！任风漂泊，随遇而安；或落于几席之上，是则“当时则荣没则已”之徒；或涸于秽厕之中，是则遗秽蒙嗤之辈，徒贻千舌非笑唾骂耳。谁生阶厉？自贻疾羞！恶在偷生忍辱与世浮沉耳！夫生死旦暮，伊谁长生？乍梦乍醒，正顷刻间！顾滔滔者流未觉悟也！椒山刚折端志，不蓬随众转，瞻劲心方，泥而不滓，故其赴义前一夕诀别其夫人之书曰：

“古人云：死有重于泰山，死有轻于鸿毛。盖当死而死，则死比泰山尤重；不当死而死，则无益于事，比鸿毛尤轻；死生之际，不可不揆之于道也。”

世有不当而死者，同胞自相残杀，投海自杀，纵欲自杀，服毒自杀，枉死徒死，不一而足，前仆后继，相背相望，奈何不稍觉悟，言念数百万之生灵，不禁为上下千古长叹息也！椒山一部殉国史，百世之下，闻者兴起，固不啻万卷金言，垂教后学也。然其学术思想，亦自有存在之价值。如《谕应尾、应箕书》中，言“人须立志”、“心存天理”、“禁止恶念”诸说，此其显而易明之伦理观念也。至其人生观有三大观察点，为吾人所不容忽视者(一)是与非(二)忧与乐(三)寿与夭是也。兹分言之。

(一) 是与非　是是非非，本无定论，任世人覆雨翻云，而我自直道坚持，眼前福祸在所不计，惟爱身如玉，规避恶行耳！先生寓情诗歌，偶借兴观群怨之说，寄托吉凶祸福之理，故尝赋诗答陈平山《鹊噪诗》曰：

“恶事先传应早避，喜来不报亦何伤；平生最爱鸦声好，野鹊毋劳噪夕阳。”又“好音唯恐隔深树，一听恶声共弹罗。啼鸟亦知随世变，鸦鸣何少鹊何多！”

原注嘲当时鄙陋卑劣之士大夫云：“屡示灾变，塞口不言，少见祥瑞，上表争贺；鹊之类也，有愧老鸦多矣！”古时迷信吉祥凶兆之理，谏臣多以矫正人君之过失，诗人以之解嘲耳！又作《论鸦鹊》二首：

其一，“宇宙到头俱梦幻，生人何必叹云泥。疏狂见惯荣枯事，鸦鹊从今俱慢啼。”

其二，“可厌老鸦常折翅，依人喜鹊亦空啼。长安公子多飞弹，且向云山深树栖。”

忠言逆耳，忠良殉国，自古皆然，故深山大谷中，不乏辟时辟地之君子，惟精忠之士，则低徊不去，誓死救国，《楚辞·国殇》曰：“身既死兮，神以灵，魂魄毅兮，为鬼雄。”肉躯可杀，灵魂不死！烈士牺牲，直道犹存，公论自在人心耳！

(二) 忧与乐　所谓“忧以天下，乐以天下”者，首在辨别公私之分，《送张龙翁老先生拜相序》中有云：

“忧有一己之忧，有天下之忧；夫忧以一己，则其忧也私，患得患失，将至于终其身而不可解；忧以天下，则其忧也公，虽身膺无穷之虑，而天下之至可乐随之，公私之际，忧乐分焉，不可不辨也。”

窃谓洁身自好之徒，本可无忧无惧也，所忧者，有天下国家之重任，拯溺拯饥，以斯道觉所民，如禹稷伊尹之汲汲皇皇焉耳！又曰：“夫身任天下之责，其忧固有所不容已者，况夫事之阻滞难处者，又无纪极乎？是故或系天下之根本，或系国家之安危，或系正学之废兴，或系世道之升降，或系纲常之修坠，或系风俗之盛衰；凡臣子所不忍言者，更仆未易，数正贾谊所谓‘可为痛哭流涕者也！’此而安常处顺，则亦可以自乐矣；必欲殚志毕方，整顿振作，使气运景气，一如国初宇宙间，不亦难乎！则夫其始也，以天下之忧为己之忧；其既也，以己之忧与天下之忧国者共忧；其终也，至于天下无可忧之事，而己之忧亦因之以释。”

天下兴亡匹夫有责，顾炎武之言诚是！国家者为人民所组成，己身即其中一分子，国家荣辱，己身休戚，如应斯响，若合符节，故急公好义，义不容辞，势亦不容辞也。好善之心，谁不如我？同是国民，谁甘亡奴！是以群策群力，忧国者共，亦在所必致也，独木难支，众擎易举，国家乃有澄清之实现，一己斯享太平之幸福，先忧后乐之理固如是，忧乐之情亦如此也。

（三）寿与夭　寿夭者不以年数拘，而君子之寿当图不朽之真，《寿徐少湖翁师文》曰：

“世之言寿者，不过曰‘享年有永’而已！然命禀自然，固一定不易，年岁之积于人之贤、不肖无与焉！若以此为寿……虽谓之不寿，亦可也。惟夫修诸己者，道德卓莹；建诸用者，勋业赫耀；垂诸后者，典谟炜晔；则邈无纪极，可与天地相终始，夫是之谓‘不朽’，而寿之所以为真也！”

推而论之，又曰：

“人知寿于年为寿，而不知寿于理者，斯寿之真；知寿于身者为寿，而不知寿于天下者，斯寿之大。”

曷言乎“寿于天下者，斯寿之大”？椒山于《寿韩苑翁序》中，尝言之矣，又尝行之矣，先生固寿天下寿斯道者也！其言曰：

“盖君子所贵乎寿者，非徒自寿己也。为其能寿天下也，能寿斯道也,苟无补于治与道,将焉用寿?”

再扩而言之:

“(人)知寿于目前者为寿,而不知寿于身后者。斯寿之永,非深达始终之故,善权修短之美者,孰能论寿于命数之外,而不求寿于年数之间乎?”

寿之永者,是之谓“永生”,非有超人之识,究性命之源,乌足以语此?

总之,椒山不苟和,不苟取,未尝乖愎以忤物,矫情以骇俗;自心而身而家而国,必刚与廉,守正不阿,披膈忤奸,杀身殉国,其四十寒暑之努力,一以除外寇锄内奸为天职,昭炳十册,固不朽也!至其求学敷教之辛勤,处家忍容之美德,特其余事耳,其《介轩说》中云:

“介安从生?生于吾心之义。义又安从始?始于在天之利,是故本诸心而原诸天,非由外铄者也。夫人之所以植纲常,弘德业,参天地,匹圣贤,皆赖此以为之质干,是可苟焉已乎!”

可知椒山学术思想之最高点在此,牺牲行为之出发点亦即在此矣!

抑有进者,伦理之观念,差以毫厘,行为之正否,失之千里。故于“忠君”与“忠国”,不可不明辨之!“忠”之真义,久已隐微,相沿至今,只知遗老遗少口语之伪“忠”,此真所谓“大惑”耳。昔晋献公问荀息何谓忠,荀曰:“公家之事,知无不为,忠也”。以国家兆民之众多,与一姓君主之孤独相比较,谁公谁私,不言可喻矣!《左传》赵孟曰:“临患不忘国,忠也。”《国语》詹曰:“杀身赎国,忠也。”故毁家纾难者有之,以身殉国者有之,即如岳飞之为人,其铸背刺肤者,乃“尽忠报国”四大字,非若愚臣愚忠,拳拳其主上,为一姓匹夫,作家奴也。

《明史传》略载:元蔡子英上明太祖书曰:

“……盖闻臣之事君,犹女之适人,一与之醮,终身不改,一食其禄,终身不贰……”

太祖采其说,故敕礼官令有司建忠臣祠,岁时祀之。又喻群臣尽忠谠言,而忠君殉主之谬说,乃流毒一世。学说误人,贤者不免。其后燕王即皇位,当世之名士如方孝孺衰绖而后见,大骂割舌,指染血书“燕贼”,

诛十族死;练安缚至,断舌之后,手探舌血,大书地下,不屈死;铁铉被执入见,背立不北向,割去耳鼻,煮死大镬中;胡闰召至,衰绖恸哭,命武士击其齿,齿尽抗声不绝;陈迪父子六人同磔于市,比死骂不辍声,忠君不二之迷惑,毒中心曲,天僇之人,安可解?方孝孺《绝命辞》曰:

“天降乱离兮,孰知其由?奸臣得计兮,谋国用犹!忠臣发愤兮,血泪交流。以死殉君兮,抑又何求!呜呼哀哉兮,庶不我尤!”

观其遭逢世变,莫知其由!硁硁殉君,不知何求?真所谓“呜呼哀哉”!不知国计民生,不辨公私是非,发愤无益,血泪空流,殆所谓“大惑终身不解者”欤?椒山先生于“忠君殉主”之世,而能以除外寇锄内奸为己任,以身殉国,其行事虽不免少有当时代之色彩,其精神实足以弥补当时代之缺点,且其学术思想亦尚有可观者,故论及之。

十四、七、一,初稿

研究中国思想史的新动向[①]

一、研究中国思想史的困难和我们新辟的途径

专门研究中国思想史的书籍，现在还不多见，所以我们来尝试做这个工作，也许是略有贡献。

我们来研究中国思想史，至少有三点困难：一、我国以往缺少思维术的科学；二、也无科学方法；三、文字的暧昧。马老先生相伯师在《致知浅说·原言篇》里，提到中国古书十之八九是不通的。西洋在很古的时候就有逻辑学，后来继续不断的研究；三段论法最近在英国还有特别的发展。在印度有"因明学"，这也是逻辑学的一种。在我国古代有孔子的正言，墨子的三表，法家循名责实，凡此种种都稍带有逻辑的意味，所以不能说在我国绝对无逻辑学，只能说大多数的人是不知道逻辑是什么的。译《名理探》的先知先觉像李我存先生是知道逻辑的，虽然《名理探》有过三次翻印，但是它的影响总不能说是很大的。因为中国缺少此种科学，所以对于西洋人输入的逻辑竟找不到适当的中文名目，最好还是译音为逻辑。

---

① 原载于《公教学校》1938 年第 4 卷第 12 期

中国从前称“通天地人”三者为之儒。仰观俯察，也有天文地理人事种种的分类研究，这是有若干科学意味的，但是后来渐渐专门注意书本，读死书，死读书而已，“六艺”于是就缩小范围了。考古等工作不过是为读古书的一种工具而已，而且中国人喜欢读古书，故得了这个徽号：“枯骨的迷恋者”。但是我们不能说我们一点不知道谁的思想是政治的，谁的思想又是宗教的。中国科学不发达的原因，是因为缺少追求真理的精神，知其然而不知其所以然，也不研究其所以然，功利的观念似乎太深！没有进取的心，喜欢吃现成饭，如写字者，练帖的多，独创的少，做个守成者，依样画葫芦，这是中国人的本领。汉帝尊孔，礼教统治。唐朝封老子为帝，孔子便又封王；以后朱子学说又统治了七八百年，“经义取士”，人民便去研究经义，为升官发财进身之阶；现在呢？“以党治国”，研究党义，便是人民必修课了！

中国文字，往往一个字有许多意义，同是一个字，在此处所有意思和在彼处所有的意思不是一样的，例如一个“道”字，有几十种解释。思想混乱得如乱丝，越弄越乱，也理不出一个头绪来，虽有部分的开采，但无大量的收获，虽有人踊踊欲试，但总是难而退。

中国古代思想，较之希腊罗马并无逊色；我们用一种“试金石”去试试看，这种“真理尺度”是测量过希伯来、希腊和罗马的思想的，我们的原则就是圣保禄大宗徒所说的：“尝试一切，善者从之。”

二、思想史上的三个时代

划分思想时代的方法很多，旧法有以朝代分，如先秦明儒等是，或以学派分，如墨子，老庄等是。

我们还是照普通的方法，为上古、中古和近代。我们一方面内审国情，一方面外观大势。分历纪元前为上古，从纪元到元朝为中古，从元朝到现在为近代。此虽为普通分法，但有不同之点，应加以解释。普通以先秦秦汉分，但我们认前汉同先秦是一系，秦十五年的焚书坑儒，绝不能斩草除根，如汉初传经的伏生，还是秦朝遗民。

从后汉到元朝为第二个时代。新莽是儒家理想国的失败者。董仲舒逢迎帝王，提倡尊孔，罢黜百家之言。王莽得刘歆之助，施行儒家政治，诏书布告都根据儒家经典。刘歆拥护新莽，即是儒家大师之表同情。“百足之虫，死而不僵”，虽然失败，后又死灰复燃，复活的维新，不但经学发达，而且纬学——假预言的经学，也很发达，直到六朝还是如此。

儒家理想的圣人，道家法家理想的至人，成了帝王的崇拜，但是帝王大半都是昏主，而不是明君，致使人民大失所望。《列子·仲尼传》说：孔子动容有问曰：“西方之人有圣焉者，不治而不乱，不言而自信，不化而自舒，荡荡乎民无能名焉。”在东方没有找到圣人，便到西方找去，结果把冒牌的假基多，就是把印度的佛教找回来了。这是一件思想史上的憾事！民间学佛，佛书流行比儒书多；总而言之，这是一个黑暗时代。

唐朝道家与儒家的思想抬了一点头，但经学方面也没有什么特色。文中子想做孔子第二，无甚成就，知道他的人不多，甚至有人疑他是乌有先生啊！

中国固有的孔孟思想，道家思想，加上外来的印度思想，就造成了宋朝的理学，即宋宁宗时，韩侂胄所目为“伪学”的！

元朝蒙古兴起，蒙古人在欧亚两方面都是很有威风的，不过他们施行“九儒十丐”的制度，当时的思想，不言而喻，教蒙古人讲人道主义的，还是罗马教皇。光明的呼声，影响了人民的好运。结果有安徽的朱元璋揭竿而起，光复汉族，爱民重士。元朝中西交通虽开始接触，但至明末门户才开放，中国思想才开始世界化，科学化，和公教福音化。

我们现在的使命：是要保存上古固有的好思想，清算中世纪的黑暗账，发扬光大现代思想，造成新的文化！

新思想人物的基本要求有三点：一、现代的，对于世界各先进国的文化迎头赶上；二、中国的，把中国思想作一番分析的工夫，择其善者而从之；三、（按：这里是编者所加）思想家的，就是要懂得思维术，逻辑科学，根据真理，因为思想家不应做某派某党的奴隶，我们的思想该是“根据真理而自由”的思想家。

三、研究思想史的方法

思想并不是可捉摸的实物，可是实有其事。不过可以说思想本身是不可捉摸的，但是可以用言语来形容；言语文字是思想留下的遗迹，这一点也应该明瞭。表现思想的方法有文字，音乐，艺术，建筑，文化制度等。

思想表现的方法既不相同，那么我们研究思想的史料也是多方面的。

我们现在给中国思想下一个定义，何谓中国思想史？中国思想史就是“研究中华民族的中心思想的起源和变迁，和进展”。

每个时代的思想，必有思想领导者，研究领导者的个人思想已觉困难，若研究他所领导的思想运动更觉困难。

例如：目前新生活运动，是复兴国民道德和建设国民经济的运动；若研究新生活运动，就不能不研究蒋委员长之个人思想，从他幼年所有的思想直到现在经过演进。日本石丸藤太著《蒋委员长评传》，“扫马房”的小事都和他的思想发生关系。若研究某人思想，甚至论到扫马房这类小事，这是很精细的，因为某种很小的事情，而引起某种很大的运动，这也是有例子的，如宋朝宋太祖杯酒释兵权，成了宋朝积弱的缘因呢！

简直的说一句话，我们不但靠文字记载，还审查社会各方面的情形，换言之，知道一个人，不仅要读他的书，还该“视其所以，观其所想，察其所安”。我们用此种方法，看看当时民族心理的水准，领袖及大众之同情程度如何。

从前普通一般研究历史的人都是“信而好古”，他们所依据的都是文字的记载；现在虽有地下的发掘，但无整个的背景，和具体的民族本身。“六经为先王之遗迹”，不足以了解他们的本身；只凭“雪泥鸿爪”，不能察出本身如何。因此我们研究思想史，应提出一个方法，就是根据人类学，考察我国民族的起源及演进；根据考古学和信史，以求历史真相；根据人文的沿革地理，以考察环境关系；根据当时之政治及经济状况，以窥见当时之背景，考察当时宗教文物典章制度以徵事实，结果用思维术考察各方面所表现的思想,作一个大概的述说,这样所得的一部思想史,有如坐在飞机上向地下作“鸟瞰”式的观察。

四、中国上古思想鸟瞰

普通人单注意某时代之个人思想,而忽略社会共同的影响,如讲希腊思想,一定要提到苏格拉底和亚里士多德,同样情形研究中国思想,一定要提到孔孟。我们不是这样平面式的研究法。苏格拉底在当时是叛徒,孔孟是不得志之士;我们不是弃而不论,不过用立体式的研究法,将他们的学说上所发生影响的时期,推算起来,移后一点就是了,那末中国上古思想是什么?我们先要认清三点:就是地点、时代和人物。有人说中国人是南来的,有的人说是西来的、北来的,不过现在周家店之北京人的发现,知道中国有人,历史是很久远的。时代不是农业时代,而是畜牧游牧时代,是由氏族政治而到帝王政治。上古时代的精神是什么?我们可以分做三个时代来讨论:(一)春秋以前,(二)春秋战国至汉武帝,(三)从汉武帝到王莽。《易》的一部分可以代表古代社会学(章太炎先生对我说),从《诗经》的一部分和《书经》的一部分以及散见其他书中的歌谣和传说,可以得到数点:中国是有神信仰的,有时信仰多神,但多神之中,有一神至尊。社会中的配偶,有时是多妻制度,尤其帝王有许多妃子,但其中一人为正宫,定于一尊的观念。尊敬长老不仅是人民的好习惯,而且也是国家制度,原来是以孝治天下。古代精神特点在神的观念,孝的制度,民族的精神。一切人民所拥护的便成君王,离开民众便是匹夫。而且治国,崇尚礼让,故自古有“礼让为国”的话;又所谓“四维说”,相传倡自孔子所称道的“微管仲,吾其披发左衽矣”!

从春秋到汉武帝又是一个时代。诸子百家起来,各自一说,最显著的有黄老派,此派以黄老学说为宗;士林派,即儒派,此派又分数支:有正统派,即嫡系古儒派,有左翼派,以荀子为代表,而演成法家,右翼派有墨子,正统派有孟子,始终莫名其妙的是杨朱和庄周,人各其说,莫衷一是,但是他们有一点黄老派的影响。墨子利人,杨朱利己,不合中庸之道,都不合子思传下来的中庸之道。李斯等为儒家左派,对于政治是雷厉风行,对于学术也曾提倡,但有政治作用在内,他是以力服人,未能与民众打成一片,结果人民起了革命。汉朝最受欢迎,不是儒派,而是黄老之学,黄老派。孔子从前周游列国,不得行其志,到了秦朝,他的徒弟又遭了一次的埋灭,到了汉朝他的门弟子又进了一次兽圈。因为受了黄老派的猛烈攻击!但是子思所传下来的中庸之道是富有能力性,越传越广,渐渐占到了统治的地位。汉武帝听从董仲舒,尊儒术而罢百家,于是儒派稍抬头于政治间,但是究竟是少数博士诵读经典,未能深深地普及到民间。政治方面也不是按儒家理想进行,许多事情仍仿照秦朝,有"今文派"和"古文派"之分,内讧非常激烈,结果今文派胜利,古文派则与阴谋家王莽联络在一起,逼今文让位,王莽不失败,儒家思想就可以实现,刘歆则成了周公、孔子了。

老子思想是在一个"道"字,道可道,非常道,的确是神学上的"道"字。马先生也疑惑,老子大概是西方人,不然他为什么西度函谷关,一去不复呢?墨子是不是印度人,为什么他的著作中常说到我国北方罕见的"象"呢?他专门讲天志、兼爱、非攻、明鬼等,其他篇不过是附带的。孔子讲性与天道,修身齐天,孟子讲仁义礼智四德,中国礼教遂得以告成。杨朱或庄周讲的是为我的自由放任主义。

这第二期材料是取自孔孟遗书,庄子墨经荀子等书,以及现存先秦汉代等史书。

第三期是从汉武帝到新莽,此期产生了《白虎通》和《说文解字》等紧要工具书,是注意经典研究,文字研究,实践的道理不大进展。后来渐有儒者出来躬行实践,这是从汉朝《儒林传》中可以看出,可是真正儒家在儒家博士,而在民间读经有心得的一班人,但是有帝王的提倡,也演成了流行一时的风气,到此才形成中国之主要思想,都以孔孟为对象,尊重经典,和所谓"圣经贤传"之说,淮南子、王充等人保存道家精神,王充是批评家。

总而言之,汉朝思想大统一,尊王攘夷,春秋三世,五德三行,不纯粹杂有阴阳五行在内，通经致用太利害，长处是在实行忠君爱国，孝弟力田的美德。为民族服务精神，又有苏武、张骞、班超、马援等之出使异域，征服外夷的伟绩存留史册，给今后的国民，一种良好模范。

五、中国中世思想鸟瞰

中国外族侵入我国，有五胡十六国的乱华，政治方面混乱不堪，佛教思想也侵入了，成了唐宋的异态文化。后汉经学大变动，儒学发生了纬学，道学亦发生了变化。魏晋二朝有“玄学”，即“三玄之学”：(1)《老子》，(2)《庄子》，(3)《易经》。又有玩世的态度，明哲保身的哲学。那时的中国本来是农业时代，经过五胡十六国的扰乱，和王莽得复兴井田而失败，农村感到不安定，为此中世佛教思想比儒教思想要占优势，因为人民感觉世乱而想解脱苦闷，求来世以作寄托。六朝神不灭的论战很是普遍的，一切人都参加有神、无神或神灭不灭的问题中，想建设神本位的哲学。若人一死则万事终了，人生则毫无意义。如此的问顾解答了二种问题：中国固有的思想和佛学观念。要研究这一切，该看后人所著的佛书。我国译著佛书的程序如次：第一以老庄的笔法，写仿佛的佛书；第二硬译一些书；第三是玄奘一等人出外求学，而能对译；第四是融会贯通，有一种解释和语录。佛学之侵入是经过三番四次的抵抗，但有帝王的提倡，对于艺术也有些贡献，不问反对者是有意的或无意的，都直接的或间接的受了多少影响。

注意两点：当时之儒学和道学都是新儒学和新道学。儒道合一兼受佛法影响，便是宋之道学，明之理学，而正统派儒学称此派儒学为伪学。当时道家思想不仅是老庄之玄学，亦有印度炼丹术的流行。佛教先是单独进行，后来三教合一，可说当时是无民族思想。当时佛教徒有在公卿大夫手下作事的。文学方面萎靡不振，有骈文的流行。虽有一二志士，如韩愈等人，提倡辟佛法，但他们的呼声很微，其后苟全生命而已。道德低微，欧阳修在所编的《五代史》上说，士风不振，到了极点。朱子主张“正心诚意”近乎迂阔！但唐初帝王道德也比较差些，如骨肉彼此惨杀也怪残忍的。

时间：从后汉到宋朝，政治朝代时常变乱，农村经济逐步发达。地点：黄河及长江流域文化都很可观，只有云贵等地的程度比较低。人物：不仅本土民族，而且也有五胡十六国的人，中亚的民族也来到了中国，北部人隆准高鼻，以及保存古音之广东人都是中国本来民族。文化的特征，起了新的变化，而舍己救人的精神不可多见。纬学的经学，假预言外衣宣传儒家政治。有易、老、庄三玄学的流行，孔孟也受人讥笑，当时对旧儒学不信任，新的还未建设起来，中国思想空而又空，故印度思想能乘隙而入。空穴来风，即是此理。文中子是模仿素王孔子的人，他写书也模仿孔子，唐开国人物都是他们的弟子，他的思想内质无新的发明，唐初士人的贡献是"性与天道"曾提出新的意见，故老子亦有一次的活跃，《老子》与《孝经》不仅在中国流行，而且还传到日本去了，都家藏一本呢。

五代思想没有什么特征，因为政治纷乱，虽然也有和学术接触之人，总觉到国民道德低微。研究南宋和北宋的思想，应注意司马光、欧阳修同号称"三胡"一类的人，他们都是历史哲学派。胡铨、胡瑗，尤其是反秦桧的胡安国，他著有《春秋传》及《通鉴举要补遗》二书；胡瑗最早，范仲淹荐之，接受周敦颐的太极图说。此种图说，占了宋儒理学中极重要的一夜！

六、中国近代思想鸟瞰

先讲利玛窦司铎未来华前的思想。

中西开始交通的时期，西方早由农业国而变成商业国，中国由孤立国而变成不得不开放门户的国家。种族方面也复杂，亡国二次，现在不断的与列强抗争，故在文化方面也受外族的压迫，而知道外族文化并非都不好。中国从前是自争，后来是和别人相争，都受了不少的教训。满蒙不重视中国，因此先受打击。海关大开以后，中国事事落人之后，陷于次殖民地的地位，衰弱不振，要复兴民族与提倡固有的文化，应该不外亲，不自争，不洋化，我们应该用超越的眼光去"尝试一切，善者从之"。

(tryall,take the best)

明初,方孝儒"程朱再出",开国时有刘基,都蒐集杂说;方孝儒失败,刘基成功。徐阁老文定公赞成刘基政略,他俩都属朱派,后来为陆派张目的为王阳明,他说:"宋周程二学派,惟象山陆氏简易直接,有以接孟氏之传;而朱子《集注》《或问》之类,乃中年未定之说。"(有人分年为少壮,中年,晚年)他(王)的好友湛甘泉为作墓志,说道:"先生初溺于任侠之习,再溺于骑射之习,三溺于词章之习,四溺于神仙之习,五溺于佛氏之习,正德丙寅始归正与圣贤之学。"

王阳明致良知,知行合一,所讲之心不仅是物质之心,他的唯心论不能当作唯物论解,而为理学所讲的"天地良心"。冯应京是理学的健将。先为利子之说鼓吹,徐阁老时代,王学普遍的流行,天主教的流行受了王学的影响,(可参考拙述《徐文定公故事》)。耶稣会士因尊孔孟和王学而反对朱子是有的。严李学派打倒一切前人,可说是受了利子的影响,李二曲悔过自新,有《叮天约》是抄自利子《畸人十篇》的一段。戴震(东京)对天文很有研究。今人陈受颐教授研究明末清初的思想史颇有所得。现在讲利子来后和新文化运动。

中国人对西洋文化有四种态度:(一)从善如流,(二)采取数理方面而排斥哲学方面,(三)无形中受了若干影响,(四)全无关系。第一派见李我存之藻,徐文定公光启,杨廷筠等先生,他们对公教是信仰,对科学是输入,对哲学是欢迎,徐文定公译有《灵言蠡勺》、《几何原本》,李我存著作译有《名理探》和《寰有铨》等书,都有绝大的价值。第二派是戴东原、梅鼎九等人,此派的态度甚至影响到现在。第三派是梅鼎九、阮元等人,他们受了数学的影响,而与教士无直接之关系,康有为亦在此例,第四派是彭尺木、龚定安等人。

此期参考书,例如:梁任公《清代学术概论》……《近三百年中国学术史》,以及《汉学师承记》,《国朝学案》等,不妨一览。

明亡而清禁教,中国人不研究真理,故学术不发达;混合数理,以西洋记中法,无伟大的新发明,知道便足,不传授给人,富保守性,顽固而已！我们应有“从善如流”的精神，才妥！

七、从新文化运动到如今

新文化运动，一派是由政治入手，如康有为的保皇党，和孙中山先生的革命党；一派是由文化思想教育方面入手，如马老先生的创办大学。当时之回（编者按：此处“回”应为“同”字）文馆、译学馆都是大学的前身。马老先生办学成绩很好，甚至在日本留学的学生都回来从他就学，所读的外国文不是印度人所谓的英文书，而是他亲自选录的。蔡孑民元培是跟老先生学述哲学，蔡孑民先生初出民国时，马老先生曾讲：不要把康德的坏思想带回来，不幸真的带回来了！新文化运动蔡先生为护法者，（一）拥护赛先生，（二）重新估定价值。这两条是所谓新文化运动的原则。须知中国固有的好文化是应该保存的。对于中国固有好文化重新估定价值，固无不可，那么对于外来的文化也该估定价值，择其善者而从之可也。如胡适教授从美国带回来的实验主义，因其师事杜威，便在中国大吹特吹了！我国本也缺少文化史书，一般时人就利用这个缺点，就本人及本师的思想作尽量的宣传，如梁任公先生写《清代学术概论》，便是一例。

今后我们要有忠实的立场和公正的态度，生逢三民主义和新生活的时代，我们要促成民族复兴成功，现代国家不要忘了几十年的文化历史和顾到今后中国之前途，我们应在整个的世界上找一立足的位置。

我们亲爱的祖国，中国诚如当今圣教宗庇护十一世所谓：“夫以中华人口之众，超于世界任何民族之上。文化最古，且曾有伟大光荣之历史，并按公理及秩序努力前进，则来日发展，诚未可量也！”

寄语同志，共同努力！

（本书为徐景贤教授口讲，杨堤大修士笔述大意。徐教授曾在安徽省立安徽大学讲授中国哲学史，本文大意乃其中之一章云——编者）。

文　学

歌谣之研究[①]

（一）歌

“岁将暮兮日已寒，中心乱兮勿多言！”——宋玉《赋中短歌》之一

歌咏也，《书·舜典》：歌咏言，是其旨趣也。歌从欠歌声，或从言，或从咨，《说文》有歌字，《集韵》有哥咨字。余按：哥，声也，从二可，古文目为歌字，《汉书》中每每见之，可从口丂，丂为反丂，丂气欲舒出ㄅ上碍于一也。又按：欠张口气悟也，象气从几上出之形；《曲礼》“君子欠伸”，志疲则欠，志倦亦㰦，张口运气之谓也。故《礼·乐记》：歌，咏其声也；《杨子方言》：兖冀言歌声如柯。

《释名》：人声曰歌，歌者柯也，以声咏上下，如草木有柯叶也。

惟地域稍殊，则声调亦异，是故齐歌曰讴，吴歌曰歈，楚歌曰艳，名不同而实亦异也。兹将最古之民歌，选录数首如后：

1. 齐人歌　“松邪？柏邪？亡建共者，客邪？”又“公胡不复遗其

① 原载于《国学月刊》1925年第1卷第3期。

冠乎!”

注:一疾建用客之不祥,见《风俗通》;一怨齐桓仁政之不永,事见《韩子》。

2. 吴人歌　“佩玉乐兮,余无所系之。旨酒一盛兮,余与褐之父睨见之。”

注:此《庚癸歌》也,庚癸西方北方,毂与水之征也。歌刺吴王,事见《左传》。

3. 楚人歌　(甲)“凤兮凤兮,何德之衰!往者不可谏,来者犹可追。已而,已而!今已从政者殆而!”(乙)“子文之族,犯国法程;廷理释之,子文不听;恤顾愿萌,方正公平。”(丙)“薪乎莱乎,无诸御己,讫无子乎!莱乎薪乎,无诸御己,讫无子乎!”

注:(甲)楚狂讥孔子,见《论语》及《庄子》。(乙)楚令尹子文之事迹(丙)诸御己者楚人,庄王筑宫室而民困疲,因谏止之;(乙)(丙)皆见《说苑》。

4. 徐人歌　“延陵季子不忘故,脱千金带丘墓!”注:事见《新序》。

5. 宋人歌　“泽门之皙,实兴我役;邑中之黔,实慰我心。”

注:刺平公筑台妨于农事也,见《左传》。

6. 鲁人歌　“彼妇人口,可以出走!彼妇人谒,可以死败!优哉!游哉!聊以卒岁。”

注:鲁仲尼作歌,赠答师乙,刺鲁君也。见《家语》

7. 魏人歌　“邺有贤令兮为史公,决漳水兮灌邺旁,终古舄卤兮生稻粱!”

注:歌史起也,事见《吕氏春秋》。

8. 越人歌　《吴越春秋》中有《渔父歌》,《申包胥歌》,《河上歌》,《河梁歌》……不胜枚举。惟《说苑》所载一首,保存特殊之声调,其词曰:“滥兮抃草滥予?昌枑泽予?昌州州湛州焉乎秦胥胥。缦予乎昭澶秦逾渗。惿随河湖。”徐谐谓“楚夏殊音”是也。

《毛诗》曰:“心之忧矣,我歌且谣。”蹙额咏叹,其声本出对忧愁也。

故桀暴虐而民歌始曰:“江水沛沛兮,舟楫败兮,我王废兮,趣归薄兮,薄亦大兮。”第一章。“乐兮乐兮,四牡蹻兮,六辔沃兮,去不善而从善,何不乐兮!”第二章。注:见《新序·刺奢第六》中。

究之,哀思之音,声韵凄激,正亦有所为而啸歌凄叹也。晋成公《绥啸赋》曰:“发妙音于丹唇,激哀音于皓齿;响抑扬而潜转,气冲郁而熛起…… 良自然之至音,非丝竹之所拟。是故,声不假器,用不借物,近取诸身,役心御气,动唇有曲,发口成音,触类盛转。因歌随吟……”

《九歌》导屈原之情,《五噫》写梁鸿之恨,声闻于外,情实由中,此说诚是。昔辽文妃萧氏尝作歌词,亦颇绵邈,其词曰:“勿嗟塞上兮暗红尘,勿伤多难兮畏彝人;不如塞奸邪之路兮选取贤臣。真须卧薪尝胆兮激壮士之捐身,可以朝清漠北兮夕枕燕云!”

“丞相来朝兮剑佩鸣,千官侧面兮寂无声;养成外患兮嗟何及,祸尽忠臣兮罚不明。亲戚并居兮藩屏位,私门潜畜兮爪牙兵;可怜往代奏天子,犹向宫中兮望太平!”喻内忧外患耳。

(二) 谣

“龙蝼非不屈,鹏鷃但逍遥;寄语号呶侣,无乃大尘嚣!”——(陈)沈炯《独酌谣》。

《尔雅·释乐》:“徒歌谓之谣”;《韩诗》:“有章曲曰歌,无章曲曰谣”;戴侗谓:“谣但摇曳永诵之,儿童皆能为,故有童瑶也。”可知“谣”之作,并不拘拘于节奏,亦未必合乐歌,正犹齐讴吴趋,俗言俚语,声调逍遥,拊循哯呕,乃民间极流行之抒情诗耳。

“谣”之作,间有安居乐业,颂扬时政者;亦有飞语诽谤,浮言伤人者。考其源流,大都民众抑郁抱恨,隐语流言,而不能自己者也!故禁之而愈传,辟之而愈真。南齐《五行志》曰:“歌谣口事也,气逆则意言,或有怪谣焉!”兹举数例如左:

1. 长安谣

(甲)《汉书》:“石显兴……结友党。诸附倚者多宠位……石显失权……其党牢梁、陈顺皆免官,五鹿充宗左迁元菟太守,伊嘉为雁门都尉。长安谣曰:‘伊徒雁!鹿徒菟!去牢与陈,石与徒(编者按:此处作者所引有误,应为“实无贾”)!’”

(乙)刘敬叔《异苑》曰:“晋时长安谣曰:‘秦州中,血没踠!唯有凉州倚柱看!’及惠、愍之间,关内歼破,浮血漂舟,张轨拥一方,恩威共箸。”

(丙)崔鸿《前秦录》曰:“初,符生梦大鱼食蒲,又长安谣曰:‘东海大鱼化为龙,男便为王女为公,问在何所洛门东!’东海苻坚封也,时为“龙骧将军”,第在洛阳之东。生不知是坚,以谣梦之故,诛侍中鱼遵!”

2. 吴童瑶 《晋书》:“羊祜以伐吴必藉上流之势,又时吴有童瑶曰:‘阿童复阿童!衔刀浮渡江,不畏岸上兽,但畏水中龙!’祜闻之曰:‘此必水军有功!’但当思应其名者耳。”

3. 蜀童瑶 《汉书》:“蜀童瑶曰:‘黄牛白腹,五铢当复!’时公孙述僭号于蜀,时人窃言王莽称‘黄’,述欲继之,故称汉家货泉当复也。”

4. 张楼谣 崔鸿《后赵录》:“张楼为临水长,残忍无惠。人谣之曰:‘阳平张楼头如箱,见人切齿剧虎狼!’”

5. 汲桑谣 《赵书》:“汲桑六月盛暑,重裘累茵,使人扇,患不清凉,斩扇者!时军中为之谣曰:‘士为将军何可羞?六月重茵被豹裘,不识寒暑斩他头!’”

6. 庞世谣 《赵书》:“燕人庞世为光禄勋奏案豪强苛尅人物,咸惧疾之,及卒,门无吊客。时人为之谣曰:‘庞家之巷,车马辚辚;泥丸之日无吊宾!吊宾不来何所因?由性苛刻寡所亲!’”

7. 江东谣 《隋书》:“韩擒虎平陈,先是江东有谣曰:‘黄斑青骓马,发自寿阳涘;来时冬气末,去日春风始。’始皆不知所谓‘擒虎’本名‘豹’,平东之际,又乘青鬃马,往返时节,与谣相应,至是方悟!”

8. 蔡章谣 《宣和遗事》:“……(章惇)、(蔡)京、(蔡)卞表里相济,天下知其恶!民谣有云:‘二蔡一惇,必定沙门;籍没家财,禁锢子孙。’又童瑶云:‘大惇小惇,入地无门;大蔡小蔡,还他命债!’”

9. 卖官谣　《宣和遗事》:“王黼平时公然卖官,取赃无数。京师谣言云:‘三百贯,日通判;五百索,直秘阁!’”

《汉书》载:刘邦既至南郑,诸将及士族,皆谣歌思东归,多道止还者。惜此谣歌未录。晋湛方生有《怀归谣》,谅可补之。方今天狗落,尘沙恶,“健儿被发走如风,女哭男啼撼城郭”(刘基《悲杭城诗》句),“五郡则兄弟相悲,三州则父子离别”(庾信《哀江南赋》句),“健儿徙幽土,新鬼哭台城,清溪一片月,偏于客有情。”(文天祥《建康诗》句)觏景兴怀,得毋怀归耶?亟录之,以供公好云耳!

“辞卫门兮至欢,怀生离兮苦辛,岂羁旅兮一慨,亦代谢兮感人!四运兮道尽,化新兮岁故,气惨惨兮凝晨,风凄凄兮薄暮!雨雪兮交纷,重云兮四布,……感羁旅兮苦心,怀桑梓兮增慕!‘胡马’兮恋北,‘越鸟’兮依阳;彼禽兽兮尚然,况君子兮思故乡!望归途兮漫漫,盼江流兮洋洋:思涉路兮莫由,欲越津兮无梁!”

十四,十,廿,民大。

白居易评传[①]

"天意君须会，人间要好诗！"

——《读李杜诗集，因题集后》

(一)"东洋的骄子"白居易是个抒情的文学大家

愿藉本栏"益智稷"征文的机会，将我所理解和久慕的诗人白居易，介绍给读者诸君。若是编辑先生恬叟允许传播这伟大抒情文学中伦理的观念和乐天的思想，在作评传者，是努力避免涩句艰字，用语体文来宣讲一些儿，并且引为很荣幸的事。

"我国长于抒情之文学家，应推谁氏，并引其作品以证"，此本栏征文题之一，而这粗疏的评传，便是应征的答案。

先解释题面，什么是抒情的文学？可用下表说明大意，恕不详细论列。关于"纯文学"（按一般的见解，都以为诗是纯文学）的分析，请参阅日本横山有策《文学概论》、朱希祖先生的《文学论》等等，择一即可，这是

① 连载于天津《益世报》益智稷副刊，1929年4月18—30日，5月1—26日。

专偏重东洋方面说的，至于西洋方面的见解，下文略略提及，故不列举书名：

名称	别　名	事实	主要成分	所包括的体式
史诗	叙事诗	语言	传说	小说、传奇、赋
抒情诗	乐府	音乐	反省	歌、谣及一切抒情的诗
剧	戏曲	动作	表演	歌舞剧、古典及近代浪漫剧、假面剧等

西洋文学中，有所谓“诗的三分法”，专就诗人和他所取材的关系为标准来分类的，下表即东西名称的比较：

东洋的名称	史诗	抒情诗	剧
西洋的名称	Epic Poetry	Lyrical Poetry	Dramtic Poetry

关于抒情诗的说明，有一位阿尔丹说得好，“诗人要是只说他自己要说的话，藉主观的方法，发泄内心里感怀，而且所说的并不一定是他自己的事实，只要他做到恰似他自己所感受的一样，其创作的结果，就是抒情的作品”；尤其是近代意大利的爱国诗人邓南遮说出其中“三昧”，他以为：“抒情诗中的根本要素，不是在语言，而是音乐，不是文字的语言，而是音乐与韵律的语言。”

记得梁任公先生曾有篇《情圣杜甫》的论文，其实老杜只是“诗史”，换言之，他是一个善作史诗的文豪。请查一查老杜诗集中《新安》、《石壕》、《潼关吏》、《庐子关》、《花门》之章，或“朱门酒肉臭，路有冻死骨”之句，都是些作史的笔法，至多也不过是些“有音节的故事”（Metrial Romance）罢了。据愚见以为白居易才不愧夺“情圣”这一席呢。何以故？举咏马嵬事来比较杜和白的优劣：（一）老杜的《北征诗》中有什么明皇鉴夏商之失败，因此畏祸而赐贵妃死，算是援诛褒姒妲己的例。（二）白氏的《长恨歌》便直说“六军不发无奈何，宛转蛾眉马前死……君王掩面救不得，回看血泪相和流”。岂但是实写，非如此便莫能说破人情，真得称孤道寡的，准如孙卿子所说“天子无妻”么？那唐明皇必究还是所谓

“多情种子”啊，由此可分辨一个是作史，一个是抒情。白居易有一首诗名《江南遇天宝乐叟》，正可以想见他知道“天宝之乱”的底细。今所传的陈鸿撰《长恨歌传》且置不论，但是他作歌的时候，虽是“忠君爱国”之情，并与老杜相同，然能力避所谓“史笔”，平易近人，处处“缘情”之妙。所以当他生时，“白学士《长恨歌》”足够抬高歌伎的身价，（事详本传），且博得“秦中吟、长恨歌主”的称号，那么“情圣”的头衔，应该让给谁呢？

进一层言，我国古代著名的诗人，带古典或贵族的色彩的多得很，他方面肯不拘泥于“雅俗之见”，替平民或其他弱者，如妇女们，设身处境叫苦鸣不平，真寥寥有数了。诗人像李杜之流不可谓非泰斗，然而杜诗要有“千家注”才好懂，太白“天子呼来不上船”越发高不可攀了。元微之尝见塾童诵诗，怪而召问，他们答道：“先生教我乐天、微之诗”，可知就连三家村夫子都能欣赏。至于“禁省观寺邮墙之上无不书，王公妾妇牛童马走之口无不道”（见元微之《白氏长庆集序》中），可知朝野人士一致热烈地读他的作品。他的作品是“平民化的”，当时号称“元白体”，元氏即他的老友微之，他们都致力于“新诗运动”，不过元氏是受了白氏的影响，才作“白话诗”。对于这点，白居易曾亲自说过，“每被老元偷格律”云云，又居易《偶吟诗》中说道，“元氏诗三帙，陈家酒一瓶，醉来狂发咏，邻女映篱听”。总之，“元白诗”，绝对不会像《周诰》《殷盘》那些官书令人难懂。然后邻家的女儿，侧耳靠在篱笆旁边，窃听乐天诗翁狂咏，也很觉得有趣味，能再考察一下，如果不善“抒情”，能有成绩如此？

再东洋文学受了他的厚赐，白氏集遍传东洋，他的祖国中华、日本、新罗各国，所以又给他加“东洋的骄子”尊号，我且钞一段日本东京鸟山田翰写的文章，来证明这件史迹。

“我邦之有白氏文集，盖自乐天在日，乐天《后记》（按：这里指白居易自著的《白氏集后记》一文）曰：‘集有五本……日本、新罗诸国及两京人家传写者，不在此记’者，即是也。当是之时，世际嵯峨淳和之盛，遣唐之使，留学之生，靡靡不绝。举世沉固于唐俗，其记籍则记以骈体与古文，不复用邦语雅言、唐习之化，流俗不少，而文学之所被为殊甚，先是杨王卢骆之作，虽非不舶载，未至盛行；自白氏之集一流传，举世学之。自是以来，盛而不衰，流风遗习，至今不竭，故今所传集部之旧钞本，以白氏文集为多。”上文从《古文旧书考》卷三“白氏文集七十一卷”条下录出。（日本人作汉文，字句扞格不类华语处，在所不免，今一仍其旧，不改）记得泰谷尔以世界桂冠诗人的资格游东，也不过博得一时的喝彩声，真想不到千年前的白居易，曾享有如此久远的荣誉。这种荣誉，正是我们大中华的荣誉中之一种，所以高兴介绍给读者。

（二）关于白居易的生平及其著作

近世欧西批评大家沛得，曾经讲过，“感知诗人或画家的价值，而解释他（to disengage it to set it oath）这是批评家的本务的三阶段”。前一节已经提示白居易在文学史上占有一个如何的地位，并在东洋文学中的优越位置，算是他的估值；后面几节，将要披露他的作品，表现他的文艺思想，于未叙这层以前，先对白居易本身和他的著作，试描写一番。

前人做的“史传”“年谱”这一类的东西，总是些刻版式的文章，很难看出所传记的人物生平究竟如何，必须从本人的遗著中，才能找得了一点线索。现在先说一段小传：白居易，字乐天，自称香山居士，太原人，生于唐代宗大历七年，卒于武宗会昌六年。历充翰林，江州司马，中书舍人，杭州刺史，苏州刺史，刑部侍郎、刑部尚书等职，事详《旧唐书》本传。他的年谱，经过好几人纂辑，现存通行本有二：一为宋直斋陈氏撰《白文公谱》，一为清古歙汪氏编《香山年谱》，朱秀水彝尊称这两种“一经一纬，互相发明”，爱好考据的人，当然应同的参阅。

居易自己说过，只“关东一男子耳，除读书属文外，其他懵然无知，乃至书画棋博，可以接群居之欢者，一无通晓”（见本传中载《与元稹书》中），可测知他所过的生活是比较恬静淡泊。

话虽如此，然而他过的实际生活，并不感到枯燥烦闷，《洛中春游呈诸亲友诗》中，供出“一生欢乐事，亦不少于人”的真相。他平生酷爱三事:(一)爱琴,(二)爱酒(三)爱诗客。《白香山诗后集》卷十三有题为"诗酒琴予酷好三事"云云,可证也。自云"今日北窗下,自问何所为。欣然得三友,三友者为谁,琴罢辄举酒,酒罢辄吟诗。"(见《北窗三友诗》中)莺啼花落,一壶浊酒,月好风凉,一部清商,弹咏惬畅,循环不已,参阅他的《府酒五绝》、《和衣歌六绝句》,如此生活得了充分的愉快,不致于单调了。

文学家过的家庭生活,是值得研究一下,因为享受家庭幸福的诗人,多少对妇女问题表示相当的热烈同情,来提高她们的生活。我们知道西洋有过几位文学家,一生从无美满的姻缘,便流为厌恶妇人的作家,正如福罗贝尔说得,"就是看见了妻子,也好像看见了骸骨"一样。现在谈到白居易,他是杨慕巢(号汝士)的妹婿,从他的《赠内》、《寄内》、《舟夜赠内》诸诗中,可以知道他俩伉俪情笃,如"莫对月明思往事,损君颜色减君年",又如"莫凭水窗南北望,月明月暗总愁人",想见相爱之心挚且深厚。据说他渭郫退居时,"妻愁不出房。传衣念褴褛,举案笑糟糠"。他的夫人或者因贫有了愠色,他因此对他的夫人说,"贫中有等级……犹胜嫁黔娄",劝她共同保持贫贱不忧的素志。

他并是贫贱终身的人,数次做过所谓"官",月俸四五万,(唐俸),用不着愁衣食了。谈到这里,我们顺便谈几句闲话。人生为男儿,佩金印、显耀归故乡,一取妻孥罢了。白居易在四十七岁时《初著御史(应为刺史)绯,答友人见赠》诗中,说道,"银印可怜将底用,只堪归舍吓妻儿"。真得,他和他的夫人开过玩笑。查他的夫人初授邑告身时,他有一诗纪其事,里面说道,"我转官阶常自愧,君加邑号有何功"。原来古代妇人以丈夫为所天的,唐代何尝不是?所谓"刘纲与妇共升仙,弄玉随夫亦上天",(白氏《代妻贺兄嫂二绝》诗句)她们营的是"寄生"的生活,夫贱妇愁,夫贵妇喜。居易所以在《太行路》诗中,叹息了一声,"人生莫作妇人身,百年苦乐由他人。"

他如此对妇女们表同情,替他们叫苦,最明白显然的,就是《妇人苦》一诗,后面再提。自然和他的家境是有连带关系,恰巧他的后嗣,终鲜男子，只有女儿，他自己说，“非男聊胜无，慰情时一抚”。国俗重男轻女，居易最初尚未能免俗，据《韵语扬秋》载，五十八岁，生了一男孩，阿崔，不幸三岁而殇，后一直到了衰老尚无子，瞧见自己几个娇痴嫩脆牙牙学语的女孩，也渐渐笑逐颜开，时时抱弄，然后才悟到“可抱何必是男儿”一句千古不朽的名句。

晚年的乐天翁，歌声慰老，酒浆消愁，“昼听笙歌夜醉眠”，倒是优游快乐天里过日子，算是残岁修养娱乐。他在《南园试小乐》诗中直说：“不饮一杯听一曲，将何安慰老心情。”并且自述实情，在《自问》一诗中说：“年来私自问，何故不归京。佩玉腰无力，看花眼不明。老慵难发遣，春病易滋生。赖有弹琴女，时时听一声。”为什么不自己弹呢？他在《听幽兰》诗中说明，“欲得身心俱静好，自弹不及听人弹”。原来他所要求的是“耳根得所”、“心地忘机”啊。况且他虽是七十左右，耳尚不聋，他在《筝诗》中说过，“青春清歌夜，尊前白首翁。且听应得听，老耳未多聋。”前面不是说过他爱诗客吗？他的诗客也都老了，成为“狂客”，自言，“与彭城刘梦得为诗友”，洛城人呼为刘白二狂翁，朝朝暮暮醉复歌，自夸为洛都仅存的老夫，似乎是些少年人讥笑他们。（参看他的诗《少年》及《问少年》二首）于是乎煞兴“倚老卖老”，《吟老夫》诗漫道：“世事劳心非富贵，人生实事是欢娱。谁能逐我来闲坐，时共酣歌酒（按：据顾学颉校点之《白居易集》，此处“酒”字当为“倾”）一壶。”自然是应该作过一辈子世事的是头儿，如刘梦翁一流人物，才配伴饮，正望有为的青年子弟们，是打不上帮的。我们在想象中，瞧见白发老叟发见皤然，一放狂歌一破颜，不禁心里喝彩。“达哉达哉白乐天”，真名不虚传了。真是凑巧，他的至友元微之也只是女儿，没有男孩。后微之整集旧诗和文章，得一百轴，写了文言长句，寄给居易。他次韵酬和，和后还有未尽的“文思”，便加作了六韵，末四句说：“各有文姬才稚齿，俱无通子继余尘。琴书何必求王粲，与女犹胜与外人。”临老，实行传家产给女儿，因破柏作书柜，将前后七十卷大小三千篇，收储在这书柜里面，并作诗《题文集柜》，署明：“只应分付女，留与外孙传。”今考会昌五年夏五月一日《白氏文集·自记》中，便叙集有五本，其中一本，付外孙谈阁童，藏家传后。

白居易在他的诗中，提及“诗到元和体变新”一事，这确是他个人生活史中最可纪念的，也是中国文学史上值得记载的。元和元年，(公历八零六年)他应“才识兼茂明于体用”科，策入四等，除盩厔尉，于是乎他的运命随所谓“官运”而亨通了。这一年就作成了一篇不朽的《长恨歌》。次年，有《太平乐》等七首，和《观刈麦诗》等作品。又明年，他是三十八岁，正为他的全部生存期的折中数，产生了讽喻《新乐府》五十首，和《贺雨》等诗。其后第一年，有《秦中吟》、《哭孔戡》，《和梦游春》一百韵，《和答韵》十首，《代书百韵给微之》等诗，第二年又有《慈乌夜啼》、《闻龟儿咏诗》、《和渭上》等诗。无论放在他自己集中，或中国古代文献里面去，都算是最好的诗。他自己有《诗解》一篇，原文说道：“新篇日日成，不是爱声名。旧句时时改，无妨悦性情。但令长守郡，不觅却归城。只拟江湖上，吟哦过一生。”清人汪立名加以案语：“本园周必大曰：‘香山诗语平易，疑若信手而成者，间观遗稾，则窜定实多’，观此诗信然。乃有伪造不经语以阴刺公者，如墨客挥犀云：乐天每作诗，令一老妪解之，妪曰解，则录之，不解则不复集。故唐末之弊至于俚，其意不过欲竭力形容一俗字耳。且无论其他。试举公晚年长律，其根柢之博，立格炼句之妙，果皆老妪所能解否邪？共说之邪谬，真可付一噱也。”据我的愚见，还可以从《白集》中，再添上两种证据：(甲)白居易《山中独吟》诗说得非常明晰，“人各有一癖，我癖在章句。万缘皆已消，此病独未去……有时新诗成，独上东严路。身倚白石崖，手攀青桂树。狂吟惊林壑，猿鸟皆窥觑。恐为世所嗤，故就无人处。”(乙)白氏敲推章句的痕迹，还可从他的集所有不同的版本，互勘发现出来，例如他的《新乐府》诗中，叠句有无，诸本颇有异同。又如“萧萧暗雨打窗声”，一本作“潇潇夜雨洒窗声”。(见《上阳人》诗中，又名《上阳白发人》)此种异点，非观形体传写之误，类此者多至不能枚举，想系初稿、第二次、三次改本的差别，不容更疑，或可作定论观。再从近代诗人论诗和做诗的经验谈，用来反证这一种过去的史迹。法国文学家 Paul Valen 说过，“我能想象一个爱艺术的诗人，自己乐意一生一世只是重写同样的诗篇，每三年、四年、五年印行他选定的题目的新改本”；即如我国的新诗作家闻一多先生，新近印行的《死水集》里面就有好些是第几次的改稿，例如《闺中曲》改成《什么梦》，又如《我是中国人》改成了《祈祷》。这是连名目都改掉的，其余易字换句的地方实在很多。（《死水》是新月书店出版的，读者可自取阅）由此推知唐代的白话诗家，正是一样用“句不惊人死不休”的精神，来创作新诗的。“文章本天成，妙手偶得之”，也许有这么一回事，无论如何，一篇诗的价值，和作者所费的气力，用数学的方程式表示，便是所谓“正比例”了。（这一段文倘使我们现代的新诗人接受这卑微的贡献，以后再不滥做什么“自由体”的白话诗，也许并不是废话）

有一桩值得特别提出的事，就是白居易透彻了解音乐，而且对于唱歌，曾下深切的工夫，不仅有浓厚的兴趣，所以他的作品真有所谓“可歌可泣的特色”。现在摘录几段诗句用来说明：（一）描写歌声诗句，如“清紧如敲玉，深圆似转簧”，又如“唳鹤晴呼侣，哀猿夜叫儿”，又如“一曲凉州无限情，今愁古恨入丝竹”，皆极绘声之能事，诸如此类，不胜枚举。（二）自己解歌而且能歌，他在《醉歌示伎女商玲珑》中说的好，“谁道使君不解歌”，又道“使君歌了汝更歌”，可窥一斑，又理会“海味腥咸损声气”，批评“吴越声邪无法用”等等。（三）当时有种歌伎，犹日本现在的艺伎一般，以唱歌来谋生活的，居易有一首诗《问杨琼》（一个歌伎），说道“古人唱歌兼唱情，今人唱歌唯唱声”，就是指摘当时歌者的弱点，以为应该矫正的。因为主张唱“情”，他又说过，“取来歌里唱，胜向笛中吹”，真是乐器不过是个机械的东西，而人唱的是颤动中带有“表情”的作用。乐器依“字”（多来米或上工尺）定声，上升下降，是分等级的，人的嗓声尽可深啭浅唱，一溜烟似的浮沉不拘踪踪，且发泄内心的感慨，别有曲致。这一点或者是东洋的特色，吉田弦二郎《论泰戈尔与音乐教育》中曾提及欧洲人和印度人对于音乐的思想，比较起来，完全两样：欧洲人对于音乐，专听其声，而印度人则几注之以全心；欧洲人注其全神，以倾听歌的吟法，而印度人则神注于歌辞之美。不观我们“东洋的骄子”白氏，一次琵琶铮铮,后聆其语唧唧,惹得“江州司马青衫泪湿”,只因禁不住,“同是天涯”的同情心油然而生啊。他的乐府诗是一部巨制,作法后节再议。因为序中有过“篇无定句,句无定字,系于意不系于文”数句,浅人拾为口实,以为诗仅可不拘什么长短格律,那曾知道居易“五六岁便学为诗,九岁暗识声韵”,一直研究到须眉皆白,那些正是苦学的成绩。居易十五六岁时,袖文一篇,投著作郎吴人顾况,这是唐人干禄的习气,白氏不免“随波逐流”,奉行故事。这位顾老先生素来白眼待人,那知这一次破格来迎门礼遇他,《唐书》中载他称扬居易的谈说,“吾谓斯文遂绝,复得吾子矣”。现在想起来,老眼不为无灼见。居易痛“诗道”崩坏,思发奋来扶起它,他的讽讽感伤诸诗,在技艺上擅有所谓“六义”中比兴的特彩,香草美人,各喻事物,拈笔寄意,斌媚动人,实有“言近而旨意远”之妙。据《群书拾遗·补白氏文集》卷三下称,“此及下卷,有正德海宁卫指挥使严振克承梓本,名曰《白氏讽谏》,颇出诸本之右。毛斧李以宋本校,颇多未是。今所改依严本居多云。”本篇后引讽谏诗,也就从严本,先在这里注明一下。

再附带话几句,据《新月》创刊号里的预告,说胡适之先生有一篇《白居易研究》的论文,本年四月中可以刊出,可惜我不能先悉他的研究结果,就发表我的粗陋的评传,因此转介绍给读者。

(甲项)

“健全道德之约束,不足阻碍最高文学之造诣,而健全道德,如安德诺所谓高尚庄严者,且为伟大文学的特色。”录自景钱(编者按:“景钱”是指景昌极、钱坤新)合译的《文学评论之原理》中。

抄引这一段文,为得是导入白居易抒情文学中伦理的观念。这类文学善于感动人,并不直接教训人,是属于所谓“力的文学”(The Literature of Power)。现在有些人误解了文学,以为会描写社会的黑暗事实,才算能手,称所谓“肉感派”(Fleshly school)的作品为好诗。于是莫泊三一流的东西,尽量地输入进来,并不仔细审查一下,哪知全是此病理的(pathological)的产物。莫泊三的人进过癫狂院的事,是无可讳言的。我们真不幸在这种可咒诅的文明世界里讨生活,羡慕白居易的时代有种种美习可称颂可赞扬呢。说不定有人要骂这篇评传的人，染了什么“道学家”的臭味。对于这种无味的攻击，我是不理会的，因为既生存在这衰颓期中，宁受“先进的野人”刻骨之讥，不愿蒙“后进于礼乐君子也”莫大之辱。我们现在的时代，正像(Decadencealrine)(拉丁语)具备文明的种种恶德，没有野蛮的种种美习的时代，真叫人纳闷难受极了。让我们现在时间的轨道上，试“开倒车”到唐代去，找白居易谈谈人生问题，听这位诗人有何高见。

(一) 孝的观念　试看他的《观刈麦》诗中，所描写的母子，“复有贫妇人，抱子在其旁。右手秉遗穗，左臂悬敝筐。”亲爱子之情，何等样辛辛苦苦，真不知有多高多大和多深。照我们的文明人看起来，自己都饿得没有饭吃，还顾子女干吗？下个毒意，“不如弃路旁”罢，何苦如此“左提右挈”呢？或者照几只肥鸡、一具小豚的价钱出卖，现得三五块钱也好。每逢看新闻纸总有些如此刺人心目的消息，然而在白居易是很少见的。

现在有人很不高兴听什么“鸟”孝道，(这鸟字，是仿《水浒传》的笔法，一笑)而在白居易的时代，鸟中是有所谓“曾参”的。读他的《慈乌夜啼》一诗，“慈乌失其母，哑哑吐哀音。昼夜不飞去，经年守故林。夜夜夜半啼，闻者为沾襟。声中如告诉，未尽反哺心。”这分明是说孝乌思亲，非常真挚，使人听了也不觉泣下，沾湿他们的衣袖子。我敬爱的读者诸君，“可以人而不如鸟乎”一句话，出何典籍，请你想一想。

有些事情真说觉得大无兴味，应该用象征的方法来描写才好，白居易深明此理。他有一位邻舍翁，姓刘，名字不见提及，有爱子背翁逃去，不知所向，翁思念他的爱子，非常悲痛得很。不过刘老头儿，自家少年时，也是私逃出来的，所以白居易做首《燕》诗，来晓谕这老头儿，末了说道，“燕燕尔勿悲，尔当返自思。思尔为雏日，高飞背母时。当时父母念，今日尔应知。”这诗意可有正反两面的解释：正面对年长的人说，“您别怪您的儿女不好，焦心苦虑，最好您先‘反躬自问’，自家作‘小的’时，是如何孝敬了‘老的’，那时候您‘老的’怎么爱您养您和教训，您如今总可认得清楚了。”反之，对年轻的人，也是一场训诫。记得近古某一女士，写给他母亲的信里，有一段“至情至理”的话，我且借来应用一次。她说：“从来亲之思子，倍于子之思亲。使能以思子之心思父母，则亲有孝子矣。”古代女流之见尚且如此，奈何我们现代的须眉丈夫中，竟公然有狂呼“非孝”的一流人物。若是诗人白居易目击耳闻，一定吟不绝口，“嗟哉斯徒辈，其心不如禽。”（《慈乌》诗中句）哈！哈！诗人不但温柔敦厚，而且也会破口骂人，不过不肯得罪了好人。

（二）义的观念　白居易用一个“义”字，来赅括所谓“室家之情”。他反对人们滥用自由，来破坏良好的婚姻制度，一来是自由结婚和自由离婚的风气，在他的时代，还没有从“西夷”传到中国来；二来是他的自有种卓绝的见解，缕述如次。

第一，按《说文》，“妾”字下引《左传》，“女为人妾，妾，不聘也”。又《礼记》，“聘则为妻，奔是妾”，也有明文。我们东洋的诗人，当然维持固有的伦理观念，不杂西洋所谓“自由”的风味，所以白居易有一首诗，名《井底引银瓶》，自注“止淫奔也”。篇首讲如何男女相悦，而女的私奔到男的家里去了，后来因为不受家主的青睐，在家里安插身子不住，便流离失所，而发出哽咽的悲声，追悔前情，诉来令人惨不忍闻。那女的这样说：“……终知君家不可住，其奈出门无去处。岂无父母在高堂，亦有亲情满故乡。潜来既不通消息，今日悲羞归不得。”而且抱怨那诱拐她的男子说：“为君一日恩，误妾百年身。”或者后来自尽，也未可知。总而言之，是一幕惨剧。要是流落为娼，白居易有二句诗叹息过：“何处风光最可怜，妓堂阶下砌台前。”（《宴周皓大夫光福宅座上作》）那真是不幸之上又加些不幸，便成了太大的不幸了。结尾那个妇人又道：“寄言痴小人家女，慎勿将身轻许人。”白居易“不以人废言”，替她写了出来，到底诗人了解所谓“恋爱”么？一般人念到《夜誓》诗两句愿词，“在天愿为比翼鸟，在地愿做连理枝”，不能不钦服他的艺术手腕；描写明皇贵妃，“如见其肺肝然”；再他有一首《长相思》，所叙事实，仅某一男子住在洛桥南，恋着桥北一女子，他俩十五岁相识，现在二十三了，还不能如愿以偿，居易篇末这样说，“愿至天必成”，似乎已无文章可做了。

其实中间描摹情人的恋态心理，上与《诗经·采葛》章，下与苏杭四季相思调，异曲同工，极缠绵委婉的情态。他说："九月西风兴，月冷露华凝。思君秋夜长，一夜魂九升"；又说："二月东风来，草㭊花心开。思君春日迟，一日肠九回。"我们读罢之后，了解沉迷于"恋爱"中的人，魂会出窍，肠会绞断，用情实在自讨苦吃了。因此居易知道小侄龟儿解咏诗时，(也许他的小侄读了《关雎》乐得淑女以配君子)，用恬静的态度，下了婉劝的教训，说道："巧妇才人常薄命，莫教男女苦多情。"由此看来，他所以反对自由结婚，女子以身轻许人，正恐她们误入"薄命"之迷途，必须得慎重其事，以礼相聘，行"亲选"之仪，然后遂"燕婉"之求呢。近人亨德所著《普通心理学》中，说来正与白氏的见解，不相违反，他以为"现代的人，也不愿意轻弃旧日婚嫁的仪式，为什么缘故呢？怕得是在这种含有重大性的社会问题上面，最易发生了'从煎锅(Fire pan)里挤出来而跳进烈火焰中去'的流弊"云云。总一句，所谓"娶妻如之何"，必须慎重其事。白居易未尝不懂"丈夫生而愿为之有室，女子生而愿为之有家"的心穴，到底是皈依千年来的伦理思想，反对那"钻理隙相窥，逾墙相从"滥用自由的行为。

第二，白居易提倡女子贞洁，和在家庭服役的勤务，同时反对男子出妻，并劝做丈夫的，要体贴他的妻子，绝对不许轻蔑，虐待一层更不待论。

(甲) 关于女方。"生为闺中妇，死为山头石。"我们知道居易《续古诗十首》中所说的，是指传闻中之"望夫石"而言。更进一层，旌表一个"孝且贞"的妇人，因为这个"老妇低头事舅姑"(居易初到江州《寄三学士》诗句)实在尽合乎"礼"。《蜀路石妇》诗中说道："……十五嫁邑人，十六夫征行。夫行二十载，妇独守孤茔。其夫有父母，老病不安宁。其妇执妇道，一一如礼经。晨昏问起居，恭顺发心诚。药饵自调节，膳馐必甘馨。夫行竟不归，妇德转光明。后人高其节，刻石像妇形。俨然整衣巾，若立在中庭。似见舅姑礼，如闻环佩声。至今为妇者，见之孝心生。不必山头石，空有望夫名。"正合《颜氏家训》中所说："古者子妇供事舅姑，旦夕在侧，与男(即儿)女无异。"也是东洋伦理的特色，譬如上述情形，若照新法律，(渊源于欧西法学所制成的)女的尽可说男的“抛妻不顾”，请求法庭判决离异，另找她的爱人去。那么一办，她的丈夫所付托她代奉事的，两个“老病不宁”的翁姑，势非早归黄泉下不可。这位太太宁愿牺牲自身的幸福，为她的丈夫的“二老”延度残年，这是何等伟大的牺牲精神，正可见得古人所谓“夫妇义合如一身”的真谛。居易毕竟是东洋的骄子，一口咬定这种伦理思想，必须保存，所以来颂扬蜀妇啊。

(乙) 关于男方。“义重莫若妻，生离不如死。誓将死同穴”，白氏在《和微之听妻弹别鹤操》诗中这样说，“其奈生无子，商陵迫礼教，妇出不能止。”他坚持所谓“义”，以为“生离”不如“死别”。这一条礼教说什么“无子出妻”，本来是“无理取闹”，居易对它要加以修正的。这种观念也许是魏晋时代才长成的，试看《曹植弃妇篇》中说道：“…… 拊心长叹息，无子当归宁。有子月经天，无子若流星。天月相终始……星没无精神，栖迟失所宜，下与瓦石并……”也许前乎此，有些“小人儒”鼓吹过，直到子建生时，妇的留弃纯然以有无子为断了。究之，结婚多少年，还没有生育，医学上叫做“不妊症”，由于男或女生理上有缺憾，据说专家也难于判明。而所谓“礼教”偏教男的休妻，而令女的抱曲，那么非但可议，而且可疑，自然要修改了。唐代还有这种“不近人情”的风俗。居易和老友微之，都无儿子，他们未尝不暗暗底“伤心自叹鸠巢拙，长堕春雏养不成”(白氏《哀子殇》诗句)，却是伉俪之情依然十分浓厚，更不盲从“礼教”做那“离婚”的勾当。他在《酬微之》诗中，有一句达观的话，“天遣无儿欲怨谁”。再者女子守节，而男子丧妇，也应不再娶，东洋却少人提倡，这层是因为男统历来看得太重了。唯其不平，诗人才替她们叫苦，说光就这一件事论，作丈夫的就应该体贴他的妻子，所以在《妇人苦》诗中，反复郑重说来，只是根据这一点“不平”的理由，激发男子的义气啊，“蝉鬓加意梳，蛾眉用心扫。几度晓妆成，君看不言好。妾身要同穴，君意轻偕老。惆怅去年来，心知未能道。今朝一开口，语少意何深？愿引他时事，移君此日心。人言夫妇亲，义合如一身。及至死生际，何曾苦乐均？妇人一丧夫，终身守孤孑。有如林中竹，忽被风吹折。一折不重生，枯死犹抱节。

男儿若丧妇,能不暂伤情?应似门前柳,逢春易发荣……为君委曲言,愿君再三听。须知妇人苦,从此莫相轻。”

综计甲项所述,白居易抒情的文字,高尚庄严,处处不与健全的道德相抵触,这是他个人精神涵养有素,所以能不逾矩,也就是他的伟大的特色。Scott 有诗说过,“爱即天堂,天堂即爱。”我们东洋的诗人,也了解所谓“爱”,白诗中说“唯有诗人能解爱”,他自己领悟母子之爱,所以写“倡孝”的作品。孝的对面,并隐有一个“慈”的观念,譬如《慈乌夜啼》中说:“百鸟岂无母,尔独哀怨深。应是母慈重,使尔悲不任。”明言由亲“慈”想出一个子“孝”来。谈及夫夫妇妇,应该相爱相亲,犹如一身,自从结婚日,誓将同穴死,最重一个“义”字。我们东洋,尤其是我们中国,家庭伦常素来认为“天经地义”的,夫妇亲爱精神的总和,是“义”、“慈”,是夫妇爱他们的儿女的结晶。同时,“孝”是为人子者爱他们的父母的结晶,那么,让大能之神降福这种室家,自会充满了三种混合而成的“爱”的精神,“其乐也融融”,“其乐也泄泄”,端得是这尘世中的“小天堂”。白居易深受东洋伦理的陶铸,亲尝美满家庭的幸福,所以能将“天地间之至情”,和盘地达于纸上,而充分底表现出来。从他的作品中,不但接受了伦理的恩物,同时东洋古代社会的真情实况,也可窥见一斑。记得有人讲过,“所谓美的东西,即不外乎最高的正义”——孚罗倍尔。看来白居易实善于“道情”,寓伦理最高的观念于娓娓动听、朗朗可诵的好诗之中。固然他的抒情作品是文学的,并不是道德学的论文,但是其中有道德性(Morality),谁也不能否认的。意大利文艺复兴时代的健将但丁,论过诗人与造物主的关系,所谓“好诗”正合乎“天意”,说是好像一个弟子跟着先生的样子,颇足显明文艺与道德并行不悖,因为造物之心,是至美好的(参 Dante Inferno Canto Xi 99)

(乙项)“乐乎天命复奚疑”——陶潜《归去来辞》结句

据白居易《访陶公旧宅诗序》说:“予夙慕陶渊明为人,往岁渭上闲居,常有效陶体诗十六首,今游庐山,经柴桑,过栗里,思其人,访其宅,不能默默,又题此诗云。”我引陶辞言一句,因为想来是白氏自号乐天的张本,“导河积石”,不为无因。居易认为陶渊明可谓“真贤”,所以他的脑海留有深刻的印象,他有诗说出仰慕渊明的情,“我生君之后,相去五百年。每读《五柳传》,目想心拳拳。昔尝咏遗风,著为十六篇。今来访故宅,森若君在前。不慕君有酒,不慕琴无弦。慕君遗荣利,老死此丘圆。”《本传》中说“效陶潜五柳先生,作醉吟先生以自况。”可知《五柳传》给他一种深刻的印象。按《扪蝨新语》载过:“山谷常谓白乐天作诗效陶渊明。”真不为无见。据我看来,陶诗确是白居易乐天思想的泉渊。以下细说乐天的文艺思想如次。

(一) 对于贫贱与富贵的观察

他《咏意》诗中说:“富贵亦有苦,苦在心危忧。贫贱亦有乐,乐在身自由。”这是他认定的根本观察点,也是他观察了以后的报告。试读《效陶潜体诗十六首》中第十五首,原文如下:“南巷有贵人,高盖驷马车。我问何所苦,四十垂白须。答云君不知,位重多忧虞。(这段讲贵)北里有寒士,瓮牖绳为枢。出扶桑枣杖,入卧蜗牛庐。散贱无忧患,心安体亦舒。(这段讲贱)东邻有富翁,藏货遍五都。东京收粟帛,西市鬻金珠。朝营暮计算,昼夜不安居。(这段讲富)西舍有贫者,匹妇配匹夫,布裙行赁舂,短褐坐佣书。以此求口食,一饱欣有余。(这段讲贫)贵贱与贫富,高下虽有殊。忧乐与利害,彼此不相逾。”(上四段分述,这段总结出利害来,下文从略)再将他描写富贵贫贱的作品分析如后。

(甲) 贵　专制时代,天子至尊,读《长恨歌》,便知君王正有“恨绵绵,孤灯挑尽不成眠”这类患“失眠症”的人,能有多大乐趣。至于嫔御,自以为“一曲称君心,恩荣连九族”,那知“三千宫女胭脂面,哪个春来无泪痕”。(白氏《后宫词》中句)试读《陵园妾》、《上阳人》等新乐府诗,便了然于一般的宫人,少也苦,老也苦,少苦老苦苦最多。哼! 这是“贵”的黑幕,被白居易揭破了一次。再军阀家世,也是惨暗无天日的。有一种女子,羡慕炫耀得势的武夫,惯教夫婿觅封侯,《莫愁古歌》中所谓“人生富贵何所望,幸不早嫁东家王”。正合她们的隐衷。但是武夫恩薄,群妾淫佚，闺房平地上也会掀起了风波的。何以故？因为这些女流，只合乐天《青冢》诗中所说："妇人无他才，荣辱系妍否。"她的命运随她的姿色而变迁，故一旦朱颜改老，珠翠无色，新人间旧，成了弃妇。居易有一首《母别子》诗，开端的两行说道："关西骠骑大将军，去年破虏新策勋。敕赐金钱二百万，洛阳迎得如花人。"将军一度打胜仗，糟糠之妻不下堂，如是乎，母子生离，好一比，林中鸟，失了雏，难再找着，天伦爱重，苦声震透云霄之上，这又是一幕悲剧，我们该知道的。

（乙）富　初读六百一十二字的《琵琶行》，但羡其风致，玩其词章，以为只据写天涯沦落的恨事，回诵以后，才觉得此恨之重要关键，全在"商人重利轻别离"一句，因为"去来江口守空船"才使这妇人兴闺怨，诉她的漂沦憔悴的苦，此词太长不录。另有一首《夜闻歌者》，其中有四句诗："夜泪似珍珠，只只随明月。借问谁家妇，歌泣何凄切。"正是说"富家妇"啊。我们读居易《盐商妇》一诗，说富人的妻，金钗银钏，美饭食，好衣裳，前呼仆夫，后叱婢，觉得资本家繁华的气象，哪知月在中天，劳苦的人们尽在熟睡中，还有一种人"夜泣"呢。再他的《悲哉行》中说，朱门中的乳臭儿，朝从博徒饮，暮投娼楼宿，除了声色犬马之外，一无所问，实在可笑。设想一下，清白人家的女儿，嫁做这种人家做媳妇，自然"呜呼哀哉"。因此他诗中劝一般女子说："无辞插荆钗，嫁作贫家妇。"（《青冢》）

（丙）贫　纵然家徒四壁，但是清风明月，穷人们也总有份，可爱的冬日也是毫不吝惜地给他们几阵阳光。白居易有诗，咏《负冬日》说道："杲杲冬日出，照我屋南隅。负暄闭目坐，和气生肌肤。初似饮醇醪，又如蛰者苏。外融百骸畅，中适一念无。旷然忘所在，心与虚空俱。"我们很可以想见一大群贫民，欢天喜地聚在广场中，曝日闲话的光景。读者诸君以为我讲得不伦不类吗？且听我述一段希腊犬儒学派的故事。据说，有一位克己的大哲，寄宿在一间小如蜗牛壳的处所里面，国王慕他的名，御驾亲临承教，低声下气问他，有什么请求都将一一准许。这位哲人蹲在地上，不起身便答话："陛下，只请稍移动一步，让那阳光直射在我身上。"国王唯唯辞谢回驾。这故事盛传西洋，连小孩都能唧唧称道的，恰符东洋“富贵之羁人不如贫贱之肆志”的古训。近来虽有人高唱反调，颇诽讥这种“知足常乐”的精神。其实往古圣哲为人，是勤于增进一己的道德，努力于内心的生活，而确定是懒于追求什么物质的享受，说一句笑话，他们如果生在今日，并不想吃大餐，住楼房，和驾汽车罢了。所谓“自我心存道，外物少能通。常排伤心事，不为长叹息”，(居易诗句)恰形容到好处，这种克己思想，在希腊哲学史上伦理时代非常发达，再欧洲中世纪禁欲的行为，更在世界文化史中放一异彩。正不独胡适之先生所称“东方的懒圣人”，才作如是想。所以白居易“安贫”的观念，我们是不必惊异的，进一层说，居易曾经公然提倡“嫌富爱贫”的运动，譬如《秦中吟》十首，其第一首，即说：“富家女易嫁，嫁早轻其夫。贫家女难嫁，嫁晚孝于姑。闻君欲娶妇，娶妇竟何如?”显系替贫家女登广告，招主顾，而作拜金主义的反宣传。所以“权贵近者相目而失色”，事详《唐书》本传中，恕不赘言。

(丁) 贱　白居易常和田舍翁相往返，在他《观稼》诗中，曾记载一次出游的事，“田翁逢我喜，默起具杯杓。敛手笑相延，社酒有残酌。媿兹勤且敬，藜杖为淹泊。言动任天真，未觉农人恶。”一方面他不恶农人，他方面田翁见着他，非常欢喜款待备至，闲话桑麻，他真是纯粹“平民化”了。若是有政治上野心的文人，像北齐高欢说过“谁能安坐读书作老博士”，毕竟是乐与贵豪富翁周旋，而拒所谓“平民”于千里之外的。他抱定“知命不忧”的主张，在《浩歌行》中说道：“我今所得亦已多。功名富贵须待命，命若不来争奈何?”他设不幸而贫贱终身，看来也不失为“素贫贱行乎贫贱”的人物。事实上，他固已身名显达，且替所治境地，筑堤防潮，为国民谋福利，虎丘尚有“白公堤”存在；再他官杭州刺史时，泄西湖水，润三邑田，他的政绩实有可纪的事，这评传以论文学为目的，故不多叙。

(二) 关于社会形形色色的摹绘

他如缭绫鸣女工的苦楚，杜陵叟伤农夫的窘困，黑潭龙疾贪吏的非法，天可度恶诈人的阴险，种种关于社会形形色色的写真，可用一句话赅括起来,不外乎他“练达人情”后的作品。现在讨论社会问题的正不少,已经有人叠次介绍过了,所以我不再提。

(三) 如何应付吉凶祸福的态度

往从追求他的根本观念,《逍遥咏》中说道:“亦莫恋此身,亦莫厌此身。”所谓“无恋亦无厌”,纯乎“听天由命”,真不愧为一个乐天主义者。在这一派主义之下,对吉凶祸福皆有相当应付的态度,譬如辨证“凶宅”的迷信,说是“人凶非宅凶”,又如《海漫漫》诗,驳求仙的虚妄,都足破聋振俗。居易在《感兴二首》中,说出他的处世哲学,抄录全文如次:“吉凶祸福有由来,但要深知不要忧。只见火光烧润屋,不闻风浪复虚舟。名为公器无多取,利是身灾合少求。虽异匏瓜谁不食,大都食足早宜休。”“鱼能深入宁忧钓,鸟解高飞岂触罗。热处先争炙手去,悔时其奈噬脐何? 樽前诱得猩猩血,幕上偷安燕燕窠。我有一言君记取,世间自取苦人多。”

(四) 这才是好一个“欢天喜地”的世界

乐天派诗人,胸中有一腔“悯世恫人”的热情,所以诗中说理,也觉得恻恻动听,耐人寻味。多情却似总无情,自然有人要驳我跳出抒情范围外来说理了。再掉过来,说白居易《朱陈村》诗中的新“桃源”,作本节的尾声。此村自然是拟渊明《桃花源诗》而构思匠作的,不过两相比较,有三种不同之点,且预告一下:第一,陶诗说系避难的洞天,而白诗则写太平的福地。第二,陶诗只说桃源的住民,各得生理,欣欣安居乐业,而白诗更谈村中唯有朱陈两姓,世世结下美满的姻缘。第三,陶诗描写世外的另一天地,过于理想化,其中所说“谓今世何世,乃不知有汉”,又说“春蚕收长丝,秋熟靡王税”,恰似所谓“羲皇上人”时代,无政府的状态,毕竟邃古的黄金时代是早已化为乌有了,令人徒兴仰慕的感慨;至于白诗中所描写的,是比较切近现实的人生,民风质朴敦厚的村落,大抵皆同。“朱陈村”第一、第二、……甚至于无数个,随时随地能觅得,不过这一种村庄，经过诗人绘出以后的情状，特别的添了无限好的景色，令人神骇目炫，羡叹不置。总之，就陶白此二诗对照参阅一过，不能不说“青出于蓝而胜于蓝”这一句话，是信实不移的真理了。现在录出原文，以供大众鉴赏。

“徐州古丰县，有村曰朱陈。去县百余里，桑麻青氛氲。机梭声札札，牛驴走纭纭。女汲涧中水，男采山上薪。县远官事少，山深人俗淳。有财不行商，有丁不入军。家家守村业，头白不出门。生为村之民，死为村之尘。田中老与幼，相见何欣欣。一村唯两姓，世世为婚姻。亲疏居有族，少长游有群。黄鸡与白酒，欢会不隔旬。生者不远别，嫁娶先近邻。死者不远葬，坟墓多绕村。既安生与死，不苦形与神。所以多寿考，往往见玄孙。”

朋友们，听到一种呼唤的声浪没有，咱们还是快升火龙罢，准备开倒车，各返自家的礼义乡去罢。朋友们，回乡间力田去，有财不行商，有丁不入军，别做军阀和资本家“劳形苦神”的幻梦，咱们用不着什么山珍海味，饱啖些黄鸡白酒，心愿已足了，所要求的是欢天喜地地活着。

（五）白居易的“自剖”和我们所得的感想

苏格拉底曾经说过，“诗人所做的东西，比他们自己所讲解的要好一些儿”。文学创造的历程，本来是很复杂的东西，有时候也许伟大的作家，不但不能讲解自己的作品，并且还不明白如何含有伟大的意义。我们的诗人白居易，不至于如此，到底也有些过于保守“六义”古训，故稍稍有些欠圆满的论调。这是我们不必为贤者讳的。后面介绍《旧唐书》白居易本传中所载的一篇“自剖”的论文。有一次白居易写过很长的信给他的老友微之，这封信是很可宝贵的文件，始则开诚布臆，倡论诗义，说道，“诗者，根情、苗言、华声、实义”，这是他由《诗经》书中所得诗的定义，内涵四种要素：

（甲）情，（乙）言，（丙）声，（丁）义。而以“情”居首，他所以成为抒情的大文学家的缘因，就是他自己作诗，知道先注重“情感”方面，（这是应该注意的第一点）又批评历代的文艺，说道："闻'元首明，股肱良'之歌，则知虞道昌矣；闻'五子洛汭'之歌，则知夏政荒矣。言者无罪，闻者足戒。言者、闻者，莫不两尽其心焉。（以上虞夏）洎周衰秦兴，采诗官废，上不以诗诵补察时政，下不以歌泄人情，至于谄成之风动，救失之道缺，于是六义始刓矣。（以上晚周及秦）《国风》变为骚辞。五言始于苏、李，诗骚皆不遇者，各系其志，发而为文。故'河梁'之句，止于伤别，泽畔之吟，归于怨思，彷徨抑郁，不暇及他耳。然去诗未远，梗概尚存。故兴离别，则引双凫一雁为喻；讽君子小人，则引香草恶鸟为比，虽义类不具，犹得风人之什二三焉，于时六艺始缺矣。（以上《楚辞》并两汉文学）晋宋已还，得者盖寡，以康乐之奥博，多溺于山水；以渊明之高古，偏放于田园。江鲍之流，又狭于此。如梁鸿《五噫》之例者，百无一二，于时六义浸微矣。（以上晋宋）陵夷矣。至于梁陈间，率不过嘲风雪、弄花草而已。噫，风雪花草之物，《三百篇》中岂舍之乎？顾所用何如耳。设如'北风其凉'，假风以刺威虐；'雨雪霏霏'，因雪以愍征役。'棠棣之华'，感华以讽兄弟也。"采采芣苢"，美草以乐有子也：皆兴发于此，而义归于彼。反是者，可乎哉？然则'余霞散成绮，澄江净如练'、'离花先委露，别叶乍辞风'之什，丽则丽矣，吾不知其所讽焉。故仆所谓'嘲风雪、弄花草'而已。于时六义尽去矣。"（以上自齐至陈）历数世德之递降，六艺之渐废，他的主旨，是说'歌泄人情'，并不是'嘲风雪弄花草'的，这是应该注意的第二点。当代的诗道不振，和直说出自己的使命，"唐兴二百年，其间诗人不可胜数。所可举者，陈子昂有《感遇》诗二十首，鲍防有《感兴诗》十五首。又诗之豪者，有李、杜之作，才矣，奇矣，人不逮矣。索其风雅比兴，十无一焉。杜诗最多，可传者千余首，至于贯穿今古，觇缕格律，尽工尽善，又过于李焉。然撮其《新安吏》、《石壕吏》、《潼关吏》、《芦子关》、《花门》之章，"朱门酒肉臭，路有冻死骨"之句，亦不过三四十首。杜尚如此，况不逮杜者乎！仆常痛诗道崩坏，忽忽愤发，或废食辍寝，不量才力，欲起扶之。引书至此，稍顿一下，为使读者明了起见，划出上文之大纲，如次。

(甲)历代诗义兴废表解

朝代	代表作	诗义	百分率	备考
虞夏、商、西周	一、诗经,二、元首之歌,三、五子洛汭之歌	六义俱全	百分之百	
晚周、秦		六义始刓	百分之六十或百分之四十	采诗官废
两　汉	一、骚辞(楚声)二、苏李五言诗	六义始缺	百分之二三十	
晋　宋	梁鸿五噫诗	六义浸微	百分之一二	
齐梁陈		六义尽去	零分	其间率不过嘲风雪、弄花草而已
唐兴二百年	一、陈子昂感遇诗,二、李杜诗	又有所谓“风雅比兴”之作品	百分之八九至二三十	

(乙)白氏唐诗选粹目录(拟作)

(一)陈子昂《感遇诗二十首》

(二)鲍防《感兴诗十五首》

(三)李诗精华若干(注一)

(四)杜诗精华三四百首(注二)

(注一)李诗精华,只取太白比兴的作品和他的全集,在数量上的比例,约占百分之八九,其余无关风雅者不录。

(注二)杜诗可传者千余首,虽有如此之多,然所采《新安》、《石壕》、《潼关吏》、《芦子关》、《花门》之章,和诗中含有“朱门酒肉臭,路有冻死骨”之句类似的作品,不过十之三四,故得三四百首。

前列两项,迹似拘泥,想对于助读者记忆方面,谅有小裨益罢。接着居易写自己努力做了些感伤的古调后,非常失意,且叹息知己之难得,因为“古道行人少”,举世不过三两人罢了,书中说道,“凡闻仆《贺雨》诗,众口籍籍,以为非宜矣。闻仆《哭孔戡》诗,众面脉脉,尽不悦矣。闻《秦中吟》,则权豪贵近相目而变色矣。闻《登乐游园寄足下》诗,则执政柄者扼腕矣。闻《宿紫阁村》诗，则握军要者切齿矣。大率如此，不可遍举。不相与者，号为沽誉，号为诋讦，号为讪谤……其不我非者，举世不过三两人而已。有邓鲂者，见仆诗而喜，无何而鲂死。有唐衢者，见仆诗而泣，未几而衢死。其余即足下，足下又十年来困踬若此。呜呼！岂六义四始之风，天将破坏，不可支持耶？抑又不知天之意，不欲使下人之病苦闻于上耶？不然，何有志于诗者不利、若此之甚也！”再顿停一下，掛释原文。

观上段，吾人感知白居易提倡“诗道”复兴运动，实大受了打击，他的精神恰似《诗·蒸民章》所说：“维仲山甫……不畏疆御。”再不禁有《诗·巷伯章》所说：“彼谮人者，亦已太甚。”同样的感慨。他几个世所罕见的同志，值得介绍一下，故分别介绍给读者。

（甲）邓鲂　居易读邓鲂诗，篇首说过：“尘架多文集，偶取一卷披，未及看姓名，疑是陶潜诗。看名知是君，恻恻令人悲。”（这是白居易“效陶”的伴侣，应该注意的第三点。他为什么悲痛呢？因为第一位同志死得太惨情了，诗中又说，“三十在布衣。擢第禄不及，新婚妻未归。少年无疾患，溘死于路歧。”）岂不可悲！

（乙）唐衢　《旧唐书》本传，称他“能为歌诗，意多感发”，又以“善哭”著名。拟说酒酣一哭，“满座为之不欢”，主人不得不宣告散席。白居易《寄唐生》诗说道：“贾谊哭时事，阮籍哭路歧。唐生今亦哭，异代同其悲。唐生者何人？五十寒且饥。不悲口无食，不悲身无衣；所悲忠与义，悲甚则哭之……我亦君之徒，郁郁何所为？不能发声哭，转作乐府诗。篇篇无空文，句句必尽规。功高虞人箴，痛甚骚人辞。非求宫律高，不务文字奇。惟歌生民病。”可知原是“长歌当哭”，故与唐衢不无因缘，且直抒自己作诗的本旨，不尚空文，句有着落，“非求宫律高，不务文字奇。”唯歌泄民情，说出民众的痛苦来。（这是他所以成功为抒情的文学家的由来，我们应该注意的第四点）……甘作诗人嗤……呼作狂男儿……寄君三十章，与君为哭辞。他因为赏居易的《秦中吟》，遂结深交。居易《伤唐衢》诗中，追述订交前情，说道：“……但伤民病痛，不识时忌讳。遂作《秦中吟》，一吟悲一事。贵人皆怪怒，闲人亦非訾。天高未及闻，荆棘生满地。惟有唐衢见,知我平生志。一读兴叹嗟,再吟垂泣泗。因和三十韵,手题远缄寄。致我陈杜间,当爱非常意……”所以居易认为第二位同志。不幸订交未久,唐衢也穷窘死了。居易《伤诗》中说:“怜君儒家子,不得诗书力。五十着青衫,试官无禄食。遗文仅千首,六义无差忒。散在京洛间,何人为收拾…… 欲问先歔欷。终去哭坟前,还君一掬泪。”实堪一哭。

(四) 元稹　即书中所对话者而被称为“足下”的人。居易和稹“平生心迹最相亲”,可以说是最末后的和最知己的一位同志。稹《闻乐天左降江州司马》诗中说:“此夕闻君谪九江,垂死病中惊坐起。”又《重赠乐天》诗中道:“莫遣玲珑唱我诗,我诗多是别君辞。”再稹因事受祸,他的“伤弓之言”有诗《寄乐天》说过:“惟应鲍叔应怜我,自保曾参不杀人。”可见友谊十分密切。前面叠次提及“元白体”,现在试举稹所作“音节入古”的《田家词》,以示一例,“牛吒吒,田确确,旱块敲牛蹄趵趵。种得官仓珠颗谷,六十年来兵簇簇,月月食粮车辘辘。一日官军收海服,驱牛驾车食牛肉,归来收得牛两角。重铸耧犁作斤劚,姑舂妇担去输官,输官不足归卖屋,愿官早胜仇早覆,农死有儿牛有犊,誓不遣官军粮不足。”自是一般歌泄民情的讽喻作品。不过和居易作的比较一下,意旨太拙呆,辞语太瘠薄,因此东坡评为“元轻白俗”。就是白居易的诗,要见“通俗”一点儿,这并不是说稹诗全是如此古奥的。后人传诵的最有情致的《悼亡诗》,即便是他的杰作,可见得他还是一贯抒情的“国手”。虽然赶不上居易“圣手”啊,再元稹论“元白体”说过,“江湖间多新进小生,不知天下文有宗主,妄相仿效,而又从而失之,遂至于支离褊浅之词,皆目为‘元和诗体’。稹与同门生白居易友善,居易雅能为诗,就中爱驱驾文字,穷极声韵,或为千言,或为五百言律诗,以相投寄。小生自审不能有以过之,往往戏排旧韵,别创新辞,名为次韵相酬,盖欲以难相挑耳。江湖间为诗者,复相仿效,力或不足,则至于颠倒语言,重复首尾,韵同意等,不异前篇,亦自谓为‘元和体’。”那么自然失了他们的真面目,所以他非矫正末流的病弊不可。(案元微之单就次韵一门立论。再者,后人有学“元白体”而“画虎不成反类犬”，变成了许多“打油诗”，自己反说什么“白诗呢”。我们应该辨个是非才对，这是应该注意的第五点）因稹和居易的关系，遂一并提及“元白体”的流弊。附说：白居易晚年与刘禹锡（号孟得）倡和，世称“刘白”。居易尝序《刘白倡和集》，又《与刘书》中说：“微之先我去矣。诗敌之劲者，非梦得而谁？”今检梦得赴苏州《酬别乐天》诗中有“二南风化承遗爱，八咏声名蹑后尘”的语气。又《酬乐天扬州初逢席上见赠诗》中道：“今日听君歌一曲，暂凭杯酒长精神。”可知刘氏倾倒白氏之下，刘固不应先白而称云。

接着他述自己抒情的作品，受人热烈的传诵，不过他自己还不明白这些为何含有伟大的意义，“自长安抵江西三四千里，凡乡校佛寺逆旅行舟之中，往往有题仆诗者。士庶僧徒孀妇女之口，每有咏仆诗者。此诚雕篆之戏，不足为多，然时俗所重，正在此耳……今仆之诗，人所爱者，悉不过杂律诗与《长恨歌》以下耳；时之所重，仆之所轻。”再停顿一下，请阅后录西洋古代文学家的一段故事，“读者大概可以知道意大利文艺复兴的时代，有两个大著作家，即彼得拉尔开和鲍卡基渥。如果问这两人以何著名，现在每人都要回答‘彼得拉尔开以颂扬劳拉的曲谱和诗曲著名，鲍卡基渥以《台卡美龙》（Dekameron）描写当代意大利生活的小说集著名。’这都是他们最好最贵的作品。但是作者真态度完全不是这样，他们认复兴古罗马的诗文为自己的使命，用拉丁文写下许多难懂的史诗，模仿万尔基里和司塔齐耶。对于上述的作品，他们都反加以充分的轻视，称为‘儿戏’，为‘无用的东西’。”彼得拉尔开和鲍卡基渥两人交情十分亲密，据同时任所形容，他们是两个身体一个心灵。晚年彼得拉尔开得到鲍卡基渥的信，说自己所著的《台卡美龙》一书，他简直不去读，他仅只翻翻罢了。鲍卡基渥在自己对劳拉的一首曲里明言，“初时，我还用国语为文，不知最高的目的，只为消遣和慰藉而写的。”他们两人被古罗马的文学形式的伟大所压迫，便用自己“高尚的目的极力模仿万尔基里的古艺术，不肯抒写自己的东西，可是现在他们的拉丁史诗，早被世人忘掉了，却永远存留着他们为‘儿戏’为‘消遣的慰藉’所写的东西。换言之，就是因为自由的内在的需要忘掉了，一切伟大模型所写成的作品。”（录自济之译《什么是作文学家必须的条件》（编者注：载茅盾、郑振铎所编之《小说月报》））参阅一过，发现西洋的彼得拉尔同鲍卡基渥，和我们的诗人元稹同白居易，正有几分类似的情形。元白都认古代“六义”的诗道，有恢复的必要，做了一下诗，来讲什么“采诗官”的选用，以符所谓“《诗三百》之义也”，像元稹做过一些古典的刺诗，白居易“为君”而做了《贺雨》诗等作品。至于他们“抒情”的文学，他们反而彼此告语“此诚雕篆之戏，不足为多”。又说《长恨歌》一类的东西，不过是“小技”或者“儿戏”罢了。居易写给稹的信中，又说过：“……有五言七言长句、绝句，自百韵至两韵者，四百余首，谓之杂律诗……杂律诗，或囿于一时一物，发于一笑一吟，率然成章，非平生所尚者。但以亲朋合散之际，取其释恨佐欢，今铨次之间，未能删去。他时有为编辑斯文者，略之可也。微之，夫贵耳贱目，荣古陋今，人之大情也。”原来别人家把它和《长恨歌》一同重视的杂律诗，在居易自己的过于贱视，说只是“取其释恨”，换言之，便为“消遣的慰藉”所写的东西。由是而论，我们可以说，古人毕究是古人，无论东洋的也好，西洋的也好，都绝对不像我们的“新人”一味求“新”，甚至不问正非，盲目“厌旧而喜新”的。这种时代性，我们不可忽略不问。古人多富有“信而好古”的精神，他们说“荣古陋今人之大情也”。由此一语而推究其结果，不免有“永无进步”的现象，因为毫无一点“革新”的勇气。我说到这里，并非轻薄古人。颇斯耐说得一句著名的话，“文学是准照当时代的生活及思想”，引申来说，时代精神，好比一个笼，关在那里的小鸟，正是一些文士诗人，从小鸟声声叫唤中，细审是啼饿或是腹饱而歌，听得出来那笼中的“生意”是如何的，不过小鸟哪里有冲天的翩翼飞出笼外的呢？居易的《红鹦鹉》诗，说来极好，“文章辩慧皆如是，笼槛何年出得身。”所谓“时代的精神的特征，能左右艺术家，这个被表现在他的制作上面，那制作才有雄大之趣，可以把不可知的、不可避的、神圣的东西，示那时代的观者”。（录章译《新文学概论》转引爱墨孙的《艺术论》中语）我们试想白居易是在七八世纪中的唐代，你若以二十世纪的眼光去看他，多少会误解了几分，他是东洋的中国人，你别把他当作西洋易卜生一流的人物看待。再者，他那时代，是富有“先进于礼乐野人也”的孝义种种伦理观念，假如拿“后进的文明国”里贩来的“自由体诗”“人生派的艺术”等等，给他捧场，那么他所会的拿手好戏，只是“求讽刺”、“达人情”和把他“奉而始终”的“道”发明为诗。你们既然发出“怪声”叫好，势必非塌台不可。总得要小心一点，虽然不妨胆大一些，希望求出真相，研究“古人之所以为古人”，切莫“厚诬古人”，这是我们做评传的人应有的感想，当着打算用白纸写黑字的那一会儿。

白居易的“自剖”还有些值得注意的，接着写他给元稹的那一封信，“…… 微之，微之，勿念我哉！仆数月来，检讨囊帙中，得新旧诗，各以类分，分为卷目。自拾遗（官名）来，凡所遇所感，关于美、刺、兴、比者，又自武德讫元和，因事立题，题为《新乐府》者，共一百五十首，谓之讽喻诗。又或退公独处，或移病闲居，知足保和、吟玩情性者一百首，谓之闲适诗。又有事物牵于外，情理动于内，随感遇而形于叹咏者一百首，谓之感伤诗…… 仆志在兼济，行在独善。奉而始终之则为道，言而发明之则为诗。（大注意，这也是我们对白居易的诗道所下的最后的注意，他是要“以诗载道的”）谓之讽喻诗，兼济之志也，谓之闲适诗，独善之义也。故览仆诗，知仆之道焉。……至于讽喻者，意激而音质，闲适者，思澹而辞迂，以质合迂，宜人之不爱也。今所爱者，并世而生，独足下耳。然千百年后，安知复无如足下者出而知爱我诗哉？……又仆尝语足下：凡人为文，私于自是，不忍于割截，或失于繁多。其间妍媸，益又自惑。必待交友有公鉴无姑息者，讨论而削夺之，然后繁简得其中矣。况仆与足下，为文尤患甚多。己尚病之，况他人乎？……微之，知我心哉！……引笔铺纸，悄然灯前，有念则书，言无铨次，勿以繁杂为倦。且以代一夕之话言也。”白居易之所以为白居易，尽可在此一篇很长的口供里，想象得来，“虽不中，不远矣”。本评传的正文，也从此结束了。白居易书中末尾几句话，好像预先就针对了我这篇评传说的，“勿以繁杂为倦”、“讨论而削夺之”。那么我必须得声明一下，白氏《文集》七十一卷，内各体诗三十七卷，凡二千八百余首,此外还有集中遗漏的,实在很抱歉,这区区不到两万字的评传,真未能遍引居易最好的诗篇,虽则是那些“好诗”没有人不爱的。

在这篇评传里,不录长诗,仅采取了讽喻、闲情和杂律诗里短小的作品,并且把些好诗都下了“割截”的工夫,固然我生在白居易后千百余年,确是因为爱他的诗。然而究竟“当否得其中了”没有,敬向“有公鉴无姑息者”讨教,这里先行道声谢谢。连篇累牍,洋洋数千言,有渎读者清听,知我罪我就是了。再不知能否对得住恬叟拟题征文的一番厚望。哈哈“天意君须看,人间要好诗。”“微之,知我心哉。”……说来真有点唐突我们的编辑先生了。谨此声明,抱歉之至,至于白居易那边儿,用不着我去再捧,他在编集拙诗,成一十五卷,因题卷末诗中,早就自己“在戏台里喝彩”,余音嘹亮,似还响透半天空,并没有“销声”呢。让我们谛聆好音,“一篇《长恨》有风情,十首《秦吟》近正声。”

白乐天的妇女文学[①]
——从白乐天谈到唐代妇女问题

绪言

未述本题以前，应先说明两层：

(A) 白乐天作品的价值；

(B) 我国古代的妇女问题，应如何研究？

关于(A)层者：白乐天的作品，从技艺上看来极尽“比”、“兴”的能事，所谓“风人之什”，香草美人，各喻其志；拈笔寄兴，辄增妩媚，不独纤丽，并易了解：真造就到文学高超的境地。与他同时还有一个著名的作家，元微之，批评他的各体诗，谓或长于激；或长于遣；或长于切；或长于赡；更有很多是长于情的。可是，现代的人所以很推重他，却不在这一点上着想，而因为他是唐代一个伟大的平民文学家。

关于(B)层者：中国在太古世，也许经过了一个很短的母系时代，然而一部《二十四史》，确是支配于男性中心说之下。我们只要顾名思义想

① 原载于《妇女杂志》1930 年第 3 期。

一下,就知道中国妇女历来在社会上的地位是卑微的。《汇苑》说道:"女,如也。从父之教,从夫之命,故曰如。未嫁谓之女,已嫁谓之妇。"女子最高的伦理观念,不过如《列女传》中所说:"女子之行,于亲也孝,妇也节,母也义而慈,止矣!"而一般社会所期望于女子者,亦只如荀爽《女戒》所说,"正身洁行,称为顺妇",及程晓《女典》所说:"妇人四教,以备为成。"所以史册所载,不过只具几个"三从四顺"的妇女;哪里有真正某一时期妇女生活的写真?因此,我们只好由片断的文学作品中,加意搜索;也许和地质学者用化石来研究地层同一旨趣。

上叙两层既明;我们可知本题有试作的可能性。

文学是受社会的背景反映而成的。如果是纯文学的作品,有真情流露出来,无论诗或小说戏剧,总多少涵蓄着"当时当地"的社会的缩影。白乐天生于唐代宗大历七年,卒于武宗会昌六年。(772—846)我们可以从《白氏长庆集》里,知道七世纪末叶至八世纪中叶妇女在我国社会中的地位。

自然,我们应先认识文学的本质,然后才能理会诗人乐天的意见。据颇斯耐说:文学是依据当时代的生活及思想的。换言之,时代思想好像一个樊笼,诗人文士正似关在笼中的小鸟,笼中生意如何?小鸟声声叫唤中,听得清晰。小鸟只是小鸟,那里有冲天的羽翼,飞出这铁一般的樊笼呢?乐天的《红鹦鹉诗》说来极好:

"文章辩慧皆如此,笼槛何年出得身?"

唯其如是,大文豪莎士比亚也要受批评家福禄特尔的蔑视,说他的戏剧杰作不过是 the fruit of imagination of the intoxicated savage。那么我们七世纪末的诗人白乐天,思想免不掉有很幼稚的地方,自然不便吹求了。他的作品,用历史的眼光作多方面的观察,大概可供给我们研究唐代妇女问题两部分的材料:一是家常的妇女生活;一是特殊的妇女生活。

为读者便利起见,将唐代的妇女问题分(A)家常的,和(B)特殊的;在两部下,又各分节目如次:

(A)	(B)
(1) 情爱	(7) 女工
(2) 议婚	(8) 小尼
(3) 婚期	(9) 妓女
(4) 嫁娶	(10) 宠妃
(5) 妇道	(11) 出妇
(6) 家庭	(12) 孀妇

乐天的作品是"平民化"的,在当代很受了热烈的传诵,至今"余韵"犹存。谨介绍于读者之前。

(一)

假设做个统计:读讽喻体的《长恨歌》的人佩服乐天"重色倾国"寓意的,必定占极少数;大多数想是爱诵"在天愿作比翼鸟,在地愿作连理枝"两句恩词。他的《长相思》诗,颇能理会得"恋爱的心理。"诗末这样说了:

"人言人有愿,愿至天必成!
愿作远方兽,步步比肩行;
愿作深山木,枝枝连理生。"

其实中间所叙的事实:仅某一男子住在洛桥南,恋着桥北一女子。他俩十五岁即相识,现在二十三了,还不能如愿以偿。乐天却加倍把这一对怨女旷夫描摹尽致。这首诗最初四句写了他俩缠绵的情思,说道:

"九月西风兴,月冷露华凝;
思君秋夜长,一夜魂九升!"

接着又说:

"二月东风来,草拆花心开;
思君春日迟,一日肠九回!"

这样复叠的调儿,老学先生读时,或说是从《诗经》中《采葛章》脱胎得来；再新学小生定会怀疑有点像苏州《四季相思曲》；倒底乐天是“仿古”呢，还是“采俗”呢？且让专家去讨论罢！我们现在读这首《长相思》，总觉得人们发生了情爱后，魂会出窍，肠会绞断，相思未免太苦了。因此，乐天知道小侄龟儿解咏诗时，(也许他的小侄读了《关雎》“乐得淑女以配君子”后)用叹惜的口吻教训他：

“巧妇才人常薄命，莫教男女苦多情！”

(二)

谈到议婚一层，弃贫趋富，薄世浇俗；想挽救衰风，是颇费口舌的。乐天在《秦中吟》第一首诗中，就正式向人们征求意见：

“……听我歌两途：
富家女易嫁，嫁早轻其夫；
贫家女难嫁，嫁晚孝其姑。
闻君欲娶妇，娶妇意何如?”

“三教九流”的男子，尽有“五光十色”的理想妻，现在置之不议。单就本题范围内谈，从乐天的作品里面，可寻出一点线索来，就是乐天同时的妇女，她们的“理想夫”，约分三类：一、君王；二、大将军；三、富商。诗人乐天以为军阀、资本家和专制魔王都不是妇人最好的终身伴侣。他的理由，分三层说：

(甲)第一种女子很抱有野心，奢望备嫔御，以为“一曲称君心，恩荣连九族”。多么荣耀呢！究因候补的多，被取的少，结果一大批的怨女产生了！乐天很替她们可惜，于是做了些调苦词又苦的诗歌。例如《陵园妾》、《上阳人》等诗，都说头白的宫人，少也苦，老也苦，少苦老苦苦最多！他有一首《后宫词》，说明所以可愍的缘由：

“雨露由来一点恩，争能遍布及千门?
三千宫女胭脂面，几个春来无泪痕!”

用意是要唤转天下女子慕贵的心理。

（乙）第二种女子羡慕炫耀得势的武夫，惯教夫婿觅封侯。梁帝《莫愁歌》所谓："人生富贵何所望，恨不早嫁东家王！"豪家恩薄，群妾众婢，素多骄佚。冢妇如果守礼的话，反而招来许多谗言，闺房里便掀起了一场恶风波。乐天《续古诗十首》中，有一首说得很明了，读者去翻看便知。再者，朱颜改老，珠翠无色；新人既旧，成了弃妇。这类的妇女，原无什么用处。正合乐天《青冢》诗中所说："好人无他才，荣枯系妍否。"一生的命运，都随她的姿色而决定的！乐天有一首《母别子》诗，最初二行说道：

"关西骠骑大将军，去年破虏新策勋；
敕赐金钱二百万，洛阳迎得如花人！"

随后，那位将军，东征西讨，又打了个胜仗；在他的"庆功宴"上，又拥抱了别一个"爱阔"的少女（也许是劫来的），那把"前妻"放在眼角边！结果母别子，子别母，宛如林中的母鸟失了雏，天伦厚爱，这种哭声多么苦！或能唤醒痴心的女了及早觉悟！

（丙）第三种女子，大概因为耽安佚的缘故，乐意嫁作富家妇。试读乐天《盐商妇》一诗，就知道富人之妇，金钗银钏，美饮食，好衣裳，前呼仆，后叱婢，气象何等的繁华！乐天曾经叙述一个长安的倡女，老大委身为商人妇：商人重利轻别离，抛妇一去久不回来。那女子便沉沦憔悴，转徙流落江湖之间。这首六百一十二字的《琵琶行》，词长不录。另有一首《夜闻歌》者，其中有四句诗，也颇悲哀动人。就是说：

"夜泪似真珠，双双堕明月；
借问谁家妇，歌泣何凄切！"

再他的《悲哉行》中，说朱门的乳臭儿，朝从博徒饮，暮投娼楼宿；除了"声色"、"狗马"之外，一无所知。若做了这种资本家的媳妇，其惨苦真是不堪言状。乐天《效陶潜体诗》第十五首，将贫富贵贱比较了一下。

"南巷有贵人，高盖驷马车。
'我问何所苦？四十生白须！'

答云'君不知,位重多忧虞。'(贵)
北里有贫士,瓮牖绳为枢;
出扶桑枣杖,入卧蜗牛庐;
散贱无忧患,心安体亦舒。(贱)
东邻有富翁,藏赀偏五都:
东京收粟帛,西市鬻金珠;
朝营暮计算,昼夜不安居!(富)
西舍有贫者,匹妇配匹夫。
布裙行赁舂,短褐坐佣书,
以此求口食,一饱欣有余。"(贫)

乐天将忧乐和利害,彼此分别很清楚。结果他的意见是表同情于"贫贱者"。试观他的《采莲曲》,如何叙述匹夫和匹女:

"菱叶萦波荷飐风,荷花深处小船通;
逢郎欲语低头笑,碧玉搔头落水中!"

分明画图中人,而默契于神秘的一笑!可见福非富贵,贫贱自有傲人处。所以诗人乐天劝一般女子:

"莫(注:一般写作"无",或为作者所误记)辞插荆钗,
嫁作贫家妇!"

《青冢》

(三)

乐天写了五百首诗赠给一位朋友。据诗序中说,这位朋友富有"王佐之才",所以乐天很希望他登政治舞台后,便著手"正婚礼",使"三十男有室,二十女有归"的古俗,仍得恢复。这原是根据当时代的背景,发表"补偏救弊"的言论。他诗中说:

"近代多离乱,婚姻多过期。嫁娶既不早,生育常苦迟。儿女未

成人，父母已衰羸。”

如是：报亲恩的孝子，常有所谓“风树悲”了！他很考究了一番，知道当时的社会，贫家女出嫁更晚。他在《晚桃花》诗中说：

“寒地生材遗较易，贫家养女嫁常迟；春深欲落谁怜惜？白待郎来折一枝！”

又替女子“设身处地”想了一番，他在《秋槿》诗中说：

“……女子晚婚姻……色衰方事人；后时不获已！……安得如青春？”

我们大中华素来是“父性”的。专就重后嗣一点，就很明显；所谓“不孝有三，无后为大”。不会养儿子的就算不孝，多么庄严的礼教！所谓“三千之罪，无后为急”。没有小孩子，就该当罪名；多么正大的“王法”！让我攀经摭史，缕述一二，考核先民对于婚嫁时间早晚的主张。

(1)《尚书大传》：“男三十而娶，女二十而嫁，通于织纴纺绩之事，黼散文章之美；不若是，则上无以孝于舅姑，而下无以事夫养子。”

(2)《白虎通义》：“男三十而娶，女二十而嫁何？阳数奇而阴数偶也！“男长女幼者？阳舒阴促。男三十筋骨坚强，任为人父；女二十肌肤充盈，任为人母。”

(3)《春秋外传》：“越王勾践，蓄育人民，以为速报吴；故男二十而娶，女十五而嫁。”

观上述三说，有的从家事与经济两方面着想，有的用“阳阴五行”的生理学解释一切，越王因为人少，定早婚制，正合墨翟先生所谓：“丈夫年二十，毋敢不处家；女子年十五，毋敢不事人！”总算是“添丁”的妙计！

诗人乐天因为当代多杂乱，时有军匪，恍惚见着许许多多的“人”，让“狼吞虎咽”率兽食人的灭亡了。而“小国民”又不知道在那里，他那能不主张“正婚礼”呢？犹之欧美的“节育学说”近代传入国内后，便有一般倡“大国家主义”的人，不赞成这种“灭人之道！”

乐天既然赞成古俗复兴的，所以也很替过期未婚而死的人叹惋。他哭“独身而死”的《李夷道》诗中说：“无妻无子何人葬！”似乎可惜他没有早娶。又《邻女》诗中说：“娉婷十五胜天仙。”古人多在这个时期许嫁，据《春秋谷梁传》的解说：“防其淫佚也！”

（四）

“寄言痴小人家女，慎勿将身轻许人！”

那时候有“私奔”之风，所以他就做了一首讽喻体的诗，用“井底引银瓶，银瓶欲上丝绳绝”的比喻，说明“聘则为妻奔是妾，淫奔悲羞归不得”的情形。最后得了前述两句警语。

私奔这回事，“自古有之”。不过私奔的妇人，是不得成为正式的夫人。《礼记》“聘则为妻，奔则为妾”，是有明文的。按：《说文》“妾”字引《左传》“女为人妾，妾不聘也”。乐天赞成用礼相聘，原来也不稀罕。亨德《普通心理学》中说过：“现代的人，也不愿意轻弃旧日婚嫁的仪式。为什么缘故呢？在这种重大的社会问题上面，恐怕发生从‘煎炒锅’（Frying－pan）出来，跳进烈火里面去的流弊。”

乐天有两首诗，描写艳阳春日、燕尔新婚的情状。把唐代嫁娶的风俗，也很具体的形容了出来；不妨把这种绝妙的风俗诗，抄在下面：

“何处春深好，春深嫁女家！
紫排襦上雉，黄帖鬓边花；
转烛初移障，鸣环欲上车；
青衣传毡褥，锦绣一条斜。”
“何处春深好？春深娶妇家！
两行笼里烛，一树扇间花；
宾拜登华席，亲迎障幰车，
催妆诗未了，星斗渐倾斜。”

试看现在乡间结婚，行“亲迎”的仪式，还保留着上述状况的一部分或全部。紫襦、青衣、黄花鬓，二行红烛大灯笼，简单纯一的美，七八世纪的人所能欣赏的美！

(五)

“老妇低头事舅姑”(乐天《初到江州》诗句)，按照我国的古俗，如《颜氏家训》中所说：“古者，子妇供事舅姑，旦夕在侧，与男女(指儿女言)无异。”儿媳当然要尽力子职的；并且是非尽子职来事舅和姑不可的。记得《谷梁传》有一段话，女子出嫁时，父亲教训她说，“谨慎从尔舅之言！”母亲又教训她说，“谨慎从尔姑之言！”叮咛嘱咐，真算殷勤极了。古代所谓“妇道”的典籍，如《内则》、《女诫》中，都极力提倡此种伦理观念，所以妇女们便不得不低首屈伏于舅姑之下。

乐天在《蜀路石妇》诗中，很旌表一个“孝且贞”的妇人。我们可以从这首诗里，明了唐代的模范妇人如何事舅姑的情况：

“……

十五嫁邑人，十六夫征行；
夫行二十载，妇独守孤茕。
其夫有父母，老病不安宁；
其妇执妇道，一一如《礼经》。
晨昏问起居，恭顺发心诚；
药饵自调节，膳羞必甘馨。
夫行竟不归，妇德转光明。
后人高其节，刻石像妇形；
俨然整衣巾，若立在闺庭；
似见舅姑礼，如闻环佩声。
至今为妇者，见之孝心生；
不比山头石，空有望夫名！”

其实，中国的妇女，不但应有仰事舅姑的职务，就是养育儿女的大任，也须担负的。试看乐天《观刈麦》诗中所描写的母子。

“复有贫妇人，抱子在其旁；
右手秉遗穗，左臂悬弊筐。”

这样“右提左挈”，辛辛苦苦把孩子养育长大；亲与子的爱，真不知有多高多大和多深！（我国所以成就以家庭为本位的社会组织，最大的原因即在此）

乐天有两首很著名的象征诗，将他附带在这里未了介绍一下。一是《慈鸟夜啼》，一是《燕诗示刘叟》，都是说明“母慈重”的杰作。前者用慈鸟喻孝子；后者用雏鸣喻荡子，爱读古诗和提倡孝道的人，最好读一读。

（六）

家庭像丛林，夫妇便是投宿的飞鸟。当同林楼宿的时候，相安度夜，总算可以偕老！午夜分飞的变故，也并不是绝对没有的。我国古史中苏季子妇和朱买臣妻的故事，谁听了也会感慨的，尤其是男性中心的社会中属男性者。乐天《读史五首》中，对这种情形，也不免叹了几声：

“富贵家人重，贫贱妻子欺；
奈何贫富间，可移亲爱志？
遂使中人心，汲汲求富贵！”

人生为男儿，佩金印，握虎符（现在的九狮刀），归来取悦妻孥罢了！（这层确是中国社会组织中一个很大的缺憾，因为有如此“嫌贫爱富”的妻孥，许多“背公营私”的蟊贼便产生了！）乐天〈初著刺史绯答友人见赠》诗中，说道：

“银印可怜将底用？只堪归舍吓妻儿！”

又他的夫人初授邑号告身，他做了一首开玩笑的诗，戏相问道：

“我转官阶常自愧！君加邑号有何功？”

原来古代妇人以丈夫为所天的，唐代也如是。所谓“刘纲与妇共升仙，弄玉随夫亦上天”。(《代妻贺兄嫂二绝》诗句)她们营的是“寄生的”生活。夫贵妇荣，夫贱妇辱。乐天所以在《太行路》诗中叹惜了：

“人生莫作妇人身，百年苦乐由他人！”

谈到乐天自己的家庭，很可叙述一下。他是杨慕巢(汝士)的妹婿。从他的《赠内》、《寄内》、《舟中赠内》诸诗中，可以知道他俩伉俪情笃。例如“莫对月明思往事，损君颜事减君年”，又“莫凭水窗南北望，月明月暗总愁人。”可见同情心厚，相思之切！据说他在渭邨退居时，“妻愁不出房，传衣念褴褛，举案笑糟糠。”他的夫人或者因贫，有了愠色。他和夫人说：“贫中有等级，犹胜嫁黔娄。”冀彼此共安贫贱，达到白首偕老的夙愿。

他年老的时候，观察了家庭各方面情形之后，发生了一个大疑问，乐天有十二章“志怪放言”的禽虫诗，其中有一章这样说：

“江鱼群从称妻妾，
塞雁联行号弟兄。
但恐世间真眷属，
亲疏亦是强为名！”

呵！傀儡式的家庭——名义上的眷属！晚年，老病相仍，他以诗自解，说道：

“人间戏一场！”

(七)

“针头不解愁眉结，线缕难穿泪脸珠！”

《绣妇叹》

乐天深表同情于劳动的女工。最可恨的，就是女工们掺掺亲手所织制的东西，偏偏是给那段供人玩弄的妇女做装饰品的。他念女工之劳，于是做了《缭绫》一首长诗，全文录后：

“缭绫缭绫何所似？
不似罗绡与纨绮；
应似天台山上月明前，
四十五丈瀑布泉。
中有文章又奇绝，
地铺白烟花簇雪。
织者何人衣者谁？
越溪寒女汉宫姬。
去年中使宣口敕，
天上取样人间织。
织为云外秋雁行，
染作江南春水色。
广裁衫袖长制裙，
金斗熨波刀剪纹。
异彩奇文相隐映，
转侧看花花不定。
昭阳舞人恩正深，
春衣一对值千金。
汗沾粉污不再著，
曳土踏泥无惜心。
缭绫织成费功绩，
莫比寻常缯与帛。
丝细缫多女手疼，
扎扎千声不盈尺。
昭阳殿里歌舞人，
若见织时应也惜！”

(八)

乐天有一次问韦练师,说。

“上界女仙无嗜欲,何因相顾两徘徊”

长老有答复的话没有,这里暂且不提。诗原是把人间的心,用情绪的及旋律的语言,而为具体的艺术的表现的东西,文学家瓦芝腾顿下了这般的定义。准此而论,诗人的态度,只求他们的 free play of mind,不但要怀疑上界女仙和老道开玩笑,就是遇着削发“假”修行的小尼,也就不客气的揭破她们的闷葫芦!

隋唐都盛行佛老的迷信。唐睿宗两个女儿西成公主和昌隆公主,也出家做了女冠子。时在景云元年,乐天生前七八十年光景。君主时代的风尚,“上之所好,下必有甚焉者。”于是夫死妻出家,婢妾逃出家,可谓实繁有徒。乐天有些诗,描写“青灯古佛”皈依的女信徒,流弊到了极点,甚至于嫌恶女孩的,小时便把她们舍施了。在成人的观念,许有“削发除烦恼”的可能;然而替小尼身上着想,一生的幸福,难道不白白地牺牲了吗?她们,严格地说起来,至少也是被动的,绝对非自动的甘心情愿去修行修心的!乐天描写小女冠(或称小尼)的“青春恋态心理”,最痛快而且极真实:

“绰约小天仙(原文该作“仙子”),生来十六年;
姑山半峰雪,瑶水一枝莲。
晚院花留立,春宵月伴眠;
回眸虽欲语,阿母在旁边!”
《玉真张观主下小女冠阿容》(按:原文为“真”,误)
“头青眉眼细,十四女沙弥;
夜静双林怕,春深一食饥。
步慵行道困,起晚诵经迟。
应似仙人子,花宫未嫁时!”
(《龙花寺主家小尼》)

记得西方有一位圣徒说过:倘若自己禁止不住,就可以嫁娶;与其欲火攻心,倒不如嫁娶为妙。(《哥林多前书》第七章九至十节)小女孩被强迫要变做尼或女冠子,的确是一种很惨酷的罪恶;不过乐天只是个诗人,无权威力量可以教训世人,仅仅运用了写实的技术,赤裸裸地描摹可怜的她们一番,把深刻的印象贡献给他的读者,岂不是一种很好的被压迫的呼吁声?

(九)

"何处风光最可怜?"
"妓堂阶下砌台前!"

乐天在《宴周皓大夫光福宅座上赋》诗中,曾有上述两句自问自答的话。查《释名》说:"妓,女乐也。"当乐天的时代,歌妓是社会上很时髦的东西。(恐怕像日本的艺伎一样?)从他的诗句中,当时歌妓的装束,不难想见。例如,

"一种钱塘江畔女,著红骑马是何人?"

《代卖薪女问妓》

"郁金香汗真歌巾,山石榴花染舞裙。"

《卢侍御小妓乞诗座上留赠》

"烛泪夜粘桃叶袖,酒痕玷污石榴裙。"

《论妓》

又"何处春深好,春深妓女家……"一首诗中,描写得更清晰。那时着红骑马的妓女,或者多半是穿石榴花裙的。(乐天咏妓的诗差不多篇篇离不了石榴花裙)乐天颠倒在石榴花裙下多年,什么阿软、杨琼、商玲珑……相好的很不少。他少年长安及第时,便有"红莲赠句"的韵事;老来做杭州刺史,又有"筒竹盛诗"的话柄。这类掌故写来太多,只好不谈。

当时有官妓和人家私蓄的。富贵人家喜小女孩子,养大起来,教以歌舞,便成了他们的"玩具"了。所谓"妓作后庭花",是不轻易让别人观

赏的，乐天在《鹦鹉》诗中说道：

“人怜巧语情虽重，鸟忆高飞意不同；
应似朱门歌舞妓，深藏牢闭后房中！”

鸟虽受人抚养，然而越笼飞出，还他天赋的自由，是时常有的事。婢妾，歌舞妓，也是不能常“深藏牢闭”在后房中的，往往一缕烟似的逃之夭夭。所以乐天也用了这个比喻，在《诮失婢》诗中说：“笼鸟无常主！”

因为“笼鸟无常主”的情形，他便发生了“莫教小妓女”的感想。乐天并不从人道方面着想，乃是就利害言：

“莫教小妓女；妓长能歌舞。
三年五岁间，已闻换一主。
借问新旧主，谁乐谁辛苦？”

再从他的咏妓诸诗中，可以知道他正面的理由是：“亦应不得多年听，未教成年已白头。”反面的理由是：“闻道经营费心力，忍教成后属他人。”他本来想劝当时的人“莫蓄小妓女”。也许为反对这种陋俗，于是晓人以利害，使他们知道太不经济，则陋俗或者有废除的希望。但是想来又想去，不觉太深刻了；于是有下述一桩悲剧发生。

据说：徐州张尚书有个爱妓，名盼盼，与乐天有一面之雅。尚书死后十余年，盼盼尚在燕子楼守寡。这消息偶然传入乐天的耳中，他做了一首诗，原文如下：

“黄金不惜买娥眉，拣得如花三四枝；
歌舞教成心力尽，一朝身去不相随！”

乐天的诗当时是很负时誉的，往往“不胫而走”，传诵人口。据《尧山堂外纪》说：“此诗为讽盼盼而作，盼盼得诗，反覆读之，泣曰：自我公薨背，妾非不死；恐百载之后，人以我公重色，有从死之妾，是玷我公清范也！乃答白公诗曰：‘自守空房恨敛眉，形同春后牡丹枝；舍人不会人深意：讶道泉台不相随！’旬日不食而死！”外史氏的私记如果属实，乐天这首诗,竟害死了一个孀妇,真是枉死!他原来劝人莫教小妓女,说死了是带不去的,里知道反而叫人殉葬呢?

(十)

历史上差不多可说有个公例:凡宠幸妇人,不恤国事者,皆足以亡国灭身。因为嬖幸妹喜妲己的缘故,桀纣虽“贵为天子,富有四海”,后来“一夫作难而七庙堕,身死人手,为天下笑!”又如罗马王 Antonius 宠 Cleopatra,结局也是一幕悲剧。我们现代民主国家,“宠妃”当然没有。上溯专制时代,国君右左,皆有妃嫔,多选皓齿娥眉,靡颜腻肤,修态姱容,顾眄歌舞,无不妍姣,甚至回眸百万,一笑千金。于是成了“伐性”“倾国”的“不祥之物”了。

就说唐明皇罢。因为宠幸杨贵妃,几乎把他的黄袍牺牲了!这件事发生的时期,离乐天生时并不多久,他在江南,还亲自遇见了“天宝乐叟”,并且有一首诗,纪录那老头子亲口向他说的话:

“白头病叟泣且言,
禄山未乱人梨园,
能弹琵琶和法曲,
多在清华随至尊。
是时天下太平久,
年年十月坐朝元。
千官起居环佩合,
万国会同车马奔。
金钿照耀石瓮寺,
兰麝薰煮温汤源。
贵妃宛转侍君侧,
体弱不胜珠翠繁。
冬雪飘飘绵袍暖,

春风荡漾霓裳翻。

* * * *

欢娱未足燕寇至，

弓劲马肥胡语喧。

豳土入迁避夷狄，

鼎湖龙去哭轩辕。

* * * *

从此漂沦到南土，

万人死尽一身存……”

乐天是李唐的臣民，应该讽谏他的君上，所以他在元和四年为左拾遗时，做了好些讽诗，“为君而作”的。其中有一首诗，题为《古冢狐》，注明“戒艳色”。最初说了：

“古冢狐，妖且老，化为妇人颜色好；

头变云鬓面变妆，大尾曳作长红裳！”

妖狐变美女的寓言，的确刻画到十分。接着说每到黄昏，它便歌舞悲啼，来诱惑过路的行人。魔力非常之大，一笑一颊千万态，十个见着九个迷！妖狐蛊人，尚且如此，“尤物”惑人，更足以颠倒，梦魂生死结想，所谓“贵妃胡旋惑君心，死弃马嵬念更深。”他不禁在《李夫人》一诗的末后，长叹两声：

“人非木石皆有情，不如不遇倾城色！”

万一遇着了，那么怎样办？诗人也有个解脱的法门。元微之的《梦游春诗》和后人的《西厢记》，据考证家讲来，多少是有关系的。骂《西厢》为诲淫书的就不少；可是乐天《和梦游春诗一百韵》，却悟彻了“艳色即空花”的妙旨。一桩事情原有正反两面，见仁见智，看各人的领会罢了！附带说说也有些趣味。关于“艳色即空花”这一点的引申，他的集内曾有不少的发现:如《罗敷水》中有“芳魂艳骨知何在?春草茫茫墓亦无”句;《霓裳羽衣舞歌》中有“吴妖小玉飞作烟,越艳西施化为土”句;又在《真孃墓》和《简简吟》中,说了几个“好物不坚牢”的比喻。乐天作诗“以风其上”,是专制时代不得不尽的忠忱。

读者诸君,试思量“曹家碑”上的“好”字,真不知吸尽了人间几许精血!不过“尤物”难留,如塞北花,岭南雪,又似琉璃易脆,彩云倏散。哈哈!“开时不解比色相,落时始知如幻身!”这是乐天“佛偈式”的诗句。

(十一)

妇有七出,无子居一。据《家语》说,是孔丘老夫子的主张;并谓“此圣人所以顺男女之际,重婚姻之始也!”传闻孔氏三世出妻:孔夫子的父亲叔粱纥出妻;孔夫子的儿子伯鱼出妻;孔夫子的孙子子思又出妻,此载说在《家语后序》。如果这伪书(指《家语》)中保存着的是真事,那么中国的“男”圣人,真不知“女权”为何物!再从荀老师赞许孟夫子迫妻“下堂”的话(见《荀子》)看来,知道“贤者”之妻,也难免要受荼毒的。古文的女字,原来是象跪形,屈伏于男子之下!

言归本题。《别鹤操》乃是“鸣不平”的杰作。原词恐已散佚,现存的三句诗,是后人依托之作。我们依据《琴操》,知道后列的事实:

> “商陵牧子娶妻五年,无子,父母欲出之,为改娶;乃援琴为《别鹤操》。”

乐天《和微之听妻弹别鹤操》诗中,说道:

> “义重莫若妻,生离不如死?
> 誓将死同穴,其奈生无子?
> 商陵迫礼教,妇出不能止!”

结婚了多少年,还没有生育,医学上叫做“不妊症”。在学理说,是由于男或女生理上有何缺憾,并不能专责妇人一方面的。可是仅仅因这个不充足的理由,“礼教”便可以强迫感情非常好的夫妇离异,当然是古人的见解。这种妇女被弃的情形，曹植《弃妇篇》中，说得很好，可以引出来参考：

“……拊心长叹息，无子当归宁。

有子月经天，无子若流星。

天月相终始，流星没无精。

栖迟失所宜，下与瓦石并。

忧怀从中来，叹息通鸡鸣……”

唐代还有这种“不近人情”的古俗。乐天和元微之都无儿子，他们未尝不暗暗的：“伤心自叹鸠巢拙，长堕春雏养不成。”但是还能够达观，虽然没有科学的见解，并不盲从“礼教”。他《酬微之》诗中说道：“天道无儿欲怨谁？”

谈到乐天的后嗣，只有女儿，他说：“非男聊胜无，慰情时一抚。”晚得三女，却“预愁嫁娶真成患，细念因缘都是魔！”

重男轻女，历代皆如此。乐天也未能免俗。他一直到老终无儿子，所以瞧见娇痴嫩脆，牙牙学语的女孩，也渐渐地笑逐颜开，时时抱弄，然后才悟到“可抱何必是男儿！”

上面说过微之和他处同一境遇。恰巧微之整集旧诗和文章，得一百轴，写了文言长句寄给乐天。乐天次韵酬和，和毕，还有未尽的文思，便加做了六韵，末四句说：

“各有文姬才稚齿，俱无通子继余尘；琴书何必求王粲，与女犹胜与外人。”

他自己也觉得：女儿未尝不可传家。因破柏作书柜，将前后七十卷，大小三千篇，收贮在那柜里面，并作了一首《题文集柜》的诗，说道：

“只应分与女，留与外孙传。”

现行本《白氏长庆集》，有会昌五年夏五月一日，乐天《白氏文集自记》。其中提到集有五本，内一本付外孙谈阁童，藏家传后。

（十二）

“生作闺中妇，死为山头石。”

我们知道乐天《续古诗十首》中说的那“山头石”，系指“望夫”的石妇而言。唐代妇女，有夫死守节的风俗，甚至于殉夫。其实，上古并不重“节妇”。偶有念“故人恩义重，不忍更双飞”的寡妇，所谓“未亡人”（古时寡妇自称），本“天民之穷而无告”的弱者。于是人们有“矜寡”的义举；像《诗经》中所说：“彼有遗穗，此有滞穗，伊寡妇之利。”但是并不为提倡节义的。秦时始尊节妇，汉时便流行一种古怪的思想，什么“阳尊阴卑，天之道也。是以男虽贱，各为其家阳，女虽贵，犹为国阴”。就是诗人乐天也中了这种毒，说什么“劝天下妇女，不令阴胜阳！”

所以他极力赞美一个“如花似玉”的女郎，因为她自尽完节，写出她自己的绝命词：

“自言重不幸，家破身未亡；人各有一死，此死职所当！”

——《和李势女诗》

七八世纪时，“失节”一事，原没有宋儒吹得那么大，但是也不见得唐人就看得轻。试观乐天《和雉媒诗》中，就很提倡这种伦理的观念。他说：

“劝君今日后，养鸟养青鸾。青鸾一失侣，至死守孤单。”

乐天何曾有铁石的心肠？他向“守孤单”的孀妇，表出十二分沉痛的哀忱！那时孀妇的服饰，白妆，素袖，碧纱裙，和梨花的颜色相彷佛，所以有一次瞥见江岸的梨花，便引起了乐天苦恼的诗情，写了四句：

“梨花有意缘和叶，一树江头恼杀君！最似孀闺少年妇，白妆素袖碧纱裙。”

男子丧妇，终身不再娶，是罕有的事，何以偏要孀妇守寡？在这样极不平等情况之下，乐天却也曾大声疾呼替她们叫苦；他的《妇人苦》诗中，反复郑重地说了：

"蝉鬓加意梳，蛾眉用心扫。
几度晓妆成，君看不言好。
妾身重同穴，君意轻偕老。
惆怅去年来，心知未能道。
今朝一开口，语少意何深？
愿引他时事，移君此日心。
人言夫妇亲，义合如一身；
及至死生际，何曾苦乐均！
妇人一丧夫，终身守孤子。
有如林中竹，忽被风吹折；
一折不重生，枯死犹抱节。
男儿若丧妇，能不暂伤情？
应似门前柳，逢春易发荣；
风吹一枝折，还有一枝生。
为君委曲言，愿君再三听。
须知妇人苦，从此莫相轻。"

结论

末了，我们谈谈乐天所以成功为妇女文学家，及其作品受当代妇女热烈欢迎的情形。

（一）据说，乐天做了一首诗，便去问老妪懂不懂。老妪说："懂。"便留存这首诗；妪说"不懂。"就不要了。《墨客挥犀》上载得很明白。后来虽有平园周必大驳这种传说不确，因为乐天有"旧句时时改，何妨阅性情"的诗句。要之，乐天的诗语，总力求平易，叫妇孺都易于了解。当时穷乡僻壤的私塾先生，据说也有教小学童念乐天诗的。读读《偶吟》诗，其中说道："元氏诗三帙，陈家酒一缸。醉来狂发咏，邻女映篱听。"

元白体的诗，绝对不会像"周诰殷盘"那样令人难懂；所以邻家的女儿,侧耳靠在篱笆上,听乐天诗翁狂咏,也很觉得有趣味。

(二)元微之旅行到通州的时候,看见江馆柱间有乐天所题的诗句,他便抄下寄给乐天看。原来是十五年前他在长安做的恋爱诗,他自己不禁惊讶起来,“偶助笑歌嘲阿软,可知传诵到通州!”

追想往事,好像在梦中!这件事虽小,可以喻大。他曾有“唯有诗人应解爱”的诗句。唯其解爱,所以留得佳话存。

由上两点看起来,“爱力”和“普遍性”,是乐天所以成功的原动力。然后用鹦鹉喻妓女也好,用妖狐喻艳女也好,用梨花喻孀妇也好,就用秋槿和晚桃花比况贫家女,也恰到好处。因为他的作品是平民化的,决不会像《雅》、《颂》或《楚辞》一流贵族的文学,只供少数士夫去欣赏。

再叙他的作品,如何受当代人的欢迎,尤其是妇女们热烈传诵乐天诗的情形。

(一)《旧唐书》本传载当时朝野上下都很重视他的作品。内有他自己写给元稹的信,纪了些事迹。说:

(1)长安有军使高霞寓者,欲聘倡妓。妓大夸曰:“我诵得白学士《长恨歌》,岂同他哉?”由是价增。

(2)昨过汉南日,适遇主人集众娱乐,他宾诸妓,见仆来,指而相顾曰:“此是《秦中吟》、《长恨歌》主耳!”

可知当时的人,无论识与不识,对于乐天的作品,都有很深刻的印象和赞许的好感。并且还有人借重他的名著,来抬高自己的声价和身份。

(二)元微之《白氏长庆集序》中,说他的平民化的诗,“禁省观寺邮墙之上无不书,王公妾妇牛童马走之口无不道。”不但博得士庶僧徒辈热烈的传诵,就是孀妇处女,也有不少成为诚挚的读者。

乐天成功的作品:《长恨歌》是长篇的抒情史诗;《秦中吟》第一首便叫《议婚》——都属于妇女文学的,博得一般妇人女子的欢声,不为无因!乐天知道自己有成功的作品了,所以在他的十一卷诗末,题了一首诗,《戏赠元九、李二十》,也就毫不客气,在戏台里喝彩:

“一篇《长恨》有风情,十首《秦吟》近正声。”

现代中国文学概观[①]

现代中国文学之范围——现代中国文学之背景——现代中国文学之特征——现代中国之诗人及其作品——现代中国之小说家及其作品——现代中国之戏剧家及其作品.

按:此纲要系徐哲夫先生在任河北省立第二师范教职时,所讲授之记录。因时间只二月,凡讲六次,故不克多所发挥,时人于现代中国文学概论类之作不多,故特发表徐先生此记,藉为了解现代中国文学之一助云。编者谨识。

第一讲　现代中国文学之范围

我们为什么要研究现代中国文学呢? 从前有一句名谚:“知古而不知今,谓之陆沉!”历史家和考古学家,可以专从事研究“三代两汉之书”,或历史上的事迹;我们研究一般学问的人,对于现代问题,是不容易忽视的! 尤其是师范文科的学生,应该略知现代中国文坛的现势。

记得有一位外国学者,Arthur Weley,曾撰一篇文章,(民国十六年

---

① 载于《盘石杂志》1932 年第 1 卷第 1 期。按:《盘石杂志》为辅仁大学中华公教青年会所办,刘半农题写刊名。

十月十八日《北京英文导报》载过），题目 Modern Chinese literature，华风西渐，西洋文学批评家，能谈一谈“老残”、志摩的诗，和鲁迅的小说，难道我们不该有更深切的注意和研究吗？

现在略将本国人士，研究这个问题的经过，介绍一番。

胡适在民国十一年为上海《申报五十周年纪念册》作了一篇《五十年来中国之文学》，算是研究这个问题的第一篇的报告。不到一年，日人桥川将这篇论文译成日文，便引起了东洋学者的注意，所以最近日本出版关于中国文学的书籍，其中也大谈特谈中国的新文学了。

对于胡适的这篇文章，作整个的批评的人，是胡先骕，他在十二年六月出版的《学衡》（十八期）上面，发表了《评胡适〈五十年来中国之文学〉》。内称：

“胡君此文，于叙述此五十年中我国文学之沿革，固有独到之处，至必强诋古文，而夸张语体文，则尤其‘内台叫好’之故伎与苦心耳。”

再因为胡适在本文中，没有提到王国维和苏曼殊，稍后就有人做了《苏曼殊评传》（杨鸿声作）和《文学革命的先驱者——王静庵先生》（吴文祺作），都算受了胡适这篇文章的影响。

稍后郑振铎著《文学大纲》，末了一章，末了一节，专讲新世纪的中国文学，赵景深著《中国文学小史》，谭正璧编《中国文学进化史》，都有专章，分析底未叙述现代中国文学。

据我所知道的情形来谈，那么，饶孟侃于民国十五年夏季，在上海暑期学校，曾担任这个问题的讲座。（他有一次写信给我，他的讲稿，本来想在《秋野杂志》上发表，后来拟改寄给日本某杂志披露云）再杨振声，在清华大学，教授“现代中国文学批评”，他所讲演的稿子，我们能见到的，只《新文学的将来》一篇文字，曾在十七年十二月十二日《清华校刊》增刊的文学专号发表，再我曾介绍这篇文字，在我主编的《益世报·文艺周刊》中（十八年四月四日，四月十一日）两期。

再陈子展于十七年暑期南国艺术学院，讲“中国近代文学变迁”，十八年四月，由中华书局印出这一部讲义，《新月》月刊中曾有一篇批评的文字，据我忖度，大约是饶孟侃做的，痛快底指斥了这位陈先生一顿，说他抄袭上曾述及胡适的论文啊！

本年上海会文堂新记书局出版一本《近代中国文学讲话》，讲授者序："在民国十六年的夏天，我在金陵暑期学校担任了一个'中国新兴文艺评论'的学程……去年，光华有类似'近代中国文学'这样的功课，也是我担任的。"

这册书算是他教学所得的成绩品，内容只有四讲，似乎嫌太简单。

现时我们开始研究这个问题，除把他当个专题来研究外，特别注意下列两点：

第一，我们要从多方面，对于现代中国文学，作一度"鸟瞰式"的观察。

第二，我们要从稍稍侧重教育文艺方面，来讨论它。

所有范围，拟以"新中华民国之产生极其长成"，为时间方面标准，固然要叙述民国十九年来的文学界所有的各种现象，有时也采用溯源的研究法，作采本求源的讨论。

谈到参考的材料一层，除上述及的论著，做我们研究重要的参考书籍外，还有些书报，例如钱编《现代中国文学史长编稿本》，陈源《论新文学运动以来十部著作》，(刊入《西滢闲话》中)克川撰《十年来中国的文坛》，(本年十月出版的《文艺月刊》)；又如沈从文所撰《我们怎样去读新诗》(《现代学生》第一期)"把新诗自《尝试集》起直至时下蓬子等所作，有简单的系统的叙述"(《大公报·文学副刊》百五十二期中评语)；草川未雨著《新诗坛的今昔作》(于赓虞对于此书曾有一篇批评，刊入《河北民国日报副刊》中)再专论作家的书，如《鲁迅论》等都应翻阅一次。那么，我们进行这个课程，自然更觉顺利了！

(补)前曾提及的陈子展，大概因为《新月》对他不客气的评语教训了一顿，于是发奋著书，最近本年十一月又由太平洋书店印出一部《最近三十年中国文学史》，据作者自称：

"拙稿前书，不过用作七八小时之讲稿……本书虽仍用讲义体，惟因

竭半年课余之余力为之，故稍为繁富。”（原书例言）

按此书很有参考的必要，但是在本课程讲授时，尚未出版，现补入。

第二讲　现代中国文学的背景

文学与时代是有关系的，所以它的背景必须在这里谈谈。现在分成三方面来说：

A. 社会的背景——为研究方便起见，再把它分成三个小节目。

a 文人生活和态度。科举时代，文人成了特殊阶级，生活安闲，很少有冻馁之忧的。科举制度废除以后，有许多文人，生活上顿感不安，所以要为邀得报酬去做文章。沈雁冰作过一篇《文学和人类的关系及中国古来对于文学者身份的误认》的文章里面有了一个表，表示中世文人生活和现代文人生活的不同：

中世——帝王贵阀的 现代——民众的

b 报纸——报纸和它的副刊可说是新文化运动的先驱，戊戌政变以前，梁任公办《新民丛报》，当时文学大受影响。一九一九年这一年中，据说出了四百种白话报，北京的《晨报副刊》，上海《民国日报》的《觉悟》，《时事新闻》的《学灯》，是最初的三个最重要的白话文的机关，这些和新文学运动，极有关系。（详见胡适所撰《五十年来中国之文学》一文）再如鲁迅作了一篇打油诗要在《晨报副刊》（民国十五年）发表。（详见一九二五年十月五日《京报副刊》）编辑孙伏园就把这篇诗预备登载，因为总编辑私自把这篇诗抽去，孙伏园就和总编辑冲突起来，举手就给了总编辑一个嘴巴。这个嘴巴虽没有打着，许多的刊物从此产生出来，孙伏园和《晨报副刊》脱了关系以后，就创办《京报副刊》，鲁迅等就创一个《语丝》，差不多同时《现代评论》也产生了，那一年就出了七十多种定期刊物，对于文学上的影响也可想而知了。

c 书店——书店的老板，为博得利润，对稿子的去取，都捉摸着读者的心理为依归；作者为得到报酬，也就按着书店老板的心理去作文章；作家为发表文章方便起见,近年有了不少小资本经营的新书店,从此产生大批的新文艺和社会主义的书籍,极有左右文学趋势的能力。

B. 历史的背景

a 从专制时代到革命时代

b 从闭关自守时代到门户开放时代:专制时代和闭关自守时代的文学与革命时代的文学截然不同。

例如清光绪二年出使英国大臣郭嵩焘作过一部游记里面说:“现在夷狄和从前不同,他们也有二千年的文明。”寄到北京以后,发起了清廷满朝的愤怒,直到把板烧毁才算了事。由这里可以看出专制时代和闭关自守时代的文学的一斑,革命时代和门户开放时代的文学,和专制时代和闭关自守时代的文学不同之点,可引梁任公《五十年来中国文学(注:此处“文学”应为“进化”,作者笔误)概论》一段文字作个证明:

“到如今新文化运动这句话,成了一般读书社会的口头禅,马克思差不多要和孔子争席,易卜生差不多要推倒屈原!”

c 文化的背景——是指中国民族精神变化而言。

中国民族精神变化表

昔	静	慢	礼法约束	冷酷
今	动	速	自由	狂热

简括说来,从前的文人学士,总要举止端方,才算彬彬大雅;现在的学生,却以跑快跳远相竞尚。男女授受不亲,是中国的旧礼教;现在偏主张社交公开,婚姻自主。从前有庄严的聚会,总以如临大典,如逢大祭,恭敬的样子去参加,在第二次全国教育会议上,本年的大事件,吴稚晖第一次讲演便引起了很多的王八旦等……名词,去说明他要说的话。“吴老头”算是中国近三百年中一个大思想家(胡适语),却是如此说话滑稽而欠庄重的人!真是只有在现代中国,才可值得恭维的!至于昔多冷酷,今多狂热,看看现在党人的工作忙,和“种地纳了粮自在王”的谚语,比较一下,是很容易看得出来的!

关于现代中国文学概观的通讯(徐景贤的一封信,也放在里面)

《盘石》主编先生暨诸同志先生:

在国难临头的中国,我们不讲武,还要来论文,那么必然的是因为我们认为文学对于民族的存亡和国家的兴衰,都有相当的关系。

这是觉得很悲哀的现象:中国文坛中充满了亡国灭种的著作,什么几个男性嬲一个女性的丑事,什么歌颂"皮带"和"放屁"的滥调,都成了摩登文学!为什么这一大批的"汉奸",都逍遥于日本军匪惯施毒手之外,真是一件极侥幸的事情!

两年前,我在保定服务,因为前任教员王某替所谓"普罗文学",大吹法螺,所以我迫不得已讲过一次《现代中国文学概观》,用意是唤醒那一班受了赤色麻醉的学生,知道"普罗"云者,不过是赤俄卢布党人带来的铜臭的流毒,断乎不能掩没整个中国文学界,同时我就将现状的分野,略略的讲述了一个大概。

上月我们从洛阳来了北平,承面谈,欲将此稿编入《盘石》创刊号中。按情理说,这番美意,是要接收的,当时就允了。现在细想了一番,我应该郑重声明,虽然我从前讲演过,要研究中国现代文学,但绝对不是提倡这类缺乏真理精神和长久性的东西,其实,这类的东西本身哪里有提倡的价值呢?

在积极方面,我们公教学友难道就没了主张么?决不是一味消极地来申斥人的!记得去年六月,徐汇师范学校约我讲演"公教与文学",我也曾经解释了公教与文学的关系,试举古代的圣奥思定,圣方济各、圣多玛斯的学生——但丁,当代的巴比尼先生和吉士德先生,将他们的文学修养和成绩,述来作为例证,有邹文华、张尚生、萧光宇三君的笔录,刊在该校校刊第七届毕业纪念号中。这一回的记录,比上回项王两君所记录的,更详细,较正确,所以讲演的我,对上回的记录,即"现代中国文学概观"一稿,不愿负什么文责,对于这回的,是很愿负责的,所以自荐底介绍一下!

现在呢，暮春三月刚才过去，江南田园在日军蹂躏之下，野草是长得很可以了——停战协定也就由中日双方签字；一般遭难的农民是忙于田园的工作，我——难民中的一个——很有些工作急于进行，所以不再琐细底往下陈述了！

留下剩余的话，非说不可的：(一) 希望爱护《盘石》的同志，努力维护保存这一块园地的圣洁，假如让娑殚种下来的恶花恶草，也生长在这块盘石上面，那么，不但这块石头成了可诅咒的，就是谁和这块石头有关系的都成了可诅咒的了——自然，永远不致于如此，才好。那么，我们公教学友都乐于爱护这块带神圣意味似的盘石了！(二) 圣咏上面说道："努力制成玫瑰花冠，在它未凋谢以前吧！"青年正是人生的一段像玫瑰花开的时代，同志要赶做许多花冠，献给圣教，歌讴他的"真"、"常"教义，献给祖国，发扬他的民族文化，将许多富有艳色和有香味的玫瑰花冠，分给我们四万万的父老兄弟姊妹，和地球上一切人类吧！

最后虔求"玄义玫瑰"特佑为《盘石》工作的诸位同志先生！

你们的在基多中的学友，卢伽徐景贤致敬！

一九三二、五、十八 于上海徐家汇书

(附录)中国新兴文学和上海新书业的因缘

按此系现代中国文学背景之一，上面曾经讲过，兹将二十年一月十六日《大公报》上的上海书信，附录于左，作为参考！

最近五六年间，沪市先后设立之新书业，风起云涌，盛极一时，往者在福州路，(即四马路)中市之商店，类属普通营业，至今日则跃而为繁兴之书肆欤？陈列玻窗之刊物，林林总总，五色缤纷，就表面观之，殆中国文化界之孟晋，惟事实上殊有不然者，据书业中人所言，去年各店现况均感萧条，营业不振，殊未如前岁之佳，记者遍访新书业界之巨子，叩询其意见，调查营业之现况，观察各局刊物之倾向，记述如次：

新书业去岁年终营业额之结数，大抵高者均二十万元，次者十万余元，再次六七万至一万元，中以开明书店与北新书店状况最佳，光华现代次之，其他十二三家，有则敷衍开支，亏蚀更不在少数。推其营业不振之原因，则一因受战事障碍，交通阻梗，各埠同业批配书件，每停搁中途，致交易锐减，而各地同业之账款，又皆按期不能清结；南昌长沙各地，尽属共匪，猖獗蹂躏之区，而新书业关于鄂赣湘三省各地之书业主顾，去岁又多不愿冒险寄件，自所谓“普罗文学”，经郭沫若鼓吹后，在郭个人固另有作用，而一般左翼作家，不甘雌伏，群相效尤，于是结合所谓自由同盟，大谈其普罗，旋当局加以通缉，扣留刊物，新书业本赖作家为号召，而目的在盈利，凡曾发刊普罗之书肆，至此概受影响甚巨；加以最近二年新书业，年有增设，此类书肆之产生，除泰东亚东二家，已开设十数年，余则以新兴文艺勃兴，有利可图，应运而生，书局增多，刊物既充塞市场，而购者经济与时间，究属有限，著作愈多而生意愈坏，于是乃有改位易辙，刊政治经济社会等科学书，然新设各局，征稿殊滥，取舍不严，购者以阅不胜阅之患，每择取声誉较著作家之刊物，其他购者殊少，同时以报价涨高，再版书难以加价，大部之新书业，民众购买力低弱，乃受重大打击焉。

沪上俗谓老书业与新书业，初仅以营业之范围，及刊物性质判别之。前项即先进商务书馆、中华书局等，后即新进后开办之北新、光华、开明、现代、真善美、泰东、亚东、太平洋、金屋（已停）、新月、卿云、华通、群众、联合、芳草等书局，及乐群等四家联合书店，江南等三家联合书店，乐华等五家联合书店，水沫（现已并入光华）书店等十余家。新书业刊物，侧重于新兴文艺，推其发展之初步，北方得力于新朝（应为“潮”字）社，与南方之创造社，努力倡导者半，军阀治下，压迫綦严，而人民倾向于革命文艺人，故赖于革命军进程者亦半，卒有今日之规范。新潮社创设甚早，由《晨报副刊》主编孙伏园及北大学生李小峰等主持，多受北大师生之灌溉，举刘半农、吴稚晖、顾颉刚、周作人、鲁迅侪辈，均当时新潮社之健者。创造社为沪上一般新文学作家之组合团体，主要人物即郭沫若、王独清、郁达夫、成仿吾等，嗣以倾向各殊，就形式上观之，俱属创造社之生力军，实际则分门别派，各有所宗也。

北新书局　实为新书业之巨擘，总店原设北平，著述多由新潮社之作家供给，鲁迅之《呐喊》为北新奠基之刊物。闻《呐喊》集中《阿Q正传》，多人已译成英法日文，初印一千册，果不三月，销售一空；周作人、谢冰心等著述，乃北新刊物之根本。后张作霖部队入平，北新遭封，于民国十三年冬，迁总店海上。营业甚盛，嗣后刊物征稿方面，原新潮社与创造社作家及一般薄有声名作家，均在被征之列。近年因同业增多，渐更趋向，加刊教科书儿童文学。北新历年刊物，综合已出至三百种以上，去岁虽新书业大体萧条，然北新仍有起色。

开明书店　由章锡琛主持，为股份公司性质。五年前，章办《新女性》，由光华书局寄售，继因文艺勃然，招股办开明。各类教科书之著者，有林语堂、夏丏尊、章克标等，《史地丛刊》刊出者有十余种。章氏曾任商务书馆《妇女杂志》主编，妇女问题为其专长，故博肆此类图书甚多，销路畅者，有《妇人与社会》、《妇女问题十讲》、《新性道德讨论集》、《结婚与幸福》、《性的故事》等近二十种。闻章与沪市学校感情素洽，去岁营业，为各局之冠。

光华书局　开办已六年，过去之刊物，与北新仿佛，近日注意社会科学，去岁成立读书会，广召会员。营业方面，次于北新，然与他同业相较，殊占优势，过去善刊爱的文艺，作家若金满城、张资平、叶灵凤等，创作小说亦丰，长篇及短篇达六十余种，《新闻学丛书》，计有八种，综合全部刊物，约三百五十种。

现代书局　成立已三年余，刊物之倾向，大体与光华同。去岁《拓荒者》诞生，被当局查禁，该局寄往外部书件，不拘何种，检者每全部扣留，该局定期刊物，现完全停刊，近日多刊社会科学，去岁营业尚不恶。

新月书店　一般刊物，过去有陈西滢、徐志摩、闻一多等著述，陈氏等均昔日《现代评论》诸作家。《新月》杂志，原为纯文艺刊物，自增加政治论文后，销路日畅，定户由七百增至七千，销路总数一千二增至一万五千，作品由胡适、梁实秋、罗隆基、潘光旦等供给，刊物销路，最佳者为胡适之《白话文学史》、《人权论集》、《近世资本主义发达史》等。

亚东泰东　亚东图书馆，为书业中资格较老者，惜所刊各书，营业平浅,亚东经历汪孟邹,与胡适之均安徽绩溪,故胡氏及契友著作,汪则拉拢刊布,亚东过去之发展,胡氏作品有力焉。泰东书局开设已十余年,创造社初立,一切著作,皆该局特约刊行,过去若《少年维特之烦恼》,为销路中之最佳者,旋该局营业昌盛,创造社作家与该局屡生意见,故创造社一度自设出版部,第以组合消费浩大,不久亦停顿。泰东近来所刊书类,亦致力社会科学,新刊不丰,且时举行廉价。以上二家,去岁营业尚不恶也。其他十余家目的在营利,总之沪上各书店,类多好事模仿,盖目的多在营利,其他概可不问,故每遇一家新翻花样,则他家相率学步,故能敷衍者有之,亏蚀血本,亦不在少数。

开明书店编刊《中学生》,出十余期,订户达二万;大东书局今亦出《现代学生》,因广告之力,本各埠定户亦达一万以上;世界书局尤善模仿,不落人后,亦出《世界杂志》,创刊号已出;光华书局,继刊《新学生》,闸北新书局不久将有类似此项学生杂志出版,大致再过数月,此类刊物又将成为陈物矣。

据观察所及,十数家新书业,营业总额,尚不逮商务印书馆十之一二,但迈进之精神,有过之无不及,所惜目光尚嫌短浅,除营利以外,于文化方面,多半均缺乏一定之目标耳。

第三讲　现代中国文学之特征

中国以前的文学观念,总以为文学是无所不迄,像章太炎说:“文学者,以有文字,著于竹帛,故谓之文;论其法式,谓之‘文学’。”(《国故论衡·文学总略》)自林纾、严复以后,因为受了欧化的影响,文学才到一个新的界说。现代文学的特征,可分为观念和趋势两方面来讲:

(A) 观念方面

从前的人对于词曲,常视为小道,认为无足轻重。到了现在,才知道词曲也是很重要的文学作品。前清纪昀纂修《四库全书》,虽知道把词曲加入集末，他对词曲，仍然是白眼相加！他说："词、曲二体，在文章技艺之间，厥品颇卑，作者希贵，特才华之士绮语相高耳！"近人刘半农，在《我之文学改良观》内，却有下列的界说："其必须列入文学范围者，惟诗歌戏曲、小说杂文、历史传说三种而已。（以历史列入文学，仅就吾国及各国之惯例而言，其实此二种均为具体的科学，仍以列入文字为是）酬应之文一如颂辞寿序祭文挽联之属，一时虽不能废尽，将来充实主义发达后，此种文学废物必在自然淘汰之列。如进一步，凡可视为文学上有永久存在之资格与价值者，只诗歌戏曲、小说杂文二种也。"（引《新青年》第三卷第三号）

这种观念，正和前人的见解冲突。杨鸿烈所撰《中国文学观念的进化》一文，说："到了《新潮》杂志罗家伦先生的一篇《什么是文学》，然后才有一个比较完全明显的定义。他那个定义就是：'文学是人生的表现与批评，从最好的思想里写下来的，有想象，有感情，有体裁，有全于艺术的组织，集此众长，能使人类普遍心理都觉得他是极明了极有趣味的东西。这样由欧美文学上集合而成的定义，使我们中国人得有一个正确明了的观念。'"（详见《京报副刊》第一月汇定本）李笠认为"此又以西洋文学目标，改革中国文学观念者也"。（李著《中国文学书评》中语）

(B) 趋势方面

梁实秋所作《现代中国文学之浪漫的趋势》——民国十六年在《晨报副刊》发表——对现代文学之特征很有独到的见解，他的结论是：

"我说现今中国文学是趋向浪漫主义，因为：

1. 新文学运动，根本的是受外国的影响；

2. 新文学运动，是推重情感轻视理性；

3. 新文学运动，所采取的对人生的态度是印象的；

4. 新文学运动，主张皈依自然，并侧重独创。（以下从略）"

现在简单解释如下：

A. 浪漫主义所要求的是（新奇），先要打破现状，生出两种现象：a 复古　b 接受外来之思想。

浪漫主义的文学家，想把中国正统文学推翻，一切步外国人的后尘！

B. 抒情主义

a 颓废——拿雨当眼泪，以花为爱人。郭沫若的《女神》，即属此类。

b 假理想——离家不满百里，就写成天涯地角漂泊者。（这两派，专重情感，忽视理性）

c 笃信天才，以为文学如电光一闪，专重印象。

C. 秋风落叶，描写成诗，即是“皈依自然”的表现。（案：有两种《落叶集》）案这种浪漫主义的文学影响极大，凡字能写出的，都可作描写的材料，这三五年，尤其浪漫的太厉害了。结果，产生一大批丑恶不堪的自我表现的作品。因此也有人先后提出纠正这一种现象的议论。如吴宓所撰《论今日文学创造之正法》（《学衡》第十五期）梁实秋所撰《文学的纪律》，和《文人有行》（《新月》第一卷）、徐祖正所撰《理性化与文学运动》（本年十月出版的《骆驼草》第二十三、二十四、二十五期）。最后一文，里面有一段这样道：

“吾人认社会革命与政治革命运动，在今日情形之下，当然不能否定其属于唯物论的势力为多，但从革命思潮的源流而论，仍须追溯到前述的‘唯理性主义时代’的根本精神，就是革命不全为物质的缺乏而实为生活合理化要求作其原动力的。亦因为首先非有如是之肯定，不足与 谈文艺界的消息。”（《骆驼草》第九二四期）

这种议论，是针对某种革命文学而发的。这正是现在似乎很时髦的文艺问题，即所谓“新兴文学”啊！ 徐祖正提倡的理性，是要一般盲目的或外顷的文艺作家，讲一讲理性，别做无理性的新文艺运动！ 那么，他标榜的理性是什么？ 他自己（在《骆驼草》第二十五期）不过说：“理性乃是真理的命令。”

第四讲　现代中国之诗人及其作品

讲现代中国的诗，为便利和清楚起见，可分成两方面谈：

A.传统的诗派

(1) 宋体诗(江西诗派)——可以举下列几个人作代表:

陈三立,字伯严,号散原,江西义宁人,著有《散原精舍诗》。

胡梓芳(名朝梁),江西铅山人,从陈散原学诗,号诗庐,著有《诗庐诗草》四卷,经四次删定,共存三百九十首。

(2) 古体诗(仿汉魏晋诗)

黄节,专研究汉魏乐府诗,自作古诗,甚佳,著有《汉魏乐府风笺》、《兼葭楼诗》等。

林纾,(琴南)曾仿古乐府作诗,胡适亦认为系一种"白话诗"。(详见《晨报六周增刊》)

B. 革新的诗派

(1) 白话诗

第一期——胡适之《尝试集》(此时期可举出胡适及其著作作代表)。

第二期——冰心女士《春水》,郭沫若的《诗神》。(此时期可举出这二人及其作品作代表)。

第三期——徐志摩等主办诗刊(在《晨报副刊》内,民国十五年四月出版,共十一期)诗刊内"专载创作的新诗与关于诗或诗学的批评及研究的文字。(《诗刊·弁言》)

闻一多《死水》:

"这首诗从第一行(这是讲绝望的死水)起以后,每行都是用三个'二字尺'和一个'三字尺'构成的,所以每行的字数也是一样多,结果,我觉这首诗是我第一次在音节上最满意的试验。"(引《诗刊》第七期著者的《诗的格律》)

这样看来,无论读过或没读过,已经可以知道《死水》是一部有音节的新诗佳作。沈从文说:"《死水》的每一首诗,是都不缺少那技术的完全高点的。"(引《新月》三卷二号《论闻一多的〈死水〉》)

(2) 文言诗

康白情(洪章)这人本作过新诗,当中国文学革命运动时期,出版的为《草儿在前集》,后又改作旧诗如《河上集》是。按康氏的改变态度,颇有点像法国现代诗人约翰莫尔那斯。详见李璜《法国文学史》二五三至二五四页。

吴芳吉对新诗是这样的主张:“所谓新诗较新派之诗又有说者,吾侪感于旧诗之衰老不惬人意则同,所以各自创其新诗者不同也。新派之诗在何以同化于西洋文学,使其声音笑貌宛然西洋人所为;余之所谓新诗在何以同化西洋文学,略其声音笑貌,但取精神感情以凑成吾之所为。故新派多数之诗,俨然初用西文作成,然后译为本国诗者。余所理想之新诗,依然中国之人,中国之语,中国之习惯,而处处合乎新时代。故新派之诗与余之所谓新诗非一源而异流,乃同因而异果也。”(引《白屋吴生诗稿·自叙》)

吴氏诗可看《学衡》六十三期所刊《还黑石山诗》,这诗很长,三十一首。此外,吴宓所撰《诗学总论》,和黄节所著《诗律》(北大讲义),都是现代中国的诗学名著,可取来读。赵元任所著《国音新诗韵》(商务出版,十二年出版)其中谈“韵”的理论,很有创见,字汇部分,可供实用。

第五讲　现代中国之小说家及其作品

讲到现代的小说家及其作品,也可分成两方面,翻译和创造。

第一时期——福尔摩斯侦探小说(载在《新民丛报》),此时期大概全是些新奇有趣味的小说。

第二时期——林琴南翻译小说

(介绍)林纾,字琴南,号畏庐,别号冷红生,福建闽县人,生于一八五二,死于一九二四。光绪壬午举人,曾充京师大学堂文学教授,著有文三集,诗二集,笔记三集。

他的翻译共一五六种,出版有一三二种,散见于《小说月报》第六卷至十一卷共十种，存于商务，未付印的有十四种，至于书名，作者何国，详细情形可查看《小说月报》十五卷十一号郑振铎之《林琴南先生》，文内有详细的统计。

胡适赞林纾在古文史上的大贡献，他说："古文不曾做长篇小说，林纾居然用古文译了一百多长篇小说……古文的应用，自司马迁以来，从没有这种大的贡献。"现在介绍三本最好的，可买一读。

(1)《吟边燕语》

(2)《拊掌录》

(3)《茶花女遗事》

第三期

(a) 名家介绍——如早年出版的托尔斯泰的小说集，本年新译的巴比尼所撰《基督传》。

按：郑振铎称"柏辟尼(Giovanni Papini)的《耶稣传》却是新世纪意大利作品中震动了全欧读者的著作。"(《文学大纲》第四册第七百页)(上海广学社印)

(I) 教育文艺——(1) 亚米契斯之《爱的教育》，夏丏尊译(有采此书作教本的)，后夏氏又译一本《续爱的教育》，载于前一年之《教育杂志》。(2)《爱徒生童话》(3) 冰心女士的《寄小读者》。(有采作教本的)

(II) 创作方面(分为两派)

(1) 刘鹗《老残游记》

(2) 吴沃尧《二十年来目睹之怪现状》

(3) 董荫狐所撰各种侠义小说如《孝义英雄传》等

(4) 张恨水《春明外史》

1. 刘鹗，江苏丹徒人，(1850—1910)字铁云，上述的书即叙铁英号老残者之经历，及其言论和所见之事物。

2. 吴沃尧，广东南海人，(1869—1910)字研人，号我佛山人，作两部《怪现状》，上述一书和《近十年来之怪现状》，皆为"揭发现社会之种种黑暗者"(郑振铎语)为黑幕小说中的名著。

3. 董氏，号炮余生，(济南五三时，其人在城内，后逃出，故字炮余生)主《天津益世报》“益智稷”专栏。

4. 张氏主编《世界日报》“明珠栏”。

B. 革新派(简单分析，列举如下)

1. 关于短篇小说

(a) 鲁迅《呐喊》

(b) 绿漪女士《棘心》

2. 关于长篇小说

(a) 杨振声《玉君》(《现代文艺丛书》第一种)

(b) 老舍(即舒庆春)《赵子曰》、《老张的哲学》、《二马》、(《大公报·文学副刊》第五十七期中，有一篇批评的文字。)

3. 关于其他作家的作品

(a) 郁达夫，据称为新浪漫派，举他的《寒灰集》为代表，(《语丝》第四卷第五十期)，其实是一个衰颓小说的作家，他自己承认过他的小说对青年有不良的印象。

(b) 张若谷，他长于音乐，世界书局《ABC 丛书》，关于音乐的部分，是他作的。著有《文学生活》。

(c) 其他

第六讲　现代中国之戏剧家及其作品

关于现代中国戏剧及其作品，仅先介绍杨振声在《新文学的将来》一文里说过的：

“诗以外要数戏曲最难。自新文学运动以来，也有相当的演进的阶段。最初为文明戏，是用新故事，旧形式，而使之变为较近实在人生的。现在北京已没有了；在上海所称文明戏，也渐绝迹，这是过渡时代的产物，毫无价值。其后有欧阳予倩、陈大悲、田汉诸人，所写的较文明戏为进步，但仍非真正的新剧。以后《太平洋》杂志中，丁西林、陈西滢等，对于这些戏剧大加批评。他们尤其是西滢的文学批评，都是很严格的。结果，什么文明戏等，完全不能存立了。西林的独幕剧很好，也很有名，至少他的《一只马蜂》，是很少人不知道的。但《一只马蜂》，并不是他的代表作，他最好的剧是《压迫》，载在《现代评论》第一周年纪念增刊里。这一剧曾在艺专演过，当时导演布景者为余上沅、赵畸诸先生，一律取西洋的演法。而所演的又是一出最好的杰作，这可以说是中国新戏剧运动上一个值得纪念的成功……

西林所作的剧却不多，而独幕剧又不是戏剧的正宗；所以中国现在，还没有真正国家戏剧的出现。现在西林在南方，意兴很不好，好久也不写了。他说以后要改写较笨重的长剧。我倒劝他仍多作几篇漂亮的独幕剧，然后再改作风写长剧。因为他以前的作风，在中国也自成一派。他未尝不以为然，但恐怕兴趣转移了，再去勉强也不是容易的事。旧剧近年来却能有相当进步，大家不要以为旧剧完全没有价值，有些戏如《打渔杀家》、《白蛇传》、《打严嵩》、《奇双会》等，都是很好的。所以邓以蛰、闻一多、余上沅诸先生都主张保存旧剧，而加以改造的。近来旧剧之进步，可有两方面：1. 作工进步，此中原因也有几个。第一个得自电影。电影中，因是西洋的产物，感情之表现，多是非常细致而丰富。旧剧演员，很多受此影响。第二个得自昆曲，颇能表示情感，但也嫌太高，不及皮黄之直接、痛快，故不能受普通人之欢迎，而只流行于文人学士、大家闺秀中。但昆曲于声调之外，也重表演，有时还非常之好。所以昆曲在戏台上不见了，而词则流传于闺中，表演亦流传于皮黄。第三个便是外国剧。在北平也曾有几次由外国人演外国剧，在表情、动作方面，当然旧剧中也得力不少。（下略）现在略叙我所知道的，如次：

(1) 欧阳玉倩，虽然是新剧家，对旧剧也很研究了一番，尤其是对二簧（他有论二簧的著作）。最近在广东主编了一种戏剧月刊。

(2) 余上沅等戏剧的见解，曾刊有一种《剧刊》，差不多与上述的《诗刊》同期，稍后了一点出版的。后来余上沅印了专书，论戏剧的。

(3) 继余上沅为北平国立艺术学院作戏剧系主任的，是熊佛西，他有自己所编的《戏剧集》，也曾指导他的学生，编戏剧半月刊，名称《戏剧与文学》，北平文化学社印。最近《大公报·戏剧周刊》，称他为剧人。因为他是为戏剧而努力的。《一片爱国心》等剧，是打破丁西林编剧的所造成的新纪录的。

（4）著名的电影导演洪深，为抗争《不怕死》一片初受辱而后胜利。“不怕死”事件这是今年轰动全国的事件，他曾用英文撰 What is the Chinese Drama？初载在一九二三年五月出版的《中国科学美术杂志》（The China Journal of Science and arts）第一卷第三期，后经张志超译成中文，题名《中国戏剧略说》转载民国十四年九月出版的《学术》第四十五期中，他发挥中国戏剧家“寓教化的于游戏之中”的理论，并说是拿“博爱”两字为主旨，所谓“不关风化，纵好也徒然！”

谈到旧戏，也就提及梅兰芳博士。不过中国新式的文人，对梅是鄙视的！试检远东图书馆公司发行的《文学周刊》第八卷第三号（第三百五十三期）梅兰芳号，他们高呼：

“打倒男扮女的旦角，打倒旦角的代表人物梅兰芳。”

（6）最后，该提及现代中国儿歌舞剧的专家黎锦晖。他对于小学教育的贡献很大，有些歌舞剧，他所做的极好。我们师范生，准备作小学教师的，该有相当的研究。乘这最后的五分钟，替大家唱一些他所编的第一出长篇的儿童歌舞剧，《葡萄仙子》中的一小节，作个尾声。

“听葡萄，说根由，果子成熟，经过了时候，倒也有很久！冬忙到春。春忙到夏，夏忙到秋！为谁辛苦为谁忙？为得是你们小朋友！这串交给你的手！这串交给你的手！到了明年我还有！”

一九三〇，十二，二十二

于河北省立第二师范学校

时事、新闻学

日本之谜①

一、三神山境三千移民

公历纪元前二三百年，有位邹衍，在所谓战国的时代，高谈“中国外有九洲，裨海环绕。”自然，听了这“非常可怪之论”的人都纷纷议论起来，可是并没有敢冒险去寻海觅地，反而笑这个学者所说“滥矣。”聪明的道士先生们，因此附会穿凿，说有什么“三神山”，而且一个个都有名目可呼唤的:第一是蓬莱，第二是方丈，第三是瀛洲;那儿是仙人所居的境界，有的是仙草神木满都是“不死之药”。一套鬼话说来倒十分动听，竟公然把愚蠢的秦始皇帝蛊惑了。于是乎“使人乃赍童男女入海求之”。

新世界原来早经“天造地设”，在那边儿的，一帆风顺无问题的达到了。然而，找来觅去，总不能将玄想中所希望的“神药”求到手，那么回去罢，畏怕那好杀的皇帝给他们一律处斩，结果是“徐福得平原广泽，止王不来”。从此我华国民意识中，遂潜伏了“日本之谜”。

---

① 原载《益世报》(天津)1928 年 5 月 13—26 日，30 日。

我们的老祖宗天天痴望着他们的出使者回来。但是杳如黄鹤，消息毫无，也许这样想，“难道徐福一伙人都给海里的‘大蛟鱼’吞下了不成，或者吃够了仙桃仙果，化为金童玉女，不再到人间世?”

照《史记·秦始皇本纪》中说“奉派男女三千人，资之五谷、种种百工而行。”真料不到他们去国的时候，早就怀着久居九夷的决心啊。

那三神山，翻开现在的地图，当然非日本莫属。不过我们的老祖宗哪里有四海之外的常识。《史记·封禅书》中明白的记载，正像痴人说梦似的，来猜所谓日本之谜，原文说道：“此三神山者，其传在渤海中，去人不远。患且至，则船风引而去。盖尝有至者，诸仙人及不死之药，皆在焉。其物禽兽尽白，而黄金银为宫阙。未至，望之如云；及到，三神山乃反居水下。临之，风辄引去，终莫能至也。”试想一下，三神山苟为人迹所不能到，何以太史公写来倒像眼见过那儿的白鸟金屋？可见我们的老祖宗真给日本迷昏了。

事实大白，好梦应被震破的。三千多移民的存亡问题，到《后汉书》做的时候，已有了可靠的传闻，所以《倭国传》中道：“传言秦始皇遣徐福，将童男女数千人，入海求蓬莱神仙。不得，徐福畏诛，不敢归。遂止此洲，世世相属，有数万家。”

野畸左文所著《日本名胜地志》，谈及徐福遗迹不少。似系一种地下的材料，或可与纸上所载的神话，参证一下：

1. 徐福和从者的坟墓：“旧城东之海岸，熊野地之田圃中，有老樟二树，德川赖宣建坊，题‘秦徐福之墓’五字，距墓三町，有小垄七，徐福从者之坟也。”

2. 遗迹及苗裔　“邻郊东南牟晏郡之木町之东，有波多须浦，徐福船舶暂居之所也。后遂移居新居，而波多须浦尚有秦氏。”

日人巧于“造史”，一些“莫须有”的天皇，伸纸摇笔即来，这是现代学术界公认的奇迹。有所谓《孝灵通鉴》称：“七十二年，秦徐福来。”其余史书，大抵雷同。至于可信程度究竟有百分之几，一言难尽，恕不赘语。最□者，前志中称“又矢贺丸山有徐福祠”。如果三千移民，毫无着落，那么大和民族何苦"非其鬼而祭之"呢？周传儒氏近撰《中日历代交涉史》，论及此事，说道："吾人宁肯信其有，不肯信其无。殆亦好奇心使之然与！"其实我们仔细审查一过，中日近代交涉史实，何尝不是让那糊涂外交家弄糟了的，煞性让我在这糊涂账的前面，再糊涂添上几笔罢。

二、十口相传之倭夷

作者反对盲目的"排外主义"。美科伦比亚大学历史教授鲁滨逊(J. H. Robinson)《建设中之人心》一书所得的结论，说："昔日之闭关主义当为今日最大之罪恶。"这合理的判断当然值得我们表同情的。我国古来的记载，相沿已久，惯称"倭国"或"东夷"，也谇视同化外，与所谓南蛮北狄无别，十口相传，碍难擅改。征引史书，一仍旧贯，祈谅区区不得已的苦衷。且看下文分解。

《山海经》："南倭北倭属燕。"这是禹时的日本；《帝王世纪》："东倭重译来贡。"是说舜时的日本；王充《论衡》"倭人贡鬯草"，则指周初的日本。片言杂稽，姑不置论。所谓正史中，有《倭国传》者，如：(一)《后汉书》卷一百十五，(二)《宋书》卷九十七，(三)《梁书》卷五十四，(四) 隋书卷八十一。或者列入《东夷传》或《东南夷传》者，像(一)《三国志·魏志》卷三十，(二)《晋书》卷九十七，(三)《南齐书》卷八十五(四)《旧唐书》卷一百九十九(五)《新唐书》卷二百二十，也谈那时代日本和我国的邦交。唐以后比较可信，容再详说，所以这里不提。从上述之史料中，看得出几段因缘。不过所载的日本国情未免令人读了迷糊起来，说什么"侏儒国人长三四尺"，又说该国"男子皆黥面纹身"，"女子被发屈紒"，"衣如单被，贯头而着之，并丹朱粉身"，再"俗皆徒跣，以蹲踞为恭敬"云云。我们可以猜出现代精悍矮小，身着和服，腿踏木屐，鞠躬往往形成九十度，很客气似的"大"日本人，原来是倭国或侏儒国的遗孽和化身啊。还讲有"事鬼神道以妖惑众"的女王——叫号弥呼，也考不出来是第几代的君王。越抄愈不明白，带住。列举重要的史迹如下：

(1) 汉光武中元丙辰(公历五六年)倭国遣使来朝。

(2) 汉安帝永初丁未(一百七年)倭国使臣来。

(3) 魏明帝景初二年戊午(二三八年)倭女王入贡天子。

(4) 魏废帝正始庚申(二四〇年)天使使倭。

(5) 晋孝武帝宁康癸酉(三七三年)佛法始由中国入三韩而至倭境。

(6) 齐高帝建元己未(四七九年)授倭王武威镇东大将军。

(7) 唐高宗龙朔三年癸亥(六六八年)大败日本援师于百济,遂置安东都护使于平壤。

证据试举一二,说明前项记载可靠,并不虚妄。甲、后汉光武时倭来朝,赐以蛇纽金印。文曰:"汉倭奴国王",使奉归国。乾隆四十九年,地不爱宝,此印出土,系筑前那珂郡人于日光格帝临朝时,在志贺岛上掘得。曲尺方八分弱,厚二分五厘,确是汉代故物,今藏黑田侯爵家云。印绶可考,这是一种证据。乙、图书原稿保存在倭国史书中,也是一种证据。例如《魏志·东夷传》中有诏书报倭女王说:

"制诏亲魏倭王卑弥呼:带方太守刘夏,遣使送汝大夫难升米,次使都市牛吏,奉汝所献男生口四人,女生口六人,班布二匹二丈以到。汝师在踰远,乃遣使贡献,是汝之忠孝。我甚哀汝,今以汝为亲魏倭王……其抚绥种人,勉为孝顺……使和国哀汝,故郑重赐汝好物也。"

亲密之情,跃跃纸上,卿卿我我,一恩一顺。记得《朱舜水先生文集》卷二十二中,尝有过"不倭视贵国,(指日本)人如一家昆弟父子,当怪某辈量窄意偏,尊自国而贬他邦,岂足语于圣贤之道?"这么一套的话,作者十二分赞可。虽然不一定要保持所谓"绅士"的态度,可是既已读经读史,勉强可以说了解"圣贤之道",不敢效日本帝国的"浪人"开口骂我支那人,斜眼视我支那人,给我们国际间的名誉,让他们瞎造狂浪的话柄,损失了一大部分。作者不尚口头亲善,贯彻"我甚哀汝"的精神,效朱老夫子的话,"不倭视贵国人如一家昆弟父子",敢正言告日本人,中日亲善的真谛,不在贵国人的口头禅中,却在世世相传之史书里呢。读者诸君以为不然,那么"中日亲善"应如何解释,恐怕又成了一个"谜"了。

三、唐时始称日本志疑

有一次，授小学生的公民课，讲到对日问题，全数只有个例外，都表示非打倒日本帝国之侵略主义不可，同时那小拳头也齐向那个不表明态度的举起来了。我当时喝住此种轻率的动作，叫那个怪孩子说出理由。他说："日本值不得打倒，日本两个字根本就站不住。难道没有太阳之光，就有那个岛国不成？我要请教先生说明来历。"全场都望着我，我脑筋中受了意外的刺激，半晌不曾开口，妙在铃声替我打个完场。结果说一句"再谈吧"。

后来偶然听到雷殷先生讲："《日本稗史》所载，'初僧侣留学生来华时，中国政府问，系何国人，从何处来，皆无由对答。以示意从东方日出初前来'，并称'隋炀帝四年，隋室遣裴世清送小野妹子归国。日人答复书有云：'日出国天子致书日入处天子'。是日本固不知我国为何名，亦不能自名为何国。至唐时我国始呼之曰'日本'。'日本'者，日所自出之意，以其在我国东方也。故"日本"二字名词，当始于我国称谓也。"（十四年六月十七日在私立北京五大联合会公开演讲）疑团稍解。

查《东夷列传》，应以《后汉书》为早，载有"昔尧命羲仲宅嵎夷，日旸谷，盖日所出也。"再考孔注《尚书》："东方之地曰嵎夷，旸谷日之所出也。"古人视天夢夢，那里知道地绕日行，只有日出于东方的理想。隋代与日往返之国书，隋文是称"皇帝问倭皇"，回文便有"东天皇敬白西皇帝"的口吻。李剑华氏《中日文化关系之历史的研究》，曾称："推古天皇十六年，小野妹子自隋归。同年，再使隋，高向玄理，僧旻、南渊请安等八人，以留学同行。留学生之滞留国最久者，僧旻二十五年，玄理与请安各三十三年。此等留学生归国，任为国博士，参与新政。日本向行族制政治，凡大族宗家之长，均得承袭官职。至是始废之，仿唐制依选叙考课之法，以任免官吏，卒成日本文化革新之业焉。"又称："汉学之勃兴，至奈良朝而益盛，如阿部中麿、吉备吉真二子，其杰出者也。仲麿年十六，即入唐，曾一次归国……

真备二十岁而入唐，留华学二十年，圣武天皇之世始归朝。其人博学多识，三史五经、刑律、算术、阴阳、历道、天文、镌刻、汉音、书道、秘术、杂占等，无不精通。闻其归国也，吾国上下留之不能得。"他们多年留华研究的学生，将唐朝灿烂的文化带回去，所谓"吾国上下留之不能得"，足见"吾道东来矣"。便不像我们的《留东外史》那样不名誉啊。既习汉学，知道"倭"字颇不雅，要是老称东方的人也不成话，如是遂产生日本的国号，似乎更合式一点。《唐书·日本传》云："咸亨元年，遣使贺平高丽，后稍习夏音，恶倭名，改号日本。""疑则存疑"，姑志之，聊备一说罢了。

四、两次东征两度失败

追忆元朝至正二年，忻都率师二万人，东伐日本，因风败归。后八年，复令范文虎渡海，十万健儿亦未能征服三岛，也是因遭飓风，战船自行覆沉。说起来，真令人惊讶不置，"此殆天……非战之罪也。"说到底是怎么一回事，史俊民氏《中日国际史》记载尚好，节录如次。

先谈第一次东征如何失败。该书第二章第三节说道："……日本竟置之不答。故世祖遂谋举兵，先设征东中书于高丽。至文永(日本年号)十一年十月，命忽敦、洪茶丘、刘复亨统元兵一万五千人，会同高丽兵八千人，乘战船渡海。先袭对马，日守将代宗力战阵亡。即进取一岐，侵掠肥前诸岛，遂攻博多，日军皆出防应战。元兵发炮击之，激战数日。不意夜起飓风，元军战船多被触岩而沉，故乘夜退回。而日军太宰船追之，元兵死者，约计一万三千余人，是为日史所谓'弘安之役'。"这是中日正式交兵的首次，即遭如斯惨败的结果，正所谓'莫欺人小'的教训。

再谈第二次东征如何又败，同节续说："……日皇时宗非惟斩元使者，且陈兵备战，致惹世祖之怒，命范文虎、忻都、洪茶丘诸将，率元兵十万，高丽兵一万，战船四千，于建治(亦日本年号)四年五月师抵一岐、对马，杀日人无数，待之极残酷。进至博多，因日将河野通有、菊地武房、竹崎季长等拼力死战，以致对抗二月之久。当时日京居民，忽传元军已入长门，将犯京师。日太皇龟山闻之，忧甚，亲临八幡宫求神护佑。日人得悉此信，激起爱国热血，自告奋勇从戎者极多。元军探知深恐众寡不敌，暂行退驻肥前鹰岛，以待援军之至，再谋攻进。迄次年闰七月朔，顿起大风，且下暴雨，海水簸荡，元船几全覆沉，兵士淹死者不可胜数。旋被日将少二景资探知，出击残兵，于是乎元军大败而返本国。”此次日本又侥幸获利，颇长“夜郎自大”的骄气。元世祖屡欲起兵雪仇，经朝臣谏止，略谓“以狮搏兔”，胜之不武，不胜为笑，在当时确是实在的情形。何以见得日军本非元兵的敌手，这从战具一方面论：元军用器械，携有铁炮；日人不过激于爱国热情，徒恃有血气之勇罢了。静思一下，日太皇甚至入神庙去“抱佛脚”，可见得那战状百万火急，正所谓“急时”，就快结城下之盟了。好在仓皇辞朝日，引动了他全国人的公忿，上下同心协力，作孤注一掷的念头。来势汹汹，元兵不得不暂退，暂避锐锋。以后倘使即行反攻，也许不致等候到飓风起时，早已得了相当的战绩，凯旋扬帆而归了。一失足成千古恨，使宜了大和民族，剩下多尊铁炮给他们，可是，他们并未谙用法，家伙弄到手，还是讨一场的空欢喜。一直到后来，有几位葡萄牙人住日本的时候，才学会了铁炮的用法。现在日本战术进步有一日千里的奇观，然而在当时，无论如何硬干起来，是打不过元朝人的，那是很显著的理论，就是事实也告诉我们，我们的战船未遇险以前，势如破竹的胜利，有了不止一次，研究起来，很可以壮自己的威风。

元代威震欧西，绰号“黄祸”。所以我们的外交家，对欧洲人说，“有一日我们的国民觉悟了再算账吧。”欧人心目中因此有“睡狮”的印象。日本人冷笑起来，“所谓睡眠狮子云者，非真个睡眠狮子，乃半生半死之狮子耳。”（语见中岛端《支那分割之运命》中）正因为这种冯妇，打过两次“死老虎”。

五、明代边患与缴抚策

明初日本，也和我们现在一般，南北分立，民穷国弱。有一大批无恒产的“浪人”勾结中国的流寇张大成、方国珍等，实行“共人之产”的主义，这种海盗史称倭寇。于是明太祖要求日本政府严行制止该项暴行。洪武四年冬十月,日本国王良怀遣其僧祖朝来进表,贡马和方物,并说明无法约束浪人的苦衷。后来沿海各地寖似现在海陆丰的情状,于是,一三七八年(洪武二十年丁卯)命汤和筑濒海城,为得是防备倭寇。直至日将足利义满受明成祖册封为书,统一两朝,始稍平静,册书有"大国边界宜尽守护之职"的敕命,并给勘合百道,令十年一贡。此时期对我华异常恭顺,顶礼尊敬。正如天朝非仅力捕海盗伙中之日本浪人而已,此种"事大性"的传袭思想,据说现在还未尽泯,乡僻间六十岁以上日本男妇,对我支那人尚称"檀那",犹言"老爷",换言之,即"洋大人"。由此以推,想当年"大和民族"在明朝中国人眼中,不目为"下邦小臣",便视同流寇,那是一定的。我们现在的情形,正倒置眉目,叫日本人瞧我们不起,甚至羞与为伍,国际地位何以变换如此之谜,真令人大惑不解,有哭无泪啊。

倭寇自明世宗嘉靖二十八年、四十二年,经戚继光痛剿以后,便没有多大的边患,可是有明一代,为援助朝鲜自主,却费尽了国力。

最初的事件在一四一九年,明成祖永乐十七年己亥,倭寇辽东,被总兵击破了。辽东和朝鲜是有密切关系的,这不过是个破题,以后连篇累牍都有文章做了。

明万历二十年,日将丰臣秀吉陷朝鲜,史载"朝鲜束手受刃者六万人","廷议以朝鲜为国藩篱,在所必争",于是派大军赴援,相持经年之久。"秀吉者,萨摩洲人",产生于日本英雄产地的萨摩,(即鹿儿岛)算是日本最著名的野心家中之一员。他的野心可以从他写给朝鲜王的信中看出来,原文略谓:"夫人之居世,自古不满百岁,安能郁郁久居者乎?吾欲假道贵国,超越山海,直入于明,使四百州,尽化我俗,以施王政于亿万年,是秀吉之宿志也。"

《明史》中载有他的侵略政策,一是"入中国北京者",其他一概是"入闽浙沿海郡县者",树立日本近世两大方略的基础。他的嫡系——萨阀,主张席卷我华的琉球台湾,渐食闽浙粤海疆,是为"南进论",此说在明治、大正海军界占有势力;旁系长阀,则唱并合韩、满、蒙奄有中国首都,是为“北进论”，实是进行者多陆军要人。最近别开生面，田中虽长阀主脑，然兼采两论，整合为一，即从青岛着想，截然取直捣的方略，沿革有传统的关系，不可不知。

欲知这场恶战的详细情形，请看《明史》卷三百二十二，自万历二十年至二十七年秀吉死，明始罢兵，朝鲜才得高枕无忧，前后丧师数十万，靡饷数百万，所以，“终明之世，通倭之禁甚严。闾巷小民至指‘倭’相骂，甚以噤其小儿女云云”。然后恍然，“倭鬼子”所以成为一个不名誉的绰号，原来是根据明朝的禁令和习惯。明既尽力援救朝鲜，脱险之后，故敕谕朝鲜王昖说道：“王宜卧薪尝胆，无忘前耻。”而朝鲜人民果真恨日本入骨，甚至日本妇女委身相事，他们在清代的时候还是不愿意要的，认为是莫大的耻辱。查清康熙十五年朝鲜国王李淳奏中说道：“今以童孺之痴，佁隶之贱，若指之为壻于倭，则亦必骇然而愤，拂然而怒。”可见一斑。

总之，明代对日本政策，主防范或用兵，再助朝鲜自主和他携手。

六、黑船来袭 王政复古

“黑船来袭”为日本外交史中三大事件之一，其他则为神武东征和武功征韩两件史迹。

距今七十年前，日本浦贺港发现黑色的怪船，忙把梵钟不住的敲，为得是降服这来袭江户人的魔。从望远镜里眼看得清楚，为什么日本人的大炮并有孔呢？眺望梯上的美国亨利（Henry）将军狐疑一阵，叹息这带有神秘性的新大陆真有点稀罕鬼怪。

接着大日本第一流的外交家，会说几句荷兰话的，偷偷地来和幼稚的合众国遣派来的水兵对话起来。

问：你们是不是和墨西哥新近打过仗么？

答：也是。

问：墨西哥是被你们一些好汉战胜了么？

答：也是。

问:墨西哥不是产多量金元的地方么?

答:也是。

问:那么贵邦一定夺得大批金元了。

答:啊,也是。

美国提督:贵国土地面积几何?

林大学头:不知也。

美国提督:贵国根本宪法可得而闻乎?

林大学头:予小子从未之闻也,敬谢不敏。

美国提督:阁下毋乃系君子过谦乎?

林大学头:孔夫子曰:知之为知之,不知为不知。予小子服膺圣贤之道,敢告吾子。

美国水师提督擅观人神色,那道学先生板起面孔来了,于是,扫兴辞归。自以为不懂东方应酬的礼貌,讨一场没趣啊。其实一问三不知,林大学头完全是“亚木林”。毫无问题,那锁国时代的人真像半化的民族。美国军舰迫日本开商埠,时在清文宗咸丰三年,读者欲知其详,请查日本文明协会出版的《日本交涉史》,那里面有一八三二年十一月十八日亨利递给日本的美国国书,和林大学头签订的嘉永六年癸丑六月十日《神奈川条约》。

七、苦了我们“支那人”了

“我日本大帝国,于十九世纪末造,破肇造以二千五百余年之缄默,锐意同化西欧文明,专以充实国力,既已经过两大战,领台湾,复桦太,并合朝鲜,永借关东州,尚收满洲蒙古(注意‘永借’或‘尚收’字样)于势力圈内,而入于大正的新政,尊重日英同盟的意义,于欧战中,倡有山东(!!)及赤道北圈圆之南洋德领地,又久已伸张势力于南北支那(?),及两美大陆以至南洋澳洲,(压根儿就为喝闭门羹,详后)今蔚然为一大殖民地,而雄视于浑圆地球之上。”

节录东洋泰晤士社出版之《殖民地大鉴序》。

在大吹特吹中的那个浑圆球里，还不是清国遗老大倒其霉，让矮子爬坐枯瘠的脊骨架上，好像骑木马呆牛似的。吕东莱先生说："邻国之贤，敌国之仇也。"政治家格兰斯顿也说过，"国家同情之表示与慈善之行为，其限制之范围，较诸私人为窄狭"。日人这样说法，引起美国之公愤，便不客气的取消一九〇七年日美绅士协定。从此日本缙绅先生们访问美国，和支那人受同等待遇，照例海关检查，吏说一声"挡驾"了事。日人怒发冲冠掉脸回来，心里一想，我们岛国只有二五五二一〇方英里，穿衣吃饭却不够，怎样办呢？再转念，原来本部仅仅一四六九四九方英里，承支那人的盛情，拱手让给我们大片的殖民地，再找那"同文同种"的支那人去罢，永借些再尚收一些。读者诸君，淹死鬼专找亲戚替死，然后得转生，原来是一种笑柄，哪里知道笑柄生了根，果真岛国的水族找回祖国秦邦来了。"中日亲善""和支合并"的声浪，几乎使我们同胞眠不熟、寝不安，"啼时惊妾梦，不得到辽西"。西文称中国的名称是阴属，是惯于不称"君"He，而称"妾"She 的，颇堪发一嘘。先首日本人调查了一下，东三省的地亩：

统计(甲)可耕地二二三〇〇〇〇〇町步，用尽了心血再分析起来。(乙)一〇〇六〇〇〇〇町步，是已耕的。(丙)七〇〇〇〇〇町步，是未耕的。所谓"町步"，是日法，合华亩几何？贵读者的力算一算罢。据最近日华实业协会报告，日本对满洲投资额如次表：

行业	运输(铁道其他)	商业	工业	农业	矿业	水产业	银行(一般投资)	不动产	合计
金额(元)	330,000,000	15,000,000	74,000,000	19,000,000	8,000,000	15,000,000	626,000,000	15,000,000	1337,000,000

自然大好江山，巨量投资，不愿再得而复失，效孟禄的"关门"政策，遂倡大亚细亚主义，有几分对美发牢骚的，然而"开宗明义"第一章就是：

"使日本果得因中国之惠，而获其财富；中国赖日本之力，克致其治，两利之效,斯可举矣。此则'大亚细亚主义'之第一步。"引百城书社译本。

前有对倭同志会(民七、八年),说日本众议员小寺谦吉著《并合中国论》,原名《大亚细亚主义论》,哪曾有所谓"两利"? 除非老大帝国的臣民才懂得妙义,少年中国不能理解。

八、在三叉路口的日本

有名的国际学者(Prof K. Webster)威卜斯德游历东方后,撰有Japan at the Cross Roads,传颂一时。大意说日本现况,一方面有无上尊敬的天皇,他方面"德谟克拉西"这句话,格言似的连山陬海涯都传遍了。老百姓都在闹米贵了几倍,政府还要求新事业的纳税如海陆军等费,总之经济非常呈混乱状。再者对于中国和苏联的外交棘手,又想沾实利但又不吝口惠,右手是剑,而左手持了礼帽。这篇论文无非说现在日本走到三叉路口来了。先说政治上的恶背景和民间的怪现象。

(甲) 天然的背景。去年地震数,总计凡六千二十七次,比上年似激增,每日平均十六回。举国恐怕有"陆沉"的忧思。所以喊口号,"到满蒙去"、"到山东去",正是帝国真的不得已之苦衷,希望是找一个"新居宅"啊。恶劣的环境造成他们的勇悍性——武士道,现在日本最著名的军阀,多数产生于鹿儿岛及冈山县,所谓"萨之海军,长之陆军"是也。试查北条时赖所著《人国》,可知古代该地的民情风俗。时赖生当明万历年,是日本第百八代(?)后水尾天皇时人。据他的记载,冈山县地方古代为美作、备前、备中三国:美作国人,卑污纵欲,偏僻固执;备前国人伪善嗜利,外强中枯;备中国人刚强勇果,矢忠尽节。这些正是现在日本内阁要人的发源地。鹿儿岛前曾提及,那时分为大隅、萨摩两国,男子悟死道,孤僻放肆,不拘于人伦道德,拔剑切腹,勇于自杀,故后裔多人入海军服役。不知现在来华的有多少,我没有实地调查,不敢瞎说。关于日本民族性的研究,《东方文库》中有一小册子可供参考,这里不深究了。

(乙) 人为的背景。社会方面富与贫,显然分两极:一方添了不少"成金”，即所谓暴发户；他方产生大批“浪人”式的流氓。当然，发横财的是些官僚们，或者和政局结不解缘的投资企业家。像有名的实业家涩泽荣一子只有三十五万六千元，比前藏首相（财政部长）市来乙彦只多十万二十元，且远不如在中国各埠贴有广告的所谓“三井”。三井一门有一千二百七十三万元，总算首屈一指的资本家了。那满蒙铁道会社社长山本条太郎先生，也是腰缠十九二十万金的，自不失团圆面庞作富家翁啊。可是一般的民众，饱尝艰难困窘的苦痛，自杀的人年多一年。据确实的调查，去岁男的死了九百六十六名，女的死了六九七名，大部分因财界的困扰，而度日维艰，故服毒自尽，其中尤以二十岁至二十五岁男女青年居最多数，因此日本政府大起恐慌。看此一层，也可以推知无产阶级的人增多了。在观察有了多量的失业游民，纷纷投入所谓“劳农”旗帜之下，或者到外国结合过激进党人，图谋破坏现成的日本帝国。为维持社会秩序起见，支出一大批的警察增额费，多至九百六十七万，其中外务省占四十万元，用为中国警察官增员费。所以我们常听见捕捉什么“不逞韩人”，其实不仅“韩人”无法谋生，就是日本内地臣民也让人（或者是赤俄）导入歧途去了。这次大检举事件，不过是被暴露的一部分，已足叫世界各国刮目相看啊。至于影响中国者如何，周作人《日本与中国》一文中，载有日本人自下的批评，“两三年前木村八君来游中国时，曾对我说：日本殖民于远东各地，结果是搬运许多内地人来到中国，养成他们为肆无忌惮的无道德、无信义的东西，不复更适宜于本国社会，如果不是自己被淘汰，便是把社会毁坏。所以日本努力移植，实乃每年牺牲许多人民，为日本计，是极为有害的事。至于放这许多坏人在中国，其为害中国更不待言了。这一番话我觉得很有意思。”反之，那靠“满蒙问题”吃饭的机关，东方文化协会刊出一本小册子，叫做《满蒙》，很替他们祖国的妓女鼓吹，说什么开发支那的满蒙先锋队正是他们的娘子军，酸甜苦辣，读了里面的军事设备计划，也觉得别有风味，比较一下，何风马牛不相及也。

因日本的军阀尽瘁于王室，认为“帝国有生存的必要”，唆使他的走卒拼命死干，以至造成了己国社会中万般缺憾。这不必隔岸观火的人始看得清楚。他们爱国志士更早已大声疾呼，说军阀之罪该万死。军阀对他们耀武扬威喝道，“我辈仗剑于马上得天下，卿等以何取天下乎”，视国民如俘虏。所以主张“民政”而倡废止“警治”的党派都崛起来。自然我们对于不安定政局下的日本民众，绝对抱有深厚的悯惜的同情，民众指斥那并合朝鲜的寺内正毅为“黑幕大臣”，我们百分认可毫不生疑问的。据大正年间翻版数次的一书，系鹈崎熊吉著的《萨之海军，长之陆军》第一九二页至一九五页，讲田中义一是那“黑幕大臣”的“宠儿”，又做过日俄那次在中国境界不法的交战团中一参谋，总长儿玉爱他和自己的儿子一般，所以田中未来的前途很有希望。不错，田中真阔起来了，他的躯干魁伟，气宇豪放，非日本普通军阀所能及，可是两度派兵来华，失却日本在国际间的信用，不独伤我中国独立的尊严而已，引起民政及在野各党的弹劾，说要“倒反动的田中内阁”。为声援被压迫的日本民众起见，非有大规模的示威不可，我们猜破“日本之谜”，亟宜筹划相当有效的对策，第一步是要了解于前述政治的背景。

其次，对于日本帝国的前途，试作一度预测。

(左) 赤色恐怖。无产的劳工，有枪的军人，和过激派的青年，打成了一片。那么这场可畏的惨变，马上把日本帝国赤化了，该项恐怖，颇有发生的可能性。试观最近两次腾笑世界的言诉事件，北原步兵和劳动宗同盟会员都曾干犯御用车，这些“不逞之徒”，公然侵犯所谓天皇无上的尊威，那么越限出轨无事不可为了；这次日本各地大捕共产党数千人，又检举帝大多数左倾的教授和大学生，可见“不稳的思想”布满了帝国辖境，山雨欲来，疑云笼罩，他们自觉恐怖时代快到了。据确询称，帝国在乡军人会人数多至三百余万，此外掴会浪人会的数目增加也很惊人。俄国十月革命的迅速成功，就是因为国内闲散分子被鲍尔希维克派煽动了，揭明“要求面包和不再打仗”，连前敌的军队都停战荷着枪回去。由是，预料日本一旦共产党得势，来华的日兵倒戈返攻日本的现政府，那是必然的结果。时机够上充分成熟的程度没有，那要看日本无产政党的战士如何努力，他们悲壮的语言从被解散之际，传到我们耳鼓里，“吾侪虽经百度的解散，然必百度的重新齐集起来”。原来无产政党结合之初，就有了渴望成功的政纲。下面一件，是从东京华报传递到中国来的，日本全国六七个劳动团体（有名目可稽考的）总人数署五十万，里面颇有几项，日本现政府认为是“不稳的”要求。我们天天见东方社或电通社诸日本通讯，只觉得他们“捉”无产者若干，大骂而特骂这些“不逞”之徒该受罪，甚至于让他们什么“建国会”的会员，自由行动的饱打一顿。我们请考究一下左记的无产政纲，也许日本社会现状的不安情态，猜得着几分之几，那是一定的。

（右）白色恐怖。日本政府的军备扩张热，东方杂志社里说：“一切是为帝国主义的战争准备而构成的。”日本素负“东方的日耳曼”的盛名，从前德国般哈提将军对于“小日耳曼人”很不惜赞许的言论，奖进他们的后进国家。虽然西方的日耳曼早已在世界史占据了一页，不再施行铁与血的政策，但是学说并非无传人，薪尽火传，延烧东亚一遍大陆，最热闹的爆裂声是从西伯利亚响震欧洲。德将军说：“吾人以公平之眼光，考察日本人的地位，那毅然和俄国启衅的决心，不但其勇可嘉而已，其执政贤明，亦可钦佩。向使日本政府，意志薄弱，逢此战争，则世界之形势，将全然异方向而进行，俄国的势力，向黑龙江及朝鲜发展，日本安能享有如此优越的地位吗?”那是对第一次日俄战争下的批评。这次日本共产党秘密的组织破坏后，据该警厅报告，谓已查明该党，由俄方补助五万日元，其真像究竟有多少，尚未能证明。（东京合众社特讯）那么苏俄竟助长日本的内乱，原以征俄出名的田中首相，何以不毅然和苏联断绝邦交，真使我们局外人迷惑了。再者，据大正十五年统计，日本青年团有二六七四一〇九人，女子青年团有一二〇六三四八人，更有日本青年馆、青年国粹会、青年爱国会、日本健儿团联盟（内有僧佛之流）、大日本联合青年团，其余不胜枚举。自大正十五年七月开始，设置青年训练所，以“维持国家秩序”为主旨。前年又将国中一律实施军国民教育，中等以上学校有野战实习等必修科，新预算中文部省（教育部）有一百万日元，用为青年训练所增加费。怪不得报上载，有日本青年痛扭无产党员，踏践劳动的大本营，和意大利棒喝运动很有点儿类似。虽然并不彻底的“白热化”，要是田中将军亲颁三岛健儿讨赤俄，进军之际，我们也玄旗庆祝欢呼“帝国万岁”“将军万岁”，替世界人类除了所谓“洪水猛兽”，那么，在赤俄全灭以后，我们又在中央公园建筑一个“公理战胜”的牌坊。作者都愿做个倡议人（如果要我的话，一笑）那是黑幕大臣的宠儿，一变而为光明世界的明星。呼“慕沙利里万岁”时，一口气连喊“田中义一万岁”。奈何计不出此，日本报纸，如《朝日新闻》等，也说“再行出兵来华”，令国人索解之无从也，偏拂日本民众公意，来凑热闹，乘我们敝国兄弟萧蔷之际，一再想坐收渔利，派军舰大兵来到圣人的故乡，恐怕孔老夫子在地下叹“是可忍孰不可忍”，真令人不解。总之，彷徨于十字街头的日本，向左转，向右转，值得探侦的。

九、破涕为笑且作预言

作者卢伽，非仙非佛，非猴子出世，承造物赋形后，更付了一口灵气罢了。那里配讲预言，算闹个玩笑而已。生此浊世，啼不得，哭无泪，得闹个笑话，且闹笑话，听我道来。

（1）芳泽公使接来“支那人”云片似地掉下的抗议书，千篇一律，都有“是可忍孰不可忍也”的口吻，阅后把仁丹式的八字须一抹，心念有词，“据余所观……似不如孔子所谓‘……’之重要也。”（见该使发表《出兵谈话》中）于是乎笑置不理。

（2）福田彦助中将，新井司令官，业经田中首相保奏，各授以爵位，酬殊勋也。事后各国誉讥参半：英国“强不仁”，外首在议院演说，颇啧啧称扬不置；独北美合众国外交委员会刊物，满载抨击的言论，毫不减损华府会议时所持的精神。

（3）美国现有林盘夫式的飞行家三百六十三人。据北京朝日新闻支社报告，不过是一九二八年的小学生，又闻该项消息颇使东京人丧胆，恐怕飞船来袭，预料太平洋不再太平了。

(4) 所谓“铃木”事件又发生了。民政党确有倾覆帝国当局之密谋,让军阀发觉后,悉数驱逐海外。以后日报不再见有直诉事件。因为兵和工人有绝对的发言自由,不久,无产政党内阁出现,莫斯科开庆祝大会,日皇有访问威廉二世消息。

(5) 北京气象台报告,倾闻昼昏三秒钟系人为的现象。后一小时,美大使访我政府,因美飞船武装飞过中国领空,表示几分歉意。称得训令,菲律宾受日本共产煽动的怪事件,刻已完全解决,为坚持数十年太平洋上的保护策,不得已而惩戒“赤化”的岛国,请求谅解出兵的苦衷,切望协助合作云云。

(6) 本年学术界重要消息,是中国女博士马二嫂发明的人口论。她以法兰西民族的衰弱,日耳曼人种的不振,盎努、萨克孙……诸国,作研究的对象,以为人口减少正成几何级数,因为那时已经只有欧洲联邦,不分德意法诸国。一方面是混战的结果,他方面是对抗“有色人种”的结合,因为在亚洲方面有两大自由邦,中国和印度,及新近扩大范围的苏维埃政府。

(7) 印度自由邦“甘地”百年祭日,中央报纸特刊有一段记载:“自甘地领导吾人与英吉利不合作,结果遂产生了自由邦。未久,中国亦从半殖民地状态恢复完全自由。试看今日之英日,西则成清一色的法西的政府,仅保有三岛,且欧洲摈之于大陆之外,东则赤焰……”

(8) 中美政府同时允将遣驻日本之广东海舰,蒙古骑队,和多架黑色飞船,一律撤退归国,临行时阵亡大祭,日本民主政府要人全体列席。益世新闻(系《益世报》东京分社)社称:“该项要人,多数皤然白发,系前经放逐的民政党青年,参列式中,潸然泪下,有番今昔之感,对过去已久之田中……诸阀,颇形愤恨,此种遗憾从其演说词中得来。”

(9) 那时候的“恬叟”真成了“吴老头儿”,无论从年龄方面或资望方面都说得过去。至于作者卢伽呢,有“出家的风说,然一时无从证实,经过一段长时候,确知他效法了十五世纪的拉培莱神甫(Franobis R. Sadel),最后的一句话就是,‘笑剧(fun)是告终了。’”

新闻学常识讲话[①]

本文作者徐卢伽先生，从事新闻事业有年，历任天津《益世报》学艺部主任，及该报京沪特派员；香港《中和日报》副总编辑兼督印人等职。所撰新闻学论著如《十字言论集》等，均极精彩。近徐君应安徽大学之聘，讲授新闻学及其他学科。抽暇为本刊写作本文，非但可作研究新闻学之门径，且亦为每个读报者所应有之常识，希望读者注意！

编者识

目次

① 刊于《学风》半月刊，1934 年第 8 期，又转载于《我存杂志》1934 年第 2 卷第 4 期。

的路　(十一)所谓“新闻鼻”的说明　(十二)新闻要点编入第一句中最佳　(十三)六个“何”字诀　(十四)通讯社的今昔观　(十五)注意出版法十九、二十两条　(十六)“事业之钥”　(十七)邮电问题之重要性　(十八)关于手民日用术语　(十九)记者联欢与报馆联合　(二十)鸟瞰中之本国报界

第三编　结论　(二十一)“从孔夫子到每日新闻”(二十二)新闻记者的生活(二十三)新闻记者的收获(二十四)新闻记者信条式范　(二十五)一种标帜:“不忘十字医世精神!”

第一编　绪　论

(一) 略言草创本篇动机

诸位:我就所谓“老牛常谈”,来讲一讲新闻学。

有两种动机:一是因为在报界有了小小经验,所以安徽大学约我担任讲这门课;有了同学在未开讲前,就来谈谈。那么,就常识方面准备了一席话。

二是《学风》第四卷第三期中,有过了一篇《集纳与圕业》的文字,引起我的触类兴感,也就乐于草创本篇。“集纳”非他,即 Journalism。

日本杉村广太郎有了一部《新闻之话》,刊在《朝日常识讲座》。他讲他的话,我讲我的话;因此,也不嫌书名类似。更早了一些时日,H. F. Harringlon 还有了一部名著《撰稿的闲话》呢!

诸位:让我一节一节地往下讲罢!

(二) 何谓新闻?

何谓新闻?如果我们也像某著名小说家的某某兄弟篇中的主角——“乃是个中人,不要千万金,不要千万银,只要问题的一个答案。”那么,话就多了!

记得美国新闻教师联合会主席 Dr. Willird Grosvenor Bleyer,近年应美国图书馆协会之请,替该会所出版的《读书要有目的》丛书,写了一本《新闻学》:开首便答复上述问题,说道:“我们都看报,很少注意它,看时倒很快,看了便丢了。”

是的,图书馆里,街头巷尾,个人画室,备有报纸;看的人们是常有,能研究或评判报的反倒不常有!

这也是历史的事实告诉我们:我国汉唐时官式的《邸报》,古代罗马皇帝《日录》Acta Diurna,都有了久远的岁月了。可是所谓“集纳”,还是五六十年来新兴科学的一种啊!

“新闻”两字,英语 NEWS。此字英语缀法从十七世纪到现在如此,拆开一看,是北方东方西方南方四字头一个字母合组而成。中国古谚:“男儿志在四方!”倒很能借来形容现代的旅行记者,“使于四方”,“如或一言可采”,“亦使缀而不忘”。所谓新闻,即报告新事实,此即新闻学者研究学理的对象。

再讲上述 W. G. Bleyer 博士曾撰《报纸写作与编辑》一书,各大学多采作课本,内有新闻定义如次:

“News is any thing timely that interests a number of people.”

先逐字讲:Any thing 是一切事实,timely 是适合时宜的;interests 是给以趣味;a number of people 是多数民众。逐译应作:

“新闻是适合时宜的一切事实,那种事实给多数民众以趣味。”

(三)两大主义——趣味欤?实益欤?

美国新闻学者多主趣味说;日本学者有倡实益主义的,这是两大主义,略加以讨论。

上节定义,系白尔耶博士综合美国新闻学者的意见写成。伊于一九一一年刊行的 Colliers 周刊,引用名家定义十种:或称“新闻引人感到趣味”,或称“新闻使人评判趣事”;或称“新闻予读者以趣味”,都是主趣味说。同时,也有主张“新闻是有趣味的,既不伤美善,又不犯法的”;更有主张“新闻是关于人生中有趣味的事，且有关群众生活和幸福。”

可见趣味说中的成分，原是“既不伤美善，又不犯法的”，“且有关群众生活和幸福”。

周孝庵君《论报纸的实益主义》：“编辑者对于一条新闻，应同时考虑到四点：一新闻价值（趣味是其中之一）；二法律；三社会风化；四道德。说得简明些，就是：应该登的新闻，必须为法律所许，道德所容，和社会风化无碍而有新闻价值的材料！”

黄天鹏君在《论日本新闻记者的实益主义》后，加一案语：“所谓‘实益’，就是新闻的作用对读者应该有利益的；现在日本新闻界的伦理运动，即基于此点出发。”并已引有几种定义，现在节录后藤武男一段话：

“新闻是把最新的新事实，精确而迅速地印成了。使多数人感到兴趣而有实益的，都是新闻。”

（四）以公益为前提

这是原则，以公益为前提是办报成功的上策！白耶尔博士讲：（节采空了君译文，下同）

“日报就是一面镜子，反射出来我们所过的一切习惯生活之有趣味的明显的片段。

它是以最速之速度，编好，印出，由这旋转的生活中的男女工作，供给生活在同等的速度里的人去看。

它的到来，常是在晚间，大多数的读者，都已困乏而需要消遣，娱乐，反对教诲忠告；除非用有吸引力形式，写成的教诲与忠告！”

自然，拿看报当消遣，我国也是如是：社会人士，没有事时，才肯看报；有时候，口里还彼此招呼说：“事忙么？”“没有事！”“今天报看过没有？”一个送报，别一个便接过去看。这是很常有的事，不用多讲。

谚云：“看了他人的行动，因此改正我自己。”日报既是一面镜子，应该是一面平正的镜子，不该像游艺场中所谓“哈哈镜”，将人的面孔缩长或缩短，偶然一见，也许好笑；就事实论，哈哈镜中的人影不都是所谓“怪人”么？怪新闻即专门描写犯罪丑恶与失德的新闻，作如是观，自应毁灭！

白耶尔博士也讲：

“犯罪丑恶与失德的新闻，对于社会是有弊还是有利呢？

假使不纯洁混杂的食物，是有害于我们身体的康健的；那么，以不纯洁的、有彩色的、混杂的新闻，作为民众的精种的粮食时，将有什么影响呢？

我们是当有纯洁新闻的限制，如同吃纯洁粮食的限制么？

在新闻界的主义与道德中，他们负有生命般的关系，对社会与政府的安宁。”

同样，周孝庵君在上述一文中，有类似的主张：

“报纸固然以‘代表舆论，监督政府，发扬文化’为职志，但另一方面也须顾到民众的实际利益。

社会新闻中的强奸等有伤风化的新闻，却应举一次‘清洁运动’。

总之：编辑者好像自来水公司的滤水池……新闻像水一样，编辑者也得加一种消毒工作，去渣滓，存精华，始可无害于读者，而为读者日常所必需的东西。

美前总统威尔逊说：‘新闻是国民的食料。’试问有毒的食料，不致危害国民的生命吗？依据现在吾国报纸的情形，实有提倡实益主义的必要！”

就经验论，我个人服务香港《中和日报》时，即以谋一般人民公共利益而自策；当时撰《公益与报纸》一文，作该报（民二十年三月二日）社论，以宣布办报方针。有人说：有所谓出版自由；何以办报要为公益呢？诸位，自由与公益，并非不相容！

拿例来讲：“英国人爱自由，像爱发妻；法国人爱自由，像爱爱人；德国人爱自由，像爱老祖母。”（哈尼语）那么，我们爱自由，不该像“老吾老”、“幼吾幼”么？换言之，在自己家庭内不愿年长的吃惊，年幼的仿効，一切犯罪丑恶与失德的新闻，能避免最好就避免不提罢！否则，正如罗兰夫人的话："自由！自由！世上多少罪恶借汝以行！"左文襄说过："无赖文人，以报馆文人为之末路！"新闻记者如不自检，文人末路成了无赖！

如果，处处以公益为前提而执笔，这一枝笔胜枪三千，因为做民众的喉舌，有了民众做后盾了！

有了两种相反的称呼，对于新闻记者：一是"无冕的帝王"；一是"待决的囚犯"。前者是誉，后者是毁，谁誉谁毁，请君自择！

同样，还有个进一步的研究问题，即关系国家或社会方面，我们也要来讲一讲。

报馆是社会机关之一种，新闻记者必须握得本身工作中有所谓"社会意义"，为谋一般人民公共的利益而努力！为什么社会存在呢？社会乃为个人而存在，国家亦社会组织的一种，非存在于国民之外！国家既是许多个人组成，它的利益亦必由各种不同的活动而得到，它的目的必即为它所由组成的国民的目的！

Paul Bowrget 所撰一部著名小说的主角自剖：

"为法国而死，走上断头台，乃是为着一切现在和未来的同胞而死，即是为了必须住在法国的全体人民，便是同你和我自己一样饥寒劳苦的人们！"

讲到这里，不禁想起目前我国严重国难，我的老师九五叟马相伯先生讲："国难非他，国民遭难也。"遭难最重的，是东北同胞，奋斗至死的，是东北义军；可是他们义烈底牺牲，亦为我全体同胞流血！诸位：问他们这么干，是为得什么呢？也可以讲："为了必须住在中国的全体人民，便是同你和我自己一样饥寒劳苦的人们！"

目前办报的同行先生们，若认清了个人与社会的基本原理，便易领导民众向光明的大道上前进！前进！

(五) 各国新闻教育比较

其实,这里专以新闻学发达史上著名的英美两式为代表,来讨论新闻教育事业。

从形式看,两派虽有不同,如英式第一版是广告,第二版是新闻;而美式不是如是,第一版是新闻。

英国注重政论。当十六七世纪,创兴报纸时代,正值政治纷争多事之秋,所以开了报纸议政的风气,甚至执政嫌恶新闻,课报纸以重税,禁止到议会旁听记录消息,可是愈演愈剧。直至今日,英国报界注重政事,新闻或评论,都受读者欢迎,为争一日之长!

例如,伦敦大学新闻科虽有英文报纸习作等必修学程,然选修学程,如国家学、行政学、国民经济史、政治思想史等,关于政治的学科,是助学生与闻政治的。平时能兼报馆事固好,在暑假中须兼做实习,毕业须一篇关于报纸方面的论文。

美国自一八三五年 J. G. Bennett 创 New York Herald,持"只要新闻,毋附意见"说,"News, no Views."极力采访新闻,首辟海外消息;缘自雪拉司汽船于一八三八年渡大西洋由欧至美,即与船主约,办欧洲通信。至今美报,可有十六页这般多的海外消息,即如对我国战讯,亦详描写,拍发专电。甚至墨西哥排华侨风潮,也震于十九军抗日御侮战而暂中止!

试举一例:Missouri 大学新闻系必修的学程,有新闻史论、新闻记事、新闻概论、通信、作稿论、广告学、地方新闻、文稿写作、漫画等。关于"集纳"的学科,许多大学刊物中有了《大学新闻》College News。

我国民元,全国报界俱进会提议创新闻学校,可见国人自革命后即注意新闻教育。

"普通的学校设有新闻学的课程,至少有下列的几种益处:

(一) 写作能力的养成;

（二）新闻阅览的研究；

（三）新闻好坏的鉴别；

（四）职业教育的预备；

（五）由报纸上的记载，学到活鲜鲜的教育。”

上一段话，引自民十八年谢六逸君所撰《新闻教育的重要及其设施》一文。

设使在大学中，专研究这门，举生要先有普通基本学问，至少对政治、经济和文艺三科，须有相当研究。若欲写科学消息，也要有科学常识。教授以有丰富经验的人为较适当；再避免“学非所用，用非所学”的流弊，应该，如果可能，找一个实地训练的机会。因为欧美名记者佥称：“报馆为最好的新闻学院！”许多大学新闻学系，每日出报，自己刊行，藉供学生的实习机会。

报纸是文化的倡导者，一方综括文化现象，一方推进社会教育。没有报，社会的消息无由传达，人们的耳目也许闭塞；可是坏的报纸，实在对于社会人士，是富有危险性的！

外报有名“炸弹”，炸弹或用以“锄奸”或用以“助虐”。善用则善，恶用则恶！研究新闻学亦为办报的改善！

第二编　常识

（六）报馆内部组织一瞥

诸位：现在我们可以同去参观一个典型式的报馆，看内部组织大概的情形。

照白尔耶博士的说法：

“对于门外汉，编印报纸，几乎是有点神秘似的。访员与通讯员的生活，好像是一套看不清楚的把戏……实在，访员与通讯员的工作，是一种日常的例事……”

论到他讲报馆内部组织，将他所拟的，画一大纲，如表：

- 报馆
  - 营业部
    - 会计部
    - 广告部
      - 外地广告部
      - 本地广告部
      - 分类小广告部
    - 发报部
  - 编辑部——编辑室
    - 编辑主任　管理各编辑和处理新闻稿
    - 主笔　作社论（也可以有副主笔）
    - 校对长　管理各校对和监守校对稿
  - 印刷部
    - 排字房
    - 铸版部
    - 制版部
    - 印字房

为举一个实例，介绍我从前服务过的天津《益世报》。现时内部组织情形，根据该报总理刘豁轩君于本年二月一日赠送我的《益世报的过去现在与将来》（非卖品），详见附录一。

附录一

天津《益世报》馆内部组织，大别分为编辑、营业、印刷三部，直辖于总理及经理，兹分别志之如次：

1. 编辑部　编辑部设社论主撰，编辑主任，及编辑副主任各一人，下设七股，各设股长一人。计：(1) 外勤股，办理本市特务及采访工作；(2) 调查股，办理国内各地调查工作；(3) 周刊股，办理各种周刊编辑及密查稿件事宜；(4) 翻译股，办理英日德法各国报章杂志及书籍翻译工作；(5) 图书股，办理搜集与管理图书及剪报工作；(6) 校对股，办理核校缮写事宜；(7) 收发股，办理收发及保存编辑部函件事宜。此外各版设专任编辑及助理编辑一人或二人，负责编撰各种稿件。

2. 营业部　营业部设正副主任各一人，下设七股，各设股长一人。计：(1) 会计股，办理收支账目及现金出纳事宜；(2) 广告股，办理招揽广告及组发广告事宜；(3) 发行股，办理发行报纸事务；(4) 推销股，办理调查各地销报情形及推广销路事宜;(5) 庶务股,办理馆内各种杂务,及购买各事;(6) 稽核股,办理审核会计股各种账目、各股收入报告及月结、年结报告等事;(7) 承印股,办理印刷营业事务。

3. 印刷部　印刷部设主任一人,下设八股,各设股长一人。计:(1) 报版股,(2) 活版股,(3) 刻字股,(4) 铸字股,(5) 铸版股,(6) 印报股,(7) 铜版股,(8) 装订股。

(七) 新闻纸的名与实

新闻纸的"名",因为是单张的纸,非装订成本的书,所以通常称"新闻纸"或"报" Newspaper,不叫做"新闻书"News Book。"书"与"报"的不同,不仅是形式,还有其他差别(1) 报的题号,有一定的;书是每种可换新名;(2) 报的刊行,必需定期;书的出版便无定期的必要;(3) 再者,新闻纸按民十九年国民政府所公布之《出版法》第二条第一项,乃"指用一定名称每日或隔六日以下之期间继续发行者而言。"可引来作为法定的解释。

这也是有趣味的事,我们一到图书馆的阅报室,立刻许多报映入我们眼帘中,可是它们都名叫"报"!

按《说文解字》解,究竟解得通么? 许慎解说"报"字,"当罪人也。从㚔从𠬝,𠬝,服罪也。"也许有些好好先生,每逢读到坏的新闻,尤其是所谓"家丑"而外扬起来,不禁拍案一叫:"真是罪过啊!"按,查美国新闻业同盟会所定例:"诱逃堕胎等事不必报……""偷窃劫盗,逾五千金,或因此社会发生恐慌者,报告……"可见不应一一像判决书宣布罪案似的,来发表所谓黄色新闻呢! 据说日本大报,遇必要时揭载"失德"新闻,还有一种放烟幕弹的手段,叙事隐名。赅括底讲:"服罪"一说,虽然,与所谓"背乎十诫都是新闻"的西谚相像,十诫是梅瑟(Moses)授自天主的十条诫命。(可参看拙编《马相伯先生国难言论集》中《国难刍议》一文中的讲解)

按欧美日本报的报名,英国日报,多用 News 与 Argus 命名。所谓

Argus是希腊神话中有无数眼睛的巨人，比喻报纸采访的视线非常的广博。美国日报，报名有三百多样名字，有叫“星”，有叫“日”，有叫“公民”，有叫“商业”，有叫“民国”，有叫“世界”；但是近三百种报纸，都称News；约二百种，称Times。日本方面，最多称“新闻”，次则称“新报”，又次称“日报”。

通常报的命名法：或以地名，如《申报》、《皖报》是；或以意义名，如《大公报》，《益世报》；或以新出名，如《新申报》，《新夜报》是；或以职业名，如《商报》，《京沪沪杭甬铁路日刊》是。尚有标明办报宗旨及其他，不具论。

尤其是司空见惯的：上海有《新闻报》，天津有《报报》，此种命名，“词重”、“言复”，但已通行，亦不觉怪！

此外，尚有朝报、晚报、二日刊、三日刊等按刊行时间的命名法，在比国报纸，有每日刊五次的，划分晨、午、夜等五次刊行。

新闻纸的“实”，讲物质方面到现在何以像这般！这是几百年来，逐渐改进得来。英国最初出版的Ford Gazette，即今日London Gazette，只有二页纸呢！现在的伦敦《泰晤士报》，仅一份星期增刊，就很有可观的了！美国在一六九〇年刊的“公事”Public Occurrences(Benjamin Harris所创的报名)，也只有三小页啊！上节已经讲过，美报外国电讯一栏，已占了多少页。篇幅虽增，价反低落，正是“平民化”的普及阅报现象。(内有广告关系，参看后面专节)种种机械，日新月异，是促成了报纸的发展。

日本报纸的发达，似较胜我国一筹。前有世界新闻社稿，后译《大阪朝日新闻五十年增刊》中小西作太一文，转述如下，详见附录二。

附录二

世界新闻社云：《大阪朝日新闻》自创立以来，今年满五十载，举行大增刊，载有诸名流论文，内有小西作太一文，叙述日本五十年来新闻印刷发达变迁之迹，谓有如油灯与电灯之异其明亮，分述铅字汉字纸版照片各节，足为我国新闻界之考镜。爰为介绍如下：

(一) 铅字之革命　明治十二年(民国前三十二年)一月二十五日发

行之《大阪朝日新闻》第一号，其铅字附注字母，此系依万叶假名用法，将小铅字逐一排列于旁，作为傍注；日号欲旁之附注铅字，皆已连于汉字之傍，始创者为明治三十年一月一日朝日社铅版科长松田儿之助氏，今日全国铅版业均受其惠。其后铅字因记载扩充，逐渐缩小，如创刊时每页纵不足一尺，分为三段，每行排廿五字，今日纵一尺七寸，分十三段，每行排十五字，铅字缩小，则有限之纸而可加多记事，而由眼目卫生言，则嫌其小矣。

（二）汉字之限制　关于汉字限制事，系于大正十三年（即民国十三年）底，由《大阪每日》、《朝日》之关系人会议，以多用于新闻纪事之汉字为基础，并参考小学校教科书，规定常用汉字为二千四百九十字；又附注铅字渐有增加之倾向，而如“一二三”数字之极简易者，认为无庸附注，由《大阪朝日》先行废止，更取一种方针，即不附假名之汉字；以常用汉字为限，附有假名之汉字则用假名，此倾向更具有前进之推移力。（备注）

（三）纸版之变迁　当明治十五年前之《大阪朝日》，均依所排铅字直接印刷新闻。极幼稚之手摇铅版印机，尚无一架，及法国发明之纸版法于明治十五年五月输入，朝日社即设纸版工场，废止依铅字直接印刷，而就所排铅字制为纸版，以熔化之铅版入纸中，俟其凝固，则同样铅版可造多枚同一之版既多，即可多数机器同时广为印刷。故使世界文化显形增进者，实即此纸版法也。惟现有纸版，因含水分，干燥须时，将来尚留有改善之途。一面极端限制汉字后，将成为假名本体之新闻，至此时代，可用干纸版法，以较现在，可提早五分钟印刷新闻。

（四）照片之进步　新闻之载照相版，始于明治三十九年，其前皆以木版插图，嗣有名石膏版者，于平滑之石膏上雕刻画图，以代木版之用。及明治三十九年左右，铜照片制版法采用于新闻，现在新闻则多以亚铅版为铜版代用品。

（五）船中之新闻　今欧美航路流行于朝餐桌上配给在船内印刷之新闻，根日社当明治三十九年，以罗塞达丸举行满韩巡游会时，将铅字箱全副运入船内，以简单之印机印行罗塞达新闻，传布世界消息，一时船客咸为惊骇。

（六）印刷之惊异　如铅字照相版之发达，印刷机器之进步亦甚显著，由一时间三百枚之“阿多福”机而向一时间六七百枚之手摇式平版印机，手摇式平版印机俗称“元老院”，盖以其为当时伟大万能之机器也。在“阿多福”时代，版为平面，压纸者亦属平面，入“元老院”时代，版面虽平，而压纸者变为圆形之汽筒，然亦系手摇。及明治廿三年九月，故社员津寅次郎依社命由法国携归玛利木尼印机，于日本报界一大革命，今各地多受此机之恩惠，其特长在巧于利用纸版法，版面为圆形，压纸者亦为圆形，轮转机之名始由此生，而使用卷筒纸，亦以此为嚆矢。制纸公司此时始以卷筒纸出售。至三十七年，望日社择要自设制造工场，以本国制玛利木尼印机分售同业。其后至大正十年，呈玛利木尼印机全盛时代，亦称印机之德川时代；惟大正十年，始由美国输入高速度印机，迄今新闻均以人手一一折叠者，今则机器印刷，同时折叠，而具一时间八万枚之印刷能力，亦殊伟大矣！是为朝日式超高速度印机，于是内地印机制造工场觉醒，以东京之池贞铁工所为印机制造工场，俾与东京机器制造所并力谋高速度印机之自给。然今日于八万之数，尚不满足，更计划十万、十二万，亦有实现者。此印刷上速力之发达，果进展至何处，实为一重要问题，其不与一时间六十哩、百哩之汽车危及驰驱为同样之归宿耶？世界新闻印刷技术家，均为之危云！

（备注）此两段中“汉字”，日本特情；然亦可供我报添注音符号问题参考！

（八）新闻事业最近的趋势

关于新闻事业的将来，从最近的趋势看出有两种活动：一是“集团化”，二是“同样化”。使我们很不愿轻易地就忽视它！

（一）什么是“集团化”？就是大报并吞小报。于是报的数目愈少，报的质量愈好，由一资本经营许多报，自成一个新闻集团“Group”。例如美国有五十左右的新闻集团，最有名的是 Scripps－Howard 和 Hearst 两大统系；前者有二十六种新闻，散处二十五个都市；后者亦有二十六种新闻,散处二十三个都市。英国也有 Lotherwere Newspaper 和 Allied Newspaper 等大集团。我国的"报托拉斯",似已开始了初步活动。

(二)什么是"同样化"?既有了所谓"新闻分配公司"和所谓"联合公司"组织,又有了"熟板材料"或"特权内版"办法,便促成各报载同式同样的新闻,报纸的内容因此"同样化"了。新闻集团的□号,固然要采用特权内版;就是独立的报纸,也乐于采用"联合公司"供给的小说和论文,因为数量多,质最好,取价又廉。

如果,多数报馆尽操于极少数人之手,同时若又缺乏以公益为前提的精神;那么,"报界大王"垄断舆论,是今后应注目的大问题!

"备注":新闻分配公司 News—Distributing Company 联合公司 The Syndicale 熟板材料 Plate Matter 特权内版 Patent Insides 都是新闻学中的习用专门名词。

(九)国际报界

国际往来,日盛一日,新闻记者的足迹,有驾飞机采访的,像最近日报飞机访问我平津,即一事例!此国新闻记者,常用驻足彼国,研究该国政情民俗,往往成为专门学者,有时亦发生"第二故乡"的爱乡观念。试观国际报界专家会议,由国际联盟所召集者,议决案中,除关于新闻的蒐集、传递和运报诸技术性质问题外,发现公同要求,较紧要者两层:

(甲)关于本身的　即增进新闻记者的职业教育,表示需要新闻学校,尤其是供新闻记者业余补习本身政经等学问,在各国大学或同等学院中设有此种特别课程。可征新闻记者日益走进了"专门"的学术途径。

(乙)关于人类的　像一国报纸应注意人民公共利益,故国际报界应注意人类全体幸福;于是有了维持和平的呼声,即请全世界的报,预备道德上裁兵的方案,消弭国际和阶级间的斗争。此种报上的弥兵运动,自是国际和平的曙光。

文明进步,在机械方面,有了电报、电话、无线电、电报印机、电传写真(Television)的设备;加上火车、轮船、汽车、飞机的转轮,已经能使世界各国各大都市的新闻,在很短时期内,彼此详细记载;现在国际已经像

“邻国相望,鸡狗之声相闻”的境界了!在精神上,更应抱“四海之内皆兄弟”,共戴“在天我等父者”的博爱的精神!

(十)到报界去的路

(十一)所谓“新闻鼻”的说明

(十二)新闻要点编入第一句中最佳

(十三)六个“何”字诀

这里,略略讲一讲新闻的技术。至于详细的研究,留待新闻学专科(Journalism Course);例如,新闻采访、通讯练习、报馆实习等是。

青年欲入报界,最好先试投稿,从本地报馆始。因为按一般情形论,从事报业,由访员入手的人很多,再从本地报馆入手,地方时间关系,都较易于尝试。

所谓“探访”,即外勤记者的重要工作。但善采访的,似有“新闻鼻”,“A Nose For News”就是说有搜求新闻的特长。

有了访员经验,然后踏进报馆,做内勤记者的编辑。编辑重在标题技能,有一类似金科玉律,即一条新闻,能将要点,编入第一句,算是妙手。

新闻要点,有六字诀:

一、何人?新闻中的人物。

二、何事?新闻本身事件。

三、何时?什么时间发生?

四、何地?什么地方发生?

五、何故?发生这事缘因。

六、何如?发生这事情状。

既然如是,新闻记者,非练达人情而通晓世故,难于执笔;且在交际场中,尤不可缺乏“信用”的美德:因为新闻平常没有翅,不会凭空飞来,要人去找;到处可找,家家户户都藏新闻!只要新闻记者的徽章,名片,或护照取得了被访问的对手方的信用,可以使国民政府,外国使馆,对他们开放，还可以使个中人接见和发表谈话；同样，也可以使某一新闻发生的人家，毫不讳忌地剖白一切，还可拍个小照，以明事件真相！

还有，设遇公共灾害发生，在经过亲身勘灾以后，新闻记者应本同情予以救援，而写成一种报告情形的纪事，同时还能因此发起一种募款救济会。在这种状况时，访员的通信稿，要生动，感动人，这的确要有相当的艺术手腕了！

（十四）通讯社的今昔观

在自由投稿与报馆采访外，另有一种组织，专门供给稿件，这是通信社。

世界著名的通信社：如英之路透电报社（一八五一年创）法之哈瓦斯社（一八三五年创）日之电通社（一九〇一年创），对我国报，很有影响。

本国著名的通信社：现有国营的中央社，私人的国闻社；可是各地小通信社，多于各地地方报纸。

以前通信，偏重新闻，现在进展，另有立场：一个重要新闻，有关系的史料。大众的观察点，都一一附说明。现时甚至于有大通信社，对于上了年纪的名人，预撰好一传记，也有附相片的。一旦讣音传来，立刻发表出去：这是代替以前各报临时查名人录撰纪念文的准备工作！

大都一新闻社，发展以后，多立支社，造成一种通信网。世界大通信社的通信联合网，布满了全球六十余国。可是各大社在它本国及领土内特别更活跃地工作。

（十五）注意《出版法》十九、二十两条

现行《出版法》（民国十九年公布）有重要两条规定：

“第十九条　出版品不得为左列各款之记载。

（一）意图破坏中国国民党，或三民主义者。

（二）意图颠覆国民政府，或损害中华民国人民利益者。

（三）意图破坏公共秩序者。

（四）妨害善良风俗者。

第二十条　出版品不得登载禁止公开诉讼事件之辩论。”

上列各款，唤起新闻界的新进，首先应加以注意！否则有“吃官司”的可能。预知应守的范围，便可以避免那讼事的无谓缠扰和纠纷，这是办报的法律常识。

在香港办报，特别有所谓“督印人”，对当地殖民政府，要负相当的法律责任，因此“督印人”有特权，扣留总编辑或主笔所发稿件全部或一部分的。

（十六）“事业之钥”

广告为“事业之钥”Key to business。许多企业，因而获利；可是报馆收入也以广告为大宗。

那么，广告可以滥收么？

这一个问题的答案，可以通常事为比例。

卖肉可以卖臭肉吗？

卖菜可以卖烂菜吗？

同样，千数万数的例，都可以有。

取缔不良食物，政府订有专律，同样，取缔不良广告也有某种规则：参看附录三。

附录三

上海特别市取缔报纸违禁广告规则

第一条　凡在本特别市内发行报行报纸及登载广告于报纸者，对于本规则均应遵守之。

第二条　左列各项广告报纸不为之刊载。

（一）宣传诲淫书画伤风化者。

（二）宣传药物言过其实、迹近欺骗者。

（三）刊登猥亵图画刺激青年视觉者。

（四）诱惑欺骗希图诈收财物者。

（五）激烈危险有妨秩序安宁者。

（六）其他经主管官署通知禁登者。

第三条　报纸刊载宣传淫猥药物广告者，依照本市取缔淫猥药物宣传品暂行规则办理。

第四条　报馆对于广告，认为有涉本规则第二条第一款至第三款之嫌疑者，应令送登广告人先送经社会局核准后方得登载；如认为有涉同条第四款之嫌疑者，得令送登广告人觅具妥实保证后登载之。

第五条　广告一经刊载，即由报馆负责。如查有触犯本规则第二条各款之一者，勒令停登，如仍违令登载，按照《违禁法》第三十三条处十五元以下之罚金，或十五日以下之拘留。如屡犯不悛，得依照《违警法》第十八条勒令歇业。

第六条　本规则自特别市政府公布之日施行。

其实，人有人格，报何尝无"报格"？有大报自订规则，以拒收不良广告；请看附录四。

附录四

《纽约时报》所拒绝登载之广告

一、形迹可疑之广告。

二、虚设之广告。

三、字义欠明了之广告。

四、攻击个人品格之广告。

五、希图谋利之广告。

六、投机事业之广告。

七、鄙俚秽浊之广告。

八、征婚算命推拿之广告。

九、有妨害之医药广告。

十、销售危险药品之广告。

十一、金钱交换样本之广告。

十二、其余有损读者金钱及有损名誉信任之广告，均视为无价值。

"真理在广告中"(Truth in advertising)是一九二四年世界广告会议

在英京伦敦举行时的标语之一。

至于多得广告收入：不仅在广告部的人办事手腕，连编辑部的人社论文字，发行部的人推销能力，都有一种连带关系，颇费研究。

愿意入广告部工作的青年，最好先做兜揽广告而取佣金的掮客，然后好向报馆广告部主任要求位置。

为做广告生意起见，有一种名广告公司，专门替人拟广告，画图样，编文字；并担任向报馆接洽登的地位及日期等。

义务广告，募公益捐和本报贺新年祝国庆等告白是。

（十七）邮电问题之重要性

邮政电报在我国为国营事业，为优待报界，定章都减价。可是国家藉此可以实施新闻政策。

在外国邮局未撤销前，民国三四年间，民党报纸被停止了邮递，乃利用外国邮局寄。现今成了报史上的故事！

一旦，某报被查办，因为我国沪津港三大处，为大报产生地，都在外人租界或领土内，如是多采“扣禁”一法，即不许寄递。前此，扣邮包，扣电报，现今又可通令铁路局、公路局，不许转输。这种封锁政策，往往使报纸服从政令，成自动关门而后已！

上海《新闻报》，十一年，自备收电机，能收国内外电讯。民十八年，又饲信鸽，前年全国运动会在京举行，该报用信鸽传递信件。

在平津、京沪、沪杭各大报馆，多用长途电话，报告当日消息，这是很重要的外勤和内勤联络工作。

民十七年时，我任天津《益世报》特派员，赴京采访二届五中全会消息，闭会宣言虽觅得较早，然苦于电台电话局都由沪报馆预先约定了的，无法拍寄，只留原稿。

一个外勤记者，善于利用邮电，在工作上，增加了许多效率；且有继续性的长新闻稿，不妨用电话、电报、航空快信、快信，分别先后写成几段文字同时寄出，因为报馆可以陆续底天天揭载，如此亦颇撙节不少！

此外，密电的密码，大报各自订，妨要闻漏消息；大照相的邮寄，最好单独，不附信内；因只邮照相，邮费较低廉。此层，对于各地小通讯员，有些用处，附及。

（十八）关于手民日用术语

“手民”日用术语，择要叙述如次：

（一）样子　新闻稿排成了样张便于校对的，初排成叫“毛坯”，一部分叫“小样”，全部叫“大样”，已校正叫“清样”。

（二）校对　校对毛坯叫“初校”，改正再校叫“二校”，再改便看叫“三校”，三校无讹，即成清样，可以付印。

（三）铅字 空自铅字简称“空铅”。新刻一铅字叫“刻坯”。一铅字的二分一叫“对开”，三分一叫“三开”。铸字铜模简称“铜模”。

（四）字体　既分特、头、二、三、四、五、六等号，又分正扁、活、仿古、仿宋等体。

详细底再讲明，我实在不如排字房的老工友，诸位细听端详，请移步到任何报馆或印刷所实地去见闻罢！

（十九）记者联欢与报馆联合

上海曾有新闻记者联欢会，以研究新闻学识、增进德智体群四育为宗旨，近年已改组了。

香港此种记者集会，据我曾入会的经验，分组聚餐，个别通知；兹介绍一纸请柬，详见附录五。

附录五

“迳启者，兹定于三月廿八日（即星期六）下午一时至二时，在‘南园酒家’开第一次组员叙会。相应函达，希勿吝　玉为荷。

此致

徐哲夫先生

新闻记者联合会第十组　组干事 李秋萍

书记　李冠西

一九三一，三，廿五。”

再者，报馆方面，亦有一种联合集团，为公议休刊日期，招待国际间名流……等等，颇能活动。

香港此种组织，各报轮流值会。

我国最有力的集团，还是上海日报公会；参看附录六。

附录六

上海日报公会会章

总纲第一

一、定名　本公会为上海日报所组织，故定名曰上海日报公会。

二、宗旨　本公会以互联情谊，共谋进行为主旨，与各馆内部组织无涉。

三、组织　本会系独立机关，应共同订立会章，并办事细则，以定方针而资遵守。

四、会费　愿入本公会各报馆，应缴入会费及月费，其数目由细章规定。

以上四则为永远遵守之条。（其余从略）

还有，最近国内报界现象，一地各大报馆，派遣特务记者，为某一事，赴某一地，合组新闻采访团；亦促成报馆合作和新闻记者互助。

（二十）鸟瞰中之本国报界

鸟瞰中的我国报界，是如何的？

从发展论，港报先创，沪津继起，如《申报》初仿香港《唐字新闻》是。香港系英人殖民地，沪津大报多在租界中，故 A. M. kotenev 论上海工部局与华人，称我国报纸托庇外人所享治外法权之下，方能成为现今中国社会生活里的一种要素。津报馆，也如此。现在香港，倒有各党派的我国报纸呢！可是，真正爱国的倡导，因此大打了折扣。当我在香港做“督印人”时，报上印“帝国”字义，都得避讳而印成××，当然如果中英冲突，无法主张本国权利。同样的情形，在某租界，便对某国，有所顾忌；“小心火烛！”上海和天津大报都受这种限制！

从数量计，我国各地，据中央宣传部统计，报馆登记，至民廿三年春，逾一千家，通信社逾六百家；现有数量，约有八百多家报馆，四百多家通信社。就报纸张数多寡算，港津沪报多，然而各大报规模，毕竟都不算很大，尤其是销数亦不过五万至十五万左右！上海日报，据上海市通志馆本年调查，中文日报共九七种，编成目录，附各报略史；还记外报若干种。（详该馆期刊第二年第一期中。）

目前因为中央政策，取缔报纸某种言论，近年来《申报》和《益世报》有著名的主撰社论者，某某两氏，勒令解职，似乎一时无法劝导津沪大报迁出租界外！将来租界收回时，易实施新闻政策。然而，在此时期内未尝不可以倡导社会新闻的清洁运动。再中央通信社，很可能成功一个本国内的大通信网，并设法和世界大通信社并驾齐驱！白尔耶博士著名的主张：

“给最大多数民众以最大趣味，是最好的新闻。”

“The best news is that which has the greatest interest for the greatest number”所谓“谋最大多数民众的最大幸福”，本民治主义的原则。美国为民治主义的共和国，故白尔耶博士的说法，正适合美国民众心理。

反观我国不是流行“新生活运动”么？以“礼义廉耻”打倒恶习俗，报纸固然提倡，本身也受影响，便是接近实益主义。祈望“晓明之星”光照我报界！

《文学周报》第八卷第十三期，有“评上海各日报的编辑法”，是郑振铎君撰的。他论到所谓本埠新闻，说那“可痛心的新闻，一天总有一二件，读者自己且留神去看看吧！我不知道他们是不是有血与情的人？隔岸看火，呐喊称快，群观杀人，折掌欢呼，难道我们的民族真是这样的一个不可救药的民族么？我不能相信，也不忍相信！”又说那“天天写些‘双宿双飞，俨若夫妇’或‘男女均属无耻’的可怜的本埠访员的！”有血的报界同行们，少宣扬那痛心的新闻！

晚近大报，在国难中，有“觉今是而昨非”的；社会新闻记者和编者早已转了一方向，与前此“可怜的本埠访员”异趣；调查农村救济事业，指示失业人的出路，讨论防水旱的政策等等。更进一步，如《申报》创流通图书馆，补习学校等社会教育事业，又如天津《益世报》辟社会服务版，杭州《东南日报》也仿行了！

第三编

结　论

（二十一）“从孔夫子到每日新闻”

好了，话讲得也不少了！三句话不离本行！诸位，若不疲倦，听我报告新闻！

近来中央政府，提倡纪念孔子，诸位想已知道了。可是孔老先生对于我国报界的关系，如果大家觉得有趣味，我也不妨再来讲一讲！

一八二七年的《亚细亚杂志》(Asiatic Journal)上，有人这般说：“严格的讲，中国可以说是没有可以称为新闻纸的东西。”那么，所谓“古已有之”，话从何处说起？

差不多一百年后，即一九二六年的《公教世界》(Catholic World)杂志中，披露了一篇“从孔夫子到每日新闻”(From Confucius to the Daily news)关于我国新闻学的论文。真巧，我可以借题发挥一下了！

吾乡王荆公初欲释《春秋》风行天下，后又拟曰：“此断烂朝报也！”(引《海陵集》)后世因此以报比附《春秋》。《春秋》与夫子有涉，于是夫子与报亦有了关系！

虽然，我们毋庸牵强附会，可是孔老先生的人格，值得我们恭维和钦佩，捧作我国报界的先进，究无不可！

理由如次：

一、孔老先生有新闻记者需要好学的修养。

《史记・仲尼弟子列传》：“陈子禽问子贡曰：‘仲尼焉学？’子贡曰：‘文武之道，未坠于地，在人。贤者识其大者，不贤者识其小者，莫不有文武之道。夫子焉不学，而亦何常师之有？'"

现代新闻记者虽不是专门习某一科学，然而应有好学的精神，努力求真知灼见，对于心理学、社会学、经济学、政治学、外交史、政府与政治、科学与文学，有了空阔的常识，才易作新闻工作。

二、孔老先生有新闻记者采访新闻的美德。

同上书："又问曰：'孔子适是国，必闻其政，求之欤？抑与之欤？'子贡曰：'夫子温良恭俭让以得之。夫子之求之也，其诸异乎人之求之也！'"

譬如：一个外勤记者，到行政院去采访新闻。入门时警卫问："找谁？"可以温和底答："会院长或处长……"那么，便有人指点到传达处，那时，他可以在会客簿上依式填写，同时很良善的容貌，笑对那传达，一方说几句"费心……"一方递给他名片和会客单。稍候，院长或处长出来接见和讲话的时候，"辩辩言，惟谨尔。朝，与上大夫言，誾誾如也，与下大夫言，侃侃如也；入公门，鞠躬知也！"孔老先生"恭"的态度，对于访问名流不可缺乏，一次记者失礼仪，下次那人便不见！日本《大阪每日新闻》记者访问吾师九五叟马相伯先生，我也在座，亲见他们有那所谓"入公门鞠躬如也"的礼貌，结果良好！有时，接见人家，招待茶烟，也可看风转势来应酬；假如，那人本不抽纸烟，记者偏有雪伽癖，在会客室内，大抽烟卷，如此，那人稍谈几句话后，也许就要告别了！"俭"德有节制意义，记者要节制自己，适应环境，引人好感。末了，主人送客，记者最好谦让，不必要人送出大门，留下次来访的余地。可以这般说："这次访问承蒙接见，非常荣幸！所有院长（或处长）施政良策，酌量宣传。希望在相当时机，我再来请教几次！"那人如果听了表示满意，此次采访工作就完成了，也可以满意地回报馆了！

三、孔老先生有新闻记者编辑新闻的特长。

《史记·孔子世家》："序书传，上纪唐虞之际，下至秦缪，编次其事。故书传礼记自孔氏。""古者诗三千余篇，及至孔子去其重，取可施于礼义。"又"至于为《春秋》，笔则笔，削则削！"

谨案:第一种特长,编次书传,可以编年鉴,作每周大事。第二种特长,系采动性的乐歌,即“唱”的新闻,写成静性的文字,成“看”的新闻;尤其是“乐而不淫”“哀而不伤”的学说乃趣味主义与实益主义的折衷。第三种特长,用伦常的“微言大义”,寓“以绳当世贬损之义”、并“约其文辞而指博”;可以讲,长于做标题,和修改稿件。

是的! 我并非“托古改制”。我不过倡导报界同行先生们,个个可能仿效孔老先生的好人格! 如斯而已!

现在讲到了这里,“孔夫子”已经表彰过了,“每日新闻”还有一些可提的,不过只讲新闻记者编印每日新闻(简称日报),影响到他们自己的生活。

新闻记者的生活和收获如何? 每个记者,各有经验;每日生活照例,每日新闻不同,略讲一讲。

(二十二) 新闻记者的生活

(二十三) 新闻记者的收获

新闻记者的工作,一部分是在夜间,夜以继日,明朝出报;在做夜工未尝不苦,只好日间来休息些!

“假使你一生的欲望,是发财。就不要想作一个日报的记者或编辑…… 人民、事件、意见、观念,使他注意较致富为甚。当他给他的读者以‘思想的粮食’,当他表现指示他们的观点,当他帮助他们形成民众的意见时,他已满足了。《纽约讲台报》之著名的编辑 Horace Greeley 回顾他过去三十年在报纸中经验说:

‘他并不自知己首先传播了事件,建设了政策,纠正了长久的谬误,或抛在前面在进步途中,以摸索的光明。从没尝到新闻的珍奇,这是新闻事业的本分:要领导! 要领导!’”

上文仍系节引白尔耶博士的话,专论新闻界的报酬一节。

我的管见,以为如下:

新闻记者的生活应富有同情心,同时大众对他表示同情,也是一种收获。

新闻记者的生活应富有的美德，不能枚举；新闻记者的各方面的成就，也是很大，像报界出身的，许多政客文豪。有一次，《申报》总理史量才君，对我讲他办报的方针是某几个字，内有“慈”字，我还记得，也觉不错，值得一提！

（二十四）新闻记者信条式范

现在介绍曾任世界报界大会总会长，并可说是“报学权威”威廉博士所撰新闻记者的信条，以式模范：

（1）吾信新闻职业。

（2）吾信公共新闻纸为公共信任。凡与有关系者，以其全副责任而论，皆公共之管理人。不为公共服务而服务者，为此种信任之蟊贼。

（3）吾信沉思与明论，确实与平允，为优美新闻事业之基础。

（4）吾信新闻记者，只须写出心地中所持以为真者。

（5）吾信箝制新闻而不为社会幸福设想者，难为辩护。

（6）吾信新闻记者之著作，绝不作不斯文人之谈话。局中人贿赂之宜屏去，一如局外人之贿赂。个人责任不得因他人之指使或他人之厚利而放弃。

（7）吾信广告新闻及评论，均须极端引起读者兴趣。全局须真确纯洁，而有划一之标准。公共服务之多少，为优美新闻事业之高等试验。

（8）吾信新闻事业之成功最妙而亦最应成功者，昭事神（God）而泛爱众，具有独立不挠之精神，舆论之高傲，权势之贪婪，不足以移之。其为业也，为建设的，可以宽容而绝不粗忽，能自制，有忍耐性。始终敬重读者，顾始终无所畏惧。对于不公不平，必痛恨之。不为权利所引诱，乱民呼叱所摇动，凡法律应有工资及人类互助方面所能为者，总期与人人以一机会，一相等之机会。又极爱国，且诚恳的发展国际美感，联络世界友谊，盖为人类之新闻业，属于今日之世界，且为今日之世界而设者。

（二十五）一种标帜：“不忘十字医世精神！”

我服务报界开始时的前辈，近故刘浚卿爵士，当我将在香港时所撰社论时评，汇印成册名《十字书论集》，惠予题词：“不忘十字医世精神！”

古罗马大圣人奥思定的名言：

“世界之成，由圣十字架；

魔鬼之败，由圣十字架；

永死之沉，由圣十字架！”

当仰望救世主的圣十字架时，亿万同志虔祷：“尔因此圣架，救赎普世！”

所以，我个人服务报界，直接或间接，一种的标识：“不忘十字医世精神！”

天主教相关研究

天主教与天师道[①]

余曩试编《明季天主教传行中国小史》，仅草创成，略具纲目，未敢以问世也。近研究天师道，知在史迹上及道书中，间与正教略有关涉云。本志编者，愿将余所搴藏张真人印与剑刊诸报端，并嘱撰一短论文，因书此以应命。世有通人，尚乞正之！真理惟一，邪正必争，明之“天学”，与儒家相合，与释老相左，僧道之流，咸共愤嫉，是以谤害中伤，风闻流播。（此数语见徐光启《保教疏》中）而慕“天学”之士夫，其排斥释老也，亦颇阐力。于此种“判教”事业中，首著功绩者，以余所知，当推临朐冯文敏公为第一，请征典籍，以伸吾说。

（一）时士大夫多从释氏教，士子作文，每窃其绪言，鄙弃传注，前尚书余继登奏请约禁，然习尚如故；琦乃复极陈其弊，帝为下诏戒厉。琦明习典故，学有根柢，数陈谠论，中外想望丰采。帝亦深眷琦。见《明史》卷二百十六列传第一百四，又见《明史稿》（即《横云山人集》）列传第九十八。

（二）是时太宗伯冯公琦，讨其所学，则学事天主；俱吾人禔躬缮性，据义精确，因是数数疏义，排击空幻之流，欲彰其教。嗣后李冢宰、曹都

① 原载于《圣教杂志》1927 年第 8 期。

谏、徐太史(光启)、李太仆(之藻)、龚大参诸公问答,勒板成书。(见王应麟《利子墓记》中)

按:王氏宦南雄时即见利子,深相爱慕,故纪事详确。利子死际,王氏适官顺天府尹云。

(三)而太宗伯冯公琢庵琦,屡叩所学,深相印可,遂大有志于天主正教。时求所译经典,且数数上疏排击空幻之流,欲章明圣教。竟赉所志以殁,惜哉!(见艾儒略述《大西利先生行迹》中)

琦自曾祖裕以下,累世皆进士,故史称其学有根柢,承家学耳!幼颖绝人,年十九举,万历五年进士,改庶吉士,授编修,历官至礼部尚书,后卒于官,年仅四十六,赠太子少保,谥文敏。以其寿促,辩护真道之事功未宏著,是以后世鲜称之;然谙史实者,必乐道之。琦既矢诚正教,排斥空幻之流,由是遂使张真人不得不受其影响,事迹如左:

万历五年,张国祥求复故封,冯保等主之,还其真人玉印。三十年,召之修醮,国祥奉母至。未几,母殁,请恤。礼部尚书冯琦言非制,乞绝其妄求。帝曰:卿等言是。但其母远来,遽卒,殊可悯,其子祭九坛!琦等乃不复言。(见《明史稿》列传一百七十六)

按:此节《明史》略之不述。至于琦之如何排释,史无明文,考证俟之异日。是时佛法亦盛,颇忌正教,有袾宏和尚者,创四天说,欲穿凿以取胜,至谓:“按经以证,彼所称天主者,忉利天王也。”云云。惟渠立说之一动机,一则曰:“彼欲以此移风易俗,而兼之毁佛谤法,贤士良友,多信奉者故也。”再则曰:“现前信奉士友,皆正人君子,表表一时,众所仰瞻以为向背者,予安得避逆耳之嫌,而不一罄其忠告乎?”惜其所谓“忠告”,不过袭附会之术耳!吾忆《两般秋雨盦随笔》中,尝述此一类之事一则:《清净法行经》称孔子为光净童子,《造天地经》以孔子为儒童菩萨,《酉阳杂俎》以孔子为玄宫仙,《真灵位业图》以孔子为太极上真君,援儒入墨,殊属可笑,然侮圣亦甚矣!

不意康熙年代时之龙虎主人张继宗氏,竟袭故智,订所谓“千古奇观”之《历代神仙通鉴》,而将《天主母玛利亚之行实》掺入!卷首神仙鉴像，四十九页绘一老者与一幼童，题为“如德亚”及“耶稣”；五十二页绘一少妇与少女，题为“西河少女”及“玛利亚”。呜呼！殆真所谓“千古奇观”。正教中人视此，岂止“殊属可笑，然侮圣亦甚矣！”再《神仙通鉴》二集，《佛祖传灯》卷九二节中，“玛利亚贞产耶稣”之纪载，大都摭取明季正教经文辑成，道书既与正教有涉，系本篇讨论之范围内事，故全录之如后：

远西国人云：云中国九万七千里，经三载，始抵西羌。更彼国初有童贞女玛利亚，于辛酉岁（原注实汉元始元年），天神嘉俾阨尔恭报天主特选尔为母，已而果孕，降生母极喜，敬裹以常衣，置于马槽。群天神奏乐于空。后四十日，母抱献于圣师罢德肋，取名耶稣。方十二龄，随母往谒圣殿，归时相失，母心痛苦。三日后，觅至殿中，见耶稣上座，与耆年溥（博字之误）学之士，讲论天主事理。见母忻喜，同归，孝敬事奉至三十岁。辞母师，流行如德亚，传教淑人，所行圣迹甚多。其国中巨家及在位者枞傲，恶嫌其众归附，谋欲杀之。耶稣之大徒中名菇大斯者，素有贪行，揣知本国众意，因以攫利。夜深，引众捕缚，送于亚纳斯在比剌多衙内，褫衣系石柱，鞭五千四百有奇，全体剥伤；默不置辩如羔羊。恶党以棘刺冠，箍于其额，以绛敝袍被其身，伪拜如王。造一重大十字架，逼令肩荷，路压跌倒难堪，被钉手足于架上，渴以醋膽，终命时，天昏地震，石相触碎，时三十三。死后三日，复活，身极光美，先见母以解忧。四十日后，将欲升天，面谕宗徒百二十人，分行天下训诲，与领圣水，洗罪入教。谕毕，古圣群从，随跻天国，后十日，“落字”天神降临，迎母升举，立于九品之上，为天地之母皇，世人之主保。按：多抄自《玫瑰经》，间有因颠倒次序而谬误者，亦有篡改处，如谬言“圣师”，又渴以醋膽，当系“口渴与以醋膽”，再升天后十日，乃圣神降临。诸如此类，悉教中人所习闻，故不置辩。日人谓佛经中发现有耶稣圣像，殆亦此类耳！至于“天师道”之本身价值如何，容后详论。拙作已有《天师道缘起说》，载在本年五月十二日《时事新报·学灯》中，可请参看。

纪鳌拜辅政时代历法之狱[①]

弁言第一

杰民先生近撰《西贤历法之精密》一文，中载有“清人云云”。谨按：杨氏不特诬陷，且叠次讼汤。时值辅臣鳌拜擅权，即兴大狱。陈援庵先生于《宗教史讲义目略》中称为“康熙三年之狱”。因考史迹，追求此事件之“因”、“缘”、“果”、“报”，而成此纪。藉资请益于杰民先生之前，再此稿多赖陈先生著作之指示，敬志谢忱于篇首。

明因第二

知人然后论世，作史应尔，兹揭明关系人略历如次：

1. 杨光先，字长公，徽州府歙县人也，恩荫新安卫官生，(据《畴人传》卷三十六)

[备考一] 又其明末之一段履历，事见《明季北略》卷之十三中，文

① 《益世报》(天津)第四版，1928 年 3 月 11—27 日。

曰“崇祯十年丁丑四月，新安卫千户杨光先疏，参陈启新并及温体仁，舁棺自随。（疏长从略）上责其渎陈。光先屡参启新。上怒其恣臆干政，廷杖，戍辽东。”时清崇德三年也。

乙、汤若望，字道未，崇祯二年，入中国，清顺治十一月，以若望掌钦天监事。时若望疏言，“臣等接新法推算”。得旨，“钦天监印着汤若望掌管，所属官员，嗣后一切占候选择，悉听举行”。累加太仆、太常寺卿，敕赐通微教师（据《畴人传》卷四十五）

［备考二］

顺治十年癸巳三月，赐太常卿，管钦天监事。汤若望号通微教师，加俸一倍。（吴增祺《清史纲要》）按：《制诰》中云：“朕承天眷，定鼎之初，即咨尔姓名，为朕修《大清时宪历》，迄于有成，可谓勤矣。尔又能洁身饬行，尽心乃事，董率群官，可谓忠矣。比之洛下闳诸臣，不既优乎？今特赐尔嘉名为‘通微教师’”（国立京师图书馆中藏有赠言诸书，系廷臣寿汤若望文汇，可供参看）

［备考三］《世祖御制天主堂碑记》中有云：“若望素习泰西之教，不婚不宦，祗承朕命，勉受卿秩，洊历三品，特赐通微教师之名。任事有年，益勤厥职。都城宣武门内，向有祠宇，素祀其教所奉之神，近复取锡赉所储，更而新之。（案：即现在北京南堂之故建筑物，后遭毁而复构成）朕巡幸南苑，偶经斯地，见神之仪貌，如其国人，堂牖器饰，如其国制。问其几上之书，则曰‘此天主教之说也’。若望入中国已数十年，而能守教奉神，肇新祠宇，敬慎蠲洁，始终不渝，孜孜之诚，良有可尚。朕甚嘉之，因赐额，名曰‘通微佳境’，而为配铭。（铭从省略）凡尔畴人，永斯钦式。”（据《日下旧闻考》卷四十九）

从来事修则谤兴，德高而毁来，古语有之，而史实证之。不观汤若望有忠勤历法之绩，清帝福临且嘉其律身敬教之诚，举以为畴人之钦式，颁诸策文，铭诸金石。乃其他畴人，即叠次起而攻之。《畴人本传》云：“十四年四月，回回科秋官正吴明烜疏言若望舛谬。（文从略）命内大臣等公同测验，水星实不见，议明烜诈妄之罪，援赦得免。”时汤氏蒙嘉号，曾不几年，而谤者已公然诉之朝矣，此为一事。后三年，杨氏戍辽东归，恩荫新朝官生，健讼夙著，乘隙而动，以“西人耶稣会，非中土圣人之教，且汤若望算造时宪书面，不当用上传‘依西洋新法’五字，于顺治十七年具呈礼科，不准。”（录《畴人传》杨氏本传中文）此又一事。履霜坚冰至，知几其神乎。来日大难，汤氏正难幸而免，阅者请观下文，即知后事。

探缘第三

鳌拜辅政，叠兴冤狱。考顺治十八年辛丑，福临崩，玄烨即位，以明年为康熙元年，遗诏命索尼、苏克萨哈、遏必隆、鳌拜辅政，后康熙六年，玄烨始亲政。计辅政时期，先后凡六年（读者欲知概况，一查近人萧一山氏《清代大事表》便知）。又顺治哀诏到苏，金圣叹等聚哭于文庙，被指为震惊先帝之灵，奉旨遣侍郎往勘，不分首从，一律凌迟处斩。苏民谣云，“天呀天，圣叹杀头真是冤”。此著名之《哭庙狱》，世多能言之。未几，大惨案《明史》狱起，杀庄庭陇诸子，而戮庭陇之尸，株连戮死者七十余户，事在康熙二年。继此而兴历法之狱，杨氏讼汤氏之结果也，大风有隧，贪人败类，此因此缘，事实如斯。

剖果第四

《畴人传》卷三十六，载杨光先，“又于康熙三年状告礼部，奉旨下部会吏部同审汤若望等。由是罢黜。四年，特授钦天监右监副，旋授监正。”又卷四十六，“康熙四年，徽州新安卫官生杨光先，上言若望新法十谬及选择不用正五行之误，下王大臣等集议。若望及所属各员，俱罢黜治罪，于是废西法，仍用大统。”

略况如上，兹判陈之。

一、杨光先告礼部原文之片段

至是又告礼部曰:“汤若望阳假修历之名,阴行邪教之实,散布邪党于济南、淮安、扬州、镇江、江宁、苏州、常熟、上海、杭州、金华、兰溪、福州、建宁、延平、汀州、南昌、建昌、赣州、广州、桂林、重庆、保宁、武昌、西安、太原、绛州、开封,并京师共三十堂。(按:京师三处,一宣武门之内,二东华门之东,三阜成门之西,合各地二十七处,故文中称三十)每堂一年五十余会,每会收徒二三十人,(按:七日一荐,故云一年五十余会)各给金牌、绣袋、妖书、会单(按:指教中圣牌、圣衣、经本、瞻礼单等)以为凭验,请照《大清律》“左道”、“妖言”二条治罪。(据《国朝通商始末记》书中所征引抄)

[备考四]当时教务传行,状况如何,据《中华本国主教》一书(一九二七年,土山湾出版,英文本)中所载受洗人数统计,中有一段略云:

> “一五八六年,初仅有四十中国教友。
>
> 一六零八年,增加至二千名。
>
> 一六一六年,又增至一万三千名。
>
> 一六五零年,至十五万名。
>
> 一六七零年,至二十万名。”

吾人习性,富于保守,诚如援庵先生《也里可温考》中所云,“语以西史所载,则曰于吾国典籍无征”,示以故书雅记所遗,则目前之疑团顿释。今试从反教领袖之言论,反证教中记载之属实。古史钩沉,尚赖专家有以教之。

甲 征数 《明史稿》列传二百,外国七,“历大利亚”中载礼部给事中余懋孳《参远夷疏》中有云:“自利玛窦东来,而中国复有天主之教,乃留都王丰肃、阳玛诺等,煽惑群众,不下万人,朔望朝拜,动以千计。”又按沈漼万历四十四年十二月《三参远夷疏》中有云:“臣观其疏揭内,公然自言两京各省有十三人,(按:指西来传教士)殊为可骇。”南京一地耳,已“不下万人”，其余北京各省之广布成绩，可以例推，因明季传教，系公然之活动，(愚别有纪)故人皆知之。万历四十四年，即上表之一六一六年也，再以本篇杨氏疏言推算，三十处堂，每堂一年五十余会，每会收徒二三十人，自万历至康熙，又经数十年之久，则一六五零年至一六七零年间，有一二十万信徒，正情理中事耳。

乙 征故　西士尽瘁于福音之传播者，至此时经四五十载，为朽骨者有之，龙钟者有之，今不具论。按与利玛窦相符之佛书《四天说自叙》中云，“现前信奉天主教士夫，皆正人君子，表表一时，众所瞻仰，以为向背者，予安得不辨”。作者为谁，霞漳黄贞(一明末反教者)所谓“僧中所谓博大真人”也。又崇祯十年十一月，施邦耀为福建巡海道时，为拿获通夷(按：诬教民者，多加此罪名，今犹有“帝国主义者之走狗”之谤语，其实明亡之殉国者，多教中信友。另评，不赘)事告示，中云：“本道谕令尚爱等悔悟徙教，免其戒责，彼则宁受责而不肯悔从教之非，但云，‘秀才不从，则某等亦不从矣。’”(按：显系托词，时名士显者不少，即矢不叛教意)是何异教之令人信从，牢不可破如此？夫一人能鼓数十人之信徒，数十人便能鼓百人。既能鼓惑百十人，即能鼓惑千万人。从其教者，人人皆坚信若斯，使之赴汤蹈火，亦所不辞。而推原厥始，首衍东土之教者，墨井颂为“神注中华”之圣方济各·沙勿略一使徒而已。

二、汤若望被判决之主文

“汤若望传天主教，邪说惑人，为首，应革职，监候绞。”(据《天主教传入中国考》中所引抄)

[备考五]吴(增祺)氏《清史纲要》卷之三中有“康熙四年乙巳三月辛卯，(按：即初五日，亦即一六六五年四月十九日)以星变、地震，肆赦”云。

[备考六]汤若望监候绞，后事如何？据徐汇出版之《天主教传入中国概观》中云：“辅政大臣等为光先所惑，虽明知若望冤诬，又属先朝勋臣，为恐帝亲政后，追议此事，故于康熙四年，即一千六百六十五年四月初一日，会集朝臣二百员，议置若望于重典。岂知天主圣意出人意料，方

才议定，京师地忽大震，有声如雷，甫经就坐，地又大震，一而再、再而三。朝臣感悟，开释南、利、安三神父，然而汤若望、李祖白等，仍未提及。卒又连震数次，顺治帝之母后，以为‘天谴可畏’，诏诸辅政大臣，而责以大过，特准开释汤若望，惜奉教大员李祖白等仍不免。”

三、奉教历官李祖白等五人处斩，其余罢官，并祸延各地

陈援庵先生《宗教史讲义》“康熙三年之狱目略”中云：“李祖白等五人处斩”，又云，“佟国器、许之渐、许续曾等罢官”。

愚按：《畴人传》“汤若望”编有“嗣后一切占候选择悉听举行”；“杨光先”后不言“选择不用正五行之误”，阮氏以星卜之说不经，是以未详。据教史述杨氏书中语意，“西法种种不善，时日不辨吉凶，令人莫知适从，数年前荣亲王（顺治殇子）薨，钦天监衙门选择殡葬时刻，大不吉利，以致累及母后，并累及先帝，相继升遐”云云，故奉教历官李等，罪同弑逆，例不在赦，此正新信仰与旧迷信冲突之一幕，故备载之。

[备考七]“史载李祖白赴刑场时，路过教堂，伏地稽首数次，以表其信德之真挚。及过家宅，其夫人候在门首，正色谓之曰，‘君为奉教捐躯，夫复何憾？惟愿天堂相会耳。’呜呼，成仁取义之际，何其虔诚而悲壮也！特表而出之，俾世知‘殉道者’之真相如何，好学深思之士，幸注意及此。”（引《天主教传入中国概观》文）

[备考八]徐光启笔录，毕方济口授之《灵言蠡勺》有云：“暴君能强抑我体，我不受强之情可出之舌；纵断我舌，我不受强之情可形于四肢百骸；纵断我命，不能灭我与爱欲为一体之亚尼玛。”

又“观古今无数圣人、大才、至智，而为此致命受无穷之苦，圣女亦然。其受苦难也，他人视之若苦，而彼甘之若饴，嗜之若渴。古今无数主教贤人，恒叹息，恒仰慕，恒祈祷，常行百善，建立‘神’功，行人所难行，由是而遵贵教而传福音者，上说下教，救世利他，讲解、传说、言语、踪迹遍天下，宁屏弃一切身世所有，克己习劳，忍辱任怨，终身如是，是何所为乎？此不足为‘至美好’征乎？”

又"右所论'至美好'是亚尼玛之造者,是万物之造者,是亚尼玛之终向,是人之诸行,人之诸愿,所当向之的……所传教人,共相奉事,是因爱怜万民,亲来降世,以其教光照普天下,令得永生真福。是定何谓,谓之天主。"

右录三则,节自《灵言蠡勺》,是《天学初函》中。亚尼玛者,译言灵魂。而为义致命云者,即"玛而底儿"之译义。由此文中,可窥见殉道者之理想。缘此大狱之后,仇教运动,波及其他二十余处,所有各地西洋传教士,一并奉令解京,教堂多遭抄抢拆毁,又勒令背教,不则严究治。此时教务,独赖中华第一任主教罗文藻管理,然而四五年尚有新信教者达二三千人之多,此就罗公一手授洗者言,再其他华铎传布之成绩,大抵皆类似。故物质方面,虽遭摧虐,而精神方面,反形旺盛。良以信徒对于教难横来,则其信心直显。谨按:《古经箴言》(Lider Proverdiorum)中云:"焰焰炉火,锻炼真金,主用艰难,磨炼人心。"(意译)此历法事件,为清代教徒第一次之试金石,而一测验后有如是之成绩,不得不令人回忆先贤之说论,因附记之,藉以印证其言并不虚云。

显报第五

本节所谓"报"系报告"史迹实诏吾人者,如彼如此",非俗言报应之说。因"报在眼前"、"报在子孙"云云者,实属浮泛,愚意并不指此。更非含有"报复"之义,缘教旨恕仇,不念旧恶,即在受屈而死者,其心昧道不怨,善良心谦之精神固长留于天上人间矣,又何用妄赞一辞?治史者既求其端,且询其末,爰再分析后事,以显究竟。

甲　杨光先获谴之颠末稽实

《畴人传》纪杨氏治历实况云:"是时吴明烜、杨光先等,以旧法点窜递更,强天从人,仪器倒用,以致天道匆协。"(见卷四十五中)又本传中云:"光先在监三年,谓戊申岁当闰十二月,寻觉其非(按:时明烜已为南怀仁所劾，玄烨亲政后一年，明诏求精通天文占侯者云），自行检举。时宪已颁行，及诏停止闰月，寻事败，论大辟。”又论末谓：“《池北偶谈》称：‘论大辟，其实光先盖论大辟，免死归卒者也。’”再查《池北偶谈》卷四中所载，原文如下：

“杨光先者，新安人，明末居京师，以劾陈启新，妄得敢言名，实则市侩之魁也。康熙四年，疏言历法之弊，遂发大难，逐钦天监监正加通政使汤若望，而夺其位。然光先实于历法毫无所解，所言皆舛谬，如谓戊申岁当闰十二月，寻觉其非，自行检举。时已颁行来岁历，至下诏停止闰月。光先寻事败，论大辟。光先刻一书曰《不得已》，自附亚圣之辟异端，可谓无忌惮矣。”

王士祯氏之《月旦》评如此。

[备考九]阮氏《畴人传》凡例有云，“西法实窃取中国。”（按：此点杰民先生有短评，即纠过正之非，辩夸大之妄云）继谓“因就管见所及，于篇末著论，以发具趣，其是非互见，谬妄不经，亦皆窃寓褒贬，评其得失。”末称，“愿与海内学人，共审定之。”噫，其求人共审定之愿，自是作史应持之态度。至若千年积学之勤，而成一有统系之历数人物史，阮氏之功，诚有不可磨灭者。惟其持论，是非互见，甚有谬妄不经者，亦应分别观之，始不失为善学者耳。《杨光先传论》中有云：“钱少詹曰：‘吾友戴东原尝言，欧罗巴人以重价购《不得已》，而焚毁之，盖深恶之也。光先于步天之学，本不甚深，其不旋踵而败，宜哉’。”（下论历法，从略）

其论杨光先之败，与王氏评语吻合，此后世定论也。所言当非误。惜其不一语载及《不得已辩》，是乃亲与狱事之利类思所撰者，而反载如斯辗转相告游谈无根之传说，即未谬妄不经，吾亦未见其甚是也。今考《不得已》卷首，即涉及人类发源问题，或者欧人不吝重价而求一观耳。兹摘抄首节，以示一斑：“历官李祖白，大主教之门人也，著《天学传概》（按：此书现徐家汇藏书楼有藏本）一卷。其言曰：天主上帝，开辟乾坤，而生初人，男女各一，子孙居如德亚国。此外东西南北，并无人居。当是时，事一主，奉一教，分歧邪说，无自而生。其后生齿日繁，散走遐逖，而大东大西有人之始，其时略同。考之史册，推以历年，在中国为伏羲氏，即非伏羲，亦必先伏羲不远，为中国有人之始。此中国之初人，实如德亚之苗裔，自西徂东，天学固其所怀来也。生长子孙，家传户习，此时此学之在中夏，必倍昌明于今之世矣。延至唐虞三代，君臣告诫于朝，圣贤垂训于后，往往呼'天'，称'上帝'，以相警励。其见之《书》曰：'昭受上帝'，'天其申命用休'；《诗》曰：'文王在上，于昭于天。'鲁《论》曰：'获罪于天，无所祷也。'《中庸》曰：'郊社之礼，所以祀上帝也。'《孟子》曰：'乐天'、'畏天'、'事天'。何莫非天学之微言法语乎。（按：上为杨氏所引，以下自加驳议）审是，则中国之教，无先天学者。噫，小人而无忌惮亦至此哉！不思今日之天下，即三皇五帝之天下也。祖白谓历代之圣君圣臣是邪教之苗裔，六经四书是邪教之微言，将何以分别我大清君臣而不为邪教之苗裔乎？而弁其端者，曰：'康熙三年，柱下史毗陵、许之渐敬题'。噫！吁！异哉！以史臣、以谏官而亦为此言耶?"（据《辟邪纪实》卷上抄）按：篇末有"将有知予言之不得已者"一语，故亦名《不得已》。或者《不得已》之名，当时较流传，因王氏祗称其刻一书曰《不得已》。阮书《杨传》，称本人辑前后所上书、状、论、疏为上下卷，曰《不得已》。《国朝通商始末记》引此书，亦祗称《不得已》名。陈援庵先生《目略》中称"杨光先《辟邪论》及《不得已》书"，是又为二种著作矣。愚不闻其评，他日再亲问教于陈先生之前，兹提一笔。

祖白先证明汉族西来，而后述古儒之说与天主教合，之渐赞和，何异之有？杨氏必欲强分别其"大清君臣"，又何妨从"满汉是否源出一先"方面立论，亦不失为辩学态度，乃竟"噫！吁！异哉"，徒以王氏所谓"无忌惮"之文，而反斥人为"无忌惮亦至此"云云。以现代论学方法绳之，本可不问了事。然鳌拜等卒为此说所耸动，后且陷著书者于显戮，黜作序者之名位，宜乎？耸动一世，而旅华之欧人，亦亟欲求观矣。下文举一实证，查北大《社会季刊》第一卷第一号李永霖论文中有云："高氏（原文系指十七世纪中一耶稣会华籍青年）比较自埃及之记录所得的证据，与中国古代的记录，仍认为中国为古代埃及的移民地，此论文当时以为对于中国颇有危险，故未曾呈送乾隆皇帝批阅。然俄国一贵族，因忿耶苏伊达（即耶稣会士之译音）的横暴态度，几将译此论文，送于北京刑部，以揭耶稣伊达的暴戾事实。”据此事，可见此狱百年后欧人之心理，尚以为一涉及“汉族东来”、“古儒信仰”诸问题，即使触犯《大清律例》，非遭杀戮不可，且十六七世纪之欧洲虽间有持无神说者，然古经《创世纪》，则仍系家喻户晓者，今闻在中国视“‘诺厄子孙一支东迁’之说，为触犯刑章”，无怪“欧罗巴人以重价购”之也，入国问禁，盖亦不得已耳。由是观之，欧罗巴人以价而重购《不得已》，其意为“焚毁之”乎？抑为“收买古玩”事耳，将“深恶之”乎？抑或已“大笑之”矣。即令戴东原偶见一欧人购书，或闻诸他人，原无甚足怪者，而阮氏即引此以隐寓崇“国朝”之意，庸乎、惑乎？

再进一层言，海禁开后，中、东学者，研究汉族来源问题，异口同声，群主西来，论文不胜枚举，例如《章氏丛书·检论·种姓篇》有云：“葛天似即加尔特亚，中国语简去之，遂曰加特，亦曰葛天。地直小亚细亚南，其族尝至中国。”噫、噫，此非幸而不出于二三百年前而免于邪说之戮耶！至论古儒信仰者，如《中国圣哲之人生观及其政治哲学》（即《先秦政治思想史》之别名）中亦尝云：“其神名曰天，曰上帝。”又曰：“如《书》之《高宗肜日》、《西伯戡黎》、《大诰》、《康诰》、《多士》、《多方》；《诗》之《文王》、《大明》、《皇矣》等篇，俨然与《旧约》中之《申命记》同一口吻。”吁、吁！又非幸而不逢杨光先之流而免于异端之辟耶！尝于浏览书报之余，忆有一《汉族来源说考》，中云：“然则汉族来源问题之提出，谁之力哉？西人之力也。”（《弘毅杂志》第一卷第三期）不识此提出问题者，实一中国信徒，不过为人所诬杀，而其名又没世未见称道耳。又忆有一文，题为《中国之古天主教》，最近布露于学生界颇流行之某杂志中，作者或不觉吾人实万幸而为自由国家中之自由民，始得纵论宗教史迹，且无用忌避所谓“通夷”嫌疑。阮氏生当专制政府之下，严夷夏之防，偶尔铸错，原不厚非，所以期期以为不可而明辩者，冀此一再误传之说不致转而又误今后之世人云耳。

乙　汤若望疾故后昭雪略况

康熙五年丙午疾卒。八年己酉十月，钦赐葬银五百二十四两，遣官至墓谕祭，墓在京师阜城门外腾公栅栏。（据《道学家传》，见上海《鉴赏周刊》）所载张若谷氏抄汇楼（即徐家汇藏书楼）藏本，又见《圣教信证》附录）

［备考］北京阜城门外二里许，名曰栅栏，即是腾公栅栏之省称也。自利玛窦于明万历三十八年卒，奏准畀葬于此，后汤若望于顺治十二年，又疏乞永为教士坟地，故京畿附近已故传教士之墓咸在焉。今年春正月，愚偕景公亲往谒墓一次，乍抵栅栏，即望见石门，上是钦赐二字，旁附满文，清时所建筑也。今保留不改，入门为堂，名 Eglise de N－D des marlys 为纪念庚子事变殉道诸人士而云。然缘庚子变后，诸先辈墓多遭侵坏，仅遗下之诸墓碑，悉移置于此堂两侧，堂中四壁题拳时致命名氏，字字血痕，何忍徘徊。展礼之后，更进后院，知明末清初耶稣会士墓，仅得七所，分为两列，前四后散，在前者有享年九十余之龙华民，而后三者为利玛窦，其左南怀仁，右则汤若望云。若望墓前，竖立谕祭碑石，可证教史中之记载，愚故附及。

考《畴人传》中载，康熙九年复用新法，其术云云，十七年若望卒。殆系错记。核《畴人传》中所错，不仅一事，如《光先传》，记言“戊申”岁当闰十二月，实袭《池北偶谈》之错字。查陈援庵先生《二十史朔闰表》，则于“己酉”年下，注明“初颁《时宪历》，闰本年十二月，后钦天监杨光先自行检举，依新法改闰二月。”此实又有确据，惟《畴人传》因何而误，试为作一解释。《畴人传》卷四十五中云：“十七年八月预推《七政交食表》成，表为汤若望所推，怀仁续成之者，凡三十二卷，名曰《康熙永年表》。”殆以此表系十七年成，汤若望尚预有名，遂录疑年于本传之末耶？实汤若望来华治历，自天启二年（一六二二年）起，凡四十四年，或卒前若干时之积稿耳。他书中且有九年复起汤若望钦天监之异闻，是以备叙其墓地情况，而揭阮传之疑年，以饷读者。

契要第六

日本高桑驹吉著《支那文化史》中叙此事，颇能挈要，商务有译本，惟其中所译，如称亚当沙尔，此系汤若望西名之译音，而汤等自有其华名，兹求合“名从主人”之例，并为助读者记忆便利计，重订译文如次：

明末耶稣会教士汤若望、罗雅谷治历书方竣，遭逢明亡，遂未见诸实行。西历一六四四年五月，清世祖入都于北京，延揽若望等治历。翌年八月，废《大统历》而颁行西法《时宪书》。十一月旨下，钦天监印信著汤若望掌管。后新建天主堂落成时，颁赐“钦崇天道”额，并加汤若望太常寺少卿衔，累进通议大夫、光禄大夫。当其时，自西徂东之教士，悉蒙清廷之优遇，故传道盛。殆后至一六六一年时，世祖崩，而罢职钦天监员杨光先，乃倡仇教运动，诬各省教士与汤若望，谋为不轨，并作《辟邪论》以谤之。由是而布教始遭严禁，汤若望、安文思、南怀仁等俱被幽囚，旋受死刑之宣告，即散在各省教士，亦加拘禁，而中央及地方官吏中，有奉教者，悉革职，或罢黜，为数颇多。会有强烈之大地震起，如是辅政大臣等皆惧，乃释若望等。而杨光先则受任为钦天监监正，后即陷害前此之历官，曾从若望学西法者，处斩，流徙，或则免职，于是废西法，仍用《大统》。若望忧愤，客死于北京，时一六六六年八月也。次年，圣祖命钦天监监副吴明煊与南怀仁，各测日影，对验结果。钦天监副所测，反而有错，遂黜杨、吴，而授怀仁为监副。至圈禁中诸教士，悉遣赴澳门，时布教自由尚未遽行恢复耳。旋又开释澳门二十余教士，其精于历法之恩理格、闵明我两名，招致来京，余则听其分往各省本教堂传道，而后布教乃再恢复曩日之盛况。

识语第七

右录六节，备考凡十，正文集成，以昭故实，附注求备，不惮冗长，庶几偌大公案之真相，得昭揭于此一小纪中乎？拙稿粗定，即以问世，所冀先进，鉴其区区微诚，而加指正，则拜受赐者，自不尽编纂一人之私幸而已。是狱也，为新历法与旧术数之争衡，而天主教教士信友实遭其害，受死者有之，蒙垢者有之，后虽平反，冤亦昭白，然而遭戮或屈死者，已长逝而不复矣。其心迹明，其骨肉朽，聚敛墝里地，莫辨贤不肖，愿言念及，能无嘘唏？唯其如是，从我中国文化史上观察之，此辈烈士为纯正信仰而舍其生命者，非即牺牲为其所献身之科学耶？科学、科学，昔有攻彼而仇宗教者，今又有挟彼以非宗教者，孰是孰非，俟质达者。

《辩竹窗三笔天说》之作者为谁[①]
——书陈援庵先生所撰《重刊〈辩学遗牍〉序》后

《辩学遗牍》一卷，据《四库总目提要》(注一)云："明利玛窦撰……是编乃其与虞淳熙论释氏书，及辩莲池和尚《竹窗三笔》攻击天主之说也。"新会陈援庵先生，于此书重刊时，称第一部分显非伪托，而第二部分殆非自撰，作序述其见解如次：

(A)"前编为利复虞淳熙书"

甲项："此书为袾宏和尚所已见，《云楼遗稿·答虞淳熙书》曾提及之。"此其所持之理由，一也。乙项："如《复淳熙书》之屡自称'窦'云云者，则又显非志在托名，以动人观听者也！此其所持之理由，二也。"由是而遂肯定之。

(B)"后编为《辩竹窗三笔天说》，辩殆非利撰。"

亦持有两项理由：(甲)"据袾宏自叙《竹窗三笔》，刊于万历四十三年乙卯，而利已于三十八年庚戌物故……庚戌与乙卯，相距五年，利未必得见。"以时间关系言，此一反证也。(乙)"且细考原辨语意，明在《三笔》刊行以后；而其中并无一语，可确指为利作之据。"以原文语意言，此又一反证也。结果，疑问发生矣。

---

① 原载于《清华周刊》1928年第30卷第6期，

然则《辩竹窗三笔天说》者，果为谁耶？

“此必教中一名士所作，而逸其名。”

援庵先生因明季天主教“人材辈出”，故云然。顾援庵先生撰此序时，文献实不足征，乃想当然耳！

最近发现，徐光启为《辩竹窗三笔天说》之作者。

余尝稽考吾家宗谱，得悉先文定公，有拟《复竹窗天说》一文。

详见拙著《徐光启著述考略》，载《新月》第一卷第八号（注二）中。余作此考时，尚未曾论涉此事，笔述一二要点：

第一，此系容庵先生（文定孙名）所引，孙述祖德，当不致误，可以征信，毋待详论。

第二，上海马相伯先生前跋此书，称为“理文并茂”，今夏阅《皇明经世文编·徐文定公集》，亦作同一评语。文笔实类，如出一手。徐有《西法历法》，《山海舆地图经解》诸著作，故得引当时“西国地理家”、“西国历法家”之学说，以驳“四天下”“三十三天”“三千大千”之传说。徐又尝从利受“亚玛尼”（译言“灵魂”）之学，刊《灵言蠡测》一书行世，故能正轮回六道之诬，而力持灵魂不灭之是。（袾宏和尚难曰：“彼书杜撰不根之语，未易悉举，如谓人死其魂常在无轮回者。”显系攻击“亚玛尼”之学。《辩》曰：“至言‘灵魂不灭’，佛教中亦有之，云何自背其说乎？灵魂必灭，彼往生成佛升天者为何物乎？轮回六道地狱受苦者又何物乎？”聊举两造数语，以示辩辞一斑）抑万历四十四年七月徐奏：“为远人学术最正，愚沉智见甚真，肯乞圣明表章……事。”疏内条陈试验之法三，而其中之一，即“辩学”云。查原疏称：

“诸陪臣（指诸教士）之言，与儒家相合，与释老相左。僧道之流，咸共愤嫉，是以谤害中伤，风闻流播。必须定其是非，乞命诸陪臣与有名僧道，互相辩驳，推勘穷尽，务求归一，仍令儒学之臣共论定之。如言无可采，理屈词穷，即行斥逐，臣与受其罪！”

《竹窗三笔天说》既已行世，利先生又不幸逝矣，义不得已而辩，故有《拟复竹窗天说》一文。

援庵先生于一九一九年八月作此序，提出"《辩竹窗三笔天说》之作者为谁"之疑问。此一细小问题必待十年后，始得有一解答。甚矣，考古之不易，且不能欲速也！此答案今幸为余所发现矣！余更深自庆幸。如有机缘，得面援庵先生，商榷此事，订为定论。姑先志之，以俟他日乞正云耳。

一九二八年十二月六日，徐景贤志于清华研究院

（注一）子部杂家类存目。

（注二）本年十月十日，新月书店出版。

《明季之欧化美术及罗马字注音》考释[①]

一九二七年十月二十九日陈援庵先生邮赠了我一部北京辅大景印的书，名为《明季之欧化美术及罗马字注音》。篇末附着识语，现在节录原文如左：

右西洋宗教画四幅，说三则，见《程氏墨苑》卷六下卌五页后末编。页数者，书成后所增也。又利玛窦赠文一篇，见卷三，自为页数，亦书成后所加。今所传《墨苑》有关此图及说者，有图存而西洋字尽阙者，疑禁天主教时所削去。此为通县王氏鸣晦庐藏本，图说皆全，实为难得！《墨苑》分天、地、人、儒、释、道六集。今书口题曰"缁黄"者，即释道合为一集，而以天主教殿其后也。时利玛窦至京师，不过五六年，而学者视之竟与缁黄并，其得社会之信仰可想也！

程氏名大约，字幼博，别字君房，徽人，以墨名家。行辈在方于鲁先，而《墨苑》之成则在方氏《墨谱》后。《四库提要》置《墨苑》在《墨谱》前，置《程幼博集》在《方建元集》后，皆为颠倒。且《墨苑》题曰："程君房撰"，而《程幼博集》则题曰"程大约撰"；又于《方建元集》言于鲁有《方氏墨谱》已著录，而于《程幼博集》又不言大约有《墨苑》已著录，疑四库馆所见《墨

---

① 原载于《新月》月刊，1928年第7期。

苑》为不全本，故不知君房即大约也。

明季有西洋画不足奇，西洋画，而见采于中国美术界，施之于文房用品，刊之于中国载籍，则实为仅见。其说明用罗马字注音，亦前此所无。金尼阁著《西儒耳目资》，即师其法，当时以此为西洋人认识汉字之捷诀。其间偶有误注，如以“宝”为“窦”之类，则不可解也，今并表出之，以资参考。

末附汪廷讷《坐隐弈谱》罗马字一则。汪亦徽人，其书刻于万历卅六七年，亦遍征当代各人题赠。据自跋，此则为万历卅三年利玛窦所赠。《坐隐集》并有《训利玛窦赠言》一绝。然试译之，词句不可通，盖割裂《墨苑》利玛窦赠文及图说而成，殊可笑也……欺当时识罗马字者希，特取其奇字异形，托之利赠，以惊世炫俗。可见当时风尚，士夫以得利玛窦一言为荣也！

读此，可知这册书的内容及其来历。陈先生作证程大约别字君房，明非两人，并指斥汪氏的伪托，检出确据来，这些都是令人折服的卓识！现在略对于图像与文字的本身，加以考释，因为陈先生不曾说明，现在补叙一下。

先论图像。陈先生称“西洋宗教画四幅”，其实是原物，中有铸像三座，及壁画一张。甲像后志“万历三十三年岁次乙巳，腊月朔，遇宝像三座，耶稣会利玛窦谨题”。次复各像之侧，注有 et exoudit 字样，犹言“铸”云。再第一、二像仅有创造、发明的地名和人名；第三像则有一段拉丁文写的解释，译意如次：

“锁多麻人将门进落氏之宅，意图加圣天神以强暴污辱。主乃尽罚之，目皆盲，因使之不得见该神。(《创世纪》第十九章)”

至于其他一幅，为“我们的主母圣玛利亚”，即所谓《圣母怀抱圣婴耶稣之像》，母冠环以《圣母经》首句，即“亚物玛利亚满被额辣济亚”者。下注识款，译曰：

此像乃西班牙王费第南多第三世，(1200—1253)攻破依斯巴理城，(城当时为回回人所占据云)，获于某大殿中，一壁画耳。(又附

1597字样）

再注明为"'我等主母'古像"。考利手曾呈明帝圣像，又徐文定公（光启）亦曾赞圣像，想同系此图即本？不过利子称"遇"宝像三座，何以言"遇"，原系何人及何时所存有，则疑不能明！

继谈文字。据《四库提要·乾坤体义》下云：利玛窦兼通中西之文，故凡所著书，皆华字华语，不烦译释。又查《大西利先生行迹》（艾儒略述）中所载：其居端州几十载，初时言语文字未达。苦心学习，按图画人物，请人指点，渐晓语言，旁通文字，至于六经子史等篇无不尽畅其意义，始稍著书，发明圣教。今考所撰文字，册中四见：

一、信而步海疑而即沈；

二、闻宝即舍空虚；

三、婬色秽气自速天火；

四、述文赠幼博程子。

第一篇第二篇叙《新经》（或名《新约》）事迹！第三篇则叙《古经》（或名《旧约》）事迹。至末一篇，利子自撰，略论文字的功用。何以要注罗马字？此篇中言明：

程子闻敝邦素习文而异……且文者殊状。欲得而谛观之。

程子为什么要求他写呢？观《四库全书总目》第一百十六子部。谱录类存目中两段提要，即可明了他的用意所在了：

甲　《程氏墨苑》十二卷

明程君房撰。君房歙县人。是编以所制诸墨，摹画成图，分为六类：曰元工，曰舆地，曰人官，曰物华，曰儒箴，曰缁黄。每类各分上下二卷。雕镂题识，颇为精巧，与方于鲁墨谱斗新角异，实两不相下。

乙　《方氏墨谱》六卷

明方于鲁撰。于鲁初名大激，后以字行，改字建元，歙县人……后得程君层墨法，乃改而制墨，与君房相轧：弯弓射羿，世两讥焉。此编乃所作墨谱……亦颇为精巧。

利子所著文字学书籍，据 Thoeph，Boyer 说：利玛窦曾著《大西字母》一书，引 T 氏著《中国文法》。有将《西字奇迹》一书，误认为利子所作，据 Pfiater 所写《明以来耶稣会士来华诸人传记》第四三页，实郭居静著，是汉字拼拉丁字音的一部书籍；当时亦颇为人喜诵；因为用本国字居然拼得自己并不了解的外国语！倒底也和利子有些关系；因为利先生行实中说过："同会郭子仰凤偕利子处。"郭子仰凤，亦意大利人。此册印于北京，时在一六〇五年，现查利书罗马注音字，平上去入，各有专符，颇觉精细，可惜他著的《大西字母》一书失传了！

近因提倡国语罗马字，于是有人想起了金尼阁的《西儒耳目资》一书，像黎锦熙先生就在他编的《国语四千年来变化潮流图》中大书了一笔，后来国语统一筹备会印行国语罗马字的导言中也特笔提及。然查此书是一六二六年在杭州出版，次年再版的。总算"师"利子成法。这是所谓"青出于蓝而胜于蓝"，亦系时代先后影响的关系。利子不过偶尔用来注字或短义，金则造成三大册用罗马字拼音的中国字典，将同声韵的字照罗马字的次列成部居。据《四库全书总目》卷四十四经部小学类存目二称：

"中分三谱：一曰译引首谱；二曰列音韵谱；（皆因声以隶形）三曰列边正譜，则因形以求声。"

所谓"以西洋之音，通中国之音。"数典及祖，当溯源于利子，踵武前躅，便归功金尼阁。这墨苑中的罗马注音字发现以后，对于谁作谁述的观念，应转变一下才对！虽然这样说，全书也另有它自己的价值在。据前引 P. 氏书一三九页引 Landregge 氏评论：

"该书不但为字典上创一特例，实显露作者有绝大天才，不观其搜罗同声韵汉字而归列于西文次序中之困难为如何乎？"

又引 Dehaisne 氏赞语：

作者著此书："第一要有搜罗并创造的天才，因西文和中文在原质上是不相同的；第二要有极大物质上的劳力，因作者须亲手或监工每一本版上镌刻的新字；至于第三，要有广博的学识，那是为创作一部字典所不能不有的。”再 P. 氏自己述了：

“该书出版，于中国学者，发生极大的影响，因惊异一异邦人改正汉字音韵学之误点不少。曾得某显贵者出资印行，并为作序；后清初印行的字典，引证该书颇多。”因为这书作于天启乙丑，成于丙寅，也是明季的罗马注音字，又经陈先生涉笔提及，故亦附带来介绍它。

临了，诚恳的答谢陈先生，兹望他对此疏略的短篇论文，有错误即赐以指正！同时也要谢谢张若瑟及袁石室两先生，因为文中的引证和译文，多少经过了他俩位先生的辅助，才能写成的。

十七，八，卅一，于沪旅次。

《清史稿·吴历传》匡谬[1]

吴历又名子历，字渔山，号墨井道人，（亦）常熟人。学画于王时敏。心思独运，气韵厚重沉郁，迥不犹人！晚年弃家从天主教，曾再游欧罗巴【谬一】。作画每用西洋法，云气绵渺凌虚，迥异平时。康熙五十七年卒，年八十七。【谬二】当时或言其浮海不归，【谬三】后于上海南郭得其墓碣，题曰“天学修士”云。翚（按与王翚同传，翚即王翚）初与友善，后绝交。【谬四】王原祁论画，右历而左翚，曰，“迩时画手，惟吴渔山而已！”世以时敏、鉴、翚、原祁、历及恽恪，并称“六大家”。——《清史稿·艺术传三》

【谬一】吴历《岙中杂咏》第二十九首自注尝云：“柏先生约余同去大西，入岙未果。”实只留学澳门，并不曾一至欧罗巴，况云“再游”乎？谬甚，所以至误之由，盖前人有吴历浮海至西洋之传说，如《朴庵文钞》，《同治嘉定县志》等是。应即匡正者，此其一。

【谬二】据李杕所撰《吴渔山行状》，吴历生于明崇祯四年辛未，而卒于康熙戊戌正月二十五日。计自公历一千六百三十一年至一千七百一十八年，寿八十有八。李氏依费氏《教士传略》，薛氏教士□录，高氏《江

[1] 《益世报副刊》，第2卷第7号，1929年2月23日。

南传教志》诸法文宗教史料汇订而成此行状;缘吴历为天主教耶稣故教士,《传教志》中有记载,良可征信。应即据以匡正者,此其二。

【谬三】《苏州府志》、《琴川志》曾有吴历“晚年浮海,不知所之”等语,李杕序《墨井集》时,尝力辟其妄,可不置论。抑有进者,余谓“当时”有言其自海外归国,则所详“隐讳”之曲说,不攻而自破矣。兹举两证:

甲,康熙五十三年嘉定朴村居士张云章撰《墨井道人传》,其中又云:“于是浮海……归而隐于上海,或往来嘉定,不复他出。”

乙,尤侗《题三巴集》云:“予在史馆纂外国传,见其风俗瑰怪,心甚异之,因作竹枝词百首,以纪其略。今吴子渔山所咏澳门,其地未离南粤而外国贡市会聚,耳目所遇,往往殊焉。使子玄复起,必赍油素录其方言。而惜予未及备也。吴子雅工诗,擅书画,近从海外归,言词泠泠,有御风之致。予异之益甚,亦执化人之袪矣!艮斋尤侗题。”

余考《(国朝)先正事略·尤侗传》,“康熙戊午,诏试博学鸿儒。圣祖亲擢五十人,悉入翰林,纂修《明史》。先生授检讨,年最长,入院以齿序四十九人,皆坐其下,留史局三年,分撰志传三百篇。”又称其“甲申六月卒”。则尤侗修史之期,当在公历一千七百零四年。又考吴历归国传天主教凡三十载,尤侗题词时,吴历年六七十云,正可证明当时之人,有详知吴历归国事迹者。《清史稿》所据无稽,应加纠正者,此其三。

【谬四】此因袭《画征录》而致误者,姚大荣先生(近人)有文辩诬,载十五年《东方杂志》中。(《辨画征录记王石谷与吴渔山绝交之诬》,第23卷第19号)余亦曾三跋此文,载十六年《时事新报·学灯》中,合计万言,兹不赘述。吴王知交,老而益亲。《清史稿》所据失实,应加匡正,此其四也。

圣奥思定与中国学术界[①]

绪论

（1）千五百年前大哲逝世之情景

（2）本年颁布之教书暨罗马举行之纪念周

（3）非洲玻纳各国联合纪念大会之盛况

（4）纪念圣奥思定之论文举例

（5）圣奥思定在历史上之地位

（6）现代名人论圣奥思定之伟大

（7）吾人纪念圣奥思定之意义

距今千五百年前，公历四百三十年八月十八日，非洲西坡（Hippo 古名，现为法国，改称 Bone）一大哲，召门弟子谓之曰：余今与诸君诀别，而今而后，余将退居一静室，除医士及送饮食者来，幸毋以其他俗事扰余！此白发皤然一老，掌教四十年有奇矣！现卧一室，受医士嘱，应力戒日常诵书之习惯云。然精神素以矍铄著之老叟，决不愿闲居半刻；乃嘱将圣

① 该文初刊于 1930 年 9 月 1 日至 10 月 20 日天津《大公报·文学副刊》，继在《中华公教青年会季刊》第二卷第 3、4 期转载。1931 年 1 月由中华公教学友联合会发行单行本。

咏中之忏悔经文数节，大书特书于厚羊皮纸上，悬于卧榻之前。目睹神注，临终正念。凡阅十日，二十八之夕，诸司教暨友人等侍侧祈祷，大哲保持最后之一瞥，直至肃穆之咏声告毕。据其弟子博希德（注一）之记载，并无特别之遗嘱，仅曾表示，其书籍及著作应由教会保存而已。享年七十有六。

考圣奥思定在世活动，尊崇当日之罗马城主教为“圣教会之元首”。此与其著作中，可以证实。而此教会之首领，代代亦眷念其遗勋，迄今勿替！当今教宗庇佑第十一（Pivs PP. XI），特于本年四月二十日，颁一教书，“Ad Salutem Humani Generis”，内称：圣奥思定在世时，当代教宗伊纳增爵第一（Innocentius I），即称渠最可爱之友。逝世以前，嘉莱斯德鲁第一（Gaelestinus I），亦曾谓奥思定之一生及其功绩，应常在吾侪“神圣纪念”（Sanctae recordatioris）中。果尔，世世如是纪念。原书文长，辞意深奥，容后再介绍（注二）。兹略提及教廷举行之奥思定纪念周。闭幕之日，教宗亲临。各国驻教廷使节咸与会，列席者，除教会诸领袖人物外，尚有罗马各大学校校长教授多人。当时枢机劳能得（Cardinal Laurenti）宣读论文，阐明圣奥思定与圣多玛斯学说之比较研究，约一小时又四十分之久。嗣教宗又对于莅场之教会学校学员，亲致训词，略谓应如何以二圣为模范，使虔诚与学问相结合。盖云信仰与理智，据二圣之研究，并不相悖！（注三）

圣奥思定故乡之纪念大会，其盛况有足称者。各国人士，不远千里，不辞跋涉，凡三万众，群集玻纳，举纪念。大会主席，枢机汪德尔（Cardinal Verdier）向各国行同志，提出圣奥思定之格言，“施爱与受爱”，“Amare et Amari”作为共同纪念之标的（注四）。在非洲而有如是规模宏大之纪念会，实非洲罕有之荣誉事件。人杰然后地灵，此种举动，夫岂偶然？

在此一年中，关于圣奥思定之纪念论文，诚难以枚举！谨举一例：报载英国伦敦威斯特明斯德堂圣伯多禄厅，将于本年九月二十八号至十月四号，由五宗教团体联合举行一纪念会。届时将宣读纪念论文，其论文题目业已披露在本年六月六日之《世界报》(*The Universe*)中(注五):从此亦可窥见欧西之纪念论文,所注重圣奥思定学说之内容,果若何云。

(备考)今按:纪念圣奥思定之论文,可举最近英国出版之纪念册为例。*A Monument to Sanint Augustine*,系伦敦 Sheed&Ward 图书公司发行。本书计有:

1. Christopher Dawson 所撰《圣奥思定及其时代》;
2. C. C. Martindale, S. J. 所撰《圣奥思定生活概状》;
3. E. L. Watkin 所撰《圣奥思定之玄义论》(Mysticism)
4. John—Baptist Reeves, O. P. 所撰《圣奥思定与人道主义》
5. M. C. D Arcy, S. J 所撰《圣奥思定之哲学》
6. Jacques Maritain 所撰《圣奥思定与圣多玛斯》
7. Bernard Roland—Goseelin 所撰《圣奥思定论道德之系统》
8. Erich Przywara, S. J. 所撰《圣奥思定与现代世界》
9. Etienne Gilson 所撰《奥思定学派形而上学之将来》
10. Maurice Blondel 所撰关于《圣奥思定之思想》

至于十篇内容如何,余将另撰一文介绍。(一九三一年一月,卢伽补志。编者按:该文遍寻未得,或并未发表)

吾人缕述至此,自有一问题发生,即从教会方面观察,固有纪念之必要;然而一般人士,对此大哲究抱何种观念乎?此问题极易解答。任取一较完备之哲学史或文学史,披览之下,立即了然于圣奥思定在历史上所占重要之位置。兹举一二例证。周(编者按:即周作人)著《欧洲文学史》卷二第十一章,曾述圣奥思定“不仅以宗教得名”(注六);又瞿(编者按:即瞿世英)译《西洋哲学史》,内亦称述“中代以一个精神极伟大的人开其端,这人便是奥古斯丁。”(注七)再者,吾人试取 William Turner 氏所著《哲学史》论“圣奥思定在历史上之地位”(Historical Position)一节,摘读数句:

“The debt which philosophy owes to St. Augustine includes, besides many original contributions to the definition of the Christian concept of God, of the human soul, and of the destiny and duty of man, the first essay on the part of a Christian philosopher to discover and expound the philosophy of human history."(原书二三四页,1903年美国出版本)

(编者译文:"圣奥古斯丁对于哲学的贡献,除最早定义基督教会的'上帝'概念外,还包括对人类灵魂、命运以及责任的界定,并贡献了首部基督教哲学家著作,发现、拓展了人类的历史哲学。")

由此可知哲学所负于圣奥思定者,亦即其对于有关全人类之历史哲学有莫大之贡献云。惟哲学不过占奥思定诸学说中之一,且 William Turner 氏所论,亦不过哲学家史家之一种见解耳。虽然,吾人从简括之评论,已可推知圣奥思定不仅为古罗马一大哲,抑且为全人类所当永久纪念者也!

进一层言,以现代眼光,作一度观察。即问:圣奥思定与现代人之关系若何?从其所经验之诱惑,疑虑,及内心追求而判断,此古罗马大哲人,实与所谓"现代人"(Modernman)相类。而且现代名人,即有与圣奥思定类似者。此人为谁?乃现代罗马(意大利)之著名三大作家之一,柏格森氏(Bergson)尝扬誉之哲学家巴比尼(Giovanni Papini)先生是也。

巴比尼先生近撰《圣奥思定》一书,首述一己与圣奥思定之关系,诚有昌黎所谓"世有旷百世而相感者"之情感!末论"圣奥思定之伟大",结语如后:"吾人认识奥思定,不仅为一神学之建设者或哲学中之伟人;然亦曾受苦恼、曾沾染罪孽之兄弟,如吾侪然;此一兄弟既超凡入圣,升永乐乡,且投身于大造物者之膝下,神人合一,悠久无疆!"(注八)

中华公教学友联合会(注九)本日(八月二十八日)集会于北平,为纪念此大哲人。渠不仅为"教会博学之明星"(奥思定有此谥号,即"Ecclesiasticorum Lumina Magistrorum"),允为教会后学所敬仰,且系所谓"世界中之伟人",国人应与各国人士同时纪念。在此纪念中,应检点以往之中国学术界,所受赐于圣奥思定者如何。并考量今后国人研究圣奥思定之学说,应先注意者安在。庶几此举,不致徒然:凡我同志,曷兴乎来！

（注一）博希德所撰《奥思定传》，（Possidus：*Vita Augustini*）为唯一最早之圣奥思定之传记云。

（注二）教书原文，载于本年四月二十三日《罗马观察日报》（即教会总机关报，原名 *L'osservatroe Romano*）

（注三）根据本年五月九日英国伦敦出版之《世界报》"罗马新闻周讯栏"（*The Universe*，May 9，1930）

（注四）根据本年五月十六日之《世界报》（同上述），原题标作："And now Africa fetes St. Augustine"

（注五）根据本年六月六日之《世界报》（同上述），原题标作："Festival to Honor St. Augustine of Hippo；Five Relegious Order in England taking part"

（注六）《北京大学丛书》之三第六版印本，二卷六一页。

（注七）参看瞿（按：即瞿世英）译《西洋哲学史》二卷第十六至十七页。

（注八）参看本年纽约 Harcourt，Brace and Company 出版之英译本：*Sant Augustine*，*by Giovanni Papini*，*translated by Mary Prichard Agnetti*。卷首之绪言 My connection with St. Augustine 及最前之一章"The Greatness of Augustine".

（注九）中华公教学友联合会，为中国天主教学界集团，入会资格，限有专门以上程度。本年曾出版一纪念刊，详载该会之沿革与现状，定价二角，北平迺兹府公教图书馆发行。

本论

（1）吾人讨论本题之态度

（2）本题所涉及之范围

（3）〔甲〕前期：明末清初

A 关于圣奥思定之生活者

(1) 利玛窦所述美丽之故事(2) 庞迪我所描写之生活情状(3) 艾儒略所讲述之小传(4) 冯秉正所撰“整个的传记”。

B 关于圣奥思定之学说者

(1) 引圣奥思定之言证论理学(2) 引圣奥思定之言证伦理学(3) 采用圣奥思定对于圣学之意见(4) 采用圣奥思定对于神学之意见

C 关于圣奥思定之学派者

(1) 安德义与艾启蒙、郎世宁同绘画(2) 山遥瞻暨张中一之墓碑(3) 白多玛之两种著述(4)《轻世金书》之原著者

(四) 在前期中所发生之影响

(五) 前期与后期概括之比较

(六) (乙)后期:清末迄今

A 关于圣奥思定之生活者

1. 翻译方面之成绩(如胡贻穀所译《古圣明心》等)

2. 创作方面之成绩(如雷鸣远所撰《圣奥斯丁归化史》等)

B 关于圣奥思定之学说者

1. 文学的研究　2. 哲学的研究

C 关于圣奥思定之学派者

(七) 在后期中所发生之影响

为明显计,对于本题,尽先提出两先决问题:

第一,吾人讨论本题之态度若何?

窃以为“知人论世”,为历史批评之原则。考圣奥思定生存于四世纪中叶至五世纪初,正值我国旧有“玄学”之黄金时代。吾人试将当时之中西思潮,作一概况之比较。史称:“在晋中兴,玄风独扇;为学穷于柱下,博物止乎七篇,驰骋文辞,义殚于此!自建武暨于义熙,历载将百,虽比向联辞,波属云委,莫不寄言上德,讬意玄珠。”(《宋书·谢灵运传》)以时考之,建武初为三一七年,而义熙末谓四一八年,此百年中我国思想之特征,即所谓“儒书道说”云。从可推论“信奉基多的柏拉图”(注一),采用

新柏拉图学说而辨证基多教义，正犹当时中国诸儒说经，大都杂以玄言耳。至于圣奥思定曾受罗马思想之影响，例如《吁告录》(*Confessions*)中语，有本 Cicero 所撰 *Hortensius* 者，殆不过类似当时中国大诗人陶潜(372—427)亦曾受从印度输入思想之影响。(注二)历史之事实诏告吾人者，即认识魏晋六朝谈玄者析理入微，自不致诧异欧洲世纪之神学家，勇于理论上之建设。若能根据中国旧有"玄学"，对"天道是非"或"神不灭"等问题(注三)，加以研究，更进一步，始易理解所谓"神学"，然后对于圣奥思定曾一再论灵魂不灭，灵魂及其原始，灵魂之数量等，庶不致惊讶"其中多非常异议可怪之论！"前已输入中国之圣奥思定学说，在片段文字中，业有若干，涉及神学。吾人对此项之见解，不能效清儒论宗教，以"不可诘究"四字抹杀一切。于讨论本题前，应先陈明，此为一端。

第二，本题所涉及之范围，又如何？

若未曾注意中国宗教史者，骤睹本题，或即怀疑。除现代中国学者认识圣奥思定为古代罗马之哲学家或文学家外，对于过去中国学术界，似未曾发生任何关系耳！作如是想者，盖忽略圣奥思定为天主教最尊重之人物，暨忽视中国天主教在中国文化史上之贡献。元代也里可温对圣奥思定，已有认识，可以当时剩留之史料证明。马黎诺里，元代来华之教士也，所撰游记即提及圣奥思定。圣奥思定所撰《天主之国》(De Civitate Dei)卷十六中，对古代荒诞不经之传说，有所纠正。马黎诺里以东方亲历之见闻，证圣奥思定所说极是。(注四)按：圣奥思定为天主教所最尊重之博学士。(尊为八大圣祖师之一，圣祖师(S. S. Patres)或译作"教父")故教会中人极推崇其学说云。本题所涉及之范围，以与中国学术界发生关系者为限。利玛窦来，传天主教，明代学者如徐光启、李之藻诸贤多信奉之。有所谓徐李为习科学故耳，其实此系一种误解。在徐李诸贤，认教义较普通学理为高，此于其遗著中，可以充分证明。《国立北平图书馆善本书简目》子部九：《天学初函》五十三卷，明徐光启等撰，明刊本三十二册。(暂编号竹一)其中说教者列为上编—理编，论科学者列为下编—器编。本文对此函中之著作，将引用。惟徐李何以能如此尊重教义，不得不归功于明季耶稣会士之努力输入“圣经贤传”。圣奥思定亦往往见于当时说教之书中，盖非无因，且有相当之影响。直接受赐者，为中国信徒，而间接及于一般学术界，且发生特殊之反响，有足令人注意者。迨及清代中叶，历朝厉行禁教，缘国家既歧视信徒，而信徒亦甘退隐，抱道自守，居贫食贱，不求闻达，绝意问世。且因有禁刻书传教之禁令，故此时期内，绝少著作可供吾人之参考。直至晚近，国是维新，西学输入，信仰自由。在中国学者之研究西洋哲学或文学或中世史者，多少认识圣奥思定。于是有介绍圣奥思定之著作而节译原著者，有描写圣奥思定之为人而编纂小说者。至于吾人讨论本题之时，所叙述者，侧重与中国学术界之关系，对于征引史料，仅采若干例证。并不将有关于圣奥思定之汉文著述，一一网罗，事事枚举。此亦应先行陈明者，又一端也。

兹将本题，划分两期：(甲)前期——明末清初；(乙)后期——清末迄今。每一时期，析为(一)关于圣奥思定之生活者；(二)关于圣奥思定之学说者；(三)关于圣奥思定之学派者；一一分别叙述如次。

(1) 前期——明末清初

A 关于圣奥思定之生活者

考利玛窦所述《天主实义》(注五)，首篇中即提及圣奥思定事。是书据《四库提要》(注六)称，成于万历癸卯，此系根据利序，自署：“万历二十一年岁次癸卯七月既望，利玛窦书。”惟冯应京(注七)序，则署万历二十九年，即公历一六O一年，时利玛窦初抵北京云。利述一故事，称：

“昔者，又有西土圣人，名谓‘奥梧斯悌诺’(注八)欲一概通天主之说，而书之于册。一日，浪游海滨，心正寻思。忽见一童子，掘地作小窝，手执蚝壳，汲海水灌之。圣人曰：‘子将何为？’童子曰：‘吾欲以此壳尽汲海水，倾入窝中也。’圣人笑曰：‘若何甚愚！欲以小器竭大海入小窝。’童子曰：‘尔既知大海之水，小器不可汲，小窝不尽容，又何为劳心焦思，欲以人力，竟天主之大义，而入之微册耶？’语毕不见。圣人亦警悟，知为天主命神以警之也！”(据明燕贻堂较梓本，上卷十页，抄)

此一美丽之故事，迄今亦美称之！如前述巴比尼先生之近著，自谓儿时曾睹此故事画，每一念及，辄生奇感。〔谨按：此故事画，郑振铎编《文学大纲》，曾采入作为插图（参看原书第二册第十页）标作“圣奥古斯丁的幻觉”，注明“表示他幻见天国的奇景”；惟不曾注意故事中之神童，无一字提及〕

再考庞迪我所撰《七克·坊淫第六》，亦曾述一事，关于圣奥思定之生活者。是书杨廷筠校梓本，有“万历甲寅（一六一四）孟冬望日庞迪我题”之自序。并上饶郑以伟（注九）所撰序，谓“一寓目，鲜有不懔然者！”抄录一则：

“圣亚吾斯丁，不肯与妹同居，或怪问故。答曰：‘来访我妹者，非我妹也。贞士非徒须斩淫行，亦须斩淫疑！’”（明刊本卷六弟十四页）

此一段之描写，实充分表现其接受福音后，抛弃放荡淫乱之少壮恶习，而度极严格“克己复礼”之新生活。（谨按：Joseph Mc Cabe 所撰《圣奥思定及其时代》一书，记其在西坡掌教后之日常生活情形，亦称“No women, not even his sister or his nieces, even lived under his roof.”）可供参证（注十）

以上两书，皆为一般学者所注意，曾刻入《天学初函》中，《四库全书》子部杂家存目。“《天主实义》，大西国利子及其乡会友与吾中国人问答之词也。”（冯序中语）问答词中，即提及圣奥思定，可见其被推崇之一斑矣！再为此书作序者，除信徒李、杨诸贤不计外，冯、郑诸儒，亦皆名士，详见注释。惟上所述者，系所谓一鳞半爪，至于整个之传记，则载在下列两书：一见于崇祯十四年（一六四一）初版之《口铎日抄》，再见于乾隆三年（一七三八）初版之《圣年广益》中。分别录出，以供参看。

（壹）“昔圣奥思定，聪明智慧，超绝凡众，然染于异端，于大道未有省也。一日往弥郎，名都聚四方多闻之士，往游其地，表己所学，声誉日著。有司教圣人盎博恤者，见而启之；虽中心有动，然浮名尚切，未及矢志精修也。比年三十有三，悟浮浪半生，芒无归宿，因矢志苦修，四十余年，所著圣教诸书，悉切近精微，然犹有不自足，时质于高闻之士，历耄年不替云。”

此系摘录崇祯十一年八月三十日，艾儒略(注十一)讲道之记录，时在圣奥思定逝世千二百年。而吾人在三百年后视之，微觉语焉不详。惟此段摘录者，仅占原记录四分之一耳。其中称述圣奥思定之遗范，并引其言作证，限于篇幅，不具引。

(贰)“圣奥思定，系利未亚人。父名巴弟，母名莫尼加。族俱尊贵，家更富豪，生止圣人。父惑异端，母原正道，劝夫教子，圣德绝伦。圣人智慧非凡，文学理学之书，不教而知；独于道学，无心留览。忽染沉疴，旁人急欲付洗，母虑其病痊改变，决辞，中止。愈后，邪徒接踵，果然蒙蔽日深，母竟旦夕悲号，再三惩劝。遇高人长者，必求其督责。后因无益，以不教为教，谴之逐之。蒙主默示，将来归正有日，母复容留。年二十五，念切功名，潜奔罗马。越二年，博学有声，充司文之职。时圣师盎博罗削司教都中，往来谈论，神目渐开。母特航异抵都，痛哭求之。圣师慰云：‘此涕泣之子，必蒙上主矜全，无庸伤痛！’一日，有友谈圣安当苦修神业，圣人念文才无关德行，重叹息之。偶往小园，独游树下，忽觉心志不宁，顿生悔恨，仰天号泣曰：‘吾天主，吾恩主！可怜罪人，自弃自残，至于今日，还不应决意改迁耶？’骤闻空际，重言明示曰：‘取书读！’‘取书读！’圣人惊惶无措，见《圣经》一部在旁，取读之，内有‘勿恣酒色妒争，溺爱己身，惟法耶稣’等语。时蒙圣佑，豁然醒悟，往告圣盎博罗削，愿受教规。次午，携数友一子，同领圣水，时年三十有三。母见圣人归正，束装还里，未及登舟，向圣人云：‘主命至矣！可就葬于此！’果然疾发身终。圣人葬讫即归。子亦弃世，遂僻居郊外，克己精修。主教奥肋略，闻圣人名，授为铎德，定于身后接任。圣人嗣位后，倍加勤慎，服食俱从菲薄，济贫，囊尽，即变卖殿中珍器以给之。化异端，正风俗，不遗余力。保全善类。交接宾朋，从未论人长短。每云：‘毁谤如一刃，受伤者三。己之心，人之名，听者之耳。可不戒哉！’会食时，旁派门人诵经，减口腹之欢。各神工之外，不使片刻余闲，必著书立说，以助人之不及。作述甚多，然辞让谦伪。不肯自信，往往就正于人，或自行笔削，稿尝数易。其叙悔往失，儆策犹深！年垂七十，奋勉益加，旧著诸书，复行讨究，觉从前毫无功力者。

又数年，海寇围城日久，望主施恩，但自知终期在迩，惟忆幼年罪愆，痛泣悲伤而逝。年七十六岁，秉理教政三十六载，葬于大殿，时天主降生后四百三十年。”

此系冯秉正所撰之传记，甲辰进士赵克礼序云：“泰西端友冯师，来自拂耶济亚……承恩中秘，时而扈从玉邸，时而测验方舆，贤劳三十余年……搜译成编，名曰《圣年广益》，编分十二，计三百六十五章。”按：编以月份，章以日计。上录圣奥思定传，摘抄原书（八月二十八日）一章。传中因宗教术语，或有不甚了然者，限于篇幅，恕不诠释。

B 关于圣奥思定之学说者

兹将所征引者分析门类，而缕述之。

(a) 引圣奥思定之言证论理学

《名理探》，傅泛际译义，李之藻达辞。（注十二），卷一，“欲通诸学先须知《名理探》”条下有云：

“《名理探》所以不可不学者，非为明悟，欲通他学，必藉此为得有之须也。乃是用明悟于推论，资此便益，免于诸谬之须也。亚吾斯丁云：此学之裨于推明者甚大。”（引影印《励耘书屋》本，二十八页）

(b) 引圣奥思定之言证伦理学

《灵言蠡勺》〔天启甲子（一六二四）毕方济口授，徐光启笔录。（注十三）〕曾一再引圣奥思定之言曰：

“圣亚吾斯丁曰：凡能自主之人，欲去前不义，不自悔，不能迁于义者。”（引明慎修堂重刻本上卷七页）“亚吾斯丁曰：主造人心，以向尔故，故万福不满足，未得尔，必不得安也。”（引全本上卷一七页）

此皆证所谓“亚尼玛学”者，“亚尼玛学”直译“灵魂学”。惟所引者，有道德哲学之涵义，考 Rev. Mechael Cronin 讲授圣多玛之伦理学时，亦引后一则语作证。曾谓：

“诗人有云：吾能隐身于果壳之中，然犹为无穷境之王。‘I could be bounded in a nutshell, and still be king of infinite space.’良以造物所赋予吾人者，有限事物不能满足吾人，故此亦非吾人之究竟。圣奥思定曰：

主造人心，以向尔故，而吾人之心不安，直至得尔而始安也。”（注十四）

谨按：圣奥思定此数语，在教会方面，认为千古不刊之名言。去岁十二月三十一日所颁布之《教书》（*Divini Illius*）此书首节，讨论圣教会教育之动机亦曾引用。（注十五）

（c）采用圣奥思定对于《圣经》之意见

《圣经直解》，崇祯十五年（一六四二）阳玛诺著，（注十六）采用圣奥思定之意见颇多，兹举一例：

“达味圣王，预知天主欲乏本国之罪，乃作圣歌，以示世人古新二教之别曰：‘天主将过大江之流兮，本国腴地忽变为硗瘠之野兮；天主将塞大河之脉兮，本国泽田忽变为焦涸之圹兮……’圣奥思定《辨圣歌》曰：‘予将殚心觅古教果何在乎？觅其实信无之，觅其教司无之，觅其圣殿无之，觅其预知圣人无之；岂非腴地泽川变为野圹乎？’”（卷一“释《圣经》”条）

考圣奥思定撰《圣歌诠释》，（*Enarrationes in Psalmos*），即此可窥其中之一斑。

（d）采用圣奥思定对于神学之意见

《超性学要》，顺治甲午（一六五四）出版，利类思译。（注十七）此一书中，对于圣奥思定之意见，反复论及，原著者圣多玛与圣奥思定之关系如何，吾人于此，不能不略述之。去年出版之新书，*Thomas Aquinas* by Rev. M. C D ’ARCY，其第二章，论圣多玛哲学的背景，几完全讨论此一问题。曾谓：

“圣多玛指出奥思定插足于柏拉图之学说中，采取其与信仰一致之诸说，而矫正其相反信仰者。”“在神学上，渠宁乐与圣奥思定不结为一仇敌而成一同盟者。”（But in theology he was glad to be able to make of Augustine not an enemy but an ally）（注十八）兹就译本，举例说明。卷之二“天主之不变论”第九，“天主绝不变否”一章，（注十九）内称：

“（驳）凡自动，属变易。奥思定云：造物者之神自动而不在‘所’与‘时’。则天主岂纯变易哉？〔正〕巴辣笃（按：即柏拉图之古译）谓：凡属作用,则称谓之动,如知,如欲,如爱,皆属动焉。夫天主本自知自爱也。奥思定盖本执此意而云造物者之神自动。今所谓天主不动者,则指属能之动而言,非此之谓也。”

以上所举四端,皆荦荦大者,其他为解释或辩护教义,引圣奥思定之学说者,尚数见于各种说教书中,恕不枚举!

C 关于圣奥思定之学派者

圣奥思定会为遵奉圣奥思定遗范之一种教会团体修会,如耶稣会然。耶稣会士在华之史实,为世人所周知,而圣奥思定会士在清初之活动,虽远不若耶稣会士,然亦有足称者。如安德义(圣奥思定会士)与郎世宁、艾启蒙(耶稣会士)同受命绘《平定准噶尔及回部奏凯图》。(注二十)再在北平,旧耶稣会墓地(阜成门外二里沟腾公栅栏)有墓碑可考者,计有圣奥思定会士两名:一为山遥瞻,一七一〇年来华,一七一四年卒;一为张中一,一七三七年来华,一七四二年卒。兹将墓碑汉文录出,藉睹其生平之事迹.

“奥思定会士山公之墓——山先生,讳遥瞻,号景云,泰西佛朗济国人也,自幼入会真修,于康熙四十九年岁次庚寅入中国传教,奉命出差云南,五十三年十一月十九日,卒于漫丁地方,年四十五岁。”

“圣奥思定会士张公之墓——张先生,讳礼元,泰西依大里亚国人,自幼入会真修,于乾隆二年丁巳入中国传教,于乾隆三年戊午钦召进京,内廷供奉,卒于乾隆七年壬戌年六月初二日,在会三十四年,享寿五十岁。”(注二十一)

有一会士,名白多玛,于康熙四十四年,著《四终略意》一书,其中卷一、卷三暨卷四,曾一再提及奥思定论死亡及天堂与地狱事。(参看一八四八年重梓本第五页、五十五页、七十二页)嗣又撰《圣教切要》一书,雍正十二年刊行于世。然圣奥思定会士之著作,最受人传诵者,厥为《轻世金书》。据陈编《八大圣师合编》引 Eographe de Bonillete,称《轻世金书》之作者,大贤多玛斯·根庇,生于一千三百八十年,十九岁时,入奥思定会修道,热心出众,颇有贤名,一四七一年去世,享年九十一岁,在会七十一年云。此书阳玛诺于崇祯译成中文,朱宗元撰作《直解》。其后又译若干次,改称《师主篇》、《遵主圣范》。周作人、陈援庵、张若谷诸先生对此书译本,已一而再,再而三详论之矣！惟未注意原作者为奥思定会士。兹附带申述,缘此亦圣奥思定学派对于中国学术界所发生之关系也。

叙述至此,吾人可更进而追问,圣奥思定对于中国学术界,在此时期,影响如何?此一问题,虽不能精确估计,然可举例证明,多少曾有影响。兹略述一事为例。查《七克》卷之六二十页,(据明刻本)有云:

“或云,人俱守贞不婚,人类不灭乎?曰:劝人娶一,犹费说词,何烦过虑耶?”

而《四库提要》评《七克》时,特指斥此一条,以为“何烦过虑,其词已遁”云云。详查此一辩论,与圣奥思定有关。因庞所根据者,为圣奥思定之学说;故《四库提要》评语,不啻间接而为圣奥思定学说之反响。且此时期之传教士,早有明白说出,此系据圣奥思定之说而答此难题者。《口铎日抄》卷之五,记载艾儒略与姚则坤问答之词,曾称:

“姚则坤问曰:闻贵教以守贞为上。设普天之下,悉如是立志,则人类不几绝欤?

司铎曰:此固‘不可必得之事’,然亦所当发明也。昔圣奥斯丁,亦与人论此云,人生世界,婚配之礼,乃其常道,能一生绝欲守贞,有几人哉?故不必过虑及此。但世界总有穷尽之期,向使人人悉能守贞,则人人皆为贤为圣。即人类从兹而绝,不尤愈于世界穷尽之日而始绝乎?盖世界穷尽之日,有善亦有恶,何如守贞而人类悉皆‘纯善而无圣’者乎?至皆纯善而无恶,而天主降世爱人之心慰,而吾侪同人昭事,想与为善之心,不更大慰乎?”

按:《七克》卷之六,第十八页,有云:

“圣亚斯丁云:爱雠、心谦、及童身,此三德者,独有天主真教有之。外此,遍阅诸国所称圣称贤之书,决无此一踪迹也,况其人哉。”

而《四库提要》独指斥其论保守童贞一条:

“又谓‘生人之类,有生必有减,亦始终成毁之常;若得以此终,以此毁，幸甚。大愿。'则又词穷理屈，不觉遁于释氏矣，尚何辟佛之云乎？"

惟天主教与释氏，非不有天壤之区别乎？而撰提要者，必欲逞其臆说，并为一谈，姑不置喙。顾对辩论之实质，请抒两层之意见：第一，此种辩论，能否成立？假设之疑问，自"不可必得之事"，而必欲诘究"不可必得之事"之究竟如何，如是幻成一种"不可必得"辩论终结之难题矣。吾人对此题，不参加辩论。第二，圣奥思定对婚姻问题与贞操问题之观念如何？有略述之必要。可参考后列其所撰之著作：

(1) *De Continentia*(395？年作)

(2) *De bono Coniugali*(401)

(3) *De Sancta Virginitate* (401)

(4) *Epistola ad Julianam* (*de bono viduitatis*)(414)

其他散见于他种著作者，尚甚多，不枚举。(1) 专论节欲；(2) 论婚姻之美；(3) 论神圣之贞操；至于(4) 论守节之美，系致孀弟业女士之一封书信。总括要旨，认婚姻为人伦之常，固为美事；而守节之美，较优于婚姻之美，以其乃进一步之"节欲"精神。至于绝性欲，不婚嫁，而保守童贞者，自有其超越之价值在；而圣奥思定不称赞其为美；(*bono*)特尊重其为圣(Sancto)云。上述数篇专著，迄今尚无汉译，故清初之中国学者，对此不能有"深切明著"之了解，亦属无可讳言者。明乎此，吾侪可以无讥古人。惟此类反响，有注意价值，谅在好学深思之士，皆有同感乎？(以上叙述甲期竟)

以上述甲期既竟，将循序述乙期之种种关系。后期有若干事与前期同，恕概从略，以免旧事重提之弊。惟在比较中，所发现进步之特征，提前略叙。

例如：现代耆老马相伯先生所译之《新史合编直解》(注二十三)，与明崇祯阳玛诺所译之《圣经直解》，皆曾引征圣奥思定对于《圣经》之意见。明代书未详出处(注二十四)，现代书则注明简章。〔举例说明：《新史合编直解》卷一，引圣奥思定说解释"圣母领报"之玄义，原注《讲道篇》

(即圣奥思定讲道之记录)二百九十一〕再近译之文哲书籍中,如载有圣奥思定之传记者,几无一不较三百年前艾儒略口述之小传,更加详审。前疏而后密,自是有进步之可言。至下文仅侧重近人所造成新纪录而述之。

(乙)后期——清末迄今

A 关于圣奥思定之生活者

关于描写其少壮生活之记录,最可珍视之一种,厥为自撰之《吁告录》——是乃世界文学"自叙 Autobiographia 类中之杰作",业由胡贻穀先生介绍于我国学术界,于兹恰值二十周年,此诚可纪念之一事。吾人于此,应向胡先生表示相当之敬意!缘值至今日我国研究圣奥思定者,尚无人能追踪而超越胡先生于二十年前所造成之新纪录耳。据胡先生称:"是书共分十编,自述其幼年时以迄三十三岁所经历之事迹。"故汉译称《古圣明心》,再版时,改名为《奥古丁认罪篇》。(注二十五)二年前,张若谷先生对此译著,曾有批评,(注二十六)以为"可惜在中国的译本,用了死呆的文言编译内,而且完全出于宗教传道之文字的型模,看了令人乏味!"张先生批评之立场,认为:"这一部唯一'万世不朽'的《忏悔录》,常可以得到永久的各时各地读者。著名的近代德国文学家 P. Vander Meer de Walcheren 在他日记里写道:'我们读圣奥思定的《忏悔录》,我很感动地看见一位圣者,在他寻获至高信道的和平之前,经过了许多相同的疑虑忧虑,与像我一个近代人所感受的一般无异。'这是为我们的现代人,是多么细致的心理写述,多么动人的忠实的记录!无论是宗教徒与非宗教徒,都值得手一篇诵读的。"

盖张先生之观察,对于此汉译不受国人热烈传诵,未能有人手一编之盛况,故谓译者成绩欠佳,而表示遗憾。张先生并指出:"奥古士丁《认罪篇》,并不是全译本。"惟不曾明言,译本节删,何篇何事;仅就 Dom Louis Cougaud 氏之法文译本,作一比较。在张先生发表此文,约后数日,余曾有缘得晤张先生于上海亦曾谈及此事。稍后余乃撰《圣奥思定〈吁告录〉提要》一文,投载十八年一月之《益世副刊》中。张先生已曾提及此书译作《忏悔录》之不符原义，以为“在圣奥思定笔下的 Confession 一词，却辨作赞颂或‘祝词’Benediction”的意义，并不能当作一般的‘认罪’、‘供状’解。这是一篇很冗长的‘独语’，一个灵魂直接面天主的祈祷文。”我国已有人译卢骚自剖的文，称为《忏悔录》。然而毕竟与圣奥思定之精神悬殊。如 Joseph Mc Cabe 曾谓：“But Rousau addressed his *Confessions* to humanity; Augustin to God.”(注二十七)故余采天主教痛悔经文，首两句：“吁告吾主，全能天主”之语意，改称为《吁告录》云。谨按：胡先生译本，完全删第十一、第十二、第十三共三篇壹百零壹章。此系圣奥思定讨论《圣经》开宗明义之首句：“In principio creavit Deus caelum et terram”. 无非发挥造物真主宰造化天地之妙谛，比较前一篇，实难于索解。胡先生或因此而未译耶？

从拉丁原文，重译此书之新企图，晚近亦曾有之，特未完成。余曾与赵允伯司铎谈及此举，赵司铎欣然示以曩日所翻译者。此事知之盖寡。余引为欣幸，承原译者亲赠余一份，俾得介绍于诸君之前：

“那时我的灵魂，在束缚我的桎梏中，辗转不得安宁，衰弱困苦，自责往罪，较平常更是严厉，直至完全打断那束缚为止。这桎梏虽然仅是稍微的束缚，但是仍然束缚。我主！那时你严厉的仁慈，在我心中催迫我，多次用恐惧羞耻的鞭子，责罚我，使我勇往直前，打断这残余微弱的束缚，以免他再拘束我，更甚从前。我心中说，这就动手工作罢，说着这话，渐渐发下心去。我那时已经动手工作，但还不是实在的工作。虽不至再陷于已往的罪过，但在相离不远的地方，停住休息。那时我再加勉力离我的目的稍近一些，似乎已经得着，但是还未到，还未得。或死或生，还无决心。已往的罪恶似乎比未来的善工更要使我动心。决心改过的时候离的愈近，愈使我心中恐惧不安。虽不致使我再陷于罪，但使我犹疑莫决。”

“儿戏的嗜好，虚假的光荣，及以前熟识的妇女，那时牵制我的肉情，仿佛细声向我说道：‘你舍弃我们么？我们从今以后就永远不同你在一处了么？你就永不许作这事那事了么？’我的天主，你看他们用这事那事来引诱我，所云‘这事那事’，果何所指呢？求你的仁慈，助佑我的灵魂脱免这卑微污秽的事物。我听他们的声音，很是微细。虽不敢在我面前阻挡，却在背后引诱。屡欲前进，就委曲婉转的挽留我，使我回顾不能勇敢离弃他们，而到我要去的地方，我那极猛烈的习惯，似乎向我说：‘没有我们，你想你还能生存么？’”

于此应中述者，少幼之奥思定，正不殊所谓新青年。其所谓“所云‘这事那事’果何所指”，虽未明言，然吾人可以考证所得，知其指自己“少年之烦恼”：若醉心不纯正之思想也；迷于名誉与金钱之诱惑也；自由恋爱而淫于女色也，皆是。完全葬身于肉欲之中，至是，心灵始有觉悟，自谓：

“他虽这样说话，到底已无力量，因为在我心志向往欲去不果的方面，我看见贞洁的光荣，端正而且愉快，用表样提醒我：如同用手招引，劝我前行勿怯。在那里有若干幼童幼女，青年的同年迈的贞女洁妇，都因克制私欲，欢欣踊跃，以我主，你，为他们的净配。贞洁的德行似向我说，‘这些人能作的，你倒不能么？他们能作，岂是恃自己的力量么？岂不是因天主的助佑么？他们修了德行，全是天主助佑的，你为何专恃自己？这是不可恃的。你该匍匐在天主跟前，不必怕惧。他必不拒绝你，必不容你跌倒，你放心到他台前，必蒙他收留，治好你的病症。’我实在羞愧难当，因为从另一方面，听见那诱惑的声音，还是迟疑不决。贞德又向我说，‘你该克制那些肉情，万不可听从肉情的快乐，决不能与谨遵主命的快乐相比。’那时我心中，自己同自己，反复辩论，竞争不止。亚利彼坐在我的身旁，见我受非常的感动，默然静候，等看最后的结果。”

此正“灵肉交战”之际，一方面有妍妇狎友恶习之勾引，其他一方面则有善男善女芳踪之示范，结果：“我细心默想，明见我各种可怜的光景，不禁大受感动，眼泪如泉涌的流下！我欲尽情痛哭，乃离亚利彼他往。我意离开旁人，更易痛哭，故此离他稍远，以免阻挡我的热泪。我是这样，但不知他心里有什么感动。或者，我说话数句，声音上明显出心里的伤痛。我起而他往，他仍坐于原处。我惊惧之极，不觉匍匐于无花果树下，尽情痛哭，泪如雨下！我主！这是你极喜悦的祭献，我向你说许多的话，虽不一定是这个言辞，至少是这个意思，就是：‘我主！你等到何时呢？你的义怒何时方止呢？求你不要纪念我往时的罪恶！’因我觉得还被他们束缚着，遂就痛哭说：‘我这罪恶存到何时呢？何时痛改呢？明日么？为何不立刻改过呢？’我方痛苦悲伤，说这些话，忽闻临近屋中，有声如幼童歌唱说：‘取而读！取而读！’我色变细想，这莫非是儿童游戏唱的歌曲，为何他处从未听过？乃止痛而起。想这必是天主命我取《圣经》，念那所遇的节目。我曾听说安当圣人，偶然听见《圣经》上话说：‘你去，卖你所有，施于贫乏；你就得天国的宝藏，再来跟随我。’他以这话为你的命令，即刻回头归向于你。因为我去的时候，把《圣经》留在亚利彼原坐的地方，故立刻回去取来。展开默诵，最先入我眼帘的一节，正是圣保禄的书信，说：‘不可铺啜酣醉，不可纵欲淫荡，不可争竞嫉妒，但要穿上吾主耶稣。不要娇养肉身，陷于淫欲！’我未往下再念，也不必往下再念。这几句话方才念完，就有一道平安的神光，射入我心，把一切黑暗犹疑扫除净尽。”

至是，所谓“君子道长，小人道消”矣！埋没于肉欲中之心灵，乃从死里复活，然后开始温存其天伦之恩爱。上曾提及其母“竟旦夕悲号，再三惩劝”，甚至“以不教为教”，而少年奥思定犹复“潜奔罗马”，以致“母特航海，抵都痛哭”云。一念悔改，乃往省其慈爱之母，斯亦奇矣。以下续叙：

“我用手指，或别的物件，作一记号，合上书本。把所遇的事，全告诉亚利彼。他也把他的意思，明告于我。他问我念的何处？我把书上我念的地方，指与他。他乃继续往下念；我还不知下文如何。那下面的话，乃是‘你们该当容纳信德软弱的人’。他以这话为向他说的，也向我表明他的意思。他从前的品行，比我优美，这个教训撮起了他的志气，毫不犹豫的与我相友。至此遂一同往见我母，把所有的经过告知。他闻听之下，大为快慰，赞美你，感谢你；因为你作的事，超过我们的盼望思想。他明见你在我身上赏他的恩典，比他多日哭求的，更大更多；因为你变化我的心，是如此坚固，致于我甘愿弃绝妻子世物。你从前默示他，我将恒守信德;如今我愿遵守信德的规矩。你把他的哀痛,都变成喜乐。这喜乐,比他所盼望的还大;比他在我身上,得有儿孙的喜乐,更是甘美,更是洁净!”

凡上所引,系采自赵译《吁告录》第八卷第十一、十二章。吾人诵读之下,觉译文颇忠实。惟原著系一种经典文体,并非所谓“说部”,使译者能仿中国经典而译成,则更较为尽善尽美矣!张先生评胡先生译本时,嫌其“死呆”,称“奥思定在《忏悔录》中,追写他对于‘母子爱情’一往情深,可以使天下的离家游子,读了泣下沾襟,是一段极生动可泣的故事。”盖未曾得见赵司铎“生动”之新译本!上节所引,正此故事,由“可泣”变“可喜”,所谓“否极泰来”之转机耳!而在转机中,奥思定自决“甘愿弃绝妻子世物”,非徒斩淫行,且斩淫疑,终其余生,不亲妇人,而度宗教化之新生活。明清时人,称道晚年修行之奥思定较多,惜绝口不言少年奥思定之淫乱生活,殆所谓“隐恶扬善”,固古人忠厚之至意!然吾人必欲提及者,自亦非乐道先哲之过失,只使人能晓然其如何“迁善改过以作圣”耳!观奥思定“取而读”《圣经》之后,自谓“就有一道平安的神光,射入我心,把一切黑暗犹疑扫除净尽”。此种心灵上之“奇迹”,殊难令人以常情而推究:若必欲加以注脚,请引清初李二曲先生之言,试进一解。李二曲先生所撰《吁天约》,自称每旦爇香仰天,叩谢降衷之恩,幡然力改过愆;亦应几得上述直觉发现心灵上之奇迹:即所谓“至是则人欲化为天理,身心皎洁,默有以全乎天之所以与我者!”谨按:根据中国旧有之“玄学”,始易理解所谓“神学”;此曾对于讨论之前,业已陈明矣。不然,此种宗教心理中之奇迹,未有不视为文学作品之幻想者也。既述及此,敢以奉告。

以上所述,系翻译方面之成绩。至于创作方面,亦有足言者。吾人拜受雷鸣远司铎之赐,得有一部《圣奥思定归化史》;陆续披露于天津出版之《广益录》(注二十八),时值欧战正酣,而我国新文化运动方发轫云。

关于创作之匪易,应略加以说明。曩者琪明(Gibbon)新撰一圣奥思定之传记;遭法国研究圣奥思定传记第一流学者(M. Poujoulat, the chief biographer of Augustine in France)之指斥,认为其仅仅曾读《吁告录》与《天主之国》两书后，竟敢于有创作之尝试，诚所谓“不学无术”(Profound ignorance)耳！据其他专家称，至少应再参考圣奥思定之书翰云。

《圣奥思定归化史》，在此类“难能”情形之下作成，具有一种“可贵”之特色，即为中国式章回小说。每回标题，七言两句。因此篇侧重描写其“归化”(注二十九)，故探录其中论“归化”事之一段文字：

第十二回 领圣洗完全归化 传福音普救世人

话说当回头归主的时候，真是灵泉洗心，重生再造。他曾自己举目望天说道：

“我今日可说弃绝了一切虚假的快乐！——回忆正要想都弃绝了那会儿，经过种种的诱惑，战胜种种的魔障。想当初的困难越大，今日的快乐亦越大！因为我自己哪能有弃绝这些那些的勇气？实在是您‘我完全善美的好天主’替我弃绝的！不但替我弃绝了虚伪的肉感的假快乐，并且将那极纯洁的而超越所谓世俗万般的真快乐，灌输于我心中。追悔故我，愚昧无知，一心惟名利是求，那真叫做自寻束缚，自找苦恼，正像沉溺在风涛险恶的人海里面，怎能超拔自己，救渡自己呢？总之，我所以能有今日，实在是您的大恩惠……”

看他以上所说的话，就可窥见奥思定当时心境是如何的。奥思定既然回头，想着领受圣洗是眼前第一件大事，就同他母亲和一位朋友到一个清静所在去，为的是预备领洗。临走的时候，曾问盎伯罗肖说：‘我可以看什么圣书？’盎伯罗肖告诉他道：“看《依撒亚书》(注三十)很好。”奥斯丁果然将《依撒亚书》展开诵读，无奈多有难解难明的地方。后来圣莫尼加(奥思定母)就为他选读《达味圣咏》，因为《达味圣咏》文辞易解，且又最能触发人的善情。所以奥斯丁同他母亲，和朋友亚利伯，朝夕诵读，津津有味，有时读到了感动流泪的状态，止不住赞谢敬爱完全善美的好天主！除温经外，每日论道；话到精微，令人惊讶。奥斯丁本来对哲学深有研究，现在接受了圣道中的真理，自是豁然贯通，比前更觉彻悟。如是数月，返至米郎，乞该处主教盎伯罗肖付洗。这个风声，一传出去，凡素日闻奥斯丁名(按:系著名修辞学教授)的人,辗转告诉,一传十,十传百,百传千,传遍了全城。人人说道:‘真稀奇!奥斯丁教授归化天主教了!他原是怎样风流儒雅的名人……天主教感化力真是伟大!到他入教典礼举行的时候,咱们都去观光!’叙到这里,该谈到从前常常为他痛哭,劝他回头的母亲,怎样转忧成喜了。圣莫尼加,在这时期,日以继夜,通宵不寐,一面欢喜,一面祈祷,为专心一志,对极完全善美的好天主,感谢他特佑荡子回头了。她心里真有一番形容不出那心诚悦服的情绪。看她后来病危将逝世时,曾对奥斯丁说过:‘我儿啊。你既蒙特佑,从罪过里回了头,我心满意足了。对尘世的事物,丝毫都无所留恋了!’可证圣莫尼加当日心迹的一斑。此是后话。且说付圣洗的那一天,教堂内外,人山人海,万众攒首,屏息敛神,肃穆观礼。奥斯丁自己心里,更是非常的受感动。说来也觉得玄妙,一受洗礼,他就觉着精神上起了极大变化,一宗神火忽然充满于心中,眼光思想与从前迥乎不同,时在救世后三百八十七年四月二十四日,即复活瞻礼的望日。(以下从略,注三十一)”

对于上述之创作,余略有所感触,请抒几言。窃以圣奥思定之生活,可以四种不同之形式写成:第一,旧体裁新方法;第二,新体裁新方法;第三,新体裁旧方法;第四,旧体裁旧方法。举例说明,如巴比尼先生近撰之《圣奥思定》一书,属于第一类。作者自谓:“I have written as an artist and a Christian, not as a patrologist or scholastic.”体裁固仍欧西撰传记之成规,然视若一艺术家等,诚系所谓新方法耳。雷司铎此书,则属于第三类。所描写之圣奥思定,要旨在说明如何由普通学者之生涯,转变另一方面之新生命,成就所谓“传福音普救世人”之“a patrologist”,然系仿中国式之章回小说,在泰西名人传记中,允推为一种“新体裁”云。愚见侧重在第二类,理由则为:“人不以新毛布补旧衣……人不以新酒入旧囊……夫新酒宜入新囊耳。”(引《玛尔谷福音经》)(注三十二)再本书文字,文语杂见,颇不一致。最近余曾晤原著者询及此事。据答:四分三为著者手笔,经杜竹宜君润色之;四分一则系杜君笔受,殆即因此。总观全文,自有价值。异日在第五库书(注三十三)中,谅必著录,且博得好评乎?

此外，陈恒余司铎所辑译之《八大圣师传略合编》，其中有一长约二千言之《辣丁大圣师奥思定主教传略》。张若谷先生评此书“虽则所述极简略，但很重要中肯!”余觉此书，尚能供吾人参考，所谓辣丁大圣师相互间之关系，如圣热罗尼莫与圣奥思定曾书信往复讨论《圣经》，圣盎博罗削与圣奥思定有师友之情谊等。陈纂《传略》，结语叹曰：

“噫！亚斐利加，亚斐利加，尔产生如是大文学家、大圣师、大圣人，亦可以自雄而自豪！——然则英雄不择地而生；观乎此传，益可信而有证矣!”(注三十四)

余于绪论中，已曾提及非洲玻纳本年举行之圣奥思定纪念会盛况。圣奥思定之临殁，目击海寇，侵略桑梓，痛心疾首，视死如归，宁逆睹千百年后，有客再来自海外而巡礼其故乡？真所谓“材生于世，世实需材”乎？人杰地灵，良非偶然！

B 关于圣奥思定之学说者

在本期内，介绍欧西或日本人士研究之成绩者多；于是论涉圣奥思定之文学或哲学者，亦断章零篇散见所翻译之诸书内。从欧西方面译出者，如张秉洁、陶德怡合译德人余柏威所著之《哲学史》(一九二二年哲学社出版)；瞿世英译美人顾西曼所著之《哲学史》(一九二二年商务出版)；又徐炳昶译威伯尔所著之《哲学史》(一九二七年朴社出版)；又顾钟序译法人法格所著之《文学大纲》(一九二四年商务出版)。从日本方面译出者，如杨昌济译日本吉田静致所著《西洋伦理学史》(一九二〇年北大出版)；谢晋青译日本三蒲藤作所著《西洋伦理学史》(一九二五年商务出版)等。此外，尚有若干余所未及列举者。总之，圣奥思定学说之研究，在上述各书中，尢不占有一部分云。再者，亦有论涉其美术之观念者，如日本高小林次郎《近世美学》，上编论中世主义，引圣奥思定“美者，形式也”(原注)“Omnis Purchritudinis Formalitas est”之言作证。此书亦曾有中译本云。

惟本节所叙，为省略起见，仅就本国人士研究圣奥思定之学说，而自述其见解者，略介绍之。上述译著，存而不论。

(1) 文学之研究

郑振铎编《文学大纲》,其中有专章论圣奥思定。在周(作人)著《欧洲文学史》中,不过占三行有半耳;此则较详,试略论及。郑先生之主见,盖说明圣奥思定“不惟为基督教的圣者,且是一个艺术家。”一方面,虽认识“是教堂神父中之最有权威者”。(注二十五);而其他方面,实对于奥思定“仍旧是一个‘人’”,更感兴趣。姑就其语意,以逻辑形式表示:

第一,它(指其著作)是一个十分真实的“人”的内在生活的不朽之图画。

第二,他虽是遁世者,却仍旧是一个“人”,仍旧不灭“人”的本性,适使研究他的,更觉感得兴趣。

第三,所以肯定他的“人间”的价值。

以余所闻,则异于是。圣奥思定之价值,在乎其努力超越所谓“人”的精神。此种抽象的理论,本难形诸笔墨,然亦可以具体的方法,描摹万一。考法国近代批评家 Emile Faguet,尝评圣奥思定:“究其心性,亦为诗家。”(注二十六)请试读后列两种诗词:一为圣奥思定所撰宗教颂诗;一为我国宋代石孝友所撰《惜奴娇》词。〔按:此两种有类似之点,故采取作一比较之研究。从内容言,均系抒发爱情之作品;从外形言,均系对话体之文字,而以第二人称代名词,为“歇后语”。〕

圣奥思定之作品	宋石孝友之作品
吾主,耶稣!	我已多情,
求赐认识我,认识尔;	更撞着多情底你。
令我无所希冀,除尔;	把一心十分向你
厌恶我而爱慕尔。	
一切事悉为尔。	尽他们劣心肠;
抑我而扬尔。	偏有你,
无所念,惟念尔。	
死于我而生于尔。	共你。
任何遭遇,受自尔,	风了人,
不随我,而随尔。	只为个你。
深愿望常随尔。	×　×　×
逃避我而奔向尔,	宿世冤家,

续表

圣奥思定之作品	宋石孝友之作品
为能托庇尔。 畏丧我，敬畏尔。 俾能膺选，由于尔。 不信我，惟信尔。 我誓服从，只因尔。 无所恋，惟恋尔。 甘神贫，亦为尔。 祈顾我，令我爱尔。 祈唤我，令我见尔。 而永世享见尔。	百忙里， 方知你。 没前程， 阿谁似你？ 坏却才名， 到如今， 都因你， 是你， 我也没星儿恨你？ （注三十七）

从比较中，可发现一是所谓人的本性之爱情，虽则“一心十分”爱“对手方”之人，然而尚有一“多情的我”在；诚如郑先生所谓“仍旧是一个‘人’！”，一是超越所谓“人”的精神，宁可“一切事悉为尔”，抑且情愿“死于我而生于尔”（即 Mortificem me et vivam in te’）；自是别有超越所谓“人间”之价值存焉。郑先生殆以谓文艺复兴时代之眼光的观察欧洲中世纪初期之作品，是故杆格不相入耳！

（2）哲学之研究

近故刘伯明教授讲《西洋古代中世哲学史大纲》，（缪凤林君笔记，民国十一年中华书局出版）其中论圣奥思定一节，充分表现不信奉基多之中国学者，当其讲加特力哲学（Catholic Philosophy）之际，有一种“亦是亦非”之神情，殊可供吾人之讨论。

刘教授初谓：“……能汇集各种思想，组织一系统完密之神学，予教会以巩固之基础，并能指示人群舍去紊乱之人国而入天国者，即奥古斯丁是。”（原书一五七页）

继称：“……《神国》（原注 City of God，即上文所称《天主之国》）一书，其基本之原理，谓‘永生为最善；永死为最恶。’（原注 Eternal life is the supreme good, and eternal death is the supreme evil）局于现世，则难免永死，升入神国，则可永生；而此神国，在天上而不在人间……是故吾人不欲永生而已;如欲永生者,惟有入神国之一途。由奥氏观之,后者实吾人惟一之究竟目的,非是则精神无所安顿,灵魂无所寄托。观其言曰:'吁嗟上帝,汝造吾人时,已使吾人向汝,余之灵魂,非至憩息于汝旁,固无安宁之日也。'(原注从略,参看前B项b节)亦可以言其意旨所在矣。"(原书一五八至一五九页)

然后分赞、否两层讲:上,所赞成者,谓"其所言之意志,情感亦在其内,凡观念与判断亦皆有意志在内,实系一种贡献"。此为第一问题。又谓"上言奥氏主入天国,由精神生活言之,犹非全无价值"。此为第二问题。下,所否认者:对第一问题,谓"惟言意志自由,则殊不足为训耳";对于第二问题,又谓"至是入神学之范围,乃真毫无是处"!彼亦一是非,此亦一是非。刘教授是其所是而非其所非,无取舍之标准。试问何以此一种贡献彼则殊不足为训?毕竟"由精神生活言之犹非全无价值"者,何以一"入神学之范围乃真毫无是处"耶?

抑余于讨论本题之前,陈明有若干涉及神学者不能效清儒论宗教以"不可诘究"四字抹杀一切,诚有鉴于此种"毫无是处"之抨击"神学"。乃提示根据旧有之玄学,进而理解所谓神学。我国旧史,亦常标明"一治一乱"之关系,作"循环状"之演进;惟圣奥思定以"治"者属于神,而以"乱"者属于人,乃对立相持之情态。且以最后之胜利必属于治者。现代以历史哲学之眼光,观察此种理论而研究之者,颇不乏人;然同时亦探求理论之渊源,于其神学之见解中;更有进一步,推究其实际影响于欧洲中世政治者又奚似者。关于上述一节,据余所知,Figgis氏所撰 *Political aspects of S. Augustine's 'City of God'* 一书,论列甚详,可供参考。

尚有一层,可注意者。刘教授谓:"不仅此也,氏且进而绝对承认教会之权威,谓教会系上帝之代表而为拯救吾人之中介。又极力为教会辩护,组织一系统之神学予教会以甚深之基础,其荒谬遂亦绝伦。(?)"(原书一六〇页)

曩在欧洲教会全盛时代,公认"反对圣奥思定者,实不敬之行为。"

"To contradict St. Augustine is an act of inpiety"(据九世纪 Paschasius Radbertus 之记载)准此而论:"荒谬绝伦"之评语,得非"侮圣无法"乎?惟吾人可下一转语,刘教授当其讲授哲学史时,对于罗马此大圣,固无所谓"敬或不敬"之观念,存乎脑际耳!

最后,刘教授谓:"然教会得此保障,(按:指上文圣奥思定极力为教会辩护)势力愈益坚固,罗马帝国虽亡,而教会起而代之,其权威且较帝国为尤伟。北来野人前此帝国之政治法律所无可奈何者,教会亦能及之,一般人民更大都以教会为安全之所在。奥氏所谓神国者,不见之天上,已见诸人世矣。"(原书一六一页)

至此,吾人应追问:"教会之庄严灿烂,具有绝大魔力。"(原书一五七页中语)毕究如何?再圣奥思定,极力为教会辩护,其动机及措词,果如何耶?请聆下述之答复:

"圣教会其信教者之慈母乎!不仅训诲,应至纯至洁敬天主,而享真福,且博爱人群,使在罪恶中呻吟之灵魂,得有解除疾苦之良方。以诚实训幼者,以勇毅训壮者,而以静养训老者。不仅因人肉躯上之年龄而设教,且就人灵魂上之关系,加以指导;使为人之子女者孝其亲,而使为人父母者慈其幼,再以至圣之爱情,联络众庶,较血统之关系,尤觉团结。使民众、民族,暨人类在同一祖先之思想下,不仅形成社会之组织,且以所谓同胞之友爱,合而为一。再使治人者保护被治者;而使治于人者服从其统治者。总之,详示吾人,某也应尊重,某也应爱慕,某也应恭敬,某也应畏惧,某也应安慰,某也应教诲,某也应申斥,某也应责罚。凡所以昭告吾人者,虽不能彼此一律相待,然而应泛爱众,不使任何人受侵害云。"(注三十八)

圣奥思定之言论,固如是耳;从可见所谓"教会之庄严灿烂"矣!于《传》有之:"以力服人者,非心服也,力不赡也;以德服人者,中心悦而诚服也,如七十子之服孔子也。《诗》云:自西自东,自南自北,无不思服,此之谓也!"(引《孟子·公孙丑》篇语)可证"北来野人前此帝国之政治法律所无可奈何者,教会亦能及之,一般人民大都以教会为安全之所在!"岂有他哉?

C关于圣奥思定之学派者

现在圣奥思定会会士,经管之中国教区两所:一系一八七九年成立之湖南常德教区,计有信教者万七千一百三十三人,属奥思定会;一系两年前(一九二八年)成立之河南归德教区,计有信教者二千六百一十人,属重整之奥思定会。因对中国学术界无特殊之贡献,离本题稍远,故谨根据本年之中国天主教教务统计表(注三十九),略附及之。

至于在本时期内,圣奥思定对于中国学术界之影响,较前期似于进步。第一,在前期中,直接发生关系者,仅限于中国信奉基多之学者,而间接在中国学术界发生反响。惟本期内,研究者,教内外人参半,同时直接发生兴趣,各有所见。第二,在前期中,论涉圣奥思定之言行者,大都征引而证明其他事理耳。惟本期内,则有以圣奥思定之传记或著作,为研究自身之对象,编译专书,蔚为巨观。第三,中国学者认识圣奥思定之印象比前更觉深刻,虽见仁见智,见解相矛盾,然公认其为古罗马大哲人之一。今后或更有作精深之研究者,从历史哲学,中古政治,教会制度,或文化史观等方面,而考究此大哲人之遗著,遗规及其芳范乎?(以上叙述乙期竟)

(注一) Bt. Rev. H. L. Janssens 曾称圣奥思定为'The Christian Plato',再"基多"二字为天主教采用之译名,即一般所称"基督"。

(注二) 参看梁任公撰《陶渊明》。

(注三) 参看日人高濑武次郎著,赵兰坪编译:《中国哲学史》第二卷第一篇第五章第二节"天道是耶非耶";第二篇第六章"灵魂存灭论与道德"。

(注四) 圣奥思定《天主之国》第十六卷,内有一章,讨论从亚当或诺厄之宗族中,是否有奇怪形态种族之人类。按:所谓奇怪形态者,颇有类似《山海经》中之奇谈。中西皆有此种传说,可作一比较之研究。

(注五) 此书又名《天学实义》。近来翻版颇多,惟字句多有讹错者。本文引明刻善本。

（注六）《四库总目》卷一百二十五子部杂家类存目二。

（注七）冯应京，详《明史》卷二十六，列传第一百四。

（注八）圣奥思定之异译颇多。此处作奥梧斯梯诺，殆根据拉丁本名。或又作亚吾斯丁，或简称为奥定，至不统一。本文采白多玛著述内之称"奥思定"。

（注九）《明史》卷二百五十一，徐光启、郑以伟合传。

（注十）详见原书第十章"The Daily Task"，二一六页至二一七页。（1902 年 London Duckworth and Co. 出版）

（注十一）艾为意人，在闽传教，有"西来孔子"之称，详《道学家传》，或王韬《泰西著述考》。

（注十二）参看陈援庵先生十一年前所撰《明浙西李之藻传》，附刻在北平辅大影印之《名理探》后。

（注十三）参看拙作《徐光启著述考略》，载《新月》月刊中。

（注十四）详见 *St. Thomas Aquinas*，Edited by the Rev. C. Lattey. 一三八页。（1925 年英国出版。）

（注十五）此教书译成中文，北平公教教育联合会，与上海徐家汇土山湾印书馆，皆有出售。

（注十六）"阳玛诺，字演西。路西大尼亚国人，明万历三十八年庚戌至，传教北京、福建、江南等处，后驻浙江，至我朝顺治十六年卒，墓在杭州方井南。"引《道学家传》。

（注十七）利类思，译述教中重要经典多种，此其一也。详《道学家传》，或王韬《泰西著述考》。

（注十八）引原书第十八页。（London：Ernest Benn Limited 出版）

（注十九）原题。Quaestio IX：De Dei immutabilitate，Articulus I，Utrum Deus sit omnino immutabilis.

（注二十）参看《明清之际中国美术所受西洋之影响》（向达著）一文，载《东方杂志》第二十七卷第一号中。

（注二十一）参看 J. M. Planchet：*Le Cimeterelt Les Oeuvres*

Catholigues De Chala（1610—1927）一书，一三五页及一六一页。（北平西什库出版）

（注二十二）编者注：原注缺漏。

（注二十三）一九一三年，上海土山湾印书馆出版。

（注二十四）参看前期 B 项 C 条。

（注二十五）一九○九年，上海广学会出版，一九二三年，重订再版。

（注二十六）民国十七年八月二十八日，《申报艺术界》揭载《圣奥思定的忏悔录》一文。

（注二十七）*St Augustine and his age*，P. 126.

（注二十八）系十年前出版之定期刊物，早经改组为《益世主日报》。英华（敛之）先生撰《广益录发刊词》，现保存在《安蹇斋丛残稿》中。

（注二十九）归化一词，译 Conversion 义。譬如保禄先宗犹太教，后改信奉基多；故称：圣保禄归化，此处用语，准此解释。

（注三十）《依撒亚书》暨《达味圣咏》，各为古经《旧约》中之一卷书。

（注三十一）引《广益录》第一百四十五号，一五四一至一五四二页。惟标点系新添加，字句亦略有所增删易云。

（注三十二）参看一九○七年上海土山湾印书馆，出版之《新经义考》一百十一页。

（注三十三）谨按：此系黎锦熙先生所草创之计划，即专搜求著录《四库》未收之小说等书。

（注三十四）一九二四，上海土山湾印书馆出版。所引见原书十一页。

（注三十五）此处“教堂”，非指建筑物言，即称“教会”；此处“神父”，非一般所称“司铎”，谅指“教父”，即圣祖师；皆与通用之宗教术语，稍行歧异。按：圣奥思定在教会中之职位，系较“神父”高一级之主教，同时圣师热罗尼莫，尊为“有一世盛名之主教”——此语至今，常援用之——故被教会推为圣师之首。为求名正言顺计，附及。

（注三十六）其书中译本，称《欧洲文学入门》；商务出版。参看中译本第四章三十九页。

（注三十七）石孝友词，依蒋善国《诗今选本》转录，至于圣奥思定原诗如后：

Aspirationes S. Augustini

Domine Jesu，noverim me，noverim te，
Nec aliquid cupiam nisi te，
Oderim me et amem te.
Omnia agam propter te.
Humiliem me，exaltem te.
Nihil cogitem nisi te.
Mortificem me et vivam in te
Quaecumque evenient，accipiam a te.
Persequar me，sequar te，
Semperque optem sequi te.
Fugiam me，confugiam ad te，
Ut merear defendi a te.
Timeam mihi，timeam te，
Et sim inter electos a te.
Diffidam mihi，fidam in te.
Obedire velim propter te.
Ad nihil afficiar nisi ad te，
Et pauper sim propter te.
Aspice me，ut diligam te.
Voca me，ut videam te，
Et in aeterum fruar te，Amen.

（注三十八）参看注十五中提及之教书最后结论。

（注三十九）参看本年出版之《圣教杂志》。

结论

(1) 引用一世纪前之纪念词

(2) Durand 称圣奥思定孝友

(3) 对于我国国民道德之贡献

(4) Leslie J. Walker 最近发表之研究

(5) 所谓超越“人间的价值”之精神

(6) 遗教——如何达到上智之步骤

(7) 最后谨申吾人虔诚之敬意

余深铭谢前贤饷遗吾人者至厚,已往种种之成绩,概括叙述,已觉连篇累牍,陈于吾人之前。今后应如何踵武前修而发扬广大之乎?虽然,此种任务,良非易易:有诗为证,(注一)请试诵之:

“The fourteen centuries fall away
　　Between us and the Africa saint,
And at his side we urge, today
　　The immenmorial quest and old complaint.”
“No outward sign to us is given
　　From sea or earth comes no reply
Hushed as the warm Numidian heaven
　　He vainly questioned bands our frozen sky”

“仰之弥高,钻之弥坚”,一世纪前之学者,如斯仰企兴叹矣!吾人今日,谅亦共鸣,不敏如余者,叙述至此,不得不作一结语,尤不禁感慨系之!

本年圣奥思定总会,曾有纪念文字,详论圣奥思定之精神,其中论点侧重在宗教精神。据余所闻,杜兰主教(注二)于今春二月二十二日,发表一文《论圣奥思定之智识及其心情》(L’intelligence et le cceur de Saint Augustin),其中关于心情一章,有一专节,称圣奥思定之孝友。(Son amour filial—L'amitie)此层带伦理之色彩颇浓厚，与我国传统思想较接近，兹略介绍。原著者，谓圣奥思定改过以后，为报恩还爱之心情所驱使，常怀念其母，每泣下沾襟；若似以泪还泪，报答其母往日痛哭涕劝其改过之恩爱云。吾人可从圣奥思定本人之著作中，发现其报恩还爱之孝思；最明显之例证，厥为所谓"万世不朽"之《吁告录》。亦即渊源于此种孝思而来。原书第八卷最后一章，明白宣称其口供，以心声暨以笔墨而从事于写作者，即希望凡读此《吁告录》者，皆在万民之大父及慈母圣教会之前，纪念其父母耳。

再原著者论圣奥思定，富于友谊之心情，吾人亦表同情。观其费十余载(413—426)之心血，将其最成熟之岁月(The maturest years)消磨于其中之《天主之国》一书，其著作之动机，卷首自称：

"天主荣福之国，系余此次工作中之题旨。余亲爱之马君(Marcellinus)乎！君向余提议此举，故为践约起见，亦应将此书归于君也。"

吾人得悉此工作开始之年，Marcellinus 即以逝世闻矣！然圣奥思定"与朋友交，言而有信"之友谊，竟超越有限世之死生境地，仍继续至十余年之久，始完成此一大巨著。于戏！拟之为践约挂剑之季子，又何让焉？

抑有进者，其德行既与我国伦理，若合符节，而其学说更有足以矫正我国习俗下之流弊者。英人罗素在《中国之问题》一书，指斥我国"家族感情减损公共思想"，甚至所谓"利家之主要方法，则为受贿与阴谋!"此种私而忘公之怪现象，实属遗产传子之恶积习。殆以为，虽我之死，有子存焉；子又生孙，孙又生子，子子孙孙，无穷匮也！结果：社会教育事业，如养老、育婴、赈灾诸必需之慈善义举，鲜有私人出资经营之者。关于此层，亟宜接受基利斯多之博爱精神；而圣奥思定为宣传此种福音最有力之一员。请读下文：

"圣亚吾斯丁问贪吝聚财者曰：'尔劳苦谁为乎？'曰：'为我子。''尔子劳苦谁为乎？'曰：'为子之子。'如是以至无穷则无有为己乎？尔云聚以与子，安知不聚与贼，聚与火，聚与雠乎？尔以贪吝渐聚之，安知尔子不以荡淫忽散之？故尔爱子，遗之以德，财福并随之；遗之以财，德与财俱险矣。财者万罪之器，以幼子拥多财，如狂夫拥利剑也，歼己害人，俱不免焉。”(引《七克》卷三第十二页，依据明杨廷筠校梓本)

细查此说之涵义，实足以纠正我国之积弊，是则此种学说之输入中国学术界，可视作对于我国国民道德之一种贡献。圣奥思定在实践道德上可贡献于吾国人者实多，此特其一端耳。

兹叙最近之研究。本年七月 Lellie J. Walker S. J. 发表一文，即《圣奥思定之哲学》(注三)称其集上古哲学之大成，择其善者而仍旧贯，而对于其不善者加以辩证，可供吾人今后从事于研究者之参考。请介绍其结论中之要旨，转述如后：

“圣奥思定信仰之基础，并非建筑于‘理由’(Reason)之上；且渠亦不寻求以证明之。其所以接收基多教义，特若‘三一圣学’、‘降生玄义’以及‘圣崇之功效’诸特殊之教义等，盖信此乃基多权威所启示(Reveal)者。虽然，若不属于启示(Revealation)之范围者，凡遇真理之各项问题时，渠不仅寻求理由，且以明显之逻辑与适合之形式，而得所谓从信仰而理解(By passing from faith to understanding)之相当解答。”

从可得悉圣奥思定之学说，应分别从 Revelation 与 Reason 两种理论而着手研究。上文曾提到刘伯明教授之研究成绩，只重视 Reason 而抹杀 Revelation；故有“毫无用处”或“荒谬绝伦”之怪议论耳，于此应加意者，从其本身之渊源而获得圣奥思定之学说。(the doctrine of St. Augustine be drawn from his own fountains)夫如是，然后认清所谓真相，庶不致本末倒置矣。例若：圣奥思定撰《三一圣学》，凡十五卷，晚年定稿，致书其友 Aurelius，自述其毕生致力于此学之经过，内称：“昔我始作，年方少壮，今我老矣，乃以付梓。此若干卷《三一圣学》，论至尊而真实之天主……”云云。此类之著作，自应在其学说中占一最优越之位置。又如：其所撰《吁告录》，书成于三九七年至三九八年，实不过为一追思其亡母之作品(如上所已论列者)，自属次要之著作。今后吾人研究之际，若对于最优越者，置而不学，而对后次要者，乃始欣赏，则是效颦郑人“买椟还珠”之讥，亦在所不能辞矣！

更进一层，追求其超越所谓“人间的价值”之精神。《圣经》中“山中说教”非吾人最受感动之教训乎？托尔斯泰在其杰作《复活》中，特引为复活之新生素。巴比尼先生在其名著《基多传·山篇》中，亦称“山中说教为人类之权利存在于无限世界中之最大证据”。（注四）圣奥思定早已言及（在‘Enarr. in Ps. cxli’中）。《经》曰：“神贫者乃真福。”圣奥思定之言曰：

“贫于其自己之精神，斯富于天主之精神，其犹山谷之盈满也，百川泉水，从峭峰上，由高而输入之。”（注四）

从可推论，其精神之超越存在，应不仅如郑振铎先生所称之“人间的价值”云耳。

吾人讨论本题，系从学术之立场言；至此可进而要求，此一大哲予吾侪后学，一种“恩物”，以志铭佩。吾人若窥其全部遗著，真所谓邺架满藏，美不胜收，尤非此短篇报告所能蒇事者也。无已，请叙其遗教之一：“如何达到上智之步骤？”英译 Steps to wisdom。（注五）据其所示，计分七步：

第一，敬畏

敬畏谁？一切真理之本原，天主是也。其意以为吾人辨别是否美好，或真，必宜有一标准、法则；然后能下判断。且此准则，若系可信赖者，必属不易；若果中用，亦必人同具有此心，心同具有此理。然此一准则，既系绝对，不易，全能全善，至真至美，是即天主。（注六）此为圣奥思定知识论中最要之一原则。

第二，孝爱

所谓孝爱，为训练吾人心情用。

第三，知识

此一步骤，人之知识，与德俱增，则愈自谦，且多忧患。为安心立命计，自然常行祈祷。谨案，此可以一实例，作注脚。李翁奈（Lionardos da Venci，1452—1519，按，今译名为“达芬奇”），六十七岁，始别其所享盖世之盛名而辞世。然临殁之际,仍不免有《传道书》(古经名)第一章,一、十八节之叹:空之空,空之空,一切都空。诚所谓"知识增而忧患亦增"耳。(注七)

第四,刚毅(Fortitudo)

至是追求正义,乃若饥若渴然。

第五,超见(Consiliurn misericodiae)

所谓超见,爱邻爱仇,威武不屈,富于希望。

第六,心净

盖如《玛窦福音》第五章八节所谓:"心净者福,因其将睹天主。"圣奥思定解释曰:"其能死于斯世者几何,然后得覩天主之程度,亦适如斯。"

第七,上智

终止于此一步骤,然后享受安和矣。

谨按:圣奥思定曾自论曰:"因敬畏天主为上智之始基。从此前进,然直至名人达到上智之本身,吾人必由之路径,其步骤已如目前之所陈述云。"今所述者,系一大纲。原书具在,愿好学深思之诸同志,再作深一层之研究。企望本此种之精神而努力,将来必在我国学术界中,放一异彩:"Verus philosophus est amator Dei."(引《天主之国》第八卷第一章中语)圣奥思定学说绪论及其结论,其在斯乎!今后吾人应遵遗教而努力耳!

最后,吾人竭诚纪念之心情,虽已表现于举行宗教大礼时;(注八)并顷刻前白化东博士所致之纪念词,推崇"此大哲人实学术界之明星"固无待不敏如余者再虚誉矣。惟请恭诵"Te Deum"之汉译文,即相传为圣奥思定学说与圣盎博罗削合纂而成者,(注九)用表吾人最虔诚之敬意!

"我侪赞颂天主,认为真主
遍地皆钦崇无始之父。
诸神、诸天、诸德,
并上智者炽爱者天神,不断呼号曰:

圣、圣、圣，
撒巴阿德天主，
天地满被巍显之荣。
宗徒之荣位，
逆知之群众，
致命之军旅，
皆赞诵主。
遍地圣教会，认主为无疆威严之父，
并圣子当钦崇，且真且惟一，并安慰之圣神。
荣福之王基利斯督，
为圣父无始之子，
为救赎人类，降童贞之胎，
击败永死，为诸信者启天门，
坐天父右，偕父同荣。
我等信审判生死者，
今恳扶佑诸仆，当时以宝血救赎者，
使偕诸圣，享受荣福之报。
望主拯救厥民，降福于厥嗣业。
政治伊等，而简擢于无穷世。
每日我侪当赞颂主，
赞美主名于无疆永世。”（全终）

（注一）此诗，据 Rev. Marcus Dods 英文本 *City of God* 自序中所引。（一八七一年爱丁堡本一四页）

（注二）“Lettre de Mgr Durand”，*eveque D'Oran*(1930,2,22)

（注三）此文载在 *The Dublin Rewiew*，第四十九年第三百七十四期中。

（注四）参看英译本 *Life of Christ*.（Dorothy Canfield Fisher 译，第

十七版本，第八十五页，此语英译作："The Sermon on the Mount is the greatest proof of the right of men to exist in the infinite universe"又参看 Preuch：*The Sermon on the mount from St. Augustine*，P. 161.

（注五）原著 *De Doctrina Christiana* 二卷七章；参看 S. P. Salmoued 之英译本。（一八七三爱丁堡版）

（注六）详原著 *De Libero Arbitrio* II，13，16. 参看 William Turner 之《哲学史》中《论圣奥思定知识论之原则》，（一九〇三年美国 *Ginn and Company* 出版，二二七页。）

（注七）参看日本中山昌树所著《文艺复兴之三大艺术家》，其中论李翁奈颇详。

（注八）本年八月二十九日北平《益世报》第一版载有《圣奥思定千五百年纪念，中华公教学友会昨举行盛大典礼》之新闻，转载如次：

"圣奥思定(St. Augustine)为古代宗教界最著盛名之学者，其渊博之哲学、精微之神学，与夫典雅之文学，吾人读世界文化史，自能发现其优越之人格，所占重要位置，毋待记者赘赞也。本年为圣奥思定逝世千五百年纪念，在大哲人之故乡，(非洲玻纳)曾有一国际联合纪念会，各国人士，仰慕大哲而来者，凡三万之众。再在罗马、伦敦、巴黎等名都，皆有盛大之纪念会。中华公教学友联合会，有鉴于此，特在北平迺兹府会所，举行一纪念会。记者曾躬与盛会，兹略纪如次。昨(二十八)日，为大哲逝世纪念会，晨七时半，该会留平会员，亦有远道从察哈尔、西湾子、河北、宁晋、安国、暨正定来会者。群集会所。恭请教宗驻华刚钦使主献弥撒圣祭，穆肃一堂，异常庄严，约一时礼告终。诸会员乃行特定之祈祷。(即《中华圣母颂》)旋由该会指导司铎，讲演大哲之生平及其遗范，洋洋洒洒，如数家珍。致词毕，宗教大礼结束。众退至食堂，略用茶点，乃继续作关于大哲学说研究之集会。除该会会员，(多系公私立大学毕业或肄业之学员)留平者，一律莅临不计外，重要之列席者，有白化东博士，(柏林大学东方博士)美国本笃会伊德风院长，奥图尔博士，师立模博士，北平公教会进行会总部王学臣先生，宁晋静淑女学申铭五先生，西湾子公学尹恒明先生，正定首善学校牛若望先生，安国修院吕之骐先生，米若望先生等。席间，白化东博士，在最简括之致辞中，表示其最敬仰之情感。略谓，圣奥思定在三四世纪学术界中，放一异彩，不啻救主降诞时，天空显现之奇星。此大哲人实学术界之明星，既富博学之知识，又饶信仰之虔诚，殊令宗教后学，仰企无既！白博士并略提及其在东三省掌教时，教育青年，遵此'信仰与知识'之途径，努力前进云。讨论中，有宣读论文一项。奥图尔博士原拟用英文演讲，以另有他约，遂允将来以文字发表。乃由会员徐君，提出一文，题为《古罗马大哲人圣奥思定与中国学术界》，系一历史研究的报告，内容曾特别提及明末清初圣奥思定学说输入中国之情形，殊为珍闻。又有会员临时动议，议决三事，第一项为纪念会一致公推十五年前，撰《圣奥思定归化史》之雷君（按：即加入中国国籍的比利时神父雷鸣远，年届古稀）为名誉会长；第二项，全体肃立，静默三分钟，为纪念明季名人李我存（讳之藻）先生；（今岁适逢李氏逝世三百年纪念云）第三项，由纪念会同人发起中国圣奥思定学会，专努力从事于输入此哲人之学说，希望对于本国学术界增一特殊之思潮。时已近午，遂合摄一影，并欢呼纪念口号，乃宣告散会。”

（注九）此著名之宗教颂诗，每逢大庆，教中常诵：今从康熙十五年（公历一六七六年）利类思所译之《圣母小日课经》中，录出此篇汉译，原题《圣盎博罗削、奥思定合赞》。按：与现时常颂经本中所载者，字句略异，原文中第二人称之“尔”字，利译盖依汉文文法例，悉从省略；附带申述。

志谢：本篇论文第一次披露在一九三〇年九月一日至十月二十日之天津《大公报·文学副刊》；继则《中华公教青年会季刊》第二卷第三、四期转载，现承中华公教学友联合会单印成册，辱荷傅佩青先生题字，谨此志谢。再者，敬谢吴雨僧先生！并谢直接或间接赞助余此次工作之诸大君子！

一九三一年，东方三博士朝耶稣瞻礼，卢伽徐景贤谨识。

明孙火东先生致王葵心先生手书考释(初稿)[①]

世有旷百载而相感者,以其志同道合,不独言善则千里之外应之,即千秋万祀亦必仰企靡已!殆所谓“东海有圣人出焉,此心同也,此理同也;西海有圣人出焉,此心同也,此理同也;千秋百世之上,至千百世之下,有圣人出焉;此心此理,亦莫不同也。”诚哉吾乡陆象山先生之言乎!今觏孙火东先生致王葵心先生手书,(即本期插页)而益信矣!何以言之?有数事证:

一曰道义相许。两先生之缔交也,仅得西铎之介绍,一闻不待见;一见不待试,遂相敬慕,而成淡若水,苦如荼之交矣。孙先生手书曰:“余不自解而翁何能相解?”尝试为进一解。孙先生尝谓:“吾夫子‘克’、‘复’之训章章,而人弗究也。即究,弗用也;求其必究之,究之,必用之。一还吾三代之隆懿者,非泰西教学不可也!”(引《则圣十篇孙序》)王先生尝谓:“学原不问精粗,总期有济于世;人亦不问中西,总期不违于天。”(引王编《远西奇器图说录最》)可知两先生心心相契,即在崇奉天主教;从此得征“圣而公会相通功”之精神,两先生相许之深,良非偶然!

二曰共济国难。两先生同志同难,所遭之难,非为一身,非为一家,

---

① 《圣教杂志》,第20卷第9期。(1931年9月)

乃共图补救国事耳。明末国家兴作甚急,孙先生从上海徐文定公习兵事;王先生从西铎汤若望等讲农器,皆欲以实学对当时事,谋补偏救弊!乃于登莱事急之秋,共事,成败得失,虽出人逆料之外,然是非曲直,公认为国牺牲,亦云烈矣!

三曰遗爱在人。两先生遗爱在人,故省志书,称乡贤达;悉摒以成败论英雄之俗见,且此一手书,系始终如一之友谊,写生离死别之情景,宛如陈与义氏之名诗句所谓:“欲见旧交惊岁月,剩排幽语说艰虞!”尤足垂范后学,是以辗转而保存于三原世家温氏之手。孝靖先生既珍藏之,且亲跋之,证明两先生之深交笃信,直道犹存三代,公理自在人心。瞻仰前贤,益励来兹!

今此手迹,经于右任先生送呈其师马公相伯处,乞跋数语,共志钦佩!缅想马公与火东先生,同为苏人;右任先生与葵心先生共隶陕籍;其一种尊贤尚学之热忱,自足媲美昔贤,且能策我后进!余生也晚,幸列相传,承马公命网罗旧闻,谨将月来所得考证资料,一一缕述,提要介绍。初稿草创,诸待整理!日后有缘,更求余师新会陈援庵先生订正云。

甲编:考人物

(参考一)关于孙元化者

1.《乾隆嘉定县志·人物志·贤达门·孙元化传》

2.《练川名人画像·巡抚孙先生像记》

3. 孙元化所撰《则圣十篇引》

(附录)

一之一:《练川名人画像·文林郎孙先生像记》(元化子)

一之二:《练川名人画像·文学士侯先生像记》(元化婿)

一之三:

(上)《乾隆嘉定县志·人物志·文学门·孙致弥传》(元化孙)

(下)《练川名人画像·学士孙先生像记(元化孙)》

一之四 天主教史家之纪载

(A) 法文

Sur Ie Dr Lgnace Suen Yuen—hoa, Cf. Colombel: *Histoire de la mission du Kiangan*, Première partie, pp. 248—249; 324—325.

Semedo: *Histoire de la Chine* ,P. 336.

Havret:*La stèle* I,P. 56,note1.

(B) 英文 (按:原书为法文)

Huc: *Christianity in China*, *Tartary*, *and Thibet*, Vol. II. pp. 295—297.

(C) 国文

萧司铎译述《天主教传入中国考》

[提要介绍]孙先生略历,业已详见手迹之末。据《乾隆嘉定县志》称:"师事上海徐光启"云。按:教史称:"因与徐光启善,被化领洗,圣名依纳爵。天启元年,告假还家,乃赴杭州杨廷筠家,邀西士至嘉定开教。"足征其师生道义之相契矣!此手迹中称"西铎"者数数见,亦可见其敬西士之深挚也!原跋有云:"孙先生遵西儒教,以敬天为主,以苦身守诫为诚。"吾人尚可从孙先生遗著中,证实其信仰之虔诚。尝考高则圣司铎所撰《则圣十篇》,有孙先生所作一序文,盛称圣教之戒色一端,已足晓示其越凡入圣之精神。孙先生后牺牲为国,衔冤就法,时人哀之,奉为乡贤。圣教史书,尤赞扬孙将军之高贵行实。其后人有前辈风!

(参考二)关于王征者

1.《明山东按察司签事监辽海军务王公墓志铭》(清初张缙彦撰)

2.《明壬戌进士监辽海军事共宪大夫私谥端节王公像赞》(清初张炳璿撰)

3.《乾隆泾阳县志·王征传》

4. 马侍辇作《王葵心尽节诗》

5.《明儒学案》

6.《道学渊源录·王征传》

7. 陈援庵先生新撰《王征传》

8. 王征所撰《崇一堂日记随笔·小引》

9. 王征所撰《温恭毅城祠记》

10. 王征所撰《远西奇器图说录最》

(附录)

二之一　重刊《王忠节公奇器图说·张序》及引通志

二之二　《四库提要》"西儒耳目资"评语

二之三　天主教史家纪载

二之四　王宏作《吊王葵心先生七日不食死诗》

【提要介绍】王先生略历,亦详见手迹末。吾师新会陈先生曾新撰一传记,考证精审,即证实王先生为明天主教中之学者云。今就新发现之史料,补叙数事:(一)张炳璿所撰《王公像赞》,时在甲申,(明崇祯十七年,即清顺元年)内称"孜孜乎畏天爱人,虽似癖耶稣之学;此生平好奇,则然!"谨按:其畏天爱人之热诚,《道学渊源录》亦曾称道及此。再考王先生,年近七十时,曾纪录汤若望司铎所述西贤苦修会中奇迹,成为《崇一堂日记随笔》一书。自序:"自恨受教已久,认得天主事理已真;既到宝山空手回,宁不痴愚可羞乎?"故发愤忘老,岂真好奇耶?(二)张缙彦所撰《王公墓志》,内称其临危书"全忠全孝"四大字,付公子永春曰:"吾且死,死岂为名,欲汝识吾志耳!"其志操之高洁,俱可概见,故张氏拟之为宋文山、谢叠山之侪辈焉。(三)华池温氏与王先生不仅有里人之关系,且属世交。王先生曾撰作《温恭毅城祠记》,可证故温氏深知其乡贤王先生之为人,尤钦迟孙、王道义之雅,患难之情,故珍藏此一手迹,夫岂偶然!王先生所撰刻之书籍多种,迄今最有影响者,为《西儒耳目资》,论者推为"国语罗马字"之先导云。

(参考三)关于温自知者

1.《乾隆三原县志·人物志·文学门温自知传》

2.《乾隆三原县志·著述门温自知所箸书目》

(附录)三之一　《明史·温纯传》(自知之父)

三之二　叶向高所撰《恭毅温公神道碑》(自知之父)

三之三　同上县志《温编传》(自知之叔)

三之四　同上县志《温予知传》(自知之长兄)

三之五　同上县志《温日知传》(自知之兄)

【提要介绍】温自知,父纯,叔编,暨兄予知、日知皆名士;忠烈,理学,文学,聚于一门,可谓盛矣!自知字與亨,十九为博士弟子,后入太学,著述多种,《乾隆三原县志》可考,康熙初年卒,私谧孝靖先生。此一手迹得孝靖先生作跋,弥可珍视,益显孙王两先生人格之高,感人之深矣!

乙编:释事实

(参考四)关于吴桥之变者

1.《光绪增修登州府志·职官志》

2.《登州府志·兵事志》

3. 同志关于变职官人员之记载

【提要介绍】明季登莱巡抚,崇祯二年裁。三年又复设,以孙元化任之,因刘兴治反东江故也。明年岛众杀兴治,八月,大凌河告急,元化遣孔有德等赴援,逗留不前。十一月始成行,抵直隶吴桥,大雪,兵变,反攻登州。元化率从官巷战,死者十九人,后元化归朝待罪。奸臣温体仁论元化大辟;临刑,西市风雷起足下,黄霾翳日!时徐光启在内阁,谓体仁曰:"此足明登抚真冤矣!"野史纪载,有诬孙氏者,故其子和斗有《国恤家冤录》之作云。是役也,副总兵张焘亦论斩,宋光兰、王征皆遣戍。此一手书,盖孙王同归朝待罪,王拟谪戍,而孙留狱,叙生死交情之作品。末列诸氏,《登州府志·职官志》中俱可考见其略历、官阶及到任之年。宋光兰、王征、秦世英皆进士出身,吴维诚系北直举人。又宋光兰子祖晔,亦系乡举出身,另详《蒲田县志》中。

(参考五)关于明天主教徒爱国之义举等情

1. 李之藻《奏为制胜务须西铳敬述购募始末疏》

2.《徐光启疏》

3. 利玛窦《交友论》第一节

4.《道学家传》及其他

【提要介绍】最后应申述者，即明天主教徒爱国之义举。考《皇明经世编·李我存集》载有《制胜务须西铳敬述购募始末疏》”，内称：“臣在原籍时，少詹事徐光启奉勑练军，欲以此铳在营教演，移书托臣转觅，臣与原任副使杨廷筠合议捐资，遣臣门人张焘间关往购。近闻张焘自措资费，将铳运至江西广信地方，程途渐近，尤易驰取”等情。按：当时国势衰弱，而我教中三杰，乃自动捐资购炮，以为剿内匪御外敌之用，本系所谓爱国之义举。孙先生初亦以善用炮，料敌制胜，立战功于关东，而升任登莱巡抚。孙先生为文定公之门人，故自乐引用我存先生之门人张焘为同事；即王先生之就职，亦为敬教爱国故也。孰意一腔报国之忠心，反启同志同难之厄运；成败既非全系于人事，然而先贤之义举，固可诏告于当时，迄于后世，曰：“天主教徒真爱国！天主教徒不负中国；中国负我天主教徒！”吾辈后学，缅怀先烈；言念己责，祝祷同申！此外尚有可纪念者，大德方德望司铎之入中国也，即随此义勇炮队。再有葡国武士公撒的西劳率西兵来华效力，亦奉命至孙将军处服职，卓著功勋，惜后阵亡！吾辈于此，谨对于已往诸先烈，致深慕虔祷之敬意！

公历一九三一年嘉尔默禄圣衣瞻礼前六日，后学卢伽徐景贤敬谨考释。

（待续）

明孙火东先生致王葵心先生手书考释（续稿）[①]

曩尝介绍明贤孙火东致王葵心手书，略考人物，粗释事实。今录原文，试加以注。意有未安之处，尚乞先达指正！

“往从西铎，知泾阳有葵心王先生。”

卢伽谨注：孙先生所称“西铎”，指明季来华之泰西耶稣会司铎。考孙先生于天启元年（一六二一）赴杭，邀教士至嘉定开教，鲁德照、郭居静偕行。又孙曾为高则圣司铎所撰书作序。

王先生自称：“余向在里中，得金四表先生（即金尼阁司铎）为余指西文，刻有《西儒耳目资》一书。”（引天启七年撰《远西奇器图说录最》）据此，则孙王相知，必此数西铎同侪所介绍耳。

“壬戌，乃见，便浪游渝关，不再相闻矣！”

壬戌，即天启二年。（一六二二）考《乾隆嘉定县志》本传称孙先生于“天启二年，计偕入京。”又考张撰《王征墓志》称王先生“壬戌成进士，年五十二”。则是两先生会见，当在京都。

按孙先生自谓：在渝关者，即《县志》中称其“从军辽左”。以今地释之，在河北省临渝县，离山海关颇近。王先生未尝随行，故不相闻。

---

① 本文原载于《圣教杂志》第21卷第5期，（1932年5月）。

“癸亥，回，则先生司李平，干内艰去。《辽稿》一册，附西铎为问，他无言也。”

癸亥，即天启三年。（一六二三）考孙先生回，“授兵部司务，旋入为职方主事。”（据《县志》）“当时王先生勿授广平府推官。”（《乾隆泾阳县志》本传）今按：广平府治在河北省永年县。明时推官，专理刑名。张撰《王征墓志》称其政绩如次：“司理广平，白莲狱兴，有司击断为武，连无辜以千百计，公悉为辩释之。”又称：“以继母忧，去。”即“干内艰去”云。至所谓《辽稿》，想系孙先生曾“上书当局言边事”（《县志》本传）之稿耶？托人寄赠，藉代通讯。

“丙寅冬，先生除服，谒选。余再从宁远归职方，益闻所未闻。盖向者道义相许，至是乃更得其巧思绝学；而所谓道义许，即与翁同得之！西铎亦未有一闻不待见，一见不待试，若许翁之深！其所以深？余不自解！而翁何能解？”

丙寅，即天启六年。（一六二六）据王先生自称：“丙寅冬，余补铨如都，会龙精华（龙华民）、邓函璞（邓之涵）、汤道未（若望）三先生，以候旨修历，寓旧邸中。余得朝夕晤请教益，甚惧也！”（引《奇器图说序》语）是年，王先生在京都再晤孙先生。

孙先生前因“袁崇焕抚辽，诏往计议，事竣还朝，有貂皮蟒服白金文绮之赐！”（《县志》本传）今按：宁远在辽宁省兴城县，葫芦岛即在附近。斯时也，王先生正与邓司铎讲求物理，研究机械，向求耳目之资，今更求为手足之资（引王先生语），故孙先生称：“至是乃更得其巧思绝学。”

所谓“道义许”者，共崇一主，共成一会，故彼此相见甚惧，自不待言！

孙先生称王先生为“翁”，因孙先生作书之时年五十，王先生乃六旬又二之老翁也！

“即丁卯春，余得谴，投闲，两筐一兜，萧萧挥手！故坐不避嫌忌，坐视行色者，先生一人！此世俗贤豪所尚，高致义举者，而两人结契，并不在焉！翁补理广陵，仍从西铎一相闻，彼此数行，淡然玄漠！”

丁卯，即天启七年。（一六二七）按《嘉定县志》本传称：“魏阉讽其附己,当大用;元化正色拒之,遂矫旨夺职!”是孙先生之得谴,由于忤奸臣魏忠贤耳!又按张撰《王征墓志》称:“补广陵,直三王之国,从舟执事者如林,脍人脂血为食!公挺身白王,王为折节。及魏阉构黄山狱,事连巨室数百人,黠者乘机构害,一时侧目!公毅然曰:“某在,必不敢废法!断断者其容啮弱肉乎?”以一官争之,当事卒不能夺。建祠役兴,公与淮海道来公阳伯,力持不可,竟不往拜,一时称为“关西二劲”云。据此,可证王先生亦反对魏奸者也!人以类聚,阳关揖别;此情此景,诚足贵耳!亦足作证,我教先贤,与所谓“乱党”,从不合作;正自正,邪自邪,故不相为谋!

“戊辰,余赐环,道出广陵,固知翁望见故人甚切,而偶取他途,非必不见,乃不必多此一见耳!”

戊辰,即崇祯元年。(一六二八)按《嘉定县志》本传称:“崇祯初,起武选员外郎。”是孙先生又蒙起用也。广陵即今江苏省之江都县;(亦即扬州)为当时南北交通上之要道。孙先生如自嘉定入京,可过境云。

“未几,翁复外艰归。余入部,出关,垂一年,在虏外七月,寻往登莱。此两年者,日在骇浪惊涛,游魂夜跳,万死余生,乃复入此苦海!为国为身,人惟求旧。西铎有言:‘友,第二我也。我非第二翁,翁实第二我,翁才望高出一时,长安以势要相许者,不亚余之道义;而余不顾势要之足夺与否,毅然请之,亦心知翁之自必不以势要夺也!”

张撰《王征墓志》称王先生“丁父忧时,岛贼为乱,登抚孙初阳(即火东先生)疏起公为山东按察司佥事监辽海军务,赴任。”

《嘉定县志》本传称孙先生“迁职方郎中。袁崇焕亦再起,以兵部尚书督师,乞以元化自辅,升山东布政司,兼整饬宁前兵备。燕苏东西被兵,连告警,诸路赴援者辄溃。元化善用关东将卒,所向有功!守抚宁,救开平,复建昌、滦州、永平、遵化,其所隶八城,二十四堡,四百里之边,屹不动,以功升佥都御史,推辽抚;会皮岛刘兴治作乱,改抚登莱。”

据此,知孙先生此两年中,所立边功,出生入死,保障一方,然后以功升调登莱巡抚。同时疏乞以王先生自辅。而王先生为国家,为道义,亦即挺身就任。时王先生年且六十矣！

利玛窦所撰《交友论》，其中有云："吾友非他，即吾之半，乃第二我也，故当视友如己焉。"此书中曾节引之。

"不意一片痴肠，终成大梦！海倒诏狱，卧废已死！翕同苦而尚以其苦城，左右提挈，子弟童仆之事，周至有加！盖余宦登而无五日不一再见者，半年；自乘城而无日夜不一再见者，半月；自陷贼航海，下北司，过西曹，而日止一再刻不见者，半年余矣！"

孙先生叙至此，乃述其"为国为身"之忠忱，引来"同志同难"之凶狱。即指吴桥兵变，孙先生率从官巷战，未死，陷贼；"乱兵见之，莫敢犯者！"（引《县志》语）因航海至天津，入都待罪。孙、王先生同系狱中。再述因共职守，同患难，而交际益形密切，抚今追昔，言下喟然。

"今翁重拟谪戍，黯然言别，以纸索手迹，为长途疎伴；余手受刑五次，加掠二百余，至今酸楚摇颤！间一举笔，横直宛转起止之间，皆不自繇手之好也，犹不能书，况其病乎？乃书交谊始末，前淡若水，后苦如荼！翁见其书，如见其病！亦请翁书此，使儿曹识之；更见翁书，即如见翁之同病，而且救乃父病也！壬申七月，吴人孙元化书。"

是役也，孙先生暨张维焰先生（焘）论斩，王先生等皆遣戍。据《练川名人画像记·巡抚孙先生像记》按语："吴桥之役，朝廷以事由激变，责命招抚，旨为御史王道纯所匿，不即颁，兵遂溃！渡海待罪，思陵遣中使验刎痕，无杀先生意。次辅温体仁，欲藉以倾宜兴，屡进密揭，遂及于难！临刑，风雷起足下，黄霾翳日，地震殷殷！徐文定光启曰：'此足证登抚之冤矣！'"今按此书，尚写在衔冤就法前，身受酷刑，病不善书，十年叙交，道义乃见。临歧赠别者，无非君子相许之友谊；得此一纸，然后昭然揭示于我后之人！孙先生之哲嗣三人，和鼎、和斗、和京，皆笃孝友，俱有令名！徐文定公曾联周延儒上疏救护，竟不可得！先生曩尝与自措资费运铳以备国用之张维焰先生同日就法，并得于夙所推重之西铎一员，即汤若望之手，虔领圣事，善生安死，又何憾焉！壬申，即崇祯五年（一六三二），屈指计之，本年（一九三二）适为孙、张两先生逝世三百周年，而后学如余，适于纪念期中撰文，缅彼先烈，允再致敬！

以上注竟。惟除正文外，尚有三附编，一并加以说明。

附编一

“率属就法，古今创举；后有余纸，维炤其详列之！同志同难，亦借将军妙墨，不虚此纸耳。”

卢伽谨按：此三行字，手笔同前，亦孙先生所自书。率属就法，指偕从官，归朝待罪。古今创举，指不苟免，夫子自道。因所书一纸，尚余有篇幅；故嘱张维炤先生，将同难诸同志姓氏、籍贯、官职，一一附入。维炤系孙先生属下副总兵，故称其为“将军”云。

附编二

“孙元化，号火东，南直嘉定县人，巡抚登莱，右佥都御史。

宋光兰，号绮石，福建莆田县人，海防道副使。

王　征，号葵心，陕西泾阳人，辽海监军道签事。

吴惟诚，号冀峰，北直冀州人，登州知府。

贾名杰，号望宇，北直真定县人，登州同知。

秦世英，号北溟，陕西三原县人，蓬莱知县。

王尚坤，号心求，福建龙溪县人，蓬莱训导。

张　焘，字维炤，浙江钱塘县人，东江前协副总兵。”

卢伽谨案：此即张维炤先生遵孙先生命所书者也。余检《登州府志》仅得光绪增修本，且书有缺页。兹将该志职官所载，节录如次：

卷二十五　文秩一　明

登莱巡抚崇祯二年裁，三年复设。

崇祯

孙元化，字初阳，南直嘉定举人，三年任。时刘兴治反东江，乃复设防抚，以元化任之，并带辽兵八千人至登州。明年，岛众杀兴治，元化奏副将黄龙代之，汰其兵六千人。及孔有德相继反，朝野由是怨元化不能讨也。元化得徐光启法，善制西洋火炮，城陷，皆为贼有，余详兵事。

谨案：此志兵事纪载，颇有厚诬孙、张两先生者，攻击要点，在其深信辽东将士云。孙、张两先生初以善制炮，立功于辽，故其信任辽人，非无理由！且孙先生初尝疏言："登莱阻海援剿，非便军机；缓急风汛，难恃接济，调发俱不可必！"云云。疏陈不听，不得已而赴任；然则日后祸乱之责任，果谁负担之耶？

附及。

◎兵巡道

崇祯

宋光兰　字绮石，福建莆田进士，副使，四年任。城陷被逮。

◎监军道　明天启二年设

崇祯

黄孙茂　江西进士，三年任，刘兴治反，殉难。

王　征　陕西泾阳进士，四年任。

◎登州府　知府

崇祯

吴维诚　北直举人，四年任。

同知（因书缺页未详）

卷二十六　文秩二

蓬莱县　知县

崇祯

秦世英　陕西三原进士，四年任。训导

崇祯

王尚坤　福建人，四年任。

据此，可作参考。谨按：孙先生之从官，自副使以至知县，训导，均相率航海待罪，作证主帅之忠义，于此益觇其赤忱，感人之深，故有如是之创举耳！

附编三

"中丞孙先生，绝世聪明，于古今远迩书无不读。遵西儒教，以敬天为主，以苦身守诫为诚。余里人王良甫先生深交笃信，廿余年矣！追孙先生节镇登城，劳心焦思，欲为主上分忧，欲为小民造福；时良甫先生，亦以虚衔共事，正相商而图吾君，无奈吴桥之变，相逼，而来祸乱！两先生即有一片赤心，亦无能施其经纶矣！航海就法，西曹幽禁，有‘天王圣明，臣罪当诛’(按：引韩愈文)之意！及良甫先生，握手言别，孙先生自叙相知始末，出之素牒，以识道义之雅，患难之情。余小子偶一读之，吁嗟太息！欲叩上苍：胡以挺此高贤，而不俾建非常之勋，且令困顿以死，天道真不可解已？崇祯庚辰春日，华池温自知与亨跋。”

卢伽谨按：崇祯庚辰，即十三年，(一六四〇)时孙先生逝世后八年，而王先生寿七十，且健在。前二年(崇祯十一年)王先生尚撰有《崇一堂日记随笔小引》，自称：“今人且七十老矣！幸得优游林下，正天佚以老时也。”温孝靖先生与王先生为同里，且有世谊，读后作跋，表追怀先贤意耳！孝靖先生，对圣教亦有相当之认识，然究不如孙先生之师徐文定公，言之较深切明著也。文定公之言曰：“其说，以昭事皇维为本，以保救身灵为切要，以忠孝慈爱为工夫，以迁善改过为入门，以忏悔涤除为进修，以升天真福为作善之荣赏，以地狱永殃为作恶之苦报！一切诫规，悉天理人情之至！其法令人为善必真，去恶必尽。盖所言天主生育拯救之恩，赏善罚恶之理。明白真切，足以耸动人心，使其爱信畏惧发于由衷故也！”(引《辩学章疏》文)好学深思之士，曷进而考究之！至于孝靖之议论“天道”，太息孙先生困顿以死，余窃有说焉。追念泰昌元年(一六二〇年)，圣师伯辣弥诺曾由罗马托金尼阁司铎贻中国《奉教官绅书》，其中已反复晓示忍受世苦之真理！兹节引之。按圣师之书谓：“中华地广民众，才智特出。今也，天主神宠，已发祥光于贵邦，俾君等详悉《圣经》之道，不但无害于邦国，而且授人以天国矣。君等蒙斯洪恩，不得不为君等贺！苟因昭事维皇之故，遭遇世上一切困苦艰难，则当深自荣幸，以其将得厚报于天也。盖我等在天大父，每欲以苦难锻炼吾侪之信德、望德、爱德，不啻如火之锻炼金然！假令天主欲免吾侪诸般困难，固易于反手；然而不为者，因欲吾人在世上，忍受诸般苦难，以得常生之报，愈厚而愈崇也！”此函当时西铎曾译示诸华友。徐文定公且曾肃函作答，复称：“麦种非经霜雪冻凌，不能生长，今圣教在敝国，阳春已届，畅茂可期”云云。则是所谓“天道”，教人忍受世苦，想文定公之爱徒，火东先生，亦必熟闻之，且笃信力行之矣！观其序《则圣十篇》之言曰：“高先生偶笔十篇，多发损益吉凶随避诸义，与世俗眉睫所见，而胸臆所揣，不啻反苍为白也。余故以反情之说，广先生之旨。”云云。

准此而论，孝靖先生之议论，即“世俗眉睫所见而胸臆所揣”，与孙火东先生“反情之说”比较，实又“不啻反苍为白也!”犹忆《炼川名人画像记》引黄训导汝成《跋孙先生集》亦曾太息而言曰：“呜呼！封刀就抚，人情可见；事不可为，归死司败，始终之间，可皦然矣!”缅想孙先生航海归朝，引颈受戮，亦即实行反情之说，而毅然作超性之想！以效忠祖国始，以仰慕天国终。始终之间，诚皦然也！此当日伟大悲剧之一幕，即先贤光荣历史之一页。后学如余，于三百年后亦不禁雀跃三百，示敬慕焉！

公历一九三二年，圣保禄归化瞻礼　后学卢伽徐景贤谨再释。

罗马教宗与中国[①]

A 绪言

《益世主日报》主编刘先生：

贵刊编印《圣教宗比约第十一世晋铎金庆祝贺特号》，遍征同志，撰述论文。逖闻之下，欣忭莫名！如斯感激奋发宏举，具觇爱戴恭顺挚情，定必邀蒙圣座眷注，而慨然降福中华公教报及其诸记者，同时贵刊主编。余夙敬慕之刘先生，将首荣膺此大洪恩乎？先此申贺，与有荣焉。

既承倡导于前，末学不应落后，拾遗补白，亦勉效劳。

虽然，生晚学穉，得逢名师，如华封诸宿老，常引为幸。前者主编《益世副刊》，亦求公教文化发扬，间尝论及圣座与中国之关系。回忆中总觉前所言者，内容太简单耳。今草《罗马教宗与中国》，亦不过寥寥千言，史学一短篇论文，尚望大雅删谬补正。

韩昌黎诗有云："团辞试提挈，挂一念万漏，欲休谅不能，粗叙所

① 原载于《益世主日报》1929 年第 25 期

经觐。”此时此心，实有同慨。顾不过藉此表现余个人对圣座眷爱中国，而不得不激发感谢。当今圣教宗，一亲爱中国之教宗也，同时为中国所最亲爱之教宗，正符中国古谚“爱人者，人恒爱之”云。

徐黄劲松女士（编者按：即徐景贤夫人），力赞助余此举，篇中引证诸史料，多女士手所謄录。代提一笔，女士对亲爱中国之圣教宗，亦十分激发感谢！

谨此代候，兼作绪言，临书再拜，敬伫明教！

卢伽徐景贤自国立清华大学研究院上

B 古事记

自救世主降诞后，中国与罗马始交通。罗马史学家佛罗鲁斯氏(Florus)称凯撒·奥吾斯多(Augnstus Caesar)朝，有中国朝贺罗马之人。其《史记》中有文，如次：

“远如赛里斯人(Seres 即中国人)及印度人，居太阳直垂之下，亦皆遣使奉献珍珠宝石及象，求与吾人谛约和好。据其人自云，居地远离罗马，远至有四年始达之行程，以其人之面貌观之，亦诚为另一世界之人，不与吾人同云。”

嗣后大白里内氏(Gaius Plinius the Elder，今译为老普林尼)生于降生后二十三年，卒于七十九年，所著《博物志》，亦载中国事。我国晚近在山西掘得十六枚罗马古钱，最早者为罗马梯拜流斯(Tiberins)时代所铸钱。此帝即位于降生后一四年，卒于三十七年。查后《汉书》卷一百十八《西域传·大秦国记》内载：

“大秦国，地方数千里，有四百余城，小国役属者数十。其人民皆长大平正，有类中国，故谓之大秦。至桓帝延熹九年，大秦王安敦遣使，自日南徼外献象牙、犀角、瑇瑁，始一通焉。”

安敦考，即 Marcus Aurelius Antoninus，(编者按：今译为马可·奥

勒留,罗马皇帝,哲学家,著《沉思录》)以降生后一百六十年即位,而卒于一百八十年。

以上古事记载,明证中国与罗马自救世主降生后始有邦交。且罗马人在国人心目中,留有好印象。国人素轻邻邦,南蛮北狄,均属贱视,惟对罗马,称"其人民皆长大平正,有类中国,故谓之大秦"。实显然例外。职是之故,唐时景教流行中国,初称波斯教,必更名大秦。《册府元龟》天宝四载九月诏曰:

"波斯经教出自大秦,传习而来,久行中国。爰初建寺,因以为名,将以示人,必循其本。其两京波斯寺,宜改为大秦寺。天下诸州郡,宜准此。"

考《景教碑》叙利亚文诸传教士名,均冠加特力字样。以今语释古语:所谓"大秦景教"即"罗马公教",姑无论当时传福音者,是否确自罗马宗座遣来也,史无明文,今不具论。

吾人今日追述罗马教宗与中国已往之因缘,不禁忆及中国古时关于罗马之美谈。引言既毕,直记本事。

一、元代故事

凡元代故事,业经载于《燕京开教略》、《正教奉褒》,及《天主教传行中国考》,诸中文公教史书者,恕不赘述。惟其中有疏略处,则择要从外国文著名史籍中录出,一一补注,以供同志参看。

查《燕京开教录》上篇载《教宗依诺爵第四位寄蒙古皇帝书》,只载责问"侵伐奉教外教诸邦,屠杀生灵殆尽"等语。今考 Evariste Huc 著 *Christianity in China, Tartary, and Thibet* 卷一第一百六十五页至一百六十七页所载一二四五年《教宗寄鞑靼国王书》,实极诚恳,劝导蒙古使之归化。将基利斯督教义重要原则,如天主圣子降生救世教会掌管天国之吁,均曾叙及。当代教宗自称,为使鞑靼臣民得沾救赎大恩起见,又因未能随方独自敷教,故任命传教士代权布道,且于书末希望鞑靼款待此次专使,款待便即所以敬礼教宗云云。果尔此次专使,颇蒙优待。时值元定宗行践位大典，各国如俄罗斯、角儿只、报达、小阿昧尼等皆有使臣预其事，所谓“衣冠万国”，备极隆盛。而教宗专使，亦特许参加。最忽略宗教纪载之元史学家，如柯劭忞其人者，于《新元史》列传最末之《外国传》中，亦不得不特书一行。

（备考）李思纯著《元史学》中，对柯劭忞《新元史》忽略宗教纪载有“此盖吾所最不满之一点也”之评语，详见原书。

此次罗马教宗专使，中国学者称为“元代东西交通坦途上首辟荆榛之一人”（李思纯语），是乃固然，惟吾人作进一步之观察，不得不追尊为“向鞑靼君臣责问残杀其他民族之罪唯一天使”。当时翁阿里亚、渡罗尼亚、摩剌摩亚诸国受祸固深，即我中国亦遭亡国。此就民族精神上立论也，然而仗义执言，责问鞑靼王者，只圣教宗而已。

（备考）孙中山先生《民族主义》第二讲：“中国几千年以来，受过政治力的压迫，以致完全亡国，已有两次，一次是元朝，一次是清朝。”

查《天主教传行中国考》卷二，述及《元顺帝致教宗书》现尚存教廷文库中者，兹从 Yule 著 *Cathay* 卷三第一百七八十页译出，如次：

“长生天气力里，诸汗之汗圣旨，咨尔西方日没处，七海之外，（按：实指爱琴海、黑海、地中海等七海，非虚辞云），弗菻国基利斯督教之长老，大教皇。朕遣弗菻安德肋，偕随员十五名，躬诣教廷。设法修好，俾时通聘。仰大教皇，赐福于朕，每日祈祷时不忘朕之名也。朕之侍卫，阿兰国民，皆奉教人，今谨介绍于大教皇。他日使臣回国，仰大教皇为朕购求西方良马，及日没处之珍宝，弗使空回，俾有表记也。准此。鼠儿年六月三日书自汗八里。（即北京城）”

（附件）阿兰国民上教宗书译文：

“敬祈天主，赐福吾主，皇帝大汗，万寿无疆。福定琼斯，香山董琪，者燕不花爱文奇，嘉珲俞乔，比士平则奴斯等，泥首上言，圣父座前，福定等自昔受大主教若望孟高未诺之教诲养育，得有加特力之信仰，于是久在圣而公教会，心神叨慰。若望大主教，才学高超，德行拔众，当世重其言，后人法其行。自大主教之丧也，八年于兹矣。福定等衷情忧苦，神魂罔宁。虽逖闻圣父业已简派接位之主教东来,然迄今尚未抵此间莅任。谨据实情上陈,敬求圣父,早日任命有才有德而贤明之大主教,速遣东来,照顾福定等灵魂上事,以慰我教众之渴望耳。并祈催即束装就道,因此间教众,如群羊失牧,有何人抚慰耶。圣座已有三四次,遣使节来至皇帝大汗之廷。悉蒙礼遇,赏赉有加。使者皆曾承诺,回西之后,将复携来教廷国书,然钦使至今未闻有复至者。今后敬乞圣父垂察,报聘之书,通好之使,勿再迟疑。翘企西望,不胜伫盼待命之至。鼠儿年六月三日,谨上自汗八里城。"

谨案:本笃第十二位接待元使,极为优渥,除授元使一人为御前侍卫外,回答国书,即有名之"Nos qui, Lieet immeriti Loeum Dei Tenermus in Terris"书云。要求元帝给予随地宣传圣教,官吏不得禁阻之之准允,后顺帝曾特准如所请而颁谕国内。此事有一段美谈,即"中国史书上关于马黎诺里使节之记载",近人张星烺氏有专文述之。盖教宗专使于顺帝至正二年(一三四二)来至北京,携有西方良马,时称为"天马",一时歌咏此事者,颇不乏人。如陆仁乾《乾居士集》中《天马赋》云:"至正壬午秋之日,天马西来荆秣国……天下万寿天赐福!"此其一例。所谓"天赐福"云云者,元人对使节从罗马来,亦认为旷代之盛事,故诧为异数,而形诸歌颂之词,亦所当然。惟吾人对此事件,作一比较之研究,将元初与元末对罗马之态度,分别观察,知前倨而后恭。究其所以较知谦恭,并不倨傲自大者,一方面固由于对于人类唯一福音,有若干领受接近倾向,他方面未始非中国礼谦习俗,所潜移默化矣。吾人读罢《阿兰国民上教宗书》,得知元代教众对罗马宗座所表示恭顺之程度。

(备考)张氏《中国史书上关于马黎诺里使节之记载》一文,载在《史学与地学》杂志第三期中。

二、明代故事

鞑靼之建立元朝也,百有余年,汉族复兴于中国,于是乃退处漠北。其恢复中国之旧疆者,国号大明。即位伊始,有国书送达于教廷,以示中国与罗马之关系，固不因元祚已移而即断绝也。《明史》卷三百二十六《外国传》中之《弗菻意大利传》，明载此事件。谨先录出原书，以供众览。

“自有宋失驭，天绝其祀。元兴沙漠，入主中国，百有余年，天厌其昏淫，亦用陨绝其命。中原扰乱，十有八年。当群雄初起时，朕为淮右布衣，起义救民。荷天之灵，授以文武诸臣。东渡江左，练兵养士，十有四年。西平汉王陈友谅，束缚吴王张士诚，南平闽粤，戡定巴蜀，北定幽燕，奠定方夏，复我中国之旧疆。朕为臣民推戴，即皇帝位，定有天下之号，曰大明，建元洪武，于今四年矣。凡四夷诸邦，皆遣官告谕。惟尔弗菻，隔越西海，未及报知。今遣尔国之民捏古伦，赍诏往谕。朕虽未及古先哲王，俾今方怀德，然不可不使天下知朕平定四海之意。故兹诏告。”

谨案《明史》叙此事前后之情状，如次：

“弗菻即汉大秦，桓帝时始通中国，晋及魏，皆曰大秦，尝入贡。唐曰弗菻，宋仍之，亦数入贡。而《宋史》谓历代未尝朝贡，疑其非大秦也。元末其国人捏古伦入市中国，元亡不能归。太祖闻之，以洪武四年八月召见，命赍诏书，还谕其王，曰：‘……’（辞详上节）。已而复命使臣，普剌等赍敕书采币招谕，其国乃遣入贡，后不复至。万历时大西洋人至京师，言天主耶稣生于如德亚，即古大秦也。其国自开辟以来，六千年，史书所载世代相嬗，及万事万物原始，无不详悉，谓为天主肇生人类之邦，言颇诞谩不可信，其物产珍宝之盛，具见前史。”

考此事应查核之要点，有二：

（甲）名称弗菻原音，有两说法，一由罗马 Rome 转变而成。亚美尼亚人称罗马为 Hrom，伊兰转变此音读作 From，又元时波斯阿拉伯人称欧西为 Farang，故元时教宗使节携马赠帝，《元史・顺帝本纪》称：“至正二年秋七月，佛郎国贡异马。”实即指罗马也。一说即起自万历耶稣会士东来，言如德亚事，以为或即耶路撒冷，或即救主诞生地白零之译语云。此处当从前一说解。

（乙）人物《明史》之捏古伦，学者如德国夏德博士、中国张星烺教授，皆认为或即尼各老大主教，接若望大主教任者也。先是若望大主教讣闻教廷。乃于一三三三年九月十八日任命巴黎大学宗教教授尼各老为汗八里(北京)总牧。偕随员廿六名,道经察合台汗国东来履新,察合台汗礼遇有加,故教宗本笃第十二世尝有书申谢云。此后尼各老主教行踪失明。或于元末始抵中国,而蒙明太祖召见耳。

《明史》又称此后罗马与中国曾一度互遣使聘问,《燕京开教略》尝谓:"明兴以来,中国之圣教会,虽遭变乱,然不得谓尽灭于中国也。"诚然,圣座与中国之关系,斯时幸不绝如缕,尚有一线之光明。所惜者,教宗钦使后至圣方济各沙勿略,始重蒞止中国边境。虽不蒙其亲诲国人,然以其虔祷于逝世之际,不久而利玛窦司铎、徐保禄博士(外国文教史对徐文定公光启之称呼)应即生于斯世矣,明末圣教传扬之盛况,国人闻之熟矣,无待烦言,仅述圣座与中国之关系而已。试读下录《致中华信友书》:

"启者,金尼阁司铎,自极东回至罗马,述悉贵中国已信仰耶稣基利斯督之教门,殊为可喜,盖惟此信仰耶稣之德,可与人以永生之命也。西方各国首都,罗马城中,得此好消息后,莫不欢欣忭舞。教皇保禄第五,乃认识天地真主者之公父也。闻悉之下,几致喜而欲泣!吾侪枢机及众主教,侍于教皇左右者,并其他神品班与众教友,亦莫不同此慰乐。盖前者吾侪见偌大中国,如许人民,聪明灵慧,不等于寻常,而历久被蒙未识造物天主,与古先知所报降世救人而死之天主圣子,深为惋惜!况被傲魔所锢蔽,(彼固自天神而降为黑暗之王者也,亦人类之死仇也)藉保存中国疆土之名,而阻福音之传入,以闭其永生之门,吾侪见之,相偕,惄焉伤痛!今也天主之圣宠已届,射其光芒于中国,而君等亦知圣经之道,不特无害于国家,且更加赐以天上之国而欢迎之矣,故余不得不为君等贺!为君等得天主之大恩也!余亦自以为幸,为因耶稣基利斯督,而得无数之新昆仲也……惟冀天主因耶稣基利斯督之名,保佑君等,安康迪吉于无疆云尔。又冀君等与吾侪互相祈祷,俾获救灵之福,而同升天国。劳裴尔多斯倍辣尔孟,一千六百十六年五月十二日自罗马发。"(信面署名"呈中国诸绅缙,在耶稣基利斯督之昆仲。")

亲爱昆仲，中华公教信友，此纸，语重心长之书翰，谁之手笔耶？此真福 Robertus Reuaminus 宗座枢机大臣亲善中国之表示也。查《道学家传》载：

“金尼阁，字西表，拂览第亚西国人，明万历三十八年庚戌至，传教浙江，崇祯二年己巳卒，墓在杭州方井南，著有《洗义》一卷，《推历年瞻礼法》，《西儒耳目资》三卷。”

所谓《西儒耳目资》者，今推为国语罗马字之初始云。金司铎另著有《中国教务汇志》，前述一书存焉。一千六百十四年，金司铎往罗马朝觐，陈奏中国教务。当代教宗保禄第五“闻悉之下，几致喜而泣”。侍教宗之诸枢机众主教等，“亦莫不同此慰乐”。可觇圣座眷爱中国，自明已然，吾人追叙之余，宜如何激发乎？谨按《天主教传行中国考》卷四一百八十八页至一百八十九页载：“天启元年（一六二一），金尼阁朝见教宗回，带有教宗颁赐之宗徒降福。光启（徐保禄博士）朝服朝冠，跪聆教宗恩命，凡此皆信心之发越也。其奉教之虔诚，可谓后世法矣。”吾人覩先贤遗范，曷胜仰企！真福倍辣尔孟枢机，则因其圣德学问超凡，为特显亲中国之挚情，故托金尼阁带书翰来中国。吾人从新列入真福品之名师言词，得悉“偌大中国，如许人民”蒙圣座喜极而泣之眷爱，真不禁肃然起敬，引为莫大之荣誉。传当时我国公教先辈，缮书申谢者多，惟徐保禄博士复书拉丁译文现尚保存金著《中国教务汇志》内云。

（备考）参看《圣教杂志》（第十二年第五期）《新真福倍辣尔孟致中国教友书》。

民国初年，有一脍炙人口之事件，即中国学者称道永历年间国后肃笺致罗马教宗，原影刊在《东方杂志》八卷五号中，文曰：

“大明宁圣慈肃皇太后烈纳，致谕于因诺鲁爵代天主耶稣在世总师公教皇主圣父座前。窃念烈纳本中国女子，忝处皇宫，惟知阃中之礼，未识域外之教。赖有耶稣会士瞿纱微，在我皇朝敷扬圣教，传闻自外，予始知之。遂尔信心，敬领圣洗，使皇太后玛利亚，中宫皇后亚纳及皇太子当定，并请入教，领圣洗，三年于兹矣。虽知沥血披诚，未获涓涘答报。每思恭诣圣父座前，亲领圣诲。虑兹远国难臻，仰风徒切。伏乞圣父向天主前，怜我等罪人去世之时，赐罪罚全赦。更望圣父与圣而公一教之会，代求大主保佑我国中兴太平，俾我大明第十八代帝、太祖第十二世孙主臣等知敬真主耶稣。更冀圣父多送耶稣会士，来广传圣教，如斯诸事，惧惟怜念，种种眷慕，非口所宣。今有耶稣会士卜弥格，知我中国事情，即令回国致言，我之差圣父前（按，应为'于我圣父前'），彼能详述鄙意也。俟太平之时，即遣使官来到圣伯多圣保禄台前，致仪行礼。伏望圣慈，鉴兹愚悃特谕，永历四年十月十一日。"

谨按：天主圣教，一名公教，从加特力译成公教，殆自此笺始。笺称圣座为"公教皇主"，即"圣而公一教之会"元首也。吾人于此，不得不歌颂圣依纳爵之贤弟子，以其在中国传教，常导信友服从圣座，所谓"代天主耶稣在世总师"云。且也瞿纱微为爱大明故，而为满清兵所获，遂遇害。呜呼，"善牧舍生为其羊"，瞿司铎见仇于满清，以此，可谓烈矣！除太后肃笺外，上书圣座者，计有信友一书，现亦保存，文曰：

"大明钦命总督粤闽恢剿，联络水陆军务，提调汉土官兵，兼理财催饷便宜行事，仍总督勇卫营，兼掌御马监印，司礼监掌印太监，庞亚基楼契利斯当，膝伏因诺曾爵代天主耶稣在世总师公教真主圣父座前。窃念亚基楼，职列禁廷，谬司兵戎，寡昧失学，罪过多端。昔在北都幸遇耶稣会士，开导愚礼，劝勉入教，恭领圣水，始知圣教之学，蕴妙洪深，夙夜潜修，信心崇奉，二十余年，罔敢少怠。获蒙天主庇佑，报答无繇。每思躬请圣座，瞻礼圣容，讵意邦家多故，王事靡滥，弗克遂所愿怀，深用悚仄。但罪人一念之诚，为国难未靖，特烦耶稣会士卜弥格，归航泰西，来代教皇圣父，在于圣伯多禄圣保禄座前，兼于普天下圣教公会，仰求天主，慈炤我大明，保佑国家，立际昇平。俾我圣天子，乃大明第十八代帝太祖第十二世孙主臣，钦崇天主耶稣，则我中华全福也。当今宁圣慈肃皇太后，圣名烈纳，昭圣皇太后，圣名玛利亚，中宫皇后，圣名亚纳，皇太子，圣名当定，虔心信奉圣教，并有谕言致圣座前，不以宣之矣。及愚罪人，恳祈圣父念我去世之时，赐罪罚全赦。多令耶稣会士来中国，教化一切世人悔悟，敬奉圣教，不致虚度尘刦，仰徼大造，实无穷矣。肃此少布愚悃，伏惟慈鉴不宣。永历四年岁次庚寅阳月弦日书。慎余。”

观此二函，足征信心之发越，奉教之虔诚，尤其对圣座，异常示敬礼。诚中华圣教会史中荣誉之一页，允留佳话者也。烈纳太后得复书云：

“教宗亚立山第七，复书于大明太后烈纳，在基利斯督之爱女，敬祝平安，且致宗徒之隆福。接阅来书，灼见我太后信教之诚，不能讶异天主之慈爱，盖此惟一真主天地神人万物之大君大父，已默牖汝衷，脱离谬妄之歧径，改入光明之坦途，似此奇恩，允谊衔感于无穷也！夫中国去此，渺恍若别一世界，乃教士不畏艰险，涉风涛，渡重洋，远至中国，不为名利，别无希冀，惟欲救汝的灵魂耳。凡此皆天主恩佑，愿我太后中心藏之，并以之诏诰子孙，俾信望日切，依恃日笃，守诫益密，终获天主所许之永祉。我太后既以善表倡率于先，尚须坚持至终。更愿皇子当定，将来克体斯旨，率国人悉归正教。然世途多舛，天生全能圣意，原非吾人所能窥测，亦惟尽其在己，孜孜为善，斯已耳。所求代祷一节，自当一一照办云云。一六五五年十二月十八日。”

贤后薨早，书不亲展，庞天寿固得见之。使皇子公斯当定得追踪罗马公斯当定大业之伟业，则我中华全福，已不可限量，于今正难推测如何乐观矣。《天主教传入中国概观》论此事后如何，兹录其言论作一结束。

“然世途多乖，诚如教皇复书所云，天生全能圣意，原非吾人所能测，从此满族入主中原，教难几无一朝蔑有，信徒视若朋夷，禁教载诸律令。其间虽有英明之君主，因爱西士西艺而稍示宽容者，惟从一部清史观之，充满我华信友之血和泪。云云。”

三、清代故事

满清入关，朋臣抗争，而我教先贤为尽国民之天责故，誓死效忠，保守汉疆，如孙元化守登莱，金声守徽州，瞿式耜守桂林等，悉皆死节。在今日立论，自是汉满一家，然而三百年前，固有主客之分，夷夏之别，不可混为一谈云。因此之故，清廷顾忌我教特甚。阅前清京师译学馆《本朝史讲义》可一目了然。该书第一编称明末天主教传布之概况及清初事业，尝谓“当桂藩（指永历帝）末路，王太后尝以宣教师之介绍，致书罗马教皇祈福，其信仰之深，略可推见。”（原书第五十三页）第三编之“基督教之严禁”节，论及中国祀典诸礼事件，内称：

“罗马法王……克勒门第十一世（Clement XI）以康熙四十三年（一七〇四）下教旨……遣教正铎罗（Touron）入中国宣命禁止。我政府与铎罗辩难数四，卒不得要领。圣祖震怒，遂四十六年，（一七〇七）逮捕铎罗，送诸澳门……是为中国反对基督教之始。自是更雍乾两朝，政府益执严禁异教之方针。”

清廷对汉人则寡恩，对圣座则不恭，吾人读史至此，不能不心怦然，叹厄运之来，公教汉族同遭难云。

或疑教士有无其他情形。究其实，清帝亦明知悉平安无事。缘康熙五十九年十一月十八日上谕西洋人，原件现陈列故宫博物院文献部，明言：“自利玛窦到中国二百余年，并无贪淫邪乱，无非修道，平安无事，未犯中国法度。”可证。

对此不幸事件，教史悉已详陈，毋待余细论也。

为致敬已故之先烈起见，请续提及一圣若翰保弟斯大会士。余尝谒石门教坟。抚铎罗公之墓石，徘徊追思已久。兹请介绍墓铭如下：

“圣若翰保弟斯大会士铎罗先生，圣名方济各若瑟，泰西意大利亚国人，于乾隆四十六年，东来中国，住居在广东广州府，为罗马府当家办理圣教事务，及传信德大部事件，于乾隆五十年三月二十一日，在京都为办理传教要务卒于刑部，现年五十四岁。”

噫，此烈士为罗马府当家办理圣教事务而牺牲生命者也。吾人于追公罗马教宗与中国之已往关系，亦应忆及。

敬教爱国之中国人，并不因时厄而减其热情，此种态度甚明彰著，兹举事例，解释作证，清时教难既叠兴矣。当危急之秋，非国人不能行教，于是第一次国籍主教产生。此事始末，以中文纪载《罗司教行实》最详者，厥推缪晋哲氏撰《福安荣光》，载在第十六年《益世主日报》，兹不赘。

当其时，中国主教祝圣之中国司铎，尝有言曰：

“教皇命我为司铎为何意乎？恐大西人在中国，或有致命之一日，则中国行教无人。（吴渔山先生《口铎》中语）”

教宗既准有中国司铎。中国司铎对于圣座之爱戴情绪，正亦不后于人。观一六八九年教宗亚立山第八即位，吴历司铎作《闻教宗复辟》诗，表其欢欣之热忱，诗曰：“灯火满山殿宇开，海滨炮震骇秋雷。宗君复辟干戈定，喜报遥从天外来。”

其额手称庆之诚，具可从此想见矣。

清末对圣座，稍形接近。甲申战役之际，教宗遣使来华，称来华传教者，无论何国国籍，均系宗座所遣使，故请求照常保护教士教民，弗因中法战事而影响教务。清延（原文误，应为“廷”字）亦遣使，往商通使办法。此事虽久未实现，然至今国人犹牢记，每有特别议论通使问题者，如去年十二月六号北京《新晨报》社论，题为《改善中国与教廷关系问题》是一例也。

C 近事记

中华民国建立于满清逊位之际，公布约法，宣布吾人有信仰宗教之自由，数百年被压迫之痛苦，一旦解除；吾人后此当本“由神道而入于治道”之精神，与新中国建设运动诸人士，共同继续努力；而当今圣教宗比约第十一世所予吾人之无限爱情，尤令人感激奋发者也。

当今圣教宗之前任，本笃第十五已于较早之时日与吾人以曙光即“至大至圣之任务”通牒，是矣。其惟一之继此大位者，乃惟一能正确履行此至大至圣之任务者也。吾侪普世信众，感戴宜如何耶？诗云：“一人有庆，万民赖之。”符斯咏乎！

圣教宗比约第十一世即位伊始，为显对我国同胞雅爱之情谊，使得如其他各国例，以所有宗座全权，特行创设驻华钦使，原谕译作：

“为制定遣典事。按：中国天主圣教，传布已广，所立宗座代理区及直隶宗座监督区，亦已其众。余欲对于中国人民，愈显余雅爱之谊，及煎迫于余心中之至情，特俯顺该处多数主教之意，钦定一宗座使职于中国，以为圣教之保护及其荣光。余之怀此意，实欲使立此宗座钦使后，中国人民愈知余慈父之心切念中国，而欲有以加惠之也。使该处主教等互相联络，以尽其所任之职责也。使在此广袤之中国，亦如其他国土中，得钦使之率领，而圣教有优新之发展也。为此余先商取罗马圣教枢机传信部总长等意见，并将此事之关系，细思熟权之下，由余自动的明知的并审慎的，以余所有宗座全权，颁布此谕。创此中国钦使之缺，而建立之。至其权限，着将中国五大传教区，及其所属岛屿，悉隶属之。惟台湾宗座监督区，不在其内。此乃余所钦定，并定此次谕文为坚定确实有效而常留的，得具种种应有之效力而不缺。凡与此谕现在或将来有关之人，悉当充分奉行之，如谕中所言，而审拟，而决判。如有人，无论其具何种权位，知与不知，而有所作为不合于上所言者，悉作为无效徒劳之举。以前种种宗座法典条例，及他与此谕相反之案宗，并申明一概失效，作废，此谕。

一千九百二十二年八月九号，余即位之元年，罗马伯多禄堂发，盖渔人玺印，秘书长枢机茄斯巴利押。”

所谓亦如其他国土中，得钦使之率领，而圣教有优新之发展，是待中国与公教先进各国一律平视，我国人士当感激圣父之恩惠，赐予有加云耳。

第一位驻华宗座钦使夕奥道西亚总主教刚恒毅，一著名现代圣教艺术学家，曾苦心经营公高尔弟亚区孤儿院，有德声闻于世。前教宗本笃屡委以重要之职，故蒙简宗座代表，领袖众主教。履任以来，对增加传教区域，祝圣中国主教，全国教务会议，提倡公教教育委员会、进行会、学友联合会、青年会，均不遗余力。国人以其“宅心中正，洞悉华情”，表示钦佩。（语见北平《新晨报》）故不待吾人赘赞矣。

对此伟举，中华信友感戴之情，可于建设宗座驻华代表公署一事觇之。此署现已告成，府邸暨大殿三层，均饰绿琉璃瓦，雕梁画栋，备形庄严，费十万余金，地广十八亩。论建设此署之命意，当不外筹备处募捐启事所云："吾侪之献仪，直接贡献于宗座代表，间接贡献于教宗，吾主耶稣也。"

至于国民政府，对宗座钦使，亦优礼有加，全然按国际应有尽有之礼仪，不似前清所谓"教化皇入贡"种种接待之失态。最近我国举行国葬典礼，教廷特派刚总主教以全权公使资格参加，往返情形，为一绝良好之证明，见诸事实。举国周知，恕不赘述。

（右一段谕宗座驻华钦使之建设）

《公教庆祝华籍主教特刊》，于一九二六年在津《益世报》印行。吾友杰民，曾欣然撰祝词，其中有云："熟知今年今日，竟有中国六位大主教同在罗马受圣乎！吾中国公教前途之大放光明，一日千里，盖基于此矣，吾教民安可不额手称庆。"诚哉，诚哉！请恭聆是年是日圣教宗之训词：

"吾诸可爱之神昆，吾人祝圣诸位为主教，于此诸宗徒之墓前，行已告终矣。回忆七年前之今日，余亦曾被祝圣为主教，是以今日之一天，（即一九二六年十月二十八日）实为余与诸位最可庆之纪念日也。吾诸可爱之神昆，天主既与吾人莫大之德宠。而吾人能不共表此不死之感谢心耶？此次罗马大司铎，（即教宗自称）得祝圣中华民族之本国主教，使为宗座监牧处之首领。俾以显扬公教之信德，益以扩张救主之天国，洵为自来未有之盛举，更使余之欣喜曷极耶？如此完美之计划，既见完美于今日，惟希天主始终之佑助，亦得实行于他日，推广于他处耳。吾诸可爱之神昆，不啻中华主教团之新枝鲜花，吾人亦何幸而得祝圣诸位于此壮丽之圣伯多禄大殿中。吾人所以特请诸位之来此，盖以此城为公教信德之中心点耳。诸位于此，既得神力之滋养，复获圣光之化沐，然后由此而长返贵国，吾人亦庶几得而言曰：罗马实乃尽世主教团，赖以产生之大喷泉也。反之，吾诸神昆之所以不辞远道而来此者，盖亦欲一见伯多禄耳。今果由伯多禄而得执主教之权杖，其将履宗徒之足迹，牧手下之群羊乎。诸位既以博爱之情感，与伯多禄行合抱之亲礼，然则对贵同胞能不与以真理之福音乎。吾人于此实有厚望焉！贵同胞与诸位，同居于莫大之土地，卓绝之艺术，备高尚之文学，曾光化若干之世纪，始养成文明之贵邦，素富宗教热诚之情感，自当不以吾人为见异焉。今吾宗座此举，似受贵同胞之欢迎，而尤以公教中人更欢忭于无穷，而共得快慰焉。闻诸可爱之神昆临行来罗马时，其来祝贺者之至诚，欢送者之热心，为何如哉。兹请受主教之重职。不辞应尽之劳瘁，幸使灿烂之贵邦，荣归圣教之公会，是则不特吾人之宿愿，抑或华胞之至望耳。余为救主之代表，逢兹可喜之良辰，敢尽代表之职权，仍以救主之遗嘱，向诸可爱之神昆致此最后之训词：

救主既曰：请举首四望田地。即此泱泱之莫大贵国，一片业已白茫茫可达成熟收获之时期矣！

救主又谓：请来进我之葡萄酒园乎！救主又云：请去宣讲教诲，付洗降福。今余既选举诸位，盖使诸位皆往而得结果，而更使诸位之结果存在耳。但愿如斯而厥成。”(录何夔译文)

吾人于此，不禁有感，圣教宗称许我为“文明之贵邦”，而所谓“帝国主义者”惯诋中华为“半开化民族。”迩来打倒帝国主义之声浪扬溢海外矣，宜乎拥护圣教宗比约十一世之举动，“如最近中国与其他四国军舰在京鸣放礼炮，祝贺圣教宗复位。”亦仿行于中华。虽曰不宜！

当国共未分，赤焰高张，中华圣教遭难时，驻华宗座代表宣布圣座态度：

“可敬之诸神昆，本年六月二十号，教宗比约第十一世，在教廷会议席上，曾为庄严之演说。演词已载于《宗座公报》，诸公不久必能鉴及。惟余欲为爱德之互慰，亟将演词，预先布达，即希入览。

在广博之中国境内，因内乱之扰害，恐惧抢掠痛哭之现象，随处可见。吾公教之教士、修女及其驻所，以及男女育婴之善堂，均不免遭池鱼之殃。凡此种种，如无邪说自外输入，牵动政潮，扰及社会，则慷慨和平之华民，决不出此。予之钟爱中国华人，非不知之。予于宗徒圣墓前亲手祝圣六位华籍主教，华人已引为绝大荣幸。然予之尊重并爱护文明最古之中国之至意，一旦遇有时会，更将为绝大之表示。予为使中国早享和平，不惟常祷上主，且竭力尽心，别图良策焉。中国之教士教友，当此扰攘之秋，犹能坚守厥职，恒心为善，予甚嘉奖之，云云。

吾人当斯大难，聆此至爱圣父之嘉言，今而后，心力当如何增加，如何鞠躬尽瘁，为基利斯督而宣传也。端此即颂道绥。

驻华宗座代表刚恒毅手启”

吾人于现今比较宁静之时局中，不能不追忆及圣座在中华公教遭难时，“尊重并爱护文明最古之中国之至意”。余之案头，供一纪念品，上镌“圣教宗比约第十一为最先祝圣华籍主教者”。甚愿国人共同纪念。

观罗马教廷枢机主教，嘉思巴利，见中国业已统一，特致电北平驻华宗座代表刚恒毅，转嘱中国公教信徒，努力公教进行，以祷祖国之和平与发展，极其恳挚，原电如左：

“圣父教宗比约十一与其诸可敬神昆，中国诸司牧，及其诸可爱之神子司铎及教友之通牒。并令将此通牒，宣布于伟大优秀之中华国民全体。教宗对于中华时局，始终极为关心。不惟首先对于中华完全以平等相待，且因有真挚与诚恳之同情，首次躬亲祝圣华籍主教于罗马伯多禄大堂。今闻中华内争已息，极为欣悦，并赞谢天主。所虔求者，乃中华得享受永久而有益之和平。至此和平得现于国内外，而以仁爱公理为其基础，为达此目的，教宗所切望者，乃中华国民应有之希望及权利，皆得完全认可。夫以中华人口之众，超于世界任何民族之上，文化最古，且曾有伟大光荣之历史。若按公理及秩序，努力前进，则来日发展，诚未可量也。教宗希望中华公教教众，对于中华之和平发达与进步，皆有所贡献。并重申一九二六年六月十五日通牒之言，即对于合法政府之恭敬与服从，向为吾公教所信仰主张及提倡，其传教士及信徒所要求者，惟国民共有权利之自由及其保障。教宗特嘱诸中国司牧，着手组织及发展一切公教工作，以完成其传教事业。以致公教之男女信徒，及尤属可爱之青年。以其祈祷善言及善工，与其祖国之和平，社会昌盛及发展，有所贡献。使《圣经》中之神圣而有益之主义，得传布于世，并襄助诸司牧司铎，以广扬基利斯督之思想，及因基利斯督仁爱，而得之个人与社会之幸福。教宗重申其对中华发达之希望及祈祷，并为中华祈祷。并求天主满中华国民之志愿，特慨然赋予汝众以圣父及宗徒之降福！枢机主教嘉思巴利，一九二八年八月一日。”

此项对华通电达到国民政府后，外交部长王正廷复书，除申谢外，表示极热烈接收盛情之诚意，内有辞句，择要录后。

“现在中国统一完成，政府及民众，当本素来和平之精神，跻全世界于幸福途径，以副教宗祈祷之诚也。特此敬复，即希贵代表转达教宗，为荷！”

同时全体中华主教连名上书，表极谢意与服从训示，倍加努力。其他公教团体之谢书，多不胜举。遵此指示，宗座驻华代表遂颁布中华公教进行会及中华公教青年会章程，劝谕各地传教区域，一致进行。现在努力前进，预睹来日之发展，正未可限量。此皆圣教宗对华通电之所厚赐也。至此电所引起各方面之响应文字，北平关东店公教教育会汇成专册，内容颇丰，足资参考。该书引言，称“本年秋，将举行教宗晋铎金庆，即藉此本，以征中国教会之孝爱欢忭，可也。”实亦一中国教会爱戴圣座之表记云。

（右一段论十八年对华通电及其回响）

D 结语

窃闻罗马教宗宝座刻文：“UBI PET RUS, IRIECCLESIA.”意谓“伯多禄在斯，圣教会驻焉。”吾侪亿万中华信友心切仰企。意诚膜拜，其热忱盖超越古代甘英氏“临西海以望大秦”者百千倍云。此无他，普世圣教会之元首，宜享受普世圣教会之敬礼，我华独能例外乎？

从历史上之事实言，中华民族独立自主之朝代，对罗马宗座所表之情意较为亲切,如明朝及现代。设又受另一侵略民族之统治或压迫,则无如斯良好之现象,如元时鞑靼王之傲慢,清时满帝之失态,亦是明证。盖我华“具卓绝之艺术,备高尚之文学,曾光化若干之世纪,始养成文明古邦,而富于宗教热诚之情感”,与素好侵略之民族异趣,所渴望者,一永久之和平实现于和平之古国耳。职是之故;更有“中华公教化”之必要。准此,求得“基利斯督之平安于基利斯督之国”,正符“中国亲爱的”与“亲爱中国的”当今圣教宗比约第十一世虔祷之诚也!岂不懿美哉?何时告厥功成,耿耿予怀,念及。鲍明远诗云:“思今怀近忆,望古怀远识;怀古复怀今,长怀无终极!”亦惟有“圣教广扬,祖国昌盛”,长觉在吾人怀念中耳。

中国天主教史略[①]

人文社江问渔先生，以余曾在国立北京大学研究所国学门，专门研究中国天主教史，故嘱撰一短文，试略述其大略。

余虽不敏，请尝试之。窃念吾师相伯先生尝应江苏省通志局之请，已撰类似本题之一稿，阅者诸君，能先读该稿，再披览拙作，则更易于从事研究矣。

题前余请介绍天主教之“十诫”与“信经”，非先识此，不能认明其内容之一斑也。

所谓“十诫”：“一、钦崇一天主万有之上。二、毋呼天主圣名以发虚诚。三、守瞻礼之日。四、孝敬父母。五、毋杀人。六、毋行邪淫。七、毋偷盗。八、毋妄证。九、毋愿他人夫妻。十、毋贪他人财物。右十诫总归二者，爱天主万有之上，及爱人如己。”

何谓“信经”？

“我信全能者，天主父，化成天地。

我信其惟一子，耶苏基利斯督，我等主。

我信其因圣神降孕，生于玛利亚之童身。

① 原文刊载于《人文》月刊，1932年第3卷第6期，另刊于《我存杂志》1933年第1卷第3、4期。

我信其受难，于般雀比辣多居官时，被钉十字架死而乃瘗。

我信其降地狱，第三日自死者中复活。

我信其升天，坐于全能者天主父之右。

我信其日后，从彼而来，审判生死者。

我信圣神。

我信有圣而公教会，诸圣相通功。

我信罪之赦。

我信肉身之复活。

我信常生。亚孟。”

考我国古传“抟土造人”，“七日来复”，暨“室女诞圣”诸说，未尝不与宗教教义有关；且往昔宗教遗迹，如赤乌(三国孙吴年号)铁十字，泉州十字天神刻石，暨唐景教碑石，至今皆保存，可供参证。

次则为名称之随自乐为，应有解释。吾师相伯先生曾谓：“天主教在唐称景教，景有‘大公加特力’之义；在元称十字教，十字者，救世主耶稣之麾帜；在明曰天学……天学所称之天主，亦即儒书之上帝，释为‘天之主宰’者，是矣。”(《重刊〈主制群征〉序》)或曰：景为景通法王(即救主基多之唐译)之简称，犹今有称基多教或耶教者，元称也里可温，亦系阿罗诃转音而来，则其译义亦当云天主教也。(或第一说，本陈援庵师；或第二说，乃屠寄说)余按《大秦景教流行中国碑》，诚如师说“其文义与罗马悉相符”，可直译罗马加特力教，故明贤徐光启辈皆自称“景教后学”；而元时北平，有罗马教宗之大使，第一任总主教，所建之堂，署曰：罗马教堂。(详其遗札)明利玛窦述《天主实义》，即阐明“有最高位，曰教化皇，专以继天主，颁教谕世为己职”。良以天主教有四特征：一曰至一；二曰至圣；三曰至公；四曰由宗徒传下者。是故异派如唐、元曾传入华之南斯刀(今译为聂思脱里教)异端，又如清末入华之誓反教，(即俗称新教者)凡不宗罗马圣座者，皆非天主教之嫡派。教中名训有云：“伯多禄驻此，圣教会在斯。”谓继位大宗徒伯多禄者，即教会唯一在世之元首耳！余请述教史，以嫡派为限；在教言教，明其真相；固当如是，始无歧义！

余请述我国天主教史，从元代始。前乎此者，文献寡征，必欲敍述，应涉及考古学，中古交通史，暨印度中亚一带之方言经典，在此短文，恕不博引。天主教传教士来华，古有陆行、海行两途：元代来华，多由漠北，间由海南；明季反是，大都由广东入境，仅一鄂本笃陆行而殂于肃州云。详言之，陆海道均有数途，随当时海陆交通而异，查有本人行程记，今犹存若干种云。

兹以历史上及评论性之研究，略述中国天主教在元、明、清三代之道德、设施及生活，惟念挂一漏万，幸诸先达指正！

(A) 元代

蒙古人入主中原以前，自有一段历史。当其雄师侵欧之际，教宗依诺增爵第四特派若望柏朗嘉宾，于一二四五年四月十六日东来。时宋理宗淳祐五年也。今其游记尚存，自称其奉使为谋国际和平，并传布基多福音。(详《游记》第十八章）又记参加定宗即位大典，因系教宗使节，与诸使入贺时，特受优渥待遇；(《记》二十四章）且群臣跪拜，并不参与，示不臣云。(《记》二十五章）此中国与教廷第一次通聘之情况也。后二年，回欧境。携归之蒙古国书，近在华禘冈教宗文库中发现原本。嗣后有罗柏鲁奉法国奉教国王类思之遣使，对于其在一二五三年至一二五五年闻所见闻者，曾有记载，惟其中载有本人向蒙古君王传教之言辞，最可重视者，即其本人参加各教公开辩论教义于朝廷之记录，首论有一至尊之天主，次论世界罪恶等事，详载第五十一章中。有此一章，吾人可反证其后所谓《至元辩伪录》中祖佛文字之不尽然！即此可觇当时芳济各会会士传教之毅力与虔诚，未曾屈伏于帝王之尊严，与众寡不敌之情势！

稍后，元世祖因意大利商人尼各老孛罗兄弟返国，使赍国书于教廷，乞于传教士中，有精于教理，长于辩论，熟习天文地理格物致知等学者，遣派百名来华。教宗尼各老第八首先简派若望蒙高未诺，赐以使节大主教之衔职，于一二九三年抵任，时至元二十九年也。据《芳济各会会史》

之记载,陆续来华者多至一百六十四名;惟其中中途被阻,或病殂,或殉道,已不在少数云。

当时在华教士寄欧之书札,或返欧后之回想录,暨外人之记载,得悉元代内地之天主堂所在地点,有确据者,统计于下表。惟建教堂,系节省本人之生活费而建,或信男信女所乐捐助而成,如北平之二堂,一系自建,一系路加隆峨暨诸信众所献。又如汪古部高唐王阔里吉思独献一大教堂于山西大同;亚美尼亚之某某女信友亦捐资建堂于福建泉州,是其例证。

所在地名	考证	数目
河北北平	蒙高未诺遗札	二座
山西大同	蒙高未诺遗札	一座
新疆伊犁	巴斯喀尔遗札	一座
江苏扬州	真福和德理回想录	一座
浙江杭州	真福和德理回想录	一座
福建泉州	真福和德理回想录	三座
福建漳州	明末清初得圣母像等	?座
山东临清州	清光绪年间发现主教古墓	?座

备考:后北平增一座,详他人记载;类推则数目多寡,只略计耳!

至于生活,当时教士,离弃本土,身在异域,而能安然度其宗教生活,多赖政府之俸给,考《马黎诺里奉使东方追想记》称:都中教士衣食费用,皆由大汗供给,至为丰富!泉州主教安德鲁遗札亦称:取得一份"阿拉发",供其生活费用;每年所给,可值一百金佛罗林左右;半数用以建筑教堂。若翰阿拉《大可汗国记》中,称蒙高未诺大主教见重于大可汗,有所需求,无不供给;待遇国中之罗马教堂,亦然。惟亦瞩代祷天主,祝福帝躬康健耳。按《元史》、《元典章》中亦有"依例给粮"及"著告天祝寿"等记载,可参证。至于信仰者之人物,自表白其虔诚,有福定琼斯等之上教宗书,且有元顺帝国书介绍,可觇一斑。余详《元也里可温考》。又近人著《元史学》后附传教士传,亦可参考。

惟元代无中国传教士，凡传教者皆系外籍，故其后政变，交通阻梗，教务乃受钜大之损失！外籍教士，事变前寿终如蒙高未诺主教者，固有哀荣；若泉州主教则于事变发生之际，归途中，殉教而死，尚有不知所终者！如系与蒙古人、色目人关系较深，则尤为汉人所仇视。故汉族逐元兴明之后，教务不绝如缕！但至明景泰六年，北平尚有主教也！

吾人试将《马哥孛罗游记》与《真福和德理游华回想录》，参阅之下，可证俗人之经营，与圣贤之事业，宗旨行径各自不同矣！盖真福和德理于六百年前，沐九万里之风霜，历十六年之转徙，非为名利，只传福音；其行程记中对于西人在东方能经营者，如政治上之企图或商业上之利益，绝不涉及，故今日明认其为"天主之人"而奉为模范者也！在元代教史中占一页荣誉之地位，特表彰之，是以述及。

(B) 明代

明代教史，文献最富，士夫类能言之：第一，正史有明文可考。第二，人物有传记可稽，例如教士有《道学家传》（明韩霖等述）详载姓名、著述、略史。（王某窃取，改名《泰西著述考》，行世。）今日本学者所撰《支那文化史》，多作表详列。又信友亦有国史，省、县志等列传。第三，著述多保存至今。《明史·艺文志》间尝著录，清《四库书提要》对教理书，虽斥为"异端之尤"，亦不得不存目。惟《天学初函》诸书，国立北平图书馆现藏有明刻本云。

"自利玛窦东来，而中国复有天主之教"，《明史稿》已详其事，不另立志，而载入列传第二百外国七意大里中；《明史》因之，亦在卷三百二十六外国之拂森意大利，叙述教史。赵翼《廿二史劄记》乃摘录出，成为"天主教"专条；余尝作释，载在民国十七年十一月三十日天津《益世报副刊》中，兹不复述。

对于当时之传教总评，《明史》称："……东来者，大都聪明特达之士，意专行教，不求禄利；其所著书，多华人所未道，故一时好异者咸尚之；而士大夫如徐光启、李之藻辈，首好其说，且为润色其文词、故其教骤兴！”吾人从此可窥见行教者之道德与生活矣！据万历四十五年《南宫署牍》，沈漼排教所引起之教案，拘捕教士两名，录出口供如次：

会审得王丰肃，面红，白眉，白长眼，深鼻尖，胡须黄色，供称：“年五十岁多，大西洋人，幼读夷书，繇文考，理考，道考，得中‘多耳笃’(今译博士)，即中国进士也！不愿为官，只愿结会，与林斐理等讲明天主教。”

又审得谢务禄，面红白色眼深鼻尖黄须，供：“年三十二岁，大西洋人，曾中‘多耳笃’，不愿为官，亦只会友讲学。于先年失记月日，自搭海船，前到广东澳中，约有三年六个月等语。”

此足证《明史》之赞教士有铁证也。徐文定公不仅润色教中典籍，且亲撰有《圣教规诫箴赞》，其书流传海内，余作《徐光启箸述考略》(民国十七年《新月》月刊刊入)曾影印其一页，乾隆《苏州府志》曾录文定原文，俱可证实。李我存先生刻教理书尤多，每刻一书，自制一序，此项文稿，近人曾汇刻于《徐文定公集》之末卷云。

今人论涉明代教史者，多美其时介绍中西文化互输之成绩，惟明贤所认识者，则殊不限于此，请申言之。

徐文定公于排教风潮发生之际，毅然上疏，保护教会，力言：

“诸陪臣所传敬事天主之道，真可以补益王化，左右儒术，救正佛法！至于部臣所言，风闻之说，臣在昔日，亦曾闻之，亦曾疑之矣！伺察数载，臣实有心窥其情实；后来洞悉底里，乃深信不疑。”

今试取王应麟所撰《利玛窦墓记》，所谓“殚其底蕴”之说，以作文定所称“洞悉底里”之证。盖王氏非教会中人，客观之见解，可参证主观之信仰也，王氏之言曰：

“殚其底蕴，以事天地之主为本，以信望爱天主为宗，以博爱诲人为功用，以悔罪归诚为入门，以生死大事有备无患为究竟！视其立身谦逊，履道高明，杜物欲，薄名誉，澹世味，勤德业，与贤智共知，挈愚不肖共由；玄义象纬，学究天人，乐工音律，法尽方圆，正历元以副农时，施水器以资民用，翼我中华，岂云小补！”

故罗马教宗保禄第五，其侍从若枢机主教，圣师伯辣弥诺等，聆金尼阁司铎之面奏，知中华人士详悉《圣经》之道，不但无害于邦国，而且授人以天国，举欣欣然庆慰！现尚保存圣师与中国奉教官绅书暨徐文定公之复函大意，留此信史，庶明真相。

崇祯末年教务统计，教堂建立十三省，教友十五万有奇，内有达官十四员，进士十名，举人十一人，秀才监生数百之多。其时国难日亟，教友爱国尤力：徐、李、杨（廷筠）三杰，捐资购炮，以备辽东；孙元化守登莱，金声守徽州，瞿式耜守桂林，多死节！宜乎，大明宁圣慈肃皇太后烈纳（入教圣名）致论于因诺鲁爵代天主耶稣在世总师公教皇主圣父，“多送耶稣会士来广传圣教”。（详载《东方杂志》八卷五号）。谨按：“公教”即罗马加特力之译称，国书中，此为首见，今天主教中人，常自称公教信友，故附及之。

（C）清代

有清一代，天主教之血泪史也！余读日本姊崎正治教授所著《切支丹宗门の迫害と潜伏》与《切支丹禁制の终末》两书，拟仿其例，以论清代天主教之被迫害与潜伏，以及教禁之解除，惜有志未遂焉！惟曾就数大教案，作单独分析之考察，略述所见。

清初教务，承明之盛，据杨光先反教之文字《辟邪论》中所载教堂凡三十处：即京师（1）宣武门之内，（2）东华门之东，（3）阜成门之西；山东之（4）济南；江苏之（5）淮安（6）扬州（7）镇江（8）江宁（9）苏州（10）常熟（11）上海；浙江之（12）杭州（13）金华（14）兰溪；闽之（15）福州（16）建宁（17）延平（18）汀州；江西之（19）南昌（20）建昌（21）赣州，东粤之（22）广州；西粤之（23）桂林；蜀之（24）重庆（25）保宁；楚之（26）武昌；秦之（27）西安；晋之（28）太原（29）绛州；豫之（30）开封，即以此攻击汤若望，布“党羽于大清十三省要害之地，其意欲何为乎？”（引原语）因而引起第一次教难。余曾有《纪清鳌拜辅政时代历法之狱》一文，论此次教难之因缘果报，载在民国十七年天津《益世报》附张中。

犹忆余杭章君太炎所撰《社会通诠商兑》(《章氏丛书别录》第二)曾谓："基督晚入于明世矣，是时人民望此以为导师，欢喜踊跃，如大旱之见长蝀！特二一士人，以其背弃儒法，而被以异端之名，非社会之总意也……利玛窦、南怀仁辈，以基督旧教，传播中国，且二百年，自海衅未启之前，谁以罗马教宗为悖德，忘本而反抗之者？若夫杨光先辈，以其私意，抒之简毕，陈之庙堂，则与全体固无与！"明代人民之欢迎天主教，故流行至十三省，乃时过境迁，成为清代第一次教案中之罪案，虽是非曲直，诚如章君所云，然人世间公论，尽可作如是观！

西谚有云："Cujus rejio ejus religio"，统治者之宗教，决定一国之宗教。清帝，如顺治，虽尊重汤若望之个人人格，呼为玛法，视同尚父；然《御制天主堂碑记》明言："西洋之书，天主之教，朕素未览阅，焉能知其说哉？"(今此碑犹保存北平原处)如康熙，虽略识一二，因左右多传教士供职故然竟丁涉教务，否认教宗使节神权，现有故宫所编《康熙与罗马使节关系文书影印本》，可供研究。惟阅者必需参考教廷保存之许多关系文件，始不致因片面之观察而得不完确之结论！《雍正上谕》(二年二月)宣称："又如西洋教宗天主，亦属不经。因其人通晓历数，故国家用之，尔等不可不知也！"父作之，而子述之。乾隆四十九年，严令凡向奉教者，经卷勒令缴出销毁；传教与接引傅教者，发往伊犁，给额鲁特人为奴等等。因此，《四库提要》不录宗教书籍，仅存其目，谓："国朝节取其技能，而禁传其学术，具存深意！"其后国势一代不如一代，唯独严教，一令重于一令。阅者乎！余请述清代天主教之为教牺牲者，自此迄于庚子之役，约在五万以上！凡此，悉以被难，倾注身血，明证教理之真，舍生世暂命，保存多灵常生，不以命害仁，而求仁舍命；以义为利，以苦为乐，弃财忘荣，不辱教命！明季十数万口，经有清之军徒绞斩，其子孙克保宗教世家而犹勿替，如徐文定公一脉相传，今日上海徐家汇镇，无论本籍客户，十之八九，皆奉教人，已有几千户矣！去年中国之教务统计，有二百五十三万八百四十三名之天主教教友；以全世界计，共有三万万五千一百八十余万。

我国之比例数，诚相形见弱，因我自明迄今约三百年，始增加二百四十万名；而美国最近仅十年中，已增加二百五十六万二千三百九十七名矣！瞻彼美人，与我东方之人，诚觉努力之不相及，然亦因清代禁教作梗其间耳！

上述清朝"节取其技能而禁传其学术"，乃我文化史中一极不幸之事件，试申述之。盖利玛窦之来华，实承继圣芳济各·沙勿略传教东洋之遗志，贯彻冀以"学术传教"之主张。利子本人之华文著述逾十种，而其最初刊布者，乃仿罗马名家季宰六之《交友论》。此书经当时人翻刻五六次，现明刻丛书犹可按覆也！嗣则有汤若望等与我国士人讲制器，究文字，有《西儒耳目资》、《泰西奇器图说》诸书，先后问世。耳目有资，手足有资，而心独可无资乎？于是亚利斯多德之《论理学》、圣多玛斯之《超性学》，相继译为华文本之《名理探》、《超性学要》诸书。从文学、理学、道学三方面，益以《圣经》传记、经言等纯粹教理著作，承明代理学发生流弊之后，启清代汉学刚酝酿时之先，为中国文化发扬一种特殊之光辉，惜此种光辉仅为一种曙光，在其未大放光明以前，即遭遇意外之摧残，此正待今后之学者，继往开来，再努力耳！

当禁教时，中国天主教中，无论教士或教友，绝无纠众抵抗或拒捕之事发生；且牺牲之际，亦为中国而祝福！此种殉道，在教中固奉为圣人，在教外亦每为感动，专述此种传记者有《中华光荣》、《轰轰烈烈集》等是。如乾隆十二年时，即一七四七年五月二十六日，福建主教被处死刑，临终欢呼："余升天后，必作中国主保！"所谓主保，与为厉鬼，绝对相反，一善意，一恶意，不啻天壤之分别也！抑教会于此被迫害之际，举行圣祭或祈祷时，仍不断地为国祝福，"人民清泰，国土安靖！"检阅教中经言，固如是也！于此可见天主教之精神何如，未尝以一时之得失而改其常态也！禁教时期，有华籍主教罗文藻、司铎吴历等。

至论禁教之解除，系因国际条约之规定，诚为不幸之结果，而产生自不幸之原因也。时至今日，情势迥异！迺者，罗马教宗有代表常川驻华，总摄教务，已属十稔；原为"对于中国人民，愈显其雅爱之谊，及煎迫于心中之至情，特俯顺该处多数主教之意，钦定一宗座使职于中国，以为圣教之保护及其光荣！”（译原典中要义）是以言教史者，称此后为一新世纪；犹之，我国运维新，以中华民国为新纪元。

叙史至此，应申述最近之三大史迹，分别言之，如次：

第一，中国第一次天主教大会议，于一九二四年，在上海举行，其召集系中国全境。自有教史以来，从来未有之创举。前此地方会议，偶有联合举行者，召集手续，到会领袖，及议决案，皆按大主教法典之规定进行。所议决者，经教宗准为中国教务之法规云。其中规定，纯本教义及服从教会元首之指导而成。

第二，中华本籍主教团（计六位）于一九二六年十月二十八日，领受祝圣于当今教宗比佑第十一之手。当日在罗马圣伯多禄大堂行大礼时，教宗亲致下列之词，有“贵同胞与诸位同居于莫大之土地，具卓绝之艺术，备高尚之文学，曾光化若干世纪，始养成文明之贵邦，素富宗教热诚之情感。今吾宗座此举，似受贵同胞之欢迎；而尤以圣教中人，更欢欣于无穷！”（译意） 此举全世界之大报，莫不登载，多撰誉词！中国天主教信众，更认为最光荣之一大事件！今中华自主之传教区，有十五处，将来增加，更在意中。

第三，罗马教宗一九二八年八日通华通电，亦一可纪念者！当时国民政府外交部覆称：“教宗对中国表示同情，且欲引神教之功用，为中国复兴事业及和平与进步之助，尤所欣感……政府及民众，当本素来和平之精神，跻全世界于幸福途径，以副教宗祈祷之诚也”等语。

余谨录出原电文中之最要者一两则，以终此篇！“教宗所切望者，乃中华国民应有之希望及权利，皆得完全认可！夫以中华人口之众，超于世界任何民族之上，文化最古，且曾有伟大光荣之历史。若按公理及秩序，努力前进，则来日发展，诚未可量也！教宗希望中华教众，对于中华之和平，发展与进步，皆有所贡献！”并重申一九二六年六月十五日教书之旨，即对于合法政府之恭敬与服从，向为吾圣教所信仰主张及提倡；其传教士及信友所要求者，惟国民共有权利之自由及其保障。

中华圣教会史导言[①]

编者声明：徐君所撰文，自本年三月十二日起，在北平《益世报》“宗教丛谈”副刊栏，陆续发表。至五月二日，第一编刊讫，本刊转载者，系作者第二次校改本。

献词

丹徒马相伯先生，以公历一千八百四十年（道光庚子）诞生，今岁寿九十矣！四月七日，实初度之辰。余因献文，藉表祝敬，且寓“宪老乞言”之微忱。犹忆去年预贺时节，先生弟子群集徐汇，各摛颂辞，用介繁祉。杨君杏佛曰：“先生无子弟，中国青年皆其子弟；先生无私产，中国科学即其私产。”虽非溢美，洽称善颂；然余于杨君所云之外，窃欲一言。先生钦崇天主，皈依圣教，入耶稣会，发三绝愿。所以无子弟者何？以绝色故。所以无私产者何？以绝财故。《玛窦经》第十九章十至十一节称：“门徒曰：‘人之于妻，因缘乃尔，宁不妻。’耶稣曰：‘斯言非尽人能悟，惟蒙宠者悟之’。”又《路加经》第六章二十节称：“耶稣举目视徒曰：‘贫穷者福，缘

① 原刊于北平《益世报》1929年3月12日至5月2日，后转载于《中华公教青年会季刊》第1卷第1期（1929年）。本文所录为《公教青年会季刊》本。

尔有天主国也'。"钦念之！钦念之！福哉先生，蒙宠悟道，躬行实践，修其天爵，爰邀人爵，寿臻耄耋，嘉惠后学，良有以夫！

"尝观古之君子，其载德而荷道者，必有人焉；帅而掖之，而后后者有所阶而进，必有人焉；辅而翼之，而后前者有所讬而传。水非水而不续，人非人而不承。"此曾国藩氏语，余深韪之。先生之前辈，负帅掖之责者，谁耶？意大利国晁司铎也。晁公（P. Zottoli），耶稣会士，长先生十有二岁，德学兼长，奉遣莅华，先生幼龄从之问业焉。先生之同志，执辅翼之劳者，谁耶？敛之英华先生也。敛之先生能以华言言教理及教史，先生耋老与之论学焉。惜乎，先生之业师及挚友，先后已逝矣！先生言谈时，每引为遗憾。余生也晚，学又幼稺。先生长余外祖父三龄，于家大人，允为父执。叠次踵门求益，身叨渥爱器重。述往事，思来者，先生辄乐道圣教会传行中华之故事，有似倾囷倒廪而不稍吝惜者然！对无真正信仰之史学家，其所著述关于圣教会者，如景教问题，《也里可温解诂》等，时或评骘其精华，间亦厘正其谬误；尤殷勤属望教会中后学，自行研究，详加考核，殆所谓"将使一家昆弟子姪，启发证明，不复要涂人而强同也！"先生所示，中心藏之。际此九秩大庆时，余滞学于清华园，未克亲奉觞，以祝先生寿。小子不敏，请悉论前人所次旧闻，弗敢阙，编为《中华圣教史导言》。此外，不另敷陈盛美颂祷。先生之嘉言笃行，世人景仰已久，懼吾言不足以重先生，更不敢徒托谀词以餉世云。曩者，章君太炎曾称："居贤善俗，神道化民，先生之志也！"意者，是举或亦为先生之所许乎？追记十四年前今日，先生序言《善录》（编者按：即英敛之所著《万松野人言善录》），尝谓："君不见羊矢枣羊头肉，有何可口，而京师唤卖之声，不绝于耳；则唤起良心，亦吾辈所有事矣。子顾唤之！唤百！唤千！而得一相与印证者即以共持人道，讵无补？余虽老，将执笔以竢君"云云。吁！矍铄哉是翁也！悯世惆俗之心，立己达人之愿，与寿俱长，老而弥笃，则是续流泽以光前修，自励学以娱长老，责在吾辈教会青年。时居阳春，鸟鸣嘤嘤。嘤嘤为何？求其友声。凡我同志，请援以手，从事于斯，俾观厥成！

兹将过去之史籍，抉择其明暗之得失，并验其所采取之史料，然后略述现代宗教史专家研究之成绩如何，再进而讨论将来改编新史之方案，敬谨贡献千虑一得之愚见。青年同志，不乏达于文史之学者，参覰此册，循是为之，十年之后成效可观，是所逆睹也！余闻昔有名士，自诩能于寸尺篇幅中，图万千人而不费时日。时人惊异，或请试作。却之者再，强而后可。援笔立描一所广厦，门首只绘一人，手旗帜，作出户状。写意既毕，投笔入袖。人诘余众安在？漫应之曰："济济多士，满坐堂中；向导既出，亦将行矣！"圣教会传布中华之已往事迹，岂一手一笔所能编纂成史，更待群力，方克竣功。准上述之艺林佳话而论，先生寿臻百龄时，后学献文祝贺，鸿词钜制，定必美不胜收！于时，先生亦将莞尔而笑曰："十年前，某某以《中华圣教会史导言》寿余。学问进步神速，后生诚属可畏，我教青年于今有史学博士百数十耶？何递到祝贺论文，关于阐明圣教会史者如此之多也！及今回思，《导言》也者，实亦仅为一册《导言》而已！"请献此一部《导言》，敢书以为先生寿，尚乞正之！

弁语

（一）本书专叙至一、至圣、至公由宗徒传下来的天主教，传布中华之史实。此册导言，正确之拉丁译名，宜云："Introductio in historiam Sanctae Ecclesiae in Sinis"

（二）本书计分三编：第一编，叙本国人士研究中华圣教会史之历史；第二编，述中华圣教会史之纲要；第三编，论如何编纂中华圣教会史。

（三）从梁撰《清代学术概论》例，"篇中对于平生所极崇拜之先辈，与夫极尊敬之师友，皆直书其名，不用别号，从质家言，冀省读者脑力而已。"先行声明。

（四）对于平日训导余研究之师长，及玉成此举之亲友，恕不一一志谢，谨此合并致敬！叙述若有错误，尚恳随时匡正。

（五）本书系祝贺华封老人九十寿之论文，陆续在北平《益世报》披露，其他书报转载全文，并不禁止；惟请先行函知征求著者同意，当以修订之稿本寄奉。

卢伽徐景贤谨识于国立清华大学研究院，时在一九二九年，圣若瑟中华大主保瞻礼日。（编者按，中华主保圣若瑟瞻礼日为每年3月19日）

第一编提要

本编内容，专叙本国人士研究中华圣教会的历史。简括言之：此项历史的历史，分三时期陈述如次：

第一，创始时期：

明朝以前，不只一段传教史，但是古时教士及信友辈并未注意到中华圣教会的历史。惟明末清初教中人士，创始搜求，古迹近事，一并纪录出来。他们的成绩，计分两大项：一访古教人或遗物，纪载成册，有时还加了一番考订工夫；一记当时人或教务，编纂专书，更有些是陆续增修的。

第二，中断时期；

清康熙初至道光末，中华圣教会，不断地受了窘迫！书籍已经印行的，叠经焚毁；并严旨禁止刻书传教。虽有多量数"舍生取义"、"杀其成仁"的"致命者"，造成荣誉的胜利的血染成的纪录，如口供，判决书等等；然而文字编纂中华圣教会史的工作，算是中断了！

第三，复兴的时期：

距今约五六十年，海禁既开，国人对于中华圣教会的观念，骤然一变。一般学者，才肯下工夫讲求圣教会的事。同时教中人士，也特别努力，表彰已往荣誉的历史。近一二十年来，成绩尤其可观，竟超越了明末清初先贤辈最详的纪录了！这是多么值得介绍的工作呢？

第一编引用史料一览表

（甲类）古今著述

（著述者）（书名、篇名）

（一）圣史《路加福音经》（据献县译本）首章及末章

（二）阳玛诺：《唐景教碑颂正诠序及附录》

(三) 艾儒略:《大西利先生行迹》

(四) 徐光启:《铁十字著》、《圣教规诫箴赞》

(五) 李之藻:《唐景教碑颂正诠序》、《天学初函题辞》

(六) 韩霖等:《道学家传序言》、《西士书目》(据《竹崦书目》)

(附)《耶稣会士著述目》(据《清吟阁书目》)

(七) 金尼阁:《西儒耳目资》(参照国语罗马字公布文件)

(八) 李祖白:《天学传概》

(九) 钱益谦(按,应为钱谦益):《景教碑考》

(十) 释黄贞:《致颜茂猷请辟天主教书》

(十一) 冯秉正:《盛世刍荛·救赎篇》

(十二)《钦定四库全书提要》子部杂家类、天文算法类、农家类、谱录类、史部地理类。(附)《四库全书答问》

(十三) 洪钧:《元世各教名考》

(十四) 黄裴默:《正教奉传序》、《正教奉褒序》

(十五) 徐家干:《教务辑要·西教源流篇》

(十六) 王之春:《国朝通商始末记》

(十七) 樊国栋(按:应为梁):《燕京开教略》(中文译本)

(十八) 魏易:《马哥博罗游记按语》

(十九) 华封老人:《新史合编直讲附音译合璧按语》、《书利先生行迹后》,《也里可温考序》

(二十) 英华:《重刊主制群征序》、《题辩学遗牍》、《与某公论金正希奉教事书》、《题时人所译马哥博罗游记》、《也里可温考跋》

(二十一) 陈垣:《万松野人言善录跋》、《也里可温考自叙》(据初版本)、《重刊灵言蠡勺序》、《中国基督教史讲义》(师大油印本)

(二十二) 萧若瑟:《天主教传行中国考》

(二十三) 许地山:《支那宗教史料第二篇按语》

(二十四) 张星烺:《泉州访古记》

(乙类) 碑记档案

(一)《大秦景教流行中国碑文》

(二)《明南京教难被难诸人口供》(采自万历年间南宫署牍)

(三)《顺治都门建堂碑记》

(四)《顺治福建重建圣堂碑记》

(五)《康熙八年七月二十日和亲王杰淑等奏疏》

(六)《雍正二年二月上谕论天主教》

(七)《雍正天主堂改为天后宫碑记》

(八)《嘉庆十年夏四月上谕禁西洋人刻书传教》

(九)新出土《天主正道解略》明刻石

(丙类)著者自撰之论文

(一)《纪清鳌拜辅政时代历法之狱》

(载在天津《益世报》附张)

(二)《明季欧化之美术及罗马字注音考释》

(载在上海《新月》月刊)

(三)《徐光启著述考略》

(载在上海《新月》月刊)

(四)《辩竹窗三笔天说之作者为谁》

(载在北平《清华周刊》)

(五)《天主教与天师道》、

(载在上海《圣教杂志》)

(六)《清四库全书为儒藏说》

(载在天津《益世报》附张)

第一编　中华圣教会史之历史

“德阿裴禄(译言:爱天主的人)台下:

所有在我们当中经过的事,已经有多人费心纪录出来。接着传福音的人,从起头亲眼看见,又传给我们的,那一切的事。我既从起头详详细细都查考了,也要按着次序,给你写出来,为叫你知道。你向来所受的教训,俱是真实的!”(《路加经》第一章一至四节)

上面所引一段话，借作我的开场白。我们检阅《二十四史》的时候，一直要找到那《明史》，才发现了“天主教”三个大字；那么，也许会顿生一种感想：为什么“福音”传入咱们的中华，这样来得迟呢？其实，正和意大利的谚语相符：“Innumerabili benefizici fa Iddio, senza che noi ci accorgamo di riceverli.”（天主赐我们无数恩惠，并不使我们自觉受了的）可是人情古今不甚相远，明朝的人，早就说过：来得太迟了！天启三年，距今约三百年，唐朝的《景教流行中国碑颂》从地下掘发起来，便把这个疑问，似乎立刻解答了。崇祯辛巳，阳玛诺《序唐景教碑颂正诠》，记载这件事迹，便说：

“歧阳张公赓虞，榻得一纸，读竟踊跃，即遗同志我存李公之藻，云：‘长安掘地所得，名《景教流行中国碑颂》，殆与西学弗异乎？’李公披勘，良然！色喜曰：‘今而后，中士弗得咎圣教来何暮矣。古先英辟显辅，朝野共钦，昭烛特甚；尚奚有今之人也！’继而，玄扈徐公光启，爱其载道之文，并爱其纪文字画，复镌金石，楷摹千古。”

我们只就这件史迹发明，一个喜得跳起来，一个便爱不忍释手；同时，另一个欣欣然有喜色，说道：“从今后，咱们中国的同志不得再说圣教传来太迟了；因为千余年前，早已传到中华，且朝野上下都十分崇敬和信奉，现在咱们还有什么话好说呢？”究竟，景教是否即圣教会的嫡系传来？此另一问题，后当详论列。先贤对圣教如此关怀，真足增长我们后学在‘百尺竿头进一步’的情绪。今日再谈到这事上面来，应先对他们表示极感谢的敬意，才对！

为便利说明起见，我假设两个问题，如次：

第一：假如您是明末清初的人，您知道多少关于中国教会历史的事迹？

第二：我们大约都算是生于晚清和民国的时代，又比明末清初的人，多知道几何？

请您先试考究一番，然后查核我的答案。

据我的观察所得，将第一个题，拟复如后。

从前的人,往往有“荣古虐今”的见解。明季利玛窦诸氏东来,也就有人怀疑,欧罗巴国之名并不载于《皇明祖训》及《会典》诸书,而且史籍中只有所谓《释老志》,“……国号曰大明,何彼夷亦曰大西……本朝稽古定制,每诏诰之下,皆曰:‘奉天’,而彼夷诡称:‘天主’,若将驾轶其上者然!”(语见万历四十四年五月《参远夷疏》。)此时欲释反对者的疑虑,历史上的事实为最有效验者之一种。利氏生时,仅知“汴梁昔有一教,名十字教”并闻“时有鄂本笃,从大西到关中,亦耶稣会士也……陆行三年,经狂沙掠人之国,历尽艰难,方到关中。”其他或不详悉,艾述《大西利先生行迹》,可备参看。利卒后约十年,(万历己未)泉郡南邑西山古石圣架出土,不过“年代罔知,往来无覩”。并没有人注意及此。自一六二三年景教碑发现后,徐李诸氏知圣教早经传入中华,搜寻古时代之遗迹,非常努力。后三年,(天启丁卯六月朔)徐光启发表《铁十字著》一论文,其中这样说了:

“近天启乙丑,长安掘地得碑,题曰《大唐景圣流行中国碑》。碑首冠以十字,亦一证也……唐之世,圣化大行,上德高贤,比肩林立,法坛道石,周遍寰宇;何况江右世载文明,庐陵素称赤望,有兹事迹,岂足疑乎?”

这庐陵赤乌铁十字一经徐氏表彰之后,又将教史的时代延长了许多年。一七〇三年来华之冯秉正,所撰《盛世刍荛·救赎篇》中,也说:

“明代洪武初,江西庐陵地方,因掘地得一大铁十字,上铸赤乌年月。赤乌系三国孙吴的年号。人皆不知为天主圣教之物,有名臣刘崧号子高者,作《铁十字歌》,以志其奇,事详《刘子高诗集》,并李九功《慎思录》内。若非天主圣教,已经早早流传,何以有此铁十字?”

崇祯十一年(一六三六)张赓将上述之泉郡古十字石,“请铎德竖桃源堂中”,敬谨保存。同年,苏石水之太翁所得闽泉州城水陆寺中之古十字架石,经教友于吾主受难之前日,奉入圣堂。又后数日,(吾主复活之四日)此地教友因拜墓见旧东禅寺古十字石,也恭奉入圣堂了。后两十字石,按郡志考查,知寺系唐建,断为唐代遗物,故《唐景教碑颂正铨》,一并附载。因以上两种发现,先贤对于教史的观念,骤然一变,试读后来李之藻撰《天学初函题辞》，劈头便下一转语："天学者，唐称景教。"徐光启撰《圣教规诫箴赞》，自署"吴淞景教后学"。相沿袭用，直至华封老人。叙述至此，总括几句：明末清初的人，据铁十字及三十字石碑，可推测以前必有如利玛窦，由海道而东渡来华传道的；因为泉州古为海市，庐隐又是沿大江，通船舶的地方。再据景教碑文："大秦国有上德，曰'阿罗本'，占青云而载真经，望风律以驰艰验，贞观九祀，至于长安。"亦可想见千年前，已有如鄂本笃，遵陆路入关中，广布福音的。换言之，以时间论，自第二世纪，第六世纪，阅千数百年，绝学复续，遥接圣传；以地域论，本国中部，(汴梁)已知有"十字教"，其他西北和东南各郡，也一定有信从圣教的。不然，何能有教中古迹留存呢？此一疑问，现在很能圆满解答；所谓"前修未密，后出转精！"然而寻求中华圣教会史的导源自不得不追尊明代关于古史的纪录。

上文系第一个问题的解答。

其次，拟复第二个题。

若按常例：我们承袭先贤的遗产，自然所获较多。可是另有情节，自又当别论了！明时诸贤，除著书阐扬教义外，对当时的情况，也有纪载。如《三山论学记》，《口铎日抄》等是。又录个人的行实，如《大西利先生行迹》，《徐光启行略》，《杨淇园行略》等是。并有一种"家谱似的"传记，如《道学家传》是。后一书，署"后学晋绛韩霖，闽漳张赓，暨同志公述。"试读后录原序，便得窥见一斑：

"自远西至中国九万里，来传天主教耶稣会诸修士，皆西国考取'文学'、'理学'、'道学'三科进士也。今将各姓氏，各所生之本国，(远西有名之国，约有三十)及其所至中华之年，所译著之书，并其没时所葬之茔墓在何省何地，统详列于左。其有尚未查明者，则于本姓氏下空缺，俟后查明开载。"

按首载《圣方济各・沙勿略传》，末为徐日昇氏。计自嘉靖三十一年(一五五二)迄于康熙十二年(一六七三)，凡叙百二十年间传教士之生卒等情。此书殆陆续附益而成，正和增修家谱的例类似。尚使增修至今，我们稽考教史的，不消说是视若“家珍”！可是世途多舛(天主全能圣意，原非吾人所能窥测)，苦境临头，由布道时期进而为证道时期。清初大臣鳌拜辅政，大兴冤狱。英华撰《重刊主制群征序》，曾经道及此事，节录几句：

“讵意康熙初，群奸弄权，以七十三岁老翁，竟听杨光先诬陷，而定以支除之刑；卒因地震奇灾，幸以解免！此后虽经昭雪赐恤，而数百年来，谁复知是非邪正之所在?”

原注：“其详见《正教奉褒》、《圣教史略》二书，而《池北偶谈》亦略纪梗概。”拙作有《纪鳌拜辅政时代历法之狱》一文。兹不述此事始末，专论到影响圣教文献一层。汤若望虽经昭雪赐恤，然而一考康熙八年七月二十日和亲康亲王杰淑等原奏疏中，有“关系西洋人书籍、铜像及《天学传概》书板，前已焚毁，无庸议”云云。可知咱们现在认为可宝贵的史料，也许都已焚毁，曾经焚毁，或经毁板后又复刊行。叠次损失的情由，和晚近如何恢复旧观的，敢请一并申说出来。即如上述事变中，李祖白以血作证为正道的《天学传概》一书，咱们曾经有无机缘来翻阅过一次呢？又其他焚毁各书，现在何以又复存？实情诚如华封老人所云：

> “利子洎同会逮清初所著，为最盛亦最可观。雍正禁教而始衰，至十八、十九世纪之交……已刊未刊诸底本，散亡都尽，惟时时见于教外人之书！”
>
> ——引华封老人《书利先生行迹后》语

查许地山录《支那宗教史史料》，第二篇为《天主堂改为天后宫碑记》，末附按语：“这碑立于雍正八年，当西历一七三〇年。时雍正帝正恨西洋人，赶巧李卫擅于逢迎，所以便天主堂改毁了。先是李卫建海神庙的天妃阁要用绿琉璃瓦，他想拷皇帝的竹杠，故意上表说南方窑户不会烧，请工部烧来。雍正批了一句：‘外省各庙，俱不用琉璃料物’的话。他恐怕皇帝不喜欢，又想出一个省钱而有功的办法——改天主堂为天后堂。”

雍正几时窘迫圣教会呢？查原按语说明："雍正三年十月间，还有上谕赐西洋教化王伯纳弟哆览粒缎、锦缎等物；窘迫天主教虽于元年起，但厉行时，当在第六七年间。"李卫是何等样人物？人品如何？按语也曾注明：

"李卫是江苏砀山人，字又玠，捐班出身，不大认得字，但是很会逢迎，由云南道员，不数年间升到浙江总督。当时江南总督范时绎不得雍正的欢喜，所以把江苏七府五州的督捕时务都委在他身上，他是灭吕留良全族的主人！"

吕留良是一个忠于中华民族的学者，谁也敬仰。故此李卫之身价，只就灭吕氏一事，也可估定！他还说要使"夫而后武林之人，目不见天主之居，耳不闻天主之名"。自然就用那"庐其居，焚其书"的辣手段了！俗谚："清风不识字，吹火烧好书。"正是有心人长叹息的话头传到现在！欲知是非邪正，且看下文分解。

从此得了一部"活"教训。历史的事实告诉我们：圣经是真实的和有应验的！话说，在复活后显示十一位宗徒们，"那时，耶稣就开启他们的心，叫他们明白《圣经》。又给他们说：'既然这样记载了基利斯督就该这样受难，第三日从死人中复活，又该因他的名字，传悔改及赦罪之恩，于万民，从日路撒冷起头。你们就是这些事的见证人！'"

这些话真实的载入《路加经》(第二十四章四十五至四十八节)中，也应验了在中华圣教信徒身上。我们先辈欣然接收了福音，"而且因着行实，信德才得成全。"(引《雅各伯书》中语)效法基利斯督我等主，同样就该当受些窘迫，征诸各国，有先例在，正是所谓"由布道时期进而为证道时期"的现像。道既传布，人心悦服；既已心服，殉道作证，愈显主荣，始得称"完人"啊！

特别的情节，刚才讨论，言归正文，重提本事。

您瞧：嘉庆十年(一八〇五)夏四月《禁西洋人刻书传教》谕旨中，尚有"……在内地刊刻书籍，私与民人传习，向来本定有例禁。今奉行日久，未免懈弛……嗣后着管理西洋堂务大臣，留心稽察。如有西洋人私刊书籍，即行查出销毁”等明文。谈起来，岂不令人纳闷么？圣教从前已刊未刊诸书籍，真绝对的“散亡都尽”了么？不，决不。

同志，简脆的说明白，决不致如此的！请你们同声恭诵那“圣……圣……圣吾主，军旅之天主，天地皆满尔荣兮……因天主命而来者，乃为殊福兮……”的圣咏；因为军旅之天主应永远受赞美的！中华圣教会胜利的纪录，竟公然“时时见于教外人之书中！”略举我所知道的在后而罢。

每念《宗徒大事录》时，对于宗徒们为义受窘，慷慨就刑，和在公堂上作证真道的事状和供词，总觉给我后世信友以无限的钦仰或思慕！其实中华圣教会也有独自的“黄金时代”，虽是并没有过第二位路加圣史，然已“时时见于教外人之书中”。您瞧：

“会审得钟鸣仁年五十五岁，广东广州府新会县人。供称：‘先年同父念山及弟鸣礼，住香山澳中，从天主教。于已亥年随利玛窦进贡，在北京七八年，方来南京，住三年，又往浙江一年。旧岁五月间，仍来天主堂中，为王丰肃招引徒众。若妇人从教者，不便登堂，令仁竟诣本家，与妇淋水宣咒。咒云：我洗尔，因拔的利及非略及西必利多三多名者，亚们！大约淋过妇人十五六口，不记姓。仍管买办使费，所费银两，在澳中来，每年约有一二百两。’

曹秀年四十岁，江西南昌府南昌县人。供称：‘先年来京，结帽为生。因妻染痰疾，五年不愈。慕天主教可以禳灾获福，遂于四十年三月间，同妻入教，诵天主经。经云：在天我等父者，我等愿尔名成圣，尔国临格，尔旨承行于地，如于天焉。我等望尔，今日与我，我日用粮；尔免我债，如我亦赦负我债者，又不我许陷于诱惑，乃救我于凶恶。亚们！

务专招引，从教如余成元、王文等是实！’

姚如望年六十一岁，福建兴化府莆田县人。供称：‘挑脚为生，在京三十年。于甲寅正月十六日进教。因王丰肃事发，手执黄旗，口称愿为天主死，遂被获！’”

此项口供，是从佛典中所谓《圣朝破邪录》抄录出来。这书将万历四四、四五年《南宫署牍》关于窘迫圣教会的全部公文，完全载入。又日本窘迫圣教会时，亦曾翻刻行世。现幸得觏该项最可宝贵之纪录，正靠那《破邪录》中所代为保存的。稽考其时，约在一六一七年至一六一八年。

查一九二三年献县出版之《天主教传行中国考》，对于此次教难，仅称："王丰肃与谢务录两司铎，当被拘去，视如重犯，锁禁极严。教友张寀、姚若望愿与司铎同生死，随之而去。"（一六四页）谨按：此即自供"手执黄旗，口称愿为天主死，遂被获"之六十岁叟姚如望。又称："北京教友张寀，受刑尤重，杖责以后，终身钉镣，罚作苦工。"（一七〇页）谨按：此两处所写张寀，当系一人。但是有一层不容不追问的，何以张同志既是北京教友而遭南京教难？《破邪集》中有明白的答复，再抄出来：

"又据张寀供：年二十六岁，山西平阳府田（编者按："田"应为"曲"字之误）沃县人，于万历四十二年三月，前往北京推水过活，因见同乡人说称'天主教极好！'遂拜送庞迪峨门下。迪峨即以鸡翎粘圣油向额上画一十字，谓之擦圣油，乃又持圣水念天主经，向额上一淋，即涤去前罪。自后七日一瞻拜，群诵天主经，'在天我等父者'云云。日将出乃散，习以为常。至今年七月二十一日，庞迪峨见南京王丰肃事发，要得救解，与寀盘费银二两，交包袱一个，内书揭一大封，差寀送南京天主堂中开拆。寀于八月初八日到南京见王丰肃。天主堂已经封锁，乃寻到教中余成元家。此时钟鸣礼（按：鸣仁之弟，亦经被拘，录口供。内有"是'礼'称说，刻此揭帖，遍送各老爷，可以释放我兄并一干人犯。即于初十夜将钱雇……工刊刻。至十四日刻完。随时蓬厂中装订，欲于十五日朝天宫习仪处所投递，不意城上闻知，当有兵马官前来擒获。"是鸣礼说："平日受天王大恩，无以报答；今日就拿也不怕"等语）自杭州来，解包开封，因商量刻揭情由。十一日刻起，十四日刻完。本夜刷印装钉，共成一百本。约十五日习仪所投递，不意二更时，即被拘获等情。"

可见张寀是因同乡说"天主教极好"而即皈依正教，成了忠实的同志，乃因营救其他的同志们，只二两路费，走了十八日，从北京奔来南京殉道的。所谓揭帖，即"揭而帖之，举事由以告众也。"像现在标语传单一类的刊物。结果，一个拿旗子请愿，一个散布宣传品，都被捉将官里去，同样的定了罪，膺受钦崇天主而为义受窘的荣福！

再《天主教考》称："钟明仁，圣名巴斯弟央，经教友设法赎回。数年之后，卒于杭州杨廷筠家，夙有盛德名誉。"谨按：此即自供常"因拔的利及非略及西必利多三多名者"，与人付洗之广东修士。同页（一百七十）又称："惟夏玉一名，瘦毙狱中，年二十三岁。同监之谢务禄记载当日事，盛称夏玉之热心，加人一等，虽遭患难，志不少屈！"然此烈士，信教之由来，及其被难景状，实又不容不一度追记。《破邪集》中亦有真实的纪录：

"又据夏玉供称：年二十三岁，南京府军右卫人，住本卫平仓地方，卖糕生理。万历四十年十月内，前往帽子店曹秀家，做帽。曹秀因说，'天主生天生地生万物，汝何不从之？'有钟鸣仁等，与玉讲说天主道理。玉云：'既谓天主，何以有像？'仁等答云：'当初天主化生，止有一男一女。自后百姓作业，不认得天主了，所以洪水泛滥，遭此大难……天主不忍，降生西洋国以教化天下，至今共一千六百十五六年。'

又将'夷'教书十五本，付玉诵读，随进天主堂，擦油淋水，一一是实！若妇人有从教者，王丰肃差钟鸣仁前往女家，以圣水淋之，止不用油。至今年七月二十一日，见天主（堂）门已封。思我既敬天主，就有灾患亦无事。至八月二十四日，余成元来叫玉同买鱼肉等项，前往蓬中，但见揭已刷完。只要明早送了。正吃饭间，被城上拿获等情。"

谨按："思我既敬天主，就有灾患亦无事"的口供，和"虽遭患难，志不少屈"的纪载，互相印证。他受洗以前，还详查考了教理一番，从问答的语录，可以推测出来。至于信教之由来，系上述江西人曹秀劝导的。被难的原故，系经余成元邀买鱼肉，款待刻印刊物的人。但是谈到这层，便要追查余某的为人了！

"又据余成元供：年二十九岁，原籍江西，本京府军右卫人，住鹰扬仓地方，向与王甫同院居住，合种一园。万历三十九年十一月内，有表叔曹秀先从天主教，劝余成元亦入教中。先遇钟鸣仁讲说，'人生不久，寿夭不同，不如及今修一修，使灵魂不灭'等语。遂于本月初七日，进见王丰肃。成元跪于天主像前，王丰肃先擦圣油，后淋圣水，令拜天主四拜，并向王丰肃叩头,口称'王爷'。自后七日一聚会。天未明而至,日未出而散,每次或三四十人,或五六十人,不等。至今年七月二十日,王丰肃事发,王甫发城上拘获,成元独住园中。八月初八日,值张寀自北京携揭前来,至成元家,即与同往,尚未敢开揭。适钟鸣礼亦从杭中来,将书揭拆开,是成元,雇得……包工刻完,议于十五日习仪日投揭,随被拘获等情。"

谨按曹秀口供中,有专务招引从教,如余成元,王文等,是实云云。余成元亦供称系曹所劝导的。本供内"王甫"一人,未有口供,只见"除王桂即王贵病故外"一语。下录王文的口供:

"王文年三十岁,江西九江府湖口县人。供称:补网为生,来京二世,于四十三年正月十六日进教,有姐夫曹秀先在教中,招之使去也!"

共计,夏玉,王文,余成元等,皆曹秀招引从教,事属确实。

同志!这一件史迹,大略叙过了。请追究一下。

第一件:六十岁的老同志,拿小黄旗子,请愿为天主死,你觉得不稀罕么?

第二件:为营救民志,二两路费,走十八天,从北京奔到南京,结果终身监禁起来。最初的动机,则为"因见同乡人说称'天主教极好'!"你又觉得不奇特么?

第三件:曹秀因妻染痰疾五年不愈,慕天主教可以禳灾获福,遂同受洗。以后又劝表侄内弟,且招引他铺子里的主顾夏玉,一并从教。后来共同被难,都欣然就刑,那夏玉且成了为义而牺牲者!您或者有了一番感想罢!

最令人纳罕就是中华圣教会胜利的纪录,竟保存在反教的书籍中!藉此微细事件,满毂显示:军旅之天主应永远受赞美的!

现在,另换一面来研究。

据考察所得,知道明末清初时,圣教会中人士所著书籍,流布颇广,私家纪载,如清朝赵魏编的《竹崦庵书目》中,便有一种《西士书目》,注"韩霖撰"。韩霖是明末清初的信友,著有《铎书》,专阐明'敬天爱人'的真谛。他这儿所称的“西士”，必然系指东来的同志们，毫无疑义。按赵氏书目现存《观古堂汇刻本》中。又如清朝瞿颖山编的《清吟阁书目》中，也有《耶稣会士著述目》一种。按瞿氏书目现存《松邻丛书》中。公家纪载如《钦定四库全书》，曾“著录”若干，并“存目”若干，统计算在后面。至于四库书，依据的原本，有内府藏本，有两江总督采进本，有直隶总督采进本，有浙江巡抚采进本，还有程、陈、汪诸氏家藏本。从这一层推究，便知乾隆年间和乾隆以前，广布的区域有若干。

（第一表） 宗哲诸书存目表

书名	撰述人名	部类	依据原本
天主实义	利玛窦	子部杂家类杂学之属	两江总督采进本
畸人十篇附西琴曲意	利玛窦	子部杂家类杂学之属	两江总督采进本
二十五言	利玛窦	子部杂家类杂学之属	浙江巡抚采进本
辨学遗牍	利玛窦	子部杂家类杂学之属	两江总督采进本
交友论	利玛窦	子部杂家类杂学之属	两江总督采进本
七克	庞迪我	子部杂家类杂学之属	两江总督采进本
西学凡附唐大秦寺碑	艾儒略	子部杂家类杂学之属	两江总督采进本
灵学蠡勺	毕方济	子部杂家类杂学之属	两江总督采进本
寰有铨	傅泛际	子部杂家类杂学之属	汪启淑家藏本
空际格致	高一志	子部杂家类杂学之属	直隶总督采进本

读第一表后可发生两种疑问：

甲，何谓杂学？乙，为何存目？

甲问的解答。原书叙曰：“黄虞稷《千顷堂书目》，于寥寥不能成类者，并入杂家……今从其说。”又对表中诸书，原有按语，即是“变幻支离，莫可究诘，真杂学也”十二字的总评。

乙问的解答。原书按语：“按：欧逻巴人天文推算之密，工匠制作之巧，实逾前古；其议论夸诈迂怪，亦为异端之尤。国朝节取其技能，而禁传其学术，具存深意！其书本不足登册府之编，然如《寰有铨》之类，在《明史·艺文志》中，已列其名；削而不论，转虑惑诬；故著于录，而辟斥之。”

因此:谈道书仅存目,而全录谈技能诸书,参看第二表。

(第二表) 天算地理诸书著录表

书名	撰述人名	部类	依据原本
乾坤体义	利玛窦	子部天文算法类推步之属	两江总督采进本
天问略	阳玛诺	子部天文算法类推步之属	两江总督采进本
新法算书	汤若望	子部天文算法类推步之属	陈昌齐家藏本
表度说	熊三拔	子部天文算法类推步之属	两江总督采进本
简平仪说	熊三拔	子部天文算法类推步之属	两江总督采进本
天步真原	穆尼阁	子部天文算法类推步之属	汪启淑家藏本
几何原本	利玛窦	子部天文算法类算书之属	两江总督采进本
泰西水法	熊三拔	子部农家类	两江总督采进本
奇器图说	邓玉函	子部谱录类器物之属	两淮盐政采进本
坤舆图说	南怀仁	史部地理类外纪之属	内府藏本
职方外纪	艾儒略	史部地理类外纪之属	两江总督采进本

自然,我们发生一种感想:“四库中,既收南怀仁、汤若望等之著作,何以不收教中经典?”

这正是《四库全书答问》书中之第七十七问题。答案为“……乾隆四十九年……严令凡向奉教者,经卷勒令缴出销毁。传教与接引传教者,发往伊犁,给额鲁特人为奴……当时对待教徒之态度,可以见矣!又因乾隆帝酷爱西法算术,而馆中主用西法之算学家,较从前为稍占优势,故欧洲教徒之著作,尚得列入书中也。”如果我们精密考核一下,如金尼阁所撰《西儒耳目资》,现在推为“国语罗马字”之鼻祖(参看十五年国语统一筹备会公布国音字母第二式之文件);那时不过“存目”罢了!又如徐光启,圣教开教三大柱石之一,那时也禁他的书流传呢!〔附注:关于上举两事,拙作有《明季欧化之美术及罗马字注音考释》及《徐光启著述考略》,《辩〈竹窗三笔天说〉之作者为谁》,兹不详述〕究其实情,非仅为禁教而采如是的办法,亦因当时只崇儒家的圣经贤传,即便对于释道,其经忏章咒朱表青词，一概不录；至关于回教之著作，仅子部杂家类杂学之属存目书中，有区区二十卷的《天方典礼择要解》！按：原著者刘智，搜取回教经典七十种，译为《天方礼经》，此一部大典籍，并不采录。拙作另有《清四库全书为儒藏说》一文，可供参看。

虽是如此，但“明末清初时，圣教会中人士，所著书籍，流布颇广”，已查核的史迹仍无疑窦，举一二反证申说出来：第一证：《释黄贞请颜茂猷辟天主教书》中，称“今日天主教书，名目多端，艾氏（儒略）说有七千余部入中国。现在漳州者百余种。纵横乱世，处处流通！”第二证请参看《天主教与天师道》一文。究竟，此事发生之影响如何，请叙述一番。

第一，影响及于教会中人者，因见《四库》书中，有多种圣教书名，自欲一览，所谓“读书论古，关于教中先达掌故之端，不可不加之意也”！（语见《英华与某公论金正希奉教事书》中）

第二，影响及于一般士人者。因此种批评语，就想要窥内容，藉明真相，每有“阅《四库提要》，即知有此类书：四库概屏不录，仅存其目，且深诋之，久欲一观！”的感想。（参看陈垣《跋英华所著万松野人言善录》一文）

所以有人后来专访求这类的书籍，并重新再印，结果，自替圣教会史增加了不少的史料。此一宏举，不仅华封老人有功，还有二位学者——英华与陈垣之努力，亦应提及，且均当铭感的！现略介绍几句：前一则为英氏语，后一则为陈氏语。

“《天学初函》，自明季李太仆之藻，汇刊以来，三百余年，书已希绝！鄙人十数年中，苦志搜罗，今幸觅得全帙……鄙人欣快之余，不敢自秘，拟先将《辩学遗牍》一种排印，以供大雅之研究……《四库提要》，浪加评断……此等强作解人，诃墙骂壁之谈，在今日真不值识者一笑！”“《灵言蠡勺》，……余从万松野人（即英华）假得抄本，酷爱之，即欲重刊，以广其传……将与内海学人共证纪昀等……批评，有价值否也……而《四库》及诸家所录，乃舍其理，而器是求，真所谓‘买椟还珠’者哉！然吾人今之所以能知有是书者，实赖《四库》此一斥。四库明谓特存其目，以著之藻……之罪也；今反以唤起吾人之注意，岂纪昀等所及料哉！”

噫！噫！有人不及料者，才益显军旅之天主应永远享受赞美的！

现在，再换一面来研究。

前清自道光以后，便不是闭关的局面了。对于圣教会的禁令，逐渐的也都废止，故得朝野上下另眼看待圣教会传行中华所经过的事实，很受一般人士的注视，不再轻意忽略了！因此又有一番新的贡献，从那旧的遗迹考证出来。最显著的一件，就是元史的发现。华封老人《序元也里可温考》，曾经说过：“向余只知有元十字寺，为基督旧教堂；不知也里可温，有福音旧教人之义也。知之，自援庵君陈垣始……余谓也里可温为旧教者，盖以时计之：德之路德犹未生故，法之加尔文亦未生故，英之享利第八俱未生故。”

陈垣自称所考证之元代旧事：“……晦隐七八百年，其历史至无人能道！清道光间，阮元门下士刘文淇校《至顺镇江志》，始少发其端，谓《元史》之也里可温即天主教。光绪中叶，驻俄使臣洪钧，又据多桑书，证明也里可温为蒙古人效阿剌比语之称天主教。”

刘氏的见解，仅因《至顺镇江志》卷九“大兴寺”条，载有梁相记云：“薛迷思贤在中原西北十万余里，乃也里可温行教之地。教以礼东方为主。十字者取像人身，四方上下，以是为标。”

便说：据此则薛迷思贤乃西洋之地，而也里可温即天主教矣。虽是创见，究竟证据还嫌不充足。洪氏奉使西欧，有机会觅得外来史料，译述元朝史料，补证本国旧闻；实因所谓“金元历史，西北地理”，成了那时学术界最风尚而嗜好的研究；再者居留外国，得悉宗教传行世界各国的概况后，故对教会也并不忽视。所以他采用西方资料，证中国的事实，作了《元世各教名考》又附《景教考》。关于此一名称，他依多桑（Dhosson）译著的《旭烈兀传》中的话语来解释，并说：“也里可温之为天主教，有镇江北固山下残碑可证：自唐时景教入中国，支裔流传，历久未绝。也里可温，当即景教之遗绪。”可惜洪书并未抄上了那碑的原文，现亦不必再追究！

到这时候，便有我们的前辈，开始特别研究教史了。

英华叙述此事，说了："仆与二三子立辅仁社于京西香山静宜园中……数年中所拟考索之题：曰《太古中西同源考》，曰《唐景教碑考》，曰《元也里可温考》，曰《清四库总目评论教中先辈著述辩》，皆东鳞西爪，略得梗概。"(《元也里可温考跋》)

第三题答案，做得要好的，要算那个发愿著《中国基督教史》的陈垣氏。现在录出他自己的话来："余之识万松野人，因《言善录》也。丁巳春，居京师，发愿著《中国基督教史》，于是搜求明季基督教遗籍益亟。更拟仿朱彝尊《经义考》、谢启昆《小学考》之例，为《乾隆基督教录》以补《四库》总书之阙，未有当也。已而得《言善录》，知野人藏此类书众，狂喜，贻书野人，尽假而读之，野人勿吝也！"(《言善录跋》)

此事，英华亦曾叙及。他说："丁巳春，忽承陈援庵先生以搜求教中三百年前之著述走简相询，仆喜不自胜，因倾筐倒箧，供其一得。乃承先生以敏锐之眼光，精悍之手腕，于'也里可温'条，旁引曲证，源源本本，将数百年久晦之名词，昭然揭出，使人无少疑贰……因亟为付手民，以公诸世！"(《元也里可温跋》)

又按：此书付印时，作者有一篇《自叙》，内称："此辅仁社课题也。辅仁社者，英敛之先生与其门弟子讲学论文之所。余尝一谒先生，先生出示辅仁社课，中有题曰：《元也里哥温考》。余叩其端绪，偶有所触，归而发箧陈书，钩稽旬日，得左证若干条；益以辅仁社诸子所得，比事属词，都为一卷，以报先生。先生曰：'善！愿以付梓……余乃重理其稿，并经马相伯先生为之点定，乃付刊，而识其缘起如此。一千九百十七年五月十日　陈垣。"(据初刊本)

同志！您看这段史事的发明，经过的情状，和明代张、徐、李辈考订景教碑事，是不是很相恍惚似的？一位知道先贤遗著的消息，便狂喜而找人去借来；那一位便毫不吝惜，把所藏所知都交付了。结果，把一位七十多岁的老叟乐得非常，赞扬那比较后生的发明家，说道："今君广辑考证……君真余师也！"(原书马序)这是一件真值得人敬羡和钦佩的学者团契所表现的真挚精神！您记好，这并非像考订景教碑文已是三百年前的故事，距今只有十二三年。我想您是注意过的，不必我多费词来恭维了啊！仅仅对于此种考古的工作，所以能庆成功的缘因，略略分析一下：

（一）因有关系中西交通的书籍，新从外国转译过来，例如，《马可孛罗（即玛尔谷保禄之别译）游记》等是。

（二）因有关于元代典章的纪载，又得从东洋转抄过来，例如，《元典章》等是。

根据前者，考古者得了蛛丝马迹的暗示，藉此可以预拟若干假定，而搜求本国的残碑佚编，作为证实假定的史料。后者，则以明文告诉我们，元代当时的也里可温教门，享受国家的待遇是如何的，简脆了当，叫我们不用再怀疑了。

虽然，这种发明，毕竟不是简单的动作所能获得的；我请说个所以然罢。上文所述，不过只称有了“已然”的成因，并非断定那便该有了“必然”的结果。事实是这样的：

（一）若没有“信念”，此事没有成功的希望。仅就上例说明，《保禄游记》有人便妄猜疑那内容似不可信。十三世纪的外国人就这样猜了。据此书西莱施公（Cierreto）抄本跋，有“保禄氏自谓所言皆实，然余诚难以信之也”的口吻。直到民国二年，杭县魏易译述这书，对于元世祖请教士百人来华一节，竟和十三世的思想类似，谓为“中古时代耶教人夸大”云云。现在考古学者证实，奈他们妄猜何！英华氏因译述者每以己意妄加批评，所以题该书时，有“后之学者，当慎其笔墨也”的感叹。我们现在可下一转语：如果研究宗教史，没有所谓“信念”，就没有成功的希望。因为根本抹杀史实，还谈得到进一步来研究么？

（二）若没有“爱德”，此事没有成功的可言。也就上例说明。陈垣氏说：“《元典章》本当代官书……乃纪昀（修四库书的总裁）则讥其兼杂方言俗语，体例瞀乱，屏而不录……《元典章·礼部》，则于释教道教之外，另辟也里可温教一门，所谓‘体例瞀乱’者，即此类耶？”又说：“也里可温之与景教相合，俞樾（清末学者）亦言之……说至不可通处，则以‘异说支离’、‘不可究诘’二语塞责,此为有清以来儒者批评异教之一种习惯!”因没“爱天主而爱人”的德行,所以不录,草率塞责,对宗教史无贡献之可言,岂是偶然?

进一步说,研究宗教史的人,若无“信念”,且乏“爱德”,非特不能成功,还适足以败事;因为这一流的假学者,往往望文生训,附会立说。为谨防假冒起见,举一两件事来讲明白。

(一)附会立说的事例

谈及景教碑的发现,明朝时教中先贤所有的诠释,多重在教义而略于史事,也算一件小缺憾。首先对于景教史的考证,推钱谦益氏为最先。他是明朝的遗民,清朝的贰臣,换一句话,明末清初的人。他的《有学集》中,载《景教考》一文。此文劈头便说:

“万历间,长安民锄地,得唐建中二年景教碑。士大夫习西学者,相矜谓有唐之世,其教已流行中国间;何以为景教?而不知也!”

他发现了一些唐宋时人关于景教的纪载,从(一)宋敏求《长安志》;(二)《册府元龟》,(三)舒元舆《重岩寺碑》,检出来的。可是他想“详考”一下,结果既误与祆教混,又误与回教混:一误再误,至称“所谓‘景教流行’者,非果有异于摩尼、祆神也!”嗣后以讹传讹,益失真相。例如:杭世骏就误认为回回。又如:朱一新既误认为火教,又转而误祆教为婆罗门。甚至所谓《钦定四库全书》,也依样画葫芦,误认为祆教,且因误为祆教即便涉及了利玛窦、艾儒略等,说道:

“……祆教至宋之末年,尚由贾舶达广州。而利玛窦之初来,乃诧为亘古未睹。艾儒略作此书,既援唐碑以自证;则其为祆教,更无疑义!”(《西学凡附录提要》)

其实,他们对于教会的是非、邪正和同异,根本都认错了。景教自景教,祆教自祆教,怎能混为一谈呢?

(二)望文生训的事例

华封老人《书利先生行迹后》一文,曾提及:“天主教三字……约定成俗,为圣而公会之定名。至使物而不化者,或目为‘祆教’,固祆胡所不及料!"

前面说过考证景教的人,会误认为"祆教",更有查查字书,咬文嚼字,穿凿传会,竟敢来下注脚,现在抄录几句话在后面。

"祆神,字当从示从天,读呼烟切,与从夭者别。《说文》云:关中谓天为祆。《广韵》云:胡神所谓'关中'者,统西域而言。西北诸国,事天最敬,故居长谓之天可汗;山谓之天山;而神谓之祆神。延及欧逻巴,奉教谓之天主,皆以天该之。"

这种似是而实非的考证,曾经华封老人纠正,驳道:

"……考古者偏勇于附会。例如《金石萃编》一条,以古之祆教,为今之天主教是矣。不探教理,教理其本也,而齐其末,抑思'祆'即可读为'天';至'天主'二字,非西域语也,至明末始称之。唐称景教,元称十字教,随自乐为,非定名也。岂有预知千岁后必称之,而故损灭其音曰祆教乎?"——引《新史合编直讲附音译合璧案语》。

现代的史家更证实了,祆教为波斯的拜火教,(参看陈垣《火祆教入中国考》)前人谬说,业经判明,即此事例,也提示了我们:戒望文生训,除戒附会立说之外!

括而言之,希望成功为圣教会的史家,要具两有,(信念和爱德)遵两戒,(详见上两节中)当吁求主佑,俾得"愈显主荣",才对!请看陈氏考证总论(据初版本)中,自称:"元也里可温之历史大明……谓非上主呵护之灵……曷克臻此!"实在是那么一回事!

再者,对于圣教会的禁令,虽经废止,然而因为从前反宣传的影响,一般人士的观念,尚未完全改变过来。例如,雍正二年二月上谕中云:"西洋教,宗天主,亦属不经;因其人通晓历数,故国家用之。尔等不可不知也!"这类的文字,清末并未删改。"西教"、"洋教"的话留给后人很不良的印象,我们一查清末的书籍,立刻可以观察出来的。兹举一二证据来说明。一、义宁徐家幹编《教务辑要》,有所谓"西教源流",中载了乾隆到道光禁教的事情。二、《国朝通商始末记》,康熙九年夏六月"意大利亚人贡条",注云:"天主教分为三,总名克力斯顿教。加特力乃天主旧教之名，一称洋教。又有额力教，波罗士顿教，为诸国后起新教，一名西教。”即此可知当时社会对待教会所持之态度如何。

为辩护正道起见，司铎黄伯禄裴默氏辑有二部伟著，一为《正教奉传》，一为《正教奉褒》。前此有一书名《钦命传教约述》，内容始相类似。何为《正教奉传》？原辑者说：“溯自汉唐以明季，至于皇朝，天主教传行中国，越千数百载，虽屡被奸谋，时遭危难，仍蒙圣主贤臣，察鉴真正，奉行勿替。兹将所及见闻之朝廷恩旨，及中外大臣奏稿示谕，并道府州县告示，汇辑一卷，颜之曰《正教奉传》。”

光绪二年（一八七六）出版，后三二年（一九〇八）曾订一次。何为《正教奉褒》？原辑者说：“编辑是书，原以征天主教为历朝所隆重。”

黄氏对于任用教士一事，以为“不仅重其学，而兼重其教”。亦不无相当理由。查这书中所载《顺治御制天主堂碑记》，大意即谓因若望能“守教奉神，肇新祠宇”，故“其嘉之”！与雍正思想相反。这书于光绪九年（一八八二）出版，后二十年（一九〇三）第三次校印行世。总计这两部书中所用史料：前一书纯粹属于本国史的，有明朝晋闽的告示和清朝各级政府所颁保教公文；后一书，别兼采西文，译出纂入。谈谈其中最重要的，除元事外，上溯汉晋，追述古史，系引加尔大意国经典和历史来作证的，叙及圣多默宗徒来华敷教，及亚格阿大主教兼管中国教务云云。

嗣后，搜求教中古物，介绍西文纪载，颇不乏人。兹介绍较显著者如次：

一、从北方发见者，近数十年，在关外、蒙古、直隶北境发见之石十字碑，不一而足，确是圣教遗物。晚近在涿县琉璃河左山中，又发见一座古十字寺。（详见《天主教传行中国考》卷一，二十八页至三十页）又在陕西，发见《明天主正道解略碑》。

二、从南方发见者，除江西卢陵掘获之铁十字，上镌三国孙吴年号，金陵近处掘出之二铁十字外，（详见《燕京开教略》卷上七页至十页）最近又发见泉州十字神像。（后详）

上述庐陵铁十字，可引起我们再注意那徐光启《铁十字著》所论到的。尤令人回念不置者，即《明末天主正道碑》，新从陕西出土，更唤起我们对于明贤的敬仰啊！至于所谓西文纪载，系从前传教士的游记或书信，现经翻译成中国文，整篇的而非节录的，计有：

一、《真福和德理传》光绪十五年鄂城崇正书院刊印。

二、《蒙高未诺书札》光绪末出版之《燕京开教略》采入。

其余片段介绍过来的，恕不列举。

到这时期，中华圣教会史，尚无专书。北京主教樊国栋题《燕京开教略》，很留意这件事，并沉痛地说道：

"中国圣教鉴史之记，虽杂见于圣教诸书。然而专治之家，至今尚无其人。夫以中国奉教之人，而昧于中国圣教之史，此诚一大憾事也！"

继此以往，便有知此项工作为必要的。有专介绍西文纪载的，如研诒室主译 Huc 著的《中国教务纪略》，陆续载在民国十一年的《圣教杂志》中，惜未竟功！有专以汉文史料编纂的，像陈垣编《中国基督教史讲义》，曾在著名大学中讲授过，现在也还没有定本。赖有耶稣会萧若瑟司铎，耗尽二十年来心血，专治教史，初编《圣教史略》一书，录入中华圣会的历史；此编出版后十八年，摘出本国史单行。编者声明的话，如次：

"此书虽由上年出版之《圣教史略》摘出。惟前五六卷，所述史事，较为详尽。记者据中外各史，复加考核，多所增入，间亦有改正处……余卷仍前，无甚变更。"

他的心意，可从后录几句话探得："且既不杂以他国事，则专欲读本国史者，可从首至尾，一气读讫，有衔接之乐，而无翻寻之劳，或亦爱读诸君子所心许也！"

我们读了这八卷书，知道全部中华圣教会史纲领，大致是仿《正教奉传》先例，所谓"爰述天主教传行中国之原委，弁之简端云"，故名：《天主教传行中国考》。民国十二年出版，距今虽只有六年，因受此书恩惠，得悉先贤故事者，殆不可以数计！那么，萧司铎专治教史的成绩，多少也总算能弥补樊主教所说得"一大憾事"了！我这种说法，"或亦爱读诸君子所心许也"，纵说这书的体例尚欠妥善啊！

从上述多方面的研究后，得了所拟第二题的解答，详后。

同志！您记得我假设的第二题，不是问“我们大约都算是生于晚清和民国的时代，又比明末清初的人，多知道了几何么?”是的，我现在说了一番话之后，应该总括来谈几句。

我们生于晚清和民国的时代，最初只能从《明史·外国传》中知道一些关于本国教会历史的事迹；因为许多掌故书籍，现在认为可宝贵的史料，在清朝中叶都曾经焚毁。难得经眼了！继知中华圣教会胜利的纪录，时时见于教外人之书中，或经官书(如《钦定四库书》)存目，于是有人专访求这类的史料。结果自替教史增加不少明末清初的史料，晚近有史学专家研究，仰赖上主呵护之灵。元也里可温的历史大明，这一层是明末清初的人所不了解的:“何似明朝以前竟有敬拜十字的中国人?”“何以还有三个古十字石碑存在?”现在可以解答，那是元朝来中华传教圣芳济各会士的成绩。张星烺所撰《泉州访古记》，这样说了:

“圣芳济各派，元世祖末，始由约翰·孟德高维奴(John of Montecorvino)自欧西传入中国。先布教于北京，次乃及于江古郡及泉州两地……元泰定帝时，高士和德理(Iriar Odoric)过泉州，北上北京时，记其地芳济各派有教堂二。泰定三年(一三二六)住刺桐(Zayton 即泉州古名)主教安得鲁(Bishop Andrew of Pemgia)致友人书，亦言剌桐有教堂二:一在城内，先筑成；又一在城外，约半迈耳许，为彼至刺桐后所筑。元顺帝至正六七年时，教皇专使马黎诺里(Marignolli)过刺桐，记有芳济各派教堂三所。”

为此，泉州有教中古迹留存。明末清初不了解的，我们现在倒晓得，所谓“前修未密，后出转精!”还望今后的人再努力!

再补充几句话:对于本问题作一确切的解答。

左列两种纪载，参看以后，得悉我们多知道些元朝的教史。试读第一种，是明末清初(千六百年左右)的碑记，没有一字提起了元事。

“自昔西汉时，有宗徒圣多默者，初入中国传天主正教。次则唐贞观以后，有大秦国西士数人，入中国传教。又次明嘉靖时，圣芳济各入中国

界传教。至万历时西士利玛窦等,先后接踵入中国传教,译有经典,著有书籍,传衍至今!”(顺治七年汤若望《都门建堂碑记》)

又“溯唐贞观九年,景教入中国,勅建大秦寺,名贤硕辅,若房玄龄、郭子仪辈,皆企向焉。迨明万历辛丑,泰西利氏梯航九万里,朝贡万国图,及西书七千余部,同会诸子,在京翻译,百有余种,明正教,继绝学,搢绅先生,咸称道之!”(顺治十二年《福建重建圣堂碑记》)

再读第二种,是近人的教史,便口口声声,都称道元事。

“溯天主教传至中国,自炎汉迄今,虽屡遭抑遏,然亦有显扬之时。有唐之世,蒙帝王嘉美准行。历元至明,哲后贤臣,表彰信奉,至我朝定鼎,隆重尤加。”

(光绪九年《正教奉褒序》)

又:“我中国……基督教之传入,为时业已久远,一盛于唐,再盛于元。自明季利玛窦复来,至今又三百余载。”(民国十二年《天主教传行中国考·绪言》)

最后一层,应请注意,就是那考证元也里可温的人说得:“谓非上主呵护之灵,曷克臻此!”凡我同志,都别忘了谢恩罢!

中华圣教会史纲演讲记录①

序言

徐汇师范学校陈学文、邹文华、池进宜、朱德贵、陈世英五君，将余所讲演中华圣教会史纲，分别笔记，汇成一编，属余亲自校阅。余加以修订并序数言，教中长老暨诸先辈，幸谅余之微衷，不吝教正，是所欣企。

一、何以讲教史，必先提圣座？真福包事高(Blessed John Bosco)曾特别指斥时人之错误，讲教史而不提圣座，须知圣座为教会元首，犹之讲国史而不提政治领袖，乌乎可！

二、何以特别申述对于政府暨文化社会等关系？三百年前，圣师博辣弥诺曾柬中华信友，称圣教传行，无害于邦国，且授人天国。余今讲述，即明证中华信友，虽曾受政府之禁迫与危害，仍效忠国家，始终本圣教爱国精神而不改常态，并能在政治入于正轨时期，对于文化之贡献，社会救济事业之提倡，尤有足称者！余所以不惮烦一一申诉之。

---

① 原刊于《我们的教育:徐汇师范校刊》1932年第6卷第4期。后在《安庆教务月刊》1934年第3卷第5期转载。

阅此编者，可先参看三年前余所撰《中华圣教会导言》第一编（北平《益世报》初刊，青年季刊再刊），因此编即导言之第二编所预备整理发表之史稿，今赖五君共同努力，遂得早观厥成耳！

第一编　绪论 研究中华圣教会史的著作和中华圣教会史的初期

陈学文记

记得宗座驻华代表刚总主教去年五月在意国米兰大学讲演“学术传教问题和今日之中国”时，曾经称赞两大历史名著：一为樊国樑主教的《北京考》（译名《燕京开教略》）。二为于格 Huc 所著的《圣教传行中国史》。诚然，这两部书，都是我们值得首先纪念的作品。现在介绍过去研究中华圣教会史的成绩，计分两时代择要来讲述。

（1）明代研究可称述的，如次

1. 关于古十字者，如徐光启撰《铁十字著》是。

2. 关于唐景教碑者，如阳玛诺司铎撰《唐景教碑颂正诠》。

3. 时事记载及其他有关系的史料，如利玛窦司铎撰《中国纪事》，韩霖等撰《道学家传》、《西士书目》等是。

（乙）清代和近人的研究

1. 教外方面

A. 对于景教碑的研究，可举冯秉（编者注：疑为“承”之误）钧的《唐景教考》为代表作品。

B. 对于元也里可温的研究，可举陈援庵先生所撰《元也里可温考》为代表作品。

C. 其他有关系的史料，可举张星烺编译的《中西交通史料汇编》为代表作品。

2. 教内，则有箫若瑟司铎译著的《天主教传行中国考》、黄斐默司铎编著的《正教奉传》、《正教奉褒》等著作。

从来研究中华圣教会史的初期，即对于元代以前情形，如上述的诸种著作，只有根据传闻或遗物来考究的，尽先陈述一番。

（上）先述传闻

1. 据说：圣多默宗徒曾传教到中国和印度，后世方济各会和多明我会修士，到鞑靼朝元帝时，曾路过印度等国，那时民间都说圣多默宗徒曾在他们国内传教，当时君王士民，因着圣人的圣德，弃邪归正的很不少。

2. 明世宗嘉靖二十七年，在印度梅里亚布尔城中，曾掘得圣多默宗徒的墓碑，碑文和碑额的十字，宛然犹在。当时有博洽释子某，将碑文译作玛拉巴国文字，传教士吕塞纳，又把它译作西洋文字。碑文的意义，大约说："天主圣教遍传普世的三十年，阳历十二月廿一日，圣多默宗徒在印度梅里亚布尔城致命了。当时由他劝化归正的人很多，嗣后因残贼的沙门妒忌圣人的圣德，便把他谋杀了。圣人临终时，将自己的血在地上画个十字，碑额上的十字，就是它的原形。其中也讲到天主降生和教授十二位门徒的事，并且说多默圣人，也是当时门徒之一。"这样传来，圣多默宗徒必定到过印度传教了。

3. 在加尔德依国日课经文中说："圣多默宗徒曾把邪神从印度赶出"，又说："圣多默宗徒劝化了中国和厄第约俾国的人民"，又说："天主之国，因着圣多默宗徒的传播，流行到中国民间来。"在圣教初兴时，有博士尼塞弗禄说："不但圣多默宗徒到过中国，圣斐理伯和圣巴尔多禄茂也曾传教到鞑靼国。"近世考古家吉尔奢，曾著一本《中国考略》的书，他说："天主圣教，由圣多默、斐理伯和巴尔多禄茂三位宗徒，先传播于印度，亚尔默尼亚，和若尔日亚诸国"。准博士的话看来，圣多默宗徒虽不曾到过中国，可是他的弟子们必定也到过中国了。

对于圣多默宗徒曾否来到中华，在神学辩论上的理由，我们知道圣多默宗徒曾受过耶稣很大的恩宠，示以本身五伤的圣迹。福音经载：耶稣复活后显诸门徒，其时独有多默外出，回时，诸徒告以耶稣复活事实，圣人始终不信。既而耶稣亲 显在他面前，圣人亲手探了耶稣的圣伤后，发出极大的爱戴感恩呼声，"我主我子，我天主"！因为起初他不肯信，后来他竟到不信圣教的印度和中国来传教。许多圣女所得的默启，也是如此的。

至论圣多默宗徒曾否传教中国，虽属传闻，然而天主圣教，早已传到了中国，我们因为有了古代遗物的发现，可以深信无疑了。

（下）次论遗物

1. 铁十字　江西旧吉安府的庐陵县，曾掘得一个铁十字。这个十字形式是圣教史家所称圣安德肋十字，上面刊着赤乌年号，是三国时孙吴的年号(降生后二三〇年)。光绪年间，一般人士将这个十字敬供在庙里，我听见江西的传教士亲自对我说道，至今仍保存的。

按在一七零三年，来华的冯秉正，所著的《盛世刍荛·救赎篇》中也说："明代洪武初，江西庐陵地方，因掘得一大铁十字，上铸赤乌年月。赤乌系三国孙吴的年号，人皆不知为天主圣教之物，有名臣刘嵩号字高者，作铁十字诀，以志其奇，事详《刘子高诗集》，并《李九功慎思录》内。若非天主圣教，已经早早流传，何以有此铁十字?"可见这铁十字掩没和发现，已有数次了。

2. 十字石碑　明末万历二十年，福建掘得三个十字石碑

（甲）万历已未年，在南安县西山，掘出一个珉石十字碑，其形仿佛印度梅里亚布尔城圣多默墓上的十字。细考其迹，是四五世纪时的东西，那时圣教会所绘画或雕刻的十字架形，都是横竖两道长阔平均，作四方形状，不如今世的十字架，竖道长而横道短。崇祯十一年(一六三六年)张赓将古十字，请铎竖桃源堂中，敬谨保存。

（乙）同年，有位苏石永的太翁，在泉州府水绿寺旁，也掘得一个十字石碑，是粗石做成的。嗣后经教友于耶稣受难瞻礼的前日，把他移供在圣堂里保存。按《泉州府志》，这寺是唐玄宗六年建的。

（丙）同年，耶稣复活瞻礼后四日，泉州府教友去拜墓，在东山寺旁发现一个十字石碑，这十字暴露在田畔，久已没人知道：到了这年，教内的人见了，便把它供在堂里。按《泉州府志》，这寺是唐僖宗时建的。

后两十字石碑，按郡志查考，知寺系唐建，断为唐代遗物，故《唐景教碑颂正诠》一并附载。因为有唐代遗物发现，先贤对于教史的观念，骤然一变，试读明贤李我存先生撰《天学初函题辞》，劈头便下一转语，"天学

者，唐称景教。”徐文定公撰《圣教规诫箴赞》，自署“吴淞景教后学”。相沿袭用，直至华封老人。按利玛窦司铎生时，仅知“汴梁昔有一教，名十字教”。所谓十字教者，殆元代传行十字寺，这样看来，我国中部已知有“十字教”；其他西北和东南各郡，也一定有信徒圣教的，不然，何能有教中古迹留存呢？

（丁）最近在北平西南琉璃河附近十字寺内，找出两块石头。这两块石上，都刻着很清楚的十字，另外在一块上，还刻有叙利亚字句，当译作“举目仰之，安心恃之”。在这种地方，竟能找得这十字，和天主教显明字句，可算是稀奇，可惜这石迹的来历，至今还不十分确定，不过在十字石迹旁边，竖着一碑，上面刻有字句，这十字寺建于晋唐之间。

3. 唐景教碑 明熹宗三年（一六三二）陕西西安府人掘土，得一个唐景教流行中国碑。形式和十字石碑相仿，碑额有十字圣号，上载着唐德宗二年立。碑文古奥，字体佳美。全文计一千六百九七字，内中所讲的，都是圣教道理，当它才出土时，刹那间盛传遐迩，文人学士见了，莫不爱护其文，但尽人不能解其意，嗣后经阳玛诺司铎，按它的文意和圣教道理相较，毫无差异；因此才知道是圣教的遗迹，不过古称景教，今称天主教，名称不同罢了，兹略碑中原文如下，以备参考：

碑云：“粤若常然真寂，先先而无元，窅然灵虚，后后而妙有。总玄枢而造化，妙众圣以元尊者，其唯我三一妙身，无元真主阿罗诃欤。”（西里亚音天主之称）我们按着这段的文字去考究，便知它说的是天主三位一体，和无始无终的道理。“……于是我三一分身，景尊弥施诃，戢隐真威，同人出代。神天宣庆，室女诞圣于大秦。景宿告祥，波斯睹耀以来贡。圆廿四圣有说之旧法。”我们按着这段的文字，便知它说的是原祖逆命之后，特遣圣子默西亚，特选童真女玛利亚为母，降生做人，代人赎罪。诞生那一夜，天神在空中作乐，景星耀彩告祥，波斯玛日（博士之称）望星来朝贡，凡廿四圣所预言的，现在一一都应验了。“经留廿七部，张元化以发灵关。法浴水风，涤浮华而洁虚白。印持十字，融四照以合无拘。击木震仁惠之音，东礼趣生荣之路。存须所以有外行，削顶所以无内情。

不蓄臧获，均贵贱于人。不聚货财，示罄遗于我。斋以伏识而成，戒以静慎为固。七时礼赞，大庇存亡。七日一荐，洗心反素。真常之道，妙而难名。功用昭彰，强称景教。”我们按这段的文字，便知它说的是圣教常用的典礼，和教士应有的规范，当时取光明正大的意义，强称它做景教罢了。其余碑中所记载的，大约是谓唐太宗九年，大秦国有个大德教士名阿罗本，和同志数人首到中国长安传教，当时帝遣宰臣房玄龄宾迎，命翻圣经和询问道理。既知真正，便命传教。是时景教传行极盛，武后临朝，酷信佛法，大遭艰难，几乎扑灭，赖当时主教罗含和一般信友，尽力维持，随得转危为安。至于碑末，便说到帝崇尚景教，崇赉很深，恐它时久淹没，因立这碑，以垂不朽，唐德宗建中二年立。

这碑的下面和两旁，尚刊有多数主教和司铎的名字，全是叙利亚国文字。据近人的研究，最奇怪的就是名字当中突然现了哈南耶输的名字。按：哈南耶输，乃当时巴彼隆城内斯多略异教的主教，因此，或说唐景教并非罗马圣教，实系内斯多略异教，但碑上说的，全无一字一义涉及内斯多略异教的事，为何在碑上现有这异教名人？真是使人不解这个缘故。虽然，这事须俟好古之士，广搜证据，庶几乎可免除了这疑点呢！据理推测，圣教和异教，地区非远隔，异教能来，圣教反能落后吗？

我们在《景教三威蒙度赞》内，也可以寻出圣教会的道理来，它说：“无上诸天深敬叹，大地重念普安和，人元真性蒙依止，三才慈父阿罗诃。”按这段的文意，是说天地人应归至慈可敬的天主。“……弥施诃普尊大圣子……圣子端在父右座……”按这两句文意，是说世人钦敬弥施诃圣子，圣子座于天主圣父的右边。这赞末，还写着“《大秦景教三威蒙度赞》卷一”在《尊经》内说：“敬礼妙身皇父阿罗诃，应身皇子弥施诃，证身庐诃宁俱沙。已上三身同归一体。”按这段文意，说明圣父圣子圣神，是三位一体，论身（即位）敬其各一，论体钦其无二，应敬礼皇皇圣三的！

我们再看唐碑或赞内的“大秦景教”四字，可以多少得到一种暗示。考“大秦”两字，是我国古时称罗马为大秦。解说：西域称中国为秦，罗马人，长大平正，有类中国，故称大秦。又按景教碑中叙利亚文自称为公教云云；那么，就可以赅括一句说："景教者，公教也。大秦景教，罗马公教也。"确否待考。

自从景教碑发现了，徐李诸贤，知圣教早已传入中国，便竭心殚力，搜寻古代的遗迹。一六二六年，徐文定公发表《铁十字著》一论文，其中这样说："近天启乙丑，长安掘地得碑，题曰'大唐景教流行中国碑'，碑首冠以十字，亦一证也……唐之世，圣化大行，上德高贤，比肩林立，法坛道石，周遍环宇；何况江左世载文明，庐陵素称赤望，有兹事迹，岂足疑乎？"这是庐陵赤乌十字，一经文定公表彰，把教史又延长了许多年。

总括上述的，传闻中圣多默宗徒的故事，赤乌铁十字，古十字石碑和唐景教碑，又明末清初在福建漳州得圣母玛利亚石像，大理石十字架等等，可以说是中华圣教会史的曙光，因此，我们研究中华圣教会史的，总算可以说是进入黎明时期了。

第二讲　元代圣教会的概况

郑文华记

现在将元代圣教会的概况，分三方面来讲述：

A. 对于圣座

当蒙古人打进欧洲以后，那时欧洲的人都恐慌起来，名曰"黄祸"，好像我们现在正遭受了日祸一样！没有一个人敢出来仗义执言，独与教宗依诺增爵，不畏强权，派方济各会士来华问罪，致书元帝，大意贵元不遵上主令人类本性相安的诫命，和申斥那恣意杀戮的残暴行为！元帝复书，词气傲慢不恭，如书首："天主假手罚罪之大皇帝，万国之共君贵由可汗书……"云云。

后来圣教倒很传行，一三〇七年（元成宗大德十一年），圣座在华特设汗八里（即北京）总主教，任命若望孟高维诺充任。诺望受命由海道来，在燕京一带传教，抵华日期，约在一二九二年（元世祖至元二十九年），建立了好几座圣堂，劝化了许多的教友，故膺荣命。一三二八年，

(元文宗天历元年)若望寿终,年八十一岁。一三三六年,即元顺帝至正二年,在总主教死后八年,伊兰教友常思慕他,上禀教皇,内称:"诺望总牧,才德高超,德行逾俗,出言为重于当世,行措为则于后人!"并祈派有德的继任来华,教皇不但有答复,还曾经授来使一种荣誉职。

B. 对于政府

当时政府与宗座常有使节往来。顺帝时曾派使节及随员十五人通问教皇。案大意谓:"朕遣使来教廷修好,俾以后时得通聘,祈大教皇,降福朕躬,每日祈祷时,不忘朕之名也。再祈大教皇将四方良马,及他样新奇之物,赍朕若干。"教皇复书除谢保护奉教人的优恩,祈准传教士在其所属疆内,随意传教外,并赐良马数匹,时人目为"天马"。陆仁《乾乾居士集》有赋纪此事,称"至正壬午秋之日,天马西来,天下万寿天降福"!

查元时称圣教中人与内斯多略异教中人都名也里可温。当时是征兵制,也里可温有时可免当兵,如《元史·世祖纪》称:"也里可温,诏令止隶军籍";有时可除徭役,如《元典章》谓:"也里可温……在前不曾教当的差发,休教当者,管民官休教他每,当里正主首者,休倚势力者,这般宣谕了呵,别人的人有罪过者……也里可温……倚着这者宣谕了……"有时又可免纳税。政府不但停止军籍,免除徭役,豁免租税,还有一种特别的待遇,见《元史·世祖纪》:"至元十九年四月,敕也里可温依例给粮。"(据当时传教士遗札)

政府并设立崇福司,(犹今日内政部之宗教礼俗司)管理关于教务的政事。考"崇福司秩二品,掌领马尔哈(即亚马尼亚教)昔列班(即叙利亚教),也里可温十字寺祭享等事。至元二十六年(一二八九年)置,延祐二年改为院,省并天下也里可温掌教司七十二所,悉以其事归至,七年复为司。"见《元史》卷八十九百官志。这种政制与圣教会也很有关系,由此看来,也里可温掌教司有七十二所,在当时信奉基多的,已是很兴盛了。究竟当时有几多也里可温人呢?现在推算,总可说是个很盛的年代了。据陈援庵先生依据至顺《镇江志·户口类》推算的结果,统计该地乔寓户三千八百四十五,中有也里可温二十三,是一百六十七户中,有也里可温一户,口躯合计,一万三千五百三,其中也里可温二百十五,是六十三人中,有也里可温一人,镇江一处如此,其他处可推知。

当时也里可温已如此多,怎么到后来就绝迹了呢?这大约是教徒尽忠于元朝,至元朝推翻后,多有随到漠北去的。再者,朝代一变,对于效忠前朝的人,不免要被摧残,况且异教气焰咄咄逼人,对于异己,当然排斥。如瓦丁(Wading)记:"一三六二年(元顺帝至正二十二年)刺相港(即泉州)主教佛罗伦斯市人热罗尼莫与甘勃尼人威廉,皆方济各会士,在中央帝国(指察合汉国)为了殉教而致命的。"又如赵孟頫《奉敕撰碑》:"……'也里可温擅作十字寺于金山地,其毁拆十字,命前画塑白塔寺工刘高,往改作寺殿屋壁佛菩萨天龙图像,官具结需日用物,以还金山'。庚辰,洊降玺书护持。金山也,也里可温子子孙孙勿争;争者坐罪以重论。"在这样的政府下,也里可温尚容易存在么?

C.对于文化与社会

元代圣教对于社会与文化的贡献如何?按若望孟高维诺在世时,就将四大圣史的经,达未圣咏,玫瑰经都译成了本地文字。刚总主教曾称,"我们看出这位中国传教的首创人,确是热心不凡,学识精粹,并且工作勤劳,他将圣咏用方言译出。方开教,就召集许多儿童,教给他们拉丁文字"(引上述演讲)可惜这些读拉丁的儿童,尚未成功了本籍神职班。最近(本年一月)传信部秘书长长沙罗德大主教在传信大学讲演本籍神职班和教会的将来,即称:"看看方济各会士孟高维诺的故事,我们就明白本籍神职班的紧要了!这位赫赫有名的教士,曾在北平建堂,同时也设了外方传教自治区,所得的效果,固然可称可赞,但一经教难,中国的门户一旦闭塞,传教的事业,遂完全失败了。至谕那位圣德的传教士,连他的灰尘也未曾留下!"这是后来的评语。

虽然,当日的教化也有效果,至今可称述的!据《元史》:"马押忽,也里可温人,事继母张氏,庶母吕氏,克尽子职。"又《辍耕录》:"长公主之驸马,因坠马得一奇疾,诸医罔知所措,广惠司聂知耳,也里可温人,尝识此病，涂以药而愈。”又按《青阳集》，述也里可温人淮南廉访佥事马世德的政绩：“至正十一年，寇起淮南，合肥至城，久圮且夷，仓卒为木栅以守；贼大至，民赖栅以完。”再按至顺《镇江志》：“马薛里吉，也里可温人，至元十五年授明威将军。”同《志》：“安震亨，也里可温人，嘉议大夫。”同《志》：“阔里吉思，也里可温人，少中大夫。”同《志》：“塔海，也里可温人，居京口正议大夫，知广东道宣慰使司，副都元帅卒。”再查《书史会要》：“哈剌，字元素，也里可温人，登进士第，官至中政院使，能文辞，其书宗巙正斋。”又“康里不花，字普修，也里可温人，官至海北廉访使，笃志坟籍，至于百氏术数，无不研览，书宗二王。”以上所引，佐证也里可温人的人格如何。所谓也里可温，本蒙古语，为有福分人的意思。据陈援庵先生研究的结果，在也里可温人中有孝子，有良医，有名宦，有文臣学士。又据张星烺教授在《中西交通史讲义》称：“元时，基督信徒人物中，有后妃，有贵戚，有将相，其在元朝历史上居若何地位，亦可以臆想矣。”那么，他们在中国文化史或社会生活史中，当然也留下了相当的荣誉！

又考虑当时圣堂曰十字寺。寺在今日，指庙宇的意义，其实曩日政府机关名如太仆寺等之寺，并不作如此解释。又明代徐李诸贤，著书立说，都称“吾儒”。唐人称景教徒为僧，今日本人称一切教士为僧侣。大都随俗称呼罢了，我们考得元代在中国内地圣堂数目，别列如后：

地名	史料出处	数目
河北北平	孟高维诺遗札	二座
山西大同	孟高维诺遗札	一座
新疆伊犁	巴斯喀尔遗札	一座
山东临清	清光绪年间发现古教古冢	?
江苏扬州	真福和德理记	一座
浙江杭州	真福和德理记	一座
福建泉州	真福和德理记	三座
福建漳州	明末清初得圣母像等	?

东北西南，均经设堂，可想见当年传布的情况，现遗迹尚留存的，据我们现在知道的，有泉州的十字天神像，或系泉州圣堂中一种石刻壁画，可供研究。

讲到这里，进一层说，我们研究历史，不但求得历史本身的真相，尤在获得历史所示的真理，所以《易经》："多识前言往行以畜其德。"这是中国的最古历史哲学：作圣教的考古学家，尤注重此种"畜德"的精神。因此对于历史中杰出的大圣大贤，亦即精修神修的模范人物，要特别表彰出来。

元时来华的最初传教士中的一个，真福和德理 B. Odoric，确是一位从天主而来并有福分的圣人，有回想录流传今世，谨述一两段，供我们来追念：

"当余乘舟往龟龙时，船忽停滞，非风不行。外教人望得顺风，皆呼神求佑，无益。回子亦皆祷告：罔济！同舟人遂向余等曰：尔辈亦应起祷尔神，有效自同感再生！否则定将尔生人死骨皆弃海中矣！甫闻之，骇然，然予深知主喜临难之人许愿，乃依赖主佑，亟于童贞圣母前，许愿诵经献祭，仍无风气！爰呼上主致命圣人功德，俯允所求，遂取圣骸一片，密令从人携至船首，掷于海中。果蒙仁慈大主，荣厥圣骸。当时顺风大作，直抵彼岸。"

"在乐江之上，偶经一谷，深约二十余里，其中死尸无算。时有鼓乐歌啸之声，间有弹琴者，声音尤为清楚。初闻之，但觉激烈奋发，令人恐怖。相传入此谷中，得生命而出者，十无一二。余虽闻其说，然恃上主慈佑，必欲探其事，遂壮胆而入。但见到处死尸，不能数纪！忽见石匡之侧，立一狰狞恶像，凶猛异常，顿觉毛发悚然，呼吸欲绝！乃虔颂圣经中'天主圣子，降生为人'二句不辍，然终不敢近，离恶像约七八步，摄足而行，始出谷口，陟一沙山，四面瞭望，一无所见，但弦歌之声，仍隐约于耳。追步至山巅，见遍山银块，形似鱼鳞，乃少取入怀，转思何须白物，恐为魔诱，遂委而弃之。由是赖鸿恩，平安出谷。抵一乡村，猖人见余安然出谷，群相惊讶，问讯致敬，曰：'斯诚受洗之圣人矣。'据彼方土人称，谷中死尸，乃地狱魔鬼所辖，恒令出而害世者。不知出自臆见，抑或为邪说所惑也?”上两节采郭栋臣司铎译文。

对于真福和德理这种虔诚,我们应当取法,去岁为真福和德理逝世六百年纪念,香港公教曾撰纪念辞,转述如次,作为参考资料。

“今岁欣逢真福和德理六百年纪念,本报特行庆祝。真福生于意国,幼入方济各会,一三一四,即元仁宗延祐元年,真福年二十九,蒙教宗准敷教东方,由威奈济亚府,束装起程,陆行舟航,长途跋涉,始抵中国境内,即广东省城,时一三二六年,即元泰定三年春也。继由泉州、杭州、南京、扬州,越东鲁,傍运河,而入北京。此时北京第一任主教孟高维诺,见真福来,留居三载,襄助传教,卓著勋劳!曾召入宫,为王祝福,因元帝对于传教士,颇有相当之礼遇云。后奉派遣,回奏教宗,求多派遣教士来华,广扬圣教,乃自西藏拉萨,行抵黑海,复航海至威奈济亚,时一三三〇年,真福水陆往返,凡阅十有六载。既归,拟即往觐见教宗,恰至必撒,忽患重病,行抵巴都哇城会院,院长嘱将所历行程,及所见闻,口授一修士,以拉丁文录存。后即迁居五丁院内,未久善终,享寿四十五岁;时在降生后一三三一年正月十四日,至今一千九百三十一年,适满六百周年。殁后灵迹,确实多端:一七五一年,即清乾隆二十年,经教宗列入真福品。又距今五十年前,(一八八一年,即光绪七年)泰西考究地理学者,建立真福像于威奈济亚府,用示尊崇硕德耳。吾人试思六百年前,真福和德理,沐九万里之风霜,历十六年之转徙,为名耶?为利耶?非经营国际贸易!非扩张本国领土!然则为何而来,又因何而去乎!”请一恭聆宗座驻华代表刚总主教在真福故乡举行纪念大会中之演说,译其重要之言词,作为印证:

“真福和德理,系奉其长上之命令而授自教宗者,为一远离本国之传教士,后从中国归,亟亟又赴亚物冈,求教宗多派遣传教士,故其为人,纯粹属于宗座之一员耳!真福本人,虽善于观察人情风俗,然其行程记中,对于西方人在东方能经营者,如政治上之企图或商业上之利益,绝不涉及。吾人从此可发现真福和德理乃天主之人,而生活于超性思想中,此种传教士之德行,可归纳于下列数语:一、祈祷;二、学问;三、工作;四、牺牲。再在其行程记中，罕见提及传教消息，其故盖因此方济各会士，温恭谦逊，奉命口述一切，自然对于自身参与之传教工作，不欲矜夸。惟其全部之叙述，工作生活之一切，实令人真觉基多精神，使和德理能祈祷，学问与实行之人，且其每一思想，与动作，皆直接为愈显主荣云！”（摘译二月十二日《罗马传信通讯》稿）

“观此，可知真福德传教之美德，垂芳数百年后，使怀疑传教含有其他作用者，亦恍然自觉其实误解此神圣之事业也！乘此六百周年纪念大庆之机会。本报为使阅报诸君，更易得悉真福一身如何备尝艰难险阻之长途历程，特将前在意国纳波利中华书院，曾经研究并教学之郭栋臣司铎所译真福和德理口授游华回想录，转载于本期（即公教报第三年第四期）中，以备参考！原记第四十一以后，多系游华回想录，愿我邦人君子，多加以研究；因元代天主教传行之情形，亦可藉此考索一二，吾人今日仰慕六百年前先圣遗业，其应效法真福之言（见二十五章），曰：‘斯诚耶稣基利斯督之神佑，其获荣光于永世，亚孟！’本报同人不胜虔祷之至，邦人君子，有同情乎？”

第三讲　明代圣教会的概况

池进宜记

A. 对于圣座

1. 明递国书

《明史》卷三二六《拂菻传》，称“元末其国人捏古伦入市中国，元亡不能归，太祖于洪武四年八月（一三七一年）召见，命斋诏书，还谕其王”等情。按：捏古伦即圣名叫尼各老的人，嘱递诏书于教廷，明廷视教廷若一拂菻国家。德国夏德博士等称国书中的捏古伦，即相传失踪的北京第二任总主教尼各老。但此后捏古伦不知所终，故明国书显然未达到教廷，有这一件事的延误，直至延期二百年后，始恢复了若干关系！这不过是一段小故事，略略提及。

2. 圣使暨耶稣会士来华

圣沙勿略方济各，和我们的关系最深，现在我们奉为中国传教的主保，所以我们正式来谈明代的历史，更有从这位东方宗徒大圣人兼圣座的使节说起的必要了。

圣人奉教宗如略第二命做圣座的使节，来东方诸国传教，时在一五三一年五月七日。圣人仰法宗徒，不畏艰难，不惜性命，跋涉重洋，长洋仆仆，先抵印度梅里亚布尔城，即叩谒圣多默宗徒的墓，后往日本。在日本传教时，有人这样对他说："你要在我们这里传教，你还是到我们邻国——中国，先去传吧。他们如果信教，我们这里就不成问题了。"圣人听了这番话后，救人灵魂的热心益切，觉得中国地广人稠，实在有来中国的必要，所以写信给友人说："宁愿牺牲一己的暂世生命，换亿兆华人灵魂能得常生，所以决意要去冒险的。"

可惜那时的中国闭关自守，圣座使节和外人一般，都是万难进中国领土一步！圣人虽历尽一切的苦楚，方才抵广东的三洲岛，所以暂住在那岛上，别图良策入内地传教，不料终期已近，身染重病，仍怀抱救中国人的热衷，神注中国，由一个华侨仆人侍候着逝世！时在明世宗嘉靖三十一年，即一五五二年十二月二日。天主已准圣人的宏愿，后继有人。时利玛窦已诞生五十八日了啊！

圣人死后，来中国传教的，有玛尔定拉大，弥额尔劳介里诸氏。稍后，最可纪念的利玛窦司铎来华，先至广东，一五八三年九月十日同罗明坚至肇庆开始传教，元末中断的中华教务，至是正式中兴起来了。屈指明年，为三百五十周年，实在是大可纪念的历史事件！后由江西，到南京，最后贯彻了圣沙勿略方济各的遗教，亲到北京觐见明帝，进献天主像，圣母像各一幅，天主经一本，珍珠镶嵌十字架一座，和报时自鸣钟、万国图志、西琴等物，乃蒙明帝默许在京。稍后，同会的耶稣会士龙华民，汤若望等，相继来华，传教的人一年比一年增加了。

3. 金尼阁司铎觐教宗保禄第五

金尼阁司铎来华传教，后回罗马，觐见圣座，陈述中国的人情风土和在华传教的情形,并请求圣座允准中传教人士用华语作圣祭,及念大日课等,但这计划,终不果行。

4. 圣师伯辣弥诺寄书中国官绅

圣师伯辣弥诺枢机主教,因得悉金尼阁司铎在罗玛报告中国情况后,尝托寄书致中国奉教的官绅,内述:“中国地广民稠,才智特出。今也,天主神宠已发祥光于贵邦,俾君等详悉圣经之道,不但无害于邦国,而且授人以天国矣。君等蒙斯洪恩,不得不为君等贺”等情。此函徐文定公已作答书。我国先贤与圣教圣师发生关系,这是第一次。圣师伯辣弥诺是青年主保圣类斯的老师,诱掖后学,卓著声誉!在中华圣教会史也能特书一笔,真是我中华公教学友引为荣幸的!

5. 永历王太后上公教圣父书

永历四年十月十一日,大明宁圣慈肃皇太后烈纳肃笺,内述皇太后、中宫皇后及皇太子受洗于耶稣会士瞿妙微手,愿求得临终全赦的特恩。并述恳乞代祷福国佑民,遣卜弥格往觐等。称呼圣座为“代天主耶稣在世总师公教皇主圣父座前”,极为崇敬!我们现在称“公教”,正式中所见“公教”二字肇始于此。又太监庞天寿亦上书,旨意略同。按圣座复书称:“上智安排难测”,这信抵华时,清人已入据中原了。

B. 对于政府

1. 国家采放任政策

明时政府对于传教事业,采放任政策,既无明文准许传教,也不禁止。利玛窦司铎在广东传教时,圣教仍是迟慢的进展。大概理由,可分两点:第一,当时人民对于邪教信仰过深,一时难于归化。第二,人民在历代专制政体束缚之下,“上之所好,下必有甚焉者!”因此觉得要传教,苟从下层做起,真难发展;若是觐见君王,陈明教义,取得了准许后,圣教才有广扬的希望。所以利玛窦司铎决意北上入都。路过江西的时候,曾著《交友论》(此书明末刻书家翻刻五六次)系仿古罗马责塞罗《交友论》而作的。这是用学术传教的开始。后来觐见明帝,进呈天主像圣母像,天主经文……等奉献于御前。皇上欣念远来,默许住京,传教,得与李之藻（圣名良），徐光启（圣名保禄），杨廷筠（圣名弥格）……诸先贤讨论天主教义及科学，后来汇印成为《天学初函》一套书籍。不但“以文会友”，并且“以德服人”。有一次，李我存先生忽发重病，利司铎亲自服侍汤药，并讲论天主圣道，我存先生受了他的感动，就这样的发善愿说：“我这次病痊后，愿为上主工作。”后来果然病好，受洗入教，实践前言，宣扬圣道，不遗余力。临终时，尚执徐文定公的手，祝福要继续努力。

当时朝廷便有赞助和反抗圣教会的两派官吏，赞助圣教最力的大员，为上述的徐李杨三杰，可说是中华圣教会三大柱石！请看那一班妄人，反对圣教时，文定公上书保教，力保：

“诸陪臣所传敬事天主之道，真可以补益王化，左右儒术，救正佛法……至于部臣所言，风闻之说，臣在昔日，亦曾闻之，亦曾疑之矣，伺察数载，臣实有心窥其情实，后来洞悉底里，乃始深信不疑。”

又申辩说：“使其人果有纤芥可疑，臣心有一毫未信；又使其人虽非细作奸徒，而未是圣贤流辈，不能大有裨益；则其去其留，何与臣事？修历一节，关系亦轻。”

可知当时明达诸贤，非为教士而奉教，更非为西学而奉教，实因信仰圣道而崇教，观上文便可明白无疑了！我们在徐汇讲教史时，对于拥护圣教的保禄徐文定公，自有一种情不自禁的追慕，所以我刚来校以前，即先敬谒文定公墓，在墓前时，我十二分虔诚的默祷，表示敬慕！

对于圣教极端反抗者，有沈漼、徐如珂一流的人，奏请逐回教士。据《明史》列传九十七中称：“漼，官南京礼部侍郎掌部事。西洋人利玛窦入贡因居南京，与其徒王丰肃等倡天主教，士大夫多宗之。漼奏陪都会不宜令异教处此，惑世诬民。”

惟传中称“漼素乏时誉”，当然无效，会徐如珂恶教，乃又与以发言的机会。列传二一四外国七意大里亚中又称：“四十四年与侍郎沈漼给事中晏文辉，合疏斥其说惑众，且疑为佛郎机假托，乞急行驱逐。”

那时南京一个地方，已不下万余名的信友。徐如珂这一流的人恶教，所以与了教难发生。围室捕人，发墙漉井，并且拘禁了信友二十三人，且有夏玉一位，瘦毙狱里，同时在江浙一带的传教士等，都因徐杨诸贤保护，却又平安无事。

明代朝廷既是如此，明帝对于圣教未曾明白表示可否，所以各地长官恶教者，则禁止传教，如崇祯十年十一月，施邦耀负责的福建巡海道告示，为拿获通夷事，称天主教夷人倡教，处以左道惑众之罪。信教者则劝本地方的人民信教，如崇祯十四年六月左光先（明贤左光斗之弟）者，负责的福建建宁县正堂示："为遵明旨，褒天学，以一趋向事，照得天主一教其所昭示者，乃普世之共主，群生之大父，至尊至亲，普天率土，咸当爱戴者也。"云云。在福建一省中，就有这样矛盾的现象发生了。

2. 信友声誉的一斑

论到当时官绅中的诸信友，虽没有什么党派的组织，到底颇有基利斯当彼此互相敬爱的精神。试就徐文定公个人的友谊论，对四方同志都有交情，可想见当时信众的亲爱精神了！徐光启的友人有李之藻、杨廷筠。徐光启的学生则有韩霖、金声、王徵、孙元化，李之藻的学生有张焘，而张焘为孙元化的下属。

又据著名的和尚袾宏《四天说自叙》中说："现前信奉天主教士夫，皆正人君子，表表一时，众所瞻仰，以为向背者，予安得不辩？"上文出于反对者的异教人的口吻中，可反证当日信教的士大夫都是光明正大的人物。明永历太后（圣名亚纳）太子（圣名公斯当定），后来也都受洗进教了。

考教史载，崇祯末年，传教十三省，教友约有十五六万人，内有达官十四员，进士十名，举人十一名，秀才监生以数百计。今据统计：（参看《中华本国主教》一书，一九二七年土山湾出版，英文本）

一五八六年，初仅有四十中国教友。

一六〇八年，增加至二千名。

一六一六，又增至一万三千名。

一六五〇年，至一十五万名。

一六七〇年，至二十万名。

C. 对于文化与社会

1. 历算学的改良

明季利司铎来华著有《乾坤体义》及《天主实义》等书，徐李诸贤从学，又译《几何原本》、《测量法义》诸书行世。西学传入中国，从此开始。徐李诸贤又荐耶稣会士龙华民、邓玉函、熊三拔、阳玛诺诸司铎，从事改历，并著有《简平仪》、《天文略》、《新法算书》，均能参用中法，发明新理。又荐举了汤若望、罗雅各诸同会士，译《崇祯历书》百余卷。《明大统历》、《回回历各法》，均不如西历。当崇祯十年，帝以历年交食凌犯，派大臣登台观验，独西历密合天行，后遂重视西历。总之，对于科学，如历法等是有很大的贡献呢。

自耶稣会士入中国，理科智识有了进步，如天文仪器、测高器、望远镜、自鸣钟、时刻表，军用炮火，虽传自外洋，对于明代工业，在无形中促它进步。例如《远西奇器图说》、《则克录》等著述，都是实用理科的教科书。对于农业的影响更大，专就徐文定公著《农政全书》论，在我国农学史上，要占一很重要的位置的，在最近商务印书馆出版《万有文库》，还翻印这部书呢！其他对于水利，也有专书提倡的。

3. 汉文教理书的著作

对于著作方面，上文所说，只略提及科学诸书，现在再加补述重要的教理书：除《天主实义》、《畸人十篇》均经汇入上述的《天学初函》外，中华信友所撰的，据华封老人称："教理书，徐光启只有《辟妄》及《辨学章疏》，其他科学、哲学书，与李之藻二人助译者固多，自撰者亦不少。杨廷筠亦撰有《代疑编》、《代疑续编》、《天释明辩》等。"(引《江苏通志·宗教门》撰稿)

4. 家庭生活中维持风化

一方，主张严格的一夫一妻制，一方提倡幼童教育。

(附)我国文化最初传入欧洲略史

始译我国经书为西文者，为明末清初的耶稣会士。一六六二年耶稣会士郭纳爵司铎(1599—1666)译《大学》及《论语》最前五篇，为拉丁文，经同会士殷铎泽司铎(1625－1698)在江西建昌替他出版,并附木刻图画;殷司铎又自译《中庸》为拉丁文,并附《孔子传》,一六六九年初刊于广东,一六七三年再刊于巴黎,又译为法文,同时刊行。出版后耶稣会教士柏应理(1622－1693)归游欧洲,到处宣传,于是一六八七年,以上三书的拉丁文本,始在巴黎汇成一编出版,列名编撰者为殷铎泽、恩理格、鲁日满、柏应理等,所谓《西文四书直解》是也。

画家华士法人(Jean Antoine Watteau,1684－1721)颇受中国画的影响,其山水背景,酷类宋人。

一七一一年,耶稣会士比利时人卫方济(Francois Noel)刊行中国之六经拉丁文译本;他如耶稣会士马若瑟也曾译有中国剧;近来欧西的东方学或汉学,从此有了基础,由此基础而逐渐研究,遂成为专门学科,数典述祖,附带论及。

5. 信友对于国难的救济

明末圣教传行中国,正值内忧外患时期,好似今日国难所临头的状况!那时信友对于国家很有相对的贡献,如最初有三杰和门弟子,自动捐款,购炮御侮,在辽东打过胜仗,中间竟因此有了一次大狱。徐文定公的门人孙火东将军(圣名依纳爵),和李我存先生的门人张维炤将军(圣名弥格尔),殉国死了。今年适逢三百周年,我另有文纪念,可参看。后来庞天寿(圣名亚基娄)又携毕方济司铎至澳门商议借兵事,葡国遣兵三百名带大炮数门,往桂林助战,曾经两次败敌兵。最可称道的,有许多公教官员都效忠祖国,造成许多轰动的史绩。除上述孙将军守登莱外,金正希(名声)守徽州,瞿忠宣(名式耜)守桂林,都是较显著的事件。

当时人认教会对文化方面都很有贡献,如王应麟所撰《利玛窦墓记》中称:"殚其底蕴,以事天地之主为本,以信望爱天主为宗,以博爱诲人为功用,以悔罪归诚为入门,以生死大事有备无患为究竟!视其立身谦逊,履道高明,杜物欲,薄名誉,淡世味,勤德业,与贤知共知,絜愚不肖共由。玄精象纬,学究天人,乐工音律,法尽方图。正历元以副农时,施水器以资民用;翼我中华,岂云小补。"

这不仅赞扬利司铎个人，实在是歌颂一班传教士！章太炎撰《社会通诠商兑》(《章氏丛书》)别录卷二也说:“基督入于晚明世矣，是时人民望此以为导师，欢喜踊跃，如大旱之见长蝀！特一二士人，以期背弃儒法，而被以异端之名，非社会之总意然也。”这样可见社会总意是拥护圣教会的了。

虽然，那一二个违反社会总意的人，究竟造成了一次冤狱，即万历年南京教难，是非自有了公论的。我们也应纪念那几位为义受困者！他们的口供见万历四十四年、四十五年(1617—1618年)的《南宫署牍》，现在竟保存在佛书所谓《圣朝辟邪录》中。我曾作一度分析的考察，案件里面，有中国修士钟鸣仁、钟鸣礼兄弟，为传教而被捕，有六十岁的老同志姚如望(圣名若望)手持黄旗，口称愿为天主死，被拘；有挑水为业的张寀(圣名路加)为营救同志，一两路费，走十八天，从北京奔到南京，结果终身监禁起来；至于口供，进教的动机，因见同乡说称“天主教极好”！有结帽为生的曾秀，江西人(圣名斐理伯)因妻染痰病，五年不愈，慕天主教可以让灾获福，同妻进教，他在公堂的口供颂了一篇天主经；他曾经劝化了表侄内弟，并且招引他铺子里的主顾夏玉(圣名伯多禄)进教，这次同在难中，夏玉竟牺牲成仁，口中有“思我既敬天主，就有灾患亦无事”等语。

这几位可钦可敬的明代平民，他们信教的虔诚，实不亚于所谓三杰，精神上有过无不及！他们和大德方德望司铎一样，都是圣教的忠仆，中华同志应引为光荣的！这时候我们讲教史对于这几位无名英雄，他们的口供已经发现了，贞如玉珉，洁白胜雪；敬览一过，宁不有感于衷么？所以我们特别提出来讲。当时社会中的一般平民，已有极大虔诚的信仰，达到十分美满的程度了。我们有机会，当特别鼓吹和宣传这些为义牺牲者的美谈。希望能传到罗马圣部，将来得到相当的表彰，我中华圣教会史便增加了荣誉的一页。

备考:本校刊第一卷第六期《明季天主教耶稣会士之成绩》一文，可供参考。

第四讲　清代圣教会的概况

朱德贵记

A. 对于圣座

清代初年，圣座好几次派使节来华，到底清廷接待都不很好，因为这时候的清帝很是傲慢，当作属国的人来朝贡一样。查《大清会典》，所谓“西洋国教化王入贡”，是一个明证。

不幸因为中国礼仪问题，在清初传教界中发生争端了。圣座叠派专史多罗和嘉禄来处理，却遇着清康熙帝置喙其间，引起了轩然大风波！效忠圣座的多罗主教，做了当时传教界和政治干涉的牺牲品！我们不禁同声叹息说道：“若那时能服从圣座的指导，是何等的幸福。”(引刚总主教的演说词)

清代中叶，圣座和中国因此没有了什么直接的往来，一直到光绪年间，情势迥异。甲申中法战事发生，圣座派了兰尼专使来华，声明中华传教者，无论何国国籍，均为圣座所派的。清廷至是亦派使节到罗玛通聘，因清廷稍明了世界大势，知圣教未世界各国所崇奉的，故对于圣座，始加以相当的敬礼，在这时期，清廷逐渐将理藩院改为总理各国事务衙门，又改为外交部了。

B. 对于政府

清代的宗教政策，是保护佛教或喇嘛教，对于圣教会，极力迫害的。我们先辈因此有了二百多年的血泪史！综计在政治史上，最显著的惨案，约有数件：

(甲) 历法事件

中国最初的历法有回历和大统历，后来历法更疏，交食多舛，历官拘泥，惮于改作！到了利、汤诸司铎东来，崇祯始设新局，验西法，但守旧的历官如魏文魁辈，但极力排斥。泰西的耶稣会士能本所学，融会中法，如置闰月等类，都比旧法高明。修历虽成功于明末，但至清初方才采用。

顺治帝曾褒扬汤若望司铎赐“通玄教师”的嘉号，因此一时声闻全国，名震宇内。鄙卑的人，就生了嫉视心，作谤教书，散布流言，图谋陷害，待机发动，竟在奸臣鳌拜执政时代，由回教人杨光先上章参劾通玄教师和其他教士，计有大罪三款：一、潜谋造反；二、邪说惑众；三、历法谬误，遂判决了罪案，如下：

“汤若望传天主教，邪说惑众，为首，应革职，监后绞；其余为从，有官职者革职，俱应杖责四十，候充发远方，押解出境！”

杨光先又力诋历法，上书妄称：“西法种种不善，时日不辨吉凶，令人莫知适从！”并称：“汤若望罪同弑逆，应凌迟处死，定罪肢解！奉教显官李祖白等七人，罪应斩决。”七十三岁叟通玄教师，后因京都地震，幸免枉死！但将李祖白先生等五人处决！其他信友，也都处罚。后康熙平反前案：死者优恤，生者复官！在汤若望虽经昭雪赐恤，但一查当时和亲康亲王杰淑等原奏疏中有“关系西洋人书籍、铜像及天文学传教书板，前已焚毁，无庸议”等语，可见圣教会的损失，是未经赔偿的！

（乙）雍正事件

康熙末年，诸王相竞，雍正窃位，自立为帝。因为那时耶稣会士与康熙第九子允禟及苏努诸子，很是接近，故此雍正怀恨颇深，遂用一国元首的权力来压迫圣教会。观所谓雍正上谕，可知：“元年十二月十七日，闽浙总督满保，奏请严禁天主教，礼部议奏各省西洋人除应送京效力者外，余安插澳门，奉上谕：‘西洋人乃外国之人……’”

雍正个人亲信喇嘛，他的思想如何，可检阅雍正上谕来研究，兹录一二条于后：“又如西洋教宗天主，亦属不经，因其人通晓历数，故国家用之，尔等不可不知也。”（二年二月）“朕思天地之间，惟此五行之理，人得之以生全，物得之以长养，而主宰五行者，不外夫阴阳，五行者即鬼神之谓也。”（二年八月十四日）他的脑海里面既有“如是如是”的观念，无怪他的《圣谕广训》中，有“白莲天主教同属不经”一类的话！因此将教堂充公，改为庙宇，图书没收，悉数销毁；迫令教士信友叛教，否则，或逐出境外，或流配远方！反过来看，龙王庙、万寿宫、天后宫，以及所谓“阴阳五行鬼神”遍布全国！这些事情，恰足以暴露他的短处呢！雍正死后，辅政王大臣，承他的遗命，又谕示天下军民人等，不得学习天主教，违者治罪。恶例一开，从此多难。到了嘉庆的时候，又加上了些束缚，任势立威，暴虐教民，三四十万的无辜平民，因为信奉圣教的缘故，不但剥夺公权，还遭遇了迫害。真和那无辜的羔羊，遭着那凶恶的豺狼一般！我们先烈弃财忘荣，不辱教名，被难倾注身血，证教理的真实！现在发生了信德的干，长成了望德的枝，开了爱德的花，结了圣善的果，应该称颂致命诸圣以血和泪换来的代价啊！

（丙）洪杨事件

太平天国的首领是洪秀全，当全盛的时候，势力遍十六省，计六百余城，支持了十五年！洪氏本人曾向广州美浸礼会牧师罗伯尔求入誓反教，所以不拜木偶，毁灭庙宇，称天父天兄，自称为天父之子，狂谬附会来号召一切。当时清廷不明其中底细，妄疑为天主教徒。其实天主教与太平天国迥然有天壤的区别。曾国藩奉满清天子命，统师二万，水陆并进，传檄远近，诋洪为粤匪，诬洪“窃外夷之绪”，又称洪“崇天主之教”，武断地说：“此岂独我大清之变，乃开辟以来名教之奇变。我孔子孟子之所痛哭于九泉，凡读书识字者，又乌可袖手安坐，不思一为之所也……倘有抱道君子，痛天主教之横行中原，赫然忿怒，以卫吾道者，本部堂礼之幕府，待以宾师。”

故称为“读书识字”的“抱道君子”，希图攀迎，崇饰讹言，著谤教的书，绘谤教的画，因此，无端横祸，教案日炽一日。无辜的教民，痛哭日甚一日！非但清廷对教民如是暴虐，同时并遭太平天国军匪的荼毒，此时我教平民，真的避难无方，左右被害，受军匪双方的压迫和虐待！

（丁）庚子事件

“拳匪之乱”此事起于光绪庚子年，故称。初因外人欺凌我国日甚一日，国内的人民，也仇恨日深，于是国内一时充满着“排外”的空气。拳匪也就趁势起事，以“扶清灭洋”相号召，发难地在山东，后来竟蔓延到了京师。清廷又加以嘉奖，并其名曰“义民”，助枪资粮，用来灭洋！于是拳匪更是明目张胆，乱作乱为了！清廷曾命庄亲王、刚毅等统带拳匪，户部札放梗米两万石，交刚毅等分给拳匪做粮食。各督抚将军，修理枪炮，添造弹药，分给拳匪。于是拳匪到处破坏铁路，截断电线，围各国公使馆，并将外人的房产焚毁，因此遂闯出八国联军入北京的大祸来了。至于赔款辱国，使全国人民直至今天都蒙了祸！这都是慈禧太后一妇人的昏聩，和几个大臣的无知，以致激成了偌大的变乱呀！至论排外的原因，极其复杂，梁任公曾分析之，惟其中“教”、“民”不和一节，可引胡礼垣翼南氏所著《新政真铨总序》中，论闹教之非的文字来辩护，一则关于民众心理方面的，查拳匪以洋人和外国教士为老毛子，教民为二毛子，其他通洋语，用洋货，和洋人共事的，更有三毛子四毛子的称呼，故戕杀外人后，又从而苛遇本国的教民和识洋语的平民了。这事和《晋书》记杀羯人的事实相类，都是仇外报复。采用滥杀手段，据《晋书》载杀二十余万羯人，其中无辜受祸的“有高鼻多须而滥死者”！唉！民族的怨仇，是应该避免的，对于日前日军的残暴，同样使世界各国人士痛心疾首的！一则关于迷信思想方面的，我们可于当日散布的揭帖里，发现那时潜伏中的社会意识。兹录《增福财神李告白》，作为一例：

“兹因天主耶稣教，欺神蔑圣，不遵佛法，怒恼天地，收起雨泽，降下八百万神兵，扫除外国洋人，(才)有细雨。不久刀兵滚滚，军兵有灾。佛门义和团，上能保国，下能安民。见字速传，一张免一家之灾，十张免一村之灾。见字不传，必有刀头之罪，不平不能下大雨。”

像这样反圣教会的理由，只要有常识的人，谁都能判别出来是非邪正的！当时刘岘帅札饬府州县语中，曾正式的说过：“北地匪徒闹教，至肇巨祸！”此役，中国信友殉难的万数千人，传教士有五十二位，这祸不可谓不巨了！

在此种教难叠兴的时代，圣教会的容忍，真是足以感动仇教人的心理的悔过，因为信友在遭难时期还不断地为国家、为长官、为一切肆害阴谋我者祈求，在弥撒经和日常之祈求文中都证明这事实是如何超性的高贵呢！

虽由各国抱救灵传道的热忱，前仆后继的传教人员，努力维持在华被压迫的圣教会，然而此时圣座高瞩远虑，决成立国籍神职班，于是在罗玛最近祝圣六位华籍主教。约二百多年以前，有了第一位中华主教罗文藻，他的教绩，是当时的中外记载都异口同声称扬的！（详见前几年天津《益世主日报》中披露福安光荣之一文）当时他祝圣了几位华籍司铎，其中最著名的一位司铎，墨井道人吴历（称渔山），这样对人说过："教皇命我为司铎为何意乎？恐大西人在中国或有致命之日，则中国行教无人！"（《墨井集》，《口铎日抄》卷五第八十八页）可知国籍神职班的产生，是当时所采用的有效的对策。由此扩张，而成今日之中国代牧区，将来中国本牧区，圣教会的精神和方略，原是如此一贯相传的。

C. 对于文化与社会

清初西洋科学的输入，都赖传教士的努力。日本高桑驹吉著《中国文化史》，称道："在明末清初，耶稣会士对于天文、历算、地理、炮术所尽之力，及所举显著的功绩，直不遑枚举，而中间尤以康熙"永年历"及《皇舆全览图》之二者，为装饰圣祖的康熙时代之双璧；即中国的思想界，其感受着大的西洋文化，亦以资于此二大事业之处，为最多且巨也。"其实精于中画略参西法的吴历司铎，和精于西画略参中法的艾启蒙、郎世宁等修士在中国画史都颇有地位的，不但清代文化史应提及他们的成绩，还有些文化事业是承继明季的努力，恕不再赘。

惟清代汉学的复兴，是和圣教会提倡的纯正哲学，即所谓士林哲学，输入中国很有关系。自从利玛窦司铎在《天主实义》中指宋学为后儒之说以后，清初大儒毛西河等也极力攻击宋学中主要人物如朱熹等了。再利类思和安文思司铎节译了圣多玛斯的《超性学要》为精深汉文，对于当时中国的博学鸿儒很是重大的教训，有高层云、胡世安等名流的序文可证。又举一例，圣奥思定与中国学术界，我曾撰了一纪念论文来说明，可参看。

谈到社会方面，圣教会本基利斯督仁爱的精神，在清季世又创设了许多慈善机关，如育婴堂、安老院、施医所等等；至于设立学校，培植人才，算是次要的贡献。我们讲到这里，或曾引起社会的恶意攻击，如云杀小孩，取眼珠等无稽的谣言，毕竟对于社会有很大的功绩，打倒了溺婴的恶俗，恢复了安老的善政，暨拒毒药，破迷信种种工作，对于人种上，民俗上，都是一种不朽的救济事业！唯有本着基利斯督仁爱精神的英雄烈妇，才肯舍己救人，到下级社会去努力救苦救难，实行传教救人的工作，还是肯如此工作的影响烈妇，杀身成仁，舍生取义。天上的荣冠加戴在他们的头上，人间的志士拜倒在他们的足下！关于中华致命真福的传记，有本汇书局出版的《中华光荣》，新近安国修院教授刘裕坤先生，用现代优美的文字，搜求忠实正确的信史，重写了一部《轰轰烈烈集》。我很虔诚地敬礼上述每次教难中致命的已列品或尚未列品的诸圣，并且很荣幸地介绍公教学友会会员所撰的《轰轰烈烈集》于诸位学友之前。

第五讲　民国以来圣教会的概况

陈世英记

A. 对于圣座

1. 建立宗座驻华代表

当今教宗即位的第一年，即一九二二年，圣教宗庇护十一念中国圣教传布已广，所立宗座代表区和宗座监督区为数不少。特制定遗典，设驻华代表，以为"对于中国人民，愈显其雅管之谊，及煎迫于其心中之至情，特俯顺该处多数主教之意，钦定一宗座使职于中国，以为圣教之保护，及其光荣。"（引原典文）民国十一年二月二十四日，宗座代表驻华刚恒毅总主教来华。从此，我中华与公教先进各国等，有宗座代表率领，一切教务都有优新的发展。论到今年是十周大庆，我们该庆祝的。

2. 圣座训示与中国第一次圣教大会议

刚总主教去年三月五日在罗玛传信部礼堂，公开演讲，中有一节，转述如次：

"圣座一切文件自一三〇七年克莱满第五致北京第一位总主教孟高

维诺的教谕，到上月二月十二日教宗的无线电训话，无不嘱咐教士专心宣布福音，与政治商业完全脱离关系。一九二六年六月十五日，圣父致中国各教区领袖的公函里，有以下重要言论：‘圣教会从未许过把传教事业作国家政治的工具，历史上证明，任何民族，任何政权，圣教会均可与之适应，圣教会教人尊重并敬礼合法长官。为教士教民所要求的，不过是自由、安全和普通权利罢了。’上海中国第一次公教大会议曾有以下光明磊落切合圣座的规定：‘我们不可宣传中国的缺点，中国的风俗、习惯、法律、制度如非公然背理，我们也不可以言论或文字加以指斥。’（六九四款）‘我们以耶稣特派员的名义来中国，希望尽力赞助中国同胞，绝不愿他们稍受损害……中国人不背福音原则的正当爱国心，我们应加以尊重和维护。’（六九五款）‘在中国出现的罪恶，如土匪扰乱，苟有叙述的必要时，当严加分析，勿使全国蒙同样恶名。于中外发生冲突时，传教士的言论行动务要谨慎，严守局外中立，免使政治方面的仇恨，累及传教。’（六九六款）‘遇有事件发生，必先设尽方法以求解决，非万不得已，不可请西洋外交官代为处理。’（七〇〇款）‘传教士都当和地方官联络感情，礼遇有加。’（六九七款）当知上海公教第一次大会议举行于一九二四年，那时国民革命离成功尚远，故一切规定纯出福音原则及圣座指令，绝不带投机主义的色彩。用这个大会议的法典，我们满可对付一切仇教的人士，请他们考察这无懈可击的准据，以破除谬误判断。”

3. 一九二八年八月一日教宗对华通电

圣座因欣念国民政府业已统一，曾经特电宗教驻华代表刚总主教转嘱中国公教信友和全体国民，原电译文如下：

“圣父教宗庇护十一，与其诸可敬神昆中国诸司牧，及诸可爱之神子司铎与教友之通牒，并令将此通牒宣布于伟大优秀之中华国民全体。教宗对于中华时局，始终极为关心。一惟首先对于中华完全以平等相待，且因有真挚诚恳之同情，首次躬亲祝圣华籍主教于罗马伯多禄大堂。今闻中华内争已息，极为欣悦，并赞谢天主。所虔求者，乃中华得享寿永久而有益之和平。至此和平得现于国内外，而以仁爱公理为其基础。为达此目的,教宗所切望着,乃中华国民应有之希望及权利,皆得完全认可。夫以中华人口之众,超于世界任何民族之上,文化最古,且曾有伟大光荣之历史,若按公理及秩序努力前进,则来日发展,诚可未量也!教宗希望中华公教教众,对于中华之和平发达与进步,皆有所贡献,并重申一九二六年六月十五日通牒之言,即对合法政府之恭敬与服从,向为吾公教所信仰主张及提倡,其传教士及信徒所要求者,惟国民共有权利之自由及其保障。教宗特嘱诸中国司牧着手组织及发展一切公教工作,以完成其传教事业,使公教之男女信友,及尤属可爱之青年,以其祈祷善言与善工,于其祖国之和平社会昌盛及发展,有所贡献。使圣经中之神圣而有益之主义,得传布于世,并襄助诸司铎以广扬基利斯督之思想,及因基利斯督仁爱而得之个人与社会之幸福。教宗重申其对中华发达之希望,并为中华祈祷,恳求天主满中华国民之志愿,特慨然赋予汝众以圣父及宗徒之降临,枢机主教嘉斯巴利。一九二八年八月一日。”

前项电文不但在教会中宣布,刚总主教又将原文抄送外交部,曾得政府复文:“敬启者,准八月三日来函,并抄罗马教宗比约第十一世致中国天主教及教友转告中国全体人民书一件。批阅之余,至为荣幸!教宗对中国表示同情,且欲引神教之功用,为中国复兴事业及和平与进步之助,尤所欣感。现在中华统一完成,政府及民众,当本素来和平之精神,跻全世界于幸福途径,以副教宗祈祷之诚也!特此敬复!即希贵代表转达教宗为荷!顺颂时祉。”

4. 进行中国与教廷通使运动

此事详情,有北平平民大学领事学系学士常守谦先生所编辑《外交问题丛书》之一《改善中国与教廷关系问题》专书,现在不再论及。

B. 对于政府

1. 民元约法

民元约法是南京参议院议决的《临时约法》三十六条蒙回藏各族待遇条件,(辛亥十二月十六日公布)规定“满蒙回藏原有宗教,听其自由信仰”,都是信教完全自由的规定。

2. 国教(孔教)的倡议和取消

民国二年八月间,新创立的孔教会代表陈焕章等,上书大总统参众两议院宪法起草委员会,请定孔教为国教。这明白是妨害信教自由的原则,对于圣教会很有影响。后来经我们的前辈函电分驰,联络同志,据理力争,全国教区公举代表赴京请愿多次。结果所谓国教无形取消了事。此事详见《反对国教始末记》。

3. 民国政府训政时期约法

民国二十年四月,南京国民政府召集国民大会,制定约法时,对于第十一条"信仰自由",间有极少分子主张限制"信教自由",如谓"儿童无信教自由"等。后来经出席的公教代表联合同志,提抗议书,结果仍保持信教完全自由的约章。

4. 进行宗教保障法运动

教宗钦赐骑尉爵士刘守荣先生,被选为河北省国民会议代表后,向国民大会提案,制定宗教保障法。录出所拟:"两大原则:一、宗教教育事业,在不违背党义之范围内,加以相当之保障,现行教育法令,束缚过甚,应加修订,以示大公。二、宗教团体财产基金,即从事宗教事业之生活费及养老金等费,或用为经营宗教、慈善与社会公益者,应享有法人之待遇。在相当限度之内,准予免税等项保障。"这是我们希望能成功的要图,况且也是我们以公民资格应享有的权利。

C. 对于文化与社会

1. 公教教育的成绩

在文化方面,最近世界思潮中,有公教文艺复兴运动,故影响所及,中国教会人士,也很努力!自一九二三年四月二十三日刚总主教颁发其"论基利斯督艺术之普遍性"(the Universality of Christian Art)一公函,详述一种新式之教堂可能建筑,规模完全是圣教的同时是中国的。最近又在《公教教育丛刊》中,专刊《中华圣教艺术》一册,序中详述这传教的方法,将来这艺术运动一定要超过现有的成绩。文学方面,正在提倡,如天津《益世报副刊》,宣化《景星季刊》,都专论到和鼓吹的!至于教育事业，最著名的有《辅仁运动》，详见《青年季刊·读书运动专号》中。

公教学校的统计，目前所知道的如次：

学校程度	大学	专门学校		师范学校		高级中学		初级中学		高级小学		初级小学	
性别		男	女	男	女	男	女	男	女	男	女	男	女
校数	3	73	44	14	15	10	6	32	23	188	122	2025	738
学生数	759	2895	1720	467	502	3268	1045	3582	1860	9212	6581	61079	32272
备考	已立案者1校			已立案者5校	已立案者5校	已立案者3校		已立案者13校	已立案者7校	已立案者71校	已立案者44校	已立案者264校	已立案者125校

此外，不属学校正式系统者，有专学经言教理的明道院，男四千八百九十四名，学生八万七千六百五十八名；女三千九百五十七名，学生七万九千九百五十三名。（以上据去年公教教育联合会正式发表之统计）。惟立案者不多，尚望今后力谋改善，庶适应国家与社会对我教人材之需要，贤明当局，已注意这一层了。

2. 公教团体的活动

在社会方面，我们可论到公教团体目前的情形，也是应加以充分的注意的。

目前中国有百十余教区，内有十五区是隶属中华代牧或监牧。总计在华各种修院传教会的传教人员共三万余名。日夕活动为二百五十万的信友，一致增进敬主救灵的信仰。再在神职界，现有中国修院的创设，如刚主教创立的宣化主徒会，雷万桑司铎创立的安国若翰小兄弟会和德莱小姐妹会，是较著名的。

刚总主教谨遵当今教宗比约第十一对华通电，于民国十七年起，正式颁布关于公教进行的训示，详录其中要点，如后。

“教宗比约十一世，为补助传宣福音之事宜，嘱托诸可敬主教，组织发展公教进行工作。藉此进行工作，男女信友，及尤属可爱青年，皆得以其祈祷善言及服务，有补于其祖国之昌盛，社会之福利与安宁。主教司铎，传宣圣信之德，及由信众之友爱，所生个人与社会之幸福。”

是以宜陈明关于公教进行之性质、宗旨及方法，种种原则，以期铲除各种对此重要工作可有之阻力后，妥善承行教宗之劝谕。

（后略）编者按：后文为公教进行会、青年会、妇女进行会、学友联合会等组织的一些文件，故从略。

如何编纂中华圣教会史[①]

同志：为敬重圣教前辈耆老，和勉励今后青年学友研究教史更加努力起见，我有了四五年的志愿，要写一部《中华圣教会史导言》。这书第一编，为《中国人士研究圣教会史之历史》，刊在一九二九年三月的北平《益世报》"宗教丛谈"栏，是年五月，又经北平青年会期刊重刊；第二编，即《中华圣教会史纲》演讲记录，载在一九三二年的上海徐家汇徐汇师范出版的"我们的教育"毕业专号中；今口述的第三编既已告成，《导言》一书，即可完成。

这书将来付梓时，我就拿相伯老师为《江苏省通志》所撰的《论宗教》(《圣教杂志》已重刊)一文，当作该书的第一个序，以我为《人文》所撰的《中国天主教史略》(载在一九三二年六月的《人文月刊》)为第二个序，以我最近撰的《中国天主教史的分期》(载在一九三三年一月的香港《南星杂志》)作为第三个序，这三个序作为提要。希望教中长老暨同志们，为中华圣教会广扬计，鉴谅和指正本书的错误，并共同努力成一更伟大的教史，饷我国人，不胜恳祷！

① 原载《徐汇师范校刊》1933 年第 7 卷第 6 期，本文由徐景贤口述，严肃笔记。

A. 圣教会历史的研究及其目的

历史便是考古，最近教宗颁布关于讲授圣教科学专科学院之敕书，内有宗座特立圣教考古学院，其宗旨是以历史及批评性之研究，叙述古代的道德，古代的设施，以及古代的生活。其学院中的科目分主科、属科二种，照录如下：

(一) 主科

(甲) 古代圣教历史、礼节及圣迹

(乙) 古代圣教建筑学及建筑物历史

(丙) 最初时期圣教坟茔之记述及历史

(丁) 古代圣教之圣像画法(绘画雕刻及下级美术)

(戊) 古代圣教之铭志

(二) 属科

(甲) 古代圣教史起原之批评概论

(乙) 研究圣教碑碣之方法论

(丙) 圣教初兴时代之罗马教育

(丁) 发掘及保存古代碑碣之技术论(见一九三三年三月《教育益闻录》译圣部制定细则)

考古的目的，正是圣保禄宗徒对格林多教友说的："他们所做的这些事，都是榜样，记载出来，正是为训诫这生在世代末期的我们。"(引《圣保禄宗徒致格林多》一书十章十一节)

B. 对于前辈研究中华圣教会史的批评

我在《中华圣教会史导言》第一篇中已讲过前人研究中华圣教会史的

如何努力!对于他们的努力,我曾也表示过很深的敬意。我又曾经将他们研究所得的结果,向汇师学友们讲演过一个大概,即《中华圣教会史纲》讲演记录,这次我所要讲的,是原定计划的第三编,即《如何编纂中华圣教会史》。

论到以前研究中华圣教会史的前辈,按理是我们圣教后学的老师;假如他们的工作都很圆满,那么我们便可以不劳而获。因为他们赢来的知识,都是我们继承的产业。不过这些老的遗产,有的为着时代的关系不很适用了。例如:黄司铎撰的《正教奉传》、《正教奉褒》一类的书,专述历代帝王的崇教,现在便不能供国民的需要,必须改作;也为了朝代的关系,圣方济各·沙勿略遗书已提及中国必有教友,可是利玛窦等来华后,对元代方济各会事,不向国人提及的啊!又如 Huc 著的《中国教务纪略》,专门根据西文的记载,不能使中国学者心折,就是看了,也引不起何等兴趣!即如陈援庵先生所编的《中国基督教史讲义》,其中史的分期,以明称天主教,清则称耶稣教;最近有王某者,或系祖述此说,著《中国宗教思想史》,叙史至明末,竟称"天主教的衰落",至清季,反称"基督新教的扩充"!难道我们现在二百五十万的天主教徒,还不能和五十万的自称基督教徒,相比较吗?以数字来看,正是五与一之比呢!可参看《申报年鉴》一九三三年第一次统计。这是所谓事实胜于雄辩!一种过失,总得纠正!再如樊主教编的《燕京开教录》,和萧司铎撰的《天主教传行中国考》,或是偏于地方的范围,或是拘于政教的关系。古代名哲有言:"吾爱吾师,吾尤爱真理。"我刚才所说的一段话,并不是不满意前辈努力的功绩,实在是因为现在需要有同志,按照宗座特定圣教考古学院所规定应该有的学识,将以前关于中华圣教会历史的著作,从新整理研究一番。

同志们!来,让我们一同努力,如同过去的我们的前辈,常常的努力!

C. 编纂中华圣教会史的材料

查史料可分为遗物和记录两大类,今年为徐文定三百周年,我现在为具体说明起见,谨就徐文定为题来讲,做个实例。

(一) 遗物

(甲) 遗留物

A. 徐阁老的墓

B . 徐阁老的子孙

C . 徐阁老的祠堂

D. 徐阁老的文集以及家书

E. 徐阁老的《辩学章疏》和其他奏疏

(乙) 纪念物

A. 御祭文,墓志

B. 十字纪念碑

(二) 记录

(甲) 徐阁老的真容

祠堂内的雕像

关于其他的传说

(乙) 明史的记载

(丙) 利玛窦等的记事

(丁) 家谱、县志、府志中的传记等等。

上述史料,系编纂个人传记的各种史料,根据了这些史料来编纂,那是一部准确完备的传记了。按《日本史苑》第四卷第五号,载有小林秀雄译《史学研究法》,现在录出史料的分类表,作为一种参考。

一、 遗物

(甲) 残留物(狭义的遗物)

A. 肉体的遗物

B. 言语

C. 状态及其制度

习惯

道德

祝祭

游戏

礼典

制度

法律

组织

D. 制作物

艺术

家见货币

武器

建筑物

E. 事务的文书并书翰等

裁判文书

会议文书

演说

报告

新闻

杂志书报

各种行政文书

统计算书

关税表

土地台账等

（乙）纪念物

A. 志文

墓志

B. 纪念碑

题名及有造形技术之记述

C. 古文书

历史

二、 记录

(甲之一)形象的

A. 历史画

B. 地图的记述

C. 历史的雕刻

(甲之二)言语的

A. 物语

B. 传说

C. 诗

D. 谚

E. 歌

(乙)文字的

A. 历史的志文

B. 系图

C. 历

D. 刀ン十|儿

E. ワロニ|ワ

F. 传记

G. 备忘录

上面所述,系就普通史学说的材料问题,更进一步,研究史料的整理方法,简括的来讲,有下列五种:

(a) 按《千字文》的顺序,像《永乐大典》的办法

(b) 按派别

(c) 按标准之高下

(d) 按型类

(e) 按历史顺序

至于编纂圣教会史，那么问题更形复杂，非有宗座特立圣教考古学院所规定应有的学识，礼节圣迹的如何记叙，风俗习惯的如何析别，等等，都是编纂普世圣教会史中不易处理的困难点，若专编纂中华的圣教会史，则范围便缩小了许多，因此困难点也减轻了不少！编纂大约有下列三种方法：

(1) 以某一时期为限

(2) 以某一型类为限

(3) 以某一时期内之某一型类为限

其次，还有一种着手做的方法，此种方法研究的结果，对圣教会史仅仅有相当的贡献，并不能达到完备的地步，下面五种，便是着手编史的方法。

(一) 一个史事或一种史事之发展的追溯

(二) 前人史籍的研究和改编

(三) 一人，或一会，或一地方的对于圣教的贡献

(四) 某一种圣教的文字作品，或美术建筑的历史

(五) 圣教会史中，某一项疑惑不明之事件的考据

上面五种着手编史方法的举例：

(一) 如明季南京教难事件之发展的追溯

(二) 如《天主教传入中国概观》节录自《天主教传行中国考》

(三) 如《徐上海传略》，《耶稣会史》，《燕京开教录》

(四) 如《汉文玫瑰经的著作比较研究》，又如《中华圣母圣像考》

(五) 如萧司铎说的福建武夷山有过司铎的踪迹

可是圣教考古学的常识，与我国文字的技能，着手编史的人，也应先行习得的。“工欲善其事，必先利其器”！诚然我国这句老格言是符实用的！

D. 编纂中华圣教会史的建议

照我个人的管见，最好是分工合作：按事、人、时、地等等分别专门记载，这样将来有人总其成，做集大成的工作，便是一部完善的中华圣教会

史，再清楚一点说：我是建议分类来工作的。我认为要编纂一部完备的中华圣教会史，须按着下面的分类。

(1) 关于宗座与中华圣教会的题目举例：(据我所知，有专书或论文的，注一“有”字)

历代教宗与中国　　(有)

教宗保禄第五与中国

传信部与中国传教区

当今教宗与中国传教区　　(有)

(2) 关于修会的

元代方济各会史　　(有)

明清耶稣会史　　(有)

各会在华传教史

中国自立之修会

(3) 关于教务的

中华本籍修士

中华本籍司铎

中华本籍主教　　(有)

(4) 关于圣贤的

真福和德理行实　　(有)

圣方济各·沙勿略传　　(有)

中国致命诸真福　　(有)

中国开教三大柱石　　(有)

蒙高味诺总主教　　(有)

在华十年来之刚恒毅总主教　　(有)

利玛窦　　(有)

汤若望等

(5) 关于图书的

中国圣像考

汉译圣经考　　（有）

中国圣教图书志

中国经言文语问题　　（有）

（6）关于美术建筑的

三百年前之杭州圣堂

上海之老天主堂

北平敕建之西什库天主堂　　（有）

中国式之美术建筑　　（有）

（7）关于圣迹及敬礼的

大圣若瑟中国大主保

奉献中华于圣母　　（有）

佘山圣母　　（有）

东闾圣母

青暘圣母　　（有）

长安圣女小德肋撒

方老爷（方德望司铎）　　（有）

中国信友举行主心入王典礼考略　　（有）

（8）关于道德与生活的

四川之公会议

上海之公会议　　（有）

斋期的宽免

婚配的规例（如童养媳问题）

玫瑰会

圣衣会

圣母会　　（有）

北平南台之公经会

上海徐家汇之辅弥撒会

（9）关于教育及团体的

育婴堂

安老院

医院

慈善工厂

蒙学

中小学

师范学校

三十年来之公教大学

青年会

学友会　　（有）

中国公教进行会酝酿及其成立　　（有）

中华信友代表罗马朝圣团等等

总论

我们所以研究中华圣教会史，为的是企望今后天主圣教愈广扬于中国。因为圣教会就是“天主之国”，他的元首就是吾主耶稣基利斯督，我愿同志们勇往直前的来广扬天主圣教，并且要想法子把历史上的遗憾扫除尽净，这样，完成荣主救灵的工作！请听圣若望宗徒讲：（第十七章第三节）“常生之道惟一，即认识尔惟一真主，及尔所遣之耶稣基利斯督！”请诵圣方济各·沙勿略《求为外教人归化祝文》：“无始无终造万物真主宰……吾主耶稣，我等之生命，我等之生活，我等之救赎！我等愿吾主耶稣受享光荣于无穷之世！”

公教与文学[1]

绪言

三年前，天津《益世报副刊》之创办，主旨在促进中国公教文化运动，然而收效极微，几等于零。顾于此三年间，所谓“普罗文学”乃犹异军突起，猖獗一世，令人有“谈虎色变”之感慨！余曾躬与创办《益副》之事，不能不自惭吾人为真理而努力，反不若敌人之反宣传作用耶？每一念及，何时可忘！

南北驰奔，又到徐汇，仰承杨校长之嘱托，得与诸学友作恳谈。尽先提出此问题，公开研究。本题内容可略申述之：第一解释公教与文学之关系；第二列举若干例证；第三谈到中国文学。（详见目录）讨论之际，诸学友有笔录者，愿在《汇师校刊》披露，因略加以增删修订，希望日后彼此加以商榷，藉收共同努力之实效，以符“愈显主荣”之唯一原则，若有疑问，亦可相质；将本所知，竭诚答复。诗云：如切如磋，如琢如磨，其斯之谓欤？

一九三一年六月卢伽徐景贤谨书于徐家汇

---

① 原载于《徐汇师范校刊》1931 年第 5 卷第 4 期。

目录

第一讲　引论　　　　五月廿七日 邹文华记

（一）公教与文学

什么是公教呢？就是至一至圣至公从宗徒传下来的教会。文学的定义，解说不一：中国方面，如罗家伦的《文学定义》、卢冀野的《何谓文学》等，搜罗各家的见解颇详。其中有的说"为文学而文学"，有的说"为人生而文学"，然而这些话实在有些含混，譬如我们可以说"为吃饭而吃饭"，这还讲得通吗？所以我们可以要找个切实的解答。按真理说:“主造人心,为向尔故;不得尔,则不能安也!”(引圣奥思定语)所谓人生之真谛,在此。故文学最高的目的,是用来赞美感谢造物主的,同时也是为宣传福音用的。(参看章译《新文学概论》的一一八页,内载若翰拉司金的《文学批评论》,所谓的“伟大的艺术都是赞美造物主”云云)

(二) Cuthbert (O. S. F. C.)司铎之意见

这位司铎的意见(注),称引 Francis Thompson 的名言说:圣教会不但产生了许多圣人,同样还产了许多诗家。又历举圣奥思定……中世纪修院里的修士,不知培养了许多文学。就是近来,也还有许多公教的文学家不断地努力,所以圣教会不但能容纳各时代的文学,并且能适用各时代的文体,无论是古今中外的文学,只有公教的精神,是最高理论的指导者。

我们再来谈谈,公教的精神是“历久常新”的,所以我们中的天才,要尽这种义务,使一般公教同志的心理,能不致陷于现代文学所附有的危险;并且尽同样的义务,对于这种文学有正确的估量。这种成功,按人事说,关系教会的将来,亦即民众的救济,不可不加以研究的!

(注)参考一九二六年伦敦出版该司铎所撰《社会主义与民治主义及其他关于改造之论文集》。

(三) 最近世界文学现象

最近的文学现象,是公教文艺复兴。我们只参看厨川白村氏《近代文学十讲》中之非物质主义的文艺运动,便可知道大概了。例如这书中所述范尔哈伦的《圣母歌》:

“(大意)我爱我的圣母玛利亚,再不愿爱别的了,其他一切的爱,只如所命。即使此等的爱为必要的,但是我的心里爱玛利亚很深,能够起此等的爱,除了我的圣母之外,还有哪个?

我所以爱敌人者,是为着玛利亚。我能誓这个牺牲者,是为着玛利亚。温和的心，勤力的热心，我祈求于玛利亚赐我的。

但是我还是弱的，心还是恶的，手无力，在途上，眼昏晕。玛利亚看见这样，接吻我的眼，连结我的手，人所可贵的言语教我了。

（原评）奉祀圣母玛利亚这样的话，即使不是在中世的僧院，从坚行澄清的人的胸中所发的声音，至少是信仰牢固加特力教徒不伪的告白，无论那一样可以看得出来。”

（四）中国文学的新需要

在今日中国的文坛上面，我们随便在什么书店里，都看得出什么××斯基，什么××斯夫，这种就是所谓“普罗”的宣传品。大批出版的编译书籍，大约都是些性欲小说、黑幕故事，这实在是中国文坛上面的怪现象，这是因为中国今日没有纯正的文学思想！像鲁迅所撰的《复仇》第二篇，明明描写的是耶稣受难被钉死，这是救世的奇妙事实，他却把它编在《野草集》中；而且其间还带有含讽刺之言词，真令人感到十分难过！所以中国的新需要，就是公教精神的文学。欧洲最近公教文学运动，东邻日本，很注意的；所以我们不应落后，该起来努力！民国十七年时，天津《益世报》创办副刊，曾有“加特力主义文艺”专号；最近宣化出版的《景星》季刊，亦曾揭载《加特力主义文艺谭》。我们现在要作一次具体的恳谈，振作精神，一致进行！

第二讲　圣奥思定与巴比尼　　五月廿九日　张尚生记

（一）圣奥思定在古代文学史上的荣誉

圣奥思定的大名，早已为世人所共知的，本来用不着我们再多说，不过现在我们在讨论《宗教与文学》，圣奥思定一面是大文豪，一面也是公教的大圣师，所以我们要把他来说一下，证明宗教与文学，究竟有什么关系。

我们知道圣奥思定是个大文豪,他的著作是千古不朽的,在文学史上,也是极出名的。就拿我们中国来说,周作人先生的《欧洲文学史》,与郑振铎先生的《文学大纲》里,都有圣奥思定一节,可见圣奥恩定的著作实在为古今中外所传诵的。回忆去年是圣人逝世的一千五百年纪念,圣奥思定会司铎王德纯,用中文编译了一册很简明的传略。

圣奥思定是斐洲人,他的家乡是当日罗马帝国统治区域内最富裕的地方。他对于希腊的古文学是很有研究和很有心得的,尤其是对于柏拉都派。他后来住在意大利国的米兰地方。他的修辞学很好,后来做当地的修辞的教师,当时修辞学的教师和罗马皇家或仕宦社会都能交际,所以他在当时也是很有名的。不过他少年时代,是个循私纵欲,醉心世俗的风流子弟。因为他母亲替他恳求上主,后来果然回头改过,全心爱主,弃绝世俗,入院修道,一直做到主教,替圣教会阐扬真道,被尊为公教的大圣师。照他一身的行为看起来,前一半可算是犯罪的时期,可是后一半是他改过迁善,立功修德的时期。在这里面,有两件很可注意的事,(一)就是圣宠的作用能够把大罪人改变成大圣人。(二)就是圣奥恩定的勇于改恶迁善。若是论起他的功过来,他的功德远过他的罪恶。

圣奥思定对于后世文坛上,还有一件特别影响的事,就是他中年时候写了一本《忏悔录》,把少年时代的行为,描写得非常详明。他的目的,是在颂扬天主的仁慈,圣宠的奇妙作用。以为他自己这样的不好,天主还肯听他母亲的祈求,赏赐他圣宠,使他改过成圣人。后世的学者,不懂他的用意,只见他的《忏悔录》上写着好多少年时候很有趣的故事。于是自己也学起来了,把自己少年时代的事也写了出来,成功(编者注:疑为"为"字之误)自己的《忏悔录》。我不知道效法圣奥思定写《忏悔录》的学者,也能效法奥思定那样目的么?若是不肯效法他——奥思定的目的,不过效法他写《忏悔录》,这个人可算是学人家的皮毛,不是学人家的实际,这是可愧的!

(二) 巴比尼在现代文坛中的地位

巴比尼是现代意大利国最著名的著作家，在今日文坛上，也是极有名的。在中国近来翻译文学书报中，有时也能见到他的名字。他起初是一个外教的学者，后来进教了，现在是公教的现代文学著作家。他的著作中，有一部《耶稣传》，用了现代文的妙笔载述耶稣的言行，这部著作是极有价值的，诵读的人也很多。巴比尼虽是个无书不读的博览者，他也看过中国经、子的译品，俄国的托尔斯泰著作等等。但是他的主张：欲改良人心，当遵从耶稣的言行。

(三) 圣奥思定与巴比尼

巴比尼与圣奥思定有很大的关系。看巴氏去年出版的《圣奥思定传・自序》就知道了。兹将根据英译本重译的直叙如后：

《圣奥思定与我的关系》(巴比尼作)

(1) 在我做小孩儿时侯，我有了一个慈爱而直爽的姑母，她因为要输入她的小孩儿一种勤勉求学的理想，那小孩儿正开始了和那初级拉丁文奋斗，常常叹道："他写得许多和圣奥思定是相像的"！

从她的许多谈话中流露的至理名言，唯一存留在我的记忆中的，就是她这一句话，"圣奥思定的名字确实存留在我心中了"。因为那时候，除了学校的练习外，我已开始浪费了许多纸墨，有了好些，为其他的目的用了。我的想像开始工作，和那写了许多而成为格言的圣人，不无关系。在我的恭顺的幻想境地中，我想见了一个人坐在一间幽闭的室内，四围都是些书，他自己的著作，这里几堆纸，那里数卷羊皮纸，并且有一个笔筒，满盛着羽笔，好像一个箭筒，有许多枝箭。再在许多年后，我发见了在一个图书馆的书架子上，有重而笨的十一卷圣玛尔会出版的《圣奥思定集》，(注一)我觉得了我那饶舌的姑母输入了他的活动的一个正确的印像。

几年后，有一天漫游那乌非齐美术馆陈列所，(注二)我是被我们的桑多玻利色(注三)所绘的一幅小画迷惑了。那画表示一个有白胡须的老人,穿着那红袍,他是正和一个小孩儿说话,在一个海滨上。那海是如此碧绿而半透明的,正像在过维纳斯(注四)的生辰呢!这老人微点头向那小孩儿,他是跪在一个水洼的旁边,手持着一种水瓢。我读了那画下端的纪载,那是表示圣奥思定遇一个小孩儿向他自陈他的意愿,想干了那海水。这个奇异的闲谈,由一个年高有德的老者和一个天真烂漫的孩童扮演,在一个光明灿烂广大无边的海前面,很使我喜欢的;并且以后我访这美术陈列所时,从没有不停留在那画板前。那一幅画,我相信不是桑多名画之一。

大约是那时候,我要屈伏来被笼住进一个学校去了。那学校是越过亚诺地方,(注五)在圣奥斯定诺道中。(注六)校址是一个旧修道院中,从那院里驱逐了许多修士。那邻近的教堂,也变成了一个体育场。因此,在我攀援上了那些竿子,(我的手掌常是如何疼痛的)或者站在那一行中,等待那命令去打那平行横木时,我能识别那些高高在上关于如此许多故事的壁画中,一个长而灰色的胡须,和有一个主教的礼帽的,我的幻想告诉了我,那一定是那一个作者写了《吁告录》。(注七)

(2) 这些不过是幼稚的回忆,很少有意义的;但是我今日把这些当做我预定了来写这一部书的标帜。

事实是这样的,一直到我青春快要结束,我才认识了圣奥思定。一个无书不读的人,像我自己,不能不浏览那著名《吁告录》。自然,我在那书里面所欣赏的,什么是关于人的比较什么是关于神的要多一些。但是奥思定的传奇的研究,对于他自己的灵魂,和他的既不幸又惊愕的坦白,使我感受了震动。我可以说,在我未归化了基多以前,圣奥思定和巴斯喀尔,(注八)是唯一的基利斯当(注九)作家。我读了带着一种扬誉的意味,不仅是属于知识方面的,并且在我努力打破骄傲的牢狱,而呼吸那绝对者(注十)的神圣空气时,圣奥思定是对于我有了很大的助力。我幻想着我们间有类似的情状存在了。他也是个文人,并且爱好词章,但是同时是一个不休息的追求者,追求哲学和真理,甚至于到了那种地步,受了秘密主义的诱惑;他还经过那邪淫,并且求名誉。我类似他,在他的坏处方面,自然我真类似了他。并且实在这类的一个人,如此像我在他的弱点中,已得庆再生(注十一)而救了自己,这成功是给了我勇气的。这种对比,经我观察了后,要在这里结束,因为今日的我不过如此般的像圣奥思定,好比那一个有翅的虫蚁,像一个南美的鹰隼(注十二)呢!虽然如此,我仍欠了他一种感恩的重债。那么,我起初扬誉了他是一个作家,我现在爱他,像一儿子爱他的父亲,并且尊敬他,像每一个基利斯当尊敬一个圣人。

对于此种负债和爱戴,现在的这一卷,将能负责证明,我很知道这是能证明的:就是他的天才的伟大和我的虔诚的力量,是不好成一种比例的,但这一卷无论如何不致于被认为完全无用或是无价值的。

我久筹思写这部书,但是我思量一种工作比较很重要而又搁置,我是常延迟了来著作它,实则并没有取消我的企图,直到最后我的愿望胜了自己,且强迫了自己来圆满我的目的。

(3) 这不是今日所谓"浪漫的"(注十三)传记,那是一种传记,意匠经营,陈设古董,且系似是而实非的。我直率的、单纯的努力来写这伟大的非洲人的内外生活,要使它明白事实如何显著的,或纯乎是可能的。自然,我不仅引用《吁告录》,那书实在告诉了我们,到奥思定的三十三岁止,也不是他的思想的一种充分的表现,因为只述了关于他的哲学、神学和玄义(注十四)的理想,所以有几卷书,更比这书要丰富些是必需的。

我的主要的着力点,是要来写一个灵魂的故事,(注十五)并且对于他的博大精微的劳力,即有若干描写,不过是一些例,为能较容易了解他的精神本质,和输入他的伟大性格,一种适当的理想,这是必要的。我不是神学家,那是我不能的,没有遭严重的危险,来冒险进那万象森严(注十六)似的他的学说系统中。我写的是一个艺术家和一个基利斯当,不是一个圣师(注十七)或一个学者。

但是我觉这书内容有些是新颖的。对于奥思定青春时代的过失,我毫无隐藏或掩遮起来，这一点是和某种好的意见兼错误的爱说好话的人，是不一样的。他们只顾抹杀了圣人们犯罪可能的性质和改过，未曾考审那很显然的事实：他们从罪恶的孽海中起来了，飞升向他们光荣所居住的星球上去了，圣宠(注十八)的力量是从此证实了。

山谷越深，自上而下的光越强啊！

(注)

(一) 圣玛尔会出版的《圣奥思定集》

(二) 乌非齐美术陈列所"Vffizi Gallery"

(三) 桑多玻色利 Sando Botticelli

(四) 维纳斯 Venus

(五) 亚诺地方 Arno

(六) 圣奥悟斯定诺道 Via Sant'Agostino

(七)《吁告录》*Confessions*

(八) 巴尔喀尔 Pascal

(九) 基利斯当 Christian 即信奉基多的人。

(十) "绝对者""Absolute"指唯一神。

(十一) "再生""a second birth"指领洗入教。

(十二) 南美的鹰隼 Condor

(十三) 浪漫的"romantic"的译音。

(十四) 玄义"mysticism"

(十五)《一个灵魂的故事》"Story of a soul"

(十六) 万象森严"forestdense and living"

(十七) 圣师"Patrotogist"

(十八) 圣宠"Grace"

我们看了他俩的表率，也当于写作时注意写的东西要公教化。换句话说，就是一面是文学的作品，同时一面有公教的精神！

第三讲　圣多玛斯与但丁　　　五月卅一日　邹文华记

(一) 圣多玛斯的伟大

圣多玛斯面貌魁伟，为人很和平。圣人是：1. 圣教会的哲学所奉的主保大圣；2. 十三世纪巴黎大学的教授。那时的巴黎，比现今的情形更好。欧洲各国皆有留学生，因为有聪明的类思圣王在位的缘故。圣人死后，大学里还愿把他的遗物保存，以为光荣。我们要知道，关于圣人的种种行实，中文的书有一册《圣多玛斯传》，虽简单，尚明晰，可供参看。

(二) 但丁实接受圣多玛斯的学说

但丁(Dante 1266—1321)，他最著名的《神曲》，极深奥，不易解。岂知这样深的《神曲》，中国倒有不全的译本。这本是钱稻孙所译；他在一九二一年因纪念但丁六百周年纪念而译的。但丁原文共有地狱，炼狱，天堂三大部分，今仅译有地狱五曲。谈到要全译的话，全靠我们同志和我们以后的人努力罢！我们再来看看但丁的《神曲》，所根据的意思，即圣多玛斯的哲学，所以但丁实接受了多玛斯的学说。

(三) 圣多玛斯的教训

那么，我们该请教圣多玛斯，如何求学？圣人写给了他的弟子一封信，我会试译，直述如后：

“若翰爱弟：

因基利斯督之圣名，尔要求余，告尔如何学习，始能达知识之宝库，余将提出下列应注意之忠告：宁至知识之细流，毋立时投身于学海、良以进步一事，应由较易者着手进行而渐至于难者也。此余之进谏，亦即尔所应接受之教训云。余力诫尔，应寡言语，少入会谈室中。尔之良心,应加注意,保持纯洁精神。实行祈祷,切勿间断。若尔欲袂导入知慧蕴藏之深处,当知在己室内,孳孳然勤修勿怠。泛爱众,持以恒。对于他人之行动,勿以自扰,亦勿与任何人亲狎。良以过于亲狎,易招轻蔑,且易使辍学也。毋接近尘世之言行。最要者,勿驰心远骛修道院以外之事,其步武圣贤之芳躅而勿失! 凡尔所闻之任何事,不必考虑言者为谁,但将所言之善者,一一铭诸心中。再尔所诵读与所听讲者,应致力于透彻了解。至于在各种怀疑之状态中,其寻求真理之途径:竭尔所能,使尔虚心。为尔太过于高远者,勿于现在追求未来。尔若能遵从所指示者,尔将成就吾主之葡萄园中有用之花果。尔其实行此种种事,预祝如愿达到目的! 再会! 再会!”

第四讲　圣芳济与吉士德顿　　六月一日　邹文华记

(一) 圣芳济《请万物赞美天主》为意国文学史的新页

圣芳济《万物赞美天主歌》,他不但请禽鸟来赞美天主,还要请一切的万物都来赞美天主。一位山东司铎和一位北大教授都译过了这首赞美歌。山东是用土话译的,所以比较起来,还是北大的好些,但也有二缺点。这歌是圣人将要临终时作的,分为两部分:前部是太阳歌,后部是恕和死歌。从教义言,固然是伟大光辉的杰作;从艺术言,实开意国文学史上的新页,因为圣人也是首创用土话作歌的一位诗人。

(二) 吉士德顿为现代英国一大文豪,颇受圣芳济的影响

吉士德顿(G. K. C.)为现代英国大文豪之一,他著的有论文、历史、戏剧、小说……在文坛上的位置,要想同他一样的位置,却是很少,每一世纪只能找得出一、二人。一九一九年出版的《英国文学史》中,他就占有了一个位置。近来他到美国,颇受美国人士欢迎,简直是二

十世纪不可多得的人物。他主张与萧百纳(G. B. S.)不同,他极受了圣芳济的感动,所以特别愿保存英国旧有的道德。在圣芳济六百年纪念,他写一本《圣芳济传》,说他自己如何受了圣芳济的影响,所以特别要敬礼这位大圣人。最近又出版一书,名叫《这件事我为什么是个公教教友?》。书内颇阐扬教义,尊崇教宗为世界和平之元首。他又说了:"只要做个真正历史研究,所谓时代的精神,每每愈趋愈下,只有公教是维持正义的!"

(三) 汉译《万物赞美天主歌》

这是前任宗座驻华代表公署秘书马司铎,根据意文原本,讲授写成的。

太阳歌

至高的、全能的好天主,赞美、光荣、荣誉和一切的祝福,应全归你。至高的,这些唯有你当的起,你的名字啊,没人配提。赞美我的天主,那受造的件件好东西,特别啊,是那照耀我们的太阳哥,他一早就起,他多么美丽,他的光多奇,他代表至高的你。赞美我的天主,只为你造的月姊和星辰们,在天上多亮,多宝贵,和多么美丽!赞美我的天主,只为风哥、空气、云雾和那晴阴、寒暑的气候,这些都是你安排好了,为叫你的受造物,能生养长成。赞美我的天主,只为水妹,她最有益,最谦逊,最宝贵,和最洁净。赞美我的天主,只为火哥,那是你光烛黑夜的,他的模样好叫人欢喜的,并且强而有力。赞美我的天主,只为姊姊——我们的母地,它把我们照顾,并抚育,生了那些各样的果子,各色的花儿,和那青草儿。

恕和死歌

赞美我的天主,只那爱你的人,肯饶恕了别人,也能忍病耐苦,这样安心忍受的真有福。至高的,你要亲手给他们加冠啊!

赞美我的天主,那有躯壳的死,死姊姊,没有人能逃避得了,死在有大罪的时候,真是可怜!那些找着你至圣的意旨的,毕竟有福。将来第二次的死,对他们毫无坏的干系。赞美、祝福我的天主,用极大谦逊的虔诚来感谢你和奉事你。

第五讲　结论　　六月三日　邹文华记

(一) 中国文学与宗教

中国的宗教文学,中国人很少留心,日本人却加以注意了!有一位名叫儿岛献吉郎,作了一本《中国文学概论》,(汉译本有错误)里面专有一章论中国文学与宗教,什么儒释道……教的文学,却没有真正的宗教文学。这些文学对于我们没有什么贡献。然而我们今后要产生真正的宗教文学,发扬公教的精神。

(二) 新旧方面的观察

1. 旧的方面　中国的宗教文学,在耶稣降生以前的,要算《诗经》的三颂;其次《墨子》"天志"、"兼爱"等篇,都有对造物主的赞颂,或类似公教的思想。李太白有赞美圣母的诗,杜甫诗有说用黄土造人的思想,明代徐文定公有《圣母像赞》。清初关中大儒李二曲的《吁天约》,袭用利玛窦的《畸人》十篇也很是可诵的文章;墨井道人的《天学诗》,拿圣人的事实来做材料,当时人批评诗,称他"思清格老"。一直数到最近,近故英敛之先生关于赞颂圣母暨圣方济各·沙勿略的诗,文笔也都很美。例如他的圣母对:"至洁至贞独有始胎无玷染,我饴我望惟求回目示矜怜。"可示一斑!在中国古书中,颇不少含有与公教思想相符的文章,应多加研究。特别是对于明末清初,教中先贤徐光启、杨廷筠、李之藻三杰的著作,要能熟读成诵才好。其他教中古时译著书籍,大都文词可观,亦颇有注意的必要!

2. 新的方面　自梁任公提倡文学维新运动时,就有用《圣经》的话来做诗的，如“三言不识乃鸡鸣，莫与宠蛙争寸土”，上句用圣伯多禄故事，下句系中国成典。又如夏曾佑所作的诗“冰期世界大清凉，洪水茫茫下土坊；巴别塔前分种散，人天从此感参商”，完全咏古经事。提倡文学革命的胡适之，他开口便说没有宗教，而他的作品内却提起“上帝”，如《应该》诗的“上帝帮我，我应该怎样做?”鲁迅的《复仇》（二），徐志摩的《卡尔佛里》，都是咏受难事，就是耶稣的吩咐；《圣母像前》，也是故意假冒宗教的招牌；可恨他们把“金玉现其外，败絮藏其中”罢了！

（三）公教著作家应有的努力

真正公教热心的同志，现在应如何努力呢？第一努力步武诸圣的芳踪，第二努力效法诸贤的修养。没有圣奥恩定的痛悔，做不出那样的《忏悔录》；没有圣多玛斯的贞洁，求不到他那样的学问；没有圣方济各的舍己救人的超性德行，绝对不能请万物来赞美至高的、全能的好天主。我们不看但丁是圣人的徒弟；巴比尼，吉士德顿，是极敬礼圣师或会祖的。所以要制作充满公教精神的文学，应当先努力做一个公教的忠实信徒，砥励修养，步武圣贤，才有伟大光明的纯正作品，贡献于当时和后世啊！

（四）最后介绍《一首现代的祈祷》

临了介绍一九二三年波兰新诗人的《一首现代的祈祷》（A Modern Litany）。作者为 Julian Tuwin（注）。他们在未独立以前，极力求到独立；迨自救了之后，又爱扶助弱者，这样的思想，在目前的中国，是极适合的，我们的心弦要这样共鸣：

“我祈求，我的天主，用敬畏的虔诚！
我祈求，我的天主，用我整个的心！
为被虐待的和受征服的，
为那些战战兢兢来等待的，
为那些他们死了便不能复活的，

为临终的软弱，
为误会的悲剧，
为那些乞哀而无效的，
为被侮辱的，被蔑视的，
为愚钝的，恶劣的，卑贱的，
为那些跑到邻近的医生处所，都没有气力的，
为那些再回到家里的时候，心弦常是颤动的，
为那些完全被束缚的，
为那些被斥退离职的，
为那狂暴的，好闹的，粗笨的，
为那弱者，受打击的，被害的，
为那些失眠的，
为那些怕死的，
并且为那些已经落伍了的，
为一切住在地球上的，
为他们的劳心和他们的痛苦，
他们的窘难和他们的烦恼，
他们的忧虑和他们的灾患，
他们的恋恋思家，他们的种种牺牲，
为每一起始的到末了的，
那些不是为了幸福或喜乐，
并且那喜乐本身是允许了给他们永远享有的。
我祈求，我的天主，用敬畏的虔诚！
我祈求，我的天主，用我整个的心！”

（注）这诗仅译出大意，根据英译本重译。英译本见：“*The New World, a monthly review*, London, 1924, Vol. II, No 8, p. 306—6.

徐光启著述考略[1]

徐光启，在明史上早已为一般人士所认识，我想他的生平用不着再来介绍。不过谈到他的遗著，都已经成为问题，因为流传散佚，颇费考证。现承徐汇藏书楼予以阅览的机会，得将一切“家珍”供我寓目，在个人私幸之余，愿以研究所得公表于世，因试纂此书目。但是限于时间篇幅，不能一件件的予以详尽的考证，现在只求叙个大略，以待将来的整理。

（一）

我们考查他的遗著，首先应当查他的儿子，骥，曾经如何记载过。他说的：“所著有《历书》一百三十二卷，《清台奏草》、《兵事疏》、《几何原本》、《测量》、《勾股》、《水法》、《简平仪》、《农遗杂疏》、《毛诗六帖》、《百字诀》行于世；《文集》数十卷，《南宫奏草》、《端闱奏草》、《经闱讲义》、《通漕类编》、《读书算》、《平浑日晷》、《九章算法》、农书、医方藏于家。”

是见于徐氏宗谱的《文定公行实》中。该文末署“不孝孤骥泣血谨

① 原文载于《新月》月刊，1928 年 1 卷 8 期。

述”,我们可以看出还是他居丧时作的。那时他也许说的不备不周,但是十分可靠是无疑的。

其次,他的孩子尔默,亦曾搜辑一番遗著,后来便成为《文定公集》。他在引文中说的:

“……吾祖文定公,自丁酉发解,癸酉捐宾,几四十年。大而经纶康济之书,小而农桑琐屑之务,目不停览,手不停毫,孜孜矻矻,若老经生。生平著述,与年俱富,咸成卷帙,悉归捷足。

余于公殁之逾年,欲延先师存邃梁翁编校遗文,传之永久。而人自为说,泥勿欲行,运逢百六,散佚殆尽!

余穷搜博访,仅购什一,时不我与,权多掣肘,家业荒凉,糊口不给,寿诸梨枣,河清难俟!因出臆见,聊为铨次。其间,敷陈入告者,自宫坊以至端尹,曰《端闱奏草》;自左右常侍以至常伯,曰《南宫奏草》;其钦若昊天之制,则曰《清台奏草》;其平章军国之篇,则曰《纶扉奏草》;其崇政说书之目,则曰《经闱讲义》。若《文集》之汗漫,分类而编,凡若干卷:‘序议’之赅淹,鳞次而集,凡若干卷;‘书牍’之浩繁,皆经文纬武之实用;‘诗篇’之错落,非抽黄对白之虚词;经国之谟讦,有六函之汇辑;筹边之硕画,有上略下略之胪陈;昭事聿修之旨,有《灵言蠡测》,以追其始;格物穷理之学,有《几何原本》,以格其微。

他若《芳蕤堂书艺》也,《渊源堂诗艺》也,《甲辰馆课》也,《考工记解》也,《徐氏庖言》也,《兵事疏》也,《选练百字括》也,《屯盐疏》也,《农遗杂疏》也,《种棉花法》也,此已刻而毁者也。

《四书参同》也,《方言转注》也,《塾书政》也,《拟复竹窗天说》也,《医方考》也,《北耕录》也,《拟垦令》也;《农辑》也,《兵事或问》也,《选练条格》也,《浑盖通宪图说》也,《记里鼓车图解》也,《制汇》也,《赋闱》也,《语类》也,《子书辑》也,《子史摘》也,《读书算》也,《二十四则古》也,《书法集》也,《草书类》也,《漕河评正》也,《通漕编评》也,《海防考评》也,屯田、水利、盐法诸论著也,此未刻而佚者也。

若夫《农政全书》曾尘乙览,奉旨梓板而中辍也。《西法历法》奉敕撰著，计二百三十二卷，竭昼夜以推步，镂肝贤以研削，凡五更寒暑，尽瘁以成也。《毛诗六帖》，公昔以为未竟之业，为书贾窃刻，'刻而毁，毁而余续成之，以藏诸家塾也'。

外此而《测量法义》、《勾股义》、《简平仪说》、《平浑图说》、《日晷图说》、《夜晷图说》、《九章算法》、《山海舆地图经解》、《泰西水法》，悉皆参天雨地之筹，非若邱索章亥之幻，此般、墨、景纯、若思所不可企及也！

追维纂录之功，盖自丙戌抵今丁酉，十有二年矣！旦夕皇皇。粗为卒业，心思耳目，毕耗于此……"

亦见《徐氏宗谱》中，署的是"康熙岁次癸卯季秋重九日孙男尔默谨识"。从这书目里，我们可以略略觇知他祖父实在具有"拯溺由道情"，"兼抱济物性"的精神。（两语借谢灵运《述祖德诗》句）如果这些图书，世世相传勿失！那不算极重珍的遗产么？我们只瞧瞧和听听所仅存引文的片段，也已经足够"新一时之耳目"了！

附述他的家系，以明血统关系。据《行实》中纪载："文定生于嘉靖壬戌三月二十一日，卒于崇祯癸酉十月初七日，享年七十有二。配吴氏，累封淑人，今封一品夫人。子一，即不肖孤骥也，群庠生，今荫官生，娶太学生顾公昌祚女。孙男五人：尔觉……尔爵……尔斗……尔默，邑庠生，娶南京应天府经历黄公兆兰女……尔路……曾孙男六人。"简示之，即光启——骥——尔默，一脉相沿，直所谓"嫡系"子孙，都善继述，可算得家学渊源，所以这里征引他们的文章，来作证据。

（二）

现在探寻他的著作散佚并辑存的经过。

据他孙子所撰题的《端闱奏草》中说："乙酉八月，运逢穷纪；先居旧居，遂遭回禄，上世所遗，悉成乌有！灰烬之余，独成此册；楮墨犹新，完好如故……呜呼！先文定图书万卷，手泽存焉，精神聚焉。况公生平撰制，充栋等身……今尚有单词只字留遗笥箧者乎？吾祖吾父宁能无饮恨于九原乎？余于此册之离舍得失而著其来历如此。"

（顺治岁次戊戌清和月晦日笔记于渊源堂）时在明末清初，遭逢火灾，损失殆尽，观此文可知。

上文说过有些"已刻而毁"的书，那是因为中有涉及满清事。查归安姚氏本《咫进斋丛书》，内有"禁书总目"及"违碍书目"。前者第十五页上列"《徐氏庖言》，明徐光启撰"；后者第二十二页上列"《徐氏卮言》，明徐光启著"。即此可作一例。又他孙子甲午年所作的跋《庖言》文，也有一段说过："先文定留心经世济国而忘家，忠谟谠论，富有日新，未暇校雠而结集，亦既汇聚以成编；奈析著之际，争攫覆瓿，袅蹄相易，半付祖龙，毕力广罗，仅觏什一，流布人间者，止此《庖言》耳！兵燹之余，版刻散佚；又字画漫漶难考。不意此本，得之他所，批注点书，咸属先公手；惜多触忌讳，不克重梓，嗟呼痛哉！"

可以互证。再《题陆渭阳制义序后》："不肖蒐辑先集十七年于兹，已竭心思手足之劳，而继之以梦寐；立志既坚，用心良苦！每遇亲知，必喋喋相告，如农诉水旱，无识者恒哂之！间有念余苦心，或翻阅秘笈，或代为博访；人出寸珠，家传片玉，珍重钞录，过于明月夜光，藏诸家塾矣……"

幸亏容庵先生（即文定孙号名）费尽心血，搜辑先人遗著于兵焚毁禁之劫余，惜访求亦未易得，得亦不能印！一困于经济，二触世忌讳，只好藏家传后。他所作的《文定集引》，在末了曾这样说过："自今以始，有能克绍家学，以佐搜访之不逮，余窃自以为沾沾喜矣！嗟呼！天高地广，深心之士，当不乏人！况公生平无他嗜好，精神意气，散见于楮墨文字之间，定有神灵呵护，不自灭没！"

一直到三百年后，才从海外传返文章若干篇，经南沙李问渔印成《徐文定公集》，即光绪丙申年事。李先生说："丙申春，高司铎镐鼎，以法文著《传教志》，载公事颇详，皆宗古西人函牍，蒙译而悦之，译以华语。又录《徐氏家乘》，暨《明史》、《畴人传》（贤按：《传》载徐氏历书目颇详），都为一卷。附以公之文，得像赞三，原道一，行述四，序与书各二，又奏稿若干，皆论火器历法，可见西学东来，教士为先导，而公实为译祖。”

后来他的十二世孙，始将他的家藏抄本，屯盐、练兵等疏数万言，增入此集。最奇怪的，是同时获得两种遗墨：（甲）从奥国额克萨顿藏书楼获得原刻的《圣教规箴》一卷，里面有治历疏稿数十篇；（乙）在吴门发现家函墨迹，手泽如新。历时久远而不自灭没，宁非所谓“定有神灵呵护”？

（三）

最近又发现二册明刻的《徐文定公集》，现在也藏在徐汇书楼。按：此种刻本系《皇明经世编》中仅存的海内孤本。

第一，将《皇明经世编》略加考证，计有三项：（甲）《明史》卷九十九《艺（文志）·总集类》称：“陈子龙《明代经世文编》五百八卷。”（乙）俞樾、葛氏（士濬）《经世续编·序言》：“《经世》文编之例，刱自明（青浦）陈卧子先生云云。”（丙）孙星衍纂《松江府志》卷七十二《艺文志·政书类》载：“《明经世文编》五百八卷，陈子龙编。”现在我们先要考陈氏究竟是谁？他是晚明云间人，几社首唱六名之一。几社诸人是复社的羽翼，当是谚语是这样说过的。

第二，略论到本集。尝见国立京师图书馆藏得有《皇明经世编》水湿残卷一册，里面只载得有“姓氏爵里”，其八十三：“徐光启，字子先，上海人。万历三十二年进士，选庶吉士。累升少詹事，值辽事起，兼御史练兵。天启中，罢归。

今上登极，起礼部尚书，修治历法，寻召入内阁，卒谥文定。公博学多闻，于律历、河渠、屯田、兵法，靡不究心，获得泰西之秘，其言咸稗实用云。”

接著：“李之藻，字我存，仁和人。万历戊戌年进士，为部郎罢归。东事起，以荐累升太仆寺少卿，赞理军务，后卒于家。公晓畅兵法，亦精于泰西之学也。”

可惜他的集子，无法觅得，事迹详见陈援庵先生撰《明浙西李之藻传》,兹不赘。

第三,内容一斑。计有:

《皇明经世文编》卷之四百八十八,《徐文定公集》卷之一,选练、守辽、选兵、制器等;卷之四百八十九,(《徐文定公集》)卷之二,兵情、城守、台铳等疏;卷之四百九十,卷之三,馆课、垦田、用水、宣大边事等疏;卷之四百九十一,卷之四,宗禄、边饷、漕河、制倭(即对日本政策)等议;卷之四百九十二,卷之五,辽事、守辽、火器、敌台、调兵、朵颜、弱虏等书牍文稿及策;卷之四百九十三,卷之六,历书、修历、制器、测量、测验日食分数、测量月食时刻等疏奏。

又按:内有与李我存太仆(即之藻)《论火器事》一书,尊称之为"兄"。他对所事极乐观,言"以手加额",其中另有"泰蒙公"及"泰老"等等字样。据华封老丈的臆见,断定为泰西诸老之简称或敬语。李之治军,为瞿式耜所荐,《忠宣集》中有疏可证,时天主教友相互间的爱慕精神,从此项书札中,可以略略想见。

这本集子的选辑人中,还有一位徐孚远(闇公),他有一个学生名叫李彦贞,曾经授过家人一书,名《南吴旧话录》,中间载得有"徐文定公"的逸事多则。我已抄出,刊登在《天津益世报副刊》上,也可以供研究的参考。至于陈子龙在《农政全书》序文中,也是推崇"文定"备至。

(四)

现在如果要考究他的著述所有的"一贯精神",就先该明了晚明传入中国的天主教教义。他纯粹广扬教义的作品,如(一)《耶稣像赞》;(二)《圣母像赞》;(三)《正道题纲》;(四)《规诫箴赞》;(五)《十诫箴赞》;(六)《克罪七德箴赞》;(七)《真福八端箴赞》;(八)《哀矜十四端箴赞》;(九)《灵言蠡勺》;(十)《辟妄》;(十一)《咨诹偶编》;(十二)《辩学章疏》等,不胜枚举! 兹影刊第四种之一页,藉示一斑。(查原书刻本现存奥国额克萨顿,徐汇藏书楼有影本,今转摄其中之一页)称景教后学是什么缘故呢？因为当时唐景教流行碑已发现，袭用故训。（谨按：华封老丈为津《益世报》题字中有云："景教之景，大也，炤也。福音经所谓'真光普炤入世诸人也'。惟有圣而公厄格勒西亚，足以当之。此徐上海辈所以署名景教后学欤？"可作注释）

仍引他的儿子的话作结。

"文定为人宽仁、愿确、朴诚、淡漠；于物无所好，惟好学，惟好经济。考古证今，广咨博讯；遇一人辄问，至一地辄问，问则随闻随笔、一事一物，必讲究精研，不穷其极不已。故学问皆有根本，议论皆有实见，卓识沈机，通达太体，如历法、算法、火攻、水法之类，皆探两仪之奥，资兵农之用，为永世利！居恒'敬天''法天'之学，皆得之功深积久之余，故当机应务，万变不穷，而一皆根极理要。凡所动作，有一事不可对人、一念不可对天者，不敢出也！"

是啊！他是根据所谓"十诫"的总律，"爱天主万有之上，及爱人如己"而动作或著述的，那么他的一贯精神，看来不是很显然昭著的吗？

一九二八，九，十二，写完，
时旅寓徐汇师范中。

明贤徐文定三百周年纪念[①]

明贤徐文定逝世于明崇祯五年（一六三三年），今岁（一九三三）恰为三百周年。为纪念忠公体国之先贤，承江问渔先生嘱撰斯文，以为留心我民族文献者参考。

一、传略

本传略系根据（一）《皇明经世文编》，（二）《启祯野乘》，（三）《南吴旧话录》，（四）《明史》徐光启本传，（五）《农政全书·张溥序》等。上述史料，均明末清初时人所写，以当代人记载当代事，当然准确，可作根据。

徐光启，字子先，别号玄水，南直上海人，万历二十五年乡试第一，（顺天解元）三十二年进士，选庶吉士，满三载，授翰林院检讨。

会东事紧急，上以公知兵，超擢少詹事，兼河南道御史，练兵通州，列上十议，不能如所请。光启疏争，乃稍给以民兵戎械。未几，熹宗即位，光启志不得展，请裁去，不听，既而疾归。辽阳破，召起之，还朝，力请多铸西洋大炮，以资城守。帝善其言，方议用，而光启与兵部尚书崔景荣议

① 原载于《人文月刊》1933 年 4 卷第 7 期，后又刊于《磐石杂志》1933 年第 1 卷第 4 期以及香港《南星杂志》1933 年第 2 卷第 8 期。

不合，御史邱兆麟劾之，且诬及练兵事。魏宗贤更嗾人追论，勒罢官。公叹曰："吐此鸡肋，直易事也，如国事何?"即日跨驴出都门。

崇祯元年，召还，复申练兵之说。起为礼部右侍郎，协理詹事府事，同知经筵。二年，转左侍郎，旋加太子宾客。帝忧国用不足，敕廷臣献屯盐善策。光启言："屯政在乎垦荒，盐政在严禁私贩。"帝褒纳。三年进礼部尚书，掌詹事府。明故事，詹事将入阁。三党私贺之。公曰："入阁易，而任入阁者难。君辈当弔，不可贺也!"

时帝以日食失验，欲罪台臣。光启言："台臣测候本郭守敬法，元时尝当食不食，守敬且尔，无怪台臣之失占！臣闻历久必差，宜及时修正。"帝从其言，诏西洋人龙华民、邓玉函、罗雅谷等，推算历法，光启为监督。四年春正月，光启进《日躔历指》一卷，《测天约说》二卷，《大测》二卷，《日躔表》二卷，《割圆八线表》六卷，《黄道升度》七卷，《黄道赤距度表》一卷，《通率表》一卷。是冬十月辛丑朔日食，复上《测候四说》;其辨时差、里差之法，最为详密。

五年五月，以本官兼东阁大学士，入参机务，与郑以伟竝命。寻加太子太保，进文渊阁。

光启雅负经济才，有志用世，及柄用，年已老。值周延儒、温体仁专政，不能有所建白！明年十月卒。讣闻，辍朝三日，赙赐有加:赠少保，谥文定。

十四年，诏求遗书。子中书舍人骥入谢，进《农政全书》六十卷，赠太保，录其孙为中书舍人，命有司刊布其书。

公初筮什入馆职，即身任天下，讲求治道，博极群书，要诸体用;诗赋书法，素所善也，既谓雕虫不足学，悉屏不为，专以神明，治历律兵农，穷大人指趣。《尧典》敬授，《洪范》厚生，古今大业，莫有先也！公孙穈之旋之，尝言"公精默好学，冬不炉，夏不扇……"

万历四十一年，癸丑，以春秋分考礼闱，时吕维琪、张宗衡、鹿善继，皆为同房所斥。公独曰："三卷于制义中未见绝群之姿，喜真朴处未散，为人固自落落中可倚仗者。"后三人行事，卒如其言。

从西洋人利玛窦学天文、历算、火器，尽其术，遂编习兵机、屯田、盐策、水利诸书。西人利玛窦入朝，公喜其天文火器，特奏留之。公卒后，其后蔓延内地，名曰："天主教"，归之者甚众。天主教以诚信立说，足矫时流之弊。公博学多闻，于律历、河渠、屯田、兵法，靡不究心；独得泰西之秘，其言咸裨实用云。

公自馆选后，谢去一切声律字画之学，专求经济实事，以供挞伐，上亦属意大用。一旦捐馆，天下惜之！

盖棺之日，囊无余资。御史请优恤，以愧贪墨者。帝纳之，乃谥光启文定。

二、事功

际兹国难方殷，纪念此大先贤，缅想其如何力谋救济，明代之国难，正予我辈后学以一种深切明著之观感，略述徐文定对外与对内之重要政策，以示其事功之一斑。挂一漏万，阅者谅之！

(1) 对日外交方针

徐文定为平倭寇，曾著《海防迂说》，亦名《制倭》。大意称倭未有远志，要在胁市，若许倭以市，便可消灭倭氛。载在《皇明经世文编》中，兹录该篇重要议论如下：

"有无相易，邦国之常。日本自宋以前，常通贡市，元时来贡绝少，而市舶极盛，亦百年无患也。高皇帝绝其贡，不绝其市。"永乐以后，仍并贡市许之……自是以来，其文物渐繁，资用亦广，三年一贡，限其人船所易货物，岂能供一国之用！于是多有先期入贡、人船逾数者；我又禁止之，则有私通市舶者。私通者，商也。官市不开，私市不止，自然之势也。又从而严禁之，则商转而为盗，盗而后得为商矣。当时海商多倩贫倭以为防卫，交通既久，乌合甚易。边海富豪，向与倭市者，厉禁之后，又负其资而不偿，于是倭舡至而索负，且复求通；奸商竟不偿，复以危言撼官府，倭人乏食，亦辄虏掠。如是展转酝酿，复有群不逞辈，勾引乡导，内逆外愤，同恶相济，而陈东、徐海辈为之魁，于是乎有壬子之变……”

倭寇之由来，及其祸害，种种情形，尽情披露，故制倭策，共计四言：“惟市而后可以靖倭；惟市而后可以知倭；惟市而后可以制倭；惟市而后可以谋倭。”所以，“许倭以市”是徐文定制倭之方针。

再徐文定对明季朝鲜事件，曾评论沈惟敬对日议和，其意见可代表其主张。文定之言曰：“既而还我王京，退至釜山乃止。又归我王子陪臣，则皆以封贡市故。三者之中，所急者市，为市故欲贡，为贡故欲封。当是时假令惟敬识大体，传其信辞，以听朝议，即不成可勿败。乃其入倭营也，无所不许之。入告则曰一封可了也。不知倭非一封可了，特一市可了耳……方谢梓、徐一贯之入倭也，秀吉数延见，或时就客馆，厚款赠之。此何故？则许之贡且市耳。册使既遣，定止一封，形见势拙，惟敬计穷，行长辈大缺始望……足征彼所独急，直在贡市，封不封，匪所计也。”

按国人不与日人通商，日人日用必需品无从供给，日人无法，只得转向吕宋通商，以获取必需品，此明季之现象云。

“于是有西洋番舶者，市我湖丝诸物，走诸国贸易。若吕宋者，其大都会也。而我闽浙直商人，乃皆走吕宋诸国。倭欲得于我者，悉转市之吕宋诸国矣。倭去我浙直路最近，走闽稍倍之；吕宋者，在闽之南路，迂回远矣，而市物又少，价时时腾贵，湖丝有每斤价至五两者，其人未能一日忘我贡市也。日本之赋民甚轻，其君长皆贸易取奇羡。前者贡而市，与不贡而私市与绝市，而我商人之负其赀也，君长皆与焉，故日本之市与否也，其君臣士民以为大利病。”

以上所引，足证徐文定对日外交方针。目前对日通商问题，亦正严重，惜无如一徐文定者，提出一种适合现况之办法。所谓“今昔情势迥异”，明代与现在对日，通商与否，相提并论，殊耐吾人详加研究也。

抑有进者，明季朝鲜与日本长久战争，而朝鲜与我国有藩属与宗主国的关系。先是明神宗时，日本关白丰臣秀吉，既平定日本内乱，力谋向海外发展，思假途朝鲜，以侵略我国，于是贻书朝鲜王李松，言欲进攻中国，且令朝鲜王为侵略中国之先锋！同时秀吉便发兵五十万往攻朝鲜，分兵四掠，朝鲜八道大部被陷！朝鲜王乞援于明，明廷先后派大兵赴援，时而得胜，时而败北，战事已历七年之久，丧师数十万，糜饷数百万，国库如洗，民亦困矣！

故徐文定对戡平侵略朝鲜的倭寇，有远大之目光，与精密之计划，曾自请出使朝鲜“监国”。惜乎明帝以其晓畅兵事，不宜远出，以故未果行。

三百年来，世变亟矣，朝鲜已不我属，辽东今又变色；使徐文定在明末，已监国于朝鲜，目前又当如何耶？

(2) 对于民生问题

据《明史》本传载：“崇祯……帝国用不足，敕廷臣献屯、盐善策。光启言：‘屯政在乎垦荒，盐政在严禁私贩。’帝褒纳之，擢本部(按：即礼部)尚书。”因此可知屯政与盐政，有徐文定最著名之施政计划。对于国用民食，极关紧要，再分析之。

徐文定有言屯政疏，录出如次：

“京师之东，濒海数千里，北极辽海，南滨青齐，萑苇之场也。海潮日至，淤为沃壤。用浙人之法，策埋水为田，听富民欲得官者，合其众分授以地，官定其畔以为限。能以万夫耕者，授以万夫之田，方为万夫之长，千夫百夫亦如之。三年后视其成，以地之高下定额，以次渐征之。五年有积蓄，命以官就所储给以禄，十年不废，得世袭，如军官之法。职按：集(编者按，即元代著名学者虞集)所言海滨之地，今斥卤难用，其可用者，或窒碍难行，而海内荒芜之沃土至多，弃置不耕，坐受匮乏，殊非计也。职故祖述其说，稍觉未安者，别如裁酌，期于通行无阻……”

至于所列举垦田细目，其中扼要之点，不外移民屯垦，垦田得官，注重水利，和制定法律，保障垦田者之安全等。原文颇长，故从省略。

再论其盐政，一言以蔽之：“严禁私盐。”其盐政疏大意谓盐税为国库大部分之收入，而数十年来，日渐废雍，要充裕国库，只有禁止私盐。至于盐为人人的必需品，若估计每人岁食盐十五斤，则每三十八人岁食一引，试以郡邑户口统计起来，则每年销行万引以上者，至少不下数千；现今偏僻小邑，每岁销畅数千引，而最大首邑，反而止销行数百引，正尽食私盐耳。

又称私盐有三种人：一是奸商，二是奸民，三是舟师。私盐之途有四：即夹带、兴贩、越境、近场。与私盐相首尾而成之者又有四：一曰奸竈，二曰利食私盐之民，三曰猾胥，四曰贪官。故整理盐法，必除贪官云。

屯政、盐政目前重要不减当年，则是徐文定政略犹有助于国人之讲求乎？

(3) 对于国防计划

徐文定有《钦奉明旨敷陈愚见》一疏，即陈练国防军之种种之情形，以及国防军数目之多寡。兹录该疏要点如下：

“今所拟，每一营用双轮车百二十辆，炮车百二十辆，粮车六十辆，共三百辆。西洋大炮十六位，中炮八十位，鹰铳一百门，鸟铳一千二百门，战士二千人，队兵二千人，甲胄及执炮器械，凡军中所需一一备具。然后定其部伍，习其形名，闲之节制，行则为阵，止则为营。遇大敌先以大小火器更迭击之。敌用大器，则如法以卫之，敌在前，则我出步兵以击之。若铁骑来，实以炮击之，亦可以步兵击之。此则实选实练所至，非未教之民可猝得也……臣言三聚，（即所练之兵一驻关外，一驻关内，一驻近畿）当用六万人。若欲悉皆招募，费必不赀，亦未可遽得，宜先用今之见兵，及各路援兵，先行选练，更行设法罗致技勇，或别立营部，或增入各营，无所不可。但选取招致，尚不为难，难在军需。宜仅见在择取应用，无者作速置造。若先练一营之人，先办一营之器，两者齐备，即成营矣。一营既成，更办次营，六万人，当为十五营。若成就四五营，可聚可散，则不忧关内；成就十营，则不忧关外；十五营俱就，则不忧进取矣……”

根据上疏，试作一表：

营数 配备武器	一营	五营	十营	十五营
炮　　车	一二〇辆	六〇〇辆	一二〇〇辆	一八〇〇辆
双 轮 车	一二〇辆	六〇〇辆	一二〇〇辆	一八〇〇辆
粮　　车	六〇辆	三〇〇辆	六〇〇辆	九〇〇辆
西洋大炮	一六位	八〇位	一六〇位	二四〇位
中　　炮	八〇位	四〇〇位	八〇〇位	一二〇〇位
鹰　　铳	一〇〇门	五〇〇门	一〇〇〇门	一五〇〇门
鸟　　铳	一二〇〇门	六〇〇〇门	一二〇〇〇门	三〇〇〇门
战　　士	二〇〇〇人	一〇〇〇〇人	二〇〇〇〇人	三〇〇〇〇人
队　　兵	二〇〇〇人	一〇〇〇〇人	二〇〇〇〇人	三〇〇〇〇人

徐文定认为十五营精兵，足以应付当时国难，即剿除国内流寇，讨伐进逼关内之满人，以及骚扰沿海一带之倭寇。返观目前养兵三百万，对内对外，均无所用其长。关怀国运者，其有同慨乎！

三、纪念

徐文定之为人及其事功，吾人已根据信史略言之矣！其遗著，著录于《明史·艺文志》，或存目于清《四库全书》，学者类能读之。

文定为《崇祯新历》，即采西洋历法者，至今上海涂家汇天文台，犹存其提倡天算学之遗风焉！徐家汇者，文定墓在之地，亦居有其后裔，因以得名。即如由上海抵徐家汇之电车终点，有一场所，在法租界，按法译名称，名"徐保禄场"。吁！法人亦知纪念我先贤。保禄云者，徐文定在生时，受天主教洗礼，以大圣宗徒保禄之名为名也！

文定信奉天主教，极其虔诚，试举其证：(一)为明季教难时所上《辩学章疏》，保教而明证其虔信。其孙曾刻诸石碑，流传至今，附家书末。(二)为康熙《松江府志·天学》所载上海知县涂贽所撰《天主堂碑》，记文定在上海开教建堂及其影响国人之崇奉天主教，中国教会，今更追念！

吾人从人文之立场言，其盼各科学专门家，将徐文定译科学书，分别门类，加以整理，则是惠我士林，更成蔚然钜观！兹一短文，谨志吾人纪念先贤之敬意，聊作建议，以俟达者！参考资料：

一、《新月》月刊第一卷第八期徐景贤撰《徐光启著述考略》。

二、天津《益世报》本年八月四号“徐文定三百周年纪念专号”。

三、上海徐家汇汇师中学出版《我们的教育》“本届毕业专号”中徐文定三百周年纪念论文。

徐光启对中国近代教育之贡献[①]

读王君凤喈著《中国教育史大纲》，其中论到明代徐光启介绍西学一节，似嫌简略，意有未尽。兹先抄录原文如下：

"中国教育受外国之影响者，第一次是汉时佛学之流入，第二次便是西学之流入。西学之流入中国以历数为最早。自明万历中利玛窦入中国，制器作图，甚为精密。中国学者若徐光启等，从学历算，是为西洋历算输入中国之始；到了清朝有王寅旭（名锡阐，号晓庵）、梅定九（名文鼎，又字勿庵），研究历数更为精深，他们一面输入西洋之历算知识，一面整理中国固有之历数知识。他的数学皆历最艰苦之后始得简易，他的目的，就是要求数理大显，绝学不至无传。其对于中国教育之影响有二：一为引起研究科学之兴趣。故即在科举时代，而亦间有研究数学者。一为引起研究西学之注意。中国人素存轻视外人学问之态度，以为外国文化均在中国之下，自彼等输入西洋之数学，始知西洋学术实有较中国学术为更高深者，因而去轻视之心，取欢迎之态度，故西学之输入，新教育之成立，天算派实有大功。"（注一）

诚然，徐光启是首先介绍西学的伟人，近人陆征祥先生称他为"西学

---

① 原载《东方杂志》1933 年第 30 卷 24 号，并刊于《圣教杂志》1934 年第 23 卷第 7 期。

东渐之译祖”(注二),这是很对的！而徐光启所以能够介绍西学,是因为天主教的耶稣会士利玛窦等来华。

查《明史》第二百五十一卷和康熙《松江府志》第四十二卷均有徐光启的传略,最近上海《人文》月刊第四卷第七期曾刊我们作的《明贤徐文定三百周年纪念》一文,内有一个比较详细的传略,限于篇幅,恕不赘述。兹略述徐文定和利玛窦有关系的几件事如下。

查《明史》徐光启本传载:“从西洋人利玛窦学天文、历算、火器,尽其术;遂编习兵机、屯田、盐筴、水利诸书。”(注三)

又查《四库提要·农政全书》载:“《明史》光启本传:光启从西洋人利玛窦学天文,历算,火器,尽其术;崇祯元年,又与西洋人龙华明、邓玉函、罗雅谷等同修新法历书,故能得其一切捷巧之术,笔之于书也。”(注四)

又查郑寿麟君著《中西文化之关系》,也论到利玛窦与徐光启等介绍西学。原文如后:“我们因十六七世纪耶稣社员(Jesuit)(按:即通称耶稣会士)如利玛窦、汤若望等的介绍,所以对于数学与自然科学的知识大有增益。因他们的工作,使西洋亦渐渐认识并欣慕中国的文学与精神生活。中国在十七八世纪,对于欧洲的精神界确生极大的影响。”(注五)

“利玛窦于一五八〇年到广东,一六〇一年到北京,明神宗甚嘉赏他的学识及天文仪器,允其居留。当时翰林徐光启与之相善。徐家在上海县附近(徐家汇),后来其地成为天主教在中国之要区。”(注六)

今岁为徐光启逝世二百一十周年,本篇之作,系从教育史方面论到徐氏的贡献。

一、实用科学运动的开始

利玛窦来华以前,国人只知有中国,不知世界有所谓五大洲。利玛窦的《乾坤体义》二卷,便是一部天文学入门的书籍,修历一事,贡献尤大。考明季的历法有两种:一是大统历,一是回回历。大统历与天行不合,推算不能正确。据《明史·历志》记载,“大统历实即元之授时,承用二百七十余年，未尝改宪。”(注七)回回历也因历年积久，差误殊多！于是有王官正、周子愚疏称：“大西洋远臣庞迪我、熊三拔等，备有中国未有之学；乞敕取知历儒臣，率同监官，将诸事尽译，以补典籍之缺。”(注八)又礼部奏称：“翰林院检讨徐光启，南京工部员外李之藻，亦皆精心历理，可与庞迪我、熊三拔等同译西洋历法，以资参订改修，乞敕诏下从事”(注九)等语。崇祯二年，以旧历推算日食不验，徐光启推西法悉验，于是礼部奏请征召西士，开局修改，以光启为监督，到了崇祯七年，徐光启共成历书一百数十册，合一百卷，分十一部。

至论翻译《几何原本》以及《测量法义》、《勾股义》等西洋数学书的成绩。《几何原本》为利玛窦口传，徐光启笔记的。据利玛窦撰《几何原本序》称：“先生就功，命余口传，自以笔授焉。”最近《独立评论》某君《教育罪言》一文，有关于《几何原本》的一段话，节录如下：“在利玛窦、徐光启输入几何以前，不能有真正的几何学；就是在他们辛辛苦苦把这些输进来以后，这些科学经千百年，还不能有像样的进步。也就是这个道理，我国士大夫，一方面兴趣不够发展，不肯到自然界里去求知识；一方面思理不够锐敏，不出在抽象知识域内作出什么贡献，所以数理科学、自然科学我国全未发达，大家的精神全集中于历史及社会的知识。”(注十)我们读了，也有同慨！

徐氏不但是首先介绍科学的伟人，而且是我国首先研究西洋科学的学者，这从他写给他亲家某的一封信中可以看得出来。

“昨岁偶以多言之故，谬用历法见推，初意亦知其难，第此事三百年来，无人讲究，如偶有所见，而复尔推委，似非古人进不隐贤之义，是故有相咨问者，不敢不竭尽底里，自后又不得向此中一研究，而精力未及，又无佐史可分，益令万事都废。自惟欲遂以毕力，并应酬文墨一切迸除矣！何者今世作文集至百千万言者非乏，而为我所为者，无一有历，虽无切于用，未必更无用于今之诗文也。况弟辈所为历算之学，渐次推广，更有百千有用之学出焉；如今岁偶尔讲求数种用水之法，试一为之，颇觉于民事为便，今为二三相知所迫，已付梓人，尚未及卒业请教耳。小儿处有一

稿，亦略晓其法，尚未能全谙也。此等事非老亲家夙昔同志，岂敢发此狂僭之言乎？万惟秘之。”（注十一）

又据《南吴旧话录》载称：“公自馆选后，谢去一切声律字画之科学，专求经济实事，以供挞伐。上亦属意大用。一旦捐馆，天下惜之。”（注十二）

可证徐氏自己就是一个热心研究科学的学者。

考《农政全书》有水利一门，是根据《泰西水法》而编成的，对中国水利应用极广。即高地作井，求其泉源的四种方法：一气试，二盘试，三缶试，四火试。（注十三）我国医书上也多采用，近代研究物理学者，还得研究这问题呢。

二、提倡教会教育的嚆矢

徐氏输入科学，固然是大贡献，但在科学之上，他还信仰了天主教。从他所撰的《几何原本序》和《泰西水法序》中，可以看出他的中心思想来。据《几何原本序》记载：“愿惟先生（称利玛窦）之学，略有三种，大者修身事天，小者格物穷理。”（注十四）

又据《泰西水法序》载称：“泰西诸君子，以茂德上才，利宾于国，其始至也，人人共叹异之；及骤与之言，久与之处，无不意消而中悦服者，其实心实行实学，诚信于士大夫也。其谈道也，以践形尽性，钦崇天主为宗。所教戒者，人人可共由。一轨于至公至正，而归极于惠迪吉从逆凶之旨，以分趋避之路。余尝谓其教必可以补儒易佛，而其绪余，更有一种格物穷理之学。凡世间世外，万事万物之理，叩之无不河悬响答，丝分理解。退而思之，穷年累月，愈见其说之必然而不可易也！格物穷理之中，又复旁出一种象数之学，大者为历法，为律吕，至其他有形有质之物，有度有数之事，无不赖以为用，用之无不尽巧极妙者。”（注十五）

由上所述，明证他的中心思想，就是格物穷理的科学之上，还有一个修身事天的宗教。按：当时欧洲的大学无不教授神哲学的，要是大学内没有这门学科，那么便不成为完全的大学。徐氏介绍西学，一面是要改良国人的物质生活，一面却要增进国人的精神生活，因此，他信奉了天主教，而努力提倡教会教育。

徐氏自己干脆的说："若崇拜天主，必使人尽为贤人君子。"（注十六）又当时曾努力保护教会，在著名的《辩学章疏》中，称扬天主教，"一切戒训规条，悉皆天理人情之至！"（注十七）考同时艾儒略著《西学凡》（注十八），介绍三百年前西洋教育制度的学科如何，编入《天学初函》，《四库全书》存目，至今国人研究西洋教育史，可备参考。又高一志著《幼童教育》（注十九），是我国改良儿童教育的开始，尤可注意者。当时天主教教士与我国教育有关的史实，明季有书院讲学，而东林书院为晚明最大的学术团体，这是谁也晓得的。查当时天主教的耶稣会士与东林亦有因缘，据从前的巴多理（P. Bartoli）神父著的《传教史》上说得颇详细，节译如下：

"近在无锡设一学院，东林著名学士（顾宪成、高攀龙等）讲学论政于其中，声势所及，风行草握，一时朝野士大夫争相景附，尤其是吴皖赣浙四省学士，几乎无一不属东林。奉教学者李之藻、徐光启、杨廷筠，尝为东林演讲学术，东林领袖党人，大都亲向天主敬，故为教士所推崇……北京城内亦有东林学馆，叶阁老（向高）即为其中主要人物。未几，东林与魏阉（忠贤）冲突，党人失败，六位名士毙于狱中，一位杖死公堂，绝望自尽者不知凡几，其余罢职不用者，三百三十名，其中有三位阁老（叶向高在内）并徐光启、杨廷筠等。"（注二十）

此段纪事，颇可注意。叶向高曾有《赠西士》诗，颇能参证巴氏之纪载；再者，徐氏著有《毛诗帖》，《四库全书》著录；李之藻有《类宫礼乐疏》十卷，《四库全书》录史部政书类；杨廷筠则访求方孝儒的嫡裔，在松江者为复其姓。（注二十一）此三人，萧神父编《圣教史略》，称为"开教三大柱石"，足证当时我国学者信奉天主教的！

查蒋方震君著《欧洲文艺复兴史》中称："耶稣会极注意教育事业"以及"耶稣会教育事业影响法国甚大。"（注二十二）我们根据上述史料，知道同时耶稣会会士在中国也有了这样的关系，这是颇值得注意的事件。故因王君《中国教育史》的记叙触发，并引起我们的研究兴趣，所以起草这一篇简短的论文，或于中国教育史料上不无可供参考者。

参考书籍及论文，如次：

（注一）引原书第十章第五节“天算派与中国教育”。

（注二）引《增订徐文定公集·陆序》。

（注三）引《明史》第251卷《徐光启郑以伟合传》。

（注四）引《四库提要·农政全书》。

（注五）引原书38—39页。

（注六）引原书48—49页。

（注七）引《明史·历志》。

（注八）同上。

（注九）同上。

（注十）引《独立评论》第22号《教育罪言》。

（注十一）引《式古堂书画汇考·书》卷28，徐光启《自笑札》。

（注十二）引《南吴旧诗录》。

（注十三）《农政全书》第20卷水法附录。

（注十四）引徐光启撰《几何原本序》。

（注十五）引徐光启撰《泰西水法序》。

（注十六）引徐光启撰《答乡人疏》。

（注十七）引徐光启《辩学章疏》。

（注十八）引《天学初函》。

（注十九）同上。

（注二十）引《圣教杂志》第21卷第10期张若瑟《天主教对于中国近代学术之影响》。

（注二十一）引康熙《松江府志》卷34。

（注二十二）引原书137页。

文学家徐文定[①]

“文学家”——这句话是称赞名儒的。凡抱于宏博的才学和高深的思想，而富于著作，为众人所钦仰的人，从来的习惯，就可称他为“文学家”。现在我们称徐文定为文学家，也并非是谩然的，因为他研究国故文学富有心得，对于文学的本身极有贡献，且对于文学的批评论也很有独到的见解。

讲到他是文学家，简括几句话说：（一）他是我国文学中造诣最深的一个。（二）他是我国汉文公教文学的首创者。（三）他是我国汉文科学书籍的首创者。所以徐文定不仅是文学家，特别是公教的文学家，同时是科学的文学家。现在我们分别叙来。

（一）徐文定对于文学的研究

他对于国故和时文都有很深的造诣，诗词歌赋亦很擅长。先讲经学方面，他的名著《毛诗六帖》内分：一、翼传；二、存古；三、广义；四、擥藻；五、博物；六、正叶，其中博物一帖最有价值。后来《四库全书》收入的是

① 原载于1933年8月4日天津《益世报》第四版宗教与文化副刊徐光启纪念专号。

范方重的重订本。据《提要》说(《四库总目提要》卷十七经部诗类存目一):

“《诗经六帖》重订十四卷(两江总督采进本),明徐光启撰,国朝范可(编者注:“可”字应为“方”之误)重订。光启……事迹具明史传。方字令则,如皋人,前有方自序。谓:徐光启六帖后先错互,为未定之书,爰为重订,而去其博物一帖,其余五帖,皆移定其次而无所增改。五帖者:一、翼传;二、存古;三、广义;四、擥藻;六、正叶也……又六帖名始于《帖经》,程大昌《演繁露》疏解颇明,白居易以名类书,殊无取义,光启以名经解,为转其不失其初!然考《明史·艺文志》载,徐光启《毛诗六帖》六卷,是每帖为一大卷也,方既删博物一门,则六帖仅存其五,与徐光启作书之意,全不相合,安得复以六帖称呼?”

此种批语,我们也能表同情的!因为按照徐文定的“博物”学识,将《诗经》中草木虫鱼,各加新诂,颇有发明。现在且举一例,在“唐棣之华”一篇里这般说了:“唐棣在今处有之,吴人呼为玉马鞭,其华与诸华异。一拊韡生二萼,两两相丽,故称韡韡。以为兴者,亦取己弟同生之义也。若止谓韡韡然盛,则华之盛者多矣,何必棠棣以比兄弟乎?因此叹古人比兴,定非谩然者!圣门学《诗》,称‘多识于禽兽草木之名’,其在当时,必有此种传授,如《尔雅》之类,当非一家。直非秦火失传,而汉儒毛、郑之徒极力钻研,止得十之七八。宋儒则长于义理,略于名物,并毛、郑之说,芟削无遗。以此今世说诗,于比兴之义大段卤莽耳!愚故于《传》、《笺》比兴悉为拈出,其二家所未备,更愿同志之士,相共讲求之也。”又“唐棣”章按语,亦取兄弟同生之义也,云云。

其次,他对子书很有批评。他对于诸子百家都肯研究,曾有《子书辑》、《子史摘》两书,又许多不常见的书,也都有了他的批语。这里限于时间,不得一一讲述。试举《谭子·铅丹》所引两则,以示一斑:

“卷九,正编,修身类。俭德即名清净。”(《谭子》)徐玄扈评:“俭即可以致治,合道合此,然则人可以不好俭乎?俭者,真性易简之本也,妙道清净之源也。”

“正编,修身类。慎独在一念。”(《九成子》)徐玄扈评:“恶莫大于微,吉莫先于几。几微之际,善恶分头之关,此关错过,一尧一桀,一舜一跖,焉可不慎!”

以上所引,寥寥数语,虽然这只能算是随笔的作品,但很可以推想他“多识前言,往行以畜其德”的好学精神!

至于诗词歌赋,也有很多的作品,现举一例以概其余。《边塞苦寒吟》(据《松风余韵》选):“四座且莫谨,听我吟苦寒;寒从何地起,乃自边城始。凉秋白露前,霜华大如钱;穷阴岁欲往,雪片过于掌。木皮三寸陇山头,层冰百尺交河上。愁望远,空青苍,玄猿啸,雕鸿翔,冲飙旦夕至,沙砾自飘扬。地回浮云冻,城危落日黄,戍孤笳声切,风紧角声长。金拆朝朝传朔气,铁衣夜夜迸寒光。惨惨绝,惨兮冽,行路难,无家别。自古向沙场,惊魂常九折!君不见,战将人持瀚海冰,忠臣独饮天山雪!嗟嗟苦寒,慨以眇欢,忧来无方,何用相宽!弧矢男儿志,须眉壮士颜。雕文霜剑去,龙额锦衣旋。那羡五陵游侠子,终老红炉暖阁间!”

内容描写出征辽东兵士们所受的苦处,使我联想到汉魏乐府中的《从军行》,唐杜甫的三吏、三别和出塞诗,在文学史上自有相当的位置。再这篇里“霜花大如钱”,“雪片过于掌”,“地回浮云动,城危落日黄”等句,可推论他的文学作品中描写的笔力如何。

时文,我们要知道在明清科举时代,不会作八股便不能出头,记得晚清李彦贞氏批“八股程序”有几句话:“有明三百年来,天下才智之士,苟不出于八股则终沉沦以老者,何可胜数!”若徐文定的八股文不会作好,我们很可以断言:决不会中解元的。他在万历二十五年(一五九七年)考中顺天解元,在一六O四年应礼部试,中八十八名的进士,殿试三甲,列五十二名,改翰林院庶吉士。后人推为八股之中的圣手金正希氏(即皖人金声),也很钦仰徐文定,他的集中保存了一封信《上徐玄扈相公》,恭维文定“身倡绝学,道济旧生,怀千万世之心,应五百年之运”!同气相求,文人本色!又如陈卧子(按:即陈子龙),乃几社中首倡六人之一,明末谚称:“我朝(明)以八股文坏天下,几社诸君又以才情坏八股”,但他替文定编订文集、农书,很可作证对于文定也备极推崇。总而言之,徐文定是被当时文人学士敬为一代名儒的。

(二)徐文定对于文学的创造(按:即指其天主教文学作品)

关于公教文学,我国已往的作品,流存到现在极少,像唐的景教碑,是记叙文,可称历史,非纯文学。所译景经,文不纯雅!元朝几乎没有留下一些汉文公教经典的痕迹。一直到明朝文定公,才开始有了汉文公教文学。我们且看他的(A)《耶稣像赞》(B)《圣母像赞》(C)《正道提纲》。按:A、B两篇,格律很相似,从所用韵脚,或所用虚字,两相比观,立可体认。庄严浑厚,自是杰作。C是一气呵成的通俗作品,用意在便妇孺都易解,也有自成一家的风味。现在从《苏府志》中抄出原文如次:

A.《耶稣像赞》

立乾坤之主宰,肇人物之根宗,推之于前无始,引之于后无穷。弥六合兮靡间,超庶类兮非同,本无形之可拟,乃降生之遗容。显神化以博爱,昭功慭以大公;位至尊而无上,理微妙而莫穷。

B.《圣母像赞》

作造物之尊母,谓至洁之贞身;原之于胎无罪,秉之于性全仁。频施光兮照世,职恩保兮救人;义镜垂而群法,天门启而众臻。位越诸神兮益上,德超庶圣兮特张;福既极而难并,美非常而莫伦。

C.《正道题纲》

正道宽宏,智德难穷。甚深悠远,万物真宗。非大慧而不能明性,非明敏而道不可逢。思上古之世,洪荒之风。无主宰,谁置世界?无男女,世界亦空!赋灵魂而为人之真性,置日月而明两间之中。三才既立,四海同风。分姓氏而各居一隅,立君相而礼义兴崇。世传世相继永久,人阅人父子孙公。到于今，数千载迷却真性，逞己纲，说己能，自谓豪雄。殊不知普天下同归一祖，有何彼，有何此，自失原宗。总总魔障，弃世轰轰。立多教而遂各异，信孔孟略知根宗，笑李老烧丹炼汞，叹释迦暮鼓晨钟。说甚么斋僧布施，受福重重。打僧骂道，地狱魔中。事释迦而为僧役，礼十王借道行凶。呜呼惜哉，何不返本追踪？传教士舍西顾东，九万里过海飘蓬。不辞披星戴月，何惮宿露食风。惟愿人人各正性命，惟愿人人体道归宗。渊微莫测，细味其中。可比生柯株树，千枝万叶丰隆，皆从原头生发，共赖一本之功。贤君试凭一览，感乾坤有始末，正道本无穷。古今暨将来，万汇总涵溶。无物不同一气内，谁能别是一家风！”

以上三篇，便是徐文定创作汉文公教文学，最精彩的，再别的著作当然也很好，不过不便尽量讲述罢了。照成例说：按中国的旧文学方面看来，他所作的这篇是古体诗，内中所谈的却都是阐明公教的奥理。因有此特点，那么就可以说汉文公教文学。

（三）创作汉文科学书籍

最近国立中央大学校长罗家伦氏，他在《图书评论》里说："要中国科学发达，先要科学说中国话。"如今我们可以引用的话，徐文定便是开始要使科学说中国话的第一人，他所译的《几何原本》和其他种种，现在还引起一般人注意，有人称他叫西洋科学"译祖"，真可以当之无愧色呢！

此外，他的文学批评论，现在也略介绍一下。在《焦澹园先生续集序》里，有关于文学批评的话，大意：（一）文章是人格的表现，因人品格不同，故文章亦不同。（二）文章应有下述三种审慎的态度：（A）"文之当物者，必使人油然以思'若润于膏泽'"；（B）"人心者，必使人惕然以动，若中于肌骨"；（C）"致用者，必使人俯拾仰取，若程材郑林，而征实于山"。再者，因为他深究几何学，所以他的论文中有几何证法的条理，这也是很可以注意的！

讲到这里，略有感触，因为都是公教同志，我们更该当努力参加晚近世界的公教文艺复兴运动。自从徐文定创作汉文公教文学以后,三百多年一直到了现在,中间虽有吴墨井(按:即清代画家吴历,号墨井道人)司铎的《咏天学诗》和晚近所谓“辅仁运动”,然而总成绩究嫌微弱。所以我们岂不该当步徐文定的芳踪,在新中国文坛上,树立十字架的圣号,更不该希望在座诸位同志一致努力么?

(附记)徐家汇汇师中学于本年夏季,由本期毕业同学举行“徐文定三百周年纪念讲习会”,邀余主讲,共讲十题:一、三百年前的徐文定;二、从历史的背景研究徐文定;三、农政学家徐文定;四、文学家徐文定;五、天算学家徐文定;六、“圣教的柱石”;七、阁老;八、阁老与国难;九、阁老与朝鲜日本及罗马;十、徐文定的遗训。本篇系十题之一,由李君文明、鲁君怀犹笔记。按:全部讲稿将在该校出版《我们的教育》第七年第四期专号刊印。兹录本篇,供关心公教文艺运动者参考。卢伽徐景贤识于徐家汇。

明贤徐文定公年谱初编（上）[①]

明贤徐光启先生，在历史文化上的地位，极为宏大。去岁为先生逝世三百周年，国内外杂志报章纷纷刊载纪念文字，发扬前辉，盛极一时！徐卢伽先生，所撰此项著述，尤称富瞻。其最要者，有《明贤徐文定公三百年纪念》，刊于《人文》月刊第四卷第七期；《徐光启著述考略》，载于《新月》月刊第一卷第八号；《徐光启对于中国近代教育的贡献》，载于《东方杂志》第三十卷第二十四号。兹复将其近著《明贤徐文定公年谱初编》，交由本刊发表，读者如能参取互阅，所获则必甚多。用特介绍，并向卢伽先生致谢！

（一）小引

> "至论看书，有何印象，得何感想？老实说，念了几段英雄故事，便不理会人生实在情形对与不对。为此看女豪杰等爱国行为，尤其像若翰纳达尔克圣女之所为，一面满腔热血，诚心赞叹；一面便十分愿意，仿效他们。"
>
> ——华封老人等译《灵心小史》中语

---

① 原载于《学风》1934 年第 4 卷第 5 期。

我，后学的我，试编这一部先贤年谱，可能有得一种什么感想，像卷首语，即便是的！

我们纪念维护汉族相国徐文定公，是受一称爱国心理所驱使，正像法国每一个爱国的公民，应毋忘他们的救国先烈，若翰纳达尔克圣女，所谓“高山仰止，景仰行止”，有了“心向往之”的同感！记得徐文定公受洗三百周年之次年，孙总理侨美时之言论曰：“明相国徐光启，尝亲身为天主教之信徒，与天主教马杜李西氏(按：即利玛窦)相友善，为人民所深敬焉！”这是三十年前对徐文定公追念的情形。尤以去岁为公去世三百周年，更热烈的追念！

承吴景贤先生盛意介绍，嘱为《学风》投寄一些稿件，因将本年谱初编，偬促编就以应征！盼先达诸公指教，日后再编印专册。因此，愿保留版权了！再声明者，本编采用学友严肃君《徐文定公年表》，又承张光耀君助理此稿，应各声谢！

前教育部部长李书华先生于公去世三百周年纪念日《感言》一文中，称“独能毅然决然，倡导输入科学，尽力国家，置自身祸害于度外，其人格之高尚，功绩之伟大，实令后世之人，永永钦敬者也！”

本编目的，在揭示公的生平如何，俾后学则効，造成新学风！

(一) 传记

(甲)《明史》本传

徐光启字子先，上海人。万历二十五年举乡试第一。又七年成进士，由庶吉士历赞善。从西洋人利玛窦学天文、历算、火器，尽其术，遂遍习兵机、屯田、盐筴、水利诸书。杨镐四路丧师，京师大震。累疏请练兵自效，神宗壮之，超擢少詹事，兼河南道御史，练兵通州，列上十议；时辽东方急，不能如所请，光启疏争，乃稍给以民兵戎械。未几，熹宗即位，光启志不得展，请裁去，不听，既而以疾归。辽阳破，召起之，还朝，力请多铸西洋大炮，以资城守。帝善其言，方议用，而光启与兵部尚书崔景荣议不合，御史邱兆麟劾之，复移疾归。天启一年起故官，旋擢礼部右侍郎。

五年魏忠贤党智铤劾之，落职闲住。崇祯元年召还，复申练兵之说。未几，以左侍郎理部事。帝忧国用不足，敕廷臣献屯盐善策。光启言："屯政在乎垦荒，盐政在严禁私贩。"帝褒纳之，擢本部尚书。时帝以日失验，欲罪台官。光启言："台官测候本郭守敬故法，元时常当食不食，守敬且尔，无怪台官之失占也！臣闻历久必差，宜及时修正。"帝从其言，诏西洋人龙华民、邓玉函、罗雅谷等推算历法，光启为监督。四年春正月，光启进《日躔历指》一卷，《测天约说》二卷，《大测》二卷，《日躔表》二卷，《割圆八线表》六卷，《黄道升度》七卷，《黄赤距度表》一卷，《通率表》一卷。是冬十月辛丑朔日食，复上《测候四说》，其辩时差里差之法最为详密！五年五月，以本官兼东阁大学士，入参机务，与郑以伟并命。寻加太子太保，进文渊阁。光启雅负经济才，有志用世。及柄用，年已老，值周延儒、温体仁专政，不能有所建白！明年十月卒，赠少保。盖棺之日，囊无余资。御史请优恤以媿贪墨者，帝纳之，乃谥光启文定。久之，帝念光启博学强识，索其家遗书。子骥入谢，进《农政全书》六十卷。诏令有司刊布，加赠太保，录其孙为中书舍人。

(乙)《(松江)府志》本传

徐光启字子先，上海人。万历二十五年乡试解元，甲辰成进士，选庶吉士。光启常学声律，工隶楷，及是悉弃去，习天文、兵法、屯盐、水利诸策，旁及工艺数学，务可施用于世者。三载授翰林院检讨。四十一年，分考礼闱，迁赞善。四十七年，擢詹事，兼河南道监察御史。出练兵，赐勅如巡抚监司副帅悉节制，得自委任辟召。会天启改元，光启乃辞病归。寻召还，与兵部尚书崔景荣议不合，御史丘兆麟露章劾之，诬及练兵事，复谢病归。魏忠贤素嫉光启，御史智铤追论之，勒罢官。崇祯改元，起为礼部右侍郎，协理詹事府事，同知经筵。明思宗忧国用匮，御经筵叹曰："焉得天雨金乎？大禹时，天雨金，秦雨金于栎阳，此外宁复有？"光启进曰："周成王亦有之，书在臣邸舍中。"取视之，信。异日读《离骚》。问曰："圜则九重天，有九何也？"光启对曰："宗动一天也，恒星一天也，七政各一天，合而为九。因及日月薄蚀，五星顺逆之故，日昃始罢对。"又上言京东西屯田，及曝沙种盐策数万言。怀宗读之，终日意向用之。二年转左侍郎，旋加太子宾客。是夏日食失验，欲罪台官。光启言："台官测候，本郭守敬故法，元时常当食不食，守敬且尔，无怪台官之失占也！臣闻历久必差，宜及时修正。"怀宗从之，乃诏修历，勅光启领之。初刘基《大统历》虽用授时法，而郭守敬之术不传。守敬之言曰："古之日长，今之日短，法当以七十五年为消息，上推益一，下推损一，天官家莫晓也。"光启独得其意，以泰西勾股测弧之法，三线交而布算，用测圜弧，以黄道纬度为主，视授时，用黄道距度，其法加密。其后日食，台官法大谬，而光启所推亦差杪忽，乃更求所未合定之。历书告成，三年进礼部尚书，掌詹事府。四年夏五月，怀宗手勅光启以本官兼东阁大学士，加太子太保。光启在阁，值周延儒、温体仁先为首辅，光启不得展。时年已老，六年秋九月以劳瘁卒于位！讣闻，辍朝三日，赙锡有加，赠少保，谥文定。十四年思宗之求其遗书，命有司刊布其书；又有《毛诗诂》、《漕河议》、《兵事庖言》、《几何原本》、《历指》等书，总百余卷。(录康熙《松江府志》卷四十二《名臣传》)

(三) 世家

本节略述公的曾祖父母、祖父母和父母，采录明代诰命和公自撰文。史料来源，公集转载自家谱云。

(甲)《太子太保礼部尚书兼文渊阁大学士徐光启曾祖父母诰命》一道

奉天承运皇帝制曰：朕闻祖考之嘉名美誉，亦犹子孙之冕服宇墙，芘荫宏多，章施无既。故宝良禾而昧丰坏，惊洪流而闇昆源，皆为谬愚，失其本论。尔徐珣，乃太子太保礼部尚书兼文渊阁大学士光启之曾祖，载其淳庞，造于广大。泰山有道，体政而示人可尊；葛天无怀，机忘而游世于穆。里惧陈平所短，盗畏彦方之知，羊裘高风，鹿门大隐。虽杜机九渊，而弥蓄其气；故行山十驿，而不昧其宗。今尔孙黻黼大猷，且青神化，梦帝赍予，得之玄契为多。率祖攸行，知所从来者远。譬之嵩高仰岱，渎祭先河。是用追赠尔为光禄大夫，太子太保，礼部尚书，兼文渊阁大学士。锡之诰命。亭旧思贤，望伊人其宛在；陵新下马，识华表而归来。

制曰：朕惟女士之德，亦有教传之功。姜原之开漆沮，泰瑛之流三世，皆以坐持阃教，远垂国桢。以古方今，其则不远。尔陈氏，乃太子太保礼部尚书兼文渊阁大学士徐光启之曾祖母，静正有斋，柔嘉无遂，主妇莫莫，形为牖下之仪；君子扬扬，释彼北门之谪。慈严备德，和豫蒸祥，代为闻人，郁生良弼。观于靖共尔位，迪高后以为功；新明蒸畀孔阶，晋王母之曰福。用追赠尔为一品夫人，锡之诰命。山河翟祎，华开既晦之辰；日月琬琰，宠勒不刊之字。

（乙）《太子太保礼部尚书兼文渊阁大学士徐光启祖父母诰命》一道

奉天承运皇帝制曰：朕惟泂酌注兹，饎饎承其远泽；初生贻厥，爪瓞溯其本谋。是故遗砚之识，察于微末；献笏之心，笃于追远。祖孙之道，首尾相环。尔累赠通议大夫，礼部左侍郎，兼翰林院侍读学士徐绪，乃太子太保、礼部尚书兼文渊阁学士光启之祖父。德全道周，义明识朗。闾巷之士，恃为源泉；诵读之儒，惊其岸幅。弃书服贾，倾交好施。鸱夷非市人之心，季布实丈夫之概。若乃德操伦鉴，因之韩姞相攸；取友必端，卒享公佗之下报。知昌愿托，遂开宅相之远祥。迨挺汝弼之孙仍，益侦先醒之祖德。嘉兹峻隲，总畀畴庸，用赠尔为光禄大夫、太子太保、礼部尚书兼文渊阁大学士，锡之诰命。施于孙子，至三世而莫京。拜于文人，恍九原之可作。

制曰：过祖遇妣，义率之报勿忘；燕子贻孙，慈徽之音益远。雅敦劳绩，应被明纶。尔累赠淑人尹氏，乃太子太保、礼部尚书兼文渊阁大学士徐光启之祖母。含章聚顺，清蹇明贞。择亲暱以历诸艰，不愁当户；抚流移而合余烬，曲轸遗孤。意还二踬以即安，辄抗一嫠于保惠。冰潭著洁，门璀树楔之旌；玉瀫壬辉，祚衍登闳之兆。静储揆采，弥发闺罄。兹加尔赠为一品夫人，锡之诰命。嬔芳如在，浥杞露以腾轩；异数洊膺，簇箫云而掩窀。

先祖事略

先祖西溪府君，讳绪，高祖广文公，家世清白，曾祖处士公，以役累中落，力耕于野。生二子，次即府君。既而尽费其业，府君因弃去为贾，家渐裕，孝养二尊人，及伯兄夫妇。伯氏无子，独一女，厚嫁之。生平和厚，与物无竞，虽童幼与均礼，终身无诟谇之言，愤怒之色。所与交，虽市阛中人，无大人游，必择其行谊卓绝者；逐什一之利，绝无市心，廉贾伍之，竟以是获饶。遇有穷乏者，辄施与之，弗吝也。早岁得疾，先宗伯生六年矣。有先姑稍长数岁，于时邑中苦繇役，族众流移，曾无期功强近之亲。府君自度不起，择于外姻中得尹翁，择婿得俞封翁，以遗孤托之。尹翁操家柄，拓产十倍府君时，待先宗伯婚毕，尽以见归，不私一钱。而俞公支门户，生子显卿，成进士，官比部郎。两翁者，左提右挈，先宗伯赖成立。施及不肖启，则府君人伦之鉴，实贻之矣。比部君常称府君醇德至性，诚心直道，有士大夫所不能及者。虽享年不永，而当徐氏中绝如线之际，竟能上绳祖武，下诒孙谋，于布衣处士之中，可谓绝类离伦者矣。盖实录也。

先祖妣事略

先祖妣，赠淑人，尹氏，邑之集贤里人也，系云间名族。及笄，归先祖西溪府君。于时方食贫，勤身操作，昕夕不懈。孝事舅姑，以及妯娌姻戚，曲有礼意。既而家渐饶，则佐府君为义，施舍无勬色。府君早逝，仅生子女各一人，淑人独身教育爱劳兼至。择兄子尹翁操出纳，择婿俞封翁使当户而宽。先宗伯肆力于学，亡何。倭燹邑未城，乡里迸散，室庐赀产焚废殆尽。淑人挈子女流移避难者四年。寇平，收合余烬复数年，稍稍还旧业。尹俞二翁，皆有子，延名师训之，而俞公子显卿，成进士，为比部郎。初遭不造，子母茕茕孑立，淑人抚两翁皆如子，与同爨，两翁亦同心夹辅，皆廪承淑人，无私蓄，淑人感其意。两翁子与先宗伯婚娶毕，出所藏三分之，不以私先宗伯也。既析产，复被胠箧之盗，家更中落，而淑人怡然不以介意。菽人之养，甘于三牲，享年八十，守节者五十年，有司旌门庐表之。计淑人之妇若母于徐也，起家者三，中踬者三，而竟以启佑后人，使先业未坠。藉六七年中，不有淑人，徐其泯矣。启事淑人二十三年，每以亢宗期许，而不获一见成立。追维昔人风木之悲，负米之恨，可胜痛哉！

(丙)《太子太保、礼部尚书兼文渊阁大学士徐光启之父母诰命》一道

奉天承运皇帝制曰:观于梓之致恭于桥,则知人父之教;土之归功于火,则知人子之诚。虽衮褐殊途,而弓箕道合。尔累赠通议大夫、礼部左侍郎兼翰林院侍读学士徐思诚,乃太子太保礼部尚书兼文渊阁大学士光启之父。兼纫众芳,不名一行。少孤历险,竭寸草以奉春晖;空屡长贫,树大樾而休群暍。五噫踯躅;不依臯庑之尘;《七略》该通,堪夺戴凭之席。更陈奇策,妙解阴符。经书蟠胸,慷慨不殊陈亮;槃考矢轴,幽栖足比林逋。若其以惠迪清升为宗,专修身事天之学。纬厥其烝,聿开贤胤以升庸;邈彼玄渊,丕显真儒之作用。教诲式穀,岂不然乎?兹用赠尔为光禄大夫,太子太保礼部尚书,兼文渊阁大学士,锡之诰命。于戏营综开济,已留宏业于后来;湛渥庞洪,亶锡休嘉于光叶。尚膺宠烋,益弼谐。

制曰:梱德内茂,历风雨而弥贞;绩学嗣兴,际鼎铉而緦吉。其旋已慰乎治命,涣颁忍靳于幽扃。尔累赠淑人钱氏,乃太子太保、礼部尚书兼文渊阁大学士徐光启之母。箴肃女师,识娴母教。贞存御寇,跄踉而掖姑章;仁殚周贫,拮据而施戚党。迨至较衡谛审,决常否于机宜;阅历难虞,诎憯凶于兵志。卒能以履霜迨雨之诫,浴济川作楫之资。洎乎井络功成,歘动桮棬踊慕。言念陟屺,能无怃然!兹用赠尔为一品夫人,锡之诰命。照龙章于宿草,睠切纶扉;藉翟袆之鲜华,暄回依壑。

先考事略——公自撰文

累赠通议大夫礼部右侍郎,兼翰林院侍学士怀西府君,讳思诚,生平刚直悃愊,六岁而孤,事先大母尹孺人,四十五年如一日。好施予,先世稍有遗资,亲故或称贷,负去辄不问。产渐挫,甚至鬻田宅,亲故伺已得直,辄复称贷,负去亦不问也。族党亲戚有贫者、老者、孤者寡者,辄收养衣食之。中年食贫,即疏粝与共飧,终不以贫故谢去。早岁值倭警,邑推择大户给军兴,时出入公府。嗣后五十年,不识郡邑门。所往还,喜乡里耆德,或老农圃,缁流方外;若亲戚显贵者,避之若浼,不论干请居间矣。迨不肖既通籍,仅一赴乡饮,过此亦未尝识郡邑长吏也。尝业贾不肯屑瑟计会,复谢去,间课农学圃自给。衡门泌水,贫而能乐。少遭兵燹,出

入危城中，所识诸名将奇士，所习闻诸战守方略甚备。与人语旧事，慷慨陈说，终日不倦，间用己意指摘前事得失，出人意表。博览强记，于阴阳医术星相占候二氏之书，多所通综，每为人陈说讲解，亦娓娓终日。晚年悉弃去，专意修身事天之学，以惠迪清升为宗。迁化之日，夷然处顺，语不及私家事。殁后，箧中检得一劄，以训不肖曰："开花时思结果，急流中宜勇退。"盖前数月所书也。若豫识去往之期，且如见不肖他日事云，岂由清明早知耶？抑神基之谋耶？呜呼！

附寿文二则

岁癸卯春仲，上海怀西徐翁，年届稀龄。诸与翁之子子先游者，既征言。黄长卿孝廉为酌者先矣，而吾友吴君仲光、瞿君叔夏，谓子先实不佞所取士，复介友人役不佞载笔，且以长卿文相示。不佞受而读之，大都称翁坦中直节，安分达生。若濮阴丈人之忘机，若荣启期之带索，若漆园吏之逍遥游，用能毋摇毋劳，以全其天而引其年。旨哉乎其言之！盖已肖翁而得其神矣，不佞又何言？虽然，九霄之沆瀣，不若戎菽之充虚也；天孙之云锦，不若短褐之蔽体也。不佞请卑之，无甚高论。不佞闻寿以用康为难，辐以昌后为大。是故长永而无逸豫之乐者，槁木也；富厚而无嗣续之贤者，朝华也。周人之颂文王曰："克昌厥后"。鲁人之颂僖公曰："俾尔寿而藏"。此非明验欤？不佞又以为自非后之昌者，何能使之寿而乐？翁春秋七十高，可谓寿矣。藉令庭乏诗礼之对，堦鲜芝兰之芳，即翁冲襟远度，超然达观，而业坠箕裘，悲贻绍述，将必有介然不释于怀者，其何乐之有？怀西翁躬备纯德，天赐加引。中岁得子子先，禀有异质。自六籍百氏，靡不综览而撷其菁华，肆为宏词。精深奥衍，见者辟易。每战艺辄冠其曹耦，丁酉遂夺解神京，蜚声寰寓。其纯修，以圣贤为准的；其建竖，以鸿巨为范模。盖杰然命世之英，方且出全锋。奉大对，以翱翔于玉堂金马之间，而翁也亲教而亲见之。虽年已七十，而体甚强，神甚旺，泮涣优游。坐高堂而覩莱彩，睇霄汉而竚腾骞，其乐有不可胜言者。啜菽为欢，负米忘劬，孰与其享天禄，鼎列甘膬之为旨也。披裘拽履，混迹樵渔，孰与躬沐龙章，荣膺象服之为华也。韬光铲采，声名不越里巷，孰于颂式谷于当年，垂显扬于来禩之为远也。在翁无改故吾，不失其为高，而兼有逸豫之乐。在子先赋有至性，不藉此以为孝，而实极尊养之隆，吾所谓寿而用康，福而昌者非耶？夫旷达之士，以轩冕为桎梏；荣进之徒，以山泽为枯臞。两者要未得其中，翁也隐赠以时。龙蛇互用，可谓道之真而福之备矣，由此而耋而耄而期颐。吟风弄月于山水之间，含哺鼓腹于熙皞之世，以乐观夫凤毛之振彩，麟趾之呈祥。裒然为国更老，为世人瑞，不其伟欤！《诗》有之："天锡公纯嘏"，请以为翁贺；又云："纯嘏尔常矣"，请以为翁祝。不佞与翁，有通家好，重以友人请，乃不辞而论次如此。且以质之长卿孝廉云。赐进士第左春坊左中允前翰林院编修经筵日讲官，通家侍生金天叙顿首拜撰。

余与海上徐君子先，尝与门人读书山中。一室之内，几榻之外，旁置瓦甂，唯一苍头沦蔬菽，具饘粥，以给日夕豢羞之膳。醪醴之味，或终日不御。日与其徒咀嚼诗书之英华，斟酌文章之醇醨。咏歌弹琴，惟日不足，若泊然无意于仕进者。夫人情鲜不悦纷华而旨膏粱，况吴会之侈靡，又出于其性者哉？子先少年，以文章名天下，郡邑无不延领承慕，而独能逃匿声影遗弃荣利，以求志力学于山谷之间。吾意其少也，必有学道好善，脱略世俗，如古之君子者，以为之父焉，以成就其德欤？固将褰裳往从之游而未能也。未几，则有称怀西翁之贤以为之寿者，然后诚有道人也。中岁子先失恃，翁已萧然独居，虽厚丧其产，终身无戚容。今年七十，方日寻遗轶之老，追山水之好为事，若不知子先之将掇高第。践朊仕者，宜子先之泊然好学而无慕于外也。夫翁与子先，其为人皆能屣脱富贵，超然于俟壒之外如此。举凡世之焜燿炫赫，皆不足为翁愿，然则可词以寿翁一觞也哉？虽然，翁少事母至孝。太夫人矢节五十余年，有司亦尝旌其门矣。夫孝子之志，务将尊显其亲。今子先岂独能文章，射科第，为乡里所艳慕而已哉？观其孜孜求志，必将酝酿于诗书，而发挥于事业，将来必有卓荦光明，炳炳烺烺，如名世之为者。天下必有以知翁之贤，以为夫夫人节孝之报也。翁今神明不衰，步履如少壮时，由是跻耄耋，且亲见其禄位荣名之盛，不亦有快然于中者哉！子先之友人瞿子允亨，吴子尚宾，皆曰此则翁之意。愿书以为序。万历三十一年岁在癸卯春三月，新安程嘉燧顿首拜撰。

先妣事略——公自撰文

累赠淑人钱氏，儒家女，笄而归府君。事先大母以孝闻，处妯娌以和厚闻。未几遭倭燹，邑未城，族里奔逃，先淑人左掖大母，右持女兄，草行露宿。每休止丛薄，则抱女坐水深流急处，拟贼至，便自溺也。贼平，先母收余烬，分授子女，颇有簪珥服物。见亲党匮乏者辄施予，称贷不责偿。晚年贫甚，而好行其德不勸。有告急者，解衣脱簪犹故也。性勤事，早暮纺绩，寒暑不辍。训不肖及女兄弟，生平未尝楚辱骂言。有所欲勅戒，则不言笑者数日，待儿辈侍立垂涕，度悔改乃已。不肖幼读书，问及兵传，先君子少涉丧乱，喜言兵，弗禁也；淑人每语丧乱事，极详委，当日吏将所措置，以何故成败，应当若何，多中机要，而独甚恶儿习兵书，检得册中有兵刃图像者，弃藏之；闻邑中先达有以建言任事被斥者，辄嗟吁为人言："我儿若显达，必为彼所为。今虽贫，不得志公车，吾不恨也。塞上之马，安知祸福所在耶?"嗟乎！不肖他日以兵事见，徒为聂政之母，既以天年终耳，数幸免焉，差足慰母氏于泉下哉！

(四) 年谱

公历一五六二年　明嘉靖壬戌

是年三月二十一日，文定公生于上海。嘉靖壬子，耶稣会士圣芳济各・沙勿略履止广东三洲岛而卒。同年利玛窦生，本年已有十岁。现广东台山县上川岛上有纪念碑云："耶稣会泰西圣人范济各・沙末尔于大明嘉靖三十一年之冬升天之真迹。崇祯十二年己未众会友建立。"

公历一五六九年　隆庆巳巳

"徐文定公方八岁，尝缘塔捕鸽为乐，偶失足下坠，见者惊呼，公持鸽自若，顾之曰：'汝犹能盘旋于塔缝，烦我数日思耶?'"(右一则)(见《南吴旧话录》卷十五中)

公历一五八一年　万历辛巳

公考进金山卫秀才。是年娶处士吴溪之女为室。

公历一五八二年，万历壬午

是年公子骥生。

（备览）《南吴旧话录》纪事一则：“上海有富民，田连浙界。徐文贞（谨按：徐阶，字子升，亦嘉靖万历年间之达者，谥文贞，有王弇州所撰传可稽云）顾靖宇所不及，而除祭祀宾客之外，居尝麦为粥，声如轰雷！徐文定公子，（谨按：即名‘骥’者耳）过其家，归述之，因拊掌为笑。“公正色曰：‘《春秋》他谷不书，至于麦禾不成，则书之。（注一）汝贤不能效王褒，（注二）而愚并不及李岳，（注三）徒以口腹诮人！岂知绅缙子弟，肠胃中每饫珍庖，便非门户佳事！吾愧不德，无以董率；夫复何言！’因而辍食，公子因三党请罪，久之得释。”

（注一）《礼·月令》：仲秋乃命种麦，又季春天子为麦祈实，又孟夏民乃登麦，天子乃以彘尝麦。《尔雅》：翼麦者，继绝续乏之谷，夏时民乏食，麦最先登。故董子曰：《春秋》他谷不书，无麦禾则书之。

（注二）王褒，字伟元，诸生。有密为褒刈麦者，褒遂弃之，于是莫敢复佐。

（注三）李岳，字祖仁，官至中散大夫。举钱收麦，载赴晋阳，候寒食以求高价。清明其车方达。又从晋阳载向邺城，逢雨并化为泥，利息既空，乃至贫乏！（《三国典略》）

公历一五八八年　万历戊子

大江以南，九谷不登，公应试远行，母拮据供之。

公历一五九二年　万历壬辰

是年，公遭母钱太夫人丧。

公历一五九六年　万历丙申

是年教书广东韶州，遇见郭居静司铎，觐见天主圣像，种下异日进教之种子。后移馆浔州，经行八千里，所著犊鼻，直同鹑结！

公《行实》载：“郭子仰凤（即郭司铎）传道韶州，建堂护城河西，公偶游其地，入堂见天主像，神威昭著，栩栩欲生；心懔然，辄为顶礼。与郭子语，颇惬洽。”谨按：公《行实》系李问渔司铎所编译，最博洽，本编多依据摘记或采录。

公历一五九七年　万历丁酉

是年公乡试第一，中顺天解元。

公《行实》载：“丁酉赴北闱，卷落孙山外。典试焦大司成漪园，于发榜前二日，犹以不得第一人为恨，翻阅落卷，得公文，击节叹赏。至三场，拍案曰：‘此名士大儒也！’拔置第一，遂名噪京师。惟公度如故，不介于怀，布衣徒步，陋巷不改，仍复授徒，而锐意于政治得失之林，以为天下用。”

公历一六〇〇年　万历庚子

是年利玛窦到北京。公得奇梦，圣三奇迹。

附奏一则：“大西洋部臣利玛窦谨奏，为贡献土物事：臣本国极远，从来贡献所不通，逖闻天朝声教文物，窃欲沾被其余。终身为氓，庶不虚生。用是辞离本国，航海而来。时历二年，路径八万余里，始达广东。盖缘音译未通，有同喑哑。因僦居而习语言文字，淹留肇庆韶州二府十五年。颇知中国古先圣人之事，于凡经籍，亦略诵记，粗得其旨。乃复越岭由江西至南京，又淹留五年。伏念堂堂天朝，方且招徕四夷。遂奋志径趋阙廷，谨以原携本国土物，所有天主图像一幅，天主圣母图像二幅，天主经一本，珍珠镶嵌十字架一座，报时自鸣钟一架，万国图志一册，西琴一张等物，陈献御前。此虽不足为珍，然出自极西，贡至，差觉异耳！且稍寓野人芹曝之私。臣从幼慕道，年齿逾艾，初未婚娶，都无繁累。非有望幸，所献宝像，以祝万寿，以祈纯嘏，佑国安民。实区区之忠悃也。伏乞皇上怜臣诚慤来归，将所献土物，俯赐收纳。臣益瞻皇恩浩荡，靡所不容，而于远人慕义之忱，亦稍伸于万一耳。又臣先本国忝预科名，已叨禄位，天地图及度数，深测其秘，制器观众，考验日晷，并与中国古法吻合。倘蒙皇上不弃疎微，令臣得尽其愚，披露于至尊之前，斯又区区之大愿！然而，不敢必也。臣不胜感激待命之至。万历二十八年十二月二十四日具题。”

公历一六〇三年　万历癸卯

是年三月，公受圣洗于南京罗如望司铎，圣名保禄。本年春，公父怀西年届古稀，开筵为寿。金太史天叙，程先生嘉燧，为文记其盛。

公《行实》载："秋，公至石城，因与利子有旧，往访之，不遇。入堂宇，观圣母像一，心神若接，默感潜孚，请业于罗子如望。罗子喜，授以教籍一卷。公携至逆旅。竟夕披览，随所覩，心为豁然。昔日之疑团，一旦冰释。奋袂起曰：'道在是，我无闻然矣！'于是决意皈依，诘朝来堂，愿受洗礼。罗子曰：'未也，道本靡穷领其要，亦非八日不可，君日来！'自是日必二往，观教礼，考道义，首尾八日，粗知涯略。公曰：'限期届矣，请行礼。'罗子以其坚信，为行洗礼，加其名曰：保禄，用先圣名以为主保也。是日公首途回沪。阅数月，公车北上。道出金陵，谒罗子，色甚喜，言上洋文士中已有进教者，惟迫于程，匆促驶驷，趱程而北。"

公历一六〇四年　万历甲辰

是年，文定公成进士，观都察院政，六月改翰林院庶吉士。

公撰《〈二十五言〉跋》，赞利玛窦司铎道学。文曰："昔游岭嵩，则尝瞻仰天主像设，盖从欧罗巴海舵来也。已见赵中丞、吴铨部前后所勒舆图，乃知有利先生焉。间邂逅留都，略偕之语，窃以为此海内博物通达君子矣。亡何，赍贡入燕，居礼宾之馆，月给大官飧钱。自是四方人士，无不知有利先生者，诸博雅名流，亦无不延颈愿望见焉。稍闻其绪言余论，即又无不心悦志满，以为得所未有。而余亦以间游从请益，获闻大旨也。则余向所叹服者，是乃糟粕煨烬，又是乃糟粕煨烬中万分之一耳。盖其学无所不窥，而其大者，以归诚真宰、乾乾昭事为宗，朝夕瞬息，亡一念不在此，诸凡情感诱慕，即无论不涉其躬，不挂其口，亦绝不萌诸其心，务期扫除净洁，以求所谓体受归全者。间尝反复送难，以至杂语燕谭，百千万言中求一语不合忠孝大指，求一语无益于人心世道者，竟不可得。盖是其书传中所无有而教法中所大诫也。启生平善疑，至是若云然了无可疑；时亦能作解，至是若游溟然，了亡可解，乃始服膺请事焉。间请其所译书数种，受而卒业，其从国中携来诸经书盈箧，未及译，不可得读也。

自来京师，论著复少，此《二十五言》，成于留都。今年夏，楚宪冯先生，请以付黎枣；传之其人，是亦所谓万分之一也，然大义可睹矣。余更请之曰：‘先生所携经书中，微言妙义，海涵地负，诚得同志数辈相共传译，使人人闻铁至论，获厥原本，且得窃其绪余以稗益民用，斯亦千古大快也。岂有意乎？’答曰：‘唯，然无竢子言之，向自西来涉海八万里，修途所经无虑数百国，若行枳棘中，比至中华，获瞻仁义礼乐声明文物之盛，如复拨云雾见青天焉。时从诸公游，与之语，无不相许可者，吾以是信道之不孤也。翻译经义，今兹未遑，子姑待之耳。’余窃韪其言。呜呼！在昔帝世，有凤有凰，巢阁仪庭，世世珍之。今兹盛际，乃有博大真人，览我德辉，至止于廷，为我羽仪，其为世珍不亦弘乎！提扶归昌，音声激扬。以赞赞我文明之体，日可竢哉！日可竢哉！”

（备览）《南吴旧话录》纪事一则：“徐文定公元旦早起，失一袜带。公不言，默以布条代之。月余，夫人方知之，笑曰：‘翰林官穷，奈何力不能具此，外人必以为矫。’公曰：‘凡事无大小，有缺陷处，方不陷，正自适耳，何矫之有？’”

公历一六〇五年　万历乙巳

利玛窦为公解释前所覩奇梦。

据《大西利先生行迹》载：“大宗伯徐公玄扈，博学多才，欲参透生死大事，惜儒者未道其辞。诸凡玄学禅学，无不拜求名师。然于生死大事，究无着落，公终不安。万历二十八年庚子，到南都见利子，而略道其旨。回家得一奇梦，如见圆堂中间设有三台，一有像，二无像，天主预为默启三位一体降生妙义焉，尚未解其意。三十一年癸卯，又至南都，入天主堂，访论天学之道。至暮不忍去，乃求《实义》诸书，于邸中读之达旦不寐，立志受教焉。罗子与讲经旨，觉十诫无难守，独不娶妾一款为难耳。先生止有一子，尚未有孙，欲纳侧室以广嗣也。罗子不允，曰：‘有子无子一凭主命，乌可以犯诫。’先生踌躇良久，毅然坚决，不可犯诫，惟听主命，欣然受洗。”

公历一六〇六年　万历丙午

是年公迎父抵京，孝养备挚。公父受洗，圣名“良”。公与利玛窦译

《几何原本》。

公《行实》载:"公馆京邸,与利子交益密,朝夕过从,殆无虚日。问道之余,讲求西法,利子口译,公则笔之。天文、地理、形性、水利诸学,罔不探究,而推算历数,尤加意焉。其《几何原本》一书,是先脱稿,公自序云。"

附序一则,《刻几何原本序》:"唐、虞之世,自羲、和治历,暨司空后稷、工、虞、典、乐五官者,非度数不为功。《周官》六艺,数与居一焉;而五艺者,不以度数从事,亦不得工也。襄、旷之于音,般、墨之于械,岂有他谬巧哉?精于用法尔已。故尝谓三代而上,为此业者,盛有元元本本,师传、曹习之学,而毕丧于祖龙之焰。汉以来多任意揣摩,如盲人射的,虚发无效;或依拟形似,如持萤烛象,得首失尾。至于而今,而此道尽废,有不得不废者矣。

《几何原本》者,度数之宗,所以穷方圆平直之情,尽规矩准绳之用也。利先生从少年时论道之暇,留意艺学,且此业在彼中所谓师传曹习者,其师丁氏,又绝代名家也,以故极精其说。而与不佞游久,讲谈余晷,时时及之。因请其象数诸书,更以华文。犹谓此书未译,则他书俱不可得论。遂共翻其要约六卷,既卒业而复之,由显入微,从疑得信。盖不用为用,众用所基,真可谓万象之形囿,百家之学海。虽实未竟,然以当他书,既可得而论矣。私心自谓:'不意古学废绝二千年后,顿获补缀唐、虞三代之阙典遗义,其稗益当世,定复不小。'因偕二三同志,刻而传之。

先生曰:'是书也,以当百家之用。庶几有羲、和、般、墨其人乎,犹其小者;有大用于此,将以习人之灵才,令细而确也。'余以为小用、大用,实在其人。如邓林伐材,栋梁榱桷,恣所取之耳。顾惟先生之学,略有三种:大者修身事天;小者格物穷理;物理之一端,别为象数,一一皆精实典要,洞无可疑。其分解擘析,亦能使人无疑。而余乃亟传其小者。趋欲先其易信,使人译其文,想见其意理,而知先生之学可信不疑,大概如是,则是书之为用更大矣。他所说几何诸家藉此为用,略具其自叙中,不备论。"

公家书云："顾周子回，共寄书四封，想俱到也。京中自老爷以下俱平安。汝母病亦稍平，今此服药便无事，但断了药，便举发也。二儿已在我房中睡，奶娘已打发出外也。其余人等俱好，只是米粮已尽，粮船又未至，日逐在此借米吃，甚悬望耳。馆中常规，七八月散，今年尚未题，想要到九月也。外边多有假报传来，不知家中曾妄报否？若来妄报者，不可轻易信他与他赏赐也。今年留者大抵有十名之外，如山东王南周、北直黄、江西丘福陈、河南彭、广东黄，此数位是必与者；还有戊戌何、辛丑龚、钱，有此数名字便是真的；若以前数人有一在科道之数，便是假的，不可信他。看来时势，明年必待夏秋间方可求归。明春还要在布船上寄些米粮杂物来为佳。三郎常有黄病，'肥肥儿丸'、'否虫药'，少待几日，讨回寄来也。按院在吾邑造册，可约束家人及亲戚不可多事，已前受亏处，亦不必称说'报复'等语。但以安静为主而已。　　丙午八月初十日"

谨按：公家书，系为公之手笔，乃极可珍贵之史料，故全采入。

公历一六〇七年　万历丁未

是年四月，公受翰林院检讨。以覃思得封父母如公官。本月二十八日，遭父丧。舁柩圣堂，追思尽礼。越日，扶柩归里。道过南京，即请郭居静司铎来上海开教。公在居丧期中，两往澳门避静。

公家书云："王四官到，得正月初八日书；聂声宇到，得正月十七日书，知家中都平安，甚慰！京中老爷以下俱平安，只是二女近日伤风身热，今亦愈矣。馆中事自正月初六日拆卷，上本后至今未下，昨又催了，亦不见下。且朱老仗近来全不入阁，阁老先自不点，何况我辈全未知何时究竟也。今无他法，只是静听而已。但愈迟则南还之期愈远，大都还要等毕事到任后，方可定期回家中知耳。幸老爷近日心安，不然亦甚难矣。家中水路寄来是何物，寄与谁人，如何全不写来？至可叹也！曹相婿想已到家已久，可写来报我，且要查去年谁着他来？盘费如何处的？可一一查明报我。并先事体甚小，多寡之间，当别有故，不必置之口吻间也。廿三号书也到了，去年只廿七号米到，可查明写来。潘泰鸿亲家回，必来谢亲，可往一报谢，其余潘氏诸亲，来者俱一报。"

公历一六〇八年　万历戊申

是年冬，郭司铎莅沪，居一月，授洗五十人，皆公所介绍。不二载，计信教者二百人。公之夫人，公子，家族等，亦先后受洗入教。公子骥，圣名“雅各伯”。

公历一六一〇年　万历庚戌

是年十一月服阕，复除原职。三月十八日利玛窦卒于北京。帝震悼并赐阜城外门官地二十亩，屋二十八椽，为利子葬地。利司铎于逝世前不久，曾为李之藻圣洗。李先生圣名“良”，故号“凉奄居士”。陈援庵师撰有新传。

附《利子碑记》：“粤稽古用宾，在九州广万余里者，斯为辽绝仅已。我国家文明盛世，怀柔博洽，迄万历庚辰，有泰西儒士利玛窦，号西泰，友辈数人，航海九万里，观光中国，始经肇庆，大司宪刘公旌之，托居韶阳郡。时余奉刺凌江，窃与有闻。随同儔伴，赍表驰燕，跋庾岭，驻豫章。建安王挹沟，若追欢笃交谊之雅；宗伯王公洪诲，竟倾盖投契合之孚。相与溯游长江，览景建业。箴尹祝公世禄，司徒张公孟男，淹款朋侪，相抒情素。西泰同庞子迪我号顺阳者，仅数友辈，越黄河，抵临清，督税宫官马堂，持其贡表，恭献阙廷。皇上启阅天主圣像，珍藏内帑，自鸣钟、万国舆图、琴器类，分布有司。欣念远来，召见便殿，宠颁一职，辞爵折风。馔设三辰，叨燕陛阙。欲亲貌颜，更工绘图。上命礼部宾之，遂享太官廪饩。是时大宗伯冯公琦，讨其所学，则学事天主，俱吾人禔躬缮性，据义精确，因是数数疏义，排击空幻之流，欲彰其教。嗣后李冢宰、曹都谏、徐太史、李都水、龚大参，诸公问答，勒板成书。至于郑宫尹、彭都谏、周太史、王中秘、熊给谏、杨学院、彭柱史、冯佥宪、崔铨部、陈中宪、刘茂宰，同文甚都，见于叙次。衿绅秉翰墨之载新，槐位贲行馆之重，班班可镜已。历受馆仅十载，适庚戌春，利氏卒。迪我偕兼具奏请恤。诏议，礼部少宗伯吴道南公，署部事，言其慕义远来，勤学明理，著述有称，且迪我等愿以生死相依，宜加优恤，伏乞勅下顺天府查给地亩，收葬安插，昭我圣朝柔远之仁。奉圣旨：是。宗伯乃移文少京兆黄吉士，行宛平县，有籍没杨内宦私创一里沟佛寺房屋三十八间，地基二十亩。牒大司徒，禀成命而畀之居。覆奏，蒙允。余职江右岳牧，转任广阳师表，实有承流宣化之责，欣闻是举，因而感节抵寓。顺阳子与其友人龙精华、熊有纲、阳演西辈，晋接久，习其词色，洵彬彬大雅君子。殚其底蕴，以事天地之主，以仁爱信望天主为宗，以广爱诲人为功用，以悔罪归诚为入门，以生死大事有备无患为究竟，视其立身谦逊，履道高明，杜物欲，薄名誉，澹世味，勤德业，与贤智共知，挈愚不肖共由。玄精象纬，学究天人，乐工音律，法尽方圆。正历元以副农时，施水器以资民用。翼我中华，岂云小补？于是赞成皇上盛治熏风，翔洽沟际，真复绝千古者矣。斯时也，余承命辖东南，宁无去思之慨！附居郊处，虑有薪水之忧，赫赫王命之谓何？余与有责焉，故用识颠末于贞珉，纪我皇上柔远休征，昭示万禩，嘉惠远人之至意，为之记。以辛亥月日葬。

钦赐房地共三十八间，周围墙垣二十亩。南至官道，北至嘉兴观地，东至嘉兴观，西至会中坟。”

公历一六一一年　万历辛亥

是年四月，公教习内书堂。李之藻遭父丧，丁忧回籍，请金尼阁、郭居静二司铎至杭州开教。杨廷筠进教，圣名“弥额尔”，故号“弥额子”。全家老幼，皆被化归正。

公《行实》载：“是年十一月，复除原职。辛亥四月，教习内书堂，虽机务冗杂，擘画焦劳，而信教之诚，恒出人一头地。持己谦，待人恕，有犯不校，人求必助。食菲居约，依然寒素风。乡愚之同教者，屈节与交，共行功课，乐为袖领。每七期之六日，率诸信士登堂思道，恭默移时，于耶稣受难颠末，尤喜追忆。驻京教士龙子华民，熊子三拔，庞子迪我，皆饱学，精历数，传扬圣化，事多棘手，公与李太仆，鼎力维持，不避嫌怨。刊行教中书，多为公修饰。庞子撰《七克》一书，收入《四库》，始于伏傲，终于策怠，文廉悍，有识倾心，公笔削之也。利子殁，教士留京未奉谕旨，公欲具疏奏留，苦无所藉词。会昨年十一月朔，日有食之，台监推算失验，而庞子等所测，各若符节。公喜，以为机可乘矣，遂促礼部奏称精通历法如邢云路、范守己，为时所推，请改授京卿，共理历事。翰林院检讨徐光启，南京工部员外郎李之藻，亦皆精心历理，可与西洋人庞迪我、熊三拔等，同译西洋法，备云路等参订。疏入留中。”

公历一六一二年　万历壬子

是年公充纂修官。

公家书载：“此书万分秘之，不可与人看一字。倭书二封前日已寄回，此所言皆实话，非虚声恐吓也。前辛卯年俞大伯与我计议城守事宜，大略备得一半。于时大伯决计于我，我告之一定不来，所以随人讲求战守者，谓平安不可忘战，正为今日地耳，今其时矣！以理势度之，定不能如入朝鲜时，倾国而来，计必轻兵来，重则攻陷几城堡，轻则扰害沿海居民，更轻则屯驻海上胁求互市，此必然之势也。断无有此先声，乃寂然不来之理，或徼幸彼国中自有大事变则可耳，此岂可取必哉！来时我海上必有撄其锋，定得我在城中，又凡事得做主。又得钱粮数万，交于经营，一年半年，必可守此，却必可说个战守，甚难甚难！甚危甚危！我前向对汝说，要于南京或杭州卜居，正欲避去海上薄恶风习，且为子孙久计，觅一避乱之所。却不意来得如此快。如今要弭乱，在庙堂甚易的，却无一人梦想到此，所以决难幸免也。汝今可秘密此意，虽骨肉至亲，不可与明言。来年清明后，可以就桑养蚕为说，一家都搬出城外住三个月，俟蚕事了毕，已是五月，若海上无警，可住到六月初头，搬入城来，向后年年该如此。一闻海上警报，切不可入城，急急移到蟠龙赵家庄上，安顿了家眷，急备快船二三只，并选捷足去打听消息。贼一登岸，便急走杭州，将家小船安顿松茅场西溪、楼下等地方，身自入城与郭先生、杨宗师、李我存老叔商量。寻一条路数，到杭州府属新城县或临安县居住，此二县或在城亦可，或在山间谨慎之地亦可。若有便房，就在杭州山间也行，只要谨慎，民居稠密些住下了，再看势头。此后事亦不必一一逆料，计此时我必回矣。城外住切不可露意，只说养蚕，见住房家人可打发开，或仓上或乡间住了，略带几人看蚕妇女们出去。但要早夜谨慎门户火烛，房后可把芦头打笆护壁，内外俱用尤妙。先生且在内做学堂，两儿可就着他先生房内，令陆科阿二各夫妇住在城内，一则看房，二则照顾两儿。早晚先生与粥饭，或在城内令陆科家煮。城外……”

附公所撰《泰西水法序》一则：

“泰西诸君子以茂德上才，利宾于国。其始至也，人人共叹异之；及骤与之言，久与之处，无不意消而中悦服者。其实心、实行、实学，诚信于士大夫也。其谈道也，以践形尽性，钦若上帝为宗。所教戒者，人人可共由，一轨于至公至正，而归极于‘惠迪吉、从逆凶’之旨，以分趋避之路。余尝谓其教必可以补儒易佛，而其绪余更有一种格物穷理之学，凡世间世外万事万物之理，叩之无不河悬响答，丝分理解；退而思之，穷年累月，愈见其说之必然而不可易也。格物穷理之中，又复旁出一种象数之学，大者为历法，为律吕，至其他有形质之物，有度有数之事，无不赖以为用，用之无不尽巧极妙者。昔与利先生游，尝为我言：‘薄游数十百国，所见中土土地人民，声名礼乐，实海内冠冕，而其民顾多贫乏，一遇水旱，则有道殣，国计亦诎焉者，何也？身被主上礼遇隆恩，思得当以报。顾已久谢人间事矣，筋力之用，无所可效。有所闻水法一事，象数之流也，可以言传器写，倘得布在将作，即富国足民，或且岁月见效。私愿以此为主上代天养民之助，特恐羁旅孤踪，有言不信耳。’余尝留意兹事，二十余年矣，询诸人人，最多画饼。骤闻若言，则唐子之见故人也；就而请益，辄为余说其大旨，悉皆意外奇妙，了非畴昔所及。值余衔恤归，言别，则以其友熊先生来，谓余：‘昨所言水法不获竟之，他日以叩之此公可也。’迄余服阕趋朝，而先生已长逝矣。间以请于熊先生，唯唯者久之，察其心神，殆无吝色也，而顾有怍色。余因私揣焉，无吝色者，诸君子讲学论道，所求者，亡非福国庇民，矧兹土苴以为人，岂不视犹敝屣哉！有怍色者，深恐此法盛传，天下后世见视以公输、墨翟，即非其数万里东来，捐顶踵，冒危难，牖世兼善之意耳。辄解之曰：人富而仁义附焉，或东西之通理也。道之精微，拯人之神；事理粗迹，拯人之形，并说之，并传之，以俟知者，不亦可乎？先圣有言：‘备物致用，立成器以为天下利，莫大乎圣人。’器虽形下，而切世用，兹事体不细已。且窥豹者得一斑，相剑者见若狐甲而知钝利,因小识大,智者视之,又何遽非维德之隅也!先生复唯唯。都下诸公,闻而亟赏之,多募巧工,从受其法。器成,即又人人亟赏之。余因笔记其说,实不文。然而诸公实存心于济物以命余,其可辞?抑六载成言,亦以此竟利先生之志也。梓成,复命余申言其端。夫诸器利益,诸公已深言之,曷赘为?然而有两言焉。尝试虚心揣之:西方诸君子而犹世局中人也,是者种种有用之学,不乃其秘密家珍乎?亟请之,往往无吝色而有怍色,斯足以窥其人矣。抑人情劳则思,佚则忘善,此器也而为世用,谁则不佚,倘弗思而忘善乎?不乃阶之为厉矣。余愿用兹器者,相与共默计之,先生之所蹙然色怍也,将无或出于此!"

公历一六一三年　万历癸丑

是年公充同考官。八月,以病请假,田于津门,欲兴西北水利为国家立根本大计,又岁省东南挽漕百万之费。李之藻为南京太仆寺少卿,奏请聘用西士修历。

公《行实》载:"公乘闲沓,著书扬圣道。撰《辟妄》一卷,辨释氏破狱、施食、轮回、念佛等谬。有《诹谘偶编》一卷,乃平日诘俗子之辞,辑录成篇,伸明正理,间有投笺问难者,濡毫手答,动辄千言。"

附公所撰教理文字。

耶稣像赞

立乾坤之主宰,肇人物之根宗。推之于前无始,引之于后无终。弥六合兮靡间,超庶类分非同。本无形之可拟,乃降生之遗容。显神化以博爱,昭劝惩以大公。位至尊而无上,理微妙而莫穷。

圣母像赞

作造物之尊母,为至洁之贞身。原之于胎无罪,秉之于性全仁。频施光兮照世,职恩保兮救人。义镜垂而群法,天门启而众臻。位越诸神兮益上,德超无圣兮特张。福既极而难并,美非常而莫伦。

正道题纲

正避宽宏,智德难穷。湛深悠远,万物真宗。非大慧而不能明性,非明敏而道不可逢。思上古之世,洪荒之风,无主宰谁置世界?无男女世界亦空。赋灵魂而为人之真性，置日月而明两间之中。三才既立，四海同风。分姓氏而各居一隅，立君相而礼义兴崇。世传世相继永久，人阅人父子孙公，到于今数千载迷却真性。逞己刚，说己能，自谓豪雄。殊不知普天下同归一祖，有何彼？有何此？自失原宗。总总魔障，欺世轰轰。立多教而遂各异，信孔孟略知根宗，笑李老烧丹炼汞，叹释迦暮鼓晨钟。说甚么斋僧布施，受福重重，打僧骂道，地狱魔中。事释迦而为僧役，礼十王借道行凶。呜呼惜哉！何不返本追踪？传教士舍西顾东，九万里过海飘蓬，不辞披星戴月，何惮宿露飧风，惟愿人人各正性命，惟愿人人体道归宗。渊微莫测，细味其中，可比生柯株树，千枝万叶丰隆，皆从原头生发，共赖一本之功。贤君试凭一览，感乾坤有始末；正道本无穷。古今暨将来，万汇总涵容，无物不同。一气内谁能，别是一家风。

规诫箴赞 （录《苏州府志》）

维皇大哉，万汇原本。巍巍尊高，造蹶胚浑。搏刮众有，以资人灵。无然方命，忝尔所生。蠢蠢黔首，云何不淑；曾是群訾，上墋下黩。帝曰悯斯，降于人间。津梁耳目，卅有三年。普拯广流，诞彰精奇。舍尔灵躯，请命作仪。粤有圣宗，十又二子。述宣宏化，以迨亿祀。如日之升，逾远而光。千六百载，达于兹方。兹方云何，膺受多祜。正教西来，大眷东顾。凡我人斯，仰瞻辽廓。敢曰无主，敢曰不若。大文无雕，经涂无诡。秉心三德，守诫二五。若罔不升，违罔不坠。勖矣前修，无作后悔。后悔则那，亟其改旃。鉴尔一息，贵尔百年。如山匪嵬，如海匪渊。矢志崇闳，以隆德馨。

十诫箴赞

人心大正，陨自初民。欲横理危，迩贝魔妄。惟皇悯斯，垂诫贞民。其数有十，总以三纲。以迪民彝，以弃民咎。以享天衢，以绝天祸。乃命明神，传之邃圣。昭示万民，谨守勿绎。

克罪七德箴赞

凡遏横流，务塞其源；凡除蔓草，务锄其根。君子式之，用涤其心。人罪万端，厥宗惟七。七德克之，斯药斯疾，如讼必胜，如战必捷。有佑自天，勿诿勿怯。七克既消，万端并灭。

真福八端箴赞

欲累环攻，神目尽瞽。愈簟世趋，愈远天路。伪杂百端，以相诳惑。惟我正教，惟一惟真。德必真德，福必真福。德以致福，德亦名福。肇诸人世，充诸帝庭。精修妙契，宠泽光荣。

哀矜十四端箴赞

大道广渊，厥旨惟仁。蔼恻肫祥，情现于爱。爱主之实，征诸爱人。爱有哀矜，或形或神。以富拯之，以智济愚。弗私上锡，益来天祐。彼此罔知，天人殊视。弃摈元元，键户顶礼。德之不馨，繄主谁歆。

答乡人书

佛入中国，千八百年矣。人心世道，日不如古，成就得何许人？若崇信天主，必使数年之间，人尽为贤人君子，世道视唐虞三代且远胜之，而国家更千万年永安无危，长治无乱。可以理推，可以一乡一邑试也，执事将何从焉？《实义》中所论理学，止举大概。若欲尽解其义，宜用经书万卷。今未得遍译，他日必当大明，恐我与执事不及见耳！若未能深明其详，大端只宜信有天主，天主即儒书所称上帝也。一信其有，即所立教诫不得不守，所谭义理不得不从，如臣从君，子从父，何中殊方之可言乎？譬如国有其主，如京师大内，宰臣侍从，方得见之，海滨草野之民不见也。虽则不见，岂可不信有耶？不信其有，必至犯法干令，直待断于阙下，然后信其有。悔其罪，晚矣晚矣！教中大旨，全在悔罪改过，虽临终一刻，尚可改旧图新，免永远沉沦之苦。若在高年，时势已迫，尤不可不早计也。眼前悠悠不问，无何奈何，如执事来相诘难，正是难得者！相与一讲明，非惟救得执事，从执事更可救无数人，执事功得，亦不浅也！

公家书载："下此事于我没要紧。邢泽宇贡加京官一事，想主上所吝在此。邢今甚急，尝在此求催，不知究竟如何？但我来未免归，归即未免潦草耳。朝家事更有急于此者，废弛甚多，那里忧得许多，亦听之而已。朱大官闻说他病，又今所急者，在要晓得《大统》、《回回历法》之人，故望周若虚来，若事成，大作仪器，多用人，即葆赤，亦用得着也。京中煎膏子只如平常，煎放药煎了几破，(几破后摘去查)并将水来收膏(收膏用炭火)，甚省柴，可依此作之，虽一二两亦可煎也。汝所云郊居事甚合我意，只是房子住不得，如何？城中宅子又如何？我回时必要经营，但怕野，要收拾谨慎，又费事，毕竟要两头住。春夏居外，秋冬入内，方好。又郊居必要种田，城外又无田如何？可以斟酌报我。我回家还要寻得一处有田有屋有池的方妙。西舍油车屋并店屋，该留下，待我回来造桥，借人开店方是。油车屋十分要坍，拆了也罢。

累年在此讲究西北治田，苦无同志，未得实落下手，今近乃得之。其一在天津荒田无数，至贵者不过六七分一亩；贱者不过二三厘。钱粮又轻，中有一半可作水田者。虽低而近大江，可作岸备涝，车水备旱者也；有一大半在内地，开河即可种稻，不然亦可种麦、种秫也。但亦要筑岸备水耳。其余尚有无主无粮的荒田，一望八九十里，无数，任人开种，任人牧牛羊也。其一处在房山、涞水二县，此则每亩价二钱，近大江，可开渠种稻，每岁可收二三石也，只苦无人耳。我若前番领得家眷，及带得几个人来，今番便可留在此做此事了。今只得要归，且两处各有可托的相知，寻觅来都不误，所以为妙也。今新寓中颇有隙地，可种杂花草。家中可觅五色鸡冠，并各色老少年子，罂粟子，各色凤仙子，腊梅子，要好者一一寄些来。城外新插葡萄，秋冬间可剪细枝，只留一根直上，仍用竹木挪定，令其势直上，成一树，待高与人齐，便如剪桑法年年剪去细条，大约如乔海宇家城中园内梅花堂四紫薇花样就是。数十年后，其根如柱，亦只高得四五尺，顶上擁出大干如椽，亦只有七八条，长二三尺，如此则七八尺地便是一株，一株上便可生子数斗。每一亩可收百担，此西洋法也。今止西安是种既不妙，又令延蔓半里许，子多在细条上生的，所以不佳耳。今用西洋法种得白葡萄，若结果，便可造酒醋，此大妙也。算来凡接树，来自远方者不能得贴一定，该将原子原核多种些出来，待好接时，于本身上打下肥盛贴子接缚，一定是好的。不然，当初开辟时无人接缚，好果之种何从来哉？不拘何时寻得好种，皆宜如此法。乌臼不知曾来否？亦可自浙中多讨几样种来，种出接之。但此意不可对浙中接臼人说，恐他不肯拿来，毕竟移得一两株来为妙耳。山后河沿上新插北京种葡萄，可耘去草，时用粪拥，令速长为妙。

庞先生教我西国用药法，俱不用渣滓。采取诸药鲜者，如作蔷薇露法，收取露，服之神效。此法甚有理，所服者皆药之精英，能透入脏腑肌骨间也。但我处无各种鲜叶，今亦宜择常用者，多方觅取道地之种种之。如六陈地黄丸、人参固本丸之类，此常用者。今我在此寻鲜人参，倘到底不得，只用参作细末杂在诸鲜叶中亦可。如麦门冬已自种，闻顾曾浦家有鲜天门冬，种在西门观音堂内，可托人往觅其种。宿海有弟号俞心谷者，每常到怀庆买药材，可央宿海说，要他带些鲜生地及鲜何首乌、鲜牛膝、鲜山药回来种之。来年顾葑蕖入南京，可托他与宁国王朋官讨贝母种。白术自种了，不消说，若要亦可到绍兴买的，易得也。山茱萸、酸枣仁、甘枸杞之类，亦可用子自种之也。川芎亦可用根就种，只要寻取当归、远志之类，可问人觅其种，我此中亦多方觅之也。又各种要用之药，凡成熟时，便可取了露，各种收藏。又经久不坏，待用时合来便是，所以为妙。芍药亦可自种，须单台白色者方是。江阴人来卖牡丹者，常有根带来，亦甚贱也，可寻买之。”

（编者注：另一封家书）“但我要还许多债负，非大江以北积荒地亩不可也。郭仰老已到南京养疾，并杭州亦无人，今正欲寻人往也。阿添带回经典，如何再不见回头？孙潘书因措处迟了几日，昨日到手。会票亦到，又恐王银必是京细故，且未去取，先用我的送去。又值不在家，明日初七送也，即索回书附便人带归也。我问道此事该处的，如今告了处，亦是一势，但须必处为妙。李公自是循良，去后之思如此，亦足为吾辈解嘲。但此言汝辈寻常，不必向人多说为是！木头事要我出力，又冒我名买卖，我如何好出书？因此大讥我见于诗歌，亦听之而已，决难曲徇得许多也。据说折了百金，亦未必如许多！算法各种俱收，京中上下平安，只有胡宗德病在此。”

“如何？闻山上松林都坏了，木樨坏否？冬青都活否？桑树看来，今年可养得三四十筐矣。自家无人养得许多，可卖了些叶如何？如自养，该要去雇湖州人来看火蚕耳。冷蚕费叶，无利，做绵亦无利，必要湖州人来看火，做丝方好。海上住的湖州人，雇一个试之，如不好，来人到彼顾好手。雇了一两年，人都学会了。若沿俗习，非终无长进也。凡事皆知此，切记！只是蚕多了，看火上山两件，切要谨慎火烛，浙中有受累者，至慎……"

"可尽种之，即几亩亦不妨也。闲时种成，他人租与人，亦不失地租。倘要卜筑，则有成业可据；即不然，分一分与诸孙亦可也。家中门户火烛小心，厨房后通外腰门可密封锁，不可与人擅开，钥匙须自收，腰门夜间钥匙亦可自收也。觅得《房稿选题》可收看，初阳家书可即送，年官寄兄书可即送外公。二伯西甥俱未及作答。日来偶多事，不及作书也。小间作答，寄回。年官甚闲无事，我请他在寓暂住，教他算法，已会，今在此相帮，算些历法也。王甫撑直，甚可喜！只是要省俭为上下养……"

（未完）

明贤徐文定公年谱初编(下)①

公历一六一六年　万历丙辰

是年公疾痊，五月复除原职。沈漼上疏灭教，七月南京教堂被围，王丰肃、谢务禄司铎暨教友二十三名被拘。公上《辨学章疏》保教。尤可纪念者，圣师伯辣弥诺自罗马柬，即言教难；原书经公十一世孙允希司铎译成国文录后：

“司铎金尼阁回自远东，抵罗马，面陈种切，欣悉贵国敬奉耶稣基利斯督，是信德之门已辟，从此可稳行常生之路矣。佳音传到罗马，西方万国之首京也，欣欣忭舞。教宗保禄五世，万国奉教君民之共父也，亦不禁跃然以喜；其侍从若枢机，若司牧，若神曹，及众信人，举欣欣庆慰！盖中华地广民众，才智特出，而未认识造物真源，及自古先知所示降生为人、甘受死刑与人以天福之天主圣子也，久矣。夫魔鬼，以天神罚为巨魁，人类死仇，假托保存国土，拒绝福音之士，闭塞长生之门，目击之余，能不愁焉伤痛？今也天主圣宠，已发祥光于贵国，俾君等详悉圣经之道，不但无害于邦国，而且授人以天国矣。君等蒙斯洪恩，不独为君等贺！而余赢

① 原载于《学风》半月刊1934年第6期。

得如许新昆仲，同事耶稣基利斯督，能不深自庆幸乎？顾信天主圣父圣子，而不知饬身检行，以善其身，亦不足以自救，故劝君等还当谨守天主诫命，常由狭径而行，慎防一切贪婪、淫欲、欺骗等罪，勤行种种善工，勉修种种圣德，而于依恃天主、友睦同侪之道尤当三致意焉！苟因昭事维皇之故，遭遇世上一切困苦艰难，则当深自荣幸，以其将得厚报于天也。盖我等在天大父，每欲以苦难锻炼吾侪之信德、望德、爱德，不啻如火之锻炼金然。假令天主欲免我侪诸般困难，固易于反手；然而不为者，因欲吾人在世上，忍受诸般苦难，以得常生之报，愈厚而愈荣也。夫天主惟一圣子，一生博施，一生受苦受辱者，岂非以身立表，欲吾人倣而行之乎？经云：'彼自谦听命至死，死于十字架上，为此圣父显扬之，令升圣父荣光之座，加以美号，超诸名号之上，凡闻耶稣名号者，上天下地，地下幽牢，皆屈膝伏拜。'然则吾侪忍受诸般困逆，天主圣子亦将显扬之，使吾侪之身，亦肖像其光之圣身也。遥知敝会昆仲，常随君等，左之右之，以进于善，余故毋庸多赘。惟祈天主因吾等救世主耶稣基利斯督之名，保全君等，康强安吉，更望彼此互相祈祷，共得长生！一六一六年五月十二日，枢机罗伯多伯辣弥诺自罗马柬。"

《辨学章疏》曰："左春坊左赞善兼翰林院检讨臣徐光启谨奏：为远人学术最正，愚臣智见甚真，恳乞圣明，表章隆重，以永万年福祉，以贻万世之安事。臣见《邸报》南京礼部参西洋陪臣庞迪我等，内言：'其说浸淫，即士大夫，亦有信向之者。'一云：'妄为星官之言，士人亦墜其云雾。'曰士君子，曰士人，部臣恐根株连及，略不指名。然廷臣之中，臣尝与诸陪臣讲究道理，书多刊刻，则信向之者，臣也；又尝与之考求历法，前后疏章具在御前，则与言星官者，亦臣也。诸陪臣果应得罪，臣岂敢幸部臣之不言，以苟免乎？然臣累年以来，因与讲究考求，知此诸臣最真最确，不止踪迹、心事一无可疑，实皆圣贤之徒也。且其道甚正，其守甚严，其学甚博，其识甚精，其心甚真，其见甚定，在彼国中亦皆千人之英，万人之杰，所以数万里东来者，盖彼国教人，皆务修身以事上主，闻中国圣贤之教，亦皆修身事天，理相符合，是以辛苦艰难，履危蹈险，来相印证，欲使人人为善，以称天主爱人之意。其说以昭事天主为宗本，以保救身灵为切要，以忠孝慈爱为工夫，以迁善改过为入门，以忏悔涤除为进修，以升天真福为作善之荣赏，以地狱永殃为作恶之苦报；一切戒训规条，悉皆天理人情之至！其法能令人为善必真，去恶必尽。盖所言上主生育拯救之恩、赏善罚恶之理，明白真切，足以耸动人心，使其爱信畏惧，发于繇衷故也。

臣尝论古来帝王之赏罚，圣贤之是非，皆范人于善，禁人于恶，至详极备，然赏罚是非能及人之外行，不能及人之中情！又如司马迁所云：颜回之夭，盗跖之寿，使人疑于善恶之无报，是以防范愈严，欺诈愈甚。一法立，百弊生，空有愿治之心，恨无必治之术。于是假释氏之说以辅之，其言善恶之报在于身后，则外行中情，颜回盗跖似乎皆得其报，谓宜使人为善去恶，不旋踵矣。奈何佛教东来千八百年，而世道人心未能改易，则其言似是而非也！说禅宗者，衍老庄之旨，幽邈而无当；行瑜迦者，杂符咒之法，乖谬而无理，且欲抗佛而加于上主之上，则既与古帝王圣贤之旨悖矣，使人何所适从，何所依据乎？必欲使人尽为善，则诸陪臣所传事天之学，真可以补益王化，左右儒术，救正佛法也者。盖彼西洋邻近三十余国，奉行此教，千数百年以至于今，大小相恤，上下相安，路不拾遗，夜不闭关，其久安长治如此。然犹举国之人，兢兢业业，惟恐之失坠，获罪于上主，则其法实能使人为善，亦既彰明较著矣。此等教化风俗，虽诸陪臣自言。然臣审其议论，察其图书，参互考稽，悉皆不妄。

臣闻繇余、西戎之旧臣，佐秦兴霸；金日磾西域之世子，为汉名卿。苟利于国，远近何论焉？又见，梵刹琳宫，遍布海内番僧喇嘛，时至中国。即如回回一教，并无传译经典可为证据，累朝以来，包荒容纳，礼拜之寺，所在有之。高皇帝命翰林臣李翀、吴伯宗与回回大师马沙赤黑、马哈麻等翻译历法，至称为乾方先圣之书。此见先朝圣意，深愿化民成俗，是以褒表搜扬，不遗远外。而释道诸家，道术未纯，教法未备，二百五十年来犹未能仰称皇朝表章之盛心。若以崇奉佛老者崇奉上主，以容纳僧道者容纳诸陪臣，则兴化致理，必出唐虞三代上矣。

皇上豢养诸陪臣一十七载，恩施深厚，诸陪臣报答无阶，所抱之道，所怀之忠，延颈企踵，无繇上达。臣既知之，默而不言，则有隐蔽之罪，是以冒昧陈请。倘蒙圣明采纳，特赐表章，自今暂与僧徒道士一体容留，使敷宣劝化，窃意数年之后，人心世道，必渐次改观。乃至一德同风，翕然丕变，法立而必行，令出而不犯，中外皆勿欺之臣，比屋成可封之俗，圣躬延无疆之遐福，国祚永万世之太平矣。

倘以臣一时陈说，难可遽信，或恐旁观猜忖，尚有烦言，臣谨设为试验之法有三，处置之法有三，并以上请。

试验之法：其一，尽召疏中有陪名臣，使至京师，乃择内外臣僚数人，同译西来经传。凡事天爱人之说，格物穷理之论，治国平天下之术，下及历算、医药、农田、水利等兴利除害之事，一一成书，钦命廷臣共定其是非。果系叛常拂经，邪术左道，即行斥逐，臣甘受扶同欺罔之罪！其二，诸陪臣之言，与儒家相合，与释老相左，僧道之流，咸共愤嫉，是以谤害中伤，风闻流播，必须定其是非。乞命诸陪臣与有名僧道，互相辨驳，推勘穷尽，务求归一。仍令儒学之臣，共论定之，如言无可采，理屈辞穷，即行斥逐，臣与受其罪。其三，译书若难就绪，僧道或无其人，即令诸陪臣将教中大意、诫劝规条与其事迹功效，略述一书，并已经翻译书籍三十余卷，原来本文经典一十余部，一并进呈御览。如其跻驳悖理，不足劝善戒恶，易俗移风，即行斥逐，臣与受其罪！此三者，试验之法也。

处置之法：其一，诸陪臣所以动见猜疑者，止为盘费一节，或疑烧炼金银，或疑洋商接济，皆非也。诸陪臣既已出家，不营生产，自然取给于捐施。凡今衣食，皆西国捐施之人，屡转托寄，间遇风波盗贼，多不获至，诸陪臣亦甚苦之。然二十年来不受人一钱一物者，盖恐人不见察，受之无名，或更以设骗科敛等项罪过相加。且交际往来，反多烦费故耳。为今之计，除光禄寺恩赐钱粮照旧给发外，其余明令诸陪臣量受捐助，以给衣食；足用之外义不肯受者，听从其便。广海洋商，谕以用度既足，不得寄送西来金银，仍行关津严查阻回。如此音耗断绝，尽释猜嫌矣。其二，诸陪臣所居地方，不择士民，不论富贵贫贱，皆能实心劝化。目今宜令随其所在，依止焚修，官司以礼相待，使随人引掖。或官司未能相信，令本地土民择有身家行止者，或十家，或二十家，同具一甘结在官。如司教之人，果有失德猥行、邪言妄念、表率不端者，依今部议放流进逐，甘结诸人，一体科坐；其无人保结者，不得容留。若他人有以违犯事理、传闻告言者，官司亦要体访的确，务求实迹，则掩饰难容，真伪自见矣。其三，地方保举倘有扶同隐匿，难以遽信，再令所在官司，不时备细体察，除有前项违犯登时纠举外，其道行高洁、地方士民愿从受教者，有司给与印信文簿二扇，令司教者循环报数在官。年终正印官备查从教人众，曾否犯向过恶，间有罪名，另籍登记。三年总行考察，如从教人众一无过犯，兼多善行可指，正印官于司教之人，优行嘉奖。如从教者作奸犯科，计其人之众寡，罪之轻重，甘结士民，量行罚治。若从教之人故犯罪恶，司教同教戒劝不悛，因而报明官司除其教籍者；或教籍未除而同教之人自行出首者，或过犯在从教以前事发在后者，罪止本身，同教之人并不与坐。如此官府有籍可稽，诸人互相觉察，不惟人徒寡少，仍于事体有益，其他释道诸人，或争论教法，更不必设计造言，希图耸听，只须分明。司教亦同此法，考察赏罚。谁是谁非，孰损孰益，久久自明矣。此三者处置之法也。已上诸条，伏惟圣明裁择，如在可采，乞赐施行。

臣于部臣为衙门后辈，非敢抗言与之相左，特以臣考究既详，灼见国家致盛治、保太平之策，无以过此。倘钦允部议，一时归国；臣有怀不吐，私悔无穷。是以不避罪戾，斋沐陈请。至于部臣所言风闻之说，臣在昔日亦曾闻之，亦曾疑之矣。伺察数岁，臣实有心窥其情实，后来洞悉底里，乃始深信不疑。使其人果有纤芥可疑，臣心有一毫未信，又使其人虽非细作奸徒，而未是圣贤流辈，不能大有稗益，则其去其留，何与臣事。修历一节，关系亦轻。臣身为侍从之臣，又安敢妄加称许，为之游说，欺罔君父，自干罪罚哉！窃恐部臣而伺察详尽，亦复如臣，其推毂奖许，亦不后于臣矣。臣干冒天威，不胜惶恐待命之至！万历四十四年。御批：‘知道了’！”

公家书载：“旧年春并今年四号以前书都（原文漏一“到”字）京矣，但三月以后更无信。又闻家乡事甚多怪异，尤不放心。劫库事不知真否？

苏州差人是军门来的，在姚太翁家，言之甚悉，而各家俱无实耗，想定不真也。时危事异，只宜恬默自守为上，教训诸子尤是吃紧。郭先生何时来，何时去，仍在西园否？教中事切要用心，不可冷落，一放便易堕落矣。两儿做破承，不论是否，但将真笔真话寄来我看，切不可容先生文饰也。在京上下俱平安，为文选注籍尚未补，米粮诸色俱甚贵，费力。天津大旱，近稍得雨，有麦几百亩，若每亩收得五斗，便分得二斗，有一百五六十石麦，便不赔粮，亦留得些做种也。陈大官且未可来，待秋间再收得几百石粮，便可领种田的一两人经理其事，且有基本着落也。石龙、吴胜两家，已留在天津城中做小生意，且兼照顾田地。阿招、张本并山东人傅信三倘在庄上住，且种些旱田，明年种稻也。在城在乡的俱有头绪，极易为生，但不知肯向上否耳。"

"七郎教书，请了陈文轩在此，今年到京，束修一年，来年再看，且未定也。家中纱布更贱，北边土布甚多，决该□家人佃户辈，蚕桑年年要将好桑压秧来广种，拣极好桑留一两科，采极熟椹子晒干，寄到北边种，北土桑出种不好故也。番薯旧岁收得几许？钱三持人言他家甚多，甚大。今年可蔓菁，千万多种，收子寄来，苎蔴也要留些不割，收子寄来。京中上下平安，汝母近来无恙，只时常腹胀，亦少于前时矣。时时觅便信寄书来，至瞩，至嘱。五月十四日　丙辰第七号"

"潘家人到，得八号书，已前的俱到矣。汝母近日原病闻变后稍增，今渐渐安慰之，定不害事也。外公一病遂不起，闻之伤悼痛切，我为婿，值其家中落矣，待我殊尽心力，幸见我成立，而官冷家寒，无以报之；所幸者已得进教。又不幸先生不在，临终不得与解罪，不知汝曾令吴龙与一讲悔罪否？此事至急，凡临终者，即无先生在，不可不自尽也。只要真悔，无不蒙赦矣。劫库之说，盖由兑军费口，故讹传耳。西洋先生被南北礼部参论，不知所由，大略事起于南，而沈宗伯又平昔称通家往还者，一旦反颜，又不知其由也。遽云为细作，此何等事，待住京十七年方言之？皇上藐若不闻，想已洞烛。近日又问近侍云：西方贤者如何有许多议论？内侍答言，在这里一向闻得他好，皇上甚明白也。余年伯不甚知诸先生，疏中略为持平之论，亦颇得其力矣。南京诸处移文驱迫，一似不肯相容，杭州谅不妨。如南京先生有到海上者，可收拾西堂与住居也。京中公论甚……”

“七月三十日褚季汀家人来，寄去书想到矣。汝母腹痛近日已愈，余俱平安。仲台、交伯到乡，行及一月，不见信来，说蝗虫伤害，想亦有些收也。今初四日东宫已开讲，可喜！储宫聪睿，更得问学之力，他日政治可知（可惜止肯开一日，重阳以后大概不复讲矣）只时下南北多事，倭子必要通市，只在福建缠扰，似不通不止，而中外无一人知此事情，恐毕竟要弄出事来，则浙直亦未得安枕也。上海甚险，令海舡数只进浦攻城，十有九破。我前年说该避迹在蟠龙，以待有儆则望西行，不可忽也。倭未有远志，大要只在胁市，但只沿海攻陷一两城；或扰乱一二州县则退矣。所以略入内地，便不妨也。便是青浦，也还胜上海十倍，此言不可忽。七月廿五写。”

“六七月寄来第十、十一、十二号书，先后都到。最早者敬斋来人，最迟者桑池也。汝与妇恙俱已平复，可喜。京中上下大小俱平安，明春京察，不知人何以待我？做官似亦无甚罪过，但拙而且悚，未免有不到处，今亦听之而已。史局十三年无有不转者，今闻期在十月可上，但未知得下否也。天津早收得三百石豆，约有五百石尚未见报数来，不知如何耳。大约够了钱粮，还得少利，可做工本也。头蚕春早，所以收了；二蚕几天多雨时，吃了湿叶，所以坏了。看来蚕坏，只在湿热，叶干勤替，未有不收；只是勤替在人，叶乾在天。南天梅雨多，只要养得早还好，又要多种早桑，壅得肥，养得早，叶便可早成，脱了梅天也。北边绝无梅雨，最宜蚕，所以急要种桑。宋以前只是衮州丝为多，我朝方兴湖丝耳。养好桑葚，晒干寄来，最要紧须拣好种，早的火桑也要。薯种只是难传，可闷也。前后寄到种子，俱收，苕荛子不必再寄。县公已选，上海已选老成，岂弟人也。青浦未知如何？相传亦说好，诸氏当嵩嘱之矣。可致意唐五官，但不知其主名，当言何人耳。说女户施民甚未便，今亦只得委曲命之。二十房已寄一捆与李毛头，船上到日可送黄先生，其重复者并墨卷等杂本可自取看。余待再寄。邬艺林家书一封可缴还之。”

“傅官人家人回，寄去十九号书必到矣。家中上下俱平安，七郎目已愈，今已到馆了。俞二伯今寓在我家后楼，只是老夫妻偶大病，今正费调理耳。傅官人十月初十夜得一男，可喜。伊有家书寄回，可即刻觅便人寄去。丁、孙、唐三契已包十九号书内，可速催取会票来取用，至急！至急！来人行促，不及详，觅便续寄也。十月十二日　丙辰第二十号”

“十月廿八胡秀仍到，得十四号书。胡先生道他闻信还南，便好到新任去。其事原不足为累，则升迁亦易，与国学相去无几。今却到了京，闽中绝远，渠意要在此上本改教，想亦可行，今尚未定耳。我教他再与人从容商量也。新县公甚周详持正，可倚仗也，亦精严执法。家下人要约束，前范龙所犯事，何不作速查究报来？诸相知亦各相托，但只好青目相待，亦不宜全藉此也。艾婿家事，已略言之。但不知要分户头否？临时汝可斟酌行之。君池事回府已行，亦难与深言及此。大抵于已成必不改其体，不得不再三考问耳。西浜乔应科的房屋当去银三两，不要他利息，今寄票回，索来可与石交伯家用，不必动丁、孙、唐三家银也。三家银可作速讨取会来，天津两位已开烧锅，在乡甚去得酒，且好照顾庄子，调度农事，以此要前银与他作本，又可就近买些无粮田地也。蔚蕙事我说了几年，他意不在，我今在此，亦只平常一来一见而已。他何故便要赎起身来，不赎有何不好耶？俞二伯甚病，交伯亦不在此，是以未说，然亦必无用也。此可以情理料度，何俟多言耶？总待二伯病好，交伯回京商量。”

谨按：家书中曾言教难时，明帝态度如何，且言公的岳父已得进教，引为自己幸事！

公历一六一七年　万历丁巳

是年正月，公升左春坊左赞善，奉命册封庆府，四月授例缴节，以疾乞休，复田于津门。

公历一六一八年　万历戊午

是年边警戒严，公奉有依期到任之旨。闰四月，入都陈言兵事。

公历一六一九年　万历已未

是年三月,公充廷试掌卷官。六月自请出使监护朝鲜,上以公晓畅兵法,奉旨留用。九月升詹事府少詹事,兼河南都监察御史,奉勅以巡抚体统行事,管理通州等处练军事务,防御都城。

公家书载:"春,合宅俱平安。二月廿九揭榜谕,门下并相知多不得中,甚为扼擘,独升之得隽,可喜。旧年先生到,住在西园,今年若旧先生□来,可仍在西园住;若有新先生来,可请于盘龙住。如无房,可收拾几间,得在东园内者佳;如少,再造一两间,不妨也。他盘缠自用,只要房子或时常馈些食用足矣。熊按台已升,年例不来矣。骆宗师想已考选,两儿想未出考,迟些不妨,必待进得,方可出也。赵二叔要会银一百两,拿来时汝可收用,倘有婚姻事将来凑用,如未要,置些产业,青浦田地不要买,他日门户累人也,切记!或是赎了艾婿的徐家舍也好。收了可写一会票寄京来。两儿记得旧文字否?一日读得一两篇,熟否?今年见胡问敬说:'福建人读书法只是记文字',此是最捷径之法。两儿若有记性,应该做此功夫,慢慢里还要细到回来。汝若记得起,亦该做这工夫,甚省力。凡少年科第,未有不从此得力者。我辈爬了一生的烂路,甚可笑也。五月初一日,第三号。"

公历一六二〇年　泰昌庚申

教宗特颁宗座遐福,公朝衣朝冠,跪领降福;由金尼阁司铎主礼,Bartoli史书详记盛况。公覆圣师伯辣弥诺,从古法文译成国文,录后:(编者按:《徐光启全集》亦收录该文,系董少新自葡文译出)

"恭维枢机主教大人,仁风广被,无间海洋,爱火飞腾,炙我华夏,神子等不胜感颂之至。自接瑶翰,公卿士夫,或现任职,或已致仕,俱皆诵。间有奉教者,瞻仰博爱宏深,亦多感戢而谋则效。神子等忝为主仆,心仪弥殷,决相亲爱,以全纯爱,务使赖吾主宠佑,圣教广扬中国,真光普照,午日□耀!夫境异情疎之人,而能同心同德,共成一会,士者叹服;伏蒙教益,期臻圣域,众庶欣忭!是则我枢机主教大人,虽居远方之国,而不外视我人,欢跃之下,铭感无疆!惟恨不能插翅飞至罗马叩谢，只因国律禁出国境，不克如愿！然仰慕之情，固无时或已。自当公众同声祝祷，以颂宏愿与戴盛德！窃我中国数世以来，异教盛行，左道充斥，而我圣教之传入，为时未久，信者不多；其始也，固不为敌者所介意，迨后仰从者众，儒流复多，一心一德，崇奉惟一真主，于是仇敬者嫉视之，始惧彼之异端妄理，将为吾教所歼灭，乃施其如狐之欲技，罗网设陷，兴风作浪，随时随地，以侵扰我圣教，然我信众仍皆安全；耶稣会诸司铎，亦未被逐出国，盖因吾主神恩扶佑，异端决不能胜真理！现诸司铎，或仍旧在故居。尚恳枢机主教大人，勿为我人目前遭难而悬念也！盖以上世往事证之，固知魔鬼，每起风波，迫害圣教，天主所许，故尔遂有。仰维吾主，亦从未忘助佑事主之人！抑有进者，司铎辈尝讲吾主芥种之喻，言入于耳，训铭于心！其言圣教，比芥一粒，诸种中之最小者，及播于田，虽同在土，经霜生长，阳春已届，种渐萌芽，比其长矣，大则成蔬，成若树然！初非其始所明知也。今圣教在中国，犹春日之芥种耳，其如善种，生生不息，直至永远，迄无穷世。虽然，芥喻玄义，何以萎而盛者，非神子浅见能议论也。伏乞枢机主教大人，时为我等祈求天主，又恳在公教皇主圣父座前，叱名致敬！神子等矢诚致力于通国钦崇天主，扶助诸司铎，广扬圣教会；虔望圣父慈鉴，而祝佑以神恩，俾重而道远，仍恒毅而尽忠！再冀枢机主教大人，道履安康，时赐教诲，肃此披沥微悃，恭叩勋安不宣！”

公历一六二一年　天启辛酉

是年二月，公回府协理府事。旋告病，仍驻津门。四月，吏部题为紧急军务等事，中途奉旨回京。八月，以光宗发极覃恩，予新衔诰命，得赠父母如公官。九月请告，复寓津门。部署垦辟水田诸事如归。本年淮拜相，公遭排挤。

公历一六二三年　天启癸亥

是年十月，公升礼部右侍郎，充纂修《神宗实录》副总裁，未任。

公历一六二五年　天启乙丑

是年五月，以魏珰私人智铤劾，公奉旨冠带闲住。

公历一六二七年　天启丁卯

是年十二月，杨廷筠逝世。未卒信自捐钜款，建圣堂一座。杨先生事迹，经杭州《我存杂志》社编印单册，即《李我存、杨淇园两先生传》。我曾另撰《从〈徐氏庖言〉研究李我存杨淇园与徐文定公》一文，载天津《益世报》二十二年十一月二十四日刊。

公历一六二八年　崇祯戊辰

是年戮魏忠贤及其党羽。二月，公奉先皇帝特旨，以原官起用。七月，入朝。八月，充日讲官，又充经筵讲官。九月，以登极覃恩，予三代诰命，荫一子入监读书。十二月，充纂修《熹宗实录》副总裁。同月，日讲叙劳，加太子宾客。

公领鹤俸，持至教堂，供诸祭台，献过善举用，明谢天主意，奉教诸官绅，相効集钜款，爰立一善会，专救济贫民。

公历一六二九年　崇祯已巳

是年，公升左侍郎，回本部管事。七月，奉勅修正历法。十一月，奉旨协理神宗巡视内外十六门火器。公自是年，引用罗雅谷、汤若望诸司铎同修历法。

公历一六三〇年　崇祯庚午

本年三月，公以三品考满，予三代诰命。六月，升礼部尚书，兼翰林院学士，协理院事。九月，以城守叙劳，钦赐白金文绮。十二月，《神宗实录》告成，加从一品俸。十一月一日，李之藻逝世，未卒之前，刻有《天学初函》十二种，病笃之际，执公之手，谆谆以教务托，公颔之，安然逝！公与诸司铎，赞理其后事。公疏请，招葡兵来助战，龙华民、毕方济两司铎奉旨赴澳，得四百人，大炮十门，以葡将公沙的西劳领带北上，方德望诸司铎亦随营至。

公历一六三一年　崇祯辛未

是年三月，公充廷试读卷官。六月充考庶吉士阅卷官。十月授资善大夫。

公历一六三二年　崇祯壬申

《明史·熹宗本纪》中载:“五年……五月辛亥,礼部尚书郑以伟、徐光启并兼东阁大学士预机务。”八月,奉勅同知经筵事。十二月,以皇三子命名,颁赐银十五两。武弁在宁远、涿州等处屡建奇勋,后因身先士卒,故大半亡于阵!

公历一六三三年　崇祯癸酉

是年元旦,颁赐银三十两。七月,二品考满,升太子太保礼部尚书兼文渊阁大学士。奉旨奏新衔给予四代诰命,一子中书舍人,特遣御前牌子李天祥,斋赐宝钞羊酒。八月,因病告假,特遣御前牌子赵进安,并赐猪羊米酒酱瓜茄蔬。同月,恭视写篆进封贵妃册印,颁赐白金文绮有差。九月,因病久不愈,上疏乞休,奉旨慰留。本月以册贵妃礼成,颁赐纻罗银钞。本月,特遣御前牌子壬忠直入卧内,宣谕问安,并赐牲醴米菜如初,本月皇四子命名,颁赐白金如初。

《明史·熹宗本纪》:“六年……冬十月,戊辰,徐光启卒。”

公未卒前,将仕内务事悉交代清楚,并将所译历书七十四卷呈进,并恳祈恩叙汤若望等。其时皇宫中,奉教多至五百四十人,公道及之,每为色喜! 卒前一月间,行告解礼者三,他圣礼亦备领有,在京三司铎轮次侍疾,片刻不离,至十月初七日安然逝世。翌日舁尸入堂,追思如礼。司铎信友,顿失所依,罔不堕泪!

公临殁之际,惟内外孙二人,为应试抵京,获视易箦。及启笥箧,惟敝衣几袭,银一两而已!内阁具奏,上辍朝三日,深加悯恻,赠少保谥文定。

(五) 余纪

公历一六四一年　崇祯辛巳

公子骥请潘国光司铎行礼葬公于肇家浜北原之阡,距城十余里,今徐家汇是。执绋来唁者凡数千众!

公历一六四三年　崇祯癸未

是年六月,文定公孙男尔斗,以葬谢恩,并进公《农政全书》六十卷。

奉旨有“忠谟久验，朕深追念不忘”之语，加赠太保，一子中书舍人。

公历一九〇三年　清光绪癸卯

是年，教宗特颁宗徒遐福于公之后裔。同年，江南教友建十字石于公墓前，以纪念公受洗三百周年。

公历一九三三年　民国癸酉

是年十一月二十四日，南京教区惠主教柬请各界举行追祷大会于公墓上，以纪念公去世三百周年。同年，进行请愿列公入圣品事开始。

(六) 集序

(甲)《徐文定公集原序》

圣教昉行一国，率有圣哲挺生，以非常之才，立德立言，彪炳一世。或又起死肉骨，不药瘵病，以耀人目，以警人心。于是所言必信，有感斯孚，过化存神，教泽深远，父传之子，子传之孙，虽过艰难困厄，而信志坚贞，历千百年不变，如班有圣雅各而俗美，法有圣勑米而化行，印度有圣方济而崇正，皆明证也。我中国圣教始行，犹在元代，时有和德理者，亦圣贤中一人，宣训燕京，都士向化，后以遄返西邦，教未垂久，论者惜之。明季利子玛窦航海来华，上海徐文定公与之友善，闻其教，首先崇奉。用其不世之才，力为推广，撰论说，译经书，陈奏朝廷，阐扬大义，教之所以行，公之力居多。迄今三百载，传二十余省，溯厥由来，讵容忘本？然延至今日，知公者其谁？丙申春，高司铎镐鼎以法文著《传教志》，载公事颇详，皆宗古西人函牍。蒙读而悦之，译以华语，又录《徐氏家乘》，暨《明史》、《畴人传》等，都为一卷。以公之文，得像赞三，原道一，行述四，序与书各二，又奏稿若干，皆论火器历法，可见西学东来，教士为先导，而公实为译祖。噫！公诚伟人哉！文名盖当世，功业留简编，尤能信奉真教，簪笏立朝，绝不隐讳；若今之稍识之无，辄毁我圣教刺刺不休者，何其不自量欤！光绪丙申秋南沙问渔李杕识。

(乙)《增订徐文定公集序》

徐文定公,明季名臣也。秉浩荡刚大之气,抱凝粹雄杰之资,其为文闳博奇玮,峥嵘磅礴;其为学网罗中外,窥究天人;其立身处世,沉浸乎道德之府,痛绝乎门户之心。稽其生平著作,有奏草,有经义,有诗艺,有《徐氏庖言》,有《四书参同》,有《通宪图说》,有《兵事或问》,有《西法历书》,有《农政全书》,屈指二百余部,亦云富矣!惜哉兵燹频仍,辗转散佚,迄今所存十不一二。光绪丙申,余辑文定公集,惟得像赞、原道、书序、奏稿各若干,读者兴叹阙如,不见全豹。戊申春公十一世孙允希司铎,搜其家藏抄本,又得《屯盐练兵》等疏,各数万言,忠义之忱,跃跃于言表。公之时有李太常之藻,亦我教中名人,其文雄劲,大抵遗亡,允希君搜得十余篇,以附于公集,所以遂其追慕之意,亦以飨同人快睹之心也。光绪戊申十二月,李杕又识。

(丙)《增订先文定公集·叙略》

我先祖文定公,事功炳一世,才略闻八埏,殁后叠遭兵燹,其文散失过半,即刊而亡者亦十八九。光绪丙申,李问渔司铎始编公《行实》,订文集以行世时。允希旅客金陵,喟然曰:“我先祖遗泽入人深矣,然其文阅三百年而始出,岂有待耶?”是年复得公墨迹,识者珍之。癸卯付石,以公同好。既而披《家乘》,又得章奏及屯盐疏数万言。无何,有友自泰西来,言奥国额克窿顿藏华籍甚富,或有文定公遗书存焉。允希闻之,喜甚,致书西友,果得旧刻《圣教规箴》一卷,《治历疏稿》数十篇。噫!我祖遗编,流海外以免浩劫,岂偶然哉!去年秋,原集告罄,重为编订,分五卷:曰文稿,曰屯盐疏稿,曰练兵疏稿,曰治历疏稿,曰章疏杂稿,末附李太常之藻文数篇。夫公之传于不朽固不赖斯编,然其信道之笃,经济之洪,爱国忧民之切,学问艺术之精,亦于斯可见一斑,则此编之传,为不可少也已。宣统元年岁次巳酉仲夏中旬,第十一世孙允希敬叙。

(丁)《增订徐文定公集·陆序》

窃圣教流传我国以迄于今,中间虽历经种种困难,或受政府禁止压迫,或为社会恶弃诟骂,或被愚民残害惨杀,而尚日见进步者,此固为天主所安排,然必有非常之人,膺主特宠,挺身而出,在中华竖立此法栋于磐石之上,如上海徐文定公者,方克臻此!盖文定公在官时,适逢西士利子玛窦航海来华传道,公与之亲炙,深韪斯旨,不避身居朝贵,公然信崇奉行之,乃撰论说,译经书,奏陈以阐扬之,赞美之。从此,随公之后而信奉之者到处皆是。是以今日我国信友,增至二百五十万余,教区已有百十余处之多,良有以也。祥遵先师许文肃公之指导,入院苦修,忝列后进,偶得拜读公之文集,藉知公不独能为西学东渐译祖,且为公教传布之中坚。且其立德立言,尤足以移颓风,易败俗,况际我内国纪纲废弛,匪之弥漫,人心浮动,民不聊生,是集或可作良药之一剂。因念及今岁仲秋为文定公逝世三百年之周纪,乃商得公之第十二世孙润农司绎之同意,重行增订之,以广流传。凡我四万万同胞父老兄弟姊妹得此宝符,稳度此险恶潮流,国利民福,庶有赖焉。祥再为全国同胞告者,罗马公教为耶稣基利斯督创立,迄今千九百余年,历经君王政府人民残害、压迫而舍生致命者,不可胜数,始而下掘地窖以献祭,继而高建圣堂而讲道,又复传布各国而宣扬,则终普世崇奉而景仰,此自然之趋势,亦必至之结果。谓不我信,请俟之异日,同胞!同胞!盍早日其归来乎!民国二十有二年春,后学上海陆征祥识之于比国圣安德肋修院之慎独斋。

(戊)《增订徐文定公文集缘起》

本集为南沙李问渔司铎所编辑,流传至今已卅载。会今秋为文定公逝世第三百周年纪,正思有以纪念之。忽得陆公征祥来书,建议将此集印巾箱本。泽重以文中富有民族思想,颇足为现代借鉴,甚韪其言。遂将《屯田疏稿》、《治历疏稿》,并依据《皇明经世文编》、《文定公集》、《崇祯新法历书·历法缘起》,萃而增补之。又第一卷中焦氏《澹园续集序》诸篇，第二卷中《处置宗禄查核边饷议》诸篇，第三卷中《复某中丞》诸篇，第四卷中《修改历法请访用汤若望疏》诸篇，第六卷中李之藻《请译西洋历法等书疏》诸篇，均为此次增入者。而其工作多获陈援庵先生之助，存殁均感焉。然仍嫌搜罗未尽，尚望同道表同情者，惠教之为幸！民国二十有二年岁在昭阳作噩仲秋之月，第十二世孙宗泽谨识。

关于《徐文定公故事》[①]

关于《徐文定公故事》，我数年来努力研究，现在将所研究的原因、性质和方法，略述一番，就正有道！

（A）原因

一九二八年双十节前，饶子离（按：即饶孟侃）先生主编《新月》，问我索稿，那时我寓徐汇师范，就撰《徐光启著述考略》以应。后来江苏耆老癸酉聚餐会假乐善堂举行时，席间，江问渔先生问："久住徐汇，相老高论，有何特别的新闻？"我答："乡贤徐文定公，今岁三百周年"。承嘱为《人文》撰一篇纪念文。再后，我在安徽大学任教职，省立图书馆吴景贤先生主编《学风》，又介绍我所拟《明贤徐文定公年谱初编》问世。还有别的类似情形，使我觉得文定公言行，对我国学术界很有贡献，到处可以受欢迎的。只有吾主耶稣圣训："我可怜大众，因为他们没有食物！"想起许多同胞，需要大众读物，好的故事，卫生食品，充实他们求智识欲的恐慌。因此，我虽不敏，尝试从事。

---

① 载于《磐石杂志》，1936年第4卷第4期。

(B) 性质

这《故事集》是在讲述文定公的一生，如何为神形生活而生活。他是三百年前的人，所以应该提到那时代的背景，如国难严重情形，中西文化接触，明儒讲学态度，耶稣会的来华……等等，助大众了解"设身处地"而想见文定之为人！他是中国学者，所以应该提到中国学的一斑，如经学、理学和农学等；同时，说明文定公造诣如何。他是基利斯当，所以应该讲述天主教的教义，如天主降生，选圣童贞玛利亚为母，领洗入教，修德行善，为爱天主爱人而努力公教进行等；同时，作证文定公信教是实。的确，文定公也是自然科学家和社会科学家，有科学家的实验生活，和实验所得的贡献，如亲身尝农作物，推算历法等都是。我很抱歉，我只略知科学的门径，不足以评量文定公的科学！故我讲述，侧重在文定的一生，自幼到老，由解元进教到奉教阁老，所谓"修齐治平"，所谓"三不朽"者，如此如彼，择要谈谈，为得是使大众"见尧于羹，见舜于墙"，而见文定公活跃于纸上呢！

(C) 方法

我们常见研究徐文定公的一些文字，或是将某部分的贡献，讲的过于微细的分析，或是讲欠根基，好像没有始末，或是采取一方面，或国史方面，或教史方面的记载，演绎而成篇的。不敏尝试用归纳法，将关于文定公的各种史料或遗书遗迹等等，先加以搜求，然后经选择，按专题的方式，一一来讲述的。比较底申明一下：不是平面的，乃是立体的；不是单一的，乃是复式的；不是站在国史或教史的片面立场中，乃是按中华圣教会史家的笔法。具体底解释一下，不平凡地讲文定公从罗司铎手领洗入教，但追论明季耶稣会学术传教的传教情况；不简单地讲文定公是作了某书、某官，但总论著书居官的一贯精神在一个"爱"字；明史，教史，以及私家笔记，后人评论文字，有相当价值的，都曾经采用若干的！

敬谨感谢“学术的天主”因“上智之座”助佑！并谢马相伯老师、章太炎先生题字。还望专家不吝指教！一九三六年一月

卢伽徐景贤书于衢堂

序、跋、书评

《金声致徐光启书》跋[①]

右书札一见《金忠节公文集》卷二中，题为“上徐玄扈相公”。玄扈相公者，即吾家文定公也。今检《增订徐文定公文集》卷四《治历疏稿》中有《修历缺员谨申前请以竣大典疏》，内称：“原任监察御史告病在籍金声，思致沉潜，文辞尔雅，博涉多通，兼综理数，堪以委用，使居讨论修饰之任，其遣文析义，当复胜臣……且此二臣者，不烦征求，不增资费，在金声病已痊愈，乞敕下都察院催取赴补，便可前来……倘得此两臣在局，而臣亦时加稽覈，即前项未完书表，可计期告竣矣。若草泽中未必无人，臣所求惟取好学深思心知其意试有征验者，方敢上闻，今未敢滥也。”《集》中注明“崇祯五年十月十一日具奏，十五日奉旨，该部知道。”考《集》中《治历疏稿》系翻刻奥国额克萨顿所藏本，去夏愚曾亲见此项摄片。按：查京大文科图书部现存《西洋新法历书》，系明刻清修本，内“题疏”第九八至九九页，亦载崇祯五年壬申十月十一日徐光启疏谏金声事。为阐道竖表计，忠节故上书文定公，恳辞新职。书中屡称“太老师”者，缘文定公爵齿崇高，时为太子太保礼部尚书兼文渊阁大学士，年七十又一。在文定公，

---

① 原载《益世报》(天津)益智稷栏，1928年5月11—16日。按：原题为“明金声致徐光启书原文并跋”，金声致徐光启之书信，见《金忠节公文集》卷二，此处从略，故题目也有修改。

为国荐贤，或寓意后事付托有人，得不令修历事中止。乃忠节高尚其心，方将释授西学，流布此土，锐意在理道及修行法律，初衷故不以学术依附显达。顾自元也里可温衰落以后，百世不朽之圣学，提倡宣说正待贤明之士，故救世萦怀之文定公，睹其后学，发愿专精，壮志可风，遂亦乐许其高蹈矣。

次年癸酉十月初七日，公终于位，继公修历法者，爵为李天经，亦前引奏疏中所预推荐云，岁在公历一千六百三十三年。观乎先贤出处辞授之际，卓然昭大信于一时及其后世，于戏其可叙止。金撰《〈城南叶氏四续谱〉序》中尝云："余适与泰西宿儒论学，颇相感触，其言'万物最初一大父母。今四海之内，皆为兄弟。回念而爱其大父母，遂相推心以及此兄弟而相爱焉'，此大旨也。"博爱宏义，感动人之力至伟，推知忠节发愿昌明大法，以此修辞立说，一是皈依此旨。厥后《明儒学案》议其以儒学本领作佛家事业，误在作者黎洲缺乏"判教"之学识，其意盖以"为天主之教者，抑佛而崇天是已"，（黄宗羲《论上帝》，见《昭代丛书》已集卷十五中）隐括"西方圣人之教"于佛中耳。或因中土求法，仅有游西域归者，殆未知天竺之西尚有泰西拂林诸先进国在焉。其实天学与佛学，自明以来，始终丝毫不淆杂，曷谓称"天主"乎？曰"天主者，天上真主，主天亦主地，主神主人，亦主万物"，此明代万历古碑中刻文也。故黎洲不得因佛有"诸天"之说，遂疑与佛不殊。（一元与多元迥异，差足比拟教说各别。按：此应乞神学专家解释者，不敢妄抒臆见，即愚之学识有所不逮也）

又崇祯十四年六月，福建建宁县正堂左示中，明揭晓示，"照得天主一教，其所昭事者，乃普世之共主，群生之大父"，是即忠节所称为"万物最初一父母"。然则忠节学说，明辨不难，从皮相说，文辞尔雅乃大儒本色耳；从骨窍说，理道正大，固参透天学而出也。换言之，即以儒学装饰天主教之精神。遗著犹存，诸可覆核。挽近陈援庵先生为忠节新撰有一传，尤足资以证明。黎洲所说，执偏废全，望文生训，故有此失。我汉文中"天主"一词，汉代史籍间二三见，华译梵书亦曾采用。自经利子东来，假兹音声与形体而与以"陡斯"之信义，然后非指"金身"，亦非"祆神"，实成为至尊至亲之唯一圣号。而"'天主教'三字,遂约定俗,成为圣而公会之定名"。(华封老丈语)惜乎黎洲尊其所闻而昧所不见也。愚阅五月一号"益智稷"载斐然君《明人金正希事略》并恬叟按语,因感而录出《上徐玄扈相公书》,加以注脚,书名其事,俾嗜实学之士夫,得披览焉。

一九二八年徐景贤识

亚规纳多玛斯[①]

Thomas Aquinas, By Rev M. C. D'ARCY, S. J., M. A. (Oxon)

出版时间:一九三〇年初版。

出版地点:伦敦 Ernest Benn Limited 公司。

(1)

本书计分三篇:第一篇(Part I)包括三章;第二篇(Part II)包括六章;第三篇(Part III)包括一章,后附圣多玛生平大事记、圣多玛著述目录、参考书目、索引等。而首冠以三页之作者自序云。

兹分析各篇,略叙述如次:

第一篇内容,系关于圣多玛之史实。第一章,又分三节:1. 当代之历史;2. 哲学的与宗教的背景;3. 亚利斯多德学派(Aristotelianism);4. 斯古拉学派(Scholaticism)。第二章:1. 圣多玛之生平;2. 圣多玛之性格。第三章:圣多玛之"心"(mind)。共七十页。

著者于本书第一章,(1) 首称其时之时代精神,是属于建筑术的

① 原载于《哲学评论》,1931 年第 4 卷第 2 期。

(Architectural)。因为以石作成者,有多座大教堂;以诗作成者,有但丁(Dante)《神曲》;而在思想方面之代表者,厥为圣多玛学说。以其著作《超性学要》(Summa Theolegica)与十三世纪之大教堂比,洽称公允;具有同一之精神,引人兴虔诚之信仰。(参看原书第四页)。并称应特别提及其同时代之类思第九(Louis IX);因为渠为王者之范模(the model of kings),犹之圣多玛为中世哲学家之范模然。此二人之友谊关系,著者于三十九页中,曾再述及。在此贤明君主统治之下,法国当时,成为欧洲文化之中心。四方学者,群集巴黎,而圣多玛亦于 1245 年来学,厥后并执教鞭此间多年。

(2) 次论哲学的与宗教的背景。著者详细述及者,为圣奥思定与圣多玛之关系。著者称:"此圣(St. Augustine)对于哲学之前途之影响如此之大,而尤以影响及于圣多玛者为甚,故吾人于此应加以考虑。"(参看原书第十页)。先将圣奥思定如何使新柏拉图哲学(Neo－Platonist Philosophy)改组而成为宗教哲学。直至圣多玛时,此种哲学,仍极占势力,有所谓"奥思定学派"(Augustinianism)。惟圣多玛对此学派,并不一致。九世纪时,有名 Paschasius 者,尝谓"反对圣奥思定是一种不敬行为(to contradict St. Augustine is an act of impiety)。此说在十三世时仍认为原则。故圣多玛对于先哲之学说,加以抉择时,异常考虑周详,认定圣奥思定之学说未必与柏拉图学派一致,即采用其说之合于信仰者,而改正其相反者。又识别圣奥思定之著作,属于自然之知识,可能修订;至于在神学方面,乐与圣奥思定结为同盟者而不愿敌视之。末引P. Mandonnet之言,证明上述之见解。(参看原书十八页)。

(3) 再论亚利斯多德学派在十三世纪之胜利为宗教哲学史之转机。十二世纪中季,有数意大利学者从事于译希腊书,如 Robert de Monte 之纪载:"威纳斯(Venice)教士詹姆士,曾译亚利斯多德书若干种,附有注释。"再从 John of Salisbury 得知其同时之属于亚利斯多德哲学一派之人士(Peripateties),视亚利斯多德为最优(Par excellence)之论理学家,迨后发现其著作 *Organon* 以外之遗籍,自觉其为大论理学家而兼大哲学家矣。稍后 Alexander Neckam 乃谓:“夫赞美亚利斯多德之天才,犹之试以炬火而助白日之光焰,非徒无用,直浪费时间耳!”(参看原书二十一页)圣多玛之师 Albert 严斥有人对于柏拉图与亚利斯多德视若神祇(gods)然。其师徒之尊重亚利斯多德等,并无所谓“英雄崇拜”(hero-worship)之意味!在圣多玛自身之立场而言:“哲学之研究非由人所思想之知识组成者,乃所以理解真理耳。”(引 De Goeloet,*Munds*,I. Lect. 22)故吾人可推论,若圣多玛遵守亚利斯多德学派之主要原则,其所以如此者,必其自忖乃为真理之关系耳。

(4) 末论斯古拉学派一节,著者称大多数表同情于圣多玛,故多玛主义下之亚利斯多德学派(the Thomist Aristotelianism),成为斯古拉学派之代表哲学。因有不欢迎“地母(Mother Earth)和火哥(Brother Fire),他们多么好,多快乐,多有力和多么强啊!”按:此指当时教会中新兴之团体,有两大会:一为多明我会,多玛即其会士之一;其他一会名芳济各会。修行各异,主旨则一。所谓地母和火哥者,系圣芳济各(St. Francis of Assiss)所撰宗教颂诗中语。著者引用,意指芳济各会耳。(参看原书二十五页)

(备考一)*St. Francis of Assiss*,英国现代名作家 G. K. Chesterton 所撰,1924 年,George H. Doran Company 出版。

又,江绍原译欧洲中古基督教高僧圣芳济的一首颂歌,载在一九二五年二月十六日出版之《语丝》,可参看。惟其译文,校以意大利原文,有数处不符,且有一节,因不明教义中之罪过说而误译者。应附带说明,最应更正之一节,举出如后:

江译:“我的天主啊,请听赞颂,只为那躯壳的死没人能落空,有一般人真可怜,活一天造一天的罪愆。”

意文原诗(采 Autore Arnaldo Fortini 本):“Landato si, Misignore, per sora nostra morts corporale dala quale nullu homo vivente po skappare guai a quelli ke morranno ne le peccala mortali.”

应作:“赞美您,我的天主。有躯壳的死,(那是)没有人能逃避的;

（若是）死在有大罪的时候，（那才）真是可怜。”

著者于本书之第二章第一节，称：“圣多玛之生平比较不凡，然在其作传记者之心目中，并无如是之幸运，若圣芳济然。”关于圣芳济之传记，前节提及，恕不再叙。其实，多玛于少年时，立志入多明我会之故事，允为千古之美谈。本书中亦言之綦详。清顺治帝曾有“莫待老来方学道”之自警语，窃以为移赠婉劝圣多玛勿入会者，最为适当！圣多玛因自动出家，一贵族而与皇室有亲谊之家，中道被截，驴背载归，幽禁年余，心志如初。著者称：“大欢喜事叠经试用以图转变其心。（Great pressure was brought to bear to make him change his mind）”甚至于遣一少妇，作极风骚勾人之装束，入其卧室。用意所以诱惑此年少之伟人，然而未果如所期。当乍醒而觏此少女，彼从火炉中攫一火炭，逐她出室，然后炙一十字之圣号于门上。（They even went so far as to introduce a young woman，dressed in the most alluring style，into his chamber. The effect was to stir the young giant，but not as they expected. On waking and seeing the girl，he snatched a brand from the fire，chased her out of the room，and then scorched the sign of the cross on the door）著者描写圣多玛之生平，约十七页，其中多如此生动活跃之美文。所译之一故事，见原著第三十五页中。再就三十六页，译述另一故事：

“一次，在彼得学士学位之后，偕生徒数人从圣弟尼（St. Denis）返。途次，一生徒谓之曰：“师乎，巴黎何其若是之美观耶！”曰：“然，诚然是美观！”“我愿在天（Heaven），此则任诸尔辈。”“属我！将安所用之耶？”“尔能售诸法国君主，而以所得之金钱建筑修道院（Converts）多所，俾居传道诸兄弟。（按：原文作 Friars Preachers，即称多明我会士）我据实告尔，吾现在宁愿得一部金口若望（St. Chrysostom）所释《玛窦经》之教训。”著者解释此故事，以为吾人可以设想此乃圣多玛讽示其徒，意让应多注意所听授之功课云。余对此种解释，稍持异议，如谓此系圣多玛婉劝其徒勿务游览而注意学习，毋宁解作表现圣多玛在精神上之修养而轻尘世间之繁华。姑志之，备一说。

著者于第二章第二节，称圣多玛之性格，乃一文雅之巨人，无虚荣心，而盘旋于脑际者，为“思考”与“祈祷”耳。(原书五十页)为具体的描写计，著者曾一再提及其画像。兹举一例，第三十三页，提及“一意大利修道院之画像”，并有批语。余案此画像，指罗马多明我总会所藏之一幅，因晚近英文论圣多玛之书籍，喜载此像于卷首，如一九二四年出版之 *The Philosophy of St. Thomas Aquinas* 系 Etienne Gilson 所著，是经 Edward Bullough 译成英文，W. Heffer & Sons Lid, Combridge 发行；又如一九二五年出版之 *St. Thomas Aquinas*，系 Rev. C. Lattey 所编者(发行处同上)皆有此一画像。兹寻得一幅，刊载如图，以供读者参看。

著者曾述一故事，再译如次：“据《传记》所载：一日朝祷之际，在十字架苦像(crucifix)前，入‘忘我’(in ecstasy)之状态中。忽似有声从像中而出：‘多玛，尔写我事，明了妥善。欲何所得，以酬尔劳?’圣多玛对曰：‘主乎！不愿其他，得尔而则心满足矣！’此系供役祈祷处所之人(sacristan)所亲见云。”(参看原书五十三页)

著者略抒其感想，以为：“There could be no better summary of his character and life's word.”

以此故事，代表圣多玛之性格及其生平之工作，整个精神，诚属玄妙！然能了解至今尚有无量数之天主教信徒，莫不一心一德而同声同咏七百年前圣多玛所撰之圣诗：

“Verbum supernum prodiens,

Nec Patris linquens dexteram,

Ad opus suum exiens

Venit ad vita vesperam.”(参看原书四十二页)

自能证实号称“天神博士”(Doctor Angelieus)者，其最大贡献之最大代价，容有逾乎此者乎?

著者特将第三章专论“心”，颇引起吾人之研究兴趣矣！惟吾人于此，自欲先明了，所谓心者，作何解释?

今试从圣多玛哲学之立场，而研究圣多玛之心。著者在原书六十七页，有下述之说明："在哲学的图形中，人者两种世界之交界处所也。(man is the meeting—place of two worlds)……且为'心'与'身'(body)结合于一极亲切之关系中，若质(matter)与形(form)成一物然。"

故知"心"者，人之所以为人之主要一原素也；与"身"合一，斯成为人。抑有进者，圣多玛在其哲学普述中所描写之人，系寻求上智(ask for wisdom)，在止于至善，即史书所载原始人类与所谓真理(true)接近者。(参看原书六十九页)然后始能发现一事实："总而言之，必有心焉；是心也，与善为侣。"(即原书第六十页所云："In short，there must be a mind，which can call Goodness its playfellow，"原注参看 S. T. Coleridge：*Introduction to the Improvisatory.*)

又本书第六十八页中载："Such is the condition which St. Thomas world argue from his principles must belong to a being on the confines of spirit，composed of matter and mind."

著者论及圣多坞之本身，以为"在尘世之过程中，圣多玛与亚利斯多德结为伴侣，迨昇至极乐园(Paradiso)，则寻访圣奥思定"。(原书七十一页)此种比喻，吾人可略加以解释，圣多玛在哲学中之见解，如对于四种原因(four causes)之分类法，又"实有"(reality)分为十种范畴(ten categories)等，皆接受亚氏及其学派之主张。然一入于神学之范围中，如论人类最高之幸福，其措词，几完全以圣奥思定所云："主造人心，以向尔故，故万福不满足，未得尔，必不得安也"(引徐光启《灵言蠡勺》中译语)为蓝本。著者曾谓：

"The text of St. Augustine，'that our heart is uneasy until it rest in Thee，'is taken up into his own saying，'that by the very fact that the soul is made in the image of God it is capable of God by grace'."(原书七十一页)

考圣多玛尝论人之幸福(the happiness of man)是存在于一种最高的境地中。至其言词，详见其所著之 *Summa contra Gentiles*。本书著者即引用此一段文字，殿本章后，作为第一篇之结语。兹转录之，如次：

"All our other desires, …… may rest in other objects; but the foreside desire rest not until it arrives at God, on whom all creation hinges and who made it all. Hence Wisdom aptly says: I dwell in the heights of heaven, and my throne is in pillar of cloud; and it is said, wisdom calls her hand maids to the citadel. Let them blush therefore who seek in basest things the happiness of man so highly placed."

人之幸福,存在于如斯高贵之境地云。

以上述第一篇竟。

第二篇内容系专论圣多玛之哲学。著者自序中,曾表示将叙述圣多玛之思想,如何从此一问题进展至其他问题云。本篇计有:

第四章 The First Principles of knowledge(关于知识论者)

第一节 Truth

第二节 Realism

第三节 Concepts and Judgment

第四节 Act of Knowing

第五章 The Nature of Reality(论实有之本质)

第一节 Being(古译作"有",今作"存在")

第二节 Act and Potency

第三节 Anology and Substance

第四节 UNUM,VERM,BONUM(详后)

第五节 Causality

第六节 Accidents and Individuality

第七节 Relation

第六章 The Existence and Nature of God(论有天主与天主性)

第七章 God and the Universe(天主与斯世之关系)

第八章 Nature and Man(自然与人)

第一节 The Physical Universe

第二节 Life

第三节　Psychology

第九章　Ethics(道德学)

按:此六章,计自第七十九页起,至二百四十七页止,占全书之最重要与最多之篇幅。若一一缕述,势必颇冗长,抑亦非余此短评所能胜任也! 谨就若干特殊情况,提出讨论,藉觇内容之一斑。

(上)关于本书著者研究之态度者

本书为《哲学领袖丛书》之一。本书著者,为确实证明圣多玛在哲学上领袖地位,既从其哲学之渊源方面,追溯其与古代大哲人,如亚利斯多得、柏拉图、圣奥思定等,有承继之关系;又从其哲学之内容方面,揭其精华,与近代诸大哲学家之学说,作一度之比较。前者,已详上一篇;后者,则于本篇中,层见叠出,兹略述之。查著者于第四章第一节中,揭明圣多玛论学所持之怀疑态度,与笛卡儿之说不同。(原书第七十五页)在第二节中,则有陆克(Locke)之名发现(原书第八十页)。又于第六章,论有天主与天主性,曾特别提及斯宾罗莎与黑格尔。至谓之二子者,其所创之某一说,几类似圣多玛论天主云。其词如次:

"it may seem that result is a very jejune one and that the God of St. Thomas is hardly distinguishable from the God of Spinoza and The Absolute of Hegel."

(引原书一百六十五页)

再于第八章"自然与人"此问题中,称培根(Roger Bacon)之特殊意见如何。同章次节,论圣多玛对于生活(Life)之学说,有所谓现代进化学说,为之新加以注脚,诚令人感叹! 其言曰:

"The modern advocates of Emergent Evolution can, however, supply better examples!"(参看原书一九七页)。

此种感叹,想亦读者与著者表同情者也!

尤有进者,本书提及康德(Kant)至在十次以上。康德在近代哲学史上诚占一领袖之地位,著者受 J. Marechal 氏(新多玛学派中之与康德学派接近者)之影响,当亦不浅! 第四章第三节中,谓圣多玛持各种判断为综合的(Synthenic)之说，著者称系“in the post—kantian sense of term”。再在本篇中，提及此两哲学领袖意见之不同，特别系关于神学者。(参看原书一三一页与一六六页。著者有时运用康德派之文字(Kantian language)以传达或形容圣多玛主张之杰出，至有下述之词句：“The unity which Kant sought for is furnished by St. Thomas in his ‘intelleclus agens’”.

所谓康德所寻求者而圣多玛能供给之，细玩此辞意，推崇圣多玛为哲学领袖之原因及其理论，于此觇知，此一特色！

(下) 关于本书著者研究之方法者

本篇第五章第四节之标题，系拉丁文，与其他用英文者，似觉另具一格。其实本书正文中，更常引用圣多玛原著(拉丁)之词句。兹将本标题，略加以诠释。

UNUM(拉丁)=Unity(英文)=(中文)

VERUM = Truth =真

BOUNM =Goodness =善

此三者，系属于“有”之特质，诚如本书一三四页中所云：“Everything that is, in so far as it has ‘being’, is one and true and good”又谓：“Unity, for instance, is nothing but being considered as its distinctness from other thing, truth is being as thought of, and goodness is being as desired.”谨案：所谓“善”者，较道德上之善(moral good)，意义较广；因圣多玛称天主为至善云。(详见其所著《超性学要》第一大支第一段第六节第二题中)

(备考二)“至善”，拉丁原文作 Summum bonum，英译作(the supreme good)请参看一九二〇年英国多明我会所译 *The Summa Theologica of St. Thomas Aquinas*, Part I. Q& I Art 2 “Whether God is the Supreme Good?”(伦敦 Burns Oates & Washbourne LTD 版第一册六十六至六十八页)或一六七九年利类思所译《超性学要》第一大支第一段，卷之二第六论之第二章“天主为至善否”。(一九三〇年公教教育联合会重刊本第一册六八至七十页)。再考亚利斯多得《道德学》卷一之一中称“善为公所希”(沿用利译,英译作(Good is all desire))圣多玛采用其说而加以研究。本书著者亦于一三八页,引亚氏说,惟所引字句略异,作“The good is that which all things desire”附及。

至此,吾人可追问著者何以如此作法,即本书中常采用拉丁原文,其意安在?似可用其本人在六十六页中偶然流露之一话:“Unfortunately there are no illuminating synonymous in the English language to make the conceptions easier.”

骤聆之下,不免发生疑问,英语字汇,号称最丰富者之一种,以之解说圣多玛之哲学,乃觉不符应用?著者认为 Unfortunately,更不禁令人惊讶!抑或有其他原因在,后再论列。

再者,著者力求本书成为一种现代式的书(a moderately sized book),并非依据中世哲学之系统而编纂此书。吾人应加注意者,即著者对于号称“天神博士”者论天神,亦并不特别叙述;只在关于知识论之一章末节,提及此层。称“在天主与人之中,圣多玛将天神插入其形而上学的编制中。”(“Between God and man, St. Thomas inserts into his metaphysical scheme the angels”)由是而论人心与天神之比较(参看九十四页),引《超性学要》第一大支第五十五问第二题中之文字作证,即:“Inferior intellectual substances, namely, human souls, have an intellectual power which is not by its nature complete, but is complete successively by the reception of intelligible forms from thing.”

此段文字,汉译作:“下品神体,如人之灵魂,其明司非本然全备,递接而受成于物之灵像。”(引利译《超性学要》第一大支第四段,卷之十一)

六论之第二“天神知物受物像否”。(同上本第四册五三页)按:此段文字下,紧接论“上品神体,如天神”之文字,著者不录。有时且提示读者,圣多玛在哲学与教义中所划分之界限。(参看原书第二四四页)盖其所欲说明者,并不在尊圣多玛为宗教中之所谓“圣师”,仅证此大圣师乃纯粹真正之哲学家而已。

根据以上两种之观察，得悉本书著者仅就哲学之立场，研究哲学领袖人物中之一人，即圣多玛。同时遵守其研究所预定之范围，并不论涉此大哲人之圣经学、玄义论（Mysticism）、社会思想、政治主张以及其所撰最著名之宗教颂诗。关于此层，本书著者在自序中已有声明："使余立即觉得，将欲努力希图其（指圣多玛）汗牛充栋之著作与博大精深之学说，纳诸一册现代形式书籍之范围中，此不可能之事也。"

故吾人从本书中领略圣多玛哲学之基本常识，斯可矣！

以上述第二篇竟。

第三篇，计一章，内分三节：1. 多玛学派以往的历史；2. 圣多玛之影响；3. 现代多玛学派。此第十章，共十八页。

本书著者于首节中，称圣多玛为十三世纪哲学家与神学家之代表人物，并叙述多玛学派在英国，虽亦有人，无大成绩，系由于有倡反对论者，如 John Peckham，Kilwardby，两人其最著者也。（原书二五一页）。反之，在大陆方面，特别在巴黎，则颇著声誉，巴黎大学更觉尊重。按本书第一篇中叙圣多玛之逝世后，巴黎大学曾有函至法罗兰地方（Florence）之多明我总修院，正式请求，圣多玛之遗留物（The remains of St. Thomas）应归巴黎敬护保存！（参看本书四十八页至四十九页所载之一函）至教会元首，叠加以表彰，一八七九年教宗良第十三之教书 *A Eterai Patris*，为最有关系之一事。（原书二五八页）考欧洲文艺复兴时代之大诗人，但丁（Dante），有"The Poet of St. Thomas"之号，本书著者亦提此层，作为圣多玛享有盖世荣誉之明证。其言曰："其（指圣多玛）所享荣誉，业为举世所公认，不仅在哲学方面，抑其他学问亦享盛名。中世最大之诗人将此种哲学，形诸诗歌，此即明证。其他哲学家，从无此幸运；并未能如是确定其永垂不朽之位置。但丁之赞颂圣多玛，此无容或疑者。"（原书二五二页）

（备考三）圣多玛与但丁，作专题研究者，颇不乏人。本文中所引征者，系根据 Edward Bullough 氏之研究，其所撰一文，标题即作"Dante, The Poet of St. Thomas"。按：刊入上曾提及 C. Lattey 所编之《圣多玛》

一书中，二四七页至二五七页。

次一节，首论第一流哲学家（Philosopher of first rank）如圣多玛其人者，教会中人固常重视，然初受外人之忽视。从历史与宗教两方面，加以解释。再称无书不读之来伯尼兹（Leibniz）读圣多玛之著作颇多，惟其所有执着之成见太深！（原书二六〇页）。又谓幸而至十九世纪末叶，科学与哲学之关系，另有进展，在此时期多玛学派与现代哲学亦较形接近。继则发挥圣多玛对于理性与信仰（Reason and Faith）之主张，而以极圆满之论调，详加阐明，如谓："哲学有二邻：科学与宗教。（Philosophy has two neighbors, science and religion）（引二六四页）且以为十三世纪之心理固多属于宗教的，然而哲学发现其自由，并非减少宗教之权威。据圣多玛研究所得之结论：宗教毫无所畏惧对于哲学。（Religion has nothing to fear from Philosopher，引二六六页）良以哲学求真理，宗教则启示真理，故可信赖。职是之故，基利斯当哲学家无意图宣传或心存执着之必要。盖真理者，哲学之目的也，而一切齐声附和云。（"Philosophy arrived at truth, as religion reveals truth; therefore it can be treated. There is no need for the Christian philosopher to start with religious presuppositions or prejudice or with a view to propaganda. The aim of philosophy is truth and all things sing together with it"）

最末一节，叙新多玛学派（Neo－Thomism）之产生及其演进。先述学者注意对圣多玛之著述及其渊源，作一种批评的研究。略提及圣多玛著述之重要版本：1. Parma 版；2. Paris Vives 版；3. Leonine 版，惟未提及华帝冈保存之手迹（The Vatican Autograph）。并称现代研究之结果，收集者有 Mandonnet 与 Destrez 之 *Bibliographie Thomisate*，再详 *Revue des Sciences Philosophiques et Theologiques* 中。因有此种研究，而新多玛学派遂产生。至论新多玛学派之精神，非保守的，在求进步之状态中而日益演进，诚如圣多玛所谓："人类理性之本质，一步一步向前进，从不完全之状态而求达到完全去。"（It is natural for the human reason to move step by step from the imperfect to the perfect）（原书二六七页）

再本书著者曾引一专家之言论(即比国近故 Cardinal Mercier),申说新多玛学派之理想,至少系以圣多玛之思想为基础或发祥地;惟绝不梦想将所谓世道人心返于中世纪之状态,或将哲学本身囿于一家之言:盖遵照教宗良第十三之谕示,容受现代人士之发明与理论。(原书二七〇页)由是吾人可知新多玛学派,非复古运动之一,乃历久而常新之哲学的一大系统,且此中人共戴圣多玛为导师者也!虽然,此大系统所以成就,不能不有若干较小之派别。本书著者宣称:“除 Louvain(比国鲁文)外,尚有许多其他中心地点,且各有其特殊之精神。在罗马之 The Angelieo 固有优异于鲁文或 Milan(意国米兰)者,额我略大学(Gregorian University)中多玛学派中人所讲授者,未必常得 Fribourg 大学之表示同意,足征多玛学派中,有左翼,又有右翼;有传统者,又有维新者。(按:此系译 Liberals 之义,直译应作自由派)职是之故,将谓圣多玛在哲学学说上有应弥补之缺点,并无一致之意见:一派持关于个人主义之理论(the Theory of individuation)不能再保存;而别一派谓知识论方面应加以补充之说明;同时较多数之传统者所予答辩,则认为旧说(old theses)对于此系统既正确且重要云。”(参看本书二七一页)

继则列举代表人物之成绩及其意见,如 M. Maritian,M. Gilson;暨 P. Sertillanges; P. Rousselot; P. Maroheal,等是。凡此诸氏,本书自序中亦曾声明引用其说,解释圣多玛之哲学云。

迨至本篇之末,羡称圣多玛所遗留之教训,其学派中人所努力求解答者,亦即今日热烈讨论之诸问题(all burning questions of the day);同时对于现代多玛学派表示,若加以自策之策勉,自操有必胜之胜利!最后数行文字,录后:“There are, indeed many other currents of thought antagonistic to him, but even supposing that they ran favourably, he would still be foolish to rely on circumstances.

His one sure talisman is TRUTH.”

以上述第三篇竟。

(2)

意以上系分析篇章并撮要介绍，以下将对全书作一综合的批评。据余观察所得，有两种感想，即：

第一　就地点论

设想若在欧洲大陆方面，出版此一册，毫不觉新奇！独在英国情状，又当别论。犹忆六年前(1924 年)，在英国孟彻斯德地方，曾经举行庆祝圣多玛列入圣品六百周年纪念会。当时 St Andrews 大学之道德哲学教授 A. E. Taylor 讲演一题“St. Thomas as a Philosopher”，开宗明义，即称：“若问一百年前英国曾受过教育之人士，谁为近代之大哲学家？彼等将列举笛卡尔、陆克、休谟之名，或更数及培根、来伯尼兹、斯宾罗莎；且少数懂德文者，亦必添一康德无疑。然圣多玛，则大略可以推测决断，并无人提及。”引公历一八二八年 Macauley 之言作证：“吾人扬培根而抑亚规纳”，“Wextol Bacon and Sneer at Aquinas.”可知圣多玛·亚规纳在英国未为一般人士所称道，其实情诚如本书自序首三行所称：“本书中之主人翁，圣多玛·亚规纳，直至晚近，始稍受此邦人士之认识。言其遭际，诚异数也！”(Until within comparatively recent times the subject of this book, St. Thomas Aquinas, received little recognition in this country. His lot has indeed been a strange one).

今著者专论圣多玛之哲学，并将本书列入《哲学领袖丛书》中，与其他数种，《来伯尼兹》(Prof. H. W. Carr 著)、《斯宾罗莎》(Prof. Leon Roth 著)以及在编纂中之康德、柏拉图、亚利斯多德等(根据书局之预告)等量齐观。足证英国治哲学者，对圣多玛之认识，有神速之进步矣！

(备考四)Taylor 教授之讲演词，如后：

“If an educated English man had been asked a hundred years ago who are the great original philosophic thinkers of the modern world, what answer would he have been likely to give? His list of names would, no doubt, have depended partly upon his personal preferences, but there are some philosophers whom he would certainly have been sure to mention. He would certainly have named Decartes, Locke, and Hume, and almost certainly Francis Bacon, then all the more admired because the real character of his theories in logic was so little understood. A widely read man would probably have given the name of Leibniz, and Spinoza, and the few who had any knowledge of German literature would no doubt have added that of Kant. It is almost certain that no mention would have been made of St. Thomas or any of the great schoolmen of the thirteenth century. The current estimate of them is indicated by the remark made in 1828 by Macaulay that 'we extol Bacon and sneer at Aquinas'."

(根据1925年Basil Blackwell Oxford出版之《圣多玛纪念册》第三十三页录出。)

第二　就时间论

数计本书出版日期,正在教宗良十三颁提倡圣多玛学之教书五十周年后,又逢圣奥思定千五百年纪念。关于前者,本年一月美国纽约出版之 *The Common weal* 杂志,揭载加利福尼亚大学哲学教授 J. Loewenberg (Prof of Philosophy in the University of California) 所讲一题,"Fifty years of St. Thomas",专论此教书对于一般学者研究圣多玛学说之影响,颇觉扼要,可供参考。其中论及天主教徒与非天主教徒(Catholic and Non—Catholic)在哲学之研究上合作,至引法国巴黎大学教授E. Gilson与比国鲁文大学教授M. de Wulf,常赴美国哈佛大学讲授哲学之事实作例。吾人对于本书,可认为系上述之教书五十年后在英国所收获之成绩,因本书所征引者,多属此五十年新多玛学派中人研究之结果;而新多玛学派所以能成一时之风尚者,上述之教书实首倡之，吾人之观察，即重视此事实上所诏告吾人者，故持论如此。关于后者，本书中亦有若干处，特称圣奥思定如何，续称圣多玛如何，故多少有关系。兹略申述。考本书第七十页，曾论圣奥思定与圣多玛之异同，有云："Consistently again St. Thomas does not favour the theory of St. Augustine that our power to apprehend truth comes from the Divine illumination that'enlightens every man that cometh into the world'."

本年著者所撰《圣奥思定之哲学》一文中，亦曾提及。（此文载在一九三〇年英国伦敦 SHEED & WARD 出版之"*A Monument to saint Augustine*"中。）

（备考五）上述一书，第一五五页至一九六页，载此篇文。同书载有现代多玛学派中之著名法国哲学家 Jacques Maritian 所撰"St. Augustine and St. Thomas Aquinas"系 Fr. Leonard 译成英文。附带介绍。

除上述两点外，窃愿提出一问题："试问本书著者在未撰本书前对圣多玛之认识果如何？"

谨按：本书著者在三年前所撰书中已有扬誉圣多玛哲学之语，"It has a claim to be called the perennial philosophy of mankind, and its continued vitality, even outside Catholicism, and present influence go to support the claim".

引一九二七年出版 *Catholicism* 一书第三章中之文字。请即以著者此语，结束此短评正文。

（3）

叙述至此，吾人若欲从圣多玛本身研究，最好先明了其治学之方法。(of his own methods of study)请检阅本书第三十七页至三十八页所载之论学信札，试译如后：

"若翰爱弟：

因基多之圣名。尔要求予，告尔如何学习，始能入知识之宝库。予将提出下列应注意之忠告：宁至知识之细流，毋立时投身于学海。良以进步一事，应由较易者着手进行，而循序至于甚难者也。此予之进谏，亦即尔应受之教训云。予力试尔，应寡言语，少入会谈室中。自身良心之纯洁应加意耳。祈祷之实行，切勿间断。若尔欲被导入智慧蕴藏之深处，则应自知在己室内一意勤修。汎爱众，持以恒。对于他人之行动，勿以自扰；亦勿与任何人亲狎，良以过于亲狎，易招轻蔑，且易使辍学也。毋接近尘世之言行，最要者，勿驰心远骛修道院以外之事。凡尔所闻之任何事，不必考虑言者为谁，但将所言之善者，一一深铭诸心中。再尔所诵读与所听讲者，应致力于了解种切。至于在各种怀疑时，其寻求真理之途径……为尔太过于高远者，勿于现在追求未来。尔若能遵从所指示者，尔将成就吾主之葡萄园中有用之花果。尔其实行此种种事，预祝能如愿工达到目的！余俟面详。"

此信札，据本书著者称，能窥见圣多玛之习惯与方法。诚然！按：系转引 Grabmann 氏所著 *Thomas Aquinas* 第五十一页，此著者所声明者。惟余检阅 Virgil Michel 之 authorized translation 本（一九二八年伦敦 Green And Co 出版）第五十一页至五十二页，字句微有不同。兹特提出。(1)本书"What is too far above strive not after for the present"句，作"What is too far above your, do not now strive after."惟意义尚相同。再"勿驰心远骛外事"句后，落一句"Do not fail to walk in the foot steps of the faintly and the good."（其步武圣贤之芳踪而勿失）其余除标点外，悉一律符合。未谂本书著者系转录此译本否？若非根据此本，何以其他字句悉同；若系根据此本，何为而删一句并改一句？果有意或无意耶？今姑存疑，置之不论。Martin Grabmann 博士论此信札云："此信不仅在方法上含有若干可珍视之要义，且特别含有伟大光辉之理想，论涉人心道德之纯洁与真知识之关系。'This letter contains some valuable hints on method, and in particular some splendid ideas on the relation between moral purity of the heart and true knowledge.'"(引上述之译本第五十二页)Grabmann 博士并谓其后有 Thomas Kempis(多玛·根庇者)撰 *Imitation of Christ* 一书,颇能相印证。考多玛根庇生于圣多玛逝世百年后,(圣多玛,1225—1274,多玛·根庇,1380—1471)其书明季崇祯年,已由阳玛诺译成中文,称《轻世金书》,且重译至多次。(参看陈援庵先生《再论师主圣范译本》一文)独此简明之短札,为《轻世金书》之先导者,必待三百年后之吾始加注意。意念及此,深觉现代中国治圣多玛学者,其责任之重大!缘我国对于圣多玛之著作,除曾译有半部之 *Summa Theologica*(即《超性学要》)外,其他全未经介绍。虽二三百年前曾有研究此学者,且剩有若干之成绩,可供参证;然较欧西诸国治此学者之幸运,实远不及,即比英国,亦有逊色,故今后不可不加努力耳!

*最后申谢校阅拙稿之朱指导司铎!

(民国十九年秋初稿,二十年春重订,时寓北平西什库东夹道十二号)

《马相伯先生国难言论集》序①

国难救济会出版《国难小丛书》之一

明季韩雨公序《二老清风录》之言："今人多好古，如尊罍鼎彝之属，琮璧环璩之类；窑必柴、官、象、定，画必董、巨、倪、黄；好事赏鉴之家，购之不惜重价。使古人生今之世，今人未必好之！举业家好言成弘，夫人亦有成弘焉，胡置弗谈也？"国难救济会有鉴于此，将以九三叟马相伯先生在国难时期之言论，汇齐付梓，以饷同好；以余曾代表师向各方商救济国难事，故嘱编次，兼志缘起云尔！

尝读古礼，九十曰耄，饮食不离寝，膳饮从于游；天子欲有问焉，则就其室以珍从。又乡党莫如齿，乡饮酒之礼，九十者六豆，养老礼最隆！古代民族道德之观念，所以教民人孝弟，出尊长而为安国之要图，是故孔子观于乡而知王政之易易！

今九三叟，正天佚以老之时，不辞恩懃，谨告国难人民，奉行天条十诫，实施民治，促成宪政。耆老相商，由省而国，本国民自救之精神，组救

① 原题《马相伯先生国难言论集小引》初刊于《公教周刊》，1933 年第 200 期，后收入马相伯著，徐景贤编录，《马相伯先生国难言论集》，《国难小丛书》，文华美术图书公司 1933 年版。

济国难之团体，足征民治从州郡县之乡邑始，亦颇与传统的政治思想吻合。

凌其翰博士，近记师语录，曾称师主张民治，以宗教为出发点，详《申报·自由谈》。余曰："诚然！"天条《十诫》中第四诫——孝敬父母。三年前余撰《孝经之研究》（国立清华大学研究院毕业论文），师题卷首。引圣多玛言："孝爱一对于造物主万有真原；二对于生身父母；三对于父母之邦！"故新多玛学派领袖枢机墨尔西氏之名句，称"真宗教家必爱国"。考之史册，我明末清初时代之瞿式耜，法国之女英雄 Sainte Jeanne Arc，瑞士之 Arnold Von Winkelried，爱尔兰之 John Macdonagh，波兰之 Kosciusko，朝鲜志士安重根等，皆罗马加特力教（即天主教）中之忠实信徒而尽忠报国者也！凌博士出身墨尔西氏创办之比国鲁文大学，自能认识此实宗教家之特征。惟世俗眉睫所见而胸臆所揣，或难了了耳。

为使阅者明了计，一言以蔽之，在此次所发表之言论中，悉以民治为一贯之主张。试将民国七年师所撰《民国民照心镜》，摘录一段如次：

"此国民大会所以不可少缓也！缓将索我于枯鱼之肆！商界学界农工等界，毋自标榜，互相疑贰！各因现有机关，每府（此次称郡）公举议员一人二人，顺和平正轨，使中华民族，亦得自决前途；庶地方自治，得实现欤？不然，民国亦不能实现！"

民国徒尸其名，又十余年矣，故今后促成民治，实为救济国难之急务。一缓再缓，"缓将索我于枯鱼之肆"，其言亦将不幸而言中耶？言念及之，愿同志各尽其天责，以图挽救于万一。

《传》曰："仁者见仁，智者见智。"对于内容如何，可毋庸赞一词。谨以上述"真宗教家必爱国"之名句，聊作小引，介绍此集中所有之民治救国方略！犹忆明杨兆坊先生谒岳王祠墓诗句，愿为诸君诵之！"悬知七尺长宏血，犹向边关净虏尘。"一九三二年六月谨志于徐家汇。时东北民军克复延寿、石头河子及苇沙河等处，实证民治即人民自卫之唯一径途矣！

门人卢伽徐景贤谨书。

附录：《乐善堂纪闻》序言

曩诵清初艺术家墨井道人诗，有云："此喜非常喜，铎声振四溟。七千年过隙，九万里扬舲。杲杲中天日，煌煌向晓星。承欢无别事，一卷福音经。"此种饶有诗意之境地，所谓乐善堂者，彷佛似之矣！

乐善堂者，九三叟马相伯先生现寓之所，地址在徐家汇，与明徐文定公所遗胜迹遥遥相望，若比邻焉。距今六十年前，叟年逾三十，讲学论道之余，从事观察天象。其后出仕高丽，奉使东瀛，观光北美，复游欧土，遄返父母之邦，问政兴学，忽忽老矣，人生七十古来稀，乡里且播为美谈。犹忆古罗马名家季宰六所撰《说老》，中称"年老而能宁静纯一，则亦必温文而无所忤，如柏拉图年八十一，至死犹秉笔著述。伊索克腊德斯年九十四，亦著书不息，其师爵吉亚百有七岁，犹孜孜诲人不倦"云。又忆吴稚晖先生寿乐善堂主人曰："得天独厚，应寿一万八千龄，才经过二倍百分之一"。可证天之厚古人而亦不薄今人也。

《申报》凌其翰博士，宪老乞言，曾记语录；后牵于事，约余续之；爰纪所闻，陆续笔记，初未尝以"国难"为范围也！

此稿署名景记，陆续在《申报·自由谈》二十一年九月、十月、十一月等三月中间日刊载，因《自由谈》编辑部之预约，许记者声明保留著作权，并荷其对原稿间有润色之数点，且蒙相师亲自阅过，指正错误，加以许可，合并敬谢！今编印《国难言论集》，因此稿亦系余在国难时期随侍相师之成绩，故附列入。

再附录有关系之数件，可供读者诸君参阅者：（一）祝贺马相伯先生九十寿纪；（二）马良（相伯）先生印象记，九四相老人访问记；（三）即编者前受国难救济会之嘱托，所作小序，今录存之，聊志编印此集之动机云耳。

华封老人言善录[①]

（介绍词）近世物质文明日盛，有助于精神文明者！譬如广播演说，最近全世界人士，可聆传信部长沙乐谛于传教圣日之训言。又如，气象报告，东亚一带航海家，咸能预知避风险等，即受徐家汇天文气象台之所赐。即如，新闻事业，亦宣传之利器；吾人亦应赞许《益世报》对于华北社会之伟大贡献。今嘱余记马相伯先生之言谈，将以揭诸报端，贡献于读者诸君之前！

前此，向九三叟乞言而有记录者，略介绍之：

第一类，专载经验阅历者，如上海《人文月刊》所载《相老人八十年来之经过谈》，连刊多期，大部分属现代史料。

第二类，特别研究事件者，如日本研究社暨江苏国难救济会等所印行《日本研究谈》，《国难言论集》，是其重要者。

第三类，即语录，半载以还，《申报》自由谈特载者，前期系凌其翰博士所记，后期系余所述《乐善堂纪闻》稿。

曩者，徐文定公序焦澹圜先生集，称其师“道德经术，标表海内，巨儒

---

① 《马相伯集》，第 968 页。

宿学,北面人宗,余言绪论,流传人间,罔不视为冠冕舟航矣!”不敏如余,窃取斯语,弁言善录,以代序词!

一九三二年 耶稣帝王礼日前一日,后学卢伽徐景贤书于徐家汇

《我存杂志》创刊宣言[1]

“天地可毁，予言不能不行。”（《路加福音》）

溯自利玛窦来华，首在肇庆建圣堂，今届三百五十周年矣。《明史》尝称：“东来者大都聪明特达之士，意专行教，不求禄利，其所著书，多华人所未道，故好者，咸尚之；而士大夫如徐光启、李之藻辈，首奉其说，故教骤兴”云。载在国乘，学者习闻。

徐上海光启之伟绩，今犹存上海徐家汇；一般人士，尝称道之！惟李杭州之藻，功名虽详府志，然其道德文章，更有足述者。盖自李杭州于一六一〇年，受圣教洗礼于利先生手，翌年回籍即邀郭居静、金尼阁行者，是年五月八日，弥撒祭在杭州，作第一次举行。三百年来，以迄今日，一贯相传，肇端于此。

言念明贤芳范，共抒国难时艰，欲正人心，以免颓风，圣教宣传，正不容缓！杭州诸司铎，爰请命主教，组织杭州公教季刊社。恭引路加福音救主圣训：“天地可毁，予言不能不行！”（明阳玛诺《圣经直解》译句）创刊圣教季刊，定名《我存杂志》。

---

① 原载《我存杂志》1933年创刊号。

再者，上述开教名贤李杭州，亦号“我存先生”；今有此刊，兼可纪念。不敏如余，圣教后学，承嘱记此缘起，遍告邦人君子！

民国二十二年杭州特庆真福和德理日。文学士卢伽徐景贤谨序言

《跋则克录》[1]（明末清初刻本）

北京公教小修院教授张子惠司铎近访得一部《则克录》，系泰西汤若望所授，宁国焦勗纂，涿鹿赵仲订。余获一睹，因识数行。

右一书，讲火攻术，卷上中系挈要，其下卷乃秘要，后并附二十七图，计九十页，半页九行，行二十字，约三万言。首冠以焦勗一序，自叙虏寇肆虐，民遭惨祸，因从泰西师学习火器之法，思以此平靖边祸，一匡天下。序末有"崇祯癸未孟夏"年月，兹以时考之。崇祯庚辰，汤子奉旨指样监造战炮，焦、赵纂订其术成编，取"攻则克"之古训，而名其书为《则克录》，计自一六四O年至一六四三年，以阅三岁，故此录制作之巧，图说之详，实说明以前所罕有，殊足称纪！尤以"归源总说"之结论，具存"由艺而进于道"之深意。吾人细玩味其辞意，"嗟嗟！代不乏人，堂堂中国，岂乏良将！是何国初高皇帝崛起草莽，偏多如许贤能，而能逐胡元于全盛？今金瓯□□（注一），将士云屯，而反屡挫于□□（注二），其故何也？盖以良将之出没，关世运盛衰：岂今人民过恶深重，获罪于天，故令我列阃昏懦，纵兹□□□□（注三），以为假手罚罪意乎？安得恳求上主，回怒发慈，大赦众罪，速降良将，□□□□（注四）永建太平。予日望之！"（录原文）

---

① 原载《我存杂志》1933年第2期。

其文约而其指大，取譬迩而见义高远，敬教之心挚，爱国之情切，显然溢于纸上。吁！其可风矣！再审此本盖清初坊版，不观如许空圈，非讳言征胡乎？余谙清人书目绝少提及此录，即吾教人士如韩霖氏或Louis P fister所写定《耶稣会西士书目》，亦不见其目，殆以其关涉故明，遂有所贬讳耶？

戊辰春正月 题于北京师大

备注：《海山仙馆丛书》，翻刻此书改名，对文所阙字样，亦补入，录出备考：

注一：巩固

注二：小丑

注三：闯贼狂逆

注四：尽殄妖氛

徐文定公译著宗教论文集序[1]

明相国徐文定公三百周年纪念，海内外贤豪士夫交誉其为人矣！治历明农百世师经天纬地，出将入相一个臣奋武揆文。精金美玉，世有定评！

此一集，专收入公之宗教论文，便学者作进一步之研究云耳。第一分为《灵言蠡勺》；第二分为诗文疏札。又余编辑此集之际，适有从余习中国哲学史之潘君来谒，因集中第一分灵言蠡勺，曾经印作大学讲义参考史料，故余询之曰："君读此篇，作何感想？"……余曾亲自答复此问，兹略述之："梁任公尝称中国哲学史为道述史，其实我国古之所谓道术，究带有几分哲学性质，即成问题。"希腊大哲亚利斯多特勒，号称"哲学史之开山老祖"(Founder of the History of Philosophy)，以其对于默达费西加之伟大贡献！据 William Turner，S. T. D. 所著《哲学史》中云：

"According to Aristotle, metaphysics is rightly called the theological science, because God is the highest object of metaphysical inquiry"(参看原书一三四至一四二页)又古罗马圣奥思定之哲学中，论

① 原载《学风》半月刊 1935 年第 6 期。收入《徐文定公译著宗教论文集》，为《我存丛书》第四种，我存杂志社 1935 年印。

灵魂之能(参看前书二三一至二三三页),约如下表示:

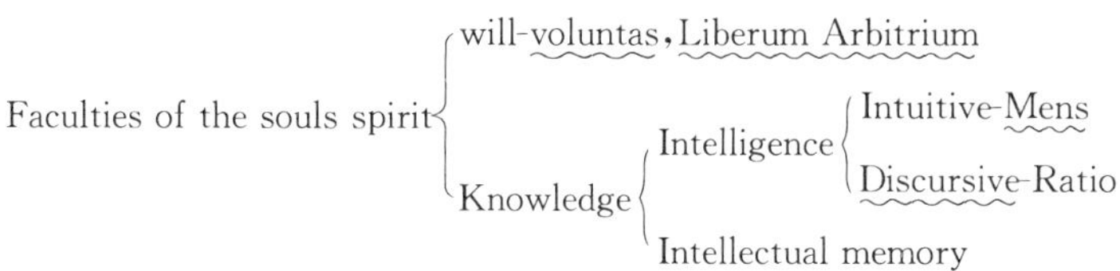

后由中世士林哲学,及近代士林哲学,一再阐发而益明矣!至论我国,对于默达费西加认识似少,公开讨论或研究之者更稀罕!据马哥孛罗同时代人之《显修会士游记》(The Journal of Friar William),在元代宫廷中曾有一次举行神学辩论大会,该游记中第五十一章曾详细记入。然此类事,真不常有,故我学人,罕闻此学。明天启甲子年《灵言蠡勺》成;时公年已六十三矣!本师援庵先生说:"其言博辩奥衍,玄妙新奇,而不远于人事;苟能潜心释虑,细而释之,未有不悠然起高尚之思,而生向至美好之情者!"旨哉言乎!希腊大哲罗马古圣之哲学学说,于三百年前已入我国学术界,治史者当亦以得研究之为幸事。

关于公之生平及其著作,余另撰有专文,亦採入,作附录,成第三分参考资料。法国巴黎国家图书馆藏有康熙戊午年时所记公之行略,近有影照而重印者,余得读后,认为对于公之信仰天主教,颇能据实而记载,系所谓信史第一类文件,故尽先介绍于本书读者。

吾友罗根泽教授惠题封面,于斌总监督、杨心如教授惠作序文,一并志谢!尚祈奉教同志诸公,为我等学友代祈祷!

卢伽徐景贤,一九三五年四月八日,谨书于安徽省立安徽大学。

近故余杭章太炎先生哀词[①]

余杭章太炎先生之丧也，吾师相伯先生，以九七高龄，亲撰联而书，有“代人民说公道话，替党国讲正经语”；“言文学黄梨洲，论品行顾宁人”句，《制言》杂志摄制，已刊诸卷首矣。所谓“二老者，天下之大老”，救济国难，为学界先！

犹忆九一八后，日本制造伪国，多方文字宣传，希乱国际听闻，维时相伯先生，口授以稿，及半，又语余曰：“尔其谒章太炎，请其亦抒所见！”奉命即往，立时延见，援笔书八行，以授余使归。于是，一时传诵《马章宣言》，国民外交文字电稿，由沪报之竞相刊载，创开国难言论界中之新纪录，岂非“代人民说公道话，替党国讲正经语”乎？宣言手稿，余尚珍藏。又忆太炎先生来乐善堂，与马占山将军等摄影留念，余尝参加。相伯先生不健于行，屡有所语，余往传话。是故太炎先生之风仪，现恍惚尚存余之脑际，想见先生，与余坐谈，数时不休，一枝香烟，烬又一燃，尝遇膳时，亦留便饭，舍弟偕，侍者添茶，偶有寿糕，微笑共啖！纵谈时局，间亦论学，且与余谈宗教，称我国人自古信有一真主宰，身后善有受赏而恶有受

① 原载于《学风》1936 年第 6 卷第 5 期。

罚,引《诗》、《书》及《朱子语录》为例证。或以此故,先生晚年时提倡儒行。余尝试作《中国思想史》及《中国之大思想家》,太炎先生为题书端,今拙稿尚未以付梓,而先生已成我国思想史中大思想家之一!谨缀数语志哀,词曰:今之顾宁人,兼似黄梨洲;余杭章君逝,国难正多忧!

马相伯先生百岁生活[①]

一位标准的中国学者，我谨介绍给同胞们！

距今十二年前，我编印了《马相伯先生国难言论集》以后，邮呈蒋主席，接受了“老谋谠论，救国警钟”的题词；诚如邵力子先生对重庆儿童教养院讲过的话：“至少有一个人已为国家努力了一百年，指马老先生，现在小朋友们年龄虽幼，也同样为国家努力！可见中国的前途是极有希望的！”因此《中央日报》（重庆版）在马老先生一百又一岁逝世于谅山后，特撰社论，略称：

“百年之中，先生之精神，所以化民成俗者，巍巍乎无得而名焉！先生是思想家，是宗教家，是教育家，是政治家，而先生事业的结晶乃在教育。先生一生遭遇国难，而在暮年所遭者尤烈；然而先生没有一天悲观，没有一天气馁，先生对国家终是乐观。先生坚信中国必能富强：这是由于先生的学识，也是由于先生的信仰！”

这种盖棺定论，代表国人公论！

《中央周刊》主编张文伯先生，因笔者是从两个国立大学研究院出身和充任了一个省立大学教授以后，随侍九旬叟凡历五年，自从民国十六

① 原刊于《中央周刊》1946 年第 8 卷第 23 期。

年拜师门下，先后将近廿载之久；中间蔡院长孑民先生曾约在中央研究院历史语言研究所继续研究，而我宁可随侍师侧，作“有事弟子服其劳”的工作，不无听受传习所得，嘱述学术思想概要。怀其实而迷其邦固不可，但小知不及大知是事实，尚祈同门前辈，予我后学指教！

就我所知道的事讲：刘海粟先生曾为马老先生画像，但他的面部如此难画，虽然这位新中国艺术大师着笔用力比当时画任何一个伟人较多，但他自己反而自谦，似乎觉得很难完成，结果题了这张像，名“大思想家”；使人一望而知，立刻可以领略这位大思想家牖世觉民的光辉风度。

所以我来描写先师的神情，同样觉得如此难写，而我的青年学友必定愿“想见其为人”的话，我的记忆中是一位身长硕魁的长老，脸是如彼超凡出众，和善，坚强，双目奕奕神光，口大舌敏蓄须，鼻隆然而稍高，两耳硕巨，额宽而大，明白表现所谓一种多思想而循循善诱的学者！他常是学不厌而教不倦，古今中外，无所不谈；仅在避静（宗教精神训练时期）之中，他才保守沉默。每听过他谈论或者讲演的人，常有“聆君一席话，胜读十年书”的满意感想，觉得他是个高贵而平民化的老先生呢！

关于马老先生的传记，他没有所谓“自传”，一次，《东方杂志》征求十大名人的自传，也有一封信请马老先生撰述，我一再报告并拟代笔，老先生严肃地禁止了！好在同门钱智修、张若谷、方豪诸教授，先后撰了年谱或年表，还有刘成禺、陈乐素、凌其翰诸先生，多少记了口授的语录！尤其是妙人妙事，像化名为“王瑞霖”的高语罕先生，也记录了《一日一谈》。

为使研究马相伯先生学术思想的青年学友，比较便利一些，兹略述其生平。

先述少年时代

据《马氏族谱》，老先生手批，道光廿年三月六日戌初诞生，谱名“志德”、“建常”、“斯藏”、“钦善”。时在民国纪元前七十二年，公历一八四零年，地在江苏丹徒，即今镇江。

自利玛窦到中国传行天主教，马氏偕相国徐光启就受洗为教徒，这事在国父《中国之问题》一文中，称为“人民所尊敬”；但在满清禁教的立场，认为是某种禁忌的关系，在这种信仰的禁迫情形中，马相伯先生的“革命建国”的精神，未尝不因为此！

老先生自己对我讲，他幼小习见教堂总是在天未明亮以前举行弥撒，甚至于外国教士化装坐乘装运“猪”的船，还有以茶涂脸乔扮黄种人的样子，一切的一切都类似日后革命党人的地下活动！因此也会极力维护地下工作的革命党！

少年马先生的生活，我讲过一篇《马相伯先生的青年生活》由安徽大学新闻课的学生张光耀君笔记，刊入战前的津《益世报》青年专页中。这里我只述三件事：

一、是严母慈父的家庭

母教常是伟大人物成名的条件，因为少成若天性，习惯成自然，母亲最有示范作用。

既然他的谱名“志德”，学名“钦善”，不但顾名思义，要努力修养，而他的老太太是严格的管教，学习天主教经文，力行天主教规诫，所以自幼已有行善避恶的习惯，和修身立功的企图；可是他的老先生又是一位慈祥忠厚的学者，爱之惟恐其罹病痛！

严肃家教造成规律习惯，他做了十岁学童领袖，劝同学们，一不许骂人，二不许打人！

二、是爱好自然的学问

聪明的天才，往往有奇想，儿童时代的陆象山问天地何所无穷际，马先生亦类乎此！他说：“太阳！太阳！我认得你，你认得我吗？我认得你是太阳，你晓得我是谁吗？我认得而你不能，我总比你高明得多了！”他又请教师长们说：“月儿为什么有时圆有时缺，有时有有时无？”诸如此类，人颇苦之！他爱好自然，先读这一本大书，颇觉趣味。因此对天文数学很有心得，他在三十五岁时，专任徐汇天文台研究员。

三、是耶稣会派的教育

从十二岁至二十二岁为准备期，入耶稣会派创办的徐汇公学，亦名圣依纳爵（会祖）专科学校，文学圣学得奖的故事，证明马先生品学兼优。文学指中西文学，圣学指宗教修养。

从二十三岁至三十六岁为会士期，像到河边沐浴后，索性投身入河游泳。马先生因受教育，仰慕耶稣会的伟大，请求加入成一会员，按例二十六七岁学习哲学后继读神学四年，得博士位，时民元前四十六年，国父孙中山先生诞生。

继述壮年时代

还是读万卷书后开始行万里路的壮游。他先到山东帮办潍县机械局火药差事，旋调查山东矿务，留鲁前后计三年，因识洋务，见知于北洋大臣李鸿章先生！

正当四十初度，日本并吞琉球，国家从此多事。人生始于四十，马先生准备他的海外漫游。四十二岁赴日任东京我国使馆参赞，后改任神户领事，与日本维新开国功臣们颇多交际，感慨颇深！后奉派赴高丽，为朝鲜王师傅，历一年多，建议虽多，礼遇虽隆，搁置不行。自请回国，仍协助航业如招商局事，游历粤闽一带，觉国际通商，有自行辟港、添新交通工具之必要！

光绪十二年，清置台湾省，刘省三为总督（编者按：实为巡抚），马先生建言其自强自力，言虽接受，事仍不行！

四十七岁，衔北洋大臣李鸿章命，赴美借款，美国朝野，盛大欢迎，数大学授以名誉博士学位！美金矿大王马该，为当时大资本家之一，颇友善！五万万美金之借款，功败垂成，因国内反对！美国纪念华盛顿百年大会，马先生亦被邀出席，与法使节共赞叹美青年训练的优点！随后转赴伦敦，往观光牛津、剑桥大学，对其悠久历史、导师制之推行，建筑纪念名人、物品之保管更留意！

四十八岁赴法巴黎，因通晓法文交游益广！彼时刚值拿破仑第五产子，以汉文题赠作贺礼。是年，蒋主席生，马先生认识主席为“笼照一切时代，无往而不利”之伟人，开历史新页！

至罗马觐见教皇良十三，后回国述职。至国内仍不能有作为，仅仅顾问，献替而已，于是仍再赴日本，年五十二岁任长崎领事，旋改使馆参赞。当时，我中国老大帝国闭关自守，遭弱国强食之祸，日本虽小，变法自强，隐然称霸东亚，一变一不变，对比分优劣！

光绪二十四年，戊戌，先生五十九岁，上书请设译学馆，梁任公建议如此，以戊戌政变终止。彼时张之洞刊《劝学篇》，仍提倡文史之学。与弟合著《马氏文通》十八卷，经二十年长期的研究，删去三分之二，付梓以饷学者。国父孙先生在孙《文学说》中推为第一部文法书。

六十岁回上海徐家汇，次年拳匪，弟眉叔先生卒。先生隐居著《度数》百卷，又译《圣经》。李鸿章卒。

先生六十二岁前后，生活史划一鸿沟。从一意神修之耶稣会士，转变而为涉身功名富贵甚至于情场，海外漫游，几经世变，人海浮沉，备尝苦辛。先生之甥，志尧朱先生尝问：“以我娘舅如此聪明何以做过如彼之事？”先生谦然自责也：“因为太聪明了！”可是了解人间疾苦以此期内为最深，先生晚年之自赎功夫亦最伟大，而诲人成德达材之心亦最诚挚！

再述老年时代

六十三岁，仍返徐汇，梁任公、蔡孑民诸先生请补习拉丁文，爰有“拉丁特别补习班”之设。

六十四岁，觉成年补习不如青年，不如立校，创办震旦之动机在此！彼时，于院长右任因革命亡命，上海地下工作亦不易，马先生招致其入震旦，爱护虽周，但曰：“吾尽国民一分子之义务！”

六十六岁，创办复旦，震旦、复旦，犹如马先生之一男一女：男性较强，女性较优，所谓父亲偏向爱女，究其甚因，震旦固长子耳！

六十七岁，曾至南京，讲宪法之真精神，日后倡导宪政，始终不懈！

六十八岁，赴日，发表“爱国不忘读书，读书不忘爱国”演说，抚平留日学生风潮，时彦称：“中国第一名演说家！”老先生演说固惊人，其功夫颇不易，尝告我：“要人哭一回，自己先哭一千回，要人笑一回，自己先笑一千回，此季宰六成功秘诀！”

七十一岁，为江苏省谘议局议员，开始替民众做代表，知清室末日之将至！

民国成立，初任南京府尹，改江苏都督府外交司长并代理都督，稍展其服务国民之长材！

民国二年，教育部长蔡孑民先生请其出任国立北京大学校长，旋任总统府高等顾问，时马先生所译费来第主教著《圣经新史合编直讲》出版。

后居北京四年，除参与政事外，与英敛之先生创设辅仁学社，十年后改为辅仁大学。

八十一岁，又一度寓居北京，曾助培根女学成立。

民国六年及十年，南下始择居土山湾。土山湾为徐文定公光启墓侧之孤儿院，侧重宗教修养。

七十七岁，《华封老人宪政谈》刊行。为保教计，曾撰万五千字长文，《书请定儒教为国教案书后》，并撰文“保持约法上人民自由权”。

马先生与艾达天先生同为争保持约法上人民信教自由权、志同道合之天主教发言人。

七十九岁，撰《民国民照心镜》，所谓“民国民”三字系自撰之词，以示非帝国之臣民云。

八十一岁，译教皇本笃十五前一年所颁《夫至圣至大之任务》教书。欣知中国教会之曙光已现！又为新刻之教中名著撰序跋，此种名著多系明末教中贤哲手笔而经陈援庵先生新翻刻者。

八十三岁，为《申报》五十年纪念撰《五十年来之世界宗教》，发挥宗教与科学之不悖性！

八十七岁，为《天民报》撰二万言之《发刊词》。

同年《致知浅说》，由商务印书馆出版。

八十九岁，与徐允希司铎合译《灵心小史》。

八十九岁，应我自己请求，为天津《益世报副刊》作《发刊词》，并为我介绍胡展堂、于右任诸先生。

九十大庆，我与北京专科以上公教学友联合会电贺，并请教皇首任驻华代表颁赐主心圣像致贺，平、津《益世报》专刊专论庆祝，上海贺寿！

九十一岁，为江苏省通志局拟宗教一门稿。

九十二岁，时九一八事变，我为助老先生间接参与国民会议，协同天津《益世报》总经理刘俊卿先生力争保持临政时期《约法》中人民信仰自由。留侍师侧，后代笔、代讲、代出席洛阳国难会议至九十四岁，《马相伯先生国难言论集》出版，由我编印，师亲书序，精装成册，第一批分送罗马欧美作海外宣传，日人颇忌，英工部局禁止发行。

九十七岁，应南京主教于斌博士请入京，愿以教士本色，献身荣主救人；于主教亲语我。

九十八岁，任国民政府委员，中央会议称“国师”！是年一月十二日国府明令：“成就人材甚众，洵属功在国家！”十二日开会又选任为国府委员，老委员七七事变后二日广播“钢铁政策”，救时弊之政策！广播前之呼号，为“救世主万岁！”

是年所译《救世福音》脱稿，廿载辛勤，大功告成！

敌破都城之际，虽衰老不健之身，遄赴武汉避地，冯焕章、李德邻两将军请迁居广西桂林，乃择居瞿忠宣公殉国处！蒋主席所撰“养天地正气，法古今完人”联。“天地正气”语本瞿公！九十九岁撰《停止党争一致对外》一文。

因于院长雅爱，请移居昆明，但车抵安南谅山，因病留居，以迄弃世。

民国二十八年（一九三九）先生期颐满百，四月五日国民政府公布褒嘉令云：

“国民政府委员，学贯中西，名德夙著，中年以后，慨捐巨款，倡学海滨，乐育英才，赞戡匡复，为功尤巨。近自御侮军兴，如佐中枢，秉老当益壮之精神，参抗战救国之大计，忠忱硕望，宇内同钦。兹已寿登百岁，襟情豪迈，无减当年，匪为民族之英，抑亦国家之瑞，载颂明令，特予褒奖，以旌勋贤，而资矜式，此令！”

林故主席电贺：“中华人瑞，”国府及海外使馆暨咨省政府均贺，上海广播庆祝节目，重庆称寿，故雷鸣远大司铎叹贺：“得其寿矣！”

中华民国二十八年十一月四日寿终，时公历一九三九年。

当复旦大学继电贺百岁时，期愿叟亲笔函谢，略称：

“自战事发生以来，国无宁土，民不聊生，老朽何为，流离异域，正愧无德无功，每嫌多寿多辱，乃辱承祝我庆我，自觉难堪耳！回思贵校创立以来，人才辈出，出类拔萃，济济一堂，既致力乎修齐，复矢志于平治，鄙实与有荣幸焉！”

可证老先生爱护其手创之大学，不啻其亲生之儿女，敦嘱之点，在“既致力乎修齐，复矢志于平治！”是故同门胡氏创大同大学，即以“大学之道在明明德，在亲民，在止于至善”为校训，想系源本师说，而谋有以发扬光大之！

“学术”云者，据吾师在《致知浅说》卷之一第八十四页，自注拉丁系Systema Scientificum，意即科学之体系。而自定定义：“谓学知有程序、程途也！”

故本篇所述学，非古之所谓道学，乃今之常言科学。师尝为我口讲大学之道，略谓，“在明明德”，系对自己修养工夫；“在亲民”系对他人博爱工夫；“在止于至善”，“至善”即天主，故系对天主昭事工夫。所谓“主造人心，为响尔故，如不得尔，不能安心”，此为奥斯定之名言。师讲“‘止’字后面必系‘实’字，如微菌乌所止，必有实物栖止！可比照而立论，故对神、对人、对己乃为学之程序。”

又科学分类言，诚如《中央日报》社论所称：“先生是思想家，是宗教家，是教育家，是政治家，而先生事业的结晶，乃在教育！”

但老先生之中心思想，曾自明言。一次日本记者访问此题，老先生答：“我以加特力的思想为思想，加特力的学说为学说！”加特力云者，天主教的译音，当时我在场，谛听亦清白！表现于事业、教育之贡献，国府三令可证。

中华民国二十八年十一月十八日国民政府三颁明令：“国民政府委员会马良，学识宏达，神明贞固，早岁精研科学，讲求时务，游历中外，望重一时。自捐巨款，在沪创办学校，殚心教育，垂四十年，成就人材甚众。今日廑怀御侮，入赞中枢。冀长享遐龄，为国矜式，遽而溘逝，悼惜良深，着发给治丧费三千元，生平事迹，存备宣付史馆，用示国家笃念勋耆之至意。此令！”

恭录此令，以完本篇，读者诸君或许提出一问题，真有所谓新中国学者、导师而完全接受天主教文化洗礼耶？本文略分两点答复：在世界文化史上，天主教称“文化之母”，耶稣会派号“科学家养成所”，仅我国文化与公教文化交流乃近四百年之史迹，此其一端！另一方面，像美发明家爱迭生尝语报社人：“至少我从不使我的思想超过喜马拉耶山！”（见钱（临照）译《爱迭生》二四六页）但马老先生赞扬天主教文化之伟大，自叹其微小，故意幽默地讲：“喜马拉耶山崩，逃出了一老鼠，我正是像这般的！”好学深思之士，请体验此名言！

附录一　徐景贤先生年谱简编

1907 年,1 岁。

先生出生于江西省铅山县河口镇。(《刊行〈徐垂三堂丛书〉缘起》,《〈孝经〉之研究》,北平:公记印书局 1931 年徐氏家印本)自其先祖鲜清公起,全家开始皈依天主教。(《国民道德论自序、目次及例言》,《十字言论集》,出版机构不详,1931 年,第 19 页)

先生父亲闻三先生,生有五子:长子名宗贤,次子即先生,三子祖贤,后两子情况不明,只知其一名希贤,字笃夫。(徐宗贤:《亡弟祖贤若望的略传》,《圣心报》1932 年第 46 年第 8 期,第 256 页;及先生所著《法学士徐宗贤先生之行略》,《益世主日报》,1935 年第 24 卷第 5 期,第 3—4 页)

先生名景贤,字哲夫,教名卢伽。在本文中,以"先生"一词专指。

本年,马相伯先生在日本发表演说,抚平学潮,获中国第一名演说家之称誉。(张若谷:《马相伯先生年谱》,沈云龙:《近代中国史料丛刊》第 67 辑,台北:文海出版社,1971 年,第 216 页)

先生的另一位老师陈垣先生,入美国教会办的博济医学院学习西医,并在广州振德中学任教,教中文和历史。(刘乃和:《陈垣年谱配图长编》,沈阳:辽海出版社,2000 年,第 41 页)

1910年,4岁

先生好友方豪先生出生于杭州,其父以行医为生。(李东华:《方豪先生年谱》,台北:国史馆,2001年,第3页)

1911年,5岁。

清朝灭亡,孙中山任临时大总统,改用阳历。旋辞职,由袁世凯继任。

先生于河口镇开智蒙学。

1912年,6岁。

先生入河口镇立德育初、高两等小学校就读。

1919年,13岁。

先生入江西省立第十中学就读。(以上俱见先生所著《刊行〈徐垂三堂丛书〉缘起》,《〈孝经〉之研究》,北平:公记印书局1931年徐氏家印本)

自中学起,先生创作了不少新诗,如《小鸟》、《十年》、《小诗十二首》、《菊》、《寄友》、《工蜂》、《战争》、《哭外祖母》、《浮云》、《问》、《努力》等。(以上刊载于《民国大学学生观摩集》第一编,北京法轮印刷局印,1925年,第268—287页)后结集,名为《希望》,未刊。(杨堤:《介绍一部新诗集〈希望〉》,《圣教杂志》,1937年第10期,第620—623页)

1924年,18岁。

先生入私立北京民国大学校文预科就读。(《北京民国大学十三年度入学新生一览》,《北京民国大学一览》,北京:和济印刷局1924年印)。

私立民国大学创立于1916年,首任校长为马君武。1917年4月正式开学上课,时分文、法、商三科。1920—1922年间,蔡元培任校长,对于校事颇多改革。(湖南省教育史志编纂委员会编:《湖南近现代名校史料》(1),长沙:湖南教育出版社,2012年,第171—172页)

5 月 16 日，北京民国大学学生创立政治学会。（微霜：《一年来之回顾》，《民大政治学会月刊》，1925 年第 2 期）该会“以调查社会现象，研究政治学理为宗旨”。（《民大政治学会简章》，《民大政治学会月刊》，1925 年第 1 期）。先生后在《民大政治学会月刊》发表论文多篇。

12 月 12 日，北京民国大学学生成立国学研究会，致力于国学的研究，发行《国学月刊》，先生为该会两编辑之一。当时该会总务为陈邦达、郝广盛皆先生同年级同学。国学研究会设有指导老师，由胡春林、张煦、姚岳等担任。（《国学月刊》，1925 年第 1 卷第 5 期，第 42 页）不久，闻一多亦成为该会指导教师。（《本刊启事一》，《国学月刊》，1926 年第 2 卷第 2—3 期，第 24 页）

1925 年，19 岁。

4 月 1 日、8 日，《民大周刊》第 17、18 期第三版发表先生的《谈谈平民教育和民大平校应取的方针》，引述当时中外教育名家如丁一盛、彭基相、江亢虎、杜威等人的观点，以及 1922 年学制中关于“平民教育”的论述，联系民国大学实施平民教育的历史沿革与经费来源，提出他的一些看法：“一不收学费……二不限年龄……三不问贫富……四不限程度……五不定期限……六教育宗旨应该是培养平民道德，和增进平民知识。”

5 月 11 日，先生完成《读孟心解》，侧重谈孟子于“心”的阐释，其写作目的在于“稍稍序其说，解书解心，藉资调摄此心也，或于世道人心亦有小补。”（《（民大）国学不定期刊》，1925 年）

6 月 3 日，先生完成《黄巢：中国名匪之一》，后刊于《（民大）国学月刊》创刊号。该文为先生计划撰写的《中国名人》中的一章，他认为，“中国各方面著名人物皆当叙论，如名士、名将，如名君、名臣，如名匪、名寇……等等，皆以能代表一部分中国民性与占一部分中国国史的地位，而又与现代有关系者皆采集之。”先生写作《黄巢》有极其现实的考虑，“民气不可压迫，愈压迫而反抗力愈大，压迫者必消灭无遗类，此一定之公例也。得民失民，惟民众心理是赖……今世中国，盗匪遍布，民愁日甚，而蠢蠢欲动者，正方兴未艾！安得化身千万，大声疾呼，唤醒弭患之策，共谋极乐世界，而同为太平之民？是以著论，问道于忧世之士云。”（《黄巢：中国名匪之一》，《（民大）国学月刊》，1925 年第 1 卷第 1 期，第 3—4 页）

6 月 10 日，先生对同窗李名正的文章《阳明哲学》提出自己的看法："阳明为学之志，一斋（娄谅）启之，教化之传，中江得之。"并指出王阳明学术思想的本质，"远绍孟子，近接象山……诚有以得孔家之心学，非空门之狂禅也。"（《民大国学不定期刊》，1925 年）

7 月 11 日，先生作《杨椒山评传》，非述杨氏生平，而是专述其爱国之心、报国之举，称其"行事于现代民主政体，虽若不相符合；然其精神实有历久不磨之特色……丹心报国，并非忠君，实忠国也；并非殉朱姓一人一姓，实殉亿兆人之中国也。"（《杨椒山评传》，《（民大）国学月刊》，1925 年第 1 卷第 3 期，第 1 页）

8 月 30 日，北京民国大学国学研究会《国学月刊》创刊号发行，主张，"澈底的研究，系统的整理，便是科学的整理国学。"（郝广盛：《发刊词》，《（民大）国学月刊》1925 年第 1 卷第 5 期，第 1 页）

9 月 30 日，先生于《（民大）国学月刊》第 1 卷第 2 期发表《王莽：中国名奸之一》，《续篇》刊于《（民大）国学月刊》第 3 期（10 月 30 日），论中国专制政体治少乱多之因。

10 月 20 日，先生作《歌谣之研究》，主要是考释"歌"与"谣"的含义，并列举历代文献中流传的歌与谣，略作说明。（《（民大）国学月刊》，1925 年第 1 卷第 3 期）

11 月 30 日，先生在《（民大）国学月刊》第 1 卷第 4 期发表《秦桧：中国国贼之一》，作秦桧之年谱，述秦桧卖国之实。

12 月 12 日，为国学研究会周年纪念日。在此之前，先生曾与郝广盛、陈邦达等拜访梁启超，未遇。他们希望请梁先生至民国大学作国学研究会周年演讲。梁先生因故未能成行，后来给他们写信致歉，予以鼓励，“徐、郝、陈三君，承过访未遇为歉。读《国学杂志》，深佩治学之勤…… 负贵会相邀之诚，实用歉然，诸祈原谅。”（黄成：《会务纪要》，《（民大）国学月刊》，第1卷第5期）

12月30日，先生在《（民大）国学月刊》第1卷第5期发表《陆象山评传》，从陆象山提出的两大疑问“天地何所穷际”、“人生天地间如何植立”入手，述学术渊源之两端：一为道学，一为家学。首述陆象山的宇宙观、人生观，称其为陆氏道学之起点。又从“何谓学”、“所学果何事”、“学”、“如何学”、“论学”等五个方面阐释陆氏之学术。

本年，国学研究会同学时常开会，讨论急待研究之方向，定于1926年春会中同仁共同研究孟子，并列出各人专门研究题目如右：先生《晏子春秋》，该文未见；陈爱公作《诸子研究》，李明正有《阳明哲学》等。（黄成：《会务纪要》，《（民大）国学月刊》，第1卷第5期第41页）

第一年总计五期刊载文章共计29篇，撰稿者总计11人，其中先生撰文6篇，数量最多，并且杂志内编辑附言、说明亦多出自其手，可见其当时对学术研究之热忱。

本年，先生还在民大《政治学会月刊》第3、4、5、6、7期发表《中国与列强》，约有三万余字，充分表明了先生对当时中国现实的密切关注与爱国情怀。《中国与列强》分为五部分：绪论，过去观，现在观，未来观及结论。先生用了大量笔墨渲染当时中国面临世界列强侵略瓜分的现实，着重讲述了英、美、法、日等国的外交政策及对华之军事、经济侵略等。

1926年，20岁

2—3月间（正月），先生在北京民大附中讲授“国文法”，后将讲稿整理发表，名为《六书启蒙》。共分上下两篇，共六部分。上篇为：一、六书之源流；二、六书之本质；三、六书之分合；下篇包括：四、六书与汉字变迁；五、六书研究法；六、参考书举要。而目前笔者所见仅第一部分六书源流。（《（民大）国学月刊》，1926年第2卷第4—5期）先生自认该文“鲜有创获”，“大都汇纂前贤之述作，成此一卷，以便初学”。

3 月 30 日，先生在《(民大)国学月刊》第 2 卷第 2—3 期发表《孝经余论》，该文为其清华大学国学研究院毕业论文《孝经之研究》的先导。

同期《国学月刊》的《卷首语》亦由先生撰写。在该文中，先生持有强烈的爱国意识，“惟吾国固有之学术，必持以待欧美或日人士之研究与估值，转滋误解，益启轻蔑，‘中国之人不言，而海外之人言之’……未识其安可?”他认为“青年学者对于固有学术，既负有传导之责任，即于未来之学术，应有发明之义务”。先生还指出，青年学者要实事求是，才能完成上述之使命。为此，先生为民国大学国学研究会制定出一个长期的发展规划:(甲) 培植人才:(一) 敦聘宏博精深学有专长者为分门之导师，俾利传习;(二) 奖励志笃愿宏学绩优良之会员赴国内外留学。(乙) 汇辑材料:(三) 征集书籍古物;(四) 调查社会现象。(丙) 研究有成效后之计划:(五) 校勘要籍，选为定本。(六) 汇辑名著，编成丛书。(《卷首语》，《国学月刊》，1926 年第 2 卷第 2—3 期)

此外，本期还刊有先生的《秦始皇时代中国是否有葡萄》一文，引述汉、唐间多种典籍，用以纠正剧作家熊佛西剧本《长城之神》中关于秦代已有葡萄的错误。

5 月 30 日，先生在《(民大)国学月刊》第 2 卷第 4—5 期发表《新编演说术序》，对“演说”一词的源流及含义进行了梳理，并指出国人“谨言”行为的由来。先生主张年轻人要多言，尤其主张在民主政治中“言论绝对自由……畅所欲言，发挥己见，则是演说术亟宜讲求矣。”先生本身极擅长演讲，《清华周刊》对其演讲水平有过揄扬，此是后话。同期还刊有先生的《读〈佛说四十二章经〉》，在梁启超、吴敬恆等人的研究基础上，根据晋唐间各种佛经目录考察《四十二章经》的著录情况，发现《四十二章经》的译写并最终成为经书，经历了一个“整齐故事”、“譬如九纪浮屠，层累地成”的过程。此外，该期还刊载先生的《〈明夷待访录·学校篇〉浅释》，对原文逐节进行甚为详细的注释。先生的注解有极为现实的意义，在文前按语中已有所交代，“余观此篇于‘学校与政治’多所发挥…… 学校之尊严，于兹可见其万一”。

本年，先生在《北京民大学生旬刊》第6、7期上发表名为《一桩未了结的血案》的剧本。该剧本是根据1925年7月31日英国军舰在南京下关开枪伤人的真实事件改编而成。先生时常创作剧本，1933年为纪念徐光启逝世三百周年，创作《中国开教三大柱石》，刊于《我存杂志》1933年第1卷第4期及1934年第2卷第4期。

本年，先生从私立民国大学转入国立北京师范大学校学习。

1927年，21岁。

本年，先生仍在北京师范大学校就读。

2月，先生听说国民军入赣，于是回到老家，了解国、共两党军队在当地的活动情况。（徐志超：《四阅月来底徐景贤先生》，《徐汇师范校刊》，1927年第5期，第79页）

4月底，先生由江西来到上海，拜见相伯老人，确定师生关系。（徐志超：《四阅月来底徐景贤先生》，《徐汇师范校刊》，1927年第5期，第79页；另见先生所著《马相伯先生百岁生活》，《中央周刊》，1946年第8卷第23期，第313页）先生家与马相伯先生相熟，“先生长余外祖父三龄，于家大人允为父执。叠次踵门求益，身叼渥爱器重。”其后倾心于中国天主教史研究，亦是受了相伯老人的影响，“先生辄乐道圣教会传行中华之故事，有似倾囷倒廪而不稍吝惜者然！对无真正信仰之史学家，其所著述关于圣教会者，如景教问题，《也里可温解诂》等，时或评骘其精华，间亦厘正其谬误；尤殷勤属望教会中后学，自行研究，详加考核。殆所谓‘将使一家昆弟子姪，启发证明，不复要涂人而强同也！’先生所示，中心藏之。”（《中华圣教会史导言》，《中华公教青年会季刊》，1929年1卷1期，第49页）

在相伯老人介绍下，先生得以结识《圣教杂志》主笔、上海徐家汇藏书楼主任徐宗泽司铎。徐家汇藏书楼藏有大量天主教相关文献，先生因此住在徐家汇。在此期间，他利用徐家汇藏书楼的藏书，撰写出《跋〈姚大荣先生辨画征录记王石谷与吴渔山绝交事之诬〉》及二跋、三跋，俱发表于《时事新报·学灯副刊》,合计万余字。此外,还在《学灯副刊》发表《天师道缘起》(1927年5月12日)及新诗《别友》(上、下),《浮云》、《拟垓下曲》等。此外,还在《圣教杂志》发表《天主教与天师道》(见《圣教杂志》1927年第16卷第8期)。

9月20日,先生撰文介绍近代西方教育史上耶稣会主导的教育活动及La Salle所倡导的师范教育史,并述其影响。(《近代西洋教育史中天主教之二派教育》,《徐汇师范校刊》,1927年第6期,第90页)

12月15日,写信给《徐汇师范校刊》主编沈公布,祝贺学生们圣诞快乐。

本年,先生在徐汇师范学校任教,担任新文学课,为学生讲作文的方法,并且参与学校管理工作,主编《徐汇师范校刊》。暑假里为留校学生上课,每天早八点至九点半,讲课内容有教史、文学、时事等。教史课内容包括中国古代宗教观,唐以前天主教传入中国的推测,唐景教研究,元也里可温地产生,明季天主教的盛况,清代教案(历法事件、康熙事件、雍正事件、洪杨事件、庚子事件)以及民国现状。(注意到国民党北伐对天主教的影响)学生们对此收获不浅,"对于教史研究略具点常识了"。(徐志超:《四阅月来底徐景贤先生》,《徐汇师范校刊》,1927年第5期,第80页)

本年,先生还撰有《谈谈作文的方法》,引俞平伯的新诗《墙头》为例,讲述由诗歌改写散文的方法;又以闻一多的《荒村》为例,讲述由散文改写诗歌的方法。(《谈谈作文的方法》,《徐汇师范校刊》,1927年第3期,第41—43页)

1928年,22岁

2月6日,先生从校风形成的原理、必要条件以及设施方式等三个方面,讨论学校如何养成良好的校风问题。(《如何养成好校风》,《徐汇师范院刊》,1928年第2卷第1期,第1—7页)

3月1日,天津《益世报》发表先生给该报"益智稷"栏编辑的信。先生在信中建议该栏目在提倡青年修养、灌输国民常识、开辟书报评论、介绍新书、教授读书法等方面有所改进。编者复函中肯定了先生的建议，称，"实在是新的正大的计划。先生欲在游戏文章以外，另辟学术论文之专栏，我很表同情。像前些日的'益智稷'里所刊大著《清代历之狱》、《徐光启佚事》以及《白居易评传》等……全是新颖超脱不可多得的作品。此后，希望先生将尊稿多多赐下。至于贵校同学诸君有愿将素日专攻之学术论文等……录出给'益智稷'增加材料，这是我分外感激的，拟俟此项稿件丰富时，将他会集起来出一'益智稷'学术论文特号，我想先生一定是赞成的。"

4月4日，先生在天津《益世报·文艺周刊》发表译诗《一个人的祈祷》、《干你自己的》(Guiterman)。

4月13—17日，天津《益世报》上连载先生之《徐光启像及其逸事》，引《南吴话旧录》中所记徐光启之逸事，并略作注解。

5月10—16日，天津《益世报》上连载先生之《明金声致徐光启书原文并跋》，述金声致徐光启书信之始末，寻金氏信奉天主教之根据，指出黄宗羲《明儒学案》中关于金氏"以儒家本领作佛家事业"论断的错误。

5月13—26日，天津《益世报》上连载先生之《日本之迷》，长近两万字，署名卢伽。先生显然受到王国维二重证据法之影响，认为考察日本古史时，徐福遗迹"似系一种地下的材料，或可与纸上所载的神话，参证一下"。文中梳理了中国古代文献如《山海经》以及正史如《后汉书》、《宋书》、《梁书》以及《唐书》内中、日两国交流之记载，述元代征日失败之情形，以及明代中日关系中的倭寇问题，最后讲到近代以来的日本维新变法及其对中国军事、经济、文化、思想上的侵略，并对中日关系的前景进行了预测。

6月，梁任公辞去清华大学国学院事。(丁文江、赵丰田:《梁启超年谱长编》，上海:上海人民出版社，1983年，第1182页)

7月29日，先生致《文学生活》一书的作者张若谷(亦为天主教徒)的信发表在北京《益世报》上。11月8日，天津《益世报副刊》将先生的信及张氏的回复(按:即张若谷的《为〈文学生活〉辩护》,载于《申报》,1928 年 8 月 20 日,上海:上海书店 1982 年影印本,第 249 册,第 573—574 页),以《谈及宗教文学的两封信》为题刊出。先生在信中认为,一个人如果自己承认是天主教徒,就要处处严守规范,不要贻人以口实。他是站在一个严谨的天主教徒立场上,以天主教的教规来检视、评判张若谷的创作,希望作者能对天主教文学有所建设,积极揭起"新加特力主义"的旗帜,来做一些天主教文艺复兴运动,以期天主教文艺的振兴。张若谷则认为信徒在思想方面也不能太狭隘,在文艺方面不应该局限自己。双方讨论的问题虽然尖锐,但态度都还比较冷静、克制,不过从中亦可见先生信仰之虔诚。(《谈及宗教文学的两封信》,天津《益世报副刊》,1928 年 11 月 8 日)

或在本月,先生离开北京师范大学,(距毕业还有一年时间)入国立清华大学国学研究院学习。当时清华大学国学院规定学生入学必须有专家推荐。马相伯先生一手创办震旦、复旦大学,并曾任北京大学校长,还参与创办北京辅仁大学,在教育界颇具影响,且与梁任公有私谊,(1902 年,梁先生与蔡元培、汪康年等人从相伯老人学习拉丁文,参见张若谷:《马相伯先生年谱》,第 208 页),故马先生极可能是先生入清华的推荐者之一。

先生为清华大学国学研究院第四批研究生,亦为最后一批,仅三人,另两位为王静如(后为著名西夏史专家)及周易研究专家裴占荣。然而,当时还有罗根泽、侯堮、蒋天枢、储皖峰、姚名达等十个往届学生留校作研究。在这些学生中,先生与罗根泽、储皖峰两人交从较密:罗根泽曾为先生所编之《徐文定公译著宗教论文集》题写封面,储皖峰曾为先生之诗集《希望》撰写长序。

先生入清华大学国学研究院后,研究题目有二,《中国道教史》和《景教考》,最终毕业论文却是《孝经余论》。(苏云峰:《从清华学堂到清华大学(1911—1929)》,三联书店,2001 年,第 303 页)先生在清华期间,国学研究院教师及其授课内容如下:

教授:陈寅恪讲授梵文文法(每周二小时)、唯识二十论校读(每周一小时);赵元任讲授方言学(第二学期)

讲师:马衡讲授金石学(每周二小时);林志钧讲授人生哲学(每周二小时);李济讲授考古学(赴美回校后)(苏云峰:《从清华学堂到清华大学(1911—1929)》,三联书店,2001年,第296页)

先生在国学院时的导师为研究院特别讲师林志钧先生。林志钧,(1879——1960),字宰平,号北云,福建闽侯(今福州市)人。诗人,法学家,哲学家。清光绪二十九年(1903年)癸卯科举人。辛亥革命前留学日本,毕业于早稻田大学。曾任北洋政府司法部参事、民事司司长,又曾任北京国立法政专门学校教务长,20世纪20年代任北京大学文学院哲学系讲师。1927年秋任清华国学研究院讲师,曾为王国维纪念碑书丹。1932年任清华大学哲学系讲师,授中国哲学课程。新中国成立后,曾任国务院参事室参事。著有《北云集》(诗文集)、《帖考》等,另有专著《汉律考》,槁久佚。林氏与梁启超先生交厚,所编《饮冰室合集》分《文集》和《专集》两部分编年排列,由中华书局于1936年出版,为梁启超文集版本中最为周备者。(王存诚编,《韵藻清华:清华百年诗词辑录》(上),北京:清华大学出版社,2011年,第33页)

9月11日,天津《益世报》"益智稷"栏目发表由徐宗泽演讲、先生笔记的《康德哲学及其批评》。

9月12日,先生时居上海徐汇师范学校,应《新月》杂志主编江恒源(字问渔)之邀,利用徐家汇藏书楼所藏之文献,著《徐光启著述考略》。该文以徐光启后人的记述以及陈子龙所著之《皇明经世文编》为基础,对徐氏的著述、散佚以及辑存等情况进行了梳理。(《徐光启著述考略》,《新月》,1928年第8号)后收入华南农学院农业历史遗产研究室1983年所编之《徐光启生平及其学术资料选编》。

同月,先生在《新月》月刊第7号发表《明季之欧化美术及罗马字注音考释》,对陈垣先生的研究进行补正,后世讨论欧洲艺术传入中国史以及汉语拼音化的文章多会提及先生的这篇文章,比如向达在《东方杂志》1930年第27卷第1号上发表的《明清之际中国美术所受西洋之影响》。

10月10日，先生受邀主办天津《益世报副刊》，请马相伯先生撰写发刊词，胡汉民题写副刊名称。(《马相伯先生百岁生活》，《中央周刊》1946年第8卷第23期，第313页)先生主编的《益世报副刊》，共出两卷，第1卷出到13号，第2卷出到12号。先生非常关注基督教文学的发展，也注意邀约与基督教相关的作家加盟，马相伯与先生本人发表不少作品。1929年4月4日，《益世报副刊》改为《文艺周刊》，仍由先生主编，冰心、许地山、黄子通、熊佛西、江绍原、陆志韦等人为撰稿人。(杨爱芹:《益世报与中国现代文学》，北京:中国文史出版社，2009年，第177—179页)

10月22日，徐汇师范学校的学生沈公布给先生写信，感谢他在汇师期间给学生的指导，并期待他赐稿，介绍平津学务进展以及公教教育情况。(沈公布:《致徐景贤先生》，《徐汇师范校刊》，1928年第2卷第6期，第81页)

11月7日，天津《益世报副刊》中刊出《今后之益世报副刊》，先生在文中提出"介绍世界文化，提倡大众文学"的发展之路。虽然此时《副刊》仅发行了第四号，已有许多读者来信索要副刊单张，或者建议改印小书页式以便保存。

11月25日，天津《益世报副刊》刊出先生的《五四精神今犹在乎?》。他认为许多大学生已经堕落，"有些本身既不读书，且对于国事漠不关心…… 专闹风潮，把一点五四遗留下来的真精神，早消磨殆尽了……既然如此，堕落以后，如果想恢复常态，该立刻重新振作起来一方努力于增进学力，一方从事于救国运动。青年同志们，求学不忘救国，救国不忘求学。这才实践了五四的遗训。"

11月30日，在天津《益世报副刊》上发表先生对赵翼《廿二史劄记》内"天主教"一词的释解。(《中国天主教史略》，《人文月刊》，1932年第6期，第8页)

12月6日，先生在清华研究院完成《〈辩竹窗三笔天说〉之作者为谁:

书陈援庵先生所撰〈重刊辩学遗牍序〉后》。先生在陈垣先生研究的基础上，提出作者为徐光启的两种证据：一、家谱中有《拟复竹窗天说》一文；二、《辩竹窗三笔天说》的内容涉及欧洲当时的天文学知识，同时又涉佛理，而徐光启本身有过辨析佛理与天主教理的经历，且通天文算学，正好符合。(《〈辩竹窗三笔天说〉之作者为谁：书陈援庵先生所撰〈重刊辩学遗牍序〉后》，《清华周刊》，1928 年第 30 卷第 6 期)1933 年，先生对自己之前的观点有所修正，“此说与《辩学遗赎》是否一事，不过假定，虽有所据，尚缺旁证。”(《奉教阁老的著作》，《圣教杂志》第 22 卷第 11 期，第 23 页)

方豪注意到先生的这篇文章，以及后来有所修订的情况，并根据西文史料，提出作者为李之藻的观点，但还是称“拙见仅备一说耳，尚待其他确证之发现”。(方豪：《李之藻研究》，台北：商务印书馆，1966 年，第 74 页)

此后仍有学者研究此一问题，如 1992 年孙尚扬提出《辩竹窗三笔天说》作者必须符合三个条件：第一，熟悉佛教教义及中国佛教史；第二，须精通西学者，第三，在辩别儒释耶之是非问题上，作者需有一贯之主张。由是，孙氏认定《辩竹窗三笔天说》作者应是徐光启。(孙尚扬：《明末天主教与儒学的交流和冲突》，北京：文津出版社，1992 年，第 41—45 页)可见，孙氏的论据与论证过程和先生甚为近似。又过了十年，郭熹微在《〈辩学遗牍〉札记》一文中再次讨论了上述问题。(郭熹微：《〈辩学遗牍〉札记》，《燕京学报》新 11 期(2001 年)，第 167 页)然而，孙、郭二人显然并不了解先生的相关研究。

12 月 15 日，天津《益世报副刊》刊出先生的《改善中国与教廷关系问题之对策》。文中特别提到当时中国与法国进行的外交谈判，先生认为，应努力使对方放弃对天主教的保护政策，而为达此目的，代表中国三百万信众的“中华公教进行会”要积极行动起来，天主教内知识分子团体如“中华公教学友联合会”也要态度鲜明，请愿政府并教廷，互派大使，恢复利权，废除不平等条约，确立中华公教会。

本年，先生还在天津《益世报》上刊载《清四库全书为儒藏说》。(《中华圣教会史导言》，《中华公教青年会季刊》，1929 年第 1 卷第 1 期，第 55 页）

本年，经马相伯先生介绍，先生结识了胡汉民和于右任两先生。(《马相伯先生百岁生活》，《中央周刊》1946 年第 8 卷第 23 期，第 315 页）

本年，先生三弟祖贤与四弟（名不详），在徐汇公学就读。（徐宗贤：《亡弟祖贤若望的略传》，《圣心报》1932 年第 46 年第 8 期，第 257 页）

本年，先生在宣化小修院演讲《中华圣教会之故事》，本预定之演讲题目有：(1)国籍修士，如明代之钟氏兄弟修士；(2)国籍司铎，如吴渔山；(3)国籍主教罗文藻，后仅于讲了第一题。并在大修院演讲《公教与国学》及《公教应用文》。

1929 年，23 岁

1 月 19 日，清华大学国学研究院导师梁启超先生去世。

1 月 27 日，好友储皖峰为先生的诗集《希望》所作的序刊于天津《益世报副刊》上，内称，“友人徐君景贤将他年来发表的新诗集成一册，总计五十首。我细细的看过，内中一部分小诗颇好，一部分写平民痛苦也很精致，例如……右列几首诗，要算观察极清楚，描写较深刻的作品。其他如一幕惨剧，也很能动人……此外关于写景抒情的，有……这比杜甫的‘四川有杜鹃，东川有杜鹃，涪万无杜鹃，云安有杜鹃’，趣味要永隽多了。末后收句，真有劲儿，真能镇得住……这是何等具体的写法！在咱们文明古国里抱这种观念的人实在太多，景贤给他尽情揭出来，好像春天的霹雳，惊醒了无数人的迷梦……”(储皖峰：《〈希望〉序》，天津《益世报副刊》，1929 年 1 月 27 日）

2 月 2 日，天津《益世报副刊》上刊出先生所译将圣奥古斯丁的《宗教颂诗》，并附有拉丁文原作。

2 月 23 日，先生的《清史稿・吴历传匡谬》发表于天津《益世报副刊》，纠正了《清史稿》中关于明清之际天主教徒、著名画家吴历（字渔山）

的错误。

3月4日,天津《益世报副刊》出版增刊,乃先生所主编之纪念梁启超先生专号。友人姚名达曾盛赞先生的这一举动,“梁先生已经悄悄的死了,他的言论将从一般人脑中渐渐地遗忘了……岂但一般人,就是他那些门生故吏,从前靠他吃饭,一呼百诺;到现在死了以后,除了徐景贤先生在天津《益世报》替他出了一个纪念号以外,还有谁?”(大任:《中国妇女运动与梁任公先生》,《女子月刊》,1934年第2卷第1期)事实上,先生至清华大学时,梁先生已离开在天津养病,故未能亲蒙教泽,然由此可见先生对梁氏的崇敬之深。

3月5日,天津《益世报副刊》刊载梁启超先生的《七略别录与七略》,附有先生与谢国祯的跋文。谢跋称此文系梁任公“编《中国考籍考簿录官书目录》手迹废稿”。(李国俊:《梁启超著述系年》,上海:复旦大学出版社,1986年,第262页)

3月14日,天津《益世报副刊》发表清华大学国学院毕业生朱广福的《哭任公师》:“乾坤正气共推公,世俗宁知化育功。思挽天心回浩劫,阐明大道破群蒙。追随终慰生平愿,罄刻时萦梦寐中。忽地哀音来蓟北,诸生□□泰山崇。缅怀昔日谈经处,桃李春风一径幽。抉奥指微传绝学,残鳞片羽亦千秋。京华忍忆仓皇别,绛帐空□涕泗酬。此后芸窗披手泽,师门回首不胜愁。授业朱广福泣挽于泰兴。”

3月22日至5月2日,先生在北平《益世报·宗教论丛副刊》发表《中国人士研究圣教会史之历史》,修订后再刊于《中华公教青年会季刊》第1卷1期,作为先生计划撰写的《中华圣教史导言》的第一部分。本文是先生为祝恩师相伯老人九十大寿所作。

4月4日,天津《益世报副刊》改为《文学副刊》,仍由先生主编。在第1号中,先生翻译了Will Thomas Withrow的《一个人的祈祷》,这首诗无论内容还是形式,都显示着一种基督精神,是一个人在内心向主表示的赤诚。这首歌包含着虔诚的宗教情感,但它的文学意义也是不言自明的,其本质特征是文学。(杨爱芹:《世界报与中国现代文学》,北京:中国

文史出版社，2009年，第180页）

5月2日，于天津《益世报・文艺周刊》发表《论富冈谦藏述吴历事》。是先生关于日本画家学者富冈谦藏所撰《论清初六大画家》的读后感，主要讨论富冈谦藏文中较少关注的内容，比如吴历加入耶稣会时中国天主教的情况，吴氏弟子的情况，与王翚的关系以及王氏是否受洗等问题。

6月7日，清华大学举行欢送毕业同学大会，《清华周刊》有专门报道："清华大学部，成立四年来，今年系第一班毕业。旧制之最后一班与国学研究院之最终一班亦均于今年毕业，故本届毕业之情景，有空前绝后之意味存乎其中。"在毕业同学会上，先生与傅举丰、苏宗固，分别代表国学研究院及大学部、旧制致答词，"其中以徐君之论调与态度最为惊人，宛似天安门前之演说云。"（孙敦恒：《清华国学研究院纪事》，葛兆光主编：《清华汉学研究》第1辑，北京：清华大学出版社，1994年，第339页）可见先生善于演说，且喜欢演说。

先生自清华大学国学研究院毕业，又回到北平师范大学校继续学习。（《刊行〈徐垂三堂丛书〉缘起》，《〈孝经〉之研究》，北平：公记印书局1931年徐氏家印本）

本月，先生参与天津《益世主日报》征文，发表《罗马教宗与中国》，得最优等奖，该文章述元代以来教廷与中国的关系，并谈及中国国籍主教的产生以及爱国、爱教等问题。（《罗马教宗与中国》，《益世主日报》，1929年第25期）1933年，又经整理修订，补充了大量民元以后新闻界与宗教界关于教宗与中国关系的文字，由《我存杂志》社出版，更名为《圣教宗与中国》。

8月，先生在天津《益世报副刊》发表《圣奥思定〈吁告录〉提要》。

12月，先生作为《益世报》记者在北平拍摄下教宗晋升司铎盛况的照片，1930年刊于徐宗泽主编《圣教杂志》第19卷第3期），同期亦载有其采写的新闻稿《教皇五旬晋司铎金庆补志》。

自本年起，先生任马相伯先生的私人秘书，凡五年，至1934年任安徽大学教职止。此前，在马先生介绍下，先生得以结识《益世报》创刊人雷明远神父，出任该报驻京、沪特派员，负责采写新闻及摄影等。后主持《益世报副刊》，并任《益世报》学艺部主任。（《新闻学常识讲话》，《学风》，1934 年第 8 期，第 1 页）并促使北平、天津《益世报》出版专刊专论庆祝老师马相伯老人九十寿诞。（《马相伯先生百岁生活》，《中央周刊》1946 年第 8 卷第 23 期，第 315 页）

本年，先生成为中华公教学友联合会成员，登记学籍为国立清华大学研究院国学门，联系地址为西什库东夹道十二号。该会会员多来自辅仁大学、民国大学、北平大学、中法大学、朝阳大学，先生任该会执行委员会主席。中华公教学友联合会成立的目的，“就是须得要先培植人才，发展教育，研究学术，提倡公益诸种事项去下手工作不可，盖不如此进行，诚不足挽回社会颓风……”该会学术研究部制定工作大纲，包括以下内容：分组研究，分神学、艺术、社会科学、自然科学四组；筹办图书流通，会员各将自藏图书目录送交学术研究部，实现图书文献共享。最后是召开定期会，分月会、季会两种，讨论个人研究及下一阶段之研究计划等。学友联合会成立时，梵蒂冈驻华代表刚恒毅捐助长桌、写字台、茶几、书架、靠背椅、书桌茶壶、茶碗、茶盘等；神父雷鸣远捐北平《益世报》一份，《益世主日报》、《安国公教月刊》一份；先生捐助胶写板、中山像、黑板、相框、文具等。（《本会之现况记略》，《中华公教学友联合会纪念刊》，北平：公记印书馆，1930 年，第 64—75 页）

1930 年，24 岁

3 月，先生在《妇女杂志》第 16 卷第 3 期发表《白乐天的妇女文学——从白乐天谈到唐代妇女问题》。文中指出，史册中看不到的中国女性真实生活，却可能在文学作品中看到。先生认为白居易的诗歌是唐代家庭妇女以及特殊身份女性生活的真实写照，其中家常女性生活，从情爱、议婚、婚期、嫁娶、妇道、家庭等六方面展开；特殊身份女性，则包括女工、尼姑、妓女、宠妃、出妇、寡妇等。最后，他指出白乐天作为妇女文学家的成功原因，以及其诗歌在唐代深受女性欢迎的情况。《白乐天的妇女文学》一文是先生以诗证史的代表作,未知是否受到清华大学国学研究院导师陈寅恪先生的影响。

4月11日,北京大学校评议会采纳蔡元培校长加强研究所的意见,使得北京大学研究所国学门有所发展。(郭建荣:《北京大学研究所国学门的变迁》(上),《文史知识》,1999年第4期,第119页)

本年夏,先生自北平师范大学校毕业,获文学学士学位。(氏著:《刊行〈徐垂三堂丛书〉缘起》,《〈孝经〉之研究》,北平公记印书局1931年徐氏家印本)自此,"文学士徐景贤"成为先生论文中常见的署名。

先生又入北京大学研究所国学门深造,时研究所内导师有朱希祖、黄节、马裕藻、马衡、沈兼士、刘半农、陈垣、(俄)钢和泰、徐炳昶、周作人、钱玄同、沈尹默等。研究生有方国瑜、傅振伦、蒋炳南(即清华大学国学研究院毕业生蒋天枢,字炳南)、单士元、谢国桢、高荣魁、商鸿逵等三十多人。研究所设立的研究科目包括 明清史、雕刻瓷器、汉魏六朝诗、金石学、古声韵学、文字学、语音学、宗教史及宗教美术、中国基督教史、古器物学、中国古代哲学、中国歌谣、唐诗、词曲、音韵沿革、说文研究等。(郭建荣:《北京大学研究所国学门的变迁》(上)《文史知识》,1999年第4期,第119页)先生在北京大学的研究方向为中国基督教史,得到陈垣、马相伯两先生指导,毕业论文为《中国天主教史略》。

7月10日,北京大学研究所同学会成立,该会宗旨为"以团结同学精神实行学术合作"。北京大学研究所学生会下分为二部:事务部,设干事五人,分别担文书、交际、财务等会务。其中文书二人,由先生与张任政负责,办理本会一切文件及召集开会。交际二人,办理本会一切内外交际与宣传。财务一人,掌理本会财务及兼办庶务事宜。学术部,分研究、编印二股,设办事五人。计研究股一人,方国瑜负责,总理学术,介绍会员成绩、交换阅览,及讲演之聘请等事;编印部四人,即傅振伦、蒋天枢、单士元、谢国桢,办理编辑,出版发行事宜。该会干事任期一年,于全体大会时产生。(《北京大学日刊》第2453号,1930年7月29日,转载于《北京大学史料第二卷下》,北京大学出版社,1993年,第1514—1515页)

7 月 16 日，辅仁社讲习营开办，至 8 月 27 日止，共举行讲演 114 场，其中有陈垣讲《近年来中国史学之新趋势》、《新发现之中国基督教史料》，张星烺讲《中西交通史略》（两次），陆懋德讲《中国发现之上古石器》、《中国发现之上古陶器》，尹炎武讲《国故概要》、《中国书法之变迁》，伦明先生讲《中国书籍之分类》（两次），台静农讲《近年中国之新文学运动》（两次），沈兼士讲《研究文字学之新趋势》（两次），朱希祖讲《科学的历史方法》、《人生派文学》，范文澜讲《中国文学之变迁》，柯昌泗讲《金石学概要》，刘复讲《国语运动》（两次），柯昌泗讲《近代之元史学》。（见《北平辅仁大学辅仁社十九年夏令讲席营讲题》出版信息不详）

先生将讲习营学生的作业辑成一书，名《辅仁社课》，收入杨葆初《唐景教碑考》、徐希德《元代也里可温考》、王典彬《元李翀论佛理书》、夏云峦《阅〈四库提要〉评论教中前辈诸书有感》等 14 篇文章，末附先生所作跋语。

8 月 28 日，圣奥思定逝世千五百年纪念会在北京召开，先生在会上宣读专题论文《圣奥思定与中国学术界》，并于当年 9 月 1 日至 10 月 20 日连载于《大公报 · 文学副刊》。（《圣奥思定与中国学术界》，中华公教学友联合会出版，1931 年，第 7 页）探讨圣奥思定对于中国学术界的意义，以及如何研究圣奥思定等问题。后经《中华公教青年季刊》第 2 卷第 3、4 期转载，继由中华公教学友联合会发行单行本。

先生将圣奥思定与中国学术界发生关系的历史，分为两个时期：前期即明末清初时期，后期为清末民国时期。在每一时期内，文章着力讨论三方面：中文世界介绍到的圣奥思定生活、学说以及学派的情况，“侧重与中国学术界之关系，对于征引史料，仅采若干例证，并不将有关于圣奥思定之汉文著述，一一网罗，事事枚举”。（同上，第 11—12 页）

先生还对比分析了前后两个时期圣奥思定对中国学术界影响变化的三方面：其一，明末清初奥思定多只影响教内人士，而在晚清民国时期则教内外研究者参半；其二，清末清初征引到奥思定的思想学说多是用以说明其他事理，而晚清民国时期则以奥思定本身的传记和著作为研究对象与主体；其三，晚清民国时期对奥思定的认识更为深刻，成果更多。

最后，先生提出可以从历史哲学、中古政治、教会制度、或文化史观等多方面对奥思定进行更为深入的研究。他甚至认为奥思定的德行及伦理学说"既与我国伦理，若合符节，而其学说更有足以矫正我国习俗下之流弊者"，"输入中国学术界，可视作对于我国国民道德之一种贡献"。（同上，第55—56页）

1931年，《北平图书馆馆刊》刊出关于《圣奥思定与中国学术界》的书评，称许先生的文章，"详征博引，中国著作中凡曾道及圣奥思定者，无不为之爬梳搜抉，予以诠评，博学深思，徐君有之。"又称"虽以徐君笃信天学之故，品评各家，宗教之意味不免稍嫌浓厚"，但仍认为其"叙述圣奥思定与中国学术界之关系，尚无有胜于徐君之文者，不能不推为巨著也。"（《国立北平图书馆馆刊》，1931年第5卷第1期，第107页）

12月27日，先生在保定小修道院发表《李我存先生三百年纪念》的演讲。大约同期，还在安国真福院发表《圣教会修会对于中国之贡献》。

本年，向达所著《明清之际中国美术所受西洋之影响》中提到先生与姚大荣关于吴历与王石谷绝交事的研究。（向达：《明清之际中国美术所受西洋之影响》，1930年第27卷第1号）

本年下半年，先生在北京大学研究所国学门学习的同时，亦在河北大学任教，教授国文，（《刊行〈徐垂三堂丛书〉缘起》，《〈孝经〉之研究》，北平公记印书局1931年徐氏家印本；另见《当代名人著作杂评》，《南星杂志》，1932年第2卷第2期，版六）并应河北省立第二师范学校之请，做过一系列演讲，后整理为即《现代中国文学概观》，发表在《磐石杂志》1932年第1卷第2期。

本年，先生还在《江西教育周刊》上发表《抗议禁映〈十诫〉影片文》，后又在《江西新闻日报》发表《答辩江西省党部警告卢伽论禁映〈十诫〉影片书》。

1931年，25岁

2月，先生不顾家人反对，辞去河北大学中文教职，旅居香港九龙，担任香港《中和日报》督印人及主笔。(《校印后自记》,《十字言论集》,出版机构不详,1931年)后因宗教立场太浓,而最终辞职。

2月22日,于香港《中和日报》发表《论建设之真谛》一文,首先引狄德罗、莱布尼茨、罗素、杜威的言论,以说明西人对中国古代文明的敬意。然后,建议政府在国家建设中,应当"在心理方面,培养国民道德;在物质方面,安定人心;在社会方面发展公共事业。""唤醒民众,自觉各尽一分子主人翁之天责,且不必对于目前之现况过于悲观。"并称所谓"建设之真谛",在于"今后人人,负责建设,不应委诸少数之执政者"。(《十字言论集》,第10页)

2月23日,于香港《中和日报》发表《对孟禄博士最后演讲的感想》,针对孟禄在广州所作迎合三民主义的演讲,指出学者应该与政客有所不同,政客在于善于逢时,利用时机博得一般人喝彩,学者则需阐明学历,不与世浮沉。(《十字言论集》,第42页)

2月24日,在《建议设立香港美术馆》一文中,先生建议通过争取英方退还庚子赔款筹措开放经费,以促进中西文化合作。(《十字言论集》,第43页)

2月25日,先生于香港《中和日报》发表《再论建设》,从王阳明、孙中山、胡适的知行说入手,讨论民众知的层面,主要阐释民众对于新文化以及旧传统应有的态度问题,并从哲学、文艺思潮以及日常生活三方面进行举例说明。(《十字言论集》,第14—16页)

2月26日,先生于香港《中和日报》发表《对于荷国新设立汉学研究院之意见》,首表赞同之意见,称汉学家戴文达所撰之研究院宗旨,"非惟研究古中国,并求了解今日之中国",与出自德国哲学家莱布尼茨的观念有相关之处,"现在新发展之世界文明,不能专为地中海岸局部之文明,须兼含有亚洲与远东之文明。"并提出一些建议,指出戴文达为该机构所列之文献,如"类书、《图书集成》、《大清会典》等,只可供参考用,非研究所需之第一等材料。譬如研究中国经学,断不能依据《图书集成》中之经学部,至少亦应备一部《皇清经解》……"指出戴文达欲于汉学研究院讲堂中悬挂关帝像有些不妥;他以为孔、孟、程、朱、陆、王等中国先哲画像或者有功于中西文化交通事业的马可·波罗、利玛窦的遗像更为合适。并指出该研究院应当注意当时中国已成立的学术研究机构如中央研究院、北平研究院等的学术研究动态。(《十字言论集》,31—32页)

2月28日,先生于香港《中和日报》发表《说马》一文,述中西交通史上的马及相关问题,目的在于,"遇事有唤醒民众,追忆以往文化史迹,以策今后应如何注意。"(《十字言论集》,27—28页)

3月2日,先生在香港《中和日报》发表社论,题为《公益与报纸》,指出,"报纸不独为启蒙民智宣扬文化机关,抑亦谋一般人民公共利益而设,始符代表舆论之职志也……申言之,记者个人,对所谓社会,有一种道义上之责任!且应遵守相当之纪律。惟此种纪律,非法定的,系习惯的;非被动的,系自动的。"他进而认为报纸固然拥有"有闻必录"的权利,但也有"隐恶扬善"的义务。(《十字言论集》,第7页)

3月3、5、12日,在香港《中和日报》发表《评最近中日女权运动》,针对当时中日两国女权运动的不同情况,先生认为中国女权运动内容主要包括两方面:一曰:增进家庭幸福;一曰改善本身待遇。他认为女性除已享受法律上权利外,如中国女子最近取得遗产继承权,日本妇女所新享有公民权,还需要制定优待女工法(女工生产期优待条件,津贴女工子女养育费等),国家设立妇孺免费医院等。同时要求舆论界,提倡维持社会风纪,减少妇女有被侮辱的机会,"我辈所希望妇女界之进行女权运动者,不废求学,不怠修养,而预祝其努力之成绩,必达到所预定之目的。"(《十字言论集》,第40—41页)

3月16日,香港《中和日报》发表《三论建设》,先生从其天主教信仰出发,阐释自己的知行观中关于行的认识,强调革命时代更需要爱人,并以法国大革命时代为戒;提倡全始全终,为民牺牲;并且指出要常存喜乐的心,对现实不悲观失望。(《十字言论集》,第17—18页)

4月3日,香港《中和日报》刊载《国民道德论自序目次及例言》,此为先生所著《国民道德论》一书中所未载。文中先生以明末山西著名天主

教徒韩霖的经历与事功要求自己。(同上,20—22 页)

4 月 4 日,先生发表《四论建设》,主要从内政、外交两个方面讨论国家的物质建设。内政上先求恢复国内秩序,从而追求未来之建设,建设中尽量不要借外债;外交上断乎不容许丧失任何独立自主之权利,借外债以促实业是正常的,只是要慎重。(同上,第 22—24 页)

《五论建设》未详刊行具体日期,亦先生所著,主要论述中国社会建设的方面,主张要深入研究西方现代的社会理论,而且倡议重视当时中国的劳工问题,涉及劳工问题中的社会道德秩序,劳工问题仲裁,健全工会组织等。(同上,24—26 页)

5 月 5—17 日,南京召开国民会议,先生助马相伯老人间接参与国民会议,并与天津《益世报》总经理刘守荣(字俊卿)力争保持临政时期《约法》中人民信仰自由。(《马相伯先生百岁生活》,《中央周刊》1946 年第 8 卷第 23 期,第 315 页)这里"间接参与国民会议",或指马相伯、陆伯鸿等发给国民会议的电报,内称,"南京国民会议主席团丁右任先生转人会公鉴:民会开幕,举国欢欣。议定训政约法,保障信教自由,本会代表全国天主教二百五十万信徒,竭诚拥护,专电申贺,全国天主教进行会代表马良、陆伯鸿等叩。"(《马相伯代表全国公教信徒电贺国民会议开幕》,《天主教白话报》,1931 年第 15 年第 12 号,第 191 页)

5 月 12 日,日本学者泽村幸夫至土山湾孤儿院拜望马相伯先生,先生亦参与接见。((日)泽村幸夫:《马良先生印象记》,朱维铮主编:《马相伯集》附编二(甲),上海:复旦大学出版社,1996 年,第 1061 页)

5 月 27、29、31 日,6 月 1、3 日,先生在徐汇师范学校演讲"公教与文学",讲稿后刊登在《徐汇师范校刊》第 5 年第 4 期。先生从天主教立场出发,对当时兴起的"普罗文学"(即大众文学)有些忧虑,并着力谈了他对天主教与文学关系的认识。该讲座分五讲,第一讲总论天主教与文学的关系,当时世界文学现象,以及中国文学的需要;第二、三、四讲举一些例证,如第二讲讲圣奥古斯丁与巴比尼;第三讲讲圣多玛斯与但丁;第四讲述圣方济与吉士德顿;第五讲结论,总结中国文学与宗教、新旧方面的观察以及天主教作者应有的努力等。

6月12日，访黄炎培。(《黄炎培日记》，第4卷，北京：华文出版社，2008年，第3页)

本月，先生汇编出版其为香港《中和日报》所写的论文，出版《十字言论集》，分上、下辑，有《公益与报纸》、《论建设之真谛》、《说马》、《评最近中日女权运动》等14篇。(《十字言论集》，出版机构不详，1931年)

7月，先生在《圣教杂志》第20卷第7期发表《书徐文定公事》，后转载于《益世主日报》第20卷第37—40期。

9月18日，日本炮轰沈阳北大营，是为震惊中外的九一八事变。

本月，先生在《圣教杂志》第20卷第9期发表《明孙火东先生致王葵心先生手书考释》。孙元化致王征的书信手稿系于右任先生收藏，后交马相伯先生撰写题跋，先生得之而完成是篇。

10月23日，马相伯先生的《为日祸敬告国人书》在《申报》上发表，该文实由先生所作，后收入先生编印的《国难言论集》。(按：据方豪称该文"则时任先生秘书已故徐哲夫先生所代拟，故不录"。参见方豪《马相伯先生文集》(续编)，北平：上智编译馆，1948年，第82页)

11月10日，马相伯致函国立中央研究院总干事杨铨(杏佛)，内容不详，或为举荐徐景贤在中央研究院任职事。(《公教周刊》，1934年第252期，第14页)

11月12—23日，中国国民党在南京召开第四届全国代表大会。闭幕前一日，蔡元培提议召开国难会议，"现在国难正急，中央亟应延揽各方人才，于中央执行委员会领导之下，组织一国难会议，以期集思广益，共济世艰。"(沈云龙：《国难会议之回顾》，收入张玉法主编《中国现代史论集》第九辑，台北：联经事业出版公司，1982年，第117页)

11月13日，杨铨复函马相伯，称中央研究院因经济原因，无法招纳新人。不过院长蔡元培先生愿意向浙江省主席张群举荐先生，"徐君景贤品学兼优，志尤远大，拟由蔡院长函浙江张主席推荐任衢县州长，结果如何，当再函告。研究院近因新屋未成，而经济复受大局影响，故一时尚

不添人。”(《公教周刊》,1934年第252期,第14页)

11月15日,先生致函老师陈垣,“奉诵手谕,敬谢师恩。生愿将在北大研究所提出之研究题《中国天主教史》,仍仰仗师指导,改在辅大研究所完成初稿。如师认可,给一研究员名义,予少许生活费(因家庭不能供给北上费用)。再师以程度尚差,充研究生亦愿从事。”十日后(11月25日),先生请求或已蒙老师陈垣同意,“受业在沪两年来,充相老先生义务秘书,撰文售稿而已,故得在辅仁研究院任编译员,且在老师指导下致力学文”。(陈智超编注:《陈垣来往书信集》,北京:三联书店出版社,2009年,第611页)

11月28日,浙江省政府秘书科职员欧瑞华通知先生觐见省主席张群的时间安排。(《公教周刊》,1934年第252期,第14页)

11月30日,先生往见浙江省主席张群,或为13日杨铨信中所谈衢州任职事。(同上)

12月14日,浙江省政府秘书处欧阳瑞骅致函先生,称视其考察杭州的情况再至省府觐见,时间可以随意(同上,第14页)

本月先生在《哲学评论》第4卷第2期发表书评《亚规纳·多玛斯》。提要介绍了阿奎那生活的历史时代,述及其在哲学渊源上与古代大哲人如亚里士多德、柏拉图、圣奥思定的承继关系,如阿奎那哲学上的见解,如四种原因之分类法,以及实有(reality)分为十种范畴等,都是受到亚里士多德及其学派观念的影响,而阿奎那神学上的主张则多与圣奥思定一致;后面还对比分析阿奎那与近代各大哲学家如培根、笛卡尔、斯宾诺莎、洛克、黑格尔、康德学说之间的关系。此外,还谈到托马斯·阿奎那学派的历史,圣托马斯在哲学以及神学上的影响及现代托马斯学派的情况。先生归纳地指出英国与欧洲大陆对多玛斯的态度存在很大差异,初很不重视,后因新托马斯学派的影响日增,而逐渐予以重视。最后谈到托马斯的治学方法,在如今仍有借鉴意义。先生对阿奎那的系统介绍,对于当时学术界了解托马斯的学说,以及了解研究其在西方哲学史、神学史上的影响,有一定的作用。

本年，先生在清华大学国学研究院时期的毕业论文《孝经之研究》自印出版，由章太炎署检，林志钧题签，马相伯序，文前附有其在清华大学的毕业证书。该书定位为《孝经》传行史迹研究，在出版后记中，先生声称以后还将进行《孝经》本身问题的研究，似未完成。《孝经之研究》因系家印本，发行不广，少为人知。1937年蔡汝堃著《孝经通论》时尚能寓目，其书中的“孝经集目考略”中收入《孝经之研究》。（蔡汝堃：《孝经通论》，上海商务印书馆，1937年，第133页）到1970年代，程发轫主编《六十年来之国学·经学之部》时，其书中的“民国以来之孝经学书目”（包括论文）收入五十七家六十四种相关著作，也收入先生的《孝经之研究》，出版信息却不详，或许原书已未能寓目。（《六十年来之国学·经学之部》（第一册），正中书局，1972年，第618页）1986年，台湾学者陈铁凡的《孝经学源流》则未提及《孝经之研究》。不过，《孝经之研究》也并非完全没有影响，学者胡平生就曾给予高度评价，“近人研究《孝经》较具特色的有徐景贤的《孝经之研究》，王正己的《孝经今考》，蔡汝堃的《孝经通考》。”（胡平生：《〈孝经〉是怎样一本书》，《孝经译注》，北京：中华书局，1996年，第45页）

另外，本年，先生与胡适、林语堂、徐志摩、谢冰心、潘光旦、梁实秋、闻一多、陆侃如、沈从文一起身列《新月》月刊长期撰稿人之列。（《新月》月刊广告，《生活杂志》，第6卷第5期（1931），第119页）

1932年，26岁

1月25日，国民政府公报公布第一批国难会议会员名单，内有先生师长辈马相伯、章太炎、陈寅恪、林志钧、雷殷等。（沈云龙：《国难会议之回顾》，收入张玉法主编《中国现代史论集》第九辑，台北：联经事业出版公司，1982年，第121—122页）

同日，甘肃省主席邵力子向浙江省主席鲁涤平举荐先生，“徐景贤同志，为北平师范大学毕业学生，并在清华大学研究院毕业，品性学识俱极良好，年来供职政学界，亦甚有声誉，为人称道。徐君原籍江西，临近浙江衢州等地，对该地民瘼素所熟稔……如蒙令在衢州一带效力，尤深感祷。”(《公教周刊》，1934 年第 252 期，第 14 页)

3 月 1 日，于右任、蔡元培联名向浙江省主席鲁涤平举荐先生，称“若蒙鉴许，使徐君展其抱负，俾难民与土著胥安，亦我公之惠泽所滂沛也”。(《公教周刊》，1934 年第 252 期，第 14 页)

同日，毛仿梅拜访马相伯先生，先生亦在旁接待。(毛仿梅：《九四相老人访问记》，朱维铮主编：《马相伯集》附编二(甲)，上海：复旦大学出版社，1996 年，第 1062 页)

4 月 7—12 日，先生以相伯老人代表身份出席洛阳举行的国难会议。(《马相伯先生百岁生活》，《中央周刊》1946 年第 8 卷第 23 期，第 315 页)

4 月 22 日，先生三弟祖贤去世于徐汇公学。(徐宗贤：《亡弟祖贤若望的略传》，《圣心报》1932 年第 46 年第 8 期，第 259 页)

5 月 14 日，浙江省主席鲁涤平回复中研院院长蔡元培、检察院院长于右任，称，“将交民事厅先于存记，容图招致”。(《公教周刊》，1934 年第 252 期，第 15 页)

5 月 27 日，检察院秘书处将浙江省的复函转给马相伯。(同上)

本月，先生于《圣教杂志》第 21 卷 5 期发表《明孙火东先生致王葵心先生手书考释》(续)。《圣教杂志》在续篇中明言刊载该文的用意：“藉表吾人纪念先贤之敬意，抑今日之国难临头，爱国为信友之天责，揭此模范，俾共矜式。”《明孙火东先生致王葵心先生手书考释》及其续篇分为考人物与考事实两部分：前者考人物，详述关于孙元化、王征的中、西文文献。关于孙元化的文献，西文文献有晚清时期法国传教士史式微(J. de. ca. Serviere)的著作《江南传教史》、早期耶稣会士曾德昭(Alvare de Semedo)的《大中国志》，中文资料有方志、《炼川名人画像》及《天主教入中国考》，未采《明史》之记载；至于王征的相关文献，则罗列十种之多，如碑志、像赞、方志、《明儒学案》、《道学渊源录》、王征本人的《崇一堂随笔小引》、《远西奇器图说录最》，以及陈垣所撰的《王征新传》等；此外还略考了书信收藏者家世及其与王征的关系，对于深入研究提供了不少帮助；后者考事实，则主要是关于吴桥兵变的问题，列中文资料数种，未及西文。并专辟一部，介绍明末中外天主教徒爱国之义举，足见其对现实关怀之用意。

十二年后，方豪据同一封书信另作释文，作纪念王征逝世300年之用，其中称，“我友徐卢伽景贤先生曾作《明孙火东先生致王葵心先生手书考释》，载《圣教杂志》第20卷第9期及第21卷第5期……余案头缺其书，而徐君又远在赣东，值王葵心先生逝世三百年纪念，乃据孙公墨迹摄影重为笺释……”（方豪：《孙元化手书与王徵交谊始末注释》，《真理杂志》1944年第1卷第2期，第225页）两人的释解基本一致，引征文献略有差异，侧重亦略有别，如方氏引用到费赖之的《来华耶稣会士列传》的法文版以及《徐文定公文集》，而徐氏则更多引用地方文献，尤其揭示收藏人温氏与王征的关系，特别强调孙元化与王征的信仰、反抗阉党，以及拯救国难的方面。释解中，先生更为注重天主教义的方面，比如温氏对孙元化之死的解读，在先生看来稍有肤浅，并不能说明孙氏等人引颈就戮的信仰根源。

宋伯胤的《明泾阳王征先生年谱》引述到方豪的文章，却未注意到先生更早的研究。（宋伯胤：《明泾阳王征先生年谱》，西安：陕西师范大学出版社2004年增订本，第31页）

6月30日，熊希龄、朱子桥等在徐汇工艺厂，公宴马相伯、黄炎培、史量才、朱志尧等人，先生亦在被邀之列。席间马相伯发表亲撰之《中国民治促进会发起宣言》，凡两千字，书该会之宗旨：（一）就万国以历史言；（二）就国政以哲学言；（三）就国政以实施言；（四）就政治以现况言；（五）就民治以实况言。在座均签字赞许，认为根本要图，具征老成谋国，独具慧眼。宴毕留影以资纪念。（《熊、朱公宴马相伯》，《申报》影印本第294册，7月2日，第45页）

本月，先生在《圣教杂志》21卷第6期发表新闻稿《公教会员参加国难会议述略》，述其4月赴洛阳参加国难会议的情况。

本月，先生完成《马相伯先生国难言论集·小引》，述编辑该书之缘起，引西方新托马斯学派领袖墨尔西的名句，“真宗教家必爱国”，并考中西历史人物如瞿式耜、法国的贞德以及瑞士、爱尔兰、波兰等国人士，“皆罗马加特力教(天主教)中忠实信徒”。并指出《国难言论集》中之“民治救国”观念乃马相伯先生一贯之主张。(《马相伯先生国难言论集·小引》,《公教周刊》,1933 年第 200 期,第 5 页)

7 月 4 日，先生致函香港《南星杂志》主编张若伯，论读书问题，也谈到对联俄外交政策的批评。信中先生还提到，为引导青年读书，预备在《南星杂志》刊登的稿件《当代名人著作杂评》，第一辑为国故学，第二辑系新文学，后续还将有论政治经济、道德哲学、历史地理、小说剧本等。(《读书问题及其他》,《南星杂志》,1932 年第 1 卷第 10 期，第 18 版)同期主编之《编后琐话》内，称先生是一个文学家，尤精国故学；哲学家，尤精宗教学。

其中第一辑发表在《南星杂志》第 1 卷第 10 期，在自序中，先生说明撰写《当代名人著作杂评》的目的，在于“唤起青年同志爱好读书，并知审慎批评之态度，勤求学识增就起见，爰录出余个人之读书札记若干则，想南星诸君，商量旧学，研求新知……”。本辑为论国故学部分，内含“读章太炎‘《孝经》本夏法说’”，“读梁任公《中国文化史》”，“读胡适之《一千九百年前的社会主义者》”以及“读陈援庵《摩尼教入中国考》”四篇短文。先生将太炎先生的“《孝经》本夏法说”的立论依据——非夏法何以有万国之数，非夏法则不得三千条律之数等，一一予以驳斥，认为皆不足为据。先生认为：“良以古代原始社会，莫不尚敬天法，固不能确指自某一时代始重孝道。古儒称孝悌，言必称尧舜，则称孝为三皇五帝之本务。此种传说，本难信从。然亦可以反证孝为家族制度下历代沿袭之礼教。若必欲确定《孝经》为夏法遥传，言之凿凿，余滋惑焉。”先生认为梁任公的《中国文化史》第七章“乡治”所论有些主观；另外，夹杂过多对故乡的回忆，在体例上失于严谨，皆有所批评。先生对胡适对王莽的“一千九百年前的社会主义者”的定位也提出批评，认为其“所称赞之三大政策(土地国有、均产、废奴)，原本不甚符实，甚为明显”。至于陈垣的《摩尼教入中国考》,先生对书中第九章中陈先生“杀摩尼而令作沙门形,不知其用意所在”的疑问,提出一些假说。(《当代名人著作杂评》,第一辑,《南星杂志》,1932 年第 1 卷第 10 期,第十三版)

《当代名人著作杂评》第二辑,论新文学,发表在《南星杂志》第 2 卷第 2 期,主要评论的是中国第一部新诗集——胡适的《尝试集》,以及冰心的《春水》。编者按语中称:“徐教授在省立河北大学任教时,曾应省立河北第二师范学校之请,作一次有系统之讲演,题为《现代中国文学概观》,曾将现代中国文学的范围、背景、特征和诗家、小说家、剧作家以及代表作品,一一加以批评的叙述。”先生对美国人对胡适的“中国文艺复兴之父”的评价持保留态度,也不同意朱湘“内容肤浅,艺术幼稚”的论断,而是认为《尝试集》有相当的价值。先生从推究胡适主张的渊源和影响两个层次加以论述,认为胡适主张的文学改良,并非是一种科学运动,乃是受了现代教育思潮(欧洲如德国也开始废弃希腊、拉丁古典,倡导德语。后各国都推行国语教育)的暗示;又指出胡适并未推翻传统文学,但颇能开一新的风气。(《当代名人著作杂评》,《南星杂志》,1932 年第 2 卷第 2 期,版六)至于冰心的诗集《春水》,先生是认为是中国青年一种灵心的象征诗,乃是受到 19 世纪以来的一种世界文艺思潮——灵魂苏醒的影响。(《当代名人著作杂评》,《南星杂志》,1932 年第 2 卷第 2 期,版七)

8 月间,《人文月刊》第 6 期发表《中国天主教史略》。该论文是先生在北京大学研究所国学门读研究生时的毕业论文,应人文社社长江问渔先生之邀发表,后转载于《我存杂志》1933 年第 1 卷第 3—4 期。《申报》对先生的《中国天主教史略》有所评论,“将中国天主教之源流派别教务及传教之地域等等,均详述无遗”。(《申报》1932 年 10 月 22 日,影印本第 297 册,第 550 页)

10 月 17 日,先生以代表马相伯先生出席国难会议身份,致函《公教进行》杂志,称:“近年国家多艰,国民救亡有责”,且寄送马相伯起草并与蔡元培、于右任、熊希龄等人商订的《中国民治促进会发起宣言》,目的是“以兴我国民众救济国难之善举,即作圣教会人士参政之准备。”(《上海

徐景贤来函》,《公教进行》,1932 年第 4 卷第 47 期,第 342 页)

11 月 26 日,先生代表马相伯先生,与杜康侯、闻兰亭、张寿镛、伍连德、温宗尧、美国救灾会会长白树仁、路透社总理甘斯勤以及中外新闻记者、摄影师共 80 余人,乘专轮视察长江江堤。(《察勘堤工委员昨出发》,《申报》影印本第 298 册,第 721 页)

1933 年,27 岁

本年适值明代著名科学家徐光启逝世三百周年,中国天主教界及学术界举行隆重的纪念活动,发表大量的纪念性文章。先生积极参与其中,撰写出多篇相关文章。

1 月 1 日,先生在徐汇师范学校讲演《庆祝徐文定公三百周年纪念》,主要讲了三个问题:怎样叫光启年;徐光启先生留给我们的遗范是如何的? 怎样过光启年? 强调实学报国,对内正人心,对外辱要抵抗。(唐子敬记录,《庆祝徐文定公三百周年纪念》,《徐汇师范校刊》,1933 年第 7 卷第 1 期)

本月,杭州天主教人士为纪念李之藻(明季天主教三大柱石之一,字我存,另外两位为徐光启和杨廷筠)创办《我存杂志》,其宗旨是"宣传教理,启迪民智,故凡神学、哲学、圣经、讲演、译著、开教历史、名人传记、国内外教务新闻、文艺、科学以及关于促进慈善事业之作品,均极欢迎,文体不拘,文言、语体皆可。"(《征稿启事》,《我存杂志》封底,1933 年第 1 卷第 1 期)编辑王克谦在《本刊(我存杂志)创立过程情形》中称,《我存杂志》之创立"又劳特约员徐景贤之助,方克厥成",特别提到先生参与编辑部首届会议的事,"编辑部虽以全力赴之,然困于经验,无处着手,幸徐君景贤文学士在杭逗留,经同人等邀请,莅临本社,热忱督指,于一九三三年一月五日,开编辑部首届会议"。(王克谦:《本刊创立过程情形》,《我存杂志》1933 年第 1 卷第 1 期,第 105—106 页)

1 月 14 日,先生为《我存杂志》作《创刊宣言》,表现出极强的爱国信念,"念明贤芳范,共抒国难时艰,欲正人心,以免颓风,圣教宣传,正不容

缓!"(《我存杂志》1933年第1卷第1期,第1页)

本月,在《南星杂志》发表《中国天主教史的分期》。(原文未见,参见《如何编纂中华圣教史》,《徐汇师范校刊》1933年第7卷第6期)

本月,天津《益世报》第一版以全版1/4篇幅开辟"宗教与文化"栏,先生任主编,撰稿人除先生外,还有马相伯、陆征祥、陈垣、徐宗泽等。该栏目主要考察天主教历史人物,如徐光启、冯应京、利玛窦对中国科学文化的贡献。一年后离职。(参见罗隆基:《〈益世报〉与雷鸣远》,《天津文史资料选辑》第3辑,天津人民出版社,1997年,第244页)

本月,先生修订之前所作的《罗马教宗与中国》,更名为《圣教宗与中国》,在杭州《我存杂志》社出版。

3月5日,先生为厦门出版的《公教周刊》撰四周年纪念祝词,认为天主教报刊负有两个任务:"一曰对内任务,希望能增辟一栏,介绍圣贤之言行,尤应选录近代人物,俾同志咸能取法耳!二曰对外任务,希望亦增加一栏,转载本地之社会,提倡地方自治公益,改善一切恶劣风俗。"(《公教周刊四周年纪念祝词》,《公教周刊》,1933年第209期,第3页)

本月,在《磐石杂志》第1卷2—3期中,介绍天主教作家张若谷的生平及其著述,特别指出周作人某文集曾收入张若谷的《论遵主圣范》,认为是惊动前辈作家的考据文章。(《关于现代中国文学概论》,《磐石杂志》第1卷2—3期,第121—122页)

本年春,译出《中西文化交通史上重要史料:马哥孛罗同时代人真福和德理游记》,连载于《我存杂志》1934年第2卷2、3期,1935年第3卷第2、6期。文中谈到天主教神父郭栋臣翻译《和德理游记》的工作,张星烺先生后有重译计划,然并未译出。1981年,何高济翻译《鄂多立克(即和德理之译名)东游记》时,提及张星烺未竟的事业,但未注意到先生的工作。先生是在鄂多立克逝世六百年时,起重译该书之意。他认为和德理是"马哥孛罗后第一个大旅行家,描写这一部分的世界,尤其是善于观察人情风俗,认为对于研究民俗学的亦有伟大精神的贡献。(《中西文化交通史上重要史料》,《我存杂志》,1934年第2卷第1期,第40—41页)先生译文与之前郭之译本不同，其译本计划分为十八章，实际上，只完成其中的四章，近万字；而郭译为七十四章。先生的译文中补入若干新的考证，如注文中所提到的主教亚大纳削，详见《圣年广益》，还指出一些名词在《圣经》里的出处，以及马相伯先生在其翻译过程中的指点；并引宋赵汝适《诸蕃志》、明《星槎胜览》（所据为《中山大学语言历史研究所史料丛刊》本）等书，与和德理游记的内容进行比照，谈胡椒入华事，殉葬问题，且与张星烺先生之《马哥孛罗游记》中的译名进行了比较分析。

4月14日、5月5日天津《益世报副刊》刊出先生翻译的意大利米兰大主教、大文学家巴比尼的长诗《敬向救世主祈祷》。

5月31日，《我存杂志》第2年第3期刊载先生校点之艾儒略所撰之《杨淇园行略》及为汤若望之《则克录》所作之跋文。冯承钧在翻译费赖之《在华耶稣会士列传及书目》一书时对此均有注意。（[法]费赖之著，冯承钧译：《在华耶稣会士列传及书目》，北京：中华书局，1995年，第139、186页）

7月7日，天津《益世报·宗教与文学副刊》刊出先生所译梵蒂冈驻中国代表刚恒毅1923年的一封公函《论圣教美术之普遍性》，主要论述教堂等教会建筑是否该本地化的问题，“我们教堂建筑，应该从泰西形式离开它本身，而从中国人民的感情和本国的美术吸收灵感……”在文末先生的附言中，先生注明译文中若干学术名词采自箫石编的《西洋美术史纲要》。先生认为刚恒毅的文章，在“宗教方面极有价值，同时在文化方面，极有贡献。因我国所谓‘新文化’，不啻‘欧化’或‘外国化’，此公函则提倡‘华化’或‘本国化’，颇能矫文化运动倾向之失”！

7月10日，先生致函《南星杂志》主编张若伯，指出马可兰所著《恶的传统》中关于法国圣女贞德的部分存在错误。他认为晚近世界的新倾向，仍是以丑恶的污蔑反对纯洁的信念。建议从日本学成回国的马先生，“睹山河破碎”，应多鼓吹爱国，而不是任意笑骂和污蔑贞德。（《关于Sainte Jeanne D'Arc柬〈南星〉诸友》，《南星杂志》，1933年第2卷第7期，第28页）

本年夏，徐汇师范学校举行“徐文定三百周年纪念讲习会”，先生主讲，共讲十题，一、三百年前的徐文定；二、从历史的背景研究徐文定；三、农政学家徐文定；四、文学家徐文定；五、天算学家徐文定；六、“圣教的柱石”；七、阁老；八、阁老与国难；九、阁老与朝鲜日本及罗马；十、徐文定的遗训。后刊于《徐汇师范校刊·我们的教育》第7年第4、5期合订本专号。(《文学家徐文定》，《益世报》，1933年8月4日)

8月4日，先生在天津《益世报·宗教与文化副刊》编辑出版“徐文定公三百周年纪念”专号，并亲自撰文《文学家徐文定》。在该文中，先生称徐光启是文学家，主要讨论以下三方面的问题:(一)徐氏在中国文学上造诣精深。(二)是中国汉文天主教文学的首创者。(三)是我国汉文科学书籍的首创者。由是，指出:“徐文定不仅是文学家，特别是公教的文学家，同时是科学的文学家。”并谈到徐氏的文学批评论，“在《焦澹园先生续集序》里，有关于文学批评的话，大意:(一)文章是人格的表现，因人品格不同，故文章亦不同。(二)文章应有下述三种审慎的态度:(A)‘文之当物者，必使人油然以思‘若润于膏泽’；(B)‘人心者，必使人惕然以动，若中于肌骨’；(C)‘致用者，必使人俯拾仰取，若程材郑林，而征实于山’。再者，因为他深究几何学，所以他的论文中有几何证法的条理，这也是很可以注意的!”

8月20日中午，先生到上海同孚路同孚里十号拜见章太炎先生，与之讨论明清之际耶稣会士的著述与交往情况，“因本日天文现象，遂谈及明译天文数学书籍，太炎先生尝曰:‘明译科学书，如《几何原本》，均易讲解；惟教理哲学，译述诸书籍，则颇难懂!’余应之曰:‘以余所闻，则有异闻。与利玛窦论学者，表彰教理第一人为冯应京氏，冯氏在《明儒学案》中有传。其后始有人从学诸科学。’先生聆而异之，起而自书橱中检出《明儒学案》，果得冯传，乃首肯焉!”(《利玛窦与冯应京》，《益世主日报》，1933年第51期，第7—8页)

9月1日，先生主持出版天津《益世报·宗教与文化副刊》“利玛窦来华传教三百五十周年纪念号”。

9 月 12 日，厦门大学哲学系教授缪子才先生致函先生谈天主教哲学。缪氏师承章太炎、太虚法师，信中亦奉马相伯先生为师。先生曾与之多有书信往还。薛一尘与缪子才为同乡，当时亦与先生讨论过天主教教理。（薛一尘：《为厦大教授缪子才致函徐景贤论道书》，《公教周刊》第 232 期，第 4 页）

本月，《明贤徐文定三百周年纪念》发表于《人文》月刊 1933 年第 4 卷第 7 期，后转载于《磐石杂志》1933 年第 1 卷第 4 期（12 月），《新中华》1933 年第 1 卷第 24 期（12 月），及《南星杂志》1933 年第 2 卷第 8 期。本文也是应人文社江问渔先生之约，“纪念忠公体国之先贤，承江问渔嘱撰斯文，为留心我民族文献者参考”，分为传略，事功（包括对日外交方针、民生、国防计划）以及纪念三部分，显然是为九一八事变之后中国日益严峻的现状出发而作。

11 月，在《圣教杂志》第 22 卷第 11 期“徐上海三百周纪念特刊”发表《奉教阁老的著作》，乃是之前《新月》月刊上所发表的《徐光启著述考略》一文的续篇，后转载于《国风》半月刊 1934 年第 4 卷第 1 期。先生根据“仁人之言必有益于世道人心”的原则，将徐光启所有的著作，整理而分别为两大类：一、有关世道者，即一般科学。二、有关人心者，即圣教书籍。先生的科学观念可用王星拱的《科学方法论》中的话来说明：“科学之于人类，不但是在物理的方面（即物质的方面）有利于厚生之利益；他在道德的方面，使人能深辨是非，而改变物我之观念。”（王星拱：《科学方法论》，北京大学出版部，1926 年，第 8 页）文中提要介绍徐氏所译之农书、天算、历法类书籍，还介绍了八种关于天主教教理的论著。

11 月 24 日，先生在天津《益世报》发表《从徐氏庖言研究李存我杨淇园与徐文定公》，后刊于《圣教杂志》1936 年第 25 卷第 8 期。

12 月 1 日，在天津《益世报》发表《徐文定公奏议四表序——兵事、农事、历事、本事》，转载于《圣教杂志》1934 年第 23 卷第 7 期，后收入 1935 年《我存杂志》社出版的《徐文定公译著宗教论文集》。

同日在天津《益世报·宗教与文化副刊》发表《纪念维护汉族相国》

一文，着力强调先贤徐光启维护民族，效忠国家的行为，且引述《大教宗良十三著名通牒》中的“一个好国民，为国家即有性命的危险，也不应有所畏惧”，以及中国公教教育联合会秘书长、云南主教雍守正所著《爱国论》中的“领袖阶级的所以表示爱国者，在能除去一切个人财产，个人荣耀，和党派的观念，他们只有应时时处处以国家利益为前提”，体现出强烈的爱国情感。文中涉及东北和朝鲜的讨论，皆与当时东北问题相关。(《纪念维护汉族相国》，天津《益世报·宗教与文化副刊》第三版，1933 年 12 月 1 日)

12 月 16 日，《东方杂志》第 30 卷第 24 期刊出先生的《徐光启对中国近代教育的贡献》，后转载于《圣教杂志》1934 年第 23 卷第 7 期。先生总结徐氏对中国教育的影响有二：一为中国实用科学运动的开始，“徐氏不但是首先介绍科学的伟人，而且是我国首先研究西洋科学的学者”；一为中国教会教育之始，“徐氏介绍西学，一面是要改良国人的物质生活，一面却要增进国人的精神生活；因此他信奉了天主教，而努力提倡教会教育。”

12 月 17 日，厦门大学哲学系教授缪子才致函先生，谈《马氏文通》及天主教事。(《徐哲夫教授的传教工作》，《公教周刊》，1934 年第 269 期，第 13 页)

本年，作为马相伯先生秘书，先生为之笔述文章多篇：《唯一圣教可解决人生问题》，发表于《我存杂志》创刊号；《乐善堂纪闻：一、师与徒》，发表于《公教周刊》第 221 期；《乐善堂纪闻：二、人生的根本问题》，发表于《公教周刊》第 222 期；《乐善堂纪闻：三、百年前预言高丽国难》，发表于《公教周刊》第 223 期；《乐善堂亲闻记：预料杨杏佛不得好死》，发表于《公教周刊》第 226 期；《乐善堂纪闻：纪念徐文定三百周年的话》，发表于《公教周刊》第 227 期。《华丰老人言善录》，发表于《益世主日报》第 22 卷第 2、4、7、10、11、23、33—36 期；《相伯老人语录》，刊于《人文杂志》第 4 卷第 7—10 期；《青年与信仰》，刊于香港《南星杂志》第 2 卷第 3—4 期，并附有先生所撰之附录，述中国天主教史之概况。

同年，先生在《徐汇师范校刊》第 7 卷第 6 期发表《如何编纂中华圣教会史》中，文章分为“研究中国天主教史的目的”、“对于前辈研究中国天主教史的批评”、“编纂中国天主教史的材料”以及“关于编纂天主教史的建议”四部分。

首述前人研究中国天主教史时存在的问题：有些因时代变化不再适用，如黄保禄的《正教奉褒》、《正教奉传》，因为专讲历代帝王的崇教，不能供国民的需要；西人 Huc 的著作，专门依西文记载，不能使中国学者心折；陈援庵先生的《中国基督教史讲义》，历史分期存在问题，明称天主教，清则为耶稣教；王治心的《中国宗教思想史》对天主教、新教的态度不够公允等；另外如樊国梁的《燕京开教录》，萧若瑟的《天主教传行中国考》或偏于地方范围，或拘于政教关系。故而有继续整理研究的必要。

次讲天主教研究的材料范围，主要分遗物与记录两大类。并参照日本学者小林秀雄的《史学研究法》，以及梵蒂冈考古学院的研究指南，列出五种编史的方法：追述史实，研究前人史籍，个人及修会对天主教的贡献，天主教文献及美术建筑史，考证疑惑不明的事件等。

最后先生提出分工合作著史方法，进而指出要编纂一部完备的教会史，须按着下面的分类进行研究，分为九大类：梵蒂冈与中国天主教、来华天主教修会、中国天主教教务、天主教圣贤、中国天主教美术建筑、中国天主教圣迹、礼制、中国天主教道德生活、中国天主教教育慈善团体等，且标明目前是否存在相关研究的情况。

先生后来完成的《中华圣教会史导言》，共分三编：首先是国人研究天主教史的历史，其次是中国天主教史纲要，最后是编纂中国天主教史的方法论。第一编如上。第二编为《中华圣教会史纲演讲记录》，载在一九三二年《徐汇师范校刊·我们的教育》毕业专号中；第三编为《如何编纂中华圣教史》，由先生口述，严肃笔录，刊载于《徐汇师范校刊》1933 年第 7 卷第 6 期。先生计划以相伯老人的《论宗教》，及其本人所撰之《中国天主教史略》以及《中国天主教之分期》(《南星杂志》1933 年 1 月)作为该书的序。(《如何编纂中华圣教史》，《徐汇师范校刊》，1933 年第 7 卷第

6期,第257页)

本年,先生还在《我存杂志》第1卷2期撰《跋〈则克录〉》、《爱国论读后感》;并于第1卷第4期刊出剧本《中国开教三大柱石》,引马相伯从前对康有为说过的话:"欲维新国俗民情,演新剧为方法之一。"可见先生对剧本文体的重视。《中国开教三大柱石》讲述杨廷筠在李之藻规劝下,放弃所纳之妾,受洗入教之故事。

本年,在香港《南星杂志》第2卷第5期发表《现代世界文豪评传之二——萧伯纳怎样离开了中国》,指斥萧伯纳接触侵华日本分子以及不进行抵抗的张学良等行为,揭示当时中国部分舆论对萧伯纳的不欢迎态度。从中可知先生对当时国内政治的态度。在第2卷第6期发表《现代世界文豪评传三——巴比尼(Giovanni Papini)》,介绍意大利作家、《基督传》及《圣奥思定传》的作者巴比尼。而此前中国学者对意大利现代文学不是很注意。先生译了巴比尼的一篇自述,侧重于介绍其受托尔斯泰、陀思妥耶夫斯基的影响情况,并针对当时中国青年的摩登习气,许多堕落、自杀的情况,提出要从信仰中谋求人生的意义。先生还译出《基督传》最后一篇《祈祷》,该篇在前此之广学会译本中省略未译。

本年,香港《南星杂志》社长张若伯下狱去世,先生为该杂志纪念专号题字:"南星社追悼张社长专号,徐景贤谨题。"(《南星杂志》第2卷第8期)可知先生与香港《南星杂志》之密切关系。

大约亦在本年,先生还在北京组织过淇园学会,纪念明末天主教重要人物杨廷筠。(何文聪:《平市各大学公教同学会》,转引于方豪《在北京大学天主教同学会成立大会的讲话》,《益世周刊》,1947年第28卷17期,第275页)

1934年,28岁

本年,先生辞掉相伯老人秘书的职务,赴安庆省立安徽大学任教,因其之前有新闻行业从业经历,故得在安徽大学主讲中国哲学史及新闻学课程。(《新闻学常识讲话》,《我存杂志》,1934年第2卷第4期,第

53 页）

1 月，姚名达（按：原文作者署名“大任”。据罗艳春之考证，即姚名达之笔名。参见罗艳春、姚果源选编《姚名达文存》，南京：江苏人民出版社，2012 年，第 307 页）哀叹梁启超先生身后萧条，赞赏先生为纪念任公所作的工作，“梁先生已经悄悄的死了，他的言论将从一般人脑中渐渐地遗忘了，还有谁知道三四十年前有这样一位为大众谋幸福的先知先觉？还有谁感激这位为妇女谋解放的先知先觉？岂但一般人？就是他那些门生故吏，从前靠他吃饭，一呼百诺；到现在也都掉头不顾，‘淡淡然忘之’，‘望望然去之’了。不说别的，我们只要问：他死了以后，除了徐景贤先生在天津《益世报》替他出了一个纪念号以外，还有谁表扬过他吗……梁先生是最擅长于史学的人，其身后竟如此萧条寂寞，真是令人短气，无怪乎一般人都只管利己，不肯兼善天下了”。（大任：《中国妇女运动与梁任公先生》，《女子月刊》，第 2 卷第 1 期，第 1782 页）

3 月 9 日，天津《益世报・宗教与文化副刊》的《书〈超性学要〉后》，是先生读利类思所译《超性学要》后的感想，主要讲述托马斯・阿奎那《神学大全》在中国的译介情况，以及国人对该书的评价。

4 月 20 日，先生在天津《益世报》上发表《保障人权与信仰》，主张宪法应保障人民信仰自由的原则。又于《我存杂志》第 2 卷第 2 期（宪法讨论专号）发表《保障人权与宗教》，重申保障人权在宪法中的重要性，并称保障人权的宪法无不提倡宗教信仰自由，“吾人从宗教与文化之立场言，希望人权与宗教，在最近制宪声中，具有保障之明文制订，以重民意，而固邦本”。（《保障人权与宗教》，《我存杂志》，1934 年第 2 卷第 2 期，第 119—120 页）

6、7 月间，先生在《学风》杂志第 4 卷第 5、6 期刊载《明贤徐文定公年谱初编》（上下），是民元以来关于徐光启首部较为详细的徐光启年谱。（梁家勉：《编纂〈徐光启集〉和〈徐光启年谱〉的介绍》，《梁家勉农史文集》，北京：中国农业出版社，2002 年，第 496—497 页）

7 月 8 日，方豪给陈垣先生写信，谈到他与先生在庐陵十字架问题上的分歧，以及两人之间进行过多次辩论。先生坚持认为铁十字为天主教遗迹，并提出四种证据，1.徐光启铁十字著，2.江西传道人之目睹存在，3.罗马传大华生作文表彰，4.《三国志》中东西交通可能之记述。方豪希望陈垣先生予以仲裁。（陈智超编注：《陈垣来往书信集》，北京：三联书店，2010年，第318页）

7月9日，先生北上至北平辅仁大学参加华北公进暑期训练班，（《华北公进暑期训练班开学志略》，《公教青年》，1934年第7、8期合刊，第51页）担任讲习会主任。（《关于抽暇快览》，《公教周刊》，1934年第282期，第11页）并笔录开班仪式上梵蒂冈驻华代表蔡宁总主教的讲话。（《蔡总主教致训词》，《公教周刊》，1934年第284期，第10—12页）此次训练班至8月8日闭幕。（《华北公进暑期训练班闭幕盛况》，《公教进行》1934年第6卷第14、15期合刊本，第52—53页）

本年夏，杨堤（1914—1994，安徽金寨人，天主教神父，著有《安徽省天主教传教史料汇编》，台北：辅仁大学出版社，2007年）至安庆安徽大学拜见先生。先生介绍他为《公教周刊》以及《磐石杂志》撰稿。（杨堤：《纪念徐卢伽先生》，《益世周刊》，1947年第28卷第9期，第141页）

10月，先生在《学风》杂志第4卷第8期发表《新闻学常识讲话》。编辑在按语中交代了先生的新闻从业经历，“从事新闻事业有年，历任天津《益世报》学艺部主任，及该报京沪特派员，香港《中和日报》副总编辑兼督任人等职。所撰新闻学论著如《十字言论集》等，均极精彩。近徐君应安徽大学之聘，讲授新闻学及其他学科”。全文分三篇：第一篇为绪论，包括（一）略言草创本篇动机；（二）何谓新闻；（三）两大主义趣味与实益；（四）以公益为前提；（五）各国新闻教育比较。第二篇为常识，讲述内容有：报馆内部组织、新闻纸的名与实、新闻事业最近的趋势、国际报业的共同要求，以及到报界去的路，即对新闻的敏感性——新闻鼻；新闻要点便如第一句最佳；六个何字诀；通讯社今昔观；出版法十九、二十条；新闻事业之论；邮电问题之重要性；关于手民日用术语；记者联系与报馆联合；鸟瞰中之本国报业。第三篇结论，从孔夫子讲到每日的新闻，又讲新闻记者的生活,新闻记者的收获,新闻记者信条示范等。

本月,先生还在与《磐石杂志》记者的访谈中,对向达的《中西交通史》以及张星烺的《欧化东渐史》进行了评述。他建议向达研究中西交通史时对教义有所了解;在史料运用上,要注意研究对象双方的史料,如注意《不得已》一书时,也应利用《不得已辩》,注意永历太后致教皇书的同时,也要注意教皇的答复。先生与向达较为熟识,故而建议很直接,“向君固与余有旧,今因君问而答辩,向君或认余为诤友乎?”先生对张星烺先生提出的“欧化”概念,则不以为然,认为是“破坏杜撰”之界说,进而认为,“竟将公教列入欧化,即是大错”,可知先生的文化主体观念。(《一夕谈》,《磐石杂志》,1934 年第 2 卷第 10 期,第 22—23 页)

11 月 25 日,安徽大学新闻社成立。该会组织成立动机有三点:(一)以补本校选修新闻学之不足;(二)从事实际新闻学术之研究;(三)推广新闻事业。先生与周予同、谢循初等六人被聘为顾问。(《安徽文化消息十三·安大新闻学社组织成立》,《学风》,第 4 卷第 10 期)

12 月 29 日,先生在安庆圣心师范演讲,题为《公教进行会会员应有之努力》,主张天主教徒要促成社会的幸福与国家的和平。(《公教进行会会员应如何切实负责》,《我存杂志》,1935 年第 3 卷第 2 期,第 45—47 页)

本年,先生为《我存杂志》社出版的孙哲文的白话诗集《象牙宝塔》作“卷头语”,论到其对白话诗的一些见解:“论到白话诗,请看但丁的《神曲》,是普通话写了……我国白话诗,初受美国的影响,受英国的、日本的、甚至于印度的影响。现代孙先生的贡献,利用了拉丁诗的组织,也是一件很得特提的事!”(《象牙宝塔卷头语》,《公教周刊》,1934 年第 273 期,第 12 页)

本年,先生还在《圣心报》第 48 卷第 4、5、8、9、10、12 期,1935 年第 49 卷第 1、2 期连载《徐文定公纪念:真福八德》,以行实、文集、家书等各种文献,勾勒出徐光启信奉天主教后个人信仰上的训练与追求,忠心信仰,心向良善,悔过克己,饥渴慕义,怜悯世人,清心,和睦,为信仰随时预备牺牲等。后也收入《徐文定公译著宗教论文集》。

先生还在《安庆教务月刊》第3卷第3期撰《徐文定公与金忠节公:明末两位公教学者》,考徐光启与金声的交往,并录潘季野所撰《安徽禁书提要》中金声著述提要。先生撰文目的在于指出黄宗羲《明儒学案》将金声学术思想误解为佛学的错误,而在其看来,金声学术富有“公教学者之精神”。

本年,徐宗泽主编的《徐文定公逝世三百周年纪念文汇编》在《圣教杂志》社出版,收录张兴曜、黄节、竺可桢、向达、潘光旦、金兆梓、牟润孙、马相伯等人所作关于徐光启的文章,先生的《徐光启对中国近代教育之贡献》、《徐文定公奏议四表叙》亦被收录其中。

1935年,29岁

1月1日,先生长兄宗贤先生过世。(《请众代祷》,《公教周刊》1935年第300期,第14页;及《法学士徐宗贤先生之行略》,《益世主日报》,1935年第24卷第5期,第3—4页)

在《我存杂志》第3卷3期发表《新时代的圣人:鲍士高》;继而又在第3卷第4期发表《青年们的导师鲍士高》。

3月23—24日,先生在杭州参加中西司铎与公进会领袖座谈会。当时公进会分为五部:男子部、妇女部、青年部、学术研究部、社会部。(《我存杂志》,1935年第3卷第4期第42—43页)

7月25日,北平中国公教进行会总监督处出版先生的《中国公教进行三大模范人物》,为《公教进行丛书》第七种。该书共分五讲,皆先生在安庆圣心师范学校讲演,内含在华中公教训练周上先生演讲的《中国开教三大柱石》。

本月,先生在《学风》杂志第5卷第6期发表《徐文定公译著宗教论文集序》。又在《安大文史丛刊》创刊号发表《关于中国哲学史》一文,同期刊有周予同《经与文学》、罗根泽《编述中国文学史的计划》等。(《学风》,1935年第5卷第6期,第10页)

此外，先生还撰有《江西谢金多先生行实》，刊于《我存杂志》第3卷第7、10期，简要记述1857年江西一次教案中去世的天主教徒谢金多的生平事迹，留下有价值的史料信息，即当时教案与湘军将领彭玉麟有直接关系，后又刊于《益世主日报》第24卷第41、42期。

9月，先生在《学风》第5卷第7期发表《现代女子教育专家耶稣孝女会创办人刚地达及其事业：耶稣玛利亚刚地达姆母传略导言》。本年秋天，先生到上海参加全国公教进行会的会议。在该次会议上，马相伯先生作了题为《学术传教》的演讲。（杨堤：《纪念徐卢伽先生》，《益世周刊》，1947年28卷第9期，第141页）

10月，先生之《国民道德概论》（《安徽反省院丛书》之三）出版，共十二讲，包括国民道德的重要意义，国民道德与本国文化的历史背景，国民道德与本国地理环境之关系，忠孝、仁爱、信义、和平的理论及其研究，并谈到新生活运动的精神、国民经济建设运动、国家的理想与理想的国家、国民道德在道德哲学中的位置、国民道德的基础及其实践等内容。

12月19日，方豪再次给陈垣先生写信，又提到其与先生的学术论辩。方豪称："历史以信实为主，宁缺毋滥，尝以此与徐景贤先生往复辩论，铁十字即其一也。金声曾终身奉教与否，近颇疑之，则以《鄞县志》中发现其崇佛嫌疑也。"并将先生对陈垣先生《基督教史讲义》的不满讲给陈先生听，希望陈先生作一裁决。令方豪始料未及的是，陈垣先生将信转给先生看。（陈智超编注：《陈垣来往书信集》，北京：三联出版社，2010年，第319页）可见陈先生对先生的维护。

本年，先生即将赴意大利讲学的消息已为人所知，"近闻徐先生有赴国外讲学消息，编者谨此致谢！并祝徐先生在海外宣扬我国文化，为祖国增光。"（《编后琐语》，《母校铎声》，1935年第4卷第4期，第94页）

本年先生所编之《徐文定公译著宗教论文集》在《我存杂志》社出版，共三部分。第一部分：意大利毕方济口授、徐光启笔录的《灵言蠡勺》；第二部分：徐光启有关宗教的诗文疏札；第三部分：参考资料，包括徐光启的年谱初编、传记、世家、著述考略、遗著罕见本提要等，参考资料部分皆先生所撰。附编收先生撰写的《徐文定公故事》共二十三讲，例言中写道："本故事以不离历史事实为主，间用文学想象叙述法为辅；正文分为二十五节，均用现代语体，求得宣传普遍。"书前有意大利柏应理撰《明文渊阁大学士徐文定公行略》一文。《徐文定公故事》原稿曾于 1933 年 8 月 27 日在厦门鼓浪屿天主堂出版的《公教周刊》陆续发表。

1936 年，30 岁

年初，先生在《公教妇女》1936 年第 3 卷第 3 期发表《中国现在需要的女青年》，该文章是先生在安徽女子师范学校所作的演讲。述其在国难会议上目睹一女士要求之下通过决议案的过程，以及女性在一·二八事变中所发挥的作用，及古今中外各种事例，提出女青年也能爱国，也可称为圣贤，立大功，做大事。

4 月，先生在《磐石杂志》第 4 卷第 4 期发表《关于徐文定公故事》，述其研究徐文定公的原因："1928 年双十节前，饶子离先生主编《新月》，问我索稿，乃时我寓徐汇师范，就撰《徐光启著述考略》以应之。后来江苏耆老癸酉聚会假乐善堂举行时，席间江文渔先生索稿，承嘱为《人文》撰一篇纪念文章。再后，我在安徽大学任教职，省立图书馆吴景贤先生主编《学风》，又介绍我所拟《明贤徐文定公年谱初编》问世。还有别的类似情形，使我觉得文定公言行，对我国学术界很有贡献，到处可以受欢迎的……想起许多同胞，需要大众读物，好的故事，卫生食品，充实他们求智识欲的恐慌；因此我虽不敏，尝试从事。"在研究徐光启时，先生特别强调要注意当时的时代背景以及徐氏爱国的方面。至于所用研究方法，采用的是归纳法，"将关于文定公的各种史料及遗书遗迹等等，先加以搜求，然后经选择，按专题的方式，一一来讲述。不是平面的，乃是立体的，不是单一的，乃是复式的，不是站在国史或教史的片面立场中，乃是按中华圣教会史家的笔法。"(《关于徐文定公故事》，《磐石杂志》，第 4 卷第 4 期，第 296—297 页)

6 月，先生在《磐石杂志》第 4 卷第 6 期发表《圣鲍士高对于著作的态度》。

7 月 16 日，安庆公教进行会成立，（该会为天主教教友组织，总会长为陆伯鸿），会长刘长清，先生为名誉会长。（韩伯贤：《安庆天主教简史》，方兆木主编：《安徽文史资料全书·安庆卷》，合肥：安徽人民出版社，2007 年，第 746 页）

8 月 17—19 日，光启学会年会在北平召开。教皇代表刚恒毅主教、中华公教公进会总监督于斌出席。会员来自山东、山西、安徽、北平等地，共五十余人。17 日，讨论会务，选举张怀、英千里以及先生等五人组成主席团。18 日，于斌谈了一些学会的设想：一、学会一月有一次集会，可采用座谈会方式，一次讨论一个问题，对于宗教问题及现代民族和社会问题，加以研究报告，每次可指定一人为负责报告者，其他人在此问题范围加以质疑问难。此外，对于有关学术思想之消息亦可随时介绍报告。二、会员个人方面之修养，学术之修养，多读书籍。会中设法为有组织之阅书组织，此外还有学术传教的使命。于斌发言后，宣读论文，先生在会上讲《孝经之哲学》。之后讨论光启学会发展案，决定：(1)请会员努力著述，又组织审查委员会，处理筹款、版权、印刷等事务。(2)光启学会为咨询组织，供给全国一百余大小修院及四五十中等学校或其他文化机关之公教人才需要者，过去两年之成绩：介绍会员职业第一年约四十位，第二年有六十余位。此后会员方面，遇私人原因介绍适当人才相托者，请先向会中登记，同时会员有需要相当职业者，亦请会中登记，是则供求两方面之需要，可因咨询机关之组织，得到调剂，且更适合需要之分配。(3)《新北辰》撰稿案，所有会员努力撰稿，充实刊物内容，以求更大之发展。会议于 19 日闭幕，全体会员聚餐为雷鸣远主教祝六十寿辰，先生作为代表致辞，述雷公六十年之事业，分新闻事业之贡献、社会事业之贡献、公教神修学之贡献三方面。(《公教进行》(旬刊)，1936 年第 8 卷第 23 期(9 月 17 日)，第 732—734 页)

在北平时，先生还欲办理赴意大利国担任纳波利（现译为“那不勒斯”）国立东方现代语言学院中文讲座的手续。纳波利国立东方语言学院即今之那不勒斯东方大学，其前身是意大利传教士 Matteo Ripa 建立的中国学院(Collegio de Cinesi)，1732 年 4 月 7 日得到教皇克莱门七世的正式确认，是西方汉学机构中历史最悠久者，一直被视为意大利的汉学研究中心。(杨慧林:《意大利那不勒斯东方大学及其汉学研究》,《世界汉学》,1998 年第 1 期，第 206—207 页)由于当时意大利与非洲的埃塞俄比亚爆发战事的影响，先生最终未能成行。(王克谦:《纪念公教教育家徐景贤》,《上智编译馆馆刊》,1947 年第 1 期，第 102 页)

本月，在《学风》杂志第 6 卷第 5 期发表《近故余杭章太炎先生哀词》。首先述九一八之后《马章宣言》出台之过程，(先生藏有宣言之手稿)继述先生因其师相伯老人之关系向太炎先生问学之情景，间或谈到过宗教问题。先生曾计划撰《中国思想史》及《中国之大思想家》，太炎先生曾为其题书端。先生感慨自己著述未就，章先生却已仙逝，其哀辞曰："今之顾宁人，兼似黄梨洲；余杭章君逝，国难正多忧。"

9 月，安庆圣心师范学校改为崇文中学(今安庆三中)，受安庆天主教堂南会长之邀，先生担任该市私立崇文中学校长之职。(《安庆崇文中学准予备案》,《我存杂志》,1936 年第 4 卷第 6 期，第 381 页)该校分高中初中两部，各三班，都是三年制。(杨起田:《抗日时期安庆沦陷后的概况》,《安庆文史资料》第 3 辑，1982 年，第 80 页)先生任该校校长达十年，期间办理初中高中立案，充实内容，购办科学仪器，如化学药品，物理之力、热、光、音、电磁等学，不下三百余件；采办图书以供教师学生之参考，计教学与普通参考书，共六百余种，五千余册。(萧杰一:《崇文中学概史》,《安庆崇文高中第四届毕业纪念册》1949 年印本)

在此后一年中，先生与杨堤共事，为他改写稿件，并推荐发表在其友人江道源主编的《我存杂志》以及徐宗泽主编的《圣教杂志》上，还给他讲授中国文学史。(杨堤:《纪念徐卢伽先生》,《益世周刊》,1947 年第 28 卷第 9 期，第 141 页)

10 月，崇文中学发行《私立崇文中学校刊》，创刊号刊有校董会章程，第二版刊有校董名单，包括安庆教区第一任主教西班牙人梅耿光、南京

教区主教于斌，旧任北洋政府总理陆伯鸿，相伯老人以及先生等十余人。(《私立崇文中学校刊》，1936年第1卷第1期)

11月1日，先生在《我存杂志》第4卷第8、10期发表《国文公进要籍题解》，提要介绍中华公教进行会相关的九种书籍。(《我存杂志》，1936年第4卷第8期，第10期)

本月，先生在《学风》杂志第6卷第6期发表《现代义大利职业教育家鲍士高及其事业：为中华全国职业教育讨论会十四届大会作(附表)》。同期在《江苏教育》上发表《徐光启之精神生活》，简略介绍徐光启的生平、科学研究、人格以及宗教信仰上的经历。

本年，先生还在《益世主日报》25卷第8期，发表《关于青年会及其修养》。此外，还在《益世主日报》第25卷第22、23、24、25期发表《人生问题讲话》。阐述其人生哲学的观念。先生在清华大学国学研究院就读时，讲师梁漱溟、林志钧皆讲过相关问题。先生对此一重要问题进一步阐发，他认为，研究人生问题的途径是，先用科学来扶助，更容易明了人生，再用哲学来引导，最后以宗教为依归，(《中庸》里有"天命之谓性，率性之谓道，修道之谓教。"人生问题中最重要的问题还是认识人自己，汉儒有云"天地之性，人为贵"。但中国人也曾有与西哲同样的认识，即人生短暂，"生，寄也；死，归也。"由此强调人生的永恒性，即宗教里的永生问题。"人生的本务——该做什么？我们的生活为形我和神我两方面而生，尤其是精神不朽，享常生的安乐，才满足人心的幸福要求，因此，我们不当仅顾及眼前的暂福，而牺牲我们的将来的永福。"本文后收入《宇宙观与人生观》一书，方豪认为先生的文章，"非常警辟，如剥蕉心，如抽茧丝，理清词达，读来不觉枯燥"。(方豪：《题记》，《宇宙观与人生观》，北平：上智编译馆出版，1947年，第1—2页)

本年，方豪在《圣教杂志》第25卷第3期发表《最近发现王征遗文记略》，内中谈到先生关于王征的研究，"我友徐景贤君所得新史料有清初张炳璿撰王公像赞，马侍辇《王葵心尽节诗》、《明儒学案》、《道学渊源录》王传及《崇一堂日记随笔小引》并《温恭毅城祠记》。"(方豪：《最近发现王征遗文纪略》,《圣教杂志》,1936 年第 25 卷第 3 期,第 148—151 页)方豪又作《庐陵铁乂索引》中亦数引徐景贤的相关研究,如《中华圣教会史纲》及《徐文定公译著宗教论文集》。(方豪:《庐陵铁乂索隐》,《圣教杂志》,1936 年第 25 卷第 8 期,第 471 页)

本年,先生好友姚名达著《中国目录学史》,其中“特种目录·个人著作目录”收入清华国学研究院师生著述颇多,“自先师梁任公先生撰《戴东原著述纂校书目考》见《戴东原二百年生日纪念论文集》。后作者纷起,如吾友储皖峰君之《王静安先生著述表》,见《国学月报》第二卷……赵万里君之《王静安先生著述目录》及《手校手批书目》,见《国学论丛》第一卷。谢国桢君之《彭茗斋先生著述考》,见《北平图书馆月刊》第三卷。吴其昌君之《朱子著述考》,见《国学论丛》第一卷。刘盼遂君之《高邮王氏父子著述考》,见《北平图书馆馆刊》第四卷。徐景贤君之《徐光启著述考略》,见《新月月刊》……皆能尽括一家之作。著者亦尝撰《章实斋著述考》及《年表》,考章氏所尝经手之著述逾五十种,并将其整部著述及单篇论文皆编年入表,兼记其撰文之地点及动机焉。”(姚名达:《中国目录学史》,上海古籍出版社,2011 年,第 328 页)

本年,先生还在《我存杂志》第 4 卷第 2 期发表《廿世纪大圣人鲍士高十讲编译缘起》,系统介绍意大利天主教职业教育家鲍士高的生平及其事迹。

本年,先生还出任天主教公教全国指导会评议员。(《江西德育学校近训》,《我存杂志》,1936 年第 4 卷第 3 期,第 198 页)

1937 年,31 岁

1 月 15 日,先生在《崇文中学校刊》发表《中学修学指导讲话》,谈治学方法和途径,以及学校课程发展简史,重点谈学习方法以及学生读书读报指导。(《中学修学指导讲话》,《安徽私立崇文中学校刊》,1937 年第 2 卷第 2 期,第 1—6 页)

2 月 1 日,《崇文中学校刊》刊载《本校为寒假事敬告学生家长书》,由此可见先生的治学理念：(一)注意子女身体之健康；(二)督促子女寒假中自习；(三)教育子女品行之修养，“以人格救国为校训……入则孝，出则弟，并实行新生活须知，以充新社会之主人翁”。(《安徽私立崇文中学校刊》，1937 年第 2 卷第 3 期，版一)

本月，先生还在《学风》杂志第 7 卷第 2 期发表《初中学生修学浅谈》，为学生讲述初中生的学习方法，包括预习、学习、复习等学习环节的方法，以及读书、读报的方法及注意事项。在学习过程中，先生特别强调兴趣的重要性，他认为兴趣是一种再认识的情感，一种主义的冲动，能引起行为的倾向、认识活动的价值，而进行某种活动；兴趣也是某种符号，作为能动的人与被动的物以及人的活动的结果三者间的联络。换言之，兴趣才有学习的动力，兴趣才能集中精力针对中心对象，才能排除外缘事物的干扰。

《安徽私立崇文中学校刊》中辟有“本校学生家庭通讯栏”，便于学校与学生家长交流，亦可见当时先生的育人理念：“景贤校长先生赐鉴……先生讲演中学生新生活及指导学生修业自习等，种种鸿论，足见教导有方，颇中时弊……尤可佩者，贵校以人格救国为校训，以六育为训练，德育为本，圣育为归，明德新民，正心修身……”(《金铭致徐景贤函》，《安徽私立崇文中学校刊》，1937 年第 2 卷第 6 期，版二)

先生还曾为初中学生演讲《国文、英语、数学、劳作自习法》。(《安徽私立崇文中学校刊》，1937 年第 2 卷第 6 期)

4 月 19 日(总理纪念周)，安徽省党部特派委员梁贤达在崇文中学演讲，题为“人格救国”，称：“近百年来帝国主义强迫我们订立许多不平等条约，尤其是自九一八以后，土地被削，国难更为严重，要挽救国难，必须人人有高尚的人格。要晓得人们的生存是以国家为单位，无国家即不能生存。”事实上，“人格救国”正是崇文中学的校训。(《学风》，1937 年第 7 卷第 4 期)

4 月 25 日，安庆省立安徽大学文学院程憬教授(字仰之，为先生清华大学国学研究院时的同学)至崇文中学作题为“由朱熹到胡适”的演讲。

程憬将宋后历代徽州学者对于学术之贡献，自朱熹到胡适，一一列举言之，颇为详细。（同上）

本月，先生在安徽省立科学馆播音台作题为“博爱”的演讲，“藉着近代科学发明的利器，我们可以把我们的音乐送到大众耳鼓里，这是我们要感谢播音台诸先生的盛意”。先生所主讲的博爱主要包括三个层面：（一）普通所谓的博爱；（二）爱国志士仁人所有的博爱；（三）宗教家舍己救人的博爱。（《徐校长在安徽省立科学馆播音台讲博爱》，《私立崇文中学校刊》，1937 年第 2 卷第 8 期）

5 月 9 日，安徽省立图书馆主任吴景贤受先生之邀在崇文中学演讲，题为“安徽文献之昨今明”，分三部分，首讲安徽过去之历史人文及出土文物；次讲安徽新近通志县志之编纂，今人整理研究先贤著述等情况；最后略述对于政府以及文化界的希望。（同上）

5 月 14 日，中央国术馆馆长张之江，应先生之邀到崇文中学演讲《道德论》，阐述道德之重要，以及宗教道德之根基。（《安徽教务月刊》，1937 年第 8 期）

同日，崇文中学遥祝马相伯先生九八大寿，先生发表演讲，内中称：“我们一面要尊老敬贤，一面要听长老的指示，努力国家复兴的大业。”（《马相伯老先生九十晋八大寿纪念文字补志》（一），《公教周刊》1937 年第 9 卷第 23 期，第 4 页）

5 月 16 日，先生在崇文中学总理纪念周上演讲《马相伯老先生之道德文章》，讲到马先生的美德，主要有三点，一曰孝亲，二曰爱国，三曰尊师。（《马相伯老先生九十晋八大寿纪念文字补志》（二），《公教周刊》1937 年第 9 卷第 23 期，第 5—6 页）

6 月 9 日，安徽省第十区行政督察专员石国柱，应邀为崇文中学学生演讲《求学是以服务社会为目的》，指出中学为求学最重要时期，求学方法在于刻苦自励。服务社会当廉洁自守，不以升官发财为目的，而以服务社会为目的。（《学风半月刊》，1937 年第 7 卷第 5 期）

6 月 16 日，安徽省童子军理事会秘书吴思瀛在崇文中学演讲国际童

子军以及安徽童子军的状况。(同上)

先生在《我存杂志》第5卷第5、7期发表《李存我先生故事》,阐述天主教三大柱石之一的李之藻的生平及其在天算研究以及天主教史上的地位及影响。

夏,陈垣发表《吴渔山先生年谱》,方豪见到后,对自己之前草率地在《新北辰》发表的《墨井道士年谱》感到惭愧。陈垣题诗,对他与先生的学术研究予以鼓励,"教中柱石推朝士,墨井荒凉置道边;今日谱成聊举逸,发挥犹赖有豪贤。"(方豪,《读吴渔山遗著札记》,《方豪六十自定稿》下册,第1675页)事实上,陈垣对方、徐二人的赏识众所周知,时在辅仁读书的杨堤亦有印象:"记得陈校长往往将徐先生和方豪司铎相提并论,称作'浙江之豪,江西之贤',有诗为证,'教中柱石推朝士,墨井荒凉置道边;今日谱成聊举逸,发挥仍赖有豪贤。'陈校长说:'《吴渔山年谱》成,适方司铎至此,书此答之。豪贤谓方司铎、徐卢伽。'"(杨堤:《纪念徐卢伽先生》,《益世周刊》,1947年第9期,第141页)

8月,学生杨堤在《圣教杂志》撰文介绍先生的诗集《希望》。诗集由马相伯先生题签,并有储皖峰先生所撰长达数千字的序文。大部分诗篇已在1929年天津《益世报》发表过。(杨堤:《介绍一部新诗集——〈希望〉》,《圣教杂志》,1937年第10期,第620—623页)

本年,先生为天主教学者杨开启讲授中国文学史和中国思想史,杨氏从先生的文章中获取读书之方法。(杨开启:《关于〈圣教会史纲〉的话》,《圣教杂志》,1937年,第26卷第12期,第746页)

本年底,汉学家裴化行至安徽进行考古活动,受邀在安徽省立图书馆做讲座,题为"朱子学说与德哲来伯尼兹之关系"。到场中等以上学校师生达五百人,先生任翻译。裴教授首讲中国哲学之特点,宋代理学的兴起,以及朱子学说如何与莱布尼兹发生关系;后讲朱子学说的要素,朱陆异同,日本以及十六、十七世纪欧洲对朱子的认识;续讲莱布尼兹与认识朱子学说的历史背景,朱子有受摩尼教的影响,元明以来中西相互影响,莱布尼茨因龙华民的著作而认识朱子学说;最后讲莱布尼兹对朱子学说的批评。文末引胡适的言论阐释两种文化接触影响后的情况。(《法国汉学家裴治堂教授在安徽省立图书馆讲演》,《学风》,1937 年第 7 卷第 1 期,第 9—10 页)

本年,先生还在《公教学校》1937 年第 3 卷第 6 期发表《新意大利民众教育鼻祖圣鲍士高》。

1938 年,32 岁

3 月 22 日,先生在故乡江西铅山县河口镇完成《修道院国文教学问题》。该文是应安庆教区南副主教之邀,为贵池修道院规划国学教学事宜所作。徐氏建议有三:(一) 公教修道院之国文课程,应比照同程度之学校国文课程(即备修院比照小学,小修院比照中学,大修院比照大学);(二) 并对我国先贤所选公教名著加以研究,同时浏览当代公教学者之著作。先生推荐耶稣会士利类斯所译圣托马斯·阿奎那的《超性学要》、英敛之的《言善录》,此外,还推荐新文学作家苏雪林、张若谷的文学作品,以及陈垣先生的教会史作品;(三) 对于学习拉丁文或其他外国语时,应添授以该外国语与国文在文法学及修辞学上之异同,以增进其文语学上之程度。建议开设"比较文法学"以及"比较修辞学"课程,并推荐马相伯、马建忠的《马氏文通》以及严复的《英文汉诂》作为参考。编辑附言中赞先生"国学修养精深,对修道院国文教学问题有所建议,极合实际需要"。(《修道院国文教学问题》,《公教学校》,1938 年第 4 卷第 13 期,第 238—239 页)

约在 4、5 月间,先生发表《研究中国思想史的新动向》,是其之前在安徽大学主讲中国哲学史课程的内容。先生指出研究中国思想史时常见的困难有三:中国以往缺少思维的科学,无科学方法以及文字的暧昧。并将中国思想史分为上古、中古、近代三个时期:西汉以前为上古,东汉至元代为中古,明以后为近代。提出研究方法:"根据人类学考察我国民族的起源及演进,根据考古学和信史以求历史真相;根据人文的沿革地理以考察环境关系;根据当时的政治及经济状况以窥见当时之背景;考察当时宗教文物典章制度以徵事实，结果用思维术考察各方面所表达的思想。”（《研究中国思想史的新动向》，《公教学校》第4卷第12期，第223页）

本年上半年，崇文中学一部奉教育部令随先生迁往江西省铅安河口镇，成立崇文中学河口分校。当时的学生陆士对先生的印象：“毕业清华大学研究院，曾任河北省大学、安徽大学教授，译著甚多，为人清高，不追名逐利，不与世沉浮……但他并不热衷政坛角逐，甘愿在教育园地耕耘、贡献。先生比较开明，当学生利益受到侵害时，坚决予以维护。”（陆士：《崇文中学河口分校琐记》，《铅山文史资料》第4辑，1990年，第60—64页）

抗战中，江西铅山为第三战区长官部所在地，其配属机关第三战区政治部，主任为邓文仪，下设秘书室、督察专员室、文化设计委员会。先生曾任职文化设计委员会，该委员会委员由政治部聘任，大多数是当时的名流、学者，如宦乡、张乐平、曹聚仁等。（滕振坤：《第三战区长官部及其驻铅山的直属、配属单位情况简介》，《铅山文史资料》第1辑，1987年，第22页）

8月，杭州小修院二十余修士至江西铅山先生创立的河口分校学习。（《杭州市志》，第9卷，北京：中华书局，1997年，第459页）

本年，先生还撰有《救国者应具自赎精神：马老先生救国信念之一》，发表于《益华报》1938年第2卷第13期。本文是先生为马先生九九寿诞预庆百龄大寿而作。先生将老师在九一八后所发表的《为日祸敬告国人书》中表达的自赎自救观点加以发挥，主要阐述自赎是什么，以及如何自赎的问题。号召国民克勤克俭度日，节约救国；又号召学者要良心救国；而且要求国民党方面“今后非国民之公意，对内绝对不许枉费一枪一弹”，民众要人民自治以自卫。文章还提到，马先生到广西时曾致函先生，要求其“力导学生人民于爱国之途”。

此外，先生曾赴武汉（10月27日武汉陷落，应发生在此前），办理救护工作，并于各地报纸中鼓吹抗战情绪，撰法国圣女贞德救国故事万余言，名为《忠勇爱国：女儿英雄传》，连载于厦门《公教周刊》第9卷第47

期,第10卷第3期,第10卷第4期,后因刊物停刊而停止。(《作家动态·徐景贤》,《上智编译馆馆刊》,1946年第1卷第1期,第85页)。

1939年,33岁

5月23日,先生作《追祷中华公教进行会总部名誉会长魏子轩(名为丕治)老先生》,发表在《公教学校》上,赞其爱国保教的精神,"素来本君子不党的超越政党原则,不阿附老军阀,不干预新政权,然而的确为一努力地方自治,谋求同业之公益,极其平凡之老百姓"。(《公教学校》,1939年第5卷18、19期,第20页)

1940—1941年,34—35岁

在江西铅山县河口镇主持崇文中学分校事务。时局动荡,抗日救国为第一要务,先生此一段著述甚鲜。

1942年,36岁

12月10日,先生在给老师陈垣的信中,称已在崇文中学七年,第二年将应国立厦门大学聘,讲哲学社会学。预订来年二月十八日前到闽长汀。(《陈垣来往书信集》,第611页)后因故最终仍未能成行。

本年昔日同窗好友姚名达在抗战中牺牲,先生撰文《悼姚名达教授》以纪念,"人生会合不常,风云变化莫测,抚昔思今,悲从中来。"(杨堤《纪念徐卢伽先生》,《益世周刊》,1947年第9期,第143页)

1943年,37岁

3月2日,先生在重庆《益世报·文史副刊》第27期发表《陈于阶有关史料两则》。时该刊物作者有陈垣、刘节、夏定域、方豪、王利器、缪钺、谭其骧、白寿彝、张其昀等。(《重庆〈益世报·文史副刊〉两年总目》,《真理杂志》,1944年第1卷第3期,第379页)

7月中至8月底,东南浙、皖、闽、赣、苏五省九十五所公私大、中学校学生、三青团员数百人在上饶参加东南青年夏令营，夏令营主任为第三战区政治部主任邓文仪，训练目的是使青年们担负起抗日建国的重任。夏令营聘请讲课人员，多是当时国民党军政界的高级人员担任，如三十二集团军总司令李默庵，讲过军事知识；二十军军长丁治磐，讲过历史；《前线日报》总编辑宦乡讲过国际时事，北京大学教授潘怀素讲过哲学，作为河口崇文中学校长的先生讲的是伦理建设。（张国盛：《东南青年夏令营内幕》，《上饶市文史资料》，第 5 辑，1986 年，第 38—42 页）

本年秋，杨堤至北平辅仁大学求学，先生致函给他，托其向恩师陈垣致意，内称："谢老师多年训诲及提示教会先贤芳范，并代申明：现秉师训，布武前徽，努力报德，不负期望。"并嘱杨堤，"不要涉及政事，专心学文、学史，学习公教学术……"（杨堤：《纪念徐卢伽先生》，《益世周刊》，1947 年第 9 期，第 142 页）

本年，先生在《圣心报》上曾报导奥国传教士沙开泰在江西河口传教四十年逝世的消息。（《江西河口传教四十余年的沙开泰神父》，《圣心报》，1943 年第 1 期）

1944 年，38 岁

本年先生发表《伦理建设之方针》，该文章对从伦理建设的目的、要领、昆弟朋友两伦关系以及伦理建设与建军建国关系四方面，对 1942 年国民政府颁布的文化运动纲领进行了阐述。（《革命青年》（上饶）新 1 卷第 4 期，第 23—24 页）

本年，先生在青年友声社出版《马相伯先生宪政意见》，收入《宪法论全》、《宪法撮要》，附编收《马相伯先生在我国近百年史上之地位》和《对于中华民国宪法草案的几点意见》，还收有编者叙言、《马相伯先生宪政意见（讲稿大意）》。

1945 年，39 岁

8 月 15 日，日本宣布无条件投降。抗战胜利后，先生为崇文中学迁校回安徽事操心不已。

10 月 16 日，先生夫人黄劲松去世。（杨堤：《纪念徐卢伽先生》，《益世周刊》，1947 年第 9 期，第 142 页）

本年，先生所著之《第三战区政治部〈阵中日报〉论文选》在江西自印出版。（王克谦：《纪念公教教育家徐景贤》，《上智编译馆馆刊》，1947 年第 1 期，第 102 页）

1946 年，40 岁

6 月 22 日，先生发表《马相伯先生百岁生活》。文中称其老师马相伯先生是“标准中国学者”。先生分少年、壮年、老年三阶段编年概述马相伯先生的生平。论及马氏的学术，引马氏《致知浅说》中以拉丁文“Systema Scientificum”注学术，而“谓学知有程序”，断言马氏之学术“非古之所谓道学，乃今之常言科学”。并认为马氏为新中国学者导师而完全接受天主教文化洗礼者。（《马相伯先生百岁生活》，《中央周刊》1946 年第 8 卷第 23 期）

《马相伯先生百岁生活》里不少记述出自先生的亲闻、亲历，故保留下不少珍贵的史料。比如《一日一谈》的记录者为高语罕，王瑞霖不过是其化名。事实上，1999 年上海文艺出版社出版的马相伯《一日一谈》乃至朱维铮主编的《马相伯集》皆不知高语罕的存在。

7 月 2 日，方豪主编的南京《中央日报》《文史周刊》（第七期）发表先生的《冯友兰论》。先生之为人，很为教会人士所称道，“总之，徐先生本公教热忱，为人类服务，始终不懈，实不愧为马相伯先生及门弟子。”（《作家动态 · 徐景贤》，《上智编译馆馆刊》，1946 年第 1 卷第 1 期，第 85 页）

本月，安徽《建国日报》载《崇中胜利复员后第一届毕业纪念特刊》，先生以“亲爱精诚”为题为崇文中学校庆致辞：“本人不才，忝充校长，对以前二十六任的校长及过去、现在有功绩的教职员，表示追慕和爱戴的敬意，同时，追念前徽，眷顾今后，但愿大家发扬校训，人格救国，努力革命建国大业，增加本校光荣史页。”又有“向本校胜利后复员第一届毕业生致训词”，题目是“读书明理做个好人”，他说：“对于亲爱的同学们，拿郑板桥先生所谓‘读书明理做个好人’八个字作为赠言，因为读了书，就要明大义，识大义，做人做事要学‘好’，才不愧为第一等人做第一等事，然后这多少年师长的苦心孤诣，有了亲爱同学真才实学，也可以引以为慰了。”（杨堤：《纪念徐卢伽先生》，《益世周刊》，1947 年第 9 期，第142 页）

本年夏，先生至南京筹划出国考察教育之事。在那里遇到方豪，谈到编辑《马相伯文集》事，“今夏晤同门徐卢伽先生景贤，亦喟然久之。徐君集先生稿亦不在少，讵意相别数月，竟亦以病逝闻也！则编印先生文存，实后死者之责，不容有所推诿矣。”（方豪：《马相伯先生著述系年拟目》，《上智编译馆馆刊》，1947 年第 2 卷第 1 期，第 73 页）

抗战胜利后，先生一直在为崇文中学复校事，在皖、肥奔走，操劳过度，加之许多刺激，营养不良，染疾。

8 月，先生返回江西铅山县河口镇养病。

11 月 22 日，病故。去世时，先生的孩子不过九岁，而其父母皆年过古稀，家中极为困难。（《徐景贤先生逝世详情》，《上智编译馆馆刊》1947 年第 2 期，第 181 页）

年底，《益世周刊》第 27 卷第 22 期登出先生逝世的消息：“江西河口闻三中学校长徐景贤，日前因病逝世，徐氏别号卢伽，为故国府委员马相伯之弟子，曾任安徽崇文中学校长十年，笃信天主教，学术著作颇多，为中国天主教有名作家，本年夏间由皖来京，拟出国考察教育事业，噩耗传来，友好均为之悼惜。”（《徐景贤病逝》，《益世周刊》1946 年第 22 卷第 22 期，第 14 页）

陈垣、张润波主教、叶德禄、吴有惠、魏君远等，对于先生的逝世都表示极大的惋惜。（杨堤：《纪念徐卢伽先生》，《益世周刊》，1947 年第 9 期，第 142 页）先生过世后，方豪亦感到孤单和责任的加重。（方豪：《马相伯先生著述拟目》，《上智编译馆馆刊》，1947 年第 1 期，第 73 页）

1947 年

3 月 26 日上午，中国天主教文化协进会在石鼓路天主教堂追悼该会理监事徐景贤、李荫西两位天主教人士。由牛若望神父主祭，唱追悼思弥撒，到该会各地代表，并由于斌总主教主持追思会，发表悼词，追述徐、李两先生生前努力文化传教的工作，学习徐、李两先生之楷模，不仅为一良好之国民，应为新中国教友中坚分子，从事荣主救人之艰巨工作。(《文协会追悼徐景贤、李荫西》《益世周刊》1947 年第 14 期第 233 页)

教会人士从事学术研究的环境当时并不好。1933 年 8 月 12 日，方豪在给陈垣的信中谈到遭教会人士忌恨的情形，“回忆数载以还，曾以不甘庸陋，力求高深学问，并蓄意纂成《浙江天主教史》、《中国天主教大辞典》等，迭遭教中当局之忌。”(陈智超编:《陈垣往来书信集》，北京:三联书店，2010 年，第 316 页)而方豪在纪念徐宗泽的文章中，也谈到学术研究在教会中缺乏重视的情况:“他未能出席公教出版会议，也是可以预料的，这十年来，始而《圣教杂志》停刊，这是他独立支持了将近二十年的刊物，继而被迫退出《圣教杂志》社破屋，计划了十多年的现代化的光启图书馆，遥遥无期，胜利来了一两年，而《圣教杂志》复刊也是无期，并且我间接听说，即使复刊，也许不会再教他主编的。”(方豪:《我怀念徐润农神父》，《上智编译馆馆刊》，1947 年第 4—5 期，第 406—407 页)先生与徐宗泽、方豪情形类似，在抗战中坚持办学近十年，抗战后学校回迁，却一直被天主教管理方所忽视。

1948 年

9 月 20 日，先生在江西崇文中学分校时的学生祝靖，在《中央日报》刊文怀念他，“先生之为人，极为学生敬慕，余可举出最显数条:一、待教师以礼;先生待教师，优礼有加。虽是已为校长，对任何一位教师，必恭、必敬……二、教学生以严:先生教人处处以严，功课固严，即学生之日常生活，先生亦亲加辅导，必至严守规律而后已。

先生在家，尤有可述之两事:(一) 事父母最孝……人见之，咸赞先生之孝行……(二) 对弟妹友爱:先生凡有弟一、妹一,均能尽心教导,不遗余力。"(祝靖:《怀徐景贤师》,《中央日报》,1948 年 9 月 20 日,第八版)

先生待人诚恳,信仰虔诚,萧杰一神父是这样评价他:"徐先生如此热心,真令我们修道人惭愧。"(杨堤:《纪念徐卢伽先生》,《益世周刊》,1947 年第 28 卷第 9 期,第 141 页)

附录二　本书未收徐景贤著述目录

(一) 未收论文

1.《六书启蒙》,《(民大)国学月刊》,1926 年第 2 卷第 4—5 期。

2.《徐文定公之逸事》,《圣教杂志》1927 年第 16 卷第 11 期。

3.《近代西洋教育史中天主教之二派教育事业》,《徐汇师范校刊》,1927 年第 1 卷第 6 期。

4.《跋姚大荣先生〈辨书征录记王石谷翚与吴渔山绝交书之诬〉》、《再跋姚大荣先生〈辨书征录记王石谷翚与吴渔山绝交书之诬〉》以及《三跋姚大荣先生〈辨书征录记王石谷翚与吴渔山绝交书之诬〉》,上海《时事新报·学灯副刊》,1927 年,卷期待查。

5.《天师道缘起说》,上海《时事新报·学灯副刊》,1927 年,卷期待查。

6.《给〈文学生活〉的著者》,天津《益世报副刊》,1928 年 11 月 8 日。

7.《如何养成好校风》,《徐汇师范校刊》,1928 年第 2 卷第 1 期。

8.《论加特力主义的文学》,天津《益世报副刊(加特力主义文学专号)》,1928 年,卷期待查。

9.《中华司牧赵公哀辞》,天津《益世报》,版四,1928 年 6 月 8 日。

10.《五四精神今犹在乎》,天津《益世报副刊》,1928 年 11 月 25 日。

11.《释〈廿二史札记・天主教〉》,天津《益世报副刊》,1928 年 11 月 30 日。

12.《论富冈谦藏述吴历事》,天津《益世报・文艺副刊》1929 年 4 月 4 日。

13.《天主教〈圣经〉之新英译本》,天津《大公报・文学副刊》,1929 年,日期待查。

14.《中华公教青年会季刊发刊词》,1929 年《公教青年会季刊》创刊号卷首。

15.《清四库全书为儒藏说》,天津《益世报》,版四,1928 年 2 月 24 日。

16.《跋辅仁社课》,《辅仁社课》,1930 年。

17.《抗议禁映〈十诫〉影片文》,《江西教育周刊》,1930 年,具体卷期不详。

18.《答辩江西省党部警告卢伽论禁映〈十诫〉影片书》,《江西新闻日报》,1930 年,具体日期不详。

19.《书徐文定公事》,《圣教杂志》,1931 年第 20 卷第 7 期。

20.《重刊〈道学家传〉序》,《公教青年会季刊・读书运动专号》,1931 年。

21.《改善中国与教廷关系问题之对策》,天津《益世报副刊》,1931 年 2 月 15 日。

22.《公教家庭之表率朱志尧先生七十荣庆记》,《益世主日报》,1932 年第 21 卷第 39 期。

23.《中国天主教史的分期》,香港《南星杂志》,1933 年第 2 卷第 1 期。

24.《真福和德理游记》(译文),连载于天津《益世报宗教与文化副刊》1933 年 3 月 3 日,4 月 7 日等期,后复刊于《我存杂志》1934 年第 2 卷

2、3 期，1935 年第 3 卷第 2、6 期。

25.《〈爱国论〉读后感》，《我存杂志》，1933 年第 1 卷第 2 期。

26.《关于现代中国文学概观：申述张若谷及其著作》，《磐石杂志》1933 年第 1 卷第 2 期。

27.《明代开教名贤之二杨淇园先生传略》，《我存杂志》，1933 年第 1 卷第 2 期。

28.《利玛窦与冯应京》，《益世主日报》，1933 年第 22 卷第 51—52 期。

29.《庆祝徐文定公三百周年纪念：1933 年元旦徐景贤先生演讲》，《徐汇师范校刊：我们的教育》，1933 年第 7 卷第 1 期。

30.《徐文定公年表序》，《北辰杂志》，1933 年第 5 卷第 19 期。

31.《奉教阁老的著作》，《圣教杂志》，1933 年第 22 卷第 11 期。

32.《徐文定公奏议四表叙》，天津《益世报》1933 年 12 月 1 日。

33.《国难言论集小引》，《公教周刊》1933 年第 200 期。

34.《从徐氏庖言研究李存我、杨淇园与徐文定公》，天津《益世报》1933 年 11 月 24 日，另刊于《圣教杂志》1933 年第 22 卷第 11 期。

35.《光启年的意义及应有的工作》，《公教周刊》，1933 年第 205—208 期。

36.《书〈超性学要〉后》，天津《益世报·宗教与文化副刊》，1934 年 3 月 9 日。

37.《〈象牙宝塔〉卷头语》，《公教周刊》，1934 年第 273 期。

38.《修养与研究：敬告安庆公教青年》，《公教青年》，1934 年第 6 期。

39.《保障人权与宗教》，《我存杂志》，1934 年第 2 卷第 2 期。

40.《中国公教为义致命江西谢金多先生行实》，《我存杂志》1935 年第 3 卷第 7、10 期。

41.《徐文定公纪念：真福八德》，《圣心报》，1934 年第 48 卷 4、5、8、9、10、12 期，及 1935 年第 49 卷第 1—2 期。

42.《人生三问》,《磐石杂志》1935年第7期。

43.《新时代的圣人——鲍士高》,《我存杂志》,1935年第3卷第3期。

44.《青年们的导师鲍士高》,《我存杂志》,1935年第3卷第4期。

45.《徐光启之精神生活》,《江苏教育》,1936年第11期。

46.《耶稣孝女会创办人刚第达及其事业:耶稣玛利亚刚第达姆母传略导言》,《学风》,1935年第7期。

47.《谁来领导中国文化建设》,《我存杂志》,1935年第3卷第3期。

48.《廿世纪大圣人鲍士高十讲编译缘起》,《我存杂志》,1936年第4卷第2期。

49.《中国现在需要的女青年》,《公教妇女》1936年第3卷第3期。

50.《现代义大利职业教育家鲍士高及其事业》,《学风》,1936年第6卷第6期。

51.《圣鲍士高对于著述的态度》,《磐石杂志》,1936年第4卷第6期。

52.《国文公进要籍题解》,《我存杂志》,1936年第4卷第8、10期。

53.《关于青年会及其修养》,《益世主日报》,1936年第25卷第8期。

54.《人生问题讲话》,《益世主日报》,1936年第2卷第22—25期。

55.《中学修学指导讲话》,《崇文中学校刊》1937年第2卷第2期。

56.《新义大利民众教育鼻祖圣鲍士高》,《公教学校》1937年第3卷第6期。

57.《初中学生休学浅谈》,《学风》,1937年第7卷第2期。

58.《国文、英语、数学、劳作自习法》,《崇文中学校刊》,1937年第2卷第6期。

59.《话墨井诗》,《圣教杂志》,1937年第8期。

60.《李我存先生故事》,《我存杂志》,1937年第5卷第5、7期。

61.《忠勇爱国:女儿英雄传》,《公教周刊》,1938年第9卷第47期、

第10卷第3、4期,未完而刊物即停刊。

62.《修道院国文教学问题》,《公教学校》,1938年第4卷第13期。

63.《救国者应具自赎精神:马老先生救国信念之一》,《益华报》1938年第2卷第13期。

64.《追悼中华公进会总部名誉会长魏子轩老先生》,《公进学校》,1939年第5卷18、19期。

65.《伦理建设之方针》,上饶《革命青年》,1944年新第1卷第4期。

(二)著作及论文单行本

1.《十字言论集》,出版机构不详,1931年。(《孝经之研究》、《圣奥思定与中国学术界》收入本书)

2.《圣奥思定与中国学术界》,中华公教学友联合会印,1931年。

3.《孝经之研究》,北平公记印书局家印本,1931年。

4.《明孙火东先生致王葵心先生手书考释》,圣教杂志社,1932年。

5.《圣教宗与中国》,我存杂志社,1933年。

6.《徐光启宗教译著论文集》,我存杂志社,1935年。

7.《徐文定故事》,我存杂志社,1935年。

8.《国民道德概论》,安徽反省院,1935年。

9.《中国公教进行三大模范人物》,北平中华公教进行会总监督处,1935年。

10.《中华圣教会史纲》,安庆天主堂出版,1937年。

11.《刚第达及其事业》,安庆天主堂出版,1937年。

12.《人生问题讲话》,安庆天主堂出版,1937年。

13.《大教宗比佑十一与中国》,汉中公教思想出版社,日期不详。

14.《第三战区政治部〈阵中日报〉论文选》,江西自印,1945年。